任何成功都来自于坚持不懈的努力！

王娇勃

中华会计网校
www.chinaacc.com
正保远程教育旗下品牌网站
美国纽交所上市公司（代码：DL）

梦想成真®
系列辅导丛书

2020年 注册会计师全国统一考试

经 济 法

应试指南 上册

■ 王妍荔 主编　■ 中华会计网校 编

感恩20年相伴　助你梦想成真

人民出版社

责任编辑：薛岸杨

特邀编辑：刘建哲　李　娟

图书在版编目（CIP）数据

经济法应试指南：全 2 册 . 2019／中华会计网校编；
王妍荔主编 . —北京：人民出版社，2019.4（2020.3 重印）
　ISBN 978-7-01-020307-2

　Ⅰ.①经… 　Ⅱ.①中… 　②王… 　Ⅲ.①经济法－中国
－资格考试－自学参考资料 　Ⅳ.①D922.29

　　中国版本图书馆 CIP 数据核字（2019）第 005372 号

经济法应试指南（上下册）
JINGJIFA YINGSHI ZHINAN
中华会计网校　编

人民出版社出版发行
（100706　北京市东城区隆福寺街 99 号）

三河市中晟雅豪印务有限公司印刷　新华书店经销

2019 年 4 月第 1 版　2020 年 3 月第 2 次印刷
开本：787×1092　1/16　印张：35.5
字数：931 千字

ISBN 978-7-01-020307-2　定价：82.00 元（全 2 册）

前　言

正保远程教育

发展： 2000—2020年：感恩20年相伴，助你梦想成真

理念： 学员利益至上，一切为学员服务

成果： 18个不同类型的品牌网站，涵盖13个行业

奋斗目标：构建完善的"终身教育体系"和"完全教育体系"

中华会计网校

发展： 正保远程教育旗下的第一品牌网站

理念： 精耕细作，锲而不舍

成果： 每年为我国财经领域培养数百万名专业人才

奋斗目标：成为所有会计人的"网上家园"

"梦想成真"书系

发展： 正保远程教育主打的品牌系列辅导丛书

理念： 你的梦想由我们来保驾护航

成果： 图书品类涵盖会计职称、注册会计师、税务师、经济师、财税、实务等多个专业领域

奋斗目标：成为所有会计人实现梦想路上的启明灯

图书特色

① 考情分析及应试方法

解读考试**整体情况**，
了解大纲**总体框架**

② 应试指导及同步训练

考情解密

历年考情概况

本章可谓经济法科目基础之基础，内容较少，在考试中一直处于"弱势"地位，属于"丐中丐"级别。从近几年考试情况来看，本章所占的分值较小，平均在 2.5 分左右，一般以客观题形式进行考核。

考点详解及精选例题

扫码解疑难

一、法律基本概念

（一）法的概念与特征 ★①

1. 法的特征

(3)法是国家强制力保证实施的(法实施主要依赖于社会主体自觉遵守，只有不遵守时，才由国家机器保证实施)；

(4)法是调整人的行为和社会关系的行为规范；

真题精练

一、单项选择题

1. (2018 年)下列关于法律权利能力的表述中，正确的是( )。
   A. 权利能力是指权利主体能够通过自己

B. 作为法律关系主体的自然人不包括外国人

C. 分公司具有法人地位

D. 法律关系主体既包括权利人，也括

同步训练 限时10分钟

一、单项选择题

1. 下列规范性文件中，属于行政法规的是( )。
   A. 全国人民代表大会常务委员会制定的

D. 10 年后，小明属于限制民事行为能力人

5. 甲公司与乙公司签订一份运输货物的合同，下列关于该法律关系的说法中，不正

本章知识串联

法律基本概念 ★

- 法的概念与特征
- 法律体系：宪法及宪法相关法、刑法、行政法、民商法、经济法、社会法、诉讼与非诉讼程序法
  - 宪法：全国人大制定，效力最高
  - 法律：效力仅次于宪法

- 深入**解读**本章考点及考试变化内容

- 全方位**透析考试，钻研考点**

- 了解命题方向和易错点

- **夯实**基础，快速**掌握**答题技巧

- 本章知识体系**全呈现**

③ 易错易混知识点辨析

避开设题陷阱   快速查漏补缺

一、无效民事法律行为 VS 可撤销民事法律行为 VS 效力待定民事法律行为

扫码解疑难

这是三种不同的民事法律行为效力状况，各自包含的行为类型是特定的，不存在交义的情况。

☑ 实战演练

【例题1·单选题】下列行为中属于无效民事法律行为的是( )。

A. 甲误认为李某为李二而与之订立的合同

司独自生活。在其成长过程中，发生以下事项：6 岁时，爷爷赠其一把小提琴；10 岁时，舅舅赠其风琴一台；15 岁时，郭某用压岁钱购买价值 10 万余元的古董钢琴一架。对郭某及其行为的效力说法正确的有( )。

☑ 实战演练

【例题1·单选题】甲公司业务员李某经公司授权到乙公司购买台式电脑若干，李某到乙公司后与乙公司销售经理相谈甚欢，于是表

④ 考前预测试题

- 名师**精心预测**，模拟演练，助力通关

一、单项选择题(本题型共24小题，每小题1分，共24分。)

1. 下列关于我国的法律渊源说法正确的是( )。
   A. 全国人大常委会负责解释法律，其作出的法律解释与法律具有同等效力
   B. 中国证监会发布的《上市公司信息披露

一、单项选择题(本题型共24小题，每小题1分，共24分。)

1. 根据法律规范是否允许当事人进行自主调整，及按照自己的意愿设定权利和义务的标准进行区分，可以将法律规范分为强行性规范和任意性规范。《合同法》规定"违反法律、行政法规的强制性规定的合同无

4. 刘某谎称是甲企业推销员，向乙推销甲企业产品，并用伪造的甲公司公章与不知情的乙签订了买卖合同。则下列说法中正确的是( )。
   A. 刘某的行为属于表见代理
   B. 乙可以催告甲在 1 个月内予以追认，如果甲未作表示，则视为追认
   D. 沉默也可以作为意思表示

4. 下列关于诉讼时效起算的说法中，不正确的是( )。
   A. 当事人约定同一债务分期履行的，诉讼时效期间自最后一期履行期限届满之日起计算
   B. 无民事行为能力人或者限制民事行为能

目 录 CONTENTS

上 册

下　　册

第 3 部分   易错易混知识点辨析

第 4 部分   考前预测试题

关注正保文化官微，

回复"勘误表"，

获取本书勘误内容。

正保文化官微

第1部分

2020

考情分析及应试方法

智慧启航

　　世界上最快乐的事，莫过于为理想而奋斗。

——苏格拉底

2020 年考情分析及应试方法

　　注册会计师证书是会计行业最具含金量的证书，其社会认可度高、业界认同感强，是多少会计工作者的追求和梦想。但注会考试科目多、难度大、通过率低，对考生要求甚高，因此了解考试的特点，掌握好的学习方法，选择有针对性的复习资料就显得尤为重要。在《经济法》科目备考过程中，考生应当熟知考核内容，熟悉命题规律，熟练掌握应试技巧，达到理解到位、记忆精准、运用自如的程度，从而胸有成竹地走进考场。为了帮助考生达到这一目标，本书首先对《经济法》的考核特点和题型特点进行深度剖析，让考生对此有深入的认识；然后介绍有针对性的备考方法，让考生提早做好学习安排；接着紧紧围绕考试大纲的范围和要求对知识点进行梳理和解析，并配以有针对性的练习，让考生打好基础、循序渐进，在精准理解和记忆重要知识点的基础上，熟悉和把握命题规律，强化练习，掌握应试技巧，并进一步形成知识体系、融会贯通，最终实现：走进考场从容不迫，通过考试水到渠成！

一、辅导教材内容体系

（一）辅导教材基本结构

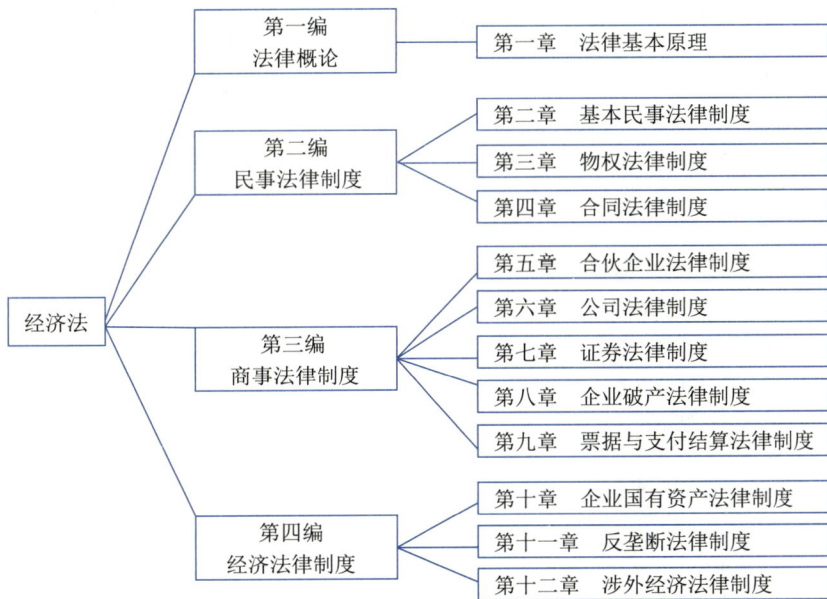

```
                          ┌─ 第一编       ───── 第一章  法律基本原理
                          │  法律概论
                          │
                          │                ┌─ 第二章  基本民事法律制度
                          │  第二编         │
                          ├─ 民事法律制度 ──┼─ 第三章  物权法律制度
                          │                │
                          │                └─ 第四章  合同法律制度
                          │
                          │                ┌─ 第五章  合伙企业法律制度
                          │                │
                          │                ├─ 第六章  公司法律制度
经济法 ───────────────────┤  第三编         │
                          ├─ 商事法律制度 ──┼─ 第七章  证券法律制度
                          │                │
                          │                ├─ 第八章  企业破产法律制度
                          │                │
                          │                └─ 第九章  票据与支付结算法律制度
                          │
                          │                ┌─ 第十章  企业国有资产法律制度
                          │  第四编         │
                          └─ 经济法律制度 ──┼─ 第十一章  反垄断法律制度
                                           │
                                           └─ 第十二章  涉外经济法律制度
```

　　如上图所示，辅导教材总共四编十二章，在内容安排上是层层递进、逐步深入的，从法律的基本概念、基础原理到与生活息息相关的民法基本制度，再到商业活动必不可少的商法基本制度，再到市场管理不可或缺的经济法重要制度。这样的内容安排不仅体现了法律体系本身的内在逻辑，也非常符合考生的学习和认识规律，在学习的过程中应当跟随辅导教材的思路逐步推进，不要随意打阵地战。

（二）各章在考试中的重要性程度

各章在近几年"经济法"科目考试中所占的分值比例及难易程度如下：

章	各章分值比重（%）							重要性	难易度
	2019 年一套	2019 年二套	2018 年一套	2018 年二套	2017 年	2016 年	2015 年		
第一章	2	2	2.5	3.5	2.5	2.5	2.5	★	★
第二章	3.5	2.5	4.5	2.5	4.5	1	2.5	★	★★
第三章	7.5	19.5	5	5	7	7.5	7.5	★★	★★
第四章	14.5	3.5	15.5	15.5	14.5	16.5	15	★★★	★★★
第五章	7	7	7	7	7	7	7	★★	★★
第六章	12	9.5	7	15	13	17.5	14.5	★★★	★★★
第七章	16.5	19	21.5	13.5	16	11	14	★★★	★★★
第八章	11	11	11	11	11	11	11	★★★	★★★
第九章	14	12.5	12.5	12.5	12.5	12.5	12.5	★★★	★★★
第十章	5	3.5	3.5	4.5	3.5	3.5	3.5	★	★★★
第十一章	4	4	4	4	4	4	4	★	★★
第十二章	3	6	6	6	4.5	6	6	★★	★★★

根据各章在考试中所占的大致比例，我们可以把各章内容分为三个层次：

重要性层级	章节名称	题型	总分值占比
第一层次 非常重要	第四章　合同法律制度 第六章　公司法律制度 第七章　证券法律制度 第八章　企业破产法律制度 第九章　票据与支付结算法律制度	单选题 多选题 案例分析题	66%
第二层次 次重要	第三章　物权法律制度 第五章　合伙企业法律制度 第十二章　涉外经济法律制度	单选题 多选题 案例分析题（第三章）	21%
第三层次 非重点	第一章　法律基本原理 第二章　基本民事法律制度 第十章　企业国有资产法律制度 第十一章　反垄断法律制度	单选题 多选题	13%

如上图所示，《经济法》各章在考试中的重要性程度以及考试题型不同，学习的时候要分清主次并且要采取不同的方法，这对通过本年度的"经济法"科目考试有着重要的意义。

2020 年本科目的辅导教材内容进行了较大幅度的调整，但整体章节结构没有变化，仍为十二章，调整的主要内容如下表所示：

章节名称	变化内容
第一章　法律基本原理	本章无实质性变化
第二章　基本民事法律制度	本章变动不大。主要： (1) 删除无民事行为能力人和限制民事行为能力人实施纯获利行为的效力。 (2) 调整国家赔偿诉讼时效起算
第三章　物权法律制度	本章无实质性变化
第四章　合同法律制度	本章无实质性变化
第五章　合伙企业法律制度	本章变动不大。主要： (1) 新增合伙企业的特征。 (2) 删除合伙企业法的基本原则
第六章　公司法律制度	本章变动较大。主要： (1) 删除名称预先核准、股权激励对象。 (2) 新增公司法司法解释五的规定。 (3) 利润分配规则、股权出资内容进行调整
第七章　证券法律制度	本章变动较大。主要： (1) 依据《证券法》(2019 年修订)、《首次公开发行股票并上市管理办法》(2018 年修订)、《非上市公众公司监督管理办法》(2019 年修订)、《证券发行与承销管理办法》(2018 年修订)、《上市公司重大资产重组管理办法》(2019 年修订)进行调整。 (2) 新增《非上市公众公司信息披露管理办法》的部分规定。 (3) 删除"暂停上市"
第八章　企业破产法律制度	本章变动较大。主要： (1) 根据《民商事审判会议纪要》补充了：①破产申请的提出和受理；②管理人的责任；③重整期间，债务人财产管理。 (2) 根据《破产法司法解释三》补充了：①关于破产费用的规定；②破产申请受理后的借款问题；③破产涉及保证时债权申报规则；④破产债权的确认；⑤债权人会议的表决与撤销
第九章　票据与支付结算法律制度	本章变动不大，主要是表述性调整
第十章　企业国有资产法律制度	本章变动较大，内容进行了大幅度删减，尤其是删除了第五节
第十一章　反垄断法律制度	本章变动较大。根据《禁止垄断协议暂行规定》和《禁止滥用市场支配地位行为暂行规定》进行了大幅调整
第十二章　涉外经济法律制度	本章变动较大。主要： (1) 根据《外商投资法》重新编写了原第一节。 (2) 调整"对外直接投资核准备案制度""外债管理"的相关表述。 (3) 删除"关于技术进口合同的特别规定"

2020 年各章节具体调整内容我们还会在本书各章节的"本章 2020 年考试主要变化"栏目中进行详细阐述，提醒考生朋友在学习时重点关注。

二、考核特点分析

对《经济法》科目的考试，很多考生存在以下两大误区：

误区之一：经济法是注会考试中最容易的一个科目。很多考生误认为，经济法在注会考试六大科目中是最简单的，所以我们少花点时间没问题的。实际情况是，经济法科目不是最难的科目，但也并非是最简单的科目。仅就通过率而言，根据中注协已经公布的注册会计师各科目近年来的通过率，在2013年—2018年期间，经济法科目的通过率只在2014年曾位居榜首，2013年、2016年和2018年都居于第二位，2015年和2017年居于第三位。可见，经济法考试并非想象的那么简单，难是常态，不难只是相对而言。

误区之二：经济法只需要"会背"即可。很多考生误认为，经济法这门课，背下来甚至考前突击背一背就能解决问题。实际情况是，仅靠死记硬背是不可能通过"经济法"考试的。根据考生回顾的2019年试题，在一套试卷中，纯记忆性的题目（即把辅导教材或法条中某一句话或某一段话背下来即可得分的），单选题与多选题一共16题左右，分值为19分，在客观题分值中占比42%（该比例相较2018年有所降低，2018年纯记忆性题目单选题与多选题一共24题左右，分值约为28分，占到客观题分值的60%）。其他题目，特别是案例分析题，显然不是背下来就能得分的。

那么，《经济法》科目考核的特点究竟如何呢？通过对近几年注册会计师考试《经济法》科目的分析，该科目考试主要有以下几个突出特点：

第一，全面覆盖，但又重点突出。《经济法》考试向来章章有考题，考试全面覆盖每一章内容，绝不"顾此失彼"；但同时其考核的重点又是突出和明确的，绝对是"厚此薄彼"。如前所述，经济法科目的重点章节包括：物权法律制度、合同法律制度、公司法律制度、证券法律制度、企业破产法律制度、票据法律制度等，考试中占重要地位的案例分析题一般出现在上述重点章之中，且考试分值在整个试卷中所占比例将近75%。因而考生牢固掌握上述各章的重点内容，并融会贯通，定能取得事半功倍的效果；同时，在时间充裕的情况下，学习时尽可能全面掌握辅导教材，扩大复习的广度。

第二，综合考核考生的"三个能力"——记忆、理解和综合运用能力。本科目考试不仅要求考生记住经济法的基本理论和制度规定，还要求考生切实理解这些理论和制度，并且能够运用它来解决经济生活中的实际问题，从《经济法》科目的试题设计来看，主观题即案例分析题当然考查考生对知识点的理解和运用能力；即便是客观题除了部分题目属于记忆性的题目之外，很多题目也是通过对知识点进行归纳、解读甚至通过小案例或计算等方式进行考查，而不是背段话就能得分的。其中，案例分析题除了重在考核考生运用法律规定分析和解决实际问题的能力之外，还倾向于将不同章节的法律知识联系起来系统考核，在四个案例分析题中，两个分值最高的题目一般都是合同法结合物权法、证券法结合公司法进行考查，对考生的理解判断、综合分析能力要求较高。同时，一个大题的几个小问之间往往又有较强的关联性，一旦对某个问题的判断出现错误，极可能影响此后的正确答题。这就要求考生系统地分析整个案情，并对与此相关的法律规定做到深入理解、融会贯通。因此，在复习的过程中，要注意在理解基础上的记忆、归纳与总结，而不是死记硬背。

第三，"喜新不厌旧"。跟上教材修订的节奏是《经济法》考试不变的追求。每年辅导教材会根据法律法规的修改和理论研究的发展增加或者修订一些知识点，而这些知识点往往成为当年考试的重灾区。如2018年考试中，辅导教材新增和修订的"自然人的行为能力、法人的分类、意思表示、可撤销民事法律行为、股利分配请求权、股东会/董事会决议不成立、股票公开发行方式、执行案件移送破产审查"等均有涉及，其中"执行案件移送破产审查"更是直接考了一个案例题；2019年考试中貌似有意回避了一些修订之处，两卷中辅导教材修订处虽考了10个题（包括重整的案例），但是很多重要的修订还没有考到，如公司股份回购、关联企业合并破产、破产清算、信用证等，这就给咱们 2020 年的考生增加了负担，因为 2020 年这些修订之处仍然是重点！当然，《经济法》考试喜新的同时并不厌旧，前述重点章节永远都是考查的重点。因此考生在学习的过程中"抓住重点"的同时也要"抓住新点"，但凡是辅导教材新修订的内容，在学习中就要给予充分的关注。

三、题型分析与答题技巧

1. 题型题量与分值

注册会计师考试《经济法》科目的题型分为客观性试题和主观性试题两类，按照近几年经济法考试的情况来看，其具体题型和分值为：

题型	单选题	多选题	综合题
题量	24 题	14 题	4 题
分值	24 分	21 分	55 分
比重	45%		55%

我们预计 2020 年度考试的题型与题量整体不会有太大的变化。

2. 题型特点与答题技巧

（1）单项选择题。单项选择题是各类题型中难度最小的一种题型。由于此类题型的备选答案中只有一个答案是符合题意的正确答案，命题者在出题时为了凑足四个备选答案，有些备选答案往往就显得荒谬和拙劣。因此，针对单选题，应尽量多得分，考生如能直接选出正确答案就应毫不犹豫地作出判断；部分题目选项设计上具有一定迷惑性，就应当采用"排除法"，将不正确的备选答案——剔除。在单选题作答时，需注意两点：第一，看清题目的表述，单选题因难度相对较低，在题目的表述上就有可能设置陷阱，比如"正确的"还是"不正确的""以上"还是"超过"，不要因为看到题目简单，一扫而过，没有看清关键词而导致失分；第二，考生应当在短时间内尽快作出选择，一道单项选择题往往在数秒钟或数十秒钟内就应作出正确的选择，可以谓之"秒杀"，在此类题型中过多占用时间，即使答对了也仅得 1 分，耗用大量宝贵的考试时间就得不偿失了。

（2）多项选择题。多项选择题每题有四个备选项，每个小题均有 2-4 个正确答案，不选、错选、漏选、多选均不得分。相对单项选择题而言，此类题型的考试难度较大，失分较多。但考生不要一看多选题就发怵，根据近几年命题的特点来看，多选题虽然看似较难，其实记忆性的考题所占比例比单选题更高，有的年份甚至达到多选题的 2/3，这些记忆性的题目也是可以直接回顾知识点选中正确答案的，只是对记忆的要求更高，单选只需要记一句话，而多选则需要记一段话甚至几段话；其余的题目则需要在理解的基础上才能作答。在多选题作答时，也需要注意两点：第一，充分利用排除法，因为此类题型至少有两个备选答案是正确的，要尽可能将不正确的备选答案排除，剩余可选择的备选答案就相应地减少了，正确的概率就相对要高得多；第二，要放松心态，不要苛求自己在多选题上拿高分，更不要因为反复琢磨它而浪费时间。

（3）案例分析题。案例分析题一般是给定案件的事实材料，设计问题让考生引经据典分析和解答。案例分析题是《经济法》科目考试中分值最高、难度最大的题目。首先，材料文字表述多，近几年的考题材料和题目的字数一般都在 3000 字以上，仅读题就需要大量时间；其次，案件涉及的法律关系复杂，经常横跨不同章节的内容；再次，答题要求高，要求作答必须表述"法言法语"，且作答的内容也多，按照标准的表述答题的字数都在 2500 字以上，再加上分值高，因而就有了"得主观题者得考试"的说法，能否有效应对案例分析题决定了考生能否考过经济法考试。在案例分析题作答时，应当注意：第一，先看问题，明确考查目标和答题要求，再看材料，这样阅读材料才有针对性，能抓住关键点；第二，阅读材料时，将关键词或句标注出来，有助于理清法律关系，引导答题思路；第三，针对问题，对照材料，回顾知识点的内容，准备作答。一般而言，对案例分析题中所提的问题，可以采用逻辑上的"三段论"予以回答，并注意尽可能运用法律术语：

第一步，作出判断结论。即直截了当回答题目所问的问题。如 2019 年的案例分析题："2018 年 6 月 18 日，甲向乙借款 70 万元，借期一年，约定到期本息一年偿还 100 万元，同时，甲以其市价 100 万元的挖掘机作为抵押，并约定：借款到期若甲不能偿还，挖掘机归乙。双方签订抵押合同但未作登记。"问：甲和乙之间"借款到期，若甲不能偿还，挖掘机归乙所有"的约定是否有效？并说明理由。直截了当回答问题：甲和乙之间的约定无效。

第二步，引述法律规定。此处不必指出具体的法律条文名称，只需写明"根据合同法律制度规定"或"根据法律规定"即可，关键要讲明法律规定的具体内容，在阐述法条时，如果能够表述法条的原文当然最好，如果不能表述原文，则必须把关键词表达准确、意思表达完整。如原文表述："根据规定，抵押权人在债务履行期届满前，不得与抵押人约定债务人不履行到期债务时抵押财产归债权人所有。"或者表述为："当事人在抵押合同中约定债务人不履行到期债务时抵押物归抵押权人所有，这属于流押条款，无效。"也没有问题。

第三步，简析本案情况。对本案事实简要分析，概论为何得出第一步之结论。本步骤并非所有考题必须，关键看前两步是否已足以说明问题，如果前两步已足以说明问题，无需再画蛇添足；但如果尚未对结论分析完整，则必须有本步骤，一般而言，在需要计算或者阐明具体法律关系的题目中本步骤必不可少。如前述问题，就不需要第三步。而另一个问：甲乙借款合同约定的 100 万元本息中，多少金额的约定是无效的？并说明理由。该问作答时就需要三步作答：（第一步）4.8 万元的利息无效。（第二步）根据规定，借贷双方约定的利率超过年利率 36%，超过部分的利息约定无效。（第三步）题目中本金 70 万元，约定一年本息 100 万元，即一年的利息为 30 万元，其中按照 36% 计算利息 = 70×36% = 25.2 万元，那么超过的部分为 30-25.2 = 4.8（万元），是无效的。

另，案例分析题每年都有一个题可以选择英语作答，窃以为是给外国人参加注会考试的福利，当然，如果考生对自己的英语水平相当自信，也不妨考出个 105 分来让大家膜拜一下！如果不够自信的话，还是老实地用中文作答吧。

四、备考方法

好的方法等于成功的一半！在备考的过程中，考生一定要养成良好的学习习惯，掌握有助于考试通过的学习方法。

1. 牢记学习目标，并且坚持到底

第一，牢记学习目标。从拿到 2020 年注会经济法教材开始复习的那一刻起，或者说从考生准备参加经济法考试的那一刻起，一定要牢记自己的目标：考过《经济法》科目，而不是成为法律"钻家"！为什么强调这一点？因为历年来很多考生在一步步学习的过程中很容易迷失自己的学习方向，踏上一条"钻研"而非"学习"的道路，简单地讲就是"跑偏了"。没有按照大纲的要求和考试需要掌握的程度来复习，而是耗费时间和精力去钻研大量的非考试要求的内容，甚至是法律没有规定的内容，这样做实在浪费时间，事倍功半，因此提醒大家一定要在有限的学习时间里理解和记忆尽可能多的考试内容，绝不能天天"钻牛角尖"搞研究，忘了自己学习的初衷。

第二，坚持到底的毅力。对任何一个考试，我的观点是"要么不考，要考就要考过！"否则对不起自己付出的时间和报名费。注册会计师考试本身就有相当的难度，考生在学习过程中遇到困难是很正常的，切不可一遇到困难就灰心，怀疑自己能力不够。要相信，你觉得难的别人也不会感觉太容易，遇到困难一定要努力去克服，而不是找种种理由放弃。要知道，时间是挤出来的，能力是培养出来的，考试是坚持下来的！能够通过考试的人无不是一路披荆斩棘、坚持到底的人。记住：不是看到了希望才去坚持，而是坚持了才会看到希望！

2. 通读指定教材，用好辅导资料

指定教材是考试的基本依据，所以通读教材是必须的！当然，读教材确实"不好玩"，因为《经济法》教材是专业书籍，而不是网络小说，但再无趣也得忍着，因为谁也无法逃避。要达到"教材虐你千百遍，你待教材如初恋"的境界。读教材主要是一个打基础的过程，因而基础如何决定了在教材上所花的时间。对于基础一般的同学，教材可分三步阅读：第一步通读，从头至尾认真阅读，对教材的体系、内容能大致了解；第二步细读，对具体的重要法律规定要细看、弄懂；第三步精读，重点章节的内容在考试中的分值很高，一定要学会合理分配时间，好钢用在刀刃上。而对于基础较好的同学，在通读教材以后可以重点用好咱们这本《应试指南》，一定可以起到事半功倍的效果。

3. 理解是王道，记忆不可少

《经济法》作为一门法学课程，其中大量内容是法律条文的具体规定，记忆是必须的；但记忆必须建立在理解的基础之上，死记硬背是"兔子尾巴长不了"，而且无法应对考试。同时，还要谨防只理解不记忆，即内容都理解但不记法条，就好比不以结婚为目的的谈恋爱，谈了半天，但没成果啊！重要的法条如果不记，在做案例分析题的时候就难以清楚、规范地表述。近几年《经济法》教材的厚度逐年递增，而且基本都是"货真价实""密密麻麻"的文字，如何将这些大量的信息理解、归类并强化记忆是一个比较复杂的头脑工程，其中所耗费的精力和时间只有亲身经历过的考生才能切实体会。尽管"工程量"大，但其中也有很多规律可循。本书中的"考点详解"栏目会通过例题等帮助考生理解知识点，并将教材中看似杂乱无章的法律规定"条分缕析"，采用口诀法、对比法、联想法等方式对知识点进行归纳整理，便于考生记忆。

4. 必做真题，强化练习

第一，必做真题。可以说，做真题就是做将来的考题，这并不是说真题会不断重考，而是通过做真题把握考试的方向。一方面，历年真题能够反映近年考试的出题思路，可以引领我们复习的方向，掌握出题规律并了解其变化趋势；另一方面，历年真题能够帮助我们熟悉、研究考试的题型，把握考查的方式，规范我们的答题方法，所以熟悉历年考题是必要的。但同时需要注意，由于近年来法律变化较大，对历年考题中已不合时宜的试题应予以回避。因而本书中各章所选用的"真题精练"栏目均对各章的考题进行了严格筛选并进行详细解析，考生可以放心选用参考。

第二，强化练习。可以说，做好的习题等于考试演习。高质量的练习是通往成功的必经之路，既能检验对知识点的掌握程度，又能巩固对考试内容的记忆。建议考生，"同步训练"中的某一类题型一定要做完后再与答案加以比较，特别注意要搞清楚自己错在哪里，为什么会错，正确的应当是什么，以后如何避免错误。教材中的考点是有限的，但考试的题型却是多样的，命题的角度也是多种多样的。只有通过同步训练，在理解的基础上具备举一反三的能力，才能较好地应对考试中的各种变化，以达到"釜底抽薪"的效果。但如果对知识点不求甚解仅仅搞题海战术，也只能是"扬汤止沸"而无法从根本上解决问题。另外，考前 2 周左右应当有所选择地做两套模拟试题，全面检验自己的学习成果，以适应考试的题型和题量，巩固所学的知识，找出学习的盲点，并攻克薄弱环节，通过实战演习做好上战场之前的充分准备。

5. 适应机考，把控时间

第一，适应机考这种考试方式。当初纸笔考试时很多人都在想，如果能机考就好了，平时老打字，写字不快，但现在机考真的来了，很多考生却又害怕打字速度跟不上了。其实这个问题不用过于担心，考生平时工作中如果经常打字完全是可以应对机考答题的。当然，如果想训练打字的速度，考生可以试着把《经济法》的知识点打成电子版，既复习了考试内容，又提高了打字速度，一举两得，很有可能知识点在打成电子版之时就是您顺利通过考试之日。

第二，在平时训练及考试时要特别注意把控时间。掌握了内容，还要能够在有限的时间内有效地用在考试中。注会经济法考试时间为 2 个小时，用类似春晚小品《不差钱》中"小沈阳"的话来说就是"考试其实可短暂了，键盘一按，一抬，这一场就过去了哈"。因此，为了留足案例分析题审题和答题的时间，客观题部分务必做到"稳、准、快"三点要求，其解答的时间不能超过 1 个小时，如果超过 1 个小时的话很难保证主观题的做题时间。尤其是近几年主观题的阅读量非常大、题目也比较多，正常情况下案件材料加问题的阅读量在 3000 字以上，问题总计 23 个左右，答题字数在 2700 字左右，而且在考试中"不按常理出牌"也时有发生，比如有的问题涉及考点较偏，有的案例设计的题目数量增多等等，因此建议考生平时就要做好准备，答单选题就要一针见血，答多选题就要排除干扰，尽量不要过度纠缠，在准确的基础上缩短做题时间，否则很难在实战中做完整套试卷。在此还要借用"小沈阳"的一句话，"考场上最痛苦的是什么呢，是有时间但题不会做；比这还痛苦的呢，就是题都会做，时间没了"。

6. 优质、高效、值得信赖的辅导班

如果你感觉自己时间有点紧，或者自己学习的效率不太高，或者学习环境不够好，或者信心不太足等等，同时经济条件又允许的情况下，不妨来参加我们的辅导班。中华会计网校专注注会考试多年，在这里，听课也是一种享受，专业老师和课程团队的倾心付出一定会让你事半功倍！

最后，法律作为一门社会科学，与大家的生活息息相关，考生备考的过程也是用法律武装自己的过程，通过考试之余，还能为自己今后的工作和生活提供指引，相信你今天所学的，将来都是有用的。

预祝各位考生早日梦想成真！

应试指导及同步训练

智慧启航

　　抱着追求并从中得到最大快乐的人，才是成功者。

——梭罗

第1章 法律基本原理

考情解密

本章可谓经济法科目基础之基础，内容较少，在考试中一直处于"弱势"地位，属于"丐中丐"级别。从近几年考试情况来看，本章所占的分值较小，平均在 2.5 分左右，一般以客观题形式进行考核。

近年考点直击

主要考点	主要考查题型	考频指数	考查角度
法的概念与特征	多选题	★	直接考查法的特征
法律渊源	单选题、多选题	★★★	(1)直接考查法律渊源的种类、效力等级；(2)判断给定的法律文件属于何种法律渊源
法律规范	单选题、多选题	★★★	(1)对法律规范概念的理解；(2)给出具体法律规定，要求判断属于何种类型的法律规范
法律关系	单选题、多选题	★★★	(1)法律关系主体的范围，权利能力与行为能力的关系，自然人行为能力的判断，法人的类型；(2)法律关系的客体范围，给出选项，判断是何种客体
法律事实	单选题、多选题	★★	(1)直接考查法律事实有哪些，给定选项判断是否属于法律事实；(2)区分事件与行为

本章2020年考试主要变化

本章无实质性变化。

一、法律基本概念

扫我解疑难

(一)法的概念与特征 ★①

1. 法的特征

(1)法是一定物质生活条件决定的统治阶级意志的体现;

(2)法是国家制定或认可的;

(3)法是国家强制力保证实施的(法实施主要依赖于社会主体自觉遵守,只有不遵守时,才由国家机器保证实施);

(4)法是调整人的行为和社会关系的行为规范;

(5)法是确定社会关系参加者的权利和义务的规范。

2. 法与其他行为规范的关系(见图1-1)

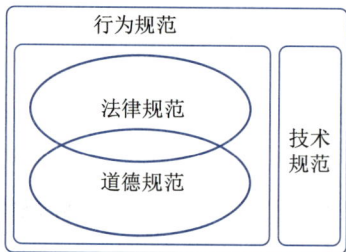

图1-1 法与其他行为规范的关系

【例题1·多选题】(2018年②)下列关于法的规范属性的表述中,正确的有( )。

A. 法是社会规范

B. 法是技术规范

C. 法是行为规范

D. 法是道德规范

解析 ▶ 本题考核法的特征。法是调整人的行为和社会关系的行为规范。法是调整人类社会关系的重要社会规范,但不是唯一的社会规范。 **答案** ▶ AC

(二)法律体系 ★

法律体系,又称部门法体系,是将一个国家全部法律规范按照调整对象和调整方法不同,划分为具体法律部门,从而形成的有机联系的统一整体。

我国有七大部门法:宪法、刑法、行政法、民商法、经济法、社会法、诉讼法与非诉讼程序法。

(三)法律渊源 ★★★

法律渊源,指法律的存在或表现形式。

1. 我国的法律渊源(见表1-1)

---

① 本书用"★"表示了解,"★★"表示熟悉;"★★★"表示掌握。

② 本书涉及的所有考题均为考生回忆,特此注明。

表 1-1 法律渊源

法律渊源	制定机关	效力层级
宪法	全国人民代表大会	最高法律效力
法律	全国人民代表大会及其常务委员会	仅次于宪法
行政法规	国务院	次于宪法和法律
地方性法规	地方人民代表大会及其常务委员会	次于宪法、法律、行政法规
部门规章	国务院各部、委员会、中国人民银行、审计署和具有行政管理职能的直属机构	次于宪法、法律、行政法规
地方政府规章	省、自治区、直辖市和设区的市的人民政府	—
司法解释	最高人民法院、最高人民检察院	—
国际条约或协定	我国签署的	—

【知识点拨 1】应当根据制定机关来掌握法律渊源。判断法律渊源的类型时，直接看制定机关即可，因此掌握制定机关是判断法律渊源类型的关键。

【知识点拨 2】我国是成文法国家，判例并非我国的法律渊源。

【知识点拨 3】司法解释不仅有最高人民法院发布的，还有最高人民检察院发布的。

【例题 2·单选题】下列规范性文件中，属于行政法规的是（　　）。

A. 全国人民代表大会常务委员会制定的《中华人民共和国公司法》

B. 国务院制定的《证券公司监督管理条例》

C. 中国证监会发布的《上市公司信息披露管理办法》

D. 北京市人民代表大会常务委员会通过的《北京市外商投资企业清算条例》

解析 ▶ 本题考核法律渊源。行政法规是国务院在法定职权范围内制定的规范性法律文件，选项 B 属于行政法规。选项 A 属于法律，选项 C 属于部门规章，选项 D 属于地方性法规。 答案 ▶ B

2. 法律的制定、修改与解释机关（见表 1-2）

表 1-2 法律的制定、修改与解释机关

类型	制定机关	修改机关	解释机关
基本法律	全国人大	全国人大闭会期间：全国人大常委会	全国人大常委会
一般法律	全国人大常委会	全国人大常委会	

3. 规章的内容限制（见表 1-3）

表 1-3 规章的内容限制

类型	内容限制
部门规章	没有法律或国务院的行政法规、决定、命令作为依据，不得设定减损公民、法人和其他组织权利或增加其义务的规范，不得增加本部门的权力或减少本部门的法定职责
地方政府规章	没有法律、行政法规、地方性法规作为依据，不得设定减损公民、法人和其他组织权利或增加其义务的规范

【例题 3·单选题】（2016 年）下列关于法律渊源的表述中，正确的是（　　）。

A. 全国人大常委会有权部分修改由全国人大制定的基本法律

B. 除最高人民法院外，其他国家机关无权解释法律

C. 地方性法规是指地方人民政府就地方性事务制定的规范性法律文件的总称

D. 部门规章可设定减损公民、法人和其他组织权利或增加其义务的规范

解析 ▶ 本题考核法律渊源。司法解释是最高人民法院、最高人民检察院发布的指导性文件和法律解释的总称，选项 B 错误。地方性法规是有地方立法权的地方人民代表大会及其常委会就地方性事务制定的规范性法律文件的总称，选项 C 错误。没有法律或国务院的行政法规、决定、命令的依据，部门规章不得设定减损公民、法人和其他组织权利或增加其义务的规范，选项 D 错误。 **答案** ▶ A

(四)法律规范 ★★★

法律规范是由国家制定或认可的，具体规定主体的权利、义务及法律后果的行为准则。它是组成法律的基本单位。

1. 法律规范与相关概念的关系

(1)法律规范与规范性法律文件：规范性法律文件是表现法律内容的具体形式，是法律规范的载体。

(2)法律规范与法律条文：法律条文是法律规范的表现形式；法律规范是法律条文的内容，但法律条文的内容中还包含其他要素，如法律原则。

【知识点拨 1】 当我们提到法律规范，很多考生的第一反应是自己所了解的"某某法"，如《合同法》《公司法》等，实际上，这种理解是不对的，《合同法》《公司法》《证券发行与承销管理办法》等是规范性法律文件，一个规范性法律文件由很多法律条文构成，比如《公司法》共有 218 条。法律条文的主要内容是法律规范，同时还包括法律概念、法律原则等。

【知识点拨 2】 法律条文与法律规范并非一一对应，一个法律条文可能反映多个法律规范的内容；而一项法律规范的内容可能表现在不同法律条文或规范性法律文件中。

【例题 4·单选题】（2017 年）关于法律规范与法律条文关系的表述中，正确的是（　　）。

A. 法律规范等同于法律条文

B. 法律条文的内容除法律规范外，还包括法律原则等法要素

C. 法律规范是法律条文的表现形式

D. 法律规范与法律条文一一对应

解析 ▶ 本题考核法律规范的概念。法律规范不同于法律条文，选项 A 错误。法律条文是法律规范的表现形式，选项 C 错误。法律规范与法律条文不是一一对应的，选项 D 错误。 **答案** ▶ B

3. 法律规范的种类(见表 1-4)

表 1-4　法律规范的种类

划分标准	分类		含义	举例
根据法律规范为主体提供行为模式的方式	授权性规范		规定人们可以作出一定行为或者可以要求别人作出一定行为；表述为"有权…""可以…"	(有限责任公司)股东可以要求查阅公司会计账簿
	义务性规范	命令性规范	规定人们的积极义务，即规定主体应当或者必须作出一定积极行为的规范；表述为"应当…""必须…""有…义务"	设立公司必须依法制定公司章程
		禁止性规范	规定人们的消极义务，即禁止人们作出一定行为的规范；表述为"不得…""禁止…"	公司成立后，股东不得抽逃出资

划分标准	分类		含义	举例
根据法律规范是否允许当事人进行自主调整，及按照自己的意愿设定权利和义务	强行性规范		所规定的义务具有确定的性质，不允许任意变动和伸缩。义务性规范都是强行性规范	公司董事、高级管理人员不得兼任监事
	任意性规范		在法定范围内允许行为人自行确定其权利义务具体内容	公司法定代表人依照公司章程的规定，由董事长、执行董事或经理担任
根据法律规范内容的确定性程度	确定性规范		内容已经完备明确，无须再援引或参照其他规范来确定其内容	当事人约定的定金数额不得超过主合同标的额的20%
	非确定性规范	委任性规范	只规定某种概括性指示，具体内容则由有关国家机关通过相应途径或程序加以确定	外国企业或者个人在中国境内设立合伙企业的管理办法由国务院规定
		准用性规范	本身没有具体规则内容，而是规定可以援引或参照其他有关规定内容	互易合同参照买卖合同的规定

【例题5·单选题】（2018年）下列各项法律规范中，属于确定性规范的是（　）。

A. 供用水、供用气、供用热力合同，参照供用电合同的有关规定

B. 法律、行政法规禁止或者限制转让的标的物，依照其规定

C. 国务院反垄断委员会的组成和工作规则由国务院规定

D. 因正当防卫造成损害的，不承担民事责任

解析 ▶ 本题考核法律规范的种类。确定性规范是内容已经完备明确，无须再援引或参照其他规范来确定其内容的法律规范。选项C是委任性规范，选项AB是准用性规范。

答案 ▶ D

二、法律关系

扫我解疑难

（一）法律关系的概念★

法律关系是根据法律规范产生、以主体间的权利与义务为内容的特殊社会关系。

【知识点拨】 法律关系是受法律调整的社会关系，生活中的某些现象不受法律调整，并非法律关系，在当事人之间并不产生法律上的权利义务，如朋友间的情谊行为（请吃饭、请看电影、陪旅游、聊天等）、恋爱关系（恋人之间的海誓山盟）、党团组织的内部关系等。

【例题6·多选题】（2016年）甲、乙均为完全民事行为能力人，甲、乙之间的下列约定中，能够产生法律上的权利义务的有（　）。

A. 甲送给乙一部手机

B. 二人共进晚餐

C. 甲将房屋出租给乙

D. 二人此生不离不弃

解析 ▶ 本题考核法律关系。选项A是赠与合同关系，选项C是租赁合同关系，都产生法律上的权利义务；选项B是情谊行为，选项D是恋爱关系，都不受法律调整。

答案 ▶ AC

【应试思路】 判断是否产生法律上的权利义务，实际上就是判断是否属于法律关系，在选择时直接看哪些是受法律调整的，直接排除不受法律调整的现象。

(二)法律关系的种类(见表1-5) ★

表1-5　法律关系的种类

划分标准	种类	理解
根据法律关系的主体是单方确定还是双方确定	绝对法律关系	一方(权利人)是确定的,另一方(义务人)是除了权利人以外的所有人。如物权法律关系、人身权法律关系
	相对法律关系	主体双方都是确定的。如债权法律关系
根据法律关系产生的依据是合法行为还是违法行为、是否适用法律制裁	调整性法律关系	不适用法律制裁,主体权利就能正常实现。建立在主体合法行为基础上,是法实现的正常形式
	保护性法律关系	在主体权利义务不能正常实现的情况下,通过法律制裁形成的法律关系。在违法行为基础上产生,是法实现的非正常形式。如刑事法律关系

(三)法律关系的主体 ★ ★ ★

1. 法律关系的主体范围(见表1-6)

表1-6　法律关系的主体

主体	考查点
自然人	自然人无论国籍,都可成为法律关系的主体
法人	法人包括营利法人、非营利法人、特别法人; 营利法人即企业法人,包括所有的公司、其他企业法人; 非营利法人包括:事业单位法人、社会团体法人、基金会、社会服务机构; 特别法人包括:机关法人(立法机关、行政机关和司法机关等)、农村集体经济组织法人、城镇农村的合作经济组织法人、基层群众性自治组织法人
非法人组织	非法人组织不具有法人资格,包括个人独资企业、合伙企业、公司的分支机构等
国家	国家可以成为法律关系的主体

【知识点拨】事业单位法人,如学校、幼儿园、医院;社会团体法人,如中国注册会计师协会、中国法学会、北京市律师协会;基金会法人,如宋庆龄基金会、嫣然基金会等。

【例题7·多选题】(2015年)下列各项中,可以成为法律关系主体的有(　　)。

A. 无国籍人

B. 有限责任公司的分公司

C. 公立医院

D. 国家

解析　本题考核法律关系主体。法律关系主体包括自然人、法人和非法人组织、国家。自然人包括本国公民、外国公民和无国籍人。"公立医院"属于事业单位法人;"分公司"属于非法人组织,可以在总公司授权范围内进行民商事活动。　**答案　ABCD**

2. 法律关系主体的权利能力与行为能力

(1)权利能力。是指权利主体享有权利和承担义务的能力,它反映了权利主体取得权利和承担义务的资格。

自然人的权利能力始于出生、终于死亡。但注意两点:第一,胎儿有继承遗产和接受赠与的权利能力;第二,如果胎儿娩出即为死体,则其权利能力自始不存在。

【知识点拨】特别注意胎儿的权利能力,一般而言,在遗嘱中将财产留给胎儿继承或者赠与财产给胎儿的合同都是有效的。但如果娩出即为死体,则视为其权利能力不存在。

法人的权利能力始于成立、终于终止。

【例题8·单选题】（2019年）根据民事法律制度的规定，下列各项中，属于无权利能力的是（　　）。

　A. 刚出生的婴儿

　B. 病理性醉酒的病人

　C. 智能机器人

　D. 植物人

解析 本题考核法律关系主体的权利能力。智能机器人并非法律关系的主体，不享有权利能力，其他选项均属于自然人，自然人的权利能力始于出生、终于死亡，因而都具有权利能力。　**答案** ▶ C

（2）行为能力。法律关系主体要自己参与法律活动，必须具备相应的行为能力。行为能力是指权利主体能够通过自己的行为取得权利和承担义务的能力。自然人分为完全民事行为能力人、限制民事行为能力人和无行为能力人，见表1-7。

表1-7　自然人的行为能力

种类	内容
完全民事行为能力	①18周岁以上的自然人是成年人，可以独立进行民事活动，是完全行为能力人（包括18周岁）； ②16周岁以上不满18周岁的公民，以自己的劳动收入为主要生活来源的，视为完全民事行为能力人（包括16周岁，不包括18周岁）
限制民事行为能力	①8周岁以上的未成年人（包括"8周岁"）； ②不能完全辨认自己行为的成年人（包括因智力、精神健康问题）
无民事行为能力	①不满8周岁的未成年人（不包括"8周岁"）； ②不能辨认自己行为的成年人和未成年人（虽年满8周岁，但不能辨认自己的行为）

【知识点拨1】民法所称的"以上""以下""以内""届满"，包括本数；所称的"不满""以外""超过"，不包括本数，因此"不满8周岁"不能表述为"8周岁以下"。

【知识点拨2】限制民事行为能力人可以进行与其年龄、智力、精神健康状况相适应的民事活动，还可以征得法定代理人的同意进行某种意思表示。而无民事行为能力人本人不能实施民事法律行为，应当由法定代理人代理其进行民事活动。**这就意味着限制民事行为能力人依法不能独立签订的合同属于效力待定合同，而无民事行为能力人签订的合同则是无效合同。**

【知识点拨3】自然人的权利能力始于出生、终于死亡，而行为能力则有三种，因此自然人有权利能力不一定有行为能力；法人的权利能力、行为能力均始于法人成立，终于法人终止，法人有权利能力就有行为能力。法人的行为能力通过法定代表人或经授权的代理人实现。

【例题9·单选题】（2018年）根据民事法律制度的规定，下列主体中，具有完全行为能力的是（　　）。

　A. 8周岁的乙

　B. 15周岁的少年天才丙

　C. 刚出生的甲

　D. 18周岁的大学生丁

解析 本题考核自然人的行为能力。18周岁以上精神正常的成年人为完全民事行为能力人，可以独立实施民事法律行为。选项AB属于限制民事行为能力人；选项C属于无民事行为能力人。　**答案** ▶ D

（四）法律关系的内容★

法律关系的内容即主体的权利义务。如在买卖合同法律关系中，买方的权利是取得货物，其义务是支付货款；卖方的权利是收取货款，其义务为交付货物。这里的"权利义务"就是该法律关系的内容。

【知识点拨】注意民事权利的分类。近几年的考题体现出考查基础理论的特点，因而此处对民事权利的分类做一个简要的介绍（虽然教材没有单独写这部分内容，但散见于第二章、第三章和第四章中）。民事权利根据其作用不同可以分为：支配权、请求权、抗辩权、形成权。在《经济法》科目中可能考查的权利主要有：

(1) 支配权，如物权、知识产权、人身权；

(2) 请求权，如物权请求权、债权请求权；

(3) 抗辩权，如合同履行中的同时履行抗辩权、先履行抗辩权、不安抗辩权、一般保证人的先诉抗辩权；

(4) 形成权，如可撤销行为的撤销权、效力待定合同的追认权、合同的解除权、抵销权、免除权等。

(五) 法律关系的客体 ★★

法律关系的客体，是指法律关系主体间权利义务所指向的对象。具体包括如下：

(1) 物。物权法律关系的客体，可以是自然物，如森林、土地，也可以是人的劳动创造物，如建筑物、机器、各种产品。广义的物还包括货币和有价证券(如支票、股票、债券等)。

(2) 行为。包括作为和不作为，如买卖合同的客体是交付标的物的行为；保密合同的客体是不作为(不泄露秘密)。

(3) 人身利益。人身权法律关系的客体，如公民和组织的姓名或名称、公民的肖像、名誉、尊严，公民的人身、人格和身份等。

(4) 智力成果。知识产权法律关系的客体，如文学艺术作品、科学著作、专利、商标等。

【知识点拨1】注意"客体"与"标的物"的区别。如房屋买卖合同关系的客体是行为，而不是买卖的标的物——房屋。

【知识点拨2】所有债权法律关系的客体都是行为，如合同关系、侵权关系。

【知识点拨3】但凡智力成果都是无形的，不要把智力成果和它的载体混为一谈，比如王老师写的这本书，王老师享有著作权，著作权的客体是作品，这个作品是本书中的文字所反映的思想内容，是无形的，而不是各位所拿到手上的一本本有形的书，有形的

书是著作权的载体，是所有权的客体。换句话说，你买了这本书，如果把这本书烧掉，你的所有权消灭，但我的著作权仍然存在。

【例题10·多选题】(2017年)下列各项中，属于法律关系客体的有(   )。

A. 建筑物
B. 自然人的不作为
C. 人格利益
D. 有价证券

解析 ▶ 本题考核法律关系的客体。法律关系的客体包括物、行为、人格利益、智力成果。

答案 ▶ ABCD

(六) 法律关系的变动原因——法律事实 ★★★

所谓法律事实，是指法律规范所规定的，能够引起法律后果即法律关系产生、变更和消灭的客观现象。根据是否依主体的意志为转移，法律事实可以分为两类：事件和行为。

1. 行为——受当事人的主观意志支配

根据人的行为是否需要当事人的意思表示，可以分为两类：

(1) 法律行为，即以行为人的意思表示为要素的行为，如订立合同、订立遗嘱、结婚等，要求当事人具有相应的行为能力。

(2) 事实行为，即非表意行为，如创作行为、侵权行为等，因不需要意思表示，所以不要求行为能力。

2. 事件——与当事人的意志无关

(1) 人的出生与死亡；
(2) 自然灾害与意外事件；
(3) 时间的经过。

三、全面依法治国基本方略 ★

扫我解疑难

1. 2018年3月，中共中央印发《深化党和国家机构改革方案》，组建中央全面依法治国委员会。中央全面依法治国委员会的主要职责是，统筹协调全面依法治国工作，坚持依法治国、依法执政、依法行政共同推进，

坚持法治国家、法治政府、法治社会一体建设，研究全面依法治国重大事项、重大问题，统筹推进科学立法、严格执法、公正司法、全民守法，协调推进中国特色社会主义法治体系和社会主义法治国家建设等。中央全面依法治国委员会办公室设在司法部。

2. 全面推进依法治国的总目标：建设中国特色社会主义法治体系、建设社会主义法治国家。

3. 全面推进依法治国的基本原则：①坚持中国共产党的领导；②坚持人民主体地位；③坚持法律面前人人平等；④坚持依法治国和以德治国相结合；⑤坚持从中国实际出发。

【例题11·单选题】（2019年）全面推进依法治国的总目标是（ ）。

A. 建设中国特色社会主义法治体系，建设社会主义法治国家

B. 坚持中国共产党的领导，坚持人民主体地位

C. 法律面前人人平等

D. 依法治国和以德治国相结合

答案 ▶ A

真题精练

一、单项选择题

1. （2018年）下列关于法律主体权利能力的表述中，正确的是（ ）。

A. 权利能力是指权利主体能够通过自己的行为取得权利和承担义务的能力

B. 自然人的权利能力可分为完全权利能力、限制权利能力与无权利能力

C. 权利能力以行为能力为前提，无行为能力即无权利能力

D. 营利法人、非营利法人与特别法人均具有权利能力

2. （2015年）下列关于法律关系主体的表述中，正确的是（ ）。

A. 法律关系主体必须同时具备权利能力和行为能力

B. 作为法律关系主体的自然人不包括外国人

C. 分公司具有法人地位

D. 法律关系主体既包括权利人，也包括义务人

3. （2015年）法律规范可以分为授权性规范和义务性规范。根据这一分类标准，下列法律规范中，与"当事人依法可以委托代理人订立合同"属于同一规范类型的是（ ）。

A. 中华人民共和国境内经济活动中的垄断行为，适用本法

B. 公司股东依法享有资产收益、参与重大决策和选择管理者等权利

C. 未经证券交易所许可，任何单位和个人不得发布证券交易即时行情

D. 票据的签发、取得和转让，应当遵循诚实信用的原则，具有真实的交易关系和债权债务关系

4. （2014年）下列关于各种法律渊源效力层级由高到低的排序中，正确的是（ ）。

A. 宪法、行政法规、部门规章、法律

B. 宪法、法律、行政法规、部门规章

C. 宪法、法律、部门规章、行政法规

D. 宪法、行政法规、法律、部门规章

二、多项选择题

1. （2018、2015年整合）下列各项中，属于我国法律渊源的有（ ）。

A.《支付结算办法》

B.《最高人民法院关于适用<中华人民共和国物权法>若干问题的解释（一）》

C.《中华人民共和国立法法》

D.《上市公司信息披露管理办法》

E. 联合国宪章

F. 某公立大学的章程

G.《最高人民法院公报》公布的案例

2. （2017年）下列各项中，属于法人的有（ ）。

A. 北京大学

B. 中华人民共和国最高人民法院

C. 中国人民保险集团股份有限公司

D. 中国注册会计师协会

3.（2014年）下列各项中，能导致一定法律关系产生、变更或消灭的有（ ）。

A. 人的出生　　B. 自然灾害

C. 时间的经过　　D. 侵权行为

真题精练答案及解析

一、单项选择题

1. D 【解析】本题考核法律关系主体的权利能力和行为能力。选项A错误，权利能力是指权利主体享有权利和承担义务的能力，它反映了权利主体取得权利和承担义务的资格；行为能力是指权利主体能够通过自己的行为取得权利和承担义务的能力。选项B错误，根据《民法总则》的规定，自然人的权利能力一律平等。自然人的民事行为能力分为三种，即完全民事行为能力、限制民事行为能力和无民事行为能力。选项C错误，行为能力必须以权利能力为前提，无权利能力就谈不上行为能力。

2. D 【解析】本题考核法律关系的主体。选项A，公民和法人要成为法律关系的主体，必须具备权利能力。选项B，自然人包括本国公民、外国公民和无国籍人。因此，外国人也可以成为法律关系的主体。选项C，分公司不具有法人资格。

3. B 【解析】本题考核法律规范。授权性规范是规定人们可以作出一定行为或者可以要求别人作出一定行为的法律规范，其立法语言表达式为"可以……""有权……""享有……权利"等。

【应试思路】注意法律规范划分标准的表述；能够判断给定的法律规定属于何种类型的法律规范。

4. B 【解析】本题考核法律渊源的效力层级。宪法具有最高法律效力，法律的效力仅次于宪法，行政法规的效力低于宪法和法律，部门规章不能与行政法规相冲突。

二、多项选择题

1. ABCDE 【解析】本题考核法律渊源。我国的法律渊源主要有宪法、法律、行政法规、地方性法规、规章、司法解释、国际条约和协定。选项A是中国人民银行发布，选项D是证监会发布，均属于部门规章。选项B是司法解释。选项C是全国人民代表大会发布，属于法律。选项E是我国签署的国际条约。选项FG都不是法律渊源。

2. ABCD 【解析】本题考核法律关系主体。按照《民法总则》的规定：我国法人包括营利法人、非营利法人、特别法人。机关法人（立法机关、行政机关和司法机关等）属于特别法人；事业单位法人、社会团体法人属于非营利法人；企业属于营利法人。选项A是事业单位法人，选项B是机关法人，选项C是企业法人，选项D是社会团体法人。

3. ABCD 【解析】本题考核法律事实。法律事实可以分为两类：事件和行为。选项ABC均属于事件的范围，选项D属于行为。

同步训练　限时10分钟

一、单项选择题

1. 下列规范性文件中，属于行政法规的是（ ）。

A. 全国人民代表大会常务委员会制定的

《中华人民共和国证券法》

　　B. 国务院制定的《中华人民共和国公司登记管理条例》

　　C. 深圳市人民代表大会制定的《深圳经济特区注册会计师条例》

　　D. 中国证监会制定的《上市公司信息披露管理办法》

2. 下列关于法律规范的表述，正确的是（　　）。

　　A. 法律规范是法律的一种

　　B. 法律规范即规范性法律文件

　　C. 一项法律规范表述为一个法律条文

　　D. 法律规范与国家的个别命令都具有法律效力

3.《合同法》规定："供用水、供用气、供用热力合同，参照供用电合同的有关规定。"此规定属于（　　）。

　　A. 授权性规范　　B. 任意性规范

　　C. 委任性规范　　D. 准用性规范

4. 小明8周岁，先天性脑部残疾，智力发育停滞于2周岁。下列关于小明的权利能力和行为能力的表述中，正确的是（　　）。

　　A. 小明有权利能力，但无行为能力

　　B. 小明有权利能力，但属于限制民事行为能力人

　　C. 小明无权利能力，且属于限制民事行为能力人

　　D. 10年后，小明属于限制民事行为能力人

5. 甲公司与乙公司签订一份运输货物的合同，下列关于该法律关系的说法中，不正确的是（　　）。

　　A. 该法律关系是相对法律关系

　　B. 甲公司与乙公司是该法律关系的主体

　　C. 该法律关系客体是运送的货物

　　D. 该法律关系的内容是买卖双方的权利和义务

6. 下列关于法律关系客体的说法，不正确的是（　　）。

　　A. 知识产权法律关系的客体是作品

　　B. 金钱可以成为物权法律关系的客体

　　C. 法律关系的客体包括不作为

　　D. 公民的身份可以成为人身权法律关系的客体

7. 下列关于法律事实的说法中，正确的是（　　）。

　　A. 法律行为要求行为人具有完全民事行为能力

　　B. 事实行为不要求行为人的行为能力

　　C. 侵权行为是法律行为

　　D. 事件是当事人无意识的行为

二、多项选择题

1. 下列关于法的特征说法正确的有（　　）。

　　A. 法体现的是统治阶级的意志

　　B. 法可以由国家认可

　　C. 法主要由国家强制力保证实施

　　D. 法可以确定当事人的权利义务

2. 下列关于法律渊源的表述中，不正确的有（　　）。

　　A.《公司法》是全国人大制定的基本法律

　　B. 司法解释是最高人民法院对具体应用法律问题所作的解释

　　C. 地方性法规与行政法规效力相当

　　D. 全国人大常委会可以修改和解释法律

3. 关于法律规范的类型，下列说法正确的有（　　）。

　　A. "民间文学艺术作品的著作权保护办法由国务院另行规定。"该规范属于授权性规范

　　B. "公司发行公司债券应当符合《证券法》规定的发行条件与程序。"该规范属于强行性规范

　　C. "合伙协议依法由全体合伙人协商一致、以书面形式订立。"该规范属于任意性规范

　　D. "外国企业或者个人在中国境内设立合伙企业的管理办法由国务院规定。"该规范属于委任性规范

4. 下列可以成为法律关系主体的有（　　）。

　　A. 国家

B. 中国青少年发展基金会

C. 北京某公司在上海的分公司

D. 农民专业合作社

5. 下列关于自然人权利能力与行为能力表述不正确的有（ ）。

A. 无民事行为能力人的行为能力一般通过法定代表人或其他代理人来实现

B. 自然人的权利能力因年龄和智力差异而有区别

C. 年满 8 周岁的未成年人都是限制民事行为能力人

D. 小亮 7 周岁，但智力超群，应视为限制民事行为能力人

6. 下列各项中，属于法律事实中事件的有（ ）。

A. 火山爆发　　　　B. 时间的经过

C. 人的出生　　　　D. 侵权行为

同步训练答案及解析

一、单项选择题

1. B 【解析】本题考核法律渊源。行政法规是国务院制定的规范性法律文件。选项 A 属于法律；选项 C 属于地方性法规；选项 D 属于部门规章。

2. D 【解析】本题考核法律规范的概念以及与相关概念的区别。法律规范是法律构成的基本单位，因此选项 A 错误；规范性法律文件是法律规范的载体，因此选项 B 错误；法律规范与法律条文并非一一对应的关系，因此选项 C 错误。

3. D 【解析】本题考核法律规范的分类。该规定属于非确定性规范、准用性规范。

4. A 【解析】本题考核自然人的民事行为能力。根据规定，自然人具有权利能力，小明 8 周岁本属于限制民事行为能力人，但其智力发育只有 2 周岁，因而是无民事行为能力人，即便 10 年后，其智商仍停留于 2 周岁，仍然无行为能力。

5. C 【解析】本题考核法律关系。甲、乙公司订立合同产生的是相对法律关系，该法律关系的客体是运送行为，而非运送的货物。

6. A 【解析】本题考核法律关系的主体与客体。知识产权法律关系的客体是智力成果，包括作品、专利、商标，因而选项 A 错误。

7. B 【解析】本题考核法律事实。法律行为

要求行为人具有相应的行为能力，而非完全民事行为能力，选项 A 错误；侵权行为是事实行为，选项 C 错误；事件与人的意志无关，并非行为，选项 D 错误。

二、多项选择题

1. ABD 【解析】本题考核法的特征。法主要由社会主体自觉遵守。

2. ABC 【解析】本题考核法律渊源。《公司法》是全国人大常委会制定的一般法律而非基本法律，选项 A 错误，当选；司法解释是最高司法机关对具体应用法律问题所作的解释，包括最高人民法院和最高人民检察院，选项 B 错误，当选。地方性法规不得与行政法规相抵触，选项 C 错误，当选。

3. BD 【解析】本题考核法律规范的种类。选项 A 属于委任性规范。选项 C 属于强行性规范。

4. ABCD 【解析】本题考核法律关系的主体。国家可以成为法律关系的主体，选项 A 正确；选项 B 是基金会法人；选项 C 是非法人组织；选项 D 是特别法人。

5. ABCD 【解析】本题考核自然人的权利能力与行为能力。自然人的行为能力一般通过自身实现，而法人的行为能力则通过法定代表人或其他代理人来实现，选项 A 错误；自然人的权利能力平等，选项 B 错误；年满 8 周岁的未成年人如果不能辨认

自己的行为，属于无民事行为能力人，选项 C 错误；小亮未满 8 周岁，属于无民事行为能力人，选项 D 错误。

6. ABC 【解析】本题考核法律事实中事件的范围。事件是指与当事人意识无关，但能引起法律关系发生、变更和消灭的客观情况。选项 ABC 正确；选项 D 属于法律事实中"行为"。

本章知识串联

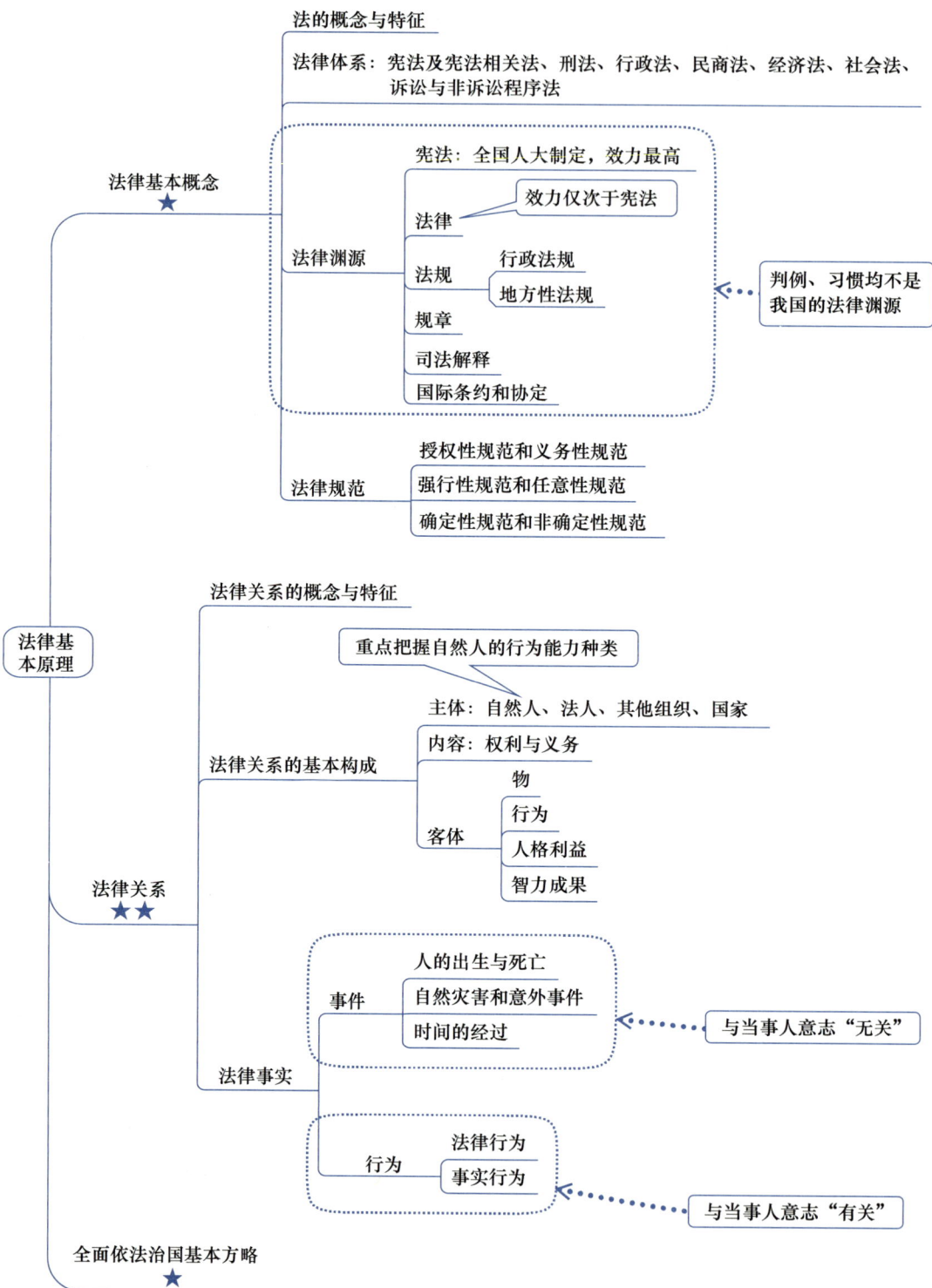

法的概念与特征

法律体系：宪法及宪法相关法、刑法、行政法、民商法、经济法、社会法、诉讼与非诉讼程序法

法律基本概念 ★

法律渊源
- 宪法：全国人大制定，效力最高
- 法律 —— 效力仅次于宪法
- 法规 —— 行政法规 / 地方性法规
- 规章
- 司法解释
- 国际条约和协定

> 判例、习惯均不是我国的法律渊源

法律规范
- 授权性规范和义务性规范
- 强行性规范和任意性规范
- 确定性规范和非确定性规范

法律基本原理

法律关系的概念与特征

法律关系的基本构成
- 主体：自然人、法人、其他组织、国家

> 重点把握自然人的行为能力种类

- 内容：权利与义务
- 客体
  - 物
  - 行为
  - 人格利益
  - 智力成果

法律关系 ★★

法律事实
- 事件
  - 人的出生与死亡
  - 自然灾害和意外事件
  - 时间的经过

> 与当事人意志"无关"

- 行为
  - 法律行为
  - 事实行为

> 与当事人意志"有关"

全面依法治国基本方略 ★

第 1 章 法律基本原理

026

第2章

基本民事法律制度

考情解密

历年考情概况

从近几年考试情况来看，本章在考试中也处于弱势地位，但相较第一章，在考试中所占分值稍高，平均在3分左右，基本都是以客观题的形式考核，近几年的案例分析中有涉及表见代理和民事法律行为效力(合同效力)的部分内容。

近年考点直击

考点	主要考查题型	考频指数	考查角度
民事法律行为	单选题、多选题、案例分析题	★★★	(1)民事法律行为的概念与分类；(2)意思表示的判断、生效；(3)给出案例，要求判断属于何种效力的民事法律行为；(4)可撤销行为及其法律后果
代理制度	单选题、多选题、案例分析题	★★	(1)代理与相关概念的区别；(2)滥用代理权的情形；(3)给出案例，要求判断是否属于表见代理
诉讼时效	单选题、多选题	★★★	(1)诉讼时效的种类；(2)诉讼时效起算时间的判断；(3)导致诉讼时效中止和中断的具体情形

本章2020年考试主要变化

本章删除"无民事行为能力人实施接受奖励、赠与、报酬等纯获利益的民事法律行为有效"的观点。改为：无民事行为能力人本人实施的民事法律行为一律无效。

考点详解及精选例题

一、民事法律行为制度

扫我解疑难

(一)民事法律行为理论 ★★★

1. 民事法律行为的概念

民事法律行为，是民事主体通过意思表示设立、变更、终止民事法律关系的行为。

【知识点拨】民事法律行为是以意思表示为要素的行为，其效力结果多种，包括有效、效力待定、无效、可撤销以及已成立、未生效(附生效条件、附生效期限的民事法律行为)等。

2. 民事法律行为的分类(见表 2-1)

表 2-1 民事法律行为的分类

标准	类型	示例
根据行为成立所需要的意思表示	单方民事法律行为	只需一方意思表示即可成立,无需他人同意,如订立遗嘱、单方授权、撤销代理权、债务免除、无权代理的追认。 【知识点拨】赠与是双方民事法律行为(赠与合同)
	双方民事法律行为	需要两个当事人的意思表示一致,如合同行为 【知识点拨】合同行为只是民事法律行为中的一种,考生不要把二者等同起来
	多方民事法律行为	需两个以上当事人的意思表示,如决议。与双方民事法律行为不同的是,双方民事法律行为中一方的权利就是另一方的义务;而多方民事法律行为中当事人的权利义务一致,如股东会作出决议分配利润,对全体股东都有效,所有股东都可以分配利润
是否互为给付一定代价	有偿民事法律行为	如买卖合同、承揽合同 【知识点拨】此处的代价不仅包括金钱,还包括财产、劳务等
	无偿民事法律行为	如赠与行为、无偿委托
根据法律行为效果不同	负担行为	负担行为是使一方相对于他方承担一定给付义务的法律行为。这种给付义务既可以是作为的,也可以是不作为的。负担行为产生的是债法上的法律效果,如订立合同
	处分行为	处分行为是直接导致权利发生变动的法律行为。这种变动既可以是权利的产生,也可以是权利的变更或者消灭。如设定抵押权、质权等即为处分行为,导致物权变动
法律是否规定必须采取一定形式	要式民事法律行为	法律规定必须采取一定的形式或者履行一定的程序才能成立。法律规定必须采取书面形式的,如融资租赁合同、建设工程合同、技术开发合同、技术转让合同、金融机构借款合同、担保合同等。此外,票据行为也是要式行为
	不要式民事法律行为	法律不要求特定形式,绝大多数民事法律行为是不要式行为,如买卖合同、赠与合同
能否独立存在	主民事法律行为	主法律行为可以单独存在,从法律行为则必须以主法律行为存在为前提,如借款合同与担保合同的关系。主法律行为不成立,从法律行为则不成立;主法律行为无效,从法律行为也当然无效
	从民事法律行为	

【知识点拨】民事法律行为的分类是近几年注会《经济法》考试考查频率较高的考点,考生必须深入理解不同类型的法律行为。

【例题 1·多选题】(2019 年)根据民事法律制度的规定,下列选项中,属于单方民事法律行为的有(   )。

A. 赠与　　　　　B. 追认

C. 撤销　　　　　D. 借贷

解析 ▶ 本题考核民事法律行为的分类。赠与和借贷都是双方民事法律行为。

答案 ▶ BC

【例题 2·单选题】(2018 年)根据民事法律制度的规定,下列各项中,属于民事法律行为中的处分行为的是(   )。

A. 租赁合同　　　B. 所有权转让

C. 买卖合同　　　D. 拆除房屋

解析 ▶ 本题考核民事法律行为的分类。处分行为是直接导致权利发生变动的法律行为;负担行为是使一方相对于他方承担一定给付义务的法律行为。选项 AC 是负担行为;选项 D 拆除房屋属于事实行为,不是法律行为。

答案 ▶ B

【应试思路】在考试中，但凡看到订立"……合同"，都是负担行为；而"设定某种物权"都是处分行为。

（二）意思表示★

1. 民事法律行为以意思表示为构成要素。意思表示是指行为人把意欲产生某种法律后果的内在意思表达于外部的行为。意思表示的构成见表2-2。

表2-2 意思表示的构成

意思表示的构成	理解
内心效果意思	是表意人内心有追求受法律约束的意思，这使得意思表示区别于戏谑行为（开玩笑）、情谊行为（请吃饭、请看电影、陪散步、陪旅游等）
外在表示行为	表示包括明示和默示。明示可以书面、口头等方式；默示包括行为推定和（绝对）沉默。行为推定如自动售货机购买饮料；沉默只有在有法律规定、当事人约定或者符合当事人之间的交易习惯时，才可以视为意思表示。 【相关链接】《合同法》规定，试用期间届满，买受人对是否购买标的物未作表示的，视为购买。此处"未作表示"就属于默示。《继承法》规定，继承开始后，继承人放弃继承的，应当在遗产处理前，作出放弃继承的表示。没有表示的，视为接受继承

2. 意思表示生效的时间（见表2-3）

表2-3 意思表示生效的时间

意思表示的类型		生效时间
无相对人的意思表示		表示完成时生效，法律另有规定的，依照其规定。如遗嘱行为、抛弃动产等单方民事法律行为。 【知识点拨】并非所有单方行为都是无相对人的意思表示，如代理权的授予、免除他人债务等虽是单方行为，但都是有相对人的意思表示
有相对人的意思表示	对话方式	以对话方式作出的意思表示，相对人知道其内容时生效。如甲对乙说，手表卖给你100块。乙知道该内容的时候甲的意思表示生效
	非对话方式	以非对话方式作出的意思表示，到达相对人时生效；以非对话方式作出的采用数据电文形式的意思表示，相对人指定特定系统接收数据电文的，该数据电文进入该特定系统时生效；未指定特定系统的，相对人知道或者应当知道该数据电文进入其系统时生效。当事人对采用数据电文形式的意思表示的生效时间另有约定的，按照其约定
公告方式作出的意思表示		公告发布时生效。如悬赏的意思表示，悬赏公告发布的时候生效

3. 意思表示可以撤回

撤回意思表示的通知应当在意思表示到达相对人前或者与意思表示同时到达相对人。

4. 意思表示的解释

（1）有相对人的意思表示的解释，应当按照所使用的词句，结合相关条款、行为的性质和目的、习惯以及诚信原则，确定意思表示的含义。

（2）无相对人的意思表示的解释，不能完全拘泥于所使用的词句，而应当结合相关条款、行为的性质和目的、习惯以及诚信原则，确定行为人的真实意思。

【例题3·单选题】（2019年）根据民事法律制度的规定，下列关于意思表示的表述中，说法正确的是（ ）。

A. 要约不属于意思表示

B. 非对话的意思表示属无相对人的意思表示

C. 继承开始后，继承人无意思表示的，视为放弃继承

D. 以公告方式进行意思表示的，自公告发布时生效

解析 ▶ 本题考核意思表示。选项 A：要约属于意思表示。选项 B：有相对人的意思表示分为对话的意思表示和非对话的意思表示。选项 C：继承开始后，继承人放弃继承的，应当在遗产处理前，作出放弃继承的表示；没有表示的，视为接受继承。 **答案** ▶ D

(三)民事法律行为的效力 ★★★

1. 民事法律行为的成立

民事法律行为成立必须具有主体、意思表示、标的三个要素。

【知识点拨】 法律行为成立，是行为在形式上存在，不等于实质上生效。

2. 民事法律行为的生效

法律行为的有效要件包括实质要件和形式要件。

(1)民事法律行为有效的实质要件。

①行为人具有相应的民事行为能力；

【知识点拨1】 此处并没有要求完全民事行为能力，限制行为能力人实施的某些行为也是有效的。

【知识点拨2】 根据《合同法司法解释一》，法人的行为能力由核准登记的经营范围决定，但其超越经营范围订立合同，人民法院并不因此认定合同无效。除非违反国家限制经营、特许经营以及法律、行政法规禁止经营规定。

②行为人的意思表示真实；

③不违反法律、行政法规的强制性规定，不违背公序良俗(注意，两方面同时满足)。

(2)民事法律行为有效的形式要件。

①口头形式；②书面形式；③其他形式(如沉默、行为推定)。

3. 无效民事法律行为(见表2-4)

表 2-4　无效民事法律行为

具体情形	法律后果
①无民事行为能力人实施的民事法律行为； ②以虚假的意思表示实施的民事法律行为(双方虚假表示行为)； 【知识点拨】 双方虚假表示行为本身无效，但隐藏的行为效力如何需要根据具体情况判断，可能有效或者无效。 ③恶意串通损害他人利益的民事法律行为； ④违反法律、行政法规的强制性规定的民事法律行为； 【知识点拨】 但如果该强制性规定不导致该民事法律行为无效的除外(只有违反法律、行政法规效力性强制性规定的行为才无效)。 ⑤违背公序良俗的民事法律行为。 『举例』 张三与李四约定，李四做张三的"二奶"1年，张三付给李四20万。即违背公序良俗而无效	①行为效力：自始无效、当然无效、绝对无效。 ②财产处理：返还财产，不能返还应折价补偿。 ③赔偿责任：有过错的一方应当赔偿对方由此所受到的损失；各方都有过错的，应当各自承担相应的责任。 【知识点拨】 民事法律行为部分无效的，不影响其他部分效力

【知识点拨】 双方虚假表示行为

『举例1』 张某卖给李某一套房屋，实际成交价格为 500 万元，但二人为了避税，另拟一份合同，将房屋总价写为 300 万元，到房产部门办理过户登记。本案中，总价 300 万元的合同即为双方虚假表示行为，应认定无效；而以 500 万元的价格买卖房屋则是隐藏的行为，该行为合法有效。

『举例2』 张三要卖海洛因给李四，但怕被发现，于是两人商量好，名义上签一合同，写明"张三卖 1 斤面粉给李四，按市价结算。"实际上张三卖给李四的是海洛因，李四付了 20 万元。该例中，买卖面粉的合同是双方虚假表示行为，该合同无效。隐藏的行为是买卖海洛因，因违反法律的强制性规定而无效。

【例题4·单选题】 (2014年)甲向乙兜售毒品时，虽然提供了真实的毒品作为样品，实际交付的却是面粉。下列关于该民事行为

效力的表述中，正确的是(　　)。

A. 有效　　　　B. 无效

C. 可撤销　　　D. 效力待定

解析▶ 本题考核合同的效力。合同中约定的标的物属于违法标的物，故不论实际交付的标的物是否合法，该买卖合同都无效。

答案▶ B

4. 可撤销民事法律行为

(1)具体情形(见表2-5)。

表2-5　可撤销民事法律行为

具体情形	解析
重大误解	当事人对行为的性质、对方主体、标的物的品种、质量、规格、数量等产生主观错误认识，使行为后果与自己的意思相悖，造成了较大损失。 『举例』张三买Dell笔记本电脑，但对型号不熟悉，导致买错了型号
显失公平	一方利用对方处于危困状态、缺乏判断能力等情形，致使民事法律行为成立时当事人之间的权利义务就明显违反公平原则。 『举例』张三有一传家宝玉佩，张三不知价值，李四是古玩行家，开价市价的1/10购买，张三与之订立买卖合同
欺诈	欺诈，是一方故意隐瞒真实情况或提供虚假情况，导致对方错误认识，从而作出不真实的意思表示。具体： ①一方以欺诈手段，使对方在违背真实意思的情况下实施的民事法律行为； ②第三人实施欺诈行为，使一方在违背真实意思的情况下实施的民事法律行为，对方知道或者应当知道该欺诈行为的
胁迫	胁迫是威胁他人人身或财产安全，迫使对方作出不真实意思表示。具体：一方或者第三人以胁迫手段，使对方在违背真实意思的情况下实施的民事法律行为

【知识点拨】 欺诈是一方导致对方当事人主观上的错误认识，而胁迫是导致对方当事人内心恐惧，从而实施法律行为；另需特别注意第三方欺诈和第三方胁迫，第三方欺诈必须对方知情方可撤销，而第三方胁迫受胁迫方直接享有撤销权。

『举例1』 齐某扮成建筑工人模样，在工地旁摆放一尊廉价购得的旧蟾蜍石雕，冒充新挖出文物等待买主。甲曾以5万元从齐某处买过一尊同款石雕，发现被骗后正在和齐某交涉时，乙过来询问。甲有意让乙也上当，以便要回被骗款项，未等齐某开口便对乙说："我之前从他这买了一个貔貅，转手就赚了，这个你不要我就要了。"乙信以为真，以5000元买下石雕。乙是否可以主张撤销该行为？向谁主张？

解析▶ 该案是典型的第三方欺诈导致的可撤销。乙受到甲的欺诈与齐某签订买卖石雕的合同，齐某对此知情，因此乙可以要求撤销与齐某的买卖合同；基于合同的相对性，乙应当向齐某主张撤销。

【应试思路】 对于欺诈和胁迫的考题，首先要看清楚是欺诈还是胁迫，然后看是对方欺诈、胁迫还是第三方欺诈、胁迫，再进行甄别。

『举例2』 张某买了一张彩票，晚上开奖，张某误以为自己中了50万元奖金，大喜过望，第二天即到车行订购价值30万元宝马车一辆，结果张某拿彩票去兑奖时发现自己看错了一个数字，实际并未中奖。张某购买宝马车的行为是否属于重大误解可撤销行为？

解析▶ 行为人因对行为的性质、对方当事人、标的物的品种、质量、规格和数量等的错误认识，使行为的后果与自己的意思相悖，并造成较大损失的，可以认定为重大误解。但对于"动机"的错误认识一般不构成重大误解。本题就是典型的动机错误，而不是对法律行为本身发生了错误认识，张某买车行为的效果与中奖之间没有内在联系，该购买车的行为有效。

【例题 5·单选题】 下列情形中，属于有效民事法律行为的是（ ）。

A. 限制行为能力人甲临终立下遗嘱："我死后，我的全部财产归大姐"

B. 甲、乙双方约定，若乙将与甲有宿怨的丙殴伤，甲愿付乙酬金 5000 元

C. 甲因妻子病重，急需医药费，遂向乙筹款。乙提出，可按市场价买下甲的祖传清代青花瓷瓶，甲应允

D. 甲欲把藏獒卖给乙，乙不愿意，甲以举报乙虚开增值税发票为要挟，乙遂购买

解析 ▶ 本题考核民事法律行为的效力、无效民事法律行为。根据规定，无行为能力、限制行为能力人订立的遗嘱无效，因此选项 A 为无效民事法律行为，不当选；选项 B 属于违反法律法规强制性规定的民事法律行为，应为无效，不当选；选项 C 并非乘人之危所为的民事法律行为，是"按照市场价"购买，并没有严重损害甲的利益，因此是有效民事法律行为，当选；选项 D 构成胁迫，属于可撤销民事法律行为。 **答案** ▶ C

（2）撤销权的行使（见表 2-6）。

表 2-6　撤销权的行使

项目	内容
撤销权行使主体	意思表示不真实的一方，包括发生重大误解的一方、在显失公平行为中受损害的一方、被欺诈或被胁迫的一方
撤销权的行使期间（除斥期间）	有下列情形之一的，撤销权消灭：①当事人自知道或者应当知道撤销事由之日起 1 年内、重大误解的当事人自知道或者应当知道撤销事由之日起 3 个月内没有行使撤销权；②当事人受胁迫，自胁迫行为终止之日起 1 年内没有行使撤销权；③当事人知道撤销事由后明确表示或者以自己的行为表明放弃撤销权。当事人自民事法律行为发生之日起 5 年内没有行使撤销权的，撤销权消灭
撤销的后果	一旦被撤销，其财产处理（返还财产、折价补偿）以及赔偿责任与无效行为的后果一样

【知识点拨】 关于撤销权的除斥期间：可撤销行为撤销权的行使期限一般为 1 年，重大误解为 3 个月，起算点一般为主观标准，即当事人知道或应当知道撤销事由之日起算，但受胁迫方的撤销权起算点为胁迫行为终止之日起 1 年。如果当事人自行为发生之日起 5 年都不行使，撤销权彻底消灭（此处的 5 年，是客观标准）。

『举例』2018 年 3 月 1 日，张三将自己的车卖给李四，里程表上显示车辆已行驶 6 万公里，该车里程表有故障，实际上已行驶 12 万公里。张三未告知李四此故障，将车交给李四以后，李四于 2018 年 6 月 1 日检测方知该问题。本案中需注意的问题：

①该合同属于欺诈订立的合同，李四享有撤销权，在撤销之前，该合同是有效的；

②李四必须在 2019 年 6 月 1 日前行使撤销权，否则撤销权就消灭；

③假设李四 2022 年 9 月 1 日才知道上当，则其撤销权行使期限截止到 2023 年 3 月 1 日。

5. 无效行为与可撤销行为区别（见表 2-7）

表 2-7　无效行为与可撤销行为区别

区别点	无效行为	可撤销行为
行为效力不同	自始无效	如果不被撤销，则属于有效行为；只有被撤销的情况下，才自始无效
主张权利的主体不同	司法机关可主动审查	撤销权人（意思表示不真实的当事人）主张，司法机关不可主动审查
行使时间不同	无除斥期间限制	有除斥期间限制

【例题 6 · 单选题】（2015 年）根据民事法律制度的规定，下列关于可撤销的民事行为的表述中，正确的是（　　）。

A. 可撤销的民事行为亦称"效力待定的民事行为"

B. 可撤销的民事行为一经撤销，自始无效

C. 自撤销事由发生之日起 1 年内当事人未撤销的，撤销权消灭

D. 法官审理案件时发现民事行为具有可撤销事由的，可依职权撤销

解析 ▶ 本题考核可撤销民事行为的特征。选项 A，可撤销民事行为与效力待定民事行为是两种不同的民事行为。选项 C，《民法总则》规定：撤销权行使的期限一般为 1 年，重大误解为 3 个月，起算点一般是从当事人知道或应当知道撤销事由之日起算，胁迫可撤销是从胁迫行为终止起算。选项 D，可撤销民事行为的撤销，应当由撤销权人申请撤销，法院不主动干预。　　答案 ▶ B

6. 效力待定的民事法律行为

效力待定行为有两种：一种是限制民事行为能力人不能独立实施的合同行为；一种是狭义无权代理行为。

【知识点拨】 狭义无权代理见"代理"部分知识点，此处只介绍第一种。

限制民事行为能力人实施的纯获利益的民事法律行为或者与其年龄、智力、精神健康状况相适应的民事法律行为有效；实施的其他民事法律行为经法定代理人同意或者追认后有效。

相对人可以催告法定代理人自收到通知之日起 1 个月内予以追认。法定代理人未作表示的，视为拒绝追认。民事法律行为被追认前，善意相对人有撤销的权利。撤销应当以通知的方式作出。

『举例』 15 岁的初中生小高，智力超群，用自己的压岁钱购买甲公司销售的限量版电脑一台，价值 2 万余元。该电脑买卖合同效力待定。甲公司可以催告小高的父母（法定代理人）对该合同予以追认，催告之日起 1 个月法定代理人不作任何表示，视为拒绝追认。若甲公司知道小高是初中生，不享有撤销权；如果甲公司不知道小高是未成年人，就享有撤销权，可以通知小高的父母撤销该电脑买卖合同。

『总结』 无民事行为能力、限制民事行为能力人行为效力（见表 2-8）。

表 2-8　无民事行为能力、限制民事行为能力人行为效力

行为能力	实施的民事法律行为	效力
无民事行为能力人	本人实施的民事法律行为	无效
	法定代理人代理实施	有效
限制民事行为能力人	纯获利益行为； 与其年龄、智力、精神健康状况相适应的行为	有效
	依法不能独立实施的民事法律行为	效力待定
	订立遗嘱	无效

『说明』 教材修订后，完全按照《民法总则》的规定，无行为能力人本人实施民事法律行为一律无效。

【例题 7 · 多选题】关于以下法律行为，不能够产生法律效力的有（　　）。

A. 6 岁的小王接受叔叔送给他的一套价值 500 元的玩具

B. 经营文化用品的甲公司向乙公司出售一批电视机

C. 甲拟向乙出售手机，要约中写明"如果乙不反对，则合同成立"，乙未予回应

D. 15 岁的小李在征得父母同意后，自行

购买一台价值 5000 元的笔记本电脑

解析 ▶ 本题考核法律行为的生效。选项 A，小王无民事行为能力，本人实施的民事法律行为一律无效；选项 B，当事人超越经营范围订立合同(未违反国家禁止经营、限制经营、特许经营的规定)，认定有效；选项 C 中没有法律规定也不符合当事人之间交易习惯，乙的沉默不是意思表示，不能发生法律效力；选项 D，限制民事行为能力人可以实施与他年龄、智力相适应的民事行为，其他行为由其法定代理人代理或者征得法定代理人的同意。

答案 ▶ AC

【应试思路】 法律行为能够发生法律效力，前提是具备生效要件。实质要件是从行为人的行为能力、意思表示、行为内容是否违法来确定。形式要件要看是否具备符合规定的形式。

【例题 8 · 单选题】（2014 年）小凡年满 10 周岁，精神健康，智力正常。他在学校门口的文具店看中一块橡皮，定价 2 元，于是用自己的零用钱将其买下。下列关于小凡购买橡皮行为效力的表述中，正确的是(   )。

A. 小凡是无民事行为能力人，其购买橡皮的行为无效

B. 小凡是无民事行为能力人，其购买橡皮的行为须经法定代理人追认方为有效

C. 小凡是限制民事行为能力人，其购买橡皮的行为有效

D. 小凡是限制民事行为能力人，其购买橡皮的行为须经法定代理人追认方为有效

解析 ▶ 本题考核民事行为的效力。限制民事行为能力人订立的合同，经法定代理人追认后，该合同有效，但纯获利益的合同或者与其年龄、智力、精神健康状况相适应而订立的合同，不必经法定代理人追认。

答案 ▶ C

(四)民事法律行为的附条件和附期限 ★★

1. 附条件的民事法律行为(见表 2-9)

表 2-9　附条件的民事法律行为

所附条件的要求	①必须是将来发生的事实；②必须是不确定的事实；③必须是双方约定的条件，而非法律明确规定的条件；④条件必须合法
条件的分类	附延缓条件的法律行为，延缓条件即"生效条件"，条件成就时法律行为才生效。如甲乙二人约定"如果明天下雨，甲就把伞卖给乙。"
	附解除条件的法律行为，解除条件即"消灭条件"，条件成就时行为归于无效。如甲乙二人约定"如果甲的儿子从国外回来，甲租给乙的房子就收回。"
对当事人恶意的规制	当事人为自己的利益不正当地阻止条件成就时，视为条件已成就；不正当地促成条件成就的，视为条件不成就

2. 附期限的民事法律行为

分类：附延缓期限(始期)的法律行为和附解除期限(终期)的法律行为。

『举例』 甲、乙订立买卖合同，合同中有约定"本合同一个月后生效"，即为附延缓期限的法律行为。

【知识点拨】 对于一个事实应当认定为"期限"，还是"条件"，区分标准在于其发生的确定性：期限是必然发生的事实，也就是说期限是一定会到来的；而条件是不确定的事实，条件可能成就也可能不成就。

【例题 9 · 单选题】（2017 年）根据民事法律制度的规定，下列关于附条件民事法律行为所附条件的表述中，正确的是(   )。

A. 既可以是将来事实，也可以是过去事实

B. 既可以是人的行为，也可以是自然现象

C. 既可以是确定发生的事实，也可以是不确定发生的事实

D. 既包括约定事实，也包括法定事实

解析 ▶ 本题考核附条件民事法律行为。民事法律行为所附条件，既可以是自然现象、事件，也可以是人的行为(选项 B 正确)。民事法律行为所附条件的特征：必须是将来发生的事实，过去的事实不得作为条件(选项 A 错误)；必须是将来不确定的事实(选项 C 错误)；条件应当是双方当事人约定的(选项 D 错误)。

答案 ▶ B

二、代理制度

扫我解疑难

(一)代理的基本理论★

代理是指代理人在代理权限内，以被代理人名义与第三人实施民事法律行为，由此产生的后果直接由被代理人承担的一种法律制度。

1. 代理的特征

(1)代理行为是"民事法律行为"。

代理人从事的行为主要包括：①民事法律行为，如订立合同、履行债务；②部分准民事法律行为，如民事诉讼行为、代理申请专利、代理纳税等。

具有人身性质的法律行为(如立遗嘱、结婚等)、双方当事人约定必须由本人亲自实施的民事法律行为不得代理。

(2)代理人以"被代理人"的名义实施法律行为。

【相关链接】 委托合同中，受托人可以以"委托人"的名义，也可以以"自己"的名义与第三人订立合同。受托人以自己的名义与第三人订立合同，即隐名代理，也是代理的一种。

(3)代理人在代理权限内"独立"向第三人为意思表示。

(4)代理人所为的民事法律行为的法律效果归属于"被代理人"。

『**举例**』甲商场委托采购员张某到电视机厂买彩电 100 台，张某代理甲商场与电视机厂签订买卖合同，合同的当事人为甲商场(被代理人)和电视机厂(第三人)，张某只是代理人，该合同的法律后果由甲商场承担。

2. 代理与相关概念的区别(见表 2-10)

表 2-10　代理与相关概念的区别

相关概念	区别点
代理与委托	①行使权利的名义不同。代理一般以被代理人名义；委托中受托人可以以委托人或自己的名义。 ②从事的事务不同。代理一定是民事法律行为；委托从事的行为可以不是民事法律行为，如甲委托乙帮忙照看一下孩子。 ③代理涉及三方当事人；委托是双方当事人之间的关系
代理与行纪	①实施行为的名义和法律后果不同。代理一般以被代理人名义，其法律后果直接归属于被代理人；而行纪人是以自己的名义，在行纪人实施的行为中行纪人自己承受法律后果，然后再通过委托合同转归委托人。 ②有偿与否不同。代理可以有偿可以无偿，行纪一定是有偿的。 【知识点拨】行纪，可以参见第四章关于"行纪合同"的内容
代理与传达	行为性质及对行为能力的要求不同。代理人必须独立对第三人作出意思表示，因而代理人必须具有相应的民事行为能力；而传达只是传递委托人的意思，传达人自己不做意思表示，因而不要求传达人的民事行为能力。 【知识点拨】我们可以形象地把传达人看作一支录音笔，传达人就起一个"转述"的作用，并非意思表示，因而任何内容都可以传达

3. 代理的种类

(1)委托代理：基于被代理人的授权产生

代理权。

(2)法定代理：基于法律规定产生代

理权。

【例题 10·多选题】 下列行为中，构成代理的有(　　)。

A. 甲的父母，代 6 周岁的甲出售甲的画作一幅

B. 乙受公司委托，以该公司名义与他人签订买卖合同

C. 丙受公司委托，代为处理公司的民事诉讼纠纷

D. 丁受公司委托，代表公司在宴会上致辞

解析 ▶ 本题考核代理。其中选项 ABC 都属于代理，选项 A 是法定代理，选项 B 是代理订立合同，选项 C 是代理诉讼，唯独选项 D 不是民事法律行为，不适用代理。

答案 ▶ ABC

【例题 11·单选题】 (2019 年)根据民事法律制度的规定，下列关于传达的表述中，说法正确的是(　　)。

A. 传达人以自己的名义为意思表示

B. 身份行为的意思表示可以传达

C. 单方意思表示不能传达

D. 传达人需具备完全民事行为能力

解析 ▶ 本题考核传达。选项 A：传达的任务是忠实传递委托人的意思表示，传达人自己不进行意思表示。选项 B：身份行为可以借助传达人传达相关的意思表示。选项 C：单方意思表示可以传达。选项 D：传达人没有行为能力要求。

答案 ▶ B

(二)委托代理★★★

1. 代理权的滥用

(1)滥用代理权的行为主要包括：

①自己代理。代理人以被代理人的名义与自己实施法律行为。

②双方代理。代理人以被代理人的名义与自己同时代理的其他人实施民事法律行为。

③代理人和第三人恶意串通。代理人和相对人恶意串通，损害被代理人合法权益的，代理人和相对人应当承担连带责任。

(2)滥用代理权的法律后果

①自己代理与双方代理，经被代理人同意或者追认的对被代理人发生法律效力。

②代理人和第三人恶意串通，损害被代理人利益，代理人和相对人承担连带责任。

2. 无权代理

(1)无权代理的概念

无权代理是指没有代理权的代理。

无权代理的情形包括：①没有代理权的代理行为；②超越代理权的代理行为；③代理权终止后的代理行为。

【知识点拨 1】 无权代理在表面上仍然符合代理的一般特征，即无权代理人是以被代理人的名义在实施民事法律行为，对方知道行为人是代理人，只是代理人并没有代理权。

【知识点拨 2】 当我们提到"无权代理"这个概念时，是一个广义的概念，包括狭义的无权代理和表见代理。狭义无权代理合同效力待定；而表见代理合同有效。

(2)狭义无权代理的后果——合同效力待定

①本人的追认权。行为人没有代理权、超越代理权或者代理权终止后，仍然实施代理行为，未经被代理人追认的，对被代理人不发生效力；只有经被代理人追认，被代理人才承担合同的责任。

【知识点拨 1】 追认权性质上属于形成权。狭义无权代理制度的目的就是为了保护被代理人，因此授予被代理人追认权。

【知识点拨 2】 如果被代理人不追认，善意相对人有权请求行为人(代理人)履行债务或者就其受到的损害请求行为人赔偿，但是赔偿的范围不得超过被代理人追认时相对人所能获得的利益。相对人知道或者应当知道行为人无权代理的，相对人和行为人按照各自的过错承担责任。

②相对人的权利。

A. 催告权。相对人可以催告被代理人自收到通知之日起 1 个月内予以追认；被代理人未作表示的，视为拒绝追认。

B. 善意相对人的撤销权。行为人实施的

行为被追认前，善意相对人有撤销的权利。撤销应当以通知的方式作出。

【知识点拨 1】在狭义无权代理中，相对人若知道代理人没有代理权，此时相对人是恶意的；若不知道代理人没有代理权，相对人就是善意的。

【知识点拨 2】撤销权的行使注意三点：第一，只有善意相对人才享有撤销权；第二，行使撤销权必须在被代理人追认之前；第三，撤销权只需以通知的方式作出，无需诉讼。

【例题 12·多选题】根据代理法律制度的规定，下列情形中，构成无权代理的有（　　）。

A. 甲公司法定代表人超越权限以本公司名义为其他公司提供担保

B. 公司授权乙采购彩电，乙到厂家发现冰箱也很便宜，于是又购买冰箱 100 台

C. 丙盗得朋友的身份证，冒充朋友领取了补偿款

D. 丁到甲公司应聘被拒，怀恨在心，伪造甲公司公章与乙公司订立销售合同，收取货款

解析▶ 本题考核无权代理。无权代理，是指没有代理权的代理。具体情形包括：(1)没有代理权的代理行为；(2)超越代理权的代理行为；(3)代理权终止后的代理行为。选项 A 属于代表行为，不是代理行为；选项 B 是超越代理权的无权代理行为；选项 C 直接冒充，属于违法行为，不符合代理的一般特征，不构成无权代理；选项 D 是没有经过授权的无权代理行为。　**答案**▶ BD

【应试思路】判断是否构成无权代理，首先要排除不属于代理以及根本不适用代理的情形，前者如代表、传达等；后者如事实行为、违法行为、不受法律调整的行为等；然后无权代理必须满足两点：代理人是以被代理人名义实施行为，且该行为没有经过被代理人授权。

3. 表见代理

(1) 表见代理的概念

行为人没有代理权、超越代理权或者代理权终止后，仍然实施代理行为，相对人有理由相信行为人有代理权的，构成表见代理。

(2) 表见代理的构成要件

①代理人无代理权。表见代理的前提仍然是代理人无权代理，而非有权代理。

②相对人善意且无过失。相对人并不知道代理人没有代理权，而且相对人并非因为自己的过失而不知道。

③客观上存在表见事实，也就是让相对人相信代理人有代理权的证据。通常如盖公章的空白合同书、授权委托书等。

④相对人与代理人之间成立民事法律行为。

(3) 表见代理的效果——代理行为有效

【知识点拨 1】表见代理制度的目的是为了保护善意的相对人，因而被代理人必须为此承担责任。

【知识点拨 2】在构成表见代理时，若是选择题，可选项包括：无权代理、有效代理、合同有效；唯独不能选有权代理。若是案例分析题，重点注意看是否有表见事实。

【例题 13·单选题】(2013 年)甲为乙公司业务员，负责某小区的订奶业务多年，每月月底在小区摆摊，更新订奶户并收取下月订奶款。2013 年 5 月 29 日，甲从乙公司辞职。5 月 30 日，甲仍照常前往小区摆摊收取订奶款。订奶户不知内情，照例交款，甲亦如常开出盖有乙公司公章的订奶款收据。之后甲携款离开，下落不明。根据民事法律制度的规定，下列表述中，正确的是（　　）。

A. 甲的行为与乙公司无关，应由甲向订奶户承担合同履行义务

B. 甲的行为构成无权处分，应由乙公司向订奶户承担损害赔偿责任后，再向甲追偿

C. 甲的行为构成狭义无权代理，应由甲向订奶户承担损害赔偿责任

D. 甲的行为构成表见代理，应由乙公司向订奶户承担合同履行义务

解析▶ 本题考核表见代理的规定。根据

规定，行为人没有代理权、超越代理权或者代理权终止后以被代理人名义订立合同，相对人有理由相信行为人有代理权的，该代理行为有效。本题中，由于合同签订人（甲）持有被代理人（乙公司）的盖有印章的订奶款收据，使得相对人（订奶户）相信其有代理权，因此构成表见代理，应由乙公司向订奶户承担合同履行义务。 **答案 ▶D**

三、诉讼时效制度

扫我解疑难

（一）诉讼时效基本理论★★

1. 诉讼时效的概念与特点

诉讼时效是指请求权不行使达一定期间而失去国家强制力保护的制度。诉讼时效是民事法律事实中的事件。

诉讼时效具有以下特点：

（1）诉讼时效届满，并不消灭其实体权利，即权利人仍有权起诉。

（2）主张诉讼时效抗辩，是债务人的权利，法院不应当主动对诉讼时效问题进行审查；债务人主张诉讼时效抗辩，法院确认诉讼时效届满，应驳回债权人的诉讼请求。

（3）当事人在一审期间未提出诉讼时效抗辩，在二审期间提出的，人民法院一般不予支持，除非有新证据作证。

（4）诉讼时效期间届满后，义务人同意履行的，不得以诉讼时效期间届满为由抗辩；义务人已自愿履行的，不得请求返还。

（5）诉讼时效具有强制性，当事人不能预先放弃，也不能协议变更或限制。

2. 诉讼时效的适用对象

诉讼时效主要适用于请求权。下列请求权不适用诉讼时效的规定：

（1）请求停止侵害、排除妨碍、消除危险。

（2）不动产物权和登记的动产物权的权利人请求返还财产。

（3）请求支付抚养费、赡养费或者扶养费。

（4）依法不适用诉讼时效的其他请求权。如：

①基于投资关系产生的缴付出资请求权；

②支付存款本金及利息请求权；

③兑付国债、金融债券以及向不特定对象发行的企业债券本息请求权。

『口诀』头存在——投、存、债

3. 诉讼时效与除斥期间的区别（见表2-11）

表2-11　诉讼时效与除斥期间的区别

区别	除斥期间	诉讼时效
适用对象不同	一般适用于形成权，如追认权、撤销权	适用于请求权，如债权
可以援用的主体不同	无论当事人是否主张，法院应主动审查	当事人自己主张，法院不主动审查
法律效力不同	除斥期间届满，导致实体权利归于消灭，如追认权、撤销权、解除权等	诉讼时效届满，权利人的胜诉权消灭，但实体权利不消灭

【例题14·多选题】 下列关于诉讼时效的说法中，正确的有（　　）。

A. 诉讼时效期间届满，实体权利并不消灭

B. 诉讼时效期间为可变期间

C. 诉讼时效适用于可撤销合同中的撤销权

D. 人民法院不得主动对诉讼时效进行审查

解析 ▶ 本题考核诉讼时效的特点。撤销权适用除斥期间而非诉讼时效，选项C错误。

答案 ▶ABD

（二）诉讼时效的种类与起算★★★

1. 诉讼时效的种类

（1）普通诉讼时效：3年。

（2）长期诉讼时效：4年。具体情形包

括：涉外货物买卖合同及技术进出口合同争议。

（3）权利最长保护期限：20 年。权利被侵害超过 20 年的，人民法院不予保护。

2. 诉讼时效期间的起算

一般诉讼时效起算点：自权利人知道或者应当知道权利受到损害以及义务人之日起计算。

特殊的诉讼时效起算点：

（1）当事人约定同一债务分期履行的，诉讼时效期间自最后一期履行期限届满之日起计算。

（2）无民事行为能力人或者限制民事行为能力人对其法定代理人的请求权的诉讼时效期间，自该法定代理终止之日起计算。

（3）未成年人遭受性侵害的损害赔偿请求权的诉讼时效期间，自受害人年满十八周岁之日起计算。

权利人不知道或者不应当知道权利被侵害，则诉讼时效期间不开始计算。从权利被侵害之日起超过 20 年的，不再受法律保护。

『举例』张三 2018 年 1 月 1 日把李四家的玻璃砸了，李四外出旅游并不知情。对此，分析如下：

该案适用 3 年的普通诉讼时效期间，诉讼时效起算的具体情况：

①如果李四于 2018 年 1 月 1 日回家发现玻璃被砸了，知道权利受到侵害，但 2018 年 3 月 1 日才知道是张三所为，则诉讼时效期间为：2018 年 3 月 2 日至 2021 年 3 月 1 日（如果考试选项表述为 2018 年 3 月 1 日至 2021 年 3 月 1 日也为正确选项）；

②如果李四于 2037 年 3 月 1 日才知道权利受到侵害同时知道是张三所为，则应当在 2038 年 1 月 1 日（权利最长保护期限 20 年截止到此日）以前向法院提起诉讼；

③如果李四在 2038 年 1 月 2 日以后才知道权利被侵害，人民法院不予保护。

（三）诉讼时效的中止 ★★★

1. 诉讼时效的中止，指在诉讼时效期间的最后六个月内，因不可抗力或其他客观障碍，导致当事人不能行使请求权的，诉讼时效暂停计算，自中止时效的原因消除之日起满六个月，诉讼时效期间届满。

2. 诉讼时效中止的事由

（1）不可抗力；

（2）无民事行为能力人或者限制民事行为能力人没有法定代理人，或者法定代理人死亡、丧失民事行为能力、丧失代理权；

（3）继承开始后未确定继承人或者遗产管理人；

（4）权利人被义务人或者其他人控制；

（5）其他导致权利人不能行使请求权的障碍。

【知识点拨】诉讼时效中止事由消除后，直接在事由消除日的基础上"+6 个月"，即为诉讼时效届满日。

『举例』甲欠乙款，于 2017 年 7 月 5 日到期，乙一直没有主张权利。如果：

（1）2019 年 12 月 5 日，乙所在的地方因发生泥石流，历时 20 天，乙无法起诉，则不能中止诉讼时效的进行。因诉讼时效中止只能发生在诉讼时效届满前最后六个月（2020 年 1 月 5 日至 2020 年 7 月 5 日期间）。

（2）2020 年 1 月 10 日，乙所在的地方因发生泥石流，历时 20 天，乙无法起诉，则发生诉讼时效中止，乙应当在 2020 年 7 月 30 日前起诉。自中止时效的原因消除之日（2020 年 1 月 30 日）起满六个月，诉讼时效期间届满。

（3）2020 年 6 月 10 日，乙所在的地方因发生泥石流，历时一个月，乙无法起诉，也发生诉讼时效中止，乙应当在 2021 年 1 月 10 日前起诉。自中止时效的原因消除之日（2020 年 7 月 10 日）起满六个月，诉讼时效期间届满。

【例题 15·单选题】（2014 年）根据民事法律制度的规定，下列情形中，可导致诉讼时效中止的是（　　）。

A. 债权人向人民法院申请支付令

B. 债权人向人民法院申请债务人破产

C. 债务人向债权人请求延期履行

D. 未成年债权人的监护人在一次事故中遇难，尚未确定新的监护人

解析 ▶ 本题考核诉讼时效中止。选项ABC 都导致诉讼时效中断。　　**答案** ▶ D

(四)诉讼时效的中断 ★★★

1. 诉讼时效的中断，指在诉讼时效进行中，因发生一定的法定事由，致使已经进行的诉讼时效期间统归于无效，待时效中断的法定事由消除后，诉讼时效期间重新计算。

2. 引起诉讼时效中断的法定事由

(1)权利人向义务人提出履行请求，能够到达对方当事人。采用口头、书面、数据电文等方式主张都可以，但需到达对方当事人。包括：

①当事人一方为金融机构，直接从对方当事人账户中扣收欠款本息；

②当事人一方下落不明，对方当事人在国家级或者下落不明当事人一方住所地省级有影响力的媒体上刊登具有主张权利内容公告的(特别注意媒体的级别：省级以上)；

③权利人对同一债权中的部分债权主张权利，诉讼时效中断的效力及于剩余债权。

(2)义务人同意履行义务。包括向权利人作出分期履行、部分履行、提供担保、请求延期履行等情况，都导致诉讼时效中断。

【知识点拨】 权利人主张权利或债务人承认债务，都必须到达对方当事人才能导致诉讼时效中断。

(3)提起诉讼或申请仲裁。以及类似行为，如申请支付令，申请破产、申报破产债权，为主张权利而申请宣告义务人失踪或死亡，申请诉前财产保全，申请强制执行，申请追加当事人，在诉讼中主张抵销等。

【知识点拨】 请考生特别注意区分诉讼时效中止和中断的事由，这是一个高频考点。

3. 诉讼时效中断的其他情形

(1)对于连带债权人、连带债务人中的一人发生诉讼时效中断效力的事由，应当认定对其他连带债权人、连带债务人也发生诉讼时效中断的效力；

(2)债权人提起代位权诉讼的，应当认定对债权人的债权和债务人的债权均发生诉讼时效中断的效力；

(3)债权转让的，应当认定诉讼时效从债权转让通知到达债务人之日起中断。债务承担情形下，构成原债务人对债务承认的，应当认定诉讼时效从债务承担意思表示到达债权人之日起中断。

『举例』 2015 年 3 月 1 日，张三欠李四借款到期。开始起算诉讼时效 3 年，截止到2018 年 3 月 1 日。2016 年 4 月 1 日，李四要求张三清偿，导致诉讼时效中断，重新计算诉讼时效 3 年，截止到 2019 年 4 月 1 日。2016 年 6 月 1 日，张三向李四表示愿意清偿，再次导致诉讼时效中断。

【例题 16·多选题】(2017 年)根据民事法律制度的规定，提起诉讼是中断诉讼时效的法定事由。下列各项中，与提起诉讼具有同等效力，导致诉讼时效中断的有( )。

A. 申请强制执行

B. 申请仲裁

C. 在诉讼中主张抵销

D. 申请追加当事人

解析 ▶ 本题考核诉讼时效中断。下列事项均与提起诉讼具有同等诉讼时效中断的效力：(1)申请仲裁；(2)申请支付令；(3)申请破产、申报破产债权；(4)为主张权利而申请宣告义务人失踪或死亡；(5)申请诉前财产保全、诉前临时禁令等诉前措施；(6)申请强制执行；(7)申请追加当事人或者被通知参加诉讼；(8)在诉讼中主张抵销；(9)其他与提起诉讼具有同等诉讼时效中断效力的事项。

答案 ▶ ABCD

4. 诉讼时效中止和中断的区别(见表2-12)

表 2-12 诉讼时效中止和中断的区别

比较项目	诉讼时效的中止	诉讼时效的中断
发生时间	诉讼时效期间的最后6个月	诉讼时效进行中的任意时点
法定事由	不可抗力和其他使权利人无法行使请求权的客观情况	①权利人提起诉讼; ②权利人主张权利; ③义务人承诺履行义务
事由消除后的结果	暂停计算诉讼时效期间,中止事由消除之日起满6个月诉讼时效届满。在最长诉讼时效期间20年内,诉讼时效可以多次中止	已经经过的时效期间统归无效,待时效中断的法定事由消除后,诉讼时效期间重新计算。在最长诉讼时效期间20年内,诉讼时效可以多次中断

【应试思路】"客观原因"导致"中止";"主观原因"导致"中断"。

真题精练

一、单项选择题

1. (2018年)根据民事法律制度的规定,下列各项中,属于双方民事法律行为的是( )。
   A. 债务的免除   B. 无权代理的追认
   C. 委托代理的撤销 D. 房屋的赠与

2. (2017年)根据民事法律制度的规定,下列关于诉讼时效起算的表述中,正确的是( )。
   A. 当事人约定同一债务分期履行的,从最后一期履行期限届满之日起算
   B. 国家赔偿的,自国家机关及其工作人员实施违法行为时起算
   C. 请求他人不作为的,自义务人违反不作为义务时起算
   D. 可撤销合同的撤销权,从当事人知道或应当知道撤销事由之日起算

3. (2016年)根据基本民事法律制度的规定,下列各项中,属于诉讼时效中止法定事由的是( )。
   A. 申请支付令
   B. 申请仲裁
   C. 申请宣告义务人死亡
   D. 权利被侵害的无民事行为能力人没有法定代理人

4. (2014年)甲欠乙10万元未还。乙索债时,甲对乙称:若不免除债务,必以硫酸毁乙容貌。乙恐惧,遂表示免除其债务。根据民事法律制度的规定,下列关于该债务免除行为效力的表述中,正确的是( )。
   A. 有效   B. 无效
   C. 可撤销   D. 效力待定

二、多项选择题

1. (2019年)根据民事法律制度的规定,下列各项中,属于诉讼时效中断事由的有( )。
   A. 债权人发送催收信件到达债务人
   B. 债务人向债权人请求延期履行
   C. 债权人申请诉前财产保全
   D. 债务人向债权人承诺提供担保

2. (2018年)根据民事法律制度的规定,下列情形中,沉默可以视为行为人的意思表示的有( )。
   A. 当事人有约定
   B. 符合当事人之间的交易习惯
   C. 法律有明文规定
   D. 当事人纯获利益

3. (2018年)根据民事法律制度的规定,下列各项中,属于无相对人的意思表示的有( )。
   A. 抛弃动产   B. 授予代理权
   C. 设立遗嘱   D. 行使解除权

4. （2015年）根据民事法律制度的规定，下列关于无效民事行为特征的表述中，正确的有（　　）。
　　A. 不能通过当事人的行为进行补正
　　B. 其无效须以当事人主张为前提
　　C. 从行为开始起就没有法律约束力
　　D. 其无效须经人民法院或仲裁机构确认

5. （2015年）乙公司有个塔吊，甲和乙公司签订了代理合同，甲代理乙公司将该塔吊出售，甲的下列情况中属于滥用代理权的有（　　）。
　　A. 以被代理人的名义把塔吊卖给自己
　　B. 与丁恶意串通，将塔吊低价卖给丁，损害了乙的利益
　　C. 以被代理人的名义卖出，甲以丙的名义买入
　　D. 代理权被收回后，甲仍以乙的名义把塔吊卖出

真题精练答案及解析

一、单项选择题

1. **D**　【解析】本题考核民事法律行为的分类。双方民事法律行为需要两个当事人意思表示一致才能成立。选项ABC是单方民事法律行为。选项D赠与合同，需要赠与人与受赠人意思表示达成一致才能成立，是双方民事法律行为。

2. **A**　【解析】本题考核诉讼时效期间的起算。国家赔偿的诉讼时效的起算，自其知道或者应当知道国家机关及其工作人员行使职权时的行为侵犯其人身权、财产权之日起计算，但被羁押等限制人身自由期间不计算在内。选项B错误。请求他人不作为的债权请求权，应当自权利人知道义务人违反不作为义务时起算，选项C错误。可撤销合同受除斥期间的限制，一方当事人就撤销合同之诉主张诉讼时效抗辩的，人民法院不予支持，选项D错误。

3. **D**　【解析】本题考核诉讼时效的中止。中止诉讼时效的事由有两类：一是不可抗力；二是其他障碍。其他障碍包括：无民事行为能力人、限制民事行为能力人没有法定代理人，或者代理人死亡、丧失行为能力（选项D）。选项ABC属于诉讼时效的中断事由。

4. **C**　【解析】本题考核可撤销民事法律行为。受胁迫而实施的民事法律行为，属于可撤销民事法律行为。

二、多项选择题

1. **ABCD**　【解析】本题考核诉讼时效中断的事由。

2. **ABC**　【解析】本题考核意思表示。沉默只有在有法律规定、当事人约定或者符合当事人之间的交易习惯时，才可以视为意思表示。

3. **AC**　【解析】本题考核意思表示。无相对人的意思表示于意思表示完成时即可产生法律效力，除法律另有规定的，如遗嘱行为、抛弃动产等单方民事法律行为。授予代理权和行使解除权都是有相对人的意思表示。

4. **AC**　【解析】本题考核无效民事法律行为的特征。无效民事法律行为的特征是：（1）自始无效。从行为开始时起就没有法律约束力；（2）当然无效。不论当事人是否主张，是否知道，也不论是否经过人民法院或者仲裁机构确认，该民事行为当然无效。（3）绝对无效。绝对不发生法律效力，不能通过当事人的行为进行补正。当事人通过一定行为消除无效原因，使之有效，这不是无效民事行为的补正，而是消灭旧的民事行为，成立新的民事法律行为。

5. **ABC**　【解析】本题考核滥用代理权。滥用代理权包括：自己代理（选项A）；双方代理（选项C）；代理人与第三人恶意串通、损害被代理人的利益（选项B）；选项D属于无权代理。

一、单项选择题

1. 下列行为中, 属于单方民事法律行为的是( )。
   A. 赠与行为
   B. 决议行为
   C. 抛弃行为
   D. 侵权行为

2. 下列法律行为中, 须经双方当事人意思表示一致才能成立的是( )。
   A. 甲对15岁的儿子购买小轿车的行为表示追认
   B. 甲委托乙代为照看自己的服装店一天
   C. 甲授权乙以甲的名义购买一套住房
   D. 甲立下遗嘱, 将个人所有财产遗赠给乙

3. 下列选项中构成意思表示的是( )。
   A. 甲向乙表示愿请乙吃晚餐
   B. 甲向丙表示如果丙的儿子考上大学将送给丙的儿子一台笔记本电脑
   C. 甲向丁表示丁出国回来时甲将到机场迎接
   D. 甲准备向戊表示购买其汽车

4. 根据民事法律制度的规定, 下列各项中, 除法律另有规定以外, 意思表示完成即产生效力的是( )。
   A. 无相对人的意思表示
   B. 以对话方式作出的意思表示
   C. 以非对话方式作出的意思表示
   D. 以公告方式作出的意思表示

5. 下列各项中, 属于可撤销合同的是( )。
   A. 甲胁迫乙, 乙被迫与丙订立的合同
   B. 8岁的丁用自己的压岁钱购买价值20元的笔记本的合同
   C. 戊与己订立的付费代孕的合同
   D. 庚受他人欺骗与辛订立的合同, 辛对此并不知情

6. 下列关于可撤销民事法律行为说法正确的是( )。
   A. 可撤销行为中双方当事人都享有撤销权

   B. 撤销权行使的期限是当事人知道或应当知道撤销事由之日起1年
   C. 可撤销行为是自始无效的行为
   D. 可撤销行为被撤销后, 有过错的一方应当赔偿对方的损失

7. 甲将其所有的房屋出租给乙, 双方约定"如果明年5月之前甲的儿子从国外回来, 出租给乙的房子就收回", 该合同是( )。
   A. 附解除条件的合同
   B. 附延缓条件的合同
   C. 附始期的合同
   D. 附终期的合同

8. 下列关于代理与委托的联系与区别, 说法正确的是( )。
   A. 委托是双方行为, 代理涉及三方当事人
   B. 委托与代理实施的行为都是民事法律行为
   C. 受托人和代理人都只能以委托人或被代理人的名义实施行为
   D. 委托可以是无偿的, 代理是有偿的

9. 甲公司业务经理乙长期在丙餐厅签单招待客户, 餐费由公司按月结清。后乙因故辞职, 月底餐厅前去结账时, 甲公司认为, 乙当月的几次用餐都是招待私人朋友, 因而拒付乙所签单的餐费。下列选项正确的是( )。
   A. 甲公司应当付款
   B. 甲公司应当付款, 乙承担连带责任
   C. 甲公司有权拒绝付款
   D. 甲公司应当承担补充责任

10. 下列关于诉讼时效的说法, 不正确的是( )。
    A. 诉讼时效经过后, 当事人仍然可以起诉
    B. 当事人若未提出诉讼时效抗辩, 法院不能主动适用诉讼时效
    C. 诉讼时效届满后当事人同意履行义务,

不得再以诉讼时效进行抗辩

　　D. 当事人可以事先约定放弃诉讼时效抗辩

11. 下列关于除斥期间的说法中，正确的是（　　）。

　　A. 除斥期间届满，实体权利并不消灭

　　B. 除斥期间为可变期间

　　C. 可撤销合同的撤销权适用除斥期间

　　D. 如果当事人未主张除斥期间届满，人民法院不得主动审查

12. 1999 年 2 月 1 日，吴某的车被砸，2018 年 8 月 1 日吴某掌握确切证据证明是邻居刘某所为。则吴某起诉刘某诉讼时效届满日应为（　　）。

　　A. 2002 年 2 月 1 日

　　B. 2019 年 2 月 1 日

　　C. 2020 年 8 月 1 日

　　D. 2021 年 8 月 1 日

13. 张某向李某购买汽车一辆，合同约定价款 100 万元，分三期付款，第一期付款 30 万元，期限为 2015 年 1 月 3 日；第二期付款 30 万元，期限为 2015 年 3 月 3 日；第三期付款 40 万元，期限为 2015 年 5 月 3 日。时至 2018 年 3 月 5 日，张某对三笔款项均未付款，李某要求张某付款，张某以第一期和第二期诉讼时效已过为由拒绝支付，李某无奈，于 2018 年 5 月 10 日向人民法院起诉。下列表述正确的是（　　）。

　　A. 张某的前两期款项已过诉讼时效

　　B. 张某的三笔款项均已过诉讼时效

　　C. 无论张某在诉讼中是否提出抗辩，法院可以第一期、第二期款项已过诉讼时效为由不支持李某的相应请求

　　D. 即使张某在诉讼中提出抗辩，法院应支持李某的全部还款请求

14. 2015 年 5 月 8 日，王某开车经过一路段时，该路段正在施工，王某掉入没有采取安全措施的坑中，人虽未受伤，但车毁损严重。王某于同年 6 月 10 日找到建

设项目的施工人要求赔偿，遭到拒绝。2018 年 5 月 13 日，王某前往法院起诉，突遇台风，王某被不明物体砸伤，昏迷一个月方醒。下列说法正确的是（　　）。

　　A. 本案诉讼时效期间于 2018 年 5 月 8 日届满

　　B. 本案诉讼时效期间于 2018 年 6 月 10 日届满

　　C. 本案诉讼时效期间于 2018 年 12 月 13 日届满

　　D. 本案诉讼时效期间于 2018 年 12 月 10 日届满

15. 根据民事法律制度的规定，下列情形中，不能导致诉讼时效中断的是（　　）。

　　A. 债权人向人民法院申请债务人破产，但被人民法院驳回

　　B. 债权人向人民法院申请对债务人的财产实施诉前财产保全

　　C. 债务人否认对债权人负有债务

　　D. 债权人向人民调解委员会请求调解

二、多项选择题

1. 下列各项中，属于民事法律行为的有（　　）。

　　A. 甲与乙口头协议借用乙的电脑

　　B. 丙将仇人殴打致伤

　　C. 丁放弃一项债权

　　D. 戊完成一项发明创造

2. 下列关于民事法律行为说法正确的有（　　）。

　　A. 代理权的撤销是单方法律行为、无相对人的意思表示

　　B. 赠与合同是不要式法律行为、无偿法律行为

　　C. 当事人签订买卖房屋的合同是处分行为、有偿法律行为

　　D. 当事人签订抵押合同是要式法律行为、从法律行为

3. 根据我国《民法总则》的规定，下列行为中，属于无效民事法律行为的有（　　）。

　　A. 甲乙为避税，将总价为 200 万元的房屋

买卖合同金额写为150万元

B. 甲立下遗嘱，将全部财产遗赠给二奶，老婆和孩子均不得继承

C. 甲以伤害丙的孩子为要挟，丙不得已赠与甲一辆车

D. 甲利用丁父重病，以市价1/3的价格购买丁的一辆车

4. 甲公司是一家生产手机的公司，公司销售员张某为提升业绩，谎称待机时间只有24小时的手机为超长待机手机，将之出售给顾客李某。关于本案，说法正确的有（　　）。

A. 李某可以要求撤销该买卖手机的合同

B. 李某应以张某为被告撤销该手机买卖合同

C. 如果自手机买卖合同签订之日起5年李某都没有行使撤销权，其撤销权消灭

D. 如果手机买卖合同撤销，李某有权要求返还所支付的手机价款

5. 张某接受甲鞋店的委托，代理甲鞋店购买一批皮鞋。对此，下列表述中正确的有（　　）。

A. 张某若与某鞋厂勾结，购进一批劣质皮鞋，该行为是滥用代理权

B. 张某若购进一批布鞋，该行为是滥用代理权

C. 张某若将自己生产的鞋卖给鞋店，该行为是无权代理

D. 张某若接受乙鞋厂委托出售一批鞋，同时代理甲鞋店与乙鞋厂订立合同，属于滥用代理权

6. 甲公司授权张某到乙公司采购台式电脑，张某到乙公司看到笔记本电脑性价比很高，又采购笔记本电脑10台，乙公司经理在与张某签合同时未看张某的授权委托书。关于此案说法正确的有（　　）。

A. 张某签订的合同属于效力待定合同

B. 甲公司可以对该合同进行追认

C. 乙公司在合同订立后可以催告甲公司追认

D. 在甲公司追认前，乙公司可以通知甲公司撤销该合同

7. 2017年3月1日，甲将假冒苹果手机卖给乙，未告知乙实情，乙2017年5月1日得知该手机为假冒。关于乙请求撤销合同和要求损害赔偿的时间，下列说法正确的有（　　）。

A. 乙要求撤销合同，应在2018年5月1日前提出，该期间为除斥期间

B. 乙要求撤销合同，应在2020年5月1日前提出，该期间为诉讼时效

C. 若合同于2017年8月1日被法院宣告撤销，乙要求甲赔偿损失的请求应在2018年8月1日前提出，该期间为除斥期间

D. 若合同于2017年8月1日被法院宣告撤销，乙要求甲赔偿损失的请求应在2020年8月1日前提出，该期间为诉讼时效

8. 下列选项中，不适用诉讼时效的有（　　）。

A. 请求停止侵害

B. 无行为能力人对其法定代理人损害自己权益的请求权

C. 存款人要求支付存款本金及利息的请求权

D. 请求支付抚养费、赡养费或者扶养费

9. 下列关于诉讼时效起算的表述中，正确的有（　　）。

A. 一般诉讼时效期间自权利人知道或者应当知道权利受到损害以及义务人之日起计算

B. 当事人约定同一债务分期履行的，诉讼时效期间自最后一期履行期限届满之日起计算

C. 限制民事行为能力人对其法定代理人的请求权的诉讼时效期间，自限制行为能力人年满18周岁之日起计算

D. 未成年人遭受性侵害的损害赔偿请求权的诉讼时效期间，自受害人年满18周岁之日起计算

10. 下列选项中，能够引起诉讼时效中止的有（　　）。

A. 权利人申请宣告义务人失踪

B. 权利人被义务人或者其他人控制

C. 权利人的法定代理人死亡

D. 权利人死亡后未确定继承人

11. 下列有关诉讼时效中断的表述中，正确的有（　　）。

A. 债权人对部分债权主张权利的，诉讼时效中断的效力及于剩余部分

B. 连带债权人中的一人发生诉讼时效中断，应当认定对其他连带债权人也发生诉讼时效中断的效力

C. 债权人提起代位权诉讼的，不会导致债务人的债权发生诉讼时效中断

D. 债权或债务转让的，从转让事实发生之日起诉讼时效中断

12. 下列情形中，能导致诉讼时效中断的有（　　）。

A. 甲把要求乙清偿 3 个月前到期的债务的书面通知当面递交乙，乙拒绝接收。甲将通知留在乙处后愤然离去

B. 乙对甲的债务已过清偿期 1 个月，乙突然不知所踪。经过 2 个月的多方探寻无果后，甲在《人民法院报》上刊登声明，要求乙清偿债务

C. 甲对乙的债权诉讼时效期间还有 1 个月即将届满时，甲意外死亡，需等待确定继承人

D. 债权人甲路上偶遇债务人乙。未等甲开口要求乙偿还 1 个月前到期的债务，乙即一边连称"抱歉"，一边匆匆离去

同步训练答案及解析

一、单项选择题

1. C 【解析】本题考核民事法律行为的分类。赠与行为是双方民事法律行为，选项 A 错误；决议行为是多方民事法律行为，选项 B 错误；侵权行为是事实行为，并非民事法律行为，选项 D 错误。

2. B 【解析】本题考核民事法律行为的分类。单方民事法律行为是根据一方当事人的意思表示而成立的法律行为，选项 A 甲的追认行为、选项 C 甲对乙单方授权、选项 D 甲订立遗嘱均是单方法律行为；双方民事法律行为是指因两个当事人之间意思表示一致而成立的民事法律行为，如合同行为。选项 B 委托合同是双方民事法律行为。

3. B 【解析】本题考核意思表示。意思表示是行为人把意欲产生某种法律后果的内在意思表达于外部的行为。意思表示首先要有追求受法律约束的内心效果意思，选项 A 和选项 C 都是朋友间的情谊行为，没有追求受法律约束的意思，因而不构成意思表示；同时，意思表示还必须有表示行

为，选项 D 甲准备表示，说明还没有作出表示，因而也不构成意思表示。选项 B 是赠与的意思表示。

4. A 【解析】本题考核意思表示的生效。无相对人的意思表示，完成即生效，法律另有规定的除外。

5. A 【解析】本题考核可撤销合同。选项 A 是第三人胁迫订立的合同，属于可撤销合同；选项 B 属于有效合同；选项 C 属于违反公序良俗的合同，无效；选项 D 属于第三人欺诈订立的合同，但由于对方对此不知情，因此不可撤销。

6. D 【解析】本题考核可撤销民事法律行为。可撤销民事法律行为，一般应由意思表示不真实的一方当事人撤销，选项 A 错误；撤销权行使的期限一般是 1 年，重大误解只有 3 个月，选项 B 错误；可撤销的民事法律行为在未撤销前是有效的，只有在被撤销后，其效力才自始无效，选项 C 错误。

7. A 【解析】本题考核附条件的民事法律行为。附解除条件的法律行为，指法律行为

在约定的条件成就时，该行为所确定的法律效力消灭，本案中，房屋是否收回关键看甲的儿子是否回来，因而这是一个附条件的行为，而条件满足合同就终止，因而是附解除条件。

8. A 【解析】本题考核代理与委托的关系。委托所实施的行为可以是非民事法律行为，如打扫卫生，选项 B 错误；委托的受托人可以以自己的名义实施行为，选项 C 错误；代理也可以是无偿的，选项 D 错误。

9. A 【解析】本题考核表见代理的法律后果。本题中丙餐厅有理由相信乙有代理权，构成表见代理，法律责任由被代理人承担。

10. D 【解析】本题考核诉讼时效的特点。诉讼时效具有强制性，当事人不得预先放弃诉讼时效抗辩，也不得协议变更或限制，选项 D 错误。

11. C 【解析】本题考核除斥期间。除斥期间届满，实体权利消灭，选项 A 错误；除斥期间为不变期间，选项 B 错误；除斥期间无论当事人是否主张，法院均应主动审查，选项 D 错误。

12. B 【解析】本题考核诉讼时效期间的计算。(1)本案适用普通诉讼时效 3 年；诉讼时效期间从知道或者应当知道权利被侵害时以及义务人时起计算；(2)权利的最长保护期限为 20 年，不能超过 20 年的最长期限，因此截止到第 20 年的 2 月 1 日，选项 B 正确。

13. D 【解析】本题考核诉讼时效期间的起算。当事人约定同一债务分期履行的，诉讼时效期间从最后一期履行期限届满之日起计算。因此选项 D 正确。

14. C 【解析】本题考核诉讼时效的中止和中断。王某在 5 月 8 日权利受到侵害，但 6 月 10 日的行为导致诉讼时效中断，此时诉讼时效在 2018 年 6 月 10 日届满；2018 年 5 月 13 日，王某前往法院，但并

未实际向法院起诉，不导致诉讼时效中断。台风中王某被砸伤导致昏迷，无法行使诉权，发生在诉讼时效届满前最后 6 个月，引起诉讼时效中止，因此从中止的事由消除之日起满 6 个月诉讼时效期限届满，自 2018 年 6 月 13 日起 6 个月，截止到 2018 年 12 月 13 日，因此选项 C 正确。

15. C 【解析】本题考核诉讼时效的中断。当事人提起诉讼，导致诉讼时效中断。下列事项均与提起诉讼具有同等效力：(1)申请仲裁；(2)申请支付令；(3)申请破产、申报破产债权；(4)为主张权利而申请宣告义务人失踪或死亡；(5)申请诉前财产保全、诉前临时禁令等诉前措施；(6)申请强制执行；(7)申请追加当事人或者被通知参加诉讼；(8)在诉讼中主张抵销。选项 C 不属于"义务人同意履行义务"，不能导致诉讼时效中断。故选 C。

二、多项选择题

1. AC 【解析】本题考核民事法律行为。选项 BD 是事实行为，不是法律行为。

2. BD 【解析】本题考核民事法律行为的分类。代理权的撤销是单方法律行为，但属于有相对人的意思表示，选项 A 错误；当事人签订买卖房屋的合同产生的是债权债务关系，是负担行为，选项 C 错误。

3. AB 【解析】本题考核无效民事行为的类型。选项 A 是双方虚假表示行为，无效；选项 B 是违背公序良俗的行为，无效；选项 C 是胁迫的行为，可撤销；选项 D 是显失公平的行为，可撤销。

4. ACD 【解析】本题考核代理、欺诈可撤销民事法律行为。张某作为甲公司的业务员，其销售行为是代理行为，一方以欺诈手段，使对方在违背真实意思的情况下实施的民事法律行为可撤销，李某有权要求撤销该合同，选项 A 正确；代理行为的法律后果直接由被代理人承担，李某应当以

甲公司为被告，而非以张某为被告，选项 B 错误；李某如果从行为发生之日起 5 年不行使撤销权，撤销权消灭，选项 C 正确；一旦合同被撤销，李某有权要求返还财产，也就是其所支付的手机款，选项 D 正确。

5. AD 【解析】本题考核代理权的滥用。代理人和第三人恶意串通，是滥用代理权，选项 A 正确；张某若购进布鞋，是超越代理权，无权代理，选项 B 错误；张某若将自己生产的鞋卖给鞋店，属于自己代理，是滥用代理权，选项 C 错误，选项 D 属于双方代理，滥用代理权，正确。

6. ABCD 【解析】本题考核无权代理的法律后果。张某的行为构成狭义无权代理，合同效力待定，被代理人甲公司有权追认，乙公司经理未看张某的授权委托书即与张某签订笔记本电脑合同，乙公司并不知道代理人张某没有代理权，因而是善意的，享有撤销权，在甲公司追认之前可以通知甲公司撤销。

7. AD 【解析】本题考核除斥期间与诉讼时效。因欺诈可撤销合同，撤销权行使的期限为知道或应当知道撤销事由之日起 1 年，该期间为除斥期间，选项 A 正确，选项 B 错误；可撤销合同被依法撤销后，返还财产和赔偿损失的请求权适用诉讼时效的规定，自合同被撤销之日起开始计算，普通诉讼时效 3 年，从 2017 年 8 月 1 日起截止到 2020 年 8 月 1 日，该期间为诉讼时效期间，选项 D 正确，选项 C 错误。

8. ACD 【解析】本题考核诉讼时效的适用范围。

9. ABD 【解析】本题考核诉讼时效的起算。

根据《民法总则》规定，选项 ABD 正确，限制行为能力人对其法定代理人的请求权的诉讼时效期间，自法定代理终止之日起计算，因此选项 C 错误。

10. BCD 【解析】本题考核诉讼时效中止的情形。选项 A 导致诉讼时效中断，故不选。

11. AB 【解析】本题考核诉讼时效中断。债权人提起代位权诉讼同时导致债务人的债权也发生诉讼时效中断，选项 C 错误；债权转让的从债权转让通知到达债务人之日起中断；债务承担的，自承担的意思表达到债权人时诉讼时效中断，故选项 D 错误。

12. AB 【解析】本题考核诉讼时效中断的相关规定。根据规定，当事人一方直接向对方当事人送交主张权利文书，对方当事人在文书上签字、盖章或者虽未签字、盖章但能够以其他方式证明该文书到达对方当事人的，视为当事人一方提出请求，属于诉讼时效中断的情形，因此选项 A 当选；当事人一方下落不明，对方当事人在国家级或者下落不明的当事人一方住所地的省级有影响的媒体上刊登具有主张权利内容的公告的，视为当事人一方提出请求，属于诉讼时效中断的情形，因此选项 B 当选；选项 C 属于诉讼时效中止的情形；选项 D 不构成"义务人同意履行义务"，根据规定，义务人通过一定的方式向权利人作出愿意履行义务的意思表示，作为权利人信赖这种表示而不行使请求权，构成诉讼时效的中断，选项 D 中债务人乙并未作出履行义务的意思表示。

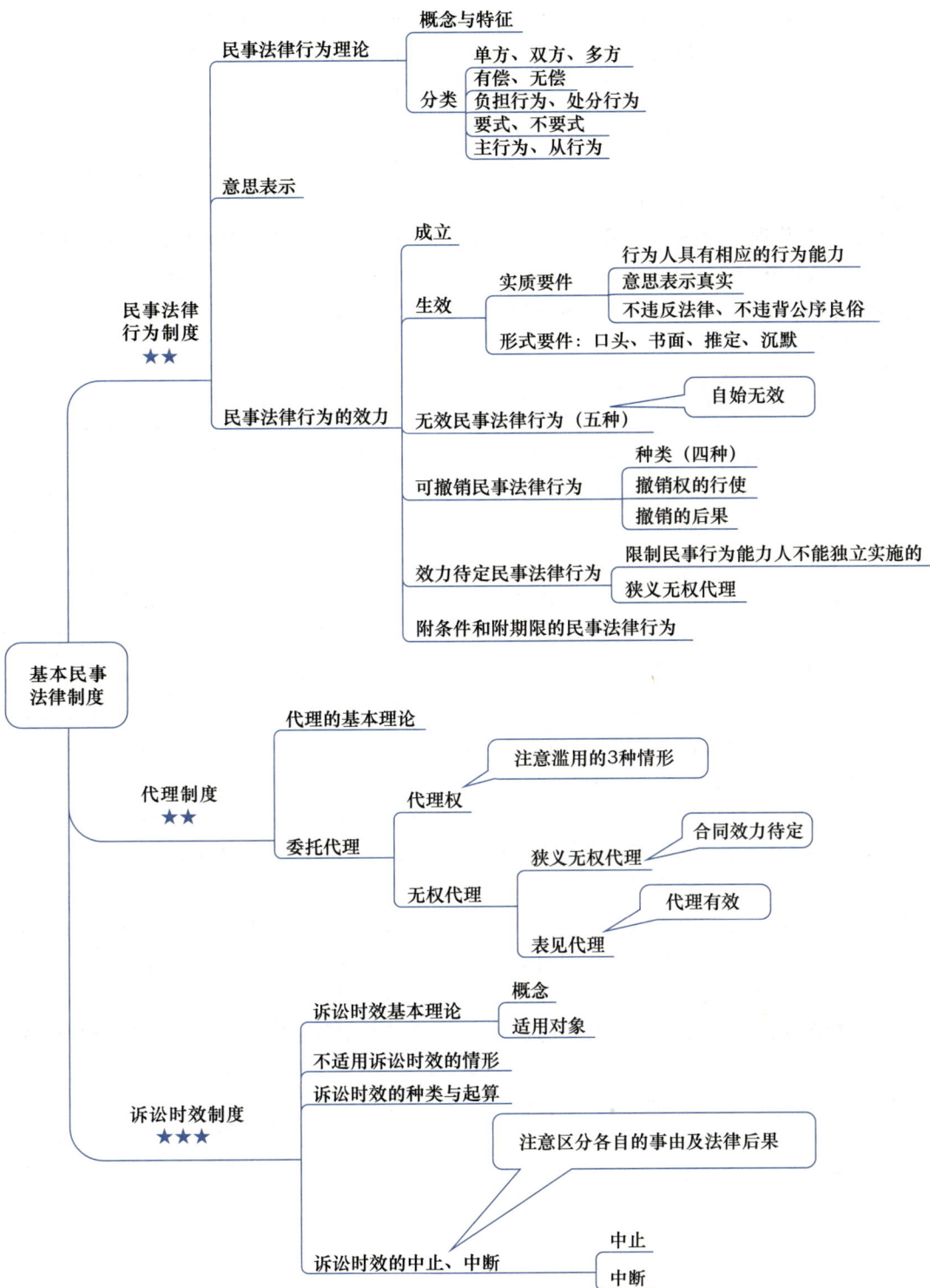

```
基本民事          民事法律          民事法律行为理论          概念与特征
法律制度          行为制度                                        单方、双方、多方
                   ★★                              分类        有偿、无偿
                                                                负担行为、处分行为
                                                                要式、不要式
                                                                主行为、从行为

                              意思表示

                                                成立
                                                              实质要件        行为人具有相应的行为能力
                                                生效                          意思表示真实
                                                                              不违反法律、不违背公序良俗
                                                              形式要件：口头、书面、推定、沉默

                   民事法律行为的效力          无效民事法律行为（五种）        自始无效

                                                可撤销民事法律行为        种类（四种）
                                                                          撤销权的行使
                                                                          撤销的后果

                                                效力待定民事法律行为        限制民事行为能力人不能独立实施的
                                                                          狭义无权代理

                                                附条件和附期限的民事法律行为

         代理制度          代理的基本理论
           ★★                              代理权        注意滥用的3种情形
                           委托代理                              狭义无权代理        合同效力待定
                                          无权代理
                                                              表见代理        代理有效

         诉讼时效制度        诉讼时效基本理论        概念
            ★★★                                适用对象
                           不适用诉讼时效的情形
                           诉讼时效的种类与起算
                                                      注意区分各自的事由及法律后果
                                                                            中止
                           诉讼时效的中止、中断                              中断
```

物权法律制度

考情解密

历年考情概况

本章是教材中的重要章节，近几年考试中单选、多选都会考查，同时与合同法律制度结合考查一个综合性案例，其中涉及物权法的问题1-2个，考查分值一般在7分左右，但2019年考试大放异彩，考了一个案例，总分值为19.5分。

近年考点直击

主要考点	主要考查题型	考频指数	考查角度
物的概念、种类	单选题	★★★	能够判断物权的客体、能区分物的具体种类
物权的种类	单选题	★★	能够判断物权的种类
物权法的基本原则	多选题	★	直接考核知识点的记忆
动产交付	单选题、案例题	★★★	(1)在案例中考查动产交付导致所有权转移；(2)能够区分简易交付、指示交付、占有改定
不动产物权的变动与登记	单选题、多选题、案例题	★★★	(1)考核不动产登记的具体类型，如变更登记、异议登记、预告登记等；(2)考核不动产"非基于法律行为的物权变动"；(3)在案例中考核不动产登记导致所有权转移
共有	单选题、多选题、案例题	★★★	(1)以小案例形式考核按份共有与共同共有的区分以及共有物的处分、重大修缮；(2)通过案例全面考核按份共有的规则
善意取得制度	单选题、案例题	★★★	通过案例判断是否构成善意取得
拾得遗失物	单选题	★	小案例形式考核拾得遗失物的法律后果
建设用地使用权	单选题、案例题	★★★	(1)考核建设用地使用权登记设立的规定；(2)考核建设用地使用权的期限及续期；(3)考核建设用地使用权的取得和转让
抵押	案例题	★★★	通过案例考核：抵押权的设立；抵押中土地使用权与地上建筑物的关系；抵押与租赁的关系；抵押与保证的关系；抵押权的实现规则
质押	多选题	★★	(1)考核动产质权和权利质权的设定，特别是可以质押的权利范围；(2)考核质权的效力

本章2020年考试主要变化

本章无实质性变化。

一、物权法律制度概述

扫我解疑难

(一)物的概念与种类★★★

1. 物

物,是物权的客体,物权法上的物应当满足以下特点:

(1)有体性。物权法上的物一般是有体物,区别于无形财产,如电脑程序、文学作品等都是智力成果,是知识产权的客体。

【知识点拨】经法律规定,无体物和权利也能成为物权的客体,前者如电、热、气;后者如股权、票据权利、知识产权等,都可以作为质权的客体。

(2)可支配性。物必须能够满足人的需要并能为人力所支配,否则不能成为物权法上

的物,如太阳、月亮、汽车尾气等,均不能成为物权法上的物。

(3)非人格性。即在人的身体之外。物不能是人身体的组成部分,如人体器官;但人体器官如果脱离人体,则可以成为物,如器官移植、捐献的血液、取下来的假牙、义肢等。

【例题1·单选题】(2019年)根据物权法律制度的规定,下列各项中,属于物权法上的物的是( )。

A. 太阳   B. 星星
C. 月亮   D. 海域

解析 ▶ 本题考核物权法上的物。物权法上的物具有如下特点:有体性;可支配性;在人的身体之外。选项ABC因不能为人力所支配而不属于物权法上的物。**答案** ▶ D

2. 物的种类(见表3-1)

表3-1　物的种类

具体类型	区分点
动产、不动产	能否移动、移动是否损害价值。不动产如土地、海域、房屋、林木等地上定着物
可分物、不可分物	分割是否减损其价值。可分物如大米、酒;不可分物如牛、汽车
流通物、限制流通物、禁止流通物	能否自由进入市场流通。流通物可在市场上自由流通,大多数物都是流通物;限制流通物,如文物、黄金、药品;禁止流通物,如国家所有的不动产和动产
可替代物、不可替代物	是否可替代。该分类仅限于动产。可替代物(种类物)如粮食、汽车;不可替代物(特定物)如齐白石的画
消费(耗)物、非消费(耗)物	是否只能一次性使用或让与。消费物只能一次性使用,如粮食、金钱;非消费物可以多次使用,如房屋、汽车
主物与从物	是否独立发挥效用。主物是可以独立发挥效用的,从物只能对主物发挥辅助效用,如电视机与遥控器、汽车与备用轮胎都是主物和从物的关系。 【应试思路】从物也必须独立为一物,而非主物的组成部分,如房屋与门窗并非主物与从物的关系,而是整体与局部的关系
原物与孳息	孳息是从原物派生出来的,且需与原物相分离。孳息包括天然孳息和法定孳息;前者如动物生的小动物,后者如利息、租金。如果未与原物相分离,是原物的组成部分,而非孳息,如动物腹中的胎儿、果树上的果实。 孳息所有权的归属问题: ①天然孳息,有约定按约定;没有约定,由所有权人取得,但有用益物权人的,用益物权人取得

第3章 物权法律制度

具体类型	区分点
原物与孳息	②法定孳息，当事人有约定的，按照约定取得；没有约定或者约定不明确的，按照交易习惯取得。 【相关链接1】根据《合同法》的规定，在买卖合同中，标的物在交付之前产生的孳息，归出卖人所有，交付之后产生的孳息，归买受人所有。 【相关链接2】根据《合同法》的规定，标的物提存后，孳息归债权人所有

【例题2·单选题】（2017年）根据物权法律制度的规定，下列关于物的种类的表述中，正确的是（ ）。

A. 海域属于不动产

B. 文物属于禁止流通物

C. 金钱属于非消耗物

D. 牛属于可分割物

解析 ▶ 本题考核物的种类。文物属于限制流通物，选项B错误；金钱属于消耗物，选项C错误；牛属于不可分物，选项D错误。

答案 ▶ A

（二）物权★★

1. 物权的概念

物权，是指权利人依法对特定的物享有直接支配和排他的权利。

物权与债权的区别，见表3-2。

表3-2 物权与债权的区别

区分点	物权	债权
支配性	支配权，无需他人的积极行为协助，他人只要不干涉其权利即可	请求权，依靠债务人的履行行为才能实现。如甲欠乙款，乙实现债权需要甲还钱
绝对性	绝对权（对世权），义务主体不特定。除了权利人之外其他都是义务人，只是义务人的义务是消极的，即不侵权	相对权（对人权），仅能对特定债务人主张，对其他人不可主张
排他性	具有排他效力，一物之上只能有一个所有权	不具有排他效力，具有兼容性。故一物多卖的，原则上多个买卖合同均有效。 【相关链接】出卖人就同一标的物订立多重买卖合同，合同均不具有《合同法》规定的无效情形，买受人因不能按照合同约定取得标的物所有权，请求追究出卖人违约责任的，人民法院应予支持

2. 物权的种类（见表3-3）

表3-3 物权的种类

标准		具体类型	
针对自己之物还是他人之物	自物权	所有权	
	他物权	用益物权	建设用地使用权、宅基地使用权、土地承包经营权、地役权
		担保物权	抵押权、质权、留置权
设定在动产还是不动产之上	动产物权	动产所有权、动产抵押权、质权、留置权	
	不动产物权	不动产所有权、土地使用权、不动产抵押权	

标准	具体类型	
能否独立存在	独立物权	能独立存在，如所有权、建设用地使用权
	从物权	从属于其他权利而存在，如地役权(从属于不动产物权)、抵押权、质权、留置权(从属于主债权)

【例题 3·单选题】（2017 年)根据物权法律制度的规定，下列各项中属于独立物权的是(　　)。

A. 地役权

B. 抵押权

C. 质权

D. 建设用地使用权

解析 ▶ 本题考核物权的种类。能够独立存在的物权为独立物权，如所有权、建设用地使用权等。担保物权和地役权都属于从物权，不能独立存在。　　　　**答案** ▶ D

(三)物权法的基本原则★

1. 物权法定原则

物权的种类和内容，均由法律规定，不允许当事人自由创设。

2. 物权客体特定原则(一物一权原则)

一物之上只能有一个所有权。

【知识点拨 1】 共有，是指多个人共同享有"一个"所有权，与一物一权原则并不冲突。

【知识点拨 2】 一物之上可以成立数个"相容"的物权，如所有权与他物权可以并存。如国有土地，国家享有所有权，开发商可以获得建设用地使用权。

3. 物权公示原则

所谓公示原则，即物权以法定方式公诸于外。公示有三个方面的效力：物权转移、物权推定和公信效力。其中，最为重要的是物权转移效力：动产以交付占有为公示手段，不动产以登记为公示手段。

『总结』登记的效力，见表 3-4。

表 3-4　登记生效主义与登记对抗主义

登记的影响	含义	举例
登记生效主义	物权变动，非经登记不得生效	不动产所有权、建设用地使用权的设立、转让，不动产抵押权设定都需要登记才能产生效力
登记对抗主义	物权的享有与变动，不以登记为前提；登记的效力只在于对抗第三人	①船舶、航空器和机动车等物权的设立、变更、转让和消灭，未经登记，不得对抗善意第三人；②地役权自地役权合同生效时设立；未经登记，不得对抗善意第三人；③土地承包经营权自土地承包经营权合同生效时设立；未经登记，不得对抗善意第三人；④动产抵押权自抵押合同生效时设立，未经登记，不得对抗善意第三人

【例题 4·多选题】（2015 年)根据物权法律制度的规定，下列属于物权法基本原则的有(　　)。

A. 物权相对原则

B. 物权法定原则

C. 物权公示原则

D. 物权客体特定原则

解析 ▶ 本题考核物权法的基本原则。物权法三个基本原则：物权法定、物权客体特定、物权公示原则。　　**答案** ▶ BCD

【知识点拨】 物权推定效力：不动产权属证书是权利人享有该不动产物权的证明。不动产权属证书记载的事项，应当与不动产登记簿一致；记载不一致的，除有证据证明不动产登记簿确有错误外，以不动产登记簿为准。当事人有证据证明不动产登记簿的记载与真实权利状态不符、其为该不动产物权的真实权利人，请求确认其享有物权的，应予支持。

二、物权变动

扫我解疑难

(一)物权变动的含义 ★

物权变动是指物权的发生(取得、设定)、变更或消灭。具体而言，所有权的取得、转让、消灭；他物权，如建设用地使用权、抵押权等的产生、转让、消灭，都叫做物权变动。

『举例』甲房地产公司拍得一块建设用地使用权，办理登记，此时建设用地使用权产生；甲公司盖好房屋，房屋所有权产生；甲公司将房屋和建设用地使用权转让给买房人，房屋的所有权和建设用地使用权发生转让；买房人将房屋抵押给银行，抵押权产生……这些，均为物权变动。

(二)物权的取得 ★

物权的取得分原始取得与继受取得。

1. 原始取得，是指并非因前手的权利和意思表示而取得物权。比如因先占、孳息、劳动生产等取得物权。

2. 继受取得，是指因前手的权利和意思表示而取得物权，权利自前手继受而来。比

如因买卖、赠与等获得物权。

『举例』张三卖给李四一只鸡，李四获得鸡的所有权是基于张三的所有权和他出售的意思表示，因而是继受取得。这只鸡在李四家下蛋若干，李四获得鸡蛋的所有权则是原始取得，鸡蛋是孳息。

(三)物权变动的原因 ★★★

1. 基于法律行为

因当事人的意思表示而导致的物权变动，如因买卖合同导致所有权转移，因抵押、质押合同导致产生抵押权、质权等，一般而言需要公示(登记或交付。登记生效还是登记对抗，见前表3-4)。

【相关链接1】处分行为与负担行为的划分(物权行为与债权行为的区分)。债权行为导致债权债务关系产生，物权行为直接导致物权变动。

『举例』买卖房屋，签订买卖合同是债权行为，办理过户登记是物权行为。

【相关链接2】合同效力与物权变动相分离：物权是否变动与合同效力无关(或者说，物权变动与否不影响合同效力)。

『举例』张三把房屋抵押给李四，签了合同，但未办抵押登记。后果是：抵押合同有效，但抵押权不产生。

2. 非基于法律行为(三种)(见表3-5)

表3-5　非基于法律行为的物权变动

原因	物权变动
(1)因公法行为	因人民法院、仲裁委员会的法律文书或者人民政府的征收决定等，导致物权设立、变更、转让或者消灭的，自法律文书或者人民政府的征收决定等生效时发生效力。 【知识点拨1】"法律文书"包括判决书、裁定书、裁决书以及调解书。 【知识点拨2】该法律文书的内容必须是直接改变原有物权关系，如直接判决所有权或他物权的归属，而不是判令一方当事人向另一方当事人作出履行的判决
(2)因法律规定	因继承或者受遗赠取得物权的，自继承或者受遗赠开始时发生效力。 【知识点拨】严格地说，因遗赠而获得物权是一种基于法律行为导致的物权变动，因有被继承人的意思表示。但教材多年的观点都将之纳入非基于法律行为的物权变动，因此，在考试的时候，以教材为准
(3)因事实行为	因合法建造、拆除房屋等事实行为设立或者消灭物权的，自事实行为成就时发生效力

【知识点拨】因上述原因获得物权不需要公示，但如果再处分该物权，依照法律规定需要办理登记的，未经登记，不发生物权效力。

『举例1』张三和李四因一套房屋的产权发生争议，房屋登记在张三名下，法院判决房屋归李四所有。则判决书生效时李四获得房屋的所有权。

『举例2』张三的父亲生前有一套房屋、一辆汽车，张三的父亲去世，张三是唯一的继承人，自其父去世时起，张三获得房屋和汽车的所有权。

『举例3』甲建筑公司取得一块建设用地使用权后，在上面建了房屋。房屋建成，甲公司就获得房屋的所有权。

『举例4』上述"举例2"中，张三继承其父亲的房屋时，无需登记就享有所有权，但如果要卖这套房给李四，则必须先将房屋登记在自己的名下，然后再过户登记给李四。否则张三和李四的房屋买卖合同有效，但李四不能获得房屋的所有权。

(四)动产物权变动★★★

1. 动产物权变动的公示方式——交付

(1)现实交付。

『举例』甲将手表卖给乙，订立买卖合同后甲将手表交付给乙，自交付时起，乙获得手表的所有权。

(2)交付替代(三种)(见表3-6)。

表3-6　交付替代

方式	法律后果
简易交付	动产物权设立和转让前，权利人已经占有该动产的，物权自法律行为生效时发生效力。 公式：权利人已经占有+法律行为生效=物权变动
指示交付	动产物权设立和转让前，第三人依法占有该动产的，负有交付义务的人可以通过转让请求第三人返还原物的权利代替交付。 公式：第三人合法占有+将请求第三人返还原物的权利转让给受让人=物权变动
占有改定	动产物权转让时，双方又约定由出让人继续占有该动产的，物权自该"约定生效时"发生效力。 公式：买卖合同+由出让人继续占有的合同生效=物权变动 【知识点拨】由出让人继续占有的约定常见的如借用合同、保管合同等

『举例1』简易交付：甲将自己的电脑出租给乙使用，租赁期限未届满之时，甲又将该电脑出售给乙，则甲乙之间买卖合同生效时就视为交付。

『举例2』指示交付：甲将自己的电脑出租给乙使用，租赁期限未届满之时，甲又将该电脑出售给丙，由于租期未满，电脑由乙合法使用，甲丙之间可以约定甲直接将要求乙返还电脑的权利转让给丙，即为交付。

『举例3』占有改定：甲将电脑卖给乙，约定第二天乙付款取电脑，第二天乙上门取电脑时，甲又对乙说，因有重要工作尚未完成，希望借用电脑两天，乙表示同意。本案中，在借用电脑的约定生效时，电脑的所有权转移给乙。

【例题5·单选题】甲将其所有的一本小说卖给乙，双方约定，乙先向甲支付购书款，但甲需再借读该书7天，7天后甲将书给乙。这种情况下，乙取得所有权的时间是(　　)。

　　A. 乙自甲阅读完成后取得所有权

　　B. 乙自借读约定生效之日起取得所有权

　　C. 乙自支付购书款时取得所有权

　　D. 乙自甲实际交付该书时取得所有权

解析 ▶ 本题考核占有改定。根据规定，动产物权转让时，双方又约定由出让人继续占有该动产的，物权转移自该约定生效时发生效力。本题中，乙自借读约定生效时就取得了该书的所有权。　　答案 ▶ B

【应试思路】对于动产所有权转移，首先判断交付方式是什么，然后再确定交付时间，交付时间即是所有权转移时间。

2. 动产物权的设立和转让

（1）动产物权的设立和转让，自交付时发生效力，但法律另有规定的除外。

① 所有权转移：转让合同+交付=动产所有权转移

『举例』甲将手机卖给乙，签订买卖合同，甲将手机交付给乙时起，乙获得手机的所有权。

【知识点拨】交付的方式包括现实交付，也包括三种观念交付。

【相关链接】一物多卖的情况下，所有买卖合同都有效，合同的履行顺序见第四章《合同法》中"买卖合同"部分。

② 动产质权的设定：书面质押合同+交付=质权产生

『举例』甲将电脑质押给乙，签订质押合同，然后将电脑交付给乙，则乙获得质权。

③ 动产抵押权的设定：书面抵押合同=抵押权产生；但不登记不得对抗善意第三人。

『举例』甲公司将电脑抵押给乙，签订抵押合同，乙就享有抵押权，但没有登记，不得对抗善意第三人。如甲公司将电脑卖给不知情的丙，则丙可以获得电脑的所有权，乙对丙不得主张抵押权。

（2）机动交通工具：船舶、航空器和机动车等物权的设立、变更和消灭，未经登记，不得对抗善意第三人(重要考点)。

『举例1』甲将车卖给乙，交付乙即获得车的所有权。如果没有变更登记，则不得对抗善意第三人。如甲将车抵押给不知情的银行，并且办理了抵押登记，则银行可以主张对车的抵押权。

『举例2』甲将车抵押给乙，签订抵押合同即产生抵押权，但未登记不得对抗善意第三人。如甲将车又卖给丙，并给其办理了过户登记，则丙获得所有权，乙不得对丙主张抵押权。

（五）不动产的物权变动 ★★★

1. 不动产物权变动的公示方式——登记

（1）不动产物权的设立、变更、转让和消灭，经依法登记，发生效力；未经登记，不发生效力，但法律另有规定的除外。"法律另有规定"，是指登记不是生效条件而是对抗要件的情形，如：土地承包经营权、地役权等。

【例题6·多选题】根据物权法律制度的规定，下列物权中，其设立、变更未经登记即可发生效力的有( )。

A. 建设用地使用权

B. 机动车所有权

C. 地役权

D. 土地承包经营权

解析 ▶ 本题考核物权变动。船舶、航空器和机动车等物权的设立、变更、转让和消灭，自交付时发生效力；未经登记，不得对抗善意第三人。地役权自地役权合同生效时设立。土地承包经营权自土地承包经营权合同生效时设立。 答案 ▶ BCD

（2）首次登记：未办理不动产首次登记的，除法律、行政法规另有规定的外，不得办理不动产其他类型登记。

（3）变更登记：是指不动产登记事项发生不涉及权利转移的变更所需登记。

【知识点拨】变更登记与转移登记不同，变更登记中不涉及权利在不同主体之间的转移，而是其他的登记内容变化，如权利人的姓名、名称、不动产面积、坐落、抵押担保的范围、债权数额等等。

【例题7·单选题】(2017年)甲公司与乙银行签订300万元的借款合同，以甲的房屋提供债权额为300万元的抵押担保，并已办理登记。其后，借款合同的借款金额增加为400万元，仍以该房屋提供抵押担保，担保债权额相应增加为400万元。为使新增抵押生效，根据物权法律制度的规定，乙银行应向不动产登记机构申请的登记类型是( )。

A. 更正登记　　B. 预告登记

C. 变更登记　　D. 转移登记

解析 ▶ 本题考核不动产登记的类型。抵押担保的范围、主债权数额、债务履行期限、抵押权顺位发生变化的，不动产权利人可以

向不动产登记机构申请变更登记。 **答案▶ C**

(4)转移登记：是指不动产权利在不同主体之间发生转移所需登记。导致转移登记的前提是不动产权利在不同主体之间发生转移，导致转移登记的原因有很多，如因买卖、赠与、互易、继承、遗赠、共有物分割等等。

(5)更正登记与异议登记。

①权利人、利害关系人认为不动产登记簿记载的事项错误的，可以申请更正登记。

【知识点拨】 权利人、利害关系人都可以申请更正登记。

②不动产登记簿记载的权利人书面同意更正或者有证据证明登记确有错误的，登记机构应当予以更正；若是不动产登记簿记载的权利人不同意更正，利害关系人可以申请异议登记。

【知识点拨】 如果更正成功，就不存在异议登记；只有更正不成才产生异议登记。

③登记机构予以异议登记的，申请人在异议登记之日起15日内不起诉，异议登记失效。

④异议登记不当，给权利人造成损害的，权利人可以向申请人请求损害赔偿。

【知识点拨】 异议登记不能阻止物权的变动，异议登记后，登记簿记载的权利人要办理抵押登记或者过户登记都不受限制，但由于受让人知道不动产上有权属争议，故不构成善意取得。

『举例』 甲乙因一套房屋的产权发生争议，登记簿记载甲的名字，乙认为自己是共有人，要求加名，甲不同意，于是乙申请了异议登记。在有效期内，甲卖房给丙，可以办过户，但因为丙知道房屋上有异议登记，假设乙经法院判决确实是共有人，且份额为80%，则乙可以要求丙把房屋还回来(丙不构成善意取得)。

(6)预告登记。

第一，只有签订不动产物权变动的协议，当事人才能申请预告登记。具体包括：①预购商品房；②以预购商品房设定抵押；③房屋所有权转让、抵押；④法律、法规规定的其他情形。

第二，预告登记后，未经预告登记的权利人同意，处分该不动产的，不发生物权效力。

【应试思路】 这是预告登记与异议登记的根本区别，预告登记可以阻止物权变动，异议登记则不能。

第三，预告登记后，债权消灭或者自能够进行不动产登记之日起3个月内未申请登记的，预告登记失效。

【例题8·多选题】 甲向乙出售房屋并订立买卖合同。双方约定：乙应在一年内分期支付全部价款；甲先将房屋交付乙使用，一年后办理过户登记。房屋交付后，双方前往房屋登记机构办理了预告登记。下列表述中，正确的有( )。

A. 乙已取得房屋所有权

B. 若甲未经乙同意，将房屋另行出卖给丙，则甲、丙的买卖合同无效

C. 若甲未经乙同意，将房屋抵押给丁，该抵押行为不能发生物权效力

D. 若甲因为乙没有按期支付价款而依法解除合同，则预告登记失效

解析▶ 本题考核预告登记。本题中，由于双方没有办理正式的登记，因此乙并没有取得房屋所有权，选项A错误；预告登记的作用在于使得权利人擅自处分不动产时不发生物权变动效力，而对合同的效力没有影响，因此甲丙签订的买卖合同还是有效的，选项B错误；选项C正确；预告登记后，债权消灭的，预告登记失效，选项D正确。

答案▶ CD

2. 不动产物权变动

(1)所有权转移：转让合同+登记＝所有权转移

『举例』 甲将房屋卖给乙，签订买卖合同，乙支付首付款，甲将房屋过户登记给乙，乙尚有大部分余款未付清，但乙获得房屋的所有权。

（2）抵押权的设定：抵押合同＋登记＝抵押权产生

『举例』甲将房屋抵押给银行，签订抵押合同，办理抵押登记，银行获得抵押权。如果只签了合同未办理登记，后果是合同有效，但抵押权不生效。

三、所有权

扫我解疑难

（一）所有权的法定分类★

所有权的种类包括：国家所有权、集体所有权、私人所有权。

1. 国家所有权。矿藏、水流、海域、无线电频谱资源、国防资产、城市土地属于国家所有。

2. 集体所有权。集体组织可依法享有土地、森林、山岭、草原、荒地、滩涂等的所有权。

3. 私人所有权。这里的"私人"，不仅指

自然人，还包括企业法人等法人组织。

（二）共有★★★

1. 共有类型的判断

共有类型有两种：共同共有、按份共有。共有人之间对共有类型有约定按约定处理。共有人对共有的不动产或者动产没有约定为按份共有或者共同共有，或者约定不明确的，除共有人具有家庭关系等外，视为按份共有。

【应试思路】共同共有有两种情况：第一，约定为共同共有；第二，没有约定或约定不明，但共有人之间有家庭关系。

2. 按份共有与共同共有（见表3-7）

（1）共同共有人对共有的不动产或者动产共同享有所有权。

（2）按份共有人对共有的不动产或者动产按照其份额享有所有权。按份共有人对共有的不动产或者动产享有的份额，没有约定或者约定不明确的，按照出资额确定；不能确定出资额的，视为等额享有。

表3-7　共同共有与按份共有的异同

类型		共同共有	按份共有
共有人之间的内部关系	共有物的管理	有约定按约定；没有约定或者约定不明确的，各共有人都有管理的权利和义务。（不涉及重大修缮的，所有共有人都有权利为之）	
		共有物的重大修缮，应当经全体共同共有人同意，共有人之间另有约定除外	共有物的重大修缮，应当经占份额2/3以上的按份共有人同意，共有人之间另有约定除外
	管理费用承担	有约定的，按约定；没有约定或者约定不明确的	
		共同共有人共同负担	按份共有人按各自份额分担
	共有物的分割	共有人约定不得分割共有的不动产或者动产，以维持共有关系的，应当按照约定，但是共有人有重大理由需要分割的，可以请求分割；没有约定或者约定不明确的	
		在共有关系存续期间一般不允许分割，除非共有的基础丧失或者有重大理由需要分割	随时请求分割
	共有物的整体处分	经全体共同共有人同意，但共有人之间另有约定的除外	经占份额2/3以上的按份共有人同意，但共有人之间另有约定的除外
	外部债务内部分担	除共有人另有约定外，对外偿债后，共有人之间不存在分担的问题	除共有人另有约定外，按份共有人按照份额享有债权、承担债务。偿还债务超过自己应当承担份额的按份共有人，有权向其他共有人追偿

类型		共同共有	按份共有
外部关系	债权债务	针对共有物产生的债权债务，共有人对外享有连带债权、承担连带债务。（至于对外承担责任后的内部分担问题，见上）	

【知识点拨】共有人整体处分共有物需达到法定标准，即共同共有需经全体共有人同意，按份共有需经2/3以上份额的共有人同意，未达到该法定标准，处分共有物就构成无权处分，其法律后果：买卖合同有效，第三人可依据善意取得制度取得所有权。

【相关链接】无权处分共有物的买卖合同，是债权行为，无论其他共有人是否同意，买卖合同原则上均有效。

【例题9·单选题】（2017年）朋友6人共同出资购买一辆小汽车，未约定共有形式，且每人的出资额也不能确定。部分共有人欲对外转让该车。为避免该转让成为无权处分，在没有其他约定的情况下，根据物权法律制度的规定，同意转让的共有人至少应当达到的人数是（　）。

A. 4人 　　　　B. 3人
C. 6人 　　　　D. 5人

解析▶本题考核按份共有。本案中对共有类型没有约定，共有人之间又没有家庭关系，视为按份共有。按份共有人对共有的不动产或者动产享有的份额，可以约定；没有约定或者约定不明确的，按照出资额确定；不能确定出资额的，视为等额享有。按份共有中，处分共有的不动产或者动产，应当经占份额2/3以上的按份共有人同意，但共有人之间另有约定的除外。本题中，朋友6人等额享有该汽车，故同意转让的共有人至少应当达到的人数是6×2/3=4人。　　答案▶A

【应试思路】对于共有的问题，首先判断是按份共有还是共同共有，然后看属于何种行为，是一般的管理还是重大修缮，是共有份额的处分还是整体处分。对于重大修缮和整体处分，关键看是否满足各自的法定标准，在按份共有物的转让中，要注意是2/3以上份额，包括2/3，而不是共有人的人数。

3. 按份共有人的优先购买权

按份共有人可以转让其享有的共有的不动产或者动产份额，其他共有人在同等条件下享有优先购买的权利。

【思路点拨】与共有物的整体转让不同，按份共有人对于自己份额的转让是自由的，其他共有人不能限制，但应当保护其他共有人同等条件下的优先购买权，见表3-8。

表3-8　按份共有人的优先购买权

项目	内容
（1）优先购买权以交易为前提	①非交易的情况下不得主张优先购买权：因继承、遗赠等原因导致共有份额的权利主体发生变化时，其他按份共有人不能行使优先购买权，除非按份共有人之间另有约定； ②共有人相互之间转让，其他共有人不得主张优先购买权，但按份共有人之间另有约定的除外
（2）优先购买权需在同等条件下行使	所谓"同等条件"，应当综合共有份额的转让价格、价款履行方式及期限等因素确定。若其他共有人主张优先购买，但提出减少转让价款、增加转让人负担等实质性变更要求的，不予支持
（3）优先购买权需在期限内行使	优先购买权的行使期限有约定按约定，没有约定或约定不明的： ①转让人向其他按份共有人发出的包含同等条件内容的通知中载明行使期间的，以该期间为准； ②通知中未载明行使期间，或者载明的期间短于通知送达之日起15日的，为15日； ③转让人未通知的，为其他按份共有人知道或者应当知道最终确定的同等条件之日起15日； ④转让人未通知，且无法确定其他按份共有人知道或者应当知道最终确定的同等条件的，为共有份额权属转移之日起6个月

第3章 物权法律制度

项目	内容
(4)数人主张优先购买权	先协商，协商不成，按转让时各自的份额比例行使优先购买权
(5)优先购买权不具有排他效力	优先购买权受到侵害，只能主张赔偿损失，不得要求撤销共有人与第三人的份额转让合同或主张合同无效

【例题10·单选题】 甲、乙、丙、丁按份共有一栋房屋，份额比例为：10%、20%、30%和40%。甲拟将自己的份额转让。在共有人之间未就该事项作出明确约定的情况下，下列表述中，符合《物权法》规定的是(　　)。

A. 若甲将份额转让给乙，丙、丁在同等条件下有优先购买权

B. 若甲将份额转让给戊，需经乙、丙、丁同意

C. 若甲将份额转让给戊，应当提前合理时间通知乙、丙、丁

D. 若甲将份额转让给戊，乙和丁愿意购买该份额，则应当由丁行使优先购买权，因丁的共有份额最高

解析 ▶ 本题考核按份共有人的优先购买权。甲转让给乙，其他共有人不享有同等条件下的优先购买权，选项A错误；按份共有人转让共有份额无需经过其他共有人同意，选项B错误；两个以上共有人都主张优先购买权，可以先协商，协商不成，按转让时各自的份额比例行使优先购买权，选项D错误。

答案 ▶ C

【应试思路】 对于按份共有人的优先购买权，在考试中注意以下几点：第一，份额转让是自由的；第二，判断是否属于对外转让；第三，判断是否属于同等条件；第四，判断是否在法定期限内；第五，多个共有人主张且协商不成时，需按份额比例行使。

(三)善意取得 ★★★

1. 善意取得的法律规定

无处分权人将不动产或者动产转让给受让人的，所有权人有权追回；除法律另有规定外，符合下列情形的，受让人取得该不动产或者动产的所有权：

(1)受让人受让该不动产或者动产时是善意的；

(2)以合理的价格转让；

(3)转让的不动产或者动产依照法律规定应当登记的已经登记，不需要登记的已经交付给受让人。

受让人依照前款规定取得不动产或者动产的所有权的，原所有权人有权向无处分权人请求赔偿损失。

【应试思路】 案例分析中常考善意取得的判断，善意取得制度可以跟《合同法》《公司法》《破产法》《票据法》等结合考查，是否构成善意取得，关键看是否满足善意取得的构成要件，考试中能够根据下述要件进行分析，作答时能够答出《物权法》的上述规定。

2. 善意取得的构成要件分析

(1)前提条件：处分人无权处分。

①无权处分主要有两种情形：一是针对他人之物，处分人既没有所有权也没有经过所有权人授权，如基于租赁、借用、保管、仓储等合同而占有他人之物，不享有处分权；二是针对共有物，部分共有人在整体处分共有物时没有达到法定的标准，即按份共有没有经过占共有份额2/3以上的共有人同意，共同共有没有经过全体共有人一致同意。

②无权处分是善意取得的前提。如果处分人是有权处分，取得人就是合法的继受取得而非善意取得。如甲把自己的手机卖给乙，乙就是合法的继受取得。

③动产的善意取得中，无权处分人必须是基于原权利人的意思占有动产，如因合同关系而占有；如果是盗赃物、遗失物，受让人是不可以善意取得的。

【相关链接】 当事人一方以出卖人在缔约

时对标的物没有所有权或者处分权为由主张合同无效的，人民法院不予支持。——无权处分人订立的买卖合同原则上是有效的。

（2）主观要件：受让人在受让动产或不动产时是善意的。

所谓善意，指的是受让人不知情且无重大过失。

善意的时点：动产——交付时受让人是善意的；不动产——登记时受让人是善意的。

关于知情和重大过失的认定，见表3-9。

表3-9　《物权法》司法解释（一）关于知情和重大过失的认定

类别	认定
知情	具有下列情形之一的，应当认定不动产受让人知道转让人无处分权： ①登记簿上存在有效的异议登记； ②预告登记有效期内，未经预告登记的权利人同意； ③登记簿上已经记载司法机关或者行政机关依法裁定、决定查封或者以其他形式限制不动产权利的有关事项； ④受让人知道登记簿上记载的权利主体错误； ⑤受让人知道他人已经依法享有不动产物权
重大过失	①真实权利人有证据证明不动产受让人应当知道转让人无处分权的，应当认定受让人具有重大过失； ②受让人受让动产时，交易的对象、场所或者时机等不符合交易习惯的，应当认定受让人具有重大过失

（3）价格要件：以合理的价格转让。

判断是否构成"合理的价格"，应当根据转让标的物的性质、数量以及付款方式等具体情况，参考转让时交易地市场价格以及交易习惯等因素综合认定。

（4）公示要件：转让的不动产或者动产依照法律规定应当登记的已经登记，不需要登记的已经交付给受让人。

①善意取得中无权处分人与受让人之间动产的交付方式可以是现实交付、简易交付、指示交付，唯独占有改定不可以；

②船舶、航空器、机动车的善意取得：交付即可善意取得，不以登记为要件。

『举例1』动产的善意取得：甲借用乙的电脑，然后将电脑以市价卖给不知情的丙，丙取走电脑后乙才得知此事。本案中，甲无权处分，丙不知情且无重大过失，交易的价格是合理的市场价格，且甲已经将电脑交付给丙，因而丙构成善意取得。

『举例2』不动产的善意取得：甲乙因一套房屋的产权发生争议，登记簿记载甲的名字，乙诉至法院，法院判决房屋归乙所有，但甲未将房屋过户登记给乙，而是将房屋以市价卖给不知情的丙，丙在房产登记部门查

询发现登记簿记载的权利人确实是甲，于是付了首付，并办理了房屋过户登记。本案中，甲是无权处分，丙不知情且无重大过失，交易价格合理，且房屋已过户登记给丙，丙构成善意取得。

3. 善意取得的法律效果

原权利人丧失标的物所有权，受让人则基于善意取得制度获得标的物所有权。因此原权利人无权要求受让人返还原物，但有权向无权处分的转让人请求损害赔偿。

4. 善意取得的适用

善意取得不但适用于"所有权"的取得，也适用于"他物权"（如抵押权、质权等）。

5. 善意取得的其他问题

（1）如果转让合同无效或被撤销，则受让人不可善意取得。

（2）转让人转移船舶、航空器和机动车等所有权，受让人已经支付对价并取得占有，虽未经登记，但转让人的债权人主张其为《物权法》第24条所称的"善意第三人"的，除法律另有规定外，不予支持。

『举例1』张三借李四的手机，王五采用胁迫手段要求张三将手机卖给自己，张三有权撤销该合同，王五不构成善意取得。

『举例2』张三将汽车卖给李四，已经交付但尚未登记，张三的债权人王五不能主张自己是"善意第三人"，认为李四的所有权不能对抗自己。

【例题11·单选题】（2016年）甲、乙、丙三兄弟共同继承一幅古董字画，由甲保管。甲擅自将该画以市场价出卖于丁并已交付，丁对该画的共有权属关系并不知情。根据物权法律制度的规定，下列表述中，正确的是（ ）。

A. 经乙和丙中一人追认，丁即可取得该画所有权

B. 无论乙和丙追认与否，丁均可取得该画的所有权

C. 丁取得该画的所有权，但须以乙和丙均追认为前提

D. 无论乙和丙追认与否，丁均不能取得该画的所有权

解析▶ 本题考核善意取得。丁是善意的、支付合理对价、标的物已经交付的买受人，适用善意取得制度，无论其他共有人是否追认，丁都取得所有权。 答案▶ B

（四）动产所有权的特殊取得方式（都是原始取得）★

动产所有权有若干特殊的取得方式，包括先占、拾得遗失物、发现埋藏物及添附等。

1. 拾得遗失物（见表3-10）

表3-10 拾得遗失物相关规定

相关主体	权利义务
（1）拾得人	①拾得遗失物后，应当及时通知权利人领取或者送交公安等有关部门； ②在返还拾得物时，可以要求支付必要费用； ③遗失人发出悬赏广告的，归还遗失物的拾得人可以请求其支付允诺的报酬
（2）有关部门	有关部门收到遗失物，知道权利人的，应当及时通知其领取；不知道的，应当及时发布招领公告。遗失物自发布招领公告之日起"6个月"内无人认领的，收归国有
（3）原权利人	所有权人或者其他权利人有权追回遗失物。该遗失物通过转让被他人占有的，权利人有两种选择： ①向无处分权人请求损害赔偿； ②自知道或者应当知道受让人之日起2年内向受让人请求返还原物，一般无需支付价款；但受让人通过拍卖或者向具有经营资格的经营者购得该遗失物的，权利人请求返还原物时应当支付受让人所付的费用。权利人向受让人支付所付费用后，有权向无处分权人追偿

【知识点拨】发现埋藏物参照拾得遗失物的规定。盗赃物、遗失物不适用善意取得。

【例题12·多选题】（2019年）乙拾得甲丢失的手机，以市场价500元卖给不知情的旧手机经销商丙，根据物权法律制度的规定，下列表述中正确的有（ ）。

A. 乙拾得手机后，甲即失去手机所有权

B. 甲有权请求乙给予损害赔偿

C. 甲有权请求丙返还手机，但应向丙支付500元

D. 乙将手机出让给丙的行为属于无权处分

解析▶ 本题考核拾得遗失物处理规则。所有权人或者其他权利人有权追回遗失物，选项A错误；该遗失物通过转让被他人占有的，权利人有权向无处分权人请求损害赔偿，选项B正确；或者自知道或者应当知道受让人之日起2年内向受让人请求返还原物，但受让人通过拍卖或者向具有经营资格的经营者购得该遗失物的，权利人请求返还原物时应当支付受让人所付的费用，题目中是拾得人乙直接卖给丙，甲请求丙返还时无需支付500元，选项C错误；拾得人乙无所有权，是无权处分行为，选项D正确。 答案▶ BD

2. 添附

添附是附合、混合与加工的总称，对于添附的后果，学界的观点见表3-11。

表 3-11　添附的后果

类型		法律后果
不动产与动产	附合	财产归不动产所有权人所有；动产所有人获得补偿
动产与动产	附合	附合中有可视为主物者，附合后之动产归主物所有人，他物所有人获得补偿；若无，则可按各自动产之价值成立共有
	混合	准用动产附合之规则
	加工	只要加工或改造的价值不明显低于材料价值，即取得新物所有权

四、用益物权

扫我解疑难

(一)用益物权的类型★

《物权法》规定的用益物权包括四种：土地承包经营权、建设用地使用权、宅基地使用权与地役权。

【知识点拨】用益物权都与土地有关，因为我国的土地所有权只有两种：国家所有、集体所有。因而其他主体获得的都只能是占有、使用、收益的权利。

(二)建设用地使用权★★★

1. 建设用地使用权的取得

(1)创设取得(一级市场)(见表 3-12)。

表 3-12　创设取得——无偿划拨、有偿出让

类型	取得与期限
无偿划拨	下列建设用地的土地使用权，确属必需的，可以由县级以上人民政府依法批准划拨： ①国家机关用地和军事用地； ②城市基础设施用地和公益事业用地； ③国家重点扶持的能源、交通、水利等项目用地； ④法律、行政法规规定的其他用地。 【知识点拨】用于商业开发的建设用地，不得以划拨方式取得建设用地使用权 期限：除法律、行政法规另有规定外，没有使用期限的限制
有偿出让	出让的一般是国有土地使用权；城市规划区内的集体所有的土地，经依法征用转为国有土地后，该幅国有土地的使用权方可有偿出让 期限： ①居住用地 70 年；②工业用地 50 年；③教育、科技、文化、卫生、体育用地 50 年；④商业、旅游、娱乐用地 40 年；⑤综合或者其他用地 50 年。 续期： ①住宅建设用地使用权期间届满的，自动续期； ②其他土地使用权出让合同约定的使用年限届满，土地使用者需要继续使用土地的，应当至迟于届满前 1 年申请续期，除根据社会公共利益需要收回该幅土地的，应当予以批准

【相关链接】划拨土地使用权抵押时，抵押权的实现：实现抵押权时，拍卖划拨的国有土地使用权所得的价款，应当依法缴纳相当于应缴纳的土地使用权出让金的款额，抵押权人可主张剩余价款的优先受偿权。

『举例』甲国有单位经批准以划拨土地使用权抵押给乙银行借款，后来无力清偿。该土地使用权拍卖得款 1 个亿。该款项首先应当依法补缴土地使用权出让金，银行可就剩余价款优先受偿。

【例题 13·多选题】（2017年）根据物权法律制度的规定，下列关于建设用地使用权的表述中，正确的有( )。

A. 兴办乡镇企业需要对集体土地建设利用的，必须先将土地征归国有，然后取得国有建设用地使用权

B. 住宅建设用地使用权期间届满的，自动续期

C. 建设用地使用权出让，优先考虑双方协议的方式，协议不成，则采取拍卖、招标方式

D. 用于商业开发的建设用地，不得以划拨方式取得建设用地使用权

解析▶本题考核建设用地使用权。除兴办乡镇企业，村民建设住宅、乡(镇)村公共设施以及公益事业建设经依法批准使用本集体经济组织农民集体所有土地的外，其他对集体土地的建设利用，都必须先征归国有，然后取得国有建设用地使用权，选项A错误(注意：选项A的内容在2020年辅导教材修订时已删除，该项不必掌握)。建设用地使用权出让，可以采取拍卖、招标或者双方协议的方式，其中，工业、商业、旅游、娱乐和商品住宅等经营性用地以及同一土地有两个以上意向用地者的，应当采取招标、拍卖等公开竞价的方式出让，没有条件，不能采取拍卖、招标方式的，可以采取双方协议的方式，选项C错误。 **答案**▶BD

(2)移转取得(二级市场)(见表3-13)。

表3-13 移转取得

	建设用地使用权转让、互换、出资、赠与或者抵押的，当事人应当采取书面形式订立相应的合同。使用期限由当事人约定，但不得超过建设用地使用权的剩余期限
转让 条件	以出让方式取得土地使用权的，转让房地产时，应当符合下列条件： ①按照出让合同约定已经支付全部土地使用权出让金，并取得土地使用权证书； ②按照出让合同约定进行投资开发，属于房屋建设工程的，完成开发投资总额的25%以上；属于成片开发土地的，形成工业用地或者其他建设用地条件； ③转让房地产时房屋已经建成的，还应当持有房屋所有权证书
	以划拨方式取得土地使用权的，转让房地产时，应当： 报有批准权的人民政府审批；办理土地使用权出让手续并缴纳土地使用权出让金
转让 禁止	下列房地产不得转让： ①以出让方式取得土地使用权，但未符合上述转让房地产法定条件的； ②司法机关和行政机关依法裁定、决定查封或者以其他形式限制房地产权利的； ③依法收回土地使用权的； ④共有房地产，未经其他共有人书面同意的； ⑤权属有争议的； ⑥未依法登记领取权属证书的； ⑦法律、行政法规规定禁止转让的其他情形

(3)登记——设立要件。

建设用地使用权自登记时设立。建设用地使用权消灭的，出让人应当及时办理注销登记。

2. 建设用地使用权的终止

出现下列情形之一，由有关人民政府土地行政主管部门报经原批准用地的人民政府或者有批准权的人民政府批准，可以收回国有土地使用权：(1)为公共利益需要使用土地；(2)为实施城市规划进行旧城区改建，需要调整使用土地；(3)土地出让等有偿使用合同约定的使用期限届满，土地使用者未申请

续期或者申请续期未获批准；（4）因单位撤销、迁移等原因，停止使用原划拨的国有土地；（5）公路、铁路、机场、矿场等经核准报废。

【例题14·多选题】（2016年）根据物权法律制度的规定，以出让方式取得土地使用权后，转让房地产时，应当符合的条件有（　）。

A. 按出让合同约定投资开发，属于房屋建设工程的，完成开发投资总额的20%以上

B. 转让房地产时，房屋建成后，应当持有房屋所有权证书

C. 按出让合同约定投资开发，属于成片开发土地的，形成工业用地或其他建设用地条件

D. 按出让合同约定已支付全部土地使用权出让金，并取得土地使用权证书

解析 ▶ 本题考核建设用地使用权的转让。以出让方式取得土地使用权的，转让房地产时，应当符合下列条件：（1）按照出让合同约定已经支付全部土地使用权出让金，并取得土地使用权证书；（2）按照出让合同约定进行投资开发，属于房屋建设工程的，完成开发投资总额的25%以上，属于成片开发土地的，形成工业用地或者其他建设用地条件；（3）转让房地产时房屋已经建成的，还应当持有房屋所有权证书。 答案 ▶ BCD

五、担保物权

（一）担保物权概述 ★★

1.《物权法》规定了抵押权、质权与留置权三种担保物权。抵押权与质权是意定担保物权，留置权是法定担保物权。

【知识点拨】以他人之物作为实现自己债权的担保，因而担保物权也是一种他物权。

2. 担保物权的特点

（1）优先受偿性。担保物权优先于普通债权人受偿。

（2）物上代位性。担保期间，担保财产毁损、灭失或者被征收等，担保物权人可以就获得的保险金、赔偿金或补偿金等优先受偿。

『举例』甲将房屋抵押给银行，借款100万元。抵押期间，甲的房屋因火灾烧毁，幸好甲事先为房屋投保了火灾险，保险公司赔偿甲120万元。甲到期未清偿银行欠款，银行有权就保险公司赔偿甲的120万元中的100万元优先受偿。

3. 担保物权的消灭

有下列情形之一，担保物权消灭：（1）主债权消灭；（2）担保物权实现；（3）债权人放弃担保物权；（4）法律规定担保物权消灭的其他情形。

（二）抵押权 ★★★

1. 抵押财产范围

（1）除以下不得用于抵押的财产以外，其他都可以抵押：

①土地所有权；

②耕地、宅基地、自留地、自留山等集体所有的土地使用权，但法律规定可以抵押的除外；

③学校、幼儿园、医院等以公益为目的的事业单位、社会团体的教育设施、医疗卫生设施和其他社会公益设施；

④所有权、使用权不明或者有争议的财产；

⑤依法被查封、扣押、监管的财产；

⑥法律、行政法规规定不得抵押的其他财产。

【例题15·多选题】根据物权法律制度的规定，下列财产中，可以抵押的有（　）。

A. 工厂的半成品

B. 被法院查封的房产

C. 在建的建筑物

D. 土地所有权

解析 ▶ 本题考核抵押的财产范围。根据规定，土地所有权不能抵押，土地使用权可以依法抵押。依法被查封、扣押、监管的财产不能用于抵押。 答案 ▶ AC

【应试思路】对于抵押财产范围的考题，关键要记住不得抵押的财产，其他均可抵押。

（2）房地一体原则。

①以建筑物抵押的，该建筑物占用范围内的建设用地使用权一并抵押；

②以建设用地使用权抵押的，该土地上的建筑物应当一并抵押；但土地上的新增建筑物不作为抵押财产。该建设用地使用权实现抵押权时，应当将该土地上新增的建筑物与建设用地使用权一并处分，但新增建筑物所得的价款，抵押权人无权优先受偿。

【知识点拨】土地上已有建筑物的，无论以土地使用权还是建筑物抵押，都必须遵循"地随房走、房随地走"的原则。但如果土地使用权抵押时地上还没有建筑物，就一定要注意抵押财产的范围，特别是案例分析题答题时的表述。

『举例』甲企业将一块建设用地使用权抵押给银行用于借款，后来在该地块建造商品房一栋，由于市场不景气，房屋尚未售出，银行的借款期限已到。银行拟实现抵押权，应将建设用地使用权和商品房一并处分，但应当分别计价，其中商品房拍卖所得的价款银行不享有优先受偿权。

③乡镇、村企业的建设用地使用权不得单独抵押，以乡镇、村企业的厂房等建筑物抵押的，其占用范围内的建设用地使用权一并抵押。

2. 抵押权的设定

（1）设立抵押权，当事人应当签订书面抵押合同。

（2）抵押登记。

①登记生效。不动产抵押：书面抵押合同+登记=抵押权产生

以建筑物和其他土地附着物、建设用地使用权、以招标、拍卖、公开协商等方式取得的荒地等土地承包经营权以及正在建造的建筑物四种财产设定抵押的，应当办理抵押登记，抵押权自登记之日起设立。

②登记对抗。动产抵押：书面抵押合同

=抵押权产生

以除法定登记财产以外的其他财产设定抵押的，抵押权自抵押合同生效时设立。但未经登记，不得对抗善意第三人。

3. 流押（流质）条款无效

抵押权人在债务履行期届满前，不得与抵押人约定债务人不履行到期债务时抵押财产归债权人所有。如果合同中有这样的条款，则该条款无效，即"流押条款无效"。流押条款无效不影响抵押合同其他条款的效力。

【相关链接】质押合同中的流质条款也无效。质权人在债务履行期限届满前，不得与出质人约定债务人不履行到期债务时质押财产归债权人所有。

【例题16·单选题】赵某向张某借款，以自己的一台便携式电脑作为抵押，并在抵押合同中约定到期不清偿，该便携式电脑即归张某所有，但未办理登记手续。对此，下列说法符合规定的是（　　）。

A. 因该便携式电脑未办理登记，该抵押合同不生效

B. 因约定流押条款，该抵押合同不生效

C. 因约定流押条款，该抵押合同的流押条款无效，但该抵押合同有效

D. 因约定流押条款，该抵押合同的流押条款无效，但该抵押合同的效力处于不确定状态

解析 ▶ 本题考核流押条款的规定。当事人在签订抵押合同时，在合同中约定债务履行期满抵押权人未受清偿时，抵押物的所有权转移为债权人所有的条款，为"流押条款"。流押条款无效，并不影响抵押合同其他条款的效力。**答案** ▶ C

4. 抵押担保的债权范围

抵押权的担保范围包括主债权及其利息、违约金、损害赔偿金和实现担保物权的费用。当事人另有约定的，按照约定。

5. 抵押权的效力

（1）抵押权的保全。

抵押人的行为足以使抵押财产价值减少

的，抵押权人有权要求抵押人停止其行为。抵押财产价值减少的，抵押权人有权要求恢复抵押财产的价值，或者提供与减少的价值相应的担保。抵押人不恢复抵押财产的价值也不提供担保的，抵押权人有权要求债务人提前清偿债务。

（2）抵押物的转让。

①抵押期间，抵押人经抵押权人同意转让抵押财产的，应当将转让所得的价款向抵押权人提前清偿债务或者提存。转让的价款超过债权数额的部分归抵押人所有，不足部分由债务人清偿。

②抵押期间，抵押人未经抵押权人同意，不得转让抵押财产，但受让人代为清偿债务消灭抵押权的除外（受让人的涤除权）。

【知识点拨】抵押财产转让要区分是登记的抵押还是未登记的抵押。如果抵押未登记，不能对抗善意第三人，则抵押人转让抵押物时，只要受让人是善意的，就可以获得抵押物的所有权。

『举例』甲将房屋和电脑抵押给乙，房屋抵押办理了抵押登记，但电脑抵押未办理抵押登记。如果甲拟将房屋出售给丙，必须经过乙同意，否则不得转让，但如果丙代为清偿欠乙的款项消灭涤除权的除外。如果甲将电脑出售给不知情的丁，则丁可以获得电脑的所有权，乙不得对丁主张抵押权。

（3）抵押与租赁的关系。

①订立抵押合同前抵押财产已出租的，原租赁关系不受该抵押权的影响。

②抵押权设立后抵押财产出租的，该租赁关系**不得对抗已登记的抵押权**，抵押权实现后，租赁合同对受让人不具有约束力。

【知识点拨】基本原则：首先看时间先后，然后看抵押是否登记。第一，租赁在先，租赁优先；第二，抵押在先，抵押优先，但有例外，根据动产抵押"登记对抗"规则，如果抵押没有登记，也不得对抗善意的承租人。

【例题17·单选题】甲向乙借款，以其拥有的空置房屋设定抵押，并办理抵押登记，

后又将该房屋出租给丙居住。借款期限届满，甲未归还借款和利息，经拍卖丁取得该房屋的所有权。下列说法符合规定的是（　　）。

A. 甲不得将已设定抵押并办理登记的房屋出租

B. 甲将已设定抵押并办理登记的房屋出租，应经乙同意

C. 丁取得房屋所有权后，原租赁合同仍然有效

D. 丁取得房屋所有权后，有权解除租赁合同

解析▶本题考核抵押权的效力。根据规定，抵押权设立后抵押财产出租的，该租赁关系不得对抗已登记的抵押权。本题抵押权设定在先，出租在后，抵押权实现后，租赁合同对受让人不具有约束力。　答案▶D

（4）抵押权人的孳息收取权。

债务人不履行到期债务或者发生当事人约定的实现抵押权的情形，致使抵押财产被人民法院依法扣押的，自扣押之日起抵押权人有权收取该抵押财产的天然孳息或者法定孳息，但抵押权人未通知应当清偿法定孳息的义务人的除外。

6. 抵押权的实现

（1）优先受偿权：债务人不履行到期债务或者发生当事人约定的实现抵押权的情形，抵押权人可以与抵押人协议以抵押财产折价或者以拍卖、变卖该抵押财产所得的价款优先受偿。价款若不足债权数额，债务人负继续清偿义务，只不过剩余债权不再享有优先受偿权。

（2）多个抵押权并存时的清偿顺序。

①抵押权已登记的先于未登记的受偿。

②抵押权已登记的，按照登记的先后顺序清偿；顺序相同的，按照债权比例清偿。

③抵押权都未登记的，按照债权比例清偿。

（3）多个抵押权并存时清偿的实现。

①顺序在先的抵押权所担保的债权先到期的，抵押权实现后的剩余价款应予提存，

留待清偿顺位在后的抵押担保债权。

②顺序在后的抵押权所担保的债权先到期的，抵押权人只能就抵押物价值超出顺序在先的抵押担保债权的部分受偿。

（4）抵押权顺位的变更。

抵押权人与抵押人可以协议变更抵押权顺位以及被担保的债权数额等内容，但抵押权的变更，未经其他抵押权人书面同意，不得对其他抵押权人产生不利影响。

债务人以自己的财产设定抵押，抵押权人放弃该抵押权、抵押权顺位或者变更抵押权的，其他担保人在抵押权人丧失优先受偿权益的范围内免除担保责任，但其他担保人承诺仍然提供担保的除外。

『举例』甲公司向乙公司订购一批价值75万元的货物，以价值100万元的厂房作为抵押担保，同时又请丙公司提供保证担保。此后，甲公司又以该厂房为抵押向丁银行贷款25万元。当实现抵押权时，乙公司为了与丁银行搞好关系，自愿将实现抵押权的顺位处于丁银行之后。如果该厂房拍卖得到80万元，丁银行优先受偿25万元，乙公司得到剩余55万元，这种情况下，保证人丙公司不承担保证责任。本案例中，由于乙公司放弃抵押权顺位，债权没有得到全部清偿，此时会加重保证人保证责任，为了保护保证人的合法权益，丙公司在乙公司丧失优先受偿权益的范围内免除担保责任。如果该厂房拍卖得

到70万元，丙公司对5万元承担担保责任。

7. 两种特殊的抵押

（1）动产浮动抵押。

①经当事人书面协议，企业、个体工商户、农业生产经营者可以将现有的以及将有的生产设备、原材料、半成品、产品抵押，债务人不履行到期债务或者发生当事人约定的实现抵押权的情形，债权人有权就实现抵押权时的动产优先受偿。

②企业、个体工商户、农业生产经营者以上述动产抵押的，应当向抵押人住所地的市场监督管理部门办理登记。抵押权自抵押合同生效时设立；未经登记，不得对抗善意第三人。

③即便已经登记，也不得对抗正常经营活动中已支付合理价款并取得抵押财产的买受人。

『举例』甲企业将其现有的及将有的生产设备、产品等抵押给乙银行借款，抵押合同生效即产生抵押权，登记是对抗要件。（1）如果抵押没有登记，抵押权就没有对抗效力，如抵押期间，甲企业将生产设备卖给不知情的丙，则乙银行不得向丙主张抵押权。（2）即便抵押已经登记，也不能对抗符合三个条件的买受人，如抵押期间，甲企业若在正常的经营活动中将产品卖给丁，丁支付合理价款并已经取走产品，则银行对丁所买得的产品不享有抵押权。

（2）最高额抵押（见表3-14）。

表3-14　最高额抵押的相关规定

项目	内容
前期债权可纳入担保	最高额抵押权设立前已经存在的债权，经当事人同意，可以转入最高额抵押担保的债权范围
部分债权转让的影响	最高额抵押担保的债权确定前，部分债权转让的，最高额抵押权不得转让，但当事人另有约定的除外
债权的确定	抵押权人的债权在下列情况下确定： ①约定的债权确定期间届满； ②没有约定债权确定期间或者约定不明确，抵押权人或者抵押人自最高额抵押权设立之日起满2年后请求确定债权； ③新的债权不可能发生； ④抵押财产被查封、扣押； ⑤债务人、抵押人被宣告破产或者被撤销

【知识点拨】抵押权人实现最高额抵押权时，如果实际发生的债权余额高于最高限额的，以最高限额为限，超过部分不具有优先受偿的效力；如果实际发生的债权余额低于最高限额的，以实际发生的债权余额为限对抵押物优先受偿。

『举例』甲、乙双方签订最高额为150万元的最高额抵押合同，按照合同约定，对2019年1月1日至2019年12月31日发生的债权作担保，那么此期间即为债权确定期间。如果在此期间内双方共发生了10笔债务，总计金额为100万元，那么截至2019年12月31日，确定的债权额就为100万元。如果在此期间实际发生的债务总计200万元，最高额抵押担保的债权额也只有150万元。在债权额确定前，债权人如果转让其部分债权，最高额抵押权并不随之转让（转让的就是没有担保的普通债权）；除非当事人另有约定。

（三）质权★★

1. 质权的客体

质权的客体，包括动产和权利，但不包括不动产。

【知识点拨】不动产只能抵押，不能质押或留置。

2. 质权的设定

（1）设立质权，当事人应当采取书面形式订立质权合同。

【知识点拨】质押合同是诺成合同，不以交付为合同生效要件。

（2）交付或登记产生质权。书面质押合同+交付/登记＝质权产生

①动产质权自质物移交给质权人占有时设立——转移占有的担保

【知识点拨】金钱一般不能出质，但债务人或者第三人将其金钱以特户、封金、保证金等形式特定化后，可以作为质押物。

②有价证券的质押——交付或登记产生质权

以汇票、支票、本票、债券、存款单、仓单、提单出质的，质权自权利凭证交付质权人时设立；没有权利凭证的，质权自有关部门办理出质登记时设立。

【相关链接】以汇票、支票、本票出质，出质人与质权人没有背书记载"质押"字样，以票据出质对抗善意第三人的，人民法院不予支持。

③其他权利——登记产生质权（见表3-15）

表3-15 登记生效的权利质权

	基金份额、股权	知识产权的财产权利	应收账款
质权的设立	书面合同+登记		
登记机关	基金份额、证券登记结算机构登记的股权（证券登记结算机构）；其他股权（市场监督管理部门）	版权局、商标局、专利局	中国人民银行信贷征信管理中心
质押之效力	不得转让	不得转让或许可他人使用	不得转让
同意转让之后果	质权人同意转让的，所得价款用于提前清偿债务或提存		

【例题18·多选题】（2018年）根据物权法律制度的规定，下列各项中，可以出质的有（　）。

A. 存款单　　　B. 仓单
C. 支票　　　　D. 股权

解析➡ 本题考核权利质押。债务人或者第三人有权处分的下列权利可以出质：（1）汇票、支票、本票；（2）债券、存款单；（3）仓单、提单；（4）可以转让的基金份额、股权；（5）可以转让的注册商标专用权、专利权、著作权等知识产权中的财产权；（6）应收账款；（7）法律、行政法规规定可以出质的其他财产权利。答案➡ ABCD

【例题19·多选题】下列各项权利质押，

其质权自办理出质登记时设立的有（　　）。

A. 以存款单质押

B. 以支票质押

C. 以专利权质押

D. 以非上市公司可以转让的股权质押

解析 ▶ 本题考核权利质押的生效。有价证券（包括债券、支票）的质押，质权自权利凭证交付质权人时设立。可以转让的股权，无论是否为上市公司，均应办理出质登记，只是登记机构不同而已。知识产权的质押，也应依法办理登记。 **答案** ▶ CD

3. 质权的效力

（1）质押担保的债权范围。

质权的担保范围包括主债权及其利息、违约金、损害赔偿金、保管担保财产和实现质权的费用。当事人另有约定的，按照约定。

（2）质权人的孳息收取权。

质权人有权收取质押财产的孳息，但合同另有约定的除外。所收取的孳息应当先充抵收取孳息的费用。

【知识点拨】 质权人有权收取质物所生的孳息，但并非取得孳息所有权。

【相关链接】 留置权人有权收取留置财产的孳息。所收取的孳息应当先充抵收取孳息的费用。

（3）质权人的义务。

①保管义务。质权人负有妥善保管质押财产的义务；因保管不善致使质押财产毁损、灭失的，应当承担赔偿责任。质权人的行为可能使质押财产毁损、灭失的，出质人可以要求质权人将质押财产提存，或者要求提前清偿债务并返还质押财产。

②返还义务。债务人履行债务或者出质人提前清偿所担保的债权的，质权人应当返还质押财产。

（4）质权的保全。

因不能归责于质权人的事由可能使质押财产毁损或者价值明显减少，足以危害质权人权利的，质权人有权要求出质人提供相应的担保；出质人不提供的，质权人可以拍卖、变卖质押财产，并与出质人通过协议将拍卖、变卖所得的价款提前清偿债务或者提存。

4. 质权的实现

出质人可以请求质权人在债务履行期届满后及时行使质权；质权人不行使的，出质人可以请求人民法院拍卖、变卖质押财产。出质人请求质权人及时行使质权，因质权人怠于行使权利造成损害的，由质权人承担赔偿责任。

【例题20·单选题】（2013年）甲向乙借款，为担保债务履行，将一辆汽车出质给乙。乙不慎将汽车损坏。根据物权及合同法律制度的规定，下列表述中，正确的是（　　）。

A. 甲有权要求乙立即赔偿损失，或在借款到期时在损失赔偿额范围内相应抵销其对乙所负的债务

B. 甲有权拒绝归还借款并要求乙赔偿损失

C. 甲有权要求解除质押合同

D. 甲有权要求延期还款

解析 ▶ 本题考核动产质押的相关规定。根据规定，质权人负有妥善保管质押财产的义务，保管不善致使质押财产毁损、灭失的，应当承担赔偿责任。另外依据《合同法》的规定，当事人互负到期债务，该债务的标的物种类、品质相同的，任何一方可以将自己的债务与对方的债务抵销，但依照法律规定或者按照合同性质不得抵销的除外。本题中，由于是乙的过失造成质押汽车损坏，因此应由乙承担赔偿责任，或者甲也可以要求抵销。 **答案** ▶ A

（四）留置权 ★★

1. 留置权的性质

留置权是法定担保物权，无需当事人通过合同约定，但当事人可以约定排除留置权。

2. 留置的条件

（1）债权人事先合法占有债务人的动产；

（2）债权已届清偿期；

（3）债权人留置的动产，应当与债权属于同一法律关系，但企业之间留置的除外。

【知识点拨】留置财产为可分物的，留置财产的价值应当相当于债务的金额。

『举例』自然人甲帮乙运输一批货物，乙没有支付给甲运费，则甲可以留置乙的这批货物，即占有的动产（留置的货物）与债权（支付运费）是同一个法律关系（运输关系）。且如果货物是可分物，如大米，则只能留置相当于债务金额的部分，不能留置全部大米。假设之前甲借用了乙的一辆汽车，在乙没有支付上述货物的运输费用时，甲就不能针对汽车进行留置，因为这不是同一法律关系。

3. 留置权的效力

（1）留置权人的保管义务。留置权人与质权人一样，占有标的物，应当尽到妥善保管义务，如果保管不善导致留置财产毁损灭失，应当承担赔偿责任。

（2）留置权人的孳息收取权。留置权人与质权人一样，享有留置物孳息收取权，所收取的孳息应当先充抵收取孳息的费用。

4. 留置权的实现

（1）宽限期：债权人留置财产后，应与债务人约定留置财产后的债务履行期间；没有约定或者约定不明确的，留置权人应当给债务人2个月以上履行债务的期间，但鲜活易腐等不易保管的动产除外。

（2）处理留置物：债务人逾期未履行的，留置权人可以与债务人协议以留置财产折价，也可以就拍卖、变卖留置财产所得的价款优先受偿。

5. 留置权的消灭

留置权因以下原因而消灭：债权消灭；债务人另行提供被债权人接受的担保；留置权人丧失对留置财产的占有。

6. 同一物上抵押权、质权与留置权并存时的效力等级

同一动产上已设立抵押权或者质权，该动产又被留置的，留置权人优先受偿；同一财产法定登记的抵押权与质权并存时，抵押权人优先于质权人受偿；质权与未登记抵押权并存时，质权人优先于抵押权人受偿。

『举例』甲公司的设备，先抵押给乙，未登记；又抵押给丙，办理了登记；然后质押给丁，并交付。那么丙的抵押权优先于丁的质权，丁的质权优先于乙的抵押权。

真题精练

一、单项选择题

1. （2019年）根据物权法律制度的规定，下列关于建设用地使用权的表述中，说法正确的是（　　）。
   A. 建设用地使用权自登记时成立
   B. 建设用地使用权期间届满自动续期
   C. 以划拨方式取得的建设用地使用权，最高使用年限为70年
   D. 以划拨方式取得的建设用地使用权，非经国务院审批不得转让

2. （2018年）根据物权法律制度的规定，下列各项中，属于动产的是（　　）。
   A. 房屋　　　　　B. 林木
   C. 海域　　　　　D. 船舶

3. （2015年）根据物权法律制度的规定，下列关于更正登记与异议登记的表述中，正确的是（　　）。
   A. 提起更正登记之前，须先提起异议登记
   B. 更正登记的申请人可以是权利人，也可以是利害关系人
   C. 异议登记之日起10日内申请人不起诉的，异议登记失效
   D. 异议登记不当造成权利人损害的，登记机关应承担损害赔偿责任

4. （2014年）根据物权法律制度的规定，以下列权利出质时，质权自权利凭证交付时设立的是（　　）。
   A. 仓单　　　　　B. 股票
   C. 基金份额　　　D. 应收账款

5. （2014年）下列关于无偿划拨取得建设用地

使用权期限的表述中，符合物权法律制度规定的是（　）。

A. 最长期限为 30 年

B. 最长期限为 50 年

C. 最长期限为 70 年

D. 一般无使用期限的限制

二、多项选择题

1. （2019 年）根据物权法律制度的规定，下列权利中，可以设定在动产之上的有（　）。

A. 抵押权　　　　B. 留置权

C. 所有权　　　　D. 质押权

2. （2015 年）甲、乙、丙、丁、戊、庚六人对一台挖掘机按份共有。甲的份额是 2/3，其余五人的份额各为 1/15。根据物权法律制度的规定，没有特别约定时，下列转让挖掘机的行为中，有效的有（　）。

A. 甲将挖掘机转让给辛，乙、丙、丁、戊、庚均表示反对

B. 甲、乙将挖掘机转让给辛，丙、丁、戊、庚均表示反对

C. 乙、丙、丁、戊、庚将挖掘机转让给辛，甲表示反对

D. 丙、丁、戊、庚将挖掘机转让给辛，甲、乙均表示反对

3. （2014 年）根据物权法律制度的规定，当事人可申请预告登记的有（　）。

A. 预购商品房　　B. 租赁商业用房

C. 房屋所有权转让　D. 房屋抵押

三、案例分析题

『说明』近几年考试中，本章都与第四章合同法结合考查一个大的案例分析题，因主要题目在合同法部分，因此大部分真题在第四章合同法律制度的"真题精练"中。

1. （2019 年）甲乙两人是在某技校结识的朋友。2017 年 10 月 12 日，二人共同出资购买一台价格为 50 万元的挖掘机。甲出资 10 万元，乙出资 40 万元。双方约定按照出资比例共有。

2018 年 7 月 9 日，挖掘机因故障，不能正常使用。乙在未征得甲同意的情况下请丙

维修，修理费 3 万元。乙请求甲承担 20% 的修理费。甲以修理未征得其同意拒绝。丙请求乙支付全部修理费，乙拒绝。

乙不愿再与甲共有，欲对外转让其份额。2018 年 8 月 2 日，乙发函征询丁的购买意向，同时告知甲：正在寻找份额买主，甲须在接到通知书之日起 15 日内决定是否行使优先购买权。甲认为乙转让份额应征得其同意，且乙尚在寻找份额买主，在未告知任何交易条件的情况下，要求其在接到通知之日起 15 日内决定是否行使优先购买权不符合法律规定，遂对乙的通知置之不理。

2018 年 8 月 3 日，甲在未告知乙的情况下，将挖掘机以市价卖给不知情的戊，约定 3 日后交付。

2018 年 8 月 4 日，丁向乙回函称，对乙所占挖掘机份额不感兴趣，想要购买整台挖掘机。由于甲对乙之前的通知置之不理，乙也不再告知甲。于 8 月 4 日将挖掘机出让给丁，并交付。

2018 年 8 月 6 日，戊要求甲交付挖掘机时，发现挖掘机已由乙交付给丁，遂要求丁返还挖掘机，丁拒绝。

根据上述内容，回答下列问题：

（1）乙修理挖掘机是否需经甲同意？乙是否有权请求甲承担 20% 的修理费？并分别说明理由。

（2）乙是否有权拒绝向丙支付全部修理费用？并说明理由。

（3）乙转让其份额是否需经甲同意？并说明理由。

（4）乙在寻找份额买主时要求甲在接到通知之日起 15 日内决定是否行使优先购买权，是否符合法律规定？并说明理由。

（5）丁是否取得挖掘机的所有权？并说明理由。

（6）甲与戊之间买卖挖掘机的行为是否有效？并说明理由。

（7）戊是否有权要求丁返还挖掘机？请说明理由。

一、单项选择题

1. A 【解析】本题考核建设用地使用权的取得与期限。选项B：只有住宅建设用地使用权届满，自动续期；其他情形应当至迟于届满前一年申请续期。选项C：以无偿划拨方式取得的建设用地使用权，除法律、行政法规另有规定外，没有使用期限的限制。选项D：以划拨方式取得土地使用权的，转让房地产时，应当按照国务院规定，报有批准权的人民政府审批。

2. D 【解析】本题考核物的种类。选项ABC属于不动产。

3. B 【解析】本题考核不动产登记。权利人、利害关系人认为不动产登记簿记载的事项错误的，可以申请更正登记；选项B正确。不动产登记簿记载的权利人不同意更正的，利害关系人可以申请异议登记；因此是先更正登记，得不到实现的才异议登记；选项A错误。登记机构予以异议登记的，申请人在异议登记之日起15日内不起诉，异议登记失效；选项C错误。异议登记不当，造成权利人损害的，权利人可以向申请人请求损害赔偿；选项D错误。

4. A 【解析】本题考核权利质权。以汇票、支票、本票、债券、存款单、仓单、提单出质的，当事人应当订立书面合同。质权自权利凭证交付质权人时设立；没有权利凭证的，质权自有关部门办理出质登记时设立。

5. D 【解析】本题考核用益物权。以无偿划拨方式取得的建设用地使用权，除法律、行政法规另有规定外，没有使用期限的限制。

二、多项选择题

1. ABCD 【解析】本题考核物权的种类——动产物权。动产物权是设定在动产之上的物权，如动产所有权、动产抵押权、动产质权、留置权。

2. AB 【解析】本题考核共有制度。处分共有的不动产或者动产以及对共有的不动产或者动产作重大修缮的，应当经占份额2/3以上的按份共有人或者全体共同共有人同意，但共有人之间另有约定的除外。

3. ACD 【解析】本题考核预告登记的情形。具体有下列情形之一的，当事人可以申请预告登记：（1）预购商品房；（2）以预购商品房设定抵押；（3）房屋所有权转让、抵押；（4）法律、法规规定的其他情形。

三、案例分析题

1. 【答案】

（1）乙修理挖掘机无需经甲同意。根据规定，共有人按照约定管理共有的不动产或者动产；没有约定或者约定不明确的，各共有人都有管理的权利和义务。所以乙修理挖掘机无需经过甲同意。

乙有权请求甲承担20%的修理费。根据规定，对共有物的管理费用以及其他负担，有约定的，按照约定；没有约定或者约定不明确的，按份共有人按照其份额负担，共同共有人共同负担。题目中甲乙是按份共有，甲是份额是20%，应当承担20%的修理费。

（2）乙无权拒绝向丙支付全部修理费用。根据规定，因共有的不动产或者动产产生的债权债务，在对外关系上，共有人享有连带债权、承担连带债务，但法律另有规定或者第三人知道共有人不具有连带债权债务关系的除外。因此共有人甲乙对丙承担连带责任，丙可以要求乙支付全部修理费。

（3）乙转让其份额，无需甲同意。根据规定，按份共有人可以转让其享有的共有的不动产或者动产份额，无需其他共有人同意。

（4）乙要求甲在15日内行使优先购买权，不符合规定。根据规定，转让人向其他按份共有人发出的包含同等条件内容的通知中载明行使期间的,以该期间为准。乙的发函中没有确定交易条件,即"没有包含同等条件内容",因此不能以该期间为准。

(5)丁取得挖掘机的所有权。根据规定,动产物权的设立和转让,自交付时发生效力,但法律另有规定的除外。乙已经将挖掘机交付给丁,丁取得所有权。

(6)甲与戊之间买卖挖掘机的行为有效。根据规定,当事人一方以出卖人在缔约时对标的物没有处分权为由主张合同无效的,人民法院不予支持。

(7)戊无权要求丁返还挖掘机。根据规定,出卖人因未取得所有权或者处分权致使标的物所有权不能转移,买受人可以要求出卖人承担违约责任或者要求解除合同并主张损害赔偿。丁已经受领交付而取得所有权,戊不能要求丁返还,可以追究甲的违约责任。

同步训练 限时60分钟

一、单项选择题

1. 下列关于物权法上的物,说法正确的是( )。

   A. 黄金是禁止流通物

   B. 林木是动产

   C. 钱是消耗物

   D. 汽车是不可替代物

2. 下列关于用益物权和担保物权的说法中,错误的是( )。

   A. 用益物权是自物权,担保物权是他物权

   B. 担保物权既可以在不动产,也可以在动产上设立

   C. 用益物权是针对物的使用价值,担保物权是针对物的交换价值

   D. 用益物权除地役权以外,均为独立物权;而担保物权则都是从物权

3. 下列物权的取得方式中,属于继受取得的是( )。

   A. 张某将他人丢弃的旧台灯捡回家

   B. 李某的牛生下一头小牛

   C. 王某在宅基地上盖房屋

   D. 陈某购得汽车一辆

4. 下列关于物权变动的各项说法中,正确的是( )。

   A. 甲将手机卖给王某并已交付,但王某尚未付款,手机的所有权仍归甲所有

   B. 乙公证一份将汽车赠送给李某的合同,虽未交付,但李某获得汽车的所有权

   C. 丙遗失了自己的笔记本电脑,丙对笔记本电脑的所有权消灭

   D. 丁的房屋在地震中完全毁损,丁对房屋的所有权消灭

5. 2019年3月1日,张某将一部手机卖给李某,双方约定第二天交货。第二天,李某前去取手机,张某提出再借用几天,李某表示同意。3月7日,张某将手机快递给李某,3月9日,快递公司将手机交给李某。李某取得手机所有权的时间是( )。

   A. 2019年3月1日

   B. 2019年3月2日

   C. 2019年3月7日

   D. 2019年3月9日

6. 甲、乙之间因一套房屋的产权发生了争议,房屋登记在甲名下,乙认为自己是共有人,乙要求甲将自己的名字加上,甲不同意。乙于2019年2月5日申请办理了异议登记。后来乙无确切证据,对此事置之不理。下列说法正确的是( )。

   A. 异议登记后,乙成为房屋的共有人

   B. 异议登记后,甲出售房屋未经乙同意,不得办理过户登记

   C. 若甲因异议登记受到损害,有权要求登记机关赔偿损失

   D. 异议登记于2019年2月21日起失效

7. 甲在某开发商处购买商品房一套，为保障自己的权益，2019年4月3日，甲与开发商协商为该商品房办理了预告登记，对此，下列说法正确的是（　　）。

A. 预告登记后，甲成为该商品房的所有权人

B. 预告登记后，若开发商欲将该商品房抵押给银行借款，未经甲同意不能办理抵押登记

C. 预告登记后，开发商再与其他购房人就该套商品房签订买卖合同的，该合同无效

D. 预告登记的有效期为3个月，截止到2019年7月3日

8. 下列情形中，善意第三人不能依据善意取得制度取得相应物权的是（　　）。

A. 代为运输货物的承运人将其占有的标的物以市价卖给不知情的第三人

B. 电脑的承租人将其租赁的电脑向不知情的债权人设定质权

C. 代为保管某一物品的人将该物品以高价出售给不知情的第三人

D. 受托代为转交某一物品的人将该物品赠与不知情的第三人

9. 甲在上班途中遗失手机一部，被乙拾得。甲发布悬赏广告称，愿向归还手机者支付现金1000元作为酬谢。根据物权法律制度的规定，下列表述中，正确的是（　　）。

A. 若乙返还手机，有权请求甲支付该酬金，并要求甲支付因返还手机而发生的必要费用

B. 若乙将手机送交公安机关，而甲未于公安机关发出招领公告之日起6个月内认领，则乙取得该手机的所有权

C. 若乙将手机以3000元的市场价格卖给不知情的丙，则甲除非向丙支付3000元，否则无权请求丙返还手机

D. 若乙将手机以3000元的市场价格卖给不知情的丙，则甲要求丙返还手机的期限为2年，自丢失的当天开始起算

10. 下列选项中，不可以依法由县级以上人民政府依法批准划拨建设用地使用权的是（　　）。

A. 国家机关和军事用地

B. 城市基础设施用地

C. 城市房地产开发

D. 国家重点扶持的能源、交通、水利等项目用地

11. 下列关于建设用地使用权有偿出让的最高年限，说法错误的是（　　）。

A. 住宅用地的使用期限是70年，期满可自动续期

B. 工业用地的使用期限是50年

C. 教育用地的使用期限是40年

D. 商业用地的使用期限是40年

12. 下列财产中，可以抵押的是（　　）。

A. 尚未建成的房屋

B. 正在诉讼争议中的汽车

C. 某医院的住院部大楼

D. 某集体土地所有权

13. 2019年2月1日，A公司与B银行签订一份借款合同，并以厂房设定抵押，于2月8日签订了抵押合同，2月11日依法办理了登记。抵押期间，A公司将厂房出租给C公司，不久，厂房因雷击起火烧毁，所幸A公司为厂房投保了保险，保险公司赔偿500万元。下列关于本案的说法，不正确的是（　　）。

A. 2019年2月11日，银行获得厂房的抵押权

B. 银行无权要求A公司将收取的租金交付给自己

C. 银行有权要求A公司恢复房屋的价值或提供与房屋价值相当的担保

D. 银行有权就保险赔款优先受偿

14. 甲公司将其写字楼抵押给A银行借款100万元，然后将写字楼出租给乙公司并交付给乙公司使用，后来又将该楼抵押给B银行借款200万元，两项抵押均办理了登记。在租期内，由于无力偿还两个银行的贷款，将写字楼拍卖，下列说法错误

的是（　　）。

　　A. 乙公司的租赁关系不受 A 银行抵押权的影响

　　B. 乙公司的租赁关系不受 B 银行抵押权的影响

　　C. A 银行的抵押权优先于 B 银行的抵押权

　　D. 乙公司可以主张同等条件下的优先购买权

15. 甲公司分别向乙银行、丙银行借款，以自己所有的办公楼抵押，并先后办理了抵押登记手续。关于乙、丙的抵押权，下列说法不正确的是（　　）。

　　A. 如果甲公司经乙、丙银行同意，将该办公楼转让给丁公司，应当将转让所得的价款向乙、丙银行提前清偿或者提存

　　B. 如果乙银行的债权先到期，拍卖办公楼清偿乙银行欠款后的剩余价款应当提存

　　C. 如果丙银行的债权先到期，拍卖办公楼清偿丙银行欠款后的剩余部分应当提存

　　D. 如果甲公司与乙银行协商提高抵押担保的债权数额，未经丙银行同意不得对其产生不利影响

16. 下列有关最高额抵押的说法中，不正确的是（　　）。

　　A. 最高额抵押权设立前已经存在的债权，当事人可以约定转入最高额抵押担保的债权范围

　　B. 抵押权人实现最高额抵押权时，如果实际发生的债权余额高于最高限额的，以最高限额为限，超过部分不具有优先受偿的效力

　　C. 最高额抵押担保的债权确定前，部分债权转让的，当事人不得约定最高额抵押权随之转让

　　D. 债务人、抵押人被宣告破产时抵押权人的最高额抵押担保债权确定

17. 根据《物权法》的规定，下列债务人有权处分的财产及权利中，不能用以设定质押的是（　　）。

　　A. 提单

　　B. 应收账款

　　C. 土地承包经营权

　　D. 债券

18. 甲向乙借款，为担保债务履行，将一台电脑出质给乙，乙在质押期间将电脑以市价卖给不知情的丙。根据物权及合同法律制度的规定，下列表述中，正确的是（　　）。

　　A. 乙对电脑享有质权，但电脑卖给丙后，乙的质权消灭

　　B. 甲有权主张乙丙的买卖合同无效

　　C. 甲有权要求乙返还电脑

　　D. 甲有权要求丙返还电脑

19. 下列关于留置权的相关说法中，不正确的是（　　）。

　　A. 债权人留置的动产，应当与债权属于同一法律关系，但企业之间留置的除外

　　B. 留置权人有权收取留置物孳息，所收取的孳息应当先充抵收取孳息的费用

　　C. 如果留置权人丧失对留置财产的占有，则留置权消灭

　　D. 留置权人在留置财产 2 个月后才能处置留置物

20. A 公司以一套价值 100 万元的设备作为抵押，向甲借款 10 万元，未办理抵押登记手续。A 公司又向乙借款 80 万元，以该套设备作为抵押，并办理了抵押登记手续。A 公司欠丙货款 20 万元，将该套设备出质给丙。丙不小心损坏了该套设备送丁修理，因欠丁 5 万元修理费，该套设备被不知情的丁留置。关于甲、乙、丙、丁对该套设备享有的担保物权的清偿顺序，下列选项正确的是（　　）。

　　A. 甲、乙、丙、丁

　　B. 丁、丙、乙、甲

　　C. 丙、丁、甲、乙

　　D. 丁、乙、丙、甲

二、多项选择题

1. 根据物权法律制度的规定，下列各项中，能够成为物权客体的有(   )。
    A. 土地
    B. 月球表面
    C. 药品
    D. 存有计算机程序的光盘

2. 下列选项中，属于物权法意义上孳息的有(   )。
    A. 母牛腹中的小牛
    B. 苹果树上的苹果
    C. 母鸡生的鸡蛋
    D. 出租房屋获得的租金

3. 根据物权法律制度的规定，下列物权变动中，以登记为生效要件的有(   )。
    A. 甲公司将一幅土地的建设用地使用权转让给乙公司
    B. 甲公司与乙公司之间订立合同，在甲的土地上设定地役权
    C. 甲公司将一辆汽车抵押给银行
    D. 自然人丙将其继承的房屋转让给丁，该房屋尚登记在其去世的父亲名下

4. 甲将一台挖掘机出租给乙用，乙一直未支付租金，甲将挖掘机卖给丙，双方签订买卖合同并约定由丙直接向乙索要挖掘机，甲将此事告知了乙，丙尚未取得挖掘机便死亡，丁是丙唯一的继承人。关于本案，说法正确的有(   )。
    A. 甲、丙的合同有效，但挖掘机尚未交付，丙未获得挖掘机的所有权
    B. 丙通过指示交付取得挖掘机的所有权
    C. 丙死亡时，丁获得挖掘机的所有权
    D. 在租赁期满后，丁有权向乙要求交付挖掘机

5. 下列选项中，属于国家所有的有(   )。
    A. 土地
    B. 无线电频谱资源
    C. 矿藏
    D. 水流和海域

6. 甲、乙、丙三人共同出资50万元购买了一台收割机，内部约定份额为30%、30%、40%，轮流使用。某日，收割机因洪水浸泡受损，甲将收割机拖至修理厂，花去2万余元修理费。修理厂要求甲、乙、丙支付修理费，乙、丙认为甲未与自己商量，拒绝支付。甲支付全部修理费，将收割机取回，并要求乙、丙按份额承担修理费。乙、丙置之不理。甲拟将自己的份额转让给丁，丁表示愿出10万元，一次付清，甲将前述情况通知乙、丙，乙、丙都表示愿以同等价格购买该份额。关于本案，说法正确的有(   )。
    A. 对于修理厂支付修理费的要求，乙、丙有权拒绝
    B. 甲有权要求乙、丙按份额承担修理费
    C. 乙、丙有权在收到甲通知之日起15日内行使优先购买权
    D. 乙、丙若协商不成，应按3：4的比例行使优先购买权

7. 下列关于共有的说法正确的有(   )。
    A. 对于共有财产，部分共有人主张按份共有，部分共有人主张共同共有，如不能证明财产是按份共有的，应当认定为共同共有
    B. 处分共有的不动产或者动产或者作重大修缮的，应当经占份额2/3以上的按份共有人或者全体共同共有人同意，但共有人之间另有约定的除外
    C. 共有人按照约定管理共有物；没有约定或者约定不明确的，各共有人都有管理的权利和义务
    D 对共有物的分割没有约定或者约定不明确的，在共有关系存续期间，按份共有人可以随时请求分割，共同共有人不得请求分割

8. 根据《城市房地产管理法》的规定，下列各项中，不允许转让的房地产有(   )。
    A. 以出让方式取得的土地使用权
    B. 权属有争议的房地产
    C. 未领取房地产权属证书的房地产

D. 共有房地产，未经其他共有人书面同意的

9. 关于建设用地使用权的取得和转让，下列表述正确的有（　　）。

A. 城市规划区内的集体所有的土地，可以直接有偿出让

B. 采取协议方式出让土地使用权的出让金由双方协商确定，不受最低价限制

C. 土地使用权出让合同约定的使用年限届满，土地使用者申请续期未获批准的，土地使用权由国家无偿收回

D. 以划拨方式取得土地使用权，转让房地产时应报有批准权的人民政府审批，办理土地使用权出让手续

10. 以下列各项财产抵押，抵押权自登记之日起设立的有（　　）。

A. 以拍卖方式取得的荒地的承包经营权

B. 建设用地使用权

C. 乡镇企业的厂房

D. 正在建造中的船舶

11. 甲公司向乙银行借款，同意以自己现有以及将有的全部生产设备、原材料、产品、半成品进行抵押，双方于2019年5月6日签订借款合同和抵押合同，期限1年，于6月9日办理了抵押登记。根据物权法律制度的规定，下列关于该抵押的表述中，正确的有（　　）。

A. 5月6日，乙银行的抵押权产生

B. 如果12月10日，甲公司被宣告破产，则此时抵押财产的范围确定

C. 该抵押权在登记前不能对抗善意第三人

D. 8月10日，第三人在正常经营活动中向甲支付了合理价款并取得甲公司生产的产品，则抵押权不得对抗该第三人

12. 2019年10月25日，甲向乙借款10万元，并用自己的一辆汽车抵押，但没有办理抵押登记。2019年11月3日、5日，甲分别向丙、丁借款10万元，同样以该汽车抵押，并分别于11月7日、8日办理了抵押登记。2019年11月15日，甲向戊借款10万元，也用该汽车抵押，但没有办理登记。关于甲的汽车上各抵押权说法错误的有（　　）。

A. 乙的抵押权优先于丙的抵押权

B. 丙的抵押权优先于丁的抵押权

C. 丁的抵押权优先于戊的抵押权

D. 乙的抵押权优先于戊的抵押权

13. 甲乙订立借款合同，约定如下："甲借给乙5万元，乙交付甲一个金手镯作质押担保，1年后乙归还本金和利息，甲归还该饰品。"乙将手镯交付给甲。半年后，乙与甲约定，若乙无力还款，该手镯归甲所有，乙不再清偿。到期乙无力清偿借款。对此，下列说法不正确的有（　　）。

A. 甲乙之间关于"如乙无力还款，则该饰品归甲所有"的约定导致质押合同失效

B. 甲乙的质押约定生效时，甲获得质权

C. 甲取得手镯的所有权，甲的质权消灭

D. 甲有权将该手镯拍卖清偿自己的债权

14. 根据担保法律制度的规定，下列情形中，甲不能享有留置权的有（　　）。

A. 甲为乙修理汽车，乙拒付修理费，待乙前来提车时，甲将该汽车扣留

B. 甲为了迫使丙偿还欠款，强行将丙的一辆汽车拉走

C. 甲将房屋租给乙，合同到期乙未付清全部房租，甲因而扣留乙的家具

D. 乙公司欠甲公司一笔货款尚未到期，后来乙公司提供布料委托甲公司加工一批成衣，加工费已付，但甲公司以该货款没有结清为由扣留该批成衣

三、案例分析题

1. 2019年2月1日，甲将一辆轿车和一辆卡车卖给乙，当天交付，2月2日，因甲忘记带卡车的相关证照，只将轿车过户登记给乙。2月5日，乙向A公司购买货物，将轿车抵押给A公司并办理了抵押登记。2月3日，甲向乙借用卡车，乙同意。2019年2月4日，甲将卡车以市价卖给不

知情的丙，丙通过查证车确实登记在甲名下，于是与甲订立合同，2019年2月4日，甲将车交给丙，第二天给丙办理了过户登记。

2月8日，丙因急需资金，将卡车质押给丁借款，双方订立了书面合同，第二天，丙将卡车交付给丁。丁在占有期间，因搬家需要，用该卡车搬运家具，不慎将卡车撞坏。乙和丙得知此事，乙要求丁返还卡车，戊要求丁承担赔偿责任。

3月10日，乙将轿车卖给戊并交付，未告知甲和A公司，戊因轿车出现故障，将轿车交予修理厂修理，因拖欠修理费，轿车被修理厂留置。因乙尚未支付轿车的价款，甲和A公司得知以后都主张行使抵押权。

要求：根据上述内容，分别回答下列问题。

（1）甲将轿车和卡车卖给乙时，乙是否取得两辆车的所有权？说明理由。

（2）乙是否有权要求丁返还卡车？说明理由。

（3）丙是否有权要求丁承担赔偿责任？说明理由。

（4）乙在未告知A公司的情况下，将轿车卖给戊，A公司能否向戊主张抵押权？说明理由。

（5）A公司主张抵押权，修理厂主张留置权，二者的权利顺序如何？说明理由。

2. 2018年4月，甲公司因经营困难，以某地块的建设用地使用权向A银行抵押借款，并办理了抵押登记。双方在抵押合同中约定，如果甲公司到期不还款，该建设用地使用权归A银行所有。甲公司将借款用于在该地块上修建厂房，2018年8月，甲公

司厂房建成，但一直未办理产权登记。2018年9月，乙公司卖给甲公司1台挖掘机，甲公司应付货款200万元，为担保货款支付，甲公司以自己所有的1台大型设备进行抵押，双方订立了书面抵押合同但未办理抵押登记。

2018年10月，甲公司将用于抵押的设备出租给丙公司，租期半年。2019年2月，甲公司隐瞒有关事实，与戊公司订立合同出售其用于抵押的设备。随后，甲公司通知丙公司：本公司已将出租的设备卖给戊公司，要求解除租赁合同，丙公司可不再支付剩余1个月的租金，并请其将设备交付给戊公司。丙公司表示同意并向戊交付了设备。

因甲公司到期不能支付A银行欠款和乙公司的货款，A银行和乙公司均要求行使担保物权。

要求：根据上述内容，分别回答下列问题。

（1）甲公司到期不清偿A银行借款，A银行可否直接获得用于抵押的建设用地使用权？并说明理由。

（2）如果A银行要求行使抵押权，抵押财产的范围是什么？A银行如何实现自己的抵押权？并说明理由。

（3）甲公司是否取得厂房的所有权？并说明理由。

（4）甲公司是否有权将用于抵押的设备出租给丙公司？并说明理由。

（5）戊公司是否善意取得设备的所有权？并说明理由。

（6）乙公司是否有权向戊公司主张设备的抵押权？并说明理由。

同步训练答案及解析

一、单项选择题

1. C 【解析】本题考核物的分类。黄金是限制流通物；林木是不动产；汽车是可替代物。故选项ABD错误。

2. A 【解析】本题考核用益物权与担保物权。用益物权和担保物权都是他物权。

3. D 【解析】本题考核继受取得。选项 A 是先占，选项 B 是孳息，选项 C 是建造行为，都属于原始取得。

4. D 【解析】本题考核物权变动。选项 A 中，王某虽未付款，但手机已经交付，所有权转移给王某；选项 B 中，虽有公证，但其后果是赠与不可任意撤销，汽车未交付，所有权仍归乙；选项 C 中，丙虽然遗失了笔记本电脑，但丙仍然拥有笔记本电脑的所有权；选项 D 是物权的绝对消灭，正确。

5. B 【解析】本题考核动产的交付方式。动产交付有现实交付和交付替代，本案是典型的占有改定。占有改定是指在动产交易中，出让标的物时，出让人基于生产、生活的需要仍需继续占有动产，此时双方可以通过协议，使受让人取得动产之间接占有，以取代现实交付而取得所有权。因而在第二个合同生效的时候视为交付，即 3 月 2 日双方的借用约定生效时。

6. D 【解析】本题考核异议登记。选项 A 错误，异议登记是申请人对登记记载的事项有意见，并不是办理了异议登记就直接成为共有人。选项 B 错误，异议登记不阻止物权变动。选项 C 错误，只能向申请人请求损害赔偿。

7. B 【解析】本题考核预告登记。选项 A 错误，预告登记的权利人享有的只是债权，而非所有权。选项 B 正确，预告登记具有阻却物权变动的效力。选项 C 错误，预告登记只具有阻止物权变动的效力，不影响合同效力。选项 D 错误，预告登记后如果债权消灭或者能够办理不动产登记之日起 3 个月不办理登记，预告登记失效。

8. D 【解析】本题考核善意取得制度。无处分权人将不动产或者动产转让给受让人的，所有权人有权追回；除法律另有规定外，符合下列情形的，受让人取得该不动

产或者动产的所有权：（1）受让人受让该不动产或者动产时是善意的；（2）以合理的价格转让；（3）转让的不动产或者动产依照法律规定应当登记的已经登记，不需要登记的已经交付给受让人。选项 AC 符合该款规定，构成善意取得；选项 D 不是"以合理的价格转让"，不构成善意取得，因此本题应选选项 D。选项 B 为质权的善意取得。

9. A 【解析】本题考核拾得遗失物的规定。拾得人虽不能取得遗失物的所有权，却可享有费用偿还请求权，在遗失人发出悬赏广告时，归还遗失物的拾得人还享有悬赏广告所允诺的报酬请求权；遗失物自发布招领公告之日起 6 个月无人认领的，归国家所有，选项 B 错误；遗失物被转售的，所有权人可以自知道或应当知道买受人之日起 2 年内请求买受人返还，选项 D 错误；若受让人通过拍卖或向具有经营资格的经营者购得该遗失物，权利人向其请求返还时，应向受让人支付相应对价，选项 C 错误。

10. C 【解析】本题考核建设用地使用权的创设取得。下列建设用地的土地使用权，确属必需的，可以由县级以上人民政府依法批准划拨：国家机关用地和军事用地；城市基础设施用地和公益事业用地；国家重点扶持的能源、交通、水利等项目用地；法律、行政法规规定的其他用地。用于商业开发的建设用地，不得以划拨方式取得建设用地使用权。

11. C 【解析】本题考核建设用地使用权的期限。教育用地的最高使用期限是 50 年，故选项 C 错误。

12. A 【解析】本题考核抵押财产的范围。在建建筑物可以抵押，因而选项 A 正确。权属有争议的财产、公益单位的公益财产、土地所有权均不能抵押，因而选项 BCD 错误。

13. C 【解析】本题考核抵押权的设立及效

力。以建筑物和其他土地附着物抵押的，应当办理抵押登记。抵押权自登记时设立，选项 A 正确。抵押期间，孳息由抵押人收取而非抵押权人，选项 B 正确；厂房是因雷击起火烧毁，并非 A 公司自己的原因导致的，因而银行无权行使抵押权人的保全请求权，选项 C 错误；根据担保物的物上代位性，银行有权就保险金、赔偿金、补偿金优先受偿，选项 D 正确。

14. A 【解析】本题考核抵押与租赁的关系以及抵押的顺位。先出租后抵押，租赁关系不受该抵押权的影响。本题中，A 银行的抵押权先于乙公司的租赁，乙公司的租赁优先于 B 银行的抵押权，选项 A 错误，当选。

15. C 【解析】本题考核抵押权的效力。抵押期间，抵押人经抵押权人同意转让抵押财产的，应当将转让所得的价款向抵押权人提前清偿债务或者提存，选项 A 正确。顺序在先的抵押权所担保的债权先到期的，抵押权实现后的剩余价款应予提存，留待清偿顺位在后的抵押担保债权；顺序在后的抵押权所担保的债权先到期的，抵押权人只能就抵押物价值超出顺序在先的抵押担保债权的部分受偿。因此选项 B 正确，选项 C 错误。抵押权人与抵押人可以协议变更抵押权顺位以及被担保的债权数额等内容，但抵押权的变更，未经其他抵押权人书面同意，不得对其他抵押权人产生不利影响。因而选项 D 正确。

16. C 【解析】本题考核最高额抵押的相关规定。最高额抵押权设立前已经存在的债权，经当事人同意，可以转入最高额抵押担保的债权范围；最高额抵押担保的债权确定前，部分债权转让的，最高额抵押权不得转让，但当事人另有约定的除外，选项 C 错误。

17. C 【解析】本题考核质押。根据规定，债务人或者第三人有权处分的动产和下列权利可以出质：（1）汇票、支票、本票；（2）债券、存款单；（3）仓单、提单；（4）可以转让的基金份额、股权；（5）可以转让的注册商标专用权、专利权、著作权等知识产权中的财产权；（6）应收账款；（7）法律、行政法规规定可以出质的其他财产权利。本题选项 C，"土地承包经营权"不属于可以出质的权利范围。

18. A 【解析】本题考核动产质押。质权人丧失占有的，质权消灭，选项 A 正确；乙对电脑无权处分，但买卖合同是有效的，选项 B 错误；丙构成善意取得，已经获得电脑的所有权，因而甲无权要求乙或丙返还电脑，只能要求乙赔偿损失，选项 CD 错误。

19. D 【解析】本题考核留置权。留置权人与债务人应当约定留置财产后的债务履行期间；没有约定或者约定不明确的，留置权人应当给债务人 2 个月以上履行债务的期间，但鲜活易腐等不易保管的动产除外。因而选项 D 错误。

20. D 【解析】本题考核担保物权的受偿顺序。根据规定，同一动产上已设立抵押权或者质权，该动产又被留置的，留置权人优先受偿。因此本题中丁享有的留置权最先得到受偿。同一财产法定登记的抵押权与质权并存时，抵押权人优先于质权人受偿。因此本题中乙享有的在先登记的抵押权优先于丙享有的质权受偿，丙享有的质权优先于甲享有的未登记的抵押权受偿。

二、多项选择题

1. ACD 【解析】本题考核物权的客体。物权法上的物，具有以下特点：有体性、可支配性、在人的身体之外。月球表面，不具有可支配性，不能成为物权客体。

2. CD 【解析】本题考核孳息。孳息是指物或权益而产生的收益，包括天然孳息和法定孳息。天然孳息是原物根据自然规律产生的物，法定孳息是原物根据法律规定由一定法律关系产生的物。本题选项 C 属于天然孳息，选项 D 属于法定孳息。民法的孳息是由原物所产生的额外收益，选项 AB 尚未与原物分离，还是一物，因此不是孳息。

3. AD 【解析】本题考核物权变动的规定。根据规定，建设用地使用权自登记时设立。建设用地使用权转让、互换、出资或者赠与的，应当向登记机构申请变更登记，因此选项 A 正确；地役权自地役权合同生效时设立。当事人要求登记的，可以向登记机构申请地役权登记；未经登记，不得对抗善意第三人，因此选项 B 错误；船舶、航空器和机动车等物权的设立、变更、转让和消灭，未经登记，不得对抗善意第三人，因此选项 C 错误；因继承或者受遗赠取得物权的，自继承或者受遗赠开始时发生效力，但是继承人如果再处分该不动产时，应当办理登记，否则不发生物权效力，因此选项 D 正确。

4. BCD 【解析】本题考核动产指示交付和非基于法律行为的物权变动。甲丙订立合同买卖挖掘机，约定由丙直接向乙索要，这是指示交付的交付方式，此时丙获得挖掘机的所有权。因而选项 A 错误，选项 B 正确。丙死亡，丁继承该挖掘机，丁获得所有权，有权要求乙交付挖掘机，因而选项 CD 正确。

5. BCD 【解析】本题考核国家所有权。矿藏、水流、海域、无线电频谱资源、国防资产属于国有，城市的土地属于国家所有，选项 A 错误。

6. BCD 【解析】本题考核按份共有。根据规定，共有人因共有物对外成立连带债权和连带债务，因而对于修理厂要求支付修理费，乙、丙无权拒绝，选项 A 错误；共有人的内部关系上，除另有约定外，按份共有人按照份额享有债权、承担债务，选项 B 正确；优先购买权行使的时间有约定

按约定，没有约定以通知载明的期限，通知没有载明期限或载明的期限短于通知送达之日起 15 日，按 15 日，选项 C 正确；两个以上按份共有人主张优先购买且协商不成时，按转让时各自的份额比例行使优先购买权，选项 D 正确。

7. BC 【解析】本题考核共有制度。根据规定，共有人对共有的不动产或动产没有约定为按份共有或共同共有，或者约定不明确的，除共有人具有家庭关系等外，视为按份共有。选项 A 错误；对共有物的分割没有约定或者约定不明确的，在共有关系存续期间，按份共有人可以随时请求分割，共同共有人在共有的基础丧失或有重大理由需要分割时可以请求分割。

8. BCD 【解析】本题考核建设用地使用权的移转取得。下列房地产不得转让：(1)以出让方式取得土地使用权，但未符合《城市房地产管理法》规定的条件的；(2)司法机关和行政机关依法裁定、决定查封或者以其他形式限制房地产权利的；(3)依法收回土地使用权的；(4)共有房地产，未经其他共有人书面同意的；(5)权属有争议的；(6)未依法登记领取权属证书的；(7)法律、行政法规规定禁止转让的其他情形。

9. CD 【解析】本题考核建设用地使用权。城市规划区内的集体所有的土地，经依法征收转为国有土地后，该幅国有土地的使用权方可有偿出让，选项 A 错误。采取协议方式出让土地使用权的出让金不得低于按国家规定所确定的最低价，选项 B 错误。

10. ABC 【解析】本题考核抵押物的登记。以建筑物和其他土地附着物、建设用地使用权、以招标、拍卖、公开协商等方式取得的荒地等土地承包经营权、正在建造的建筑物抵押的，抵押权自登记时设立。正在建造中的船舶可以设定抵押，抵押权自抵押合同生效时设立。

11. **ABCD** 【解析】本题考核浮动抵押。浮动抵押必须经过"书面协议"，选项A正确；如果抵押人被宣告破产，债权人应该实现抵押权，因而浮动抵押的抵押财产范围确定，选项B正确。浮动抵押的设立是以合同的生效为条件，不以登记为要件。但是不登记的，抵押权不能对抗善意第三人，选项C正确；在动产浮动抵押"结晶"之前，即使浮动抵押办理了登记，该抵押权也不得对抗正常经营活动中已支付合理价款并取得抵押财产的买受人，选项D正确。

12. **AD** 【解析】本题考核抵押权的顺位。抵押登记的优先于未登记的，登记在先的优先于登记在后的，都没有登记的，按债权比例。因此，丙的抵押权优先于丁，丙、丁的抵押权优先于乙和戊，乙和戊按债权比例受偿。选项A和D均错误。

13. **ABC** 【解析】本题考核质押。质权人在债务履行期届满前，与出质人约定债务人不履行到期债务时质押财产归债权人所有的，该流质约定无效，但是不影响质押合同的效力，选项AC错误；质押交付才产生质权，选项B错误；债务人不履行到期债务或者发生当事人约定的实现质权的情形，质权人可以与出质人协议以质押财产折价，也可以就拍卖、变卖质押财产所得的价款优先受偿。选项D正确，不当选。

14. **BCD** 【解析】本题考核留置权。留置权的成立条件：(1)债权人合法占有债务人的动产；(2)债权人留置的动产，应当与债权属于同一法律关系，但企业之间留置的除外；(3)债务已届清偿期且债务人未按规定期限履行义务。在选项BC中，债权人对债务人动产的占有不合法；在选项D中，债务未届清偿期。

三、案例分析题

1.【答案】

(1)乙取得两辆车的所有权。根据规定，机动交通工具交付导致所有权转移，未经登记，不得对抗善意第三人。因此，2月1日甲交付两辆车时，乙取得所有权。

(2)乙无权要求丁返还卡车。根据规定，甲出售卡车是无权处分，但丙善意不知情，而且支付了合理的市场价格，卡车也已交付给丙，符合善意取得的构成要件，丙善意取得卡车的所有权。此时乙的所有权已消灭，丙将卡车质押给丁是合法的，乙无权要求丁返还卡车。

(3)丙有权要求丁赔偿损失。根据规定，质权人在质权存续期间，未经出质人同意擅自使用质物，造成出质人损害的，应当承担赔偿责任。

(4)A公司可以向戊主张抵押权。根据规定，动产抵押，登记具有对抗效力，可以对抗善意第三人。即便乙将车转让给戊，A公司已经登记的抵押权可以向戊主张。

(5)修理厂的留置权优先于A公司的抵押权。根据规定，同一物上抵押、质押和留置权并存的，留置权人优先于抵押权人和质权人受偿。

2.【答案】

(1)不能。甲公司与A银行的约定属于"流押条款"，是无效的。根据规定，订立抵押合同时，抵押权人和抵押人不得约定在债务履行期限届满抵押权人未受清偿时，抵押物的所有权直接归债权人所有。

(2)A银行抵押权的客体是建设用地使用权，不包括后来新建的厂房。A银行实现自己的抵押权应将建设用地使用权和厂房一并拍卖，但对厂房拍卖所得的价款A银行不享有优先受偿权。根据规定，以建设用地使用权抵押的，该土地上的建筑物应当一并抵押；但土地上的新增建筑物不作为抵押财产。该建设用地使用权实现抵押权时，应当将该土地上新增的建筑物与建设用地使用权一并处分，但新增建筑物所得的价款，抵押权人无权优先受偿。

(3)甲公司已经取得该厂房的所有权。根

据规定，因合法建造等事实行为设立物权的，自事实行为成就时发生效力。在本题中，由于甲公司建造的厂房已经完工，即使未办理厂房所有权登记，甲公司自合法建造完成之日起就取得了所有权。

（4）有权。根据规定，抵押权设定后，由于抵押物仍然归抵押人占有，因此抵押人有权将抵押物出租。

（5）戊公司并非善意取得设备的所有权，而是合法的继受取得。根据规定，善意取得的前提是处分人无权处分。本案中，甲公司在将设备抵押给乙公司后，仍然享有设备的所有权，因而甲公司将设备卖给戊公司，并非无权处分，戊公司并非善意取得。

【应试思路】在考试中一定要分清楚，处分人是有权处分还是无权处分。善意取得的前提条件是处分人无权处分，如果处分人有权处分（有所有权或经过所有权人授权等），受让人获得标的物的所有权就是继受取得。

（6）无权。根据规定，当事人以生产设备设定抵押的，抵押权自抵押合同生效时设立，未经登记，不得对抗善意第三人。在本题中，乙公司以设备设定抵押，但是未办理登记手续，其抵押权不得对抗善意的戊公司。

【应试思路】动产抵押，登记是对抗要件，登记才具有对抗善意第三人的效力，考试中一定要看清楚是否办理了抵押登记。

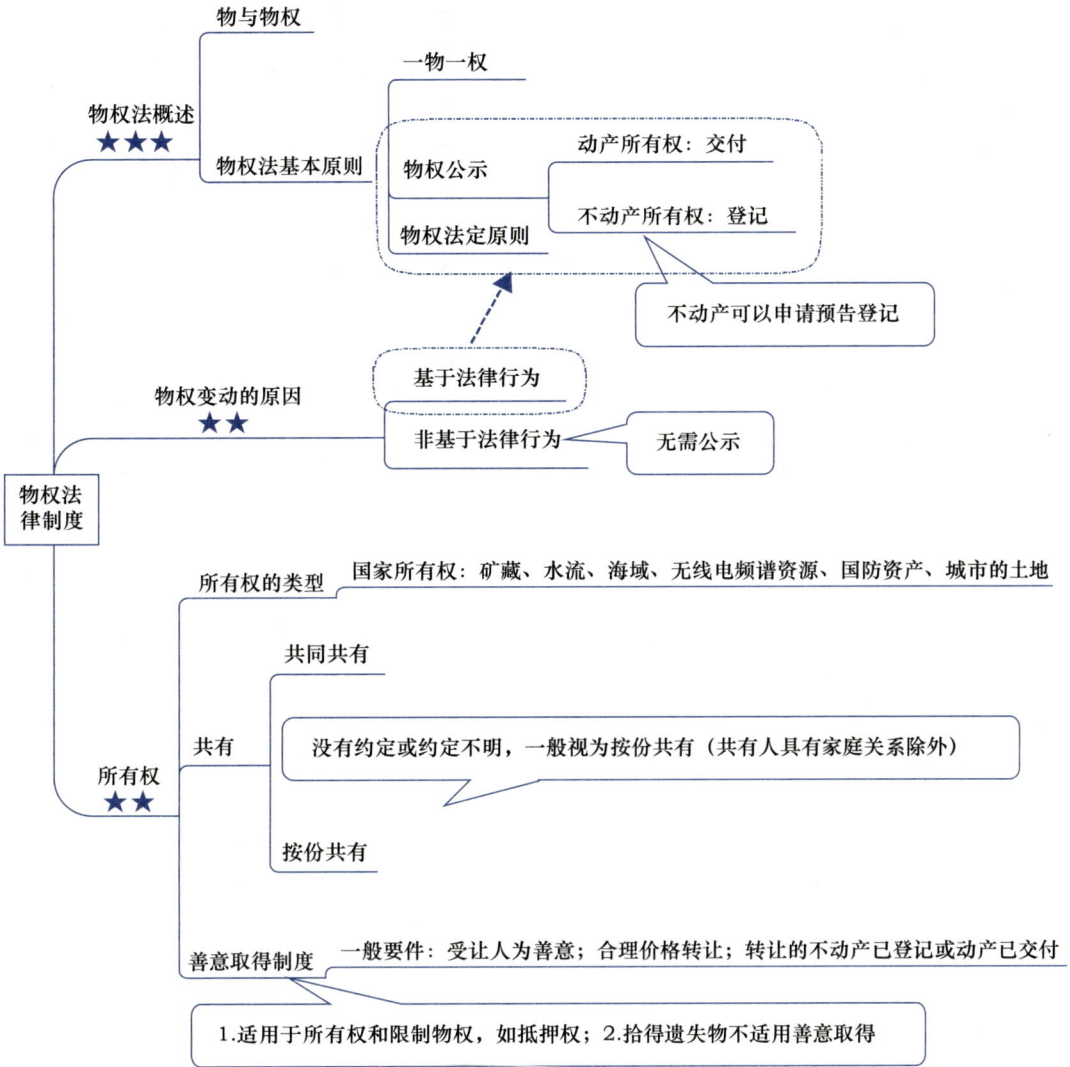

物权法概述 ★★★
- 物与物权
- 物权法基本原则
  - 一物一权
  - 物权公示
    - 动产所有权：交付
    - 不动产所有权：登记
      - 不动产可以申请预告登记
  - 物权法定原则

物权变动的原因 ★★
- 基于法律行为
- 非基于法律行为 —— 无需公示

物权法律制度

所有权 ★★
- 所有权的类型 —— 国家所有权：矿藏、水流、海域、无线电频谱资源、国防资产、城市的土地
- 共有
  - 共同共有
  - 没有约定或约定不明，一般视为按份共有（共有人具有家庭关系除外）
  - 按份共有
- 善意取得制度
  - 一般要件：受让人为善意；合理价格转让；转让的不动产已登记或动产已交付
  - 1.适用于所有权和限制物权，如抵押权；2.拾得遗失物不适用善意取得

用益物权的种类：土地承包经营权、建设用地使用权、宅基地使用权与地役权

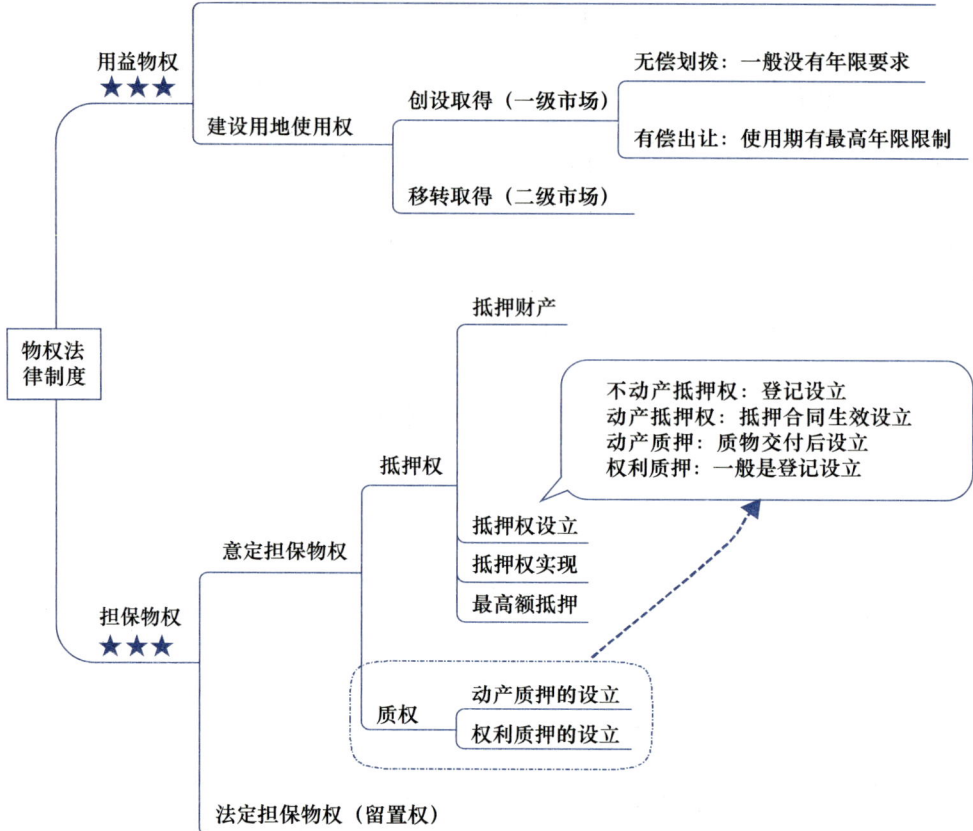

用益物权
★★★

建设用地使用权

创设取得（一级市场）

无偿划拨：一般没有年限要求

有偿出让：使用期有最高年限限制

移转取得（二级市场）

物权法
律制度

抵押财产

抵押权

不动产抵押权：登记设立
动产抵押权：抵押合同生效设立
动产质押：质物交付后设立
权利质押：一般是登记设立

意定担保物权

抵押权设立

抵押权实现

最高额抵押

担保物权
★★★

质权

动产质押的设立

权利质押的设立

法定担保物权（留置权）

合同法律制度

考情解密

历年考情概况

本章是历年"经济法"科目考试的重点内容，分值一般都在15分以上，每年客观题、主观题均有考查，近几年案例分析题中多与物权法结合进行综合性考核。

近年考点直击

考点	主要考查题型	考频指数	考查角度
合同的分类	多选题	★	给定一种合同，判断合同的类型
合同相对性	单选题、案例题	★★	通过案例形式，考核对合同相对性的理解
合同订立	单选题	★★	通过小案例考核要约与承诺
合同的效力	单选题、案例题	★★	(1)通过案例考核无权处分买卖合同的效力；(2)直接考核免责条款的效力；(3)其他合同效力问题参见第二章中民事法律行为的效力
缔约过失责任	单选题	★★★	考核缔约过失责任的具体情形以及与违约责任的区别
合同的履行	单选题、案例题	★★★	(1)考核当事人约定不明情况下的履行规则；(2)通过案例考核双务合同中的抗辩权；(3)考核不能行使债权人代位权的情形
合同的保证	单选题、案例题	★★★	通过案例考核保证的成立、保证方式、保证与物保的关系、主合同变更与保证责任承担
定金	单选题、案例题	★★	(1)考核定金合同的生效以及定金数额；(2)通过案例考核定金与违约金以及赔偿损失的关系
合同的转让	多选题、案例题	★★	考核债权转让的规则
合同权利义务的终止	单选题、多选题、案例题	★★★	(1)考核合同法定解除的情形；(2)考核提存的规定；(3)考核抵销的规则
违约责任	多选题、案例题	★★★	(1)通过案例考核违约损害赔偿、采取补救措施；(2)考核法定的免责事由
买卖合同	多选题、案例题	★★★	(1)考核一物多卖的法律后果；(2)通过案例考核买卖合同中标的物所有权的转移、标的物风险的转移、标的物检验等规定；(3)考核分期付款买卖以及商品房买卖合同的特殊规定
赠与合同	单选题、多选	★★	(1)考核赠与合同的撤销；(2)考核赠与物瑕疵的赔偿责任
借款合同	案例题	★★	考核金融机构借款利率、民间借贷利率限制
租赁合同	单选题、案例题	★★★	(1)通过案例全面考核租赁合同的形式、转租、买卖不破租赁等规则；(2)考核房屋承租人的优先购买权

考点	主要考查题型	考频指数	考查角度
融资租赁合同	案例题	★★	考核融资租赁合同中的标的物所有权归属、租赁物的维修
建设工程合同	多选题、案例题	★★★	(1)考核建设工程合同的无效；(2)考核建设工程的竣工日期；(3)考核工程价款的优先受偿权
承揽合同	单选题	★	考核承揽合同的解除
委托合同	单选题	★★	考核转委托、受托人的责任承担

本章2020年考试主要变化

本章无实质性变动。

考点详解及精选例题

一、合同的基本理论

扫我解疑难

(一)《合同法》的适用范围 ★

《合同法》所称合同是平等主体的自然人、法人、其他组织之间设立、变更、终止民事权利义务关系的协议。婚姻、收养、监护等有关身份关系的协议，不适用《合同法》。

【知识点拨】《合同法》只调整有关财产关系的协议，不调整身份关系。

涉外合同的当事人可以选择处理合同争议所适用的法律，但在中国境内履行的中外合资经营企业合同、中外合作经营企业合同、中外合作勘探开发自然资源合同，只能适用中国法律。

【例题1·多选题】下列协议中受《合同法》调整的有( )。

A. 张某与吴某订立的企业承包经营协议

B. 李某与刘某订立的离婚协议

C. 王某与谢某订立的小孩收养协议

D. 陈某与何某订立的技术开发协议

解析 ▶ 本题考核《合同法》的调整范围。但凡有关"身份关系"的协议，不受《合同法》调整，而选项BC都是有关身份关系的协议。

答案 ▶ AD

(二)合同的分类(见表4-1) ★

表4-1 合同的分类

类型	划分标准	考查点
有名合同与无名合同	法律是否明确规定了名称和具体规则	《合同法》分则规定的买卖、赠与、借款等15种典型合同都是有名合同；无名合同参照适用最接近的有名合同的规定
单务合同与双务合同	当事人是否互相负有对价义务	单务合同：赠与合同
诺成合同与实践合同	是否以交付标的物作为合同成立要件	实践合同：保管、定金、自然人借款合同 诺成合同：赠与合同、质押合同

(三)合同的相对性 ★★★

合同主要在特定的当事人之间发生权利义务关系，当事人只能基于合同向另一方当事人提出请求或提起诉讼，不能向无合同关系的第三人提出合同上的请求，也不能擅自为第三人设定合同上的义务。合同的相对性体现在三个方面：主体的相对性、内容的相对性和责任的相对性。

1. 相对性原则的体现

（1）债务人因第三人原因违约：由债务人向债权人承担违约责任，债务人与第三人之间的纠纷，依照法律规定另行解决。

（2）合同涉及第三人的履行：当事人约定由债务人向第三人履行债务的，债务人未向第三人履行债务或者履行债务不符合约定，应当向债权人承担违约责任；当事人约定由第三人向债权人履行债务的，第三人不履行债务或者履行债务不符合约定，债务人应当向债权人承担违约责任。

2. 相对性原则的例外

合同的相对性是基本原则，但有例外，如债权人的代位权、撤销权、买卖不破租赁等就突破了相对性原则。

【知识点拨】债权人代位权突破了相对性原则，是因为债权人与第三人之间并无合同关系，但可以直接向第三人主张债权；债权人撤销权突破了相对性原则是因为债权人撤销的是债务人与第三人的行为，债权人并非是被撤销的债权债务关系的当事人。

【应试思路】在考试时，记住：原则上只有合同当事人之间才能要求承担违约责任；同时注意看是否属于例外情形，具体作答时，主要引用前述法条。

『举例1』甲卖给乙一头牛，合同约定甲送货上门，甲牵着牛往乙家走的路上，巧遇丙正练习隔山打牛，将甲牵着的牛打死，导致甲无法向乙交付，则乙只能要求甲承担违约责任，因为根据相对性原则，债务人因第三人原因违约，由"债务人"向债权人承担违约责任。

『举例2』甲公司与乙公司签订了一份苹果买卖合同，约定：甲公司卖给乙公司100吨苹果，合同订立后，乙公司又将该批苹果转售给丙公司，指明由甲公司直接交付给丙公司。但甲公司未按约定时间交货。则甲向乙承担违约责任，乙向丙承担违约责任，因

为当事人约定由债务人向第三人履行债务的，债务人未向第三人履行债务或者履行债务不符合约定，"债务人"应当向债权人承担违约责任。

二、合同订立

扫我解疑难

（一）合同订立程序——要约与承诺★★

1. 要约

要约是指希望和他人订立合同的意思表示。要约应当符合下列规定：第一，内容具体确定；第二，表明经受要约人承诺，要约人即受该意思表示的约束。

（1）要约与要约邀请的区别。要约邀请是希望他人向自己发出要约的意思表示。寄送的价目表、拍卖公告、招标公告、招股说明书、商业广告等一般为要约邀请，但商业广告的内容符合要约规定的，视为要约。

『举例1』甲公司通过电视发布广告，称其有某型号汽车，每辆价格15万元，数量不限，广告有效期10天。该广告是要约。因为商业广告的内容符合要约规定的，视为要约。

【知识点拨】当事人对合同是否成立存在争议，法院能够确定当事人名称或者姓名、标的和数量的，一般应当认定合同成立。但法律另有规定或当事人另有约定的除外。

『举例2』甲乙二人就购买甲的一台电脑达成了一致，但价格、交货地点等没有确定。如果二人发生争议，法院可以认定当事人之间合同成立，因为当事人的姓名、标的和数量已经确定。至于价格和交货地点未确定，可以按照合同约定不明确时的规则来处理。

（2）要约的生效：要约到达受要约人时生效。

【相关链接】以对话方式作出的意思表示，对方知道其内容时生效。

（3）要约的撤回与撤销（见表4-2）。

表4-2　要约撤回与撤销的区别

区别	要约撤回	要约撤销
发生的时间	在要约生效之前	在要约生效之后、受要约人发出承诺之前
是否允许	允许撤回	允许撤销，以下要约不可撤销： ①要约中确定了承诺期限； ②以其他形式明示要约不可撤销； ③受要约人有理由认为要约不可撤销，并已经为履行合同做了准备

（4）要约的失效。

导致要约失效的情形包括：

①拒绝要约的通知到达要约人；

②要约人依法撤销要约；

③承诺期限届满，受要约人未作出承诺；

④受要约人对要约的内容作出实质性变更。

【知识点拨1】承诺对要约的变更分为实质性变更和非实质性变更，其后果不同：有关合同标的、数量、质量、价款或报酬、履行期限、履行地点和方式、违约责任和解决争议方法等的变更，是对要约内容的实质性变更。受要约人对要约内容作出实质性变更的，为新要约；作出非实质性变更的，除要约人及时表示反对或要约表明承诺不得对要约内容作出任何变更的以外，该承诺有效，合同内容以承诺内容为准。

【知识点拨2】要约失效的情形中不包括要约被撤回，因为要约失效的前提是生效，而要约撤回时要约尚未生效。

【例题2·单选题】甲公司于3月1日向乙公司发出订购一批红木的要约，要求乙公司于3月8日前答复。3月2日，乙公司收到该要约。3月3日，甲公司欲改向丙公司订购红木，遂向乙公司发出撤销要约的信件，该信件于3月4日到达乙公司。3月5日，甲公司收到乙公司的回复，乙公司表示红木缺货，问甲公司是否能用杉木代替。根据《合同法》的规定，甲公司要约失效的时间是（　）。

A. 3月3日　　　B. 3月4日
C. 3月5日　　　D. 3月8日

解析▶本题考核要约的撤销。题目中，甲公司的要约中确定了"承诺期限"，因此不能撤销。而乙公司3月5日的回复对要约进行了实质性变更，是新的要约，导致原要约失效。

答案▶C

【应试思路】首先回顾要约失效的情形。题目中可以导致要约失效的情形有要约的撤销、对要约的实质性变更。而确定了承诺期限的要约是不能撤销的。因此导致要约失效的只能是乙公司对要约的实质性变更。

2. 承诺

承诺是受要约人同意要约的意思表示。关于承诺的具体规则，具体见表4-3。

表4-3　承诺的具体规则

承诺	法律规定
承诺期限的起算	要约以信件或电报作出的，承诺期限自信件载明的日期或电报交发之日起开始计算；信件未载明日期的，自投寄该信件的邮戳日期开始计算。要约以电话、传真作出的，承诺期限自要约到达受要约人时开始计算
承诺的生效	承诺自通知到达要约人时生效，承诺不需要通知的，自根据交易习惯或者要约的要求作出承诺的行为时生效。采用数据电文形式订立合同，收件人指定特定系统接收数据电文的，该数据电文进入该特定系统的时间，视为承诺到达时间；未指定特定系统，相对人知道或者应当知道该数据电文进入其系统时生效。 【知识点拨】承诺可以撤回，但不能撤销

承诺	法律规定	
承诺的迟延与迟到	①承诺迟延（迟发迟到）	迟延承诺除要约人及时通知受要约人该承诺有效的以外，应视为新要约
	②承诺迟到（非迟发迟到）	受要约人在承诺期限内发出承诺，按照通常情况能够及时到达要约人，但因其他原因致使承诺到达要约人时超过承诺期限的，为迟承诺，除要约人及时通知受要约人因承诺超过期限不接受该承诺的以外，该承诺有效

『举例』A 向 B 发出要约，明确承诺的期限是 1 月 10 日以前，B 如果在 1 月 11 日发出承诺，应视为新要约，原要约失效；但如果 A 及时表示同意，合同仍然成立。如果 B 收到信件的时间为 1 月 3 日，当天即发出了承诺，在通常情况下该承诺信件在 1 月 5 日可以到达 A 处，但由于邮局投递错误等原因，导致信件 1 月 20 日才到达，这种情况下，承诺是有效的，除非 A 及时通知 B 因承诺超过期限不接受。

【例题 3·单选题】（2016 年）根据合同法律制度的规定，下列情形中，构成有效承诺的是（　　）。

A. 受要约人向要约人发出承诺函后，随即又发出一封函件表示收回承诺。两封函件同时到达要约人

B. 受要约人向要约人回函表示："若价格下调 5%，我司即与贵司订立合同。"

C. 受要约人发出表示承诺的函件时已超过要约人规定的承诺期限，要约人收到后未作任何表示

D. 受要约人在承诺期限内发出承诺，正常情形下可如期到达要约人，但因连日暴雨致道路冲毁，承诺通知到达要约人时已超过承诺期限，要约人收到承诺通知后未作任何表示

解析 本题考核承诺。选项 A，属于承诺的撤回，承诺人发出承诺后反悔的，可以撤回承诺，撤回承诺的通知应当在承诺通知到达要约人之前或者与承诺通知同时到达要约人，故选项 A 承诺不生效。选项 B，受要约人对要约的内容作出实质性变更的，为新要约。选项 C，受要约人超过承诺期限发出

承诺的，为迟延承诺，除要约人及时通知受要约人该承诺有效的以外，迟延的承诺应视为新要约。选项 BC 不选。选项 D，属于迟到承诺，除要约人及时通知受要约人因承诺超过期限不接受该承诺的以外，迟到的承诺为有效承诺。　　　　　答案 ▶ D

（二）合同成立的时间与地点 ★★

1. 一般的诺成、不要式合同：承诺生效的时间和地点是合同成立的时间和地点。

2. 要式合同：法律规定或当事人约定采用合同书形式订立合同。

（1）双方同时签字或盖章：双方当事人签字或盖章完成的时间和地点是合同成立的时间和地点。

（2）双方异时签字或盖章：最后一方签字或盖章的时间和地点为合同成立的时间和地点。

【知识点拨 1】摁手印与签字、盖章有同等效力。

【知识点拨 2】采用书面形式订立合同，合同约定的签订地与实际签字或盖章地点不符的，约定的签订地为合同签订地。

【知识点拨 3】法律、行政法规规定或者当事人约定采用书面形式订立合同，当事人未采用书面形式，但一方已经履行主要义务并且对方接受的，该合同成立（理论上称为要式合同的履行补正）。

3. 当事人采用信件、数据电文等形式订立合同要求签订确认书的，签订确认书时合同成立。

【例题 4·单选题】甲乙准备签订一个买卖合同，双方 6 月 1 日约定于 6 月 15 日在北京饭店签订合同书时合同成立，但是甲由于

想腾出自己的仓库，在6月10日把货物运至乙处，乙收下后，甲和乙按原定时间在北京饭店见面，甲当天在合同上签字盖章，乙将合同带回后第二天在合同上摁手印。该合同成立的时间为（　　）。

A. 6月1日　　　B. 6月10日
C. 6月15日　　　D. 6月16日

解析 ▶ 本题考核合同成立的时间。当事人采用合同书形式订立合同的，自双方当事人签字或者盖章时合同成立，在签字或者盖章之前，当事人一方已经履行主要义务并且对方接受的，该合同成立。　　**答案** ▶ B

（三）格式条款★★

格式条款是指一方当事人为了与不特定多数人订立合同重复使用而单方预先拟定，并在订立合同时不允许对方协商变更的条款。

【知识点拨】格式条款在生活中的应用很广，绝大多数考生都接触过格式条款，有的表现为独立的合同文本，如移动或联通的入网协议、保险合同；有的表现为殿堂公告、提示，如出租车内贴的价格提示"起步价 X 元，每公里 X 元"。

1. 格式条款无效的情形

除了无效民事法律行为或无效的免责条款以外，以下格式条款无效：

提供格式条款一方免除其责任、加重对方责任、排除对方主要权利的，该条款无效。

【知识点拨】如果格式条款不具备以上三种无效的情形，应当认定为有效。

『举例』某手机商店，门口标有"本店保证所有手机均为正品，否则假一罚十"，以及"顾客有任何问题只能协商，不得起诉本店"的内容。其中，"假一罚十"是其真实的意思表示，应当认定有效；但"顾客只能协商不能起诉"这样的内容属于排除对方主要权利的，是无效格式条款。

2. 对格式条款的理解发生争议的，应当按照通常理解予以解释。对格式条款有两种以上解释的，应当作出不利于提供格式条款一方的解释。格式条款和非格式条款不一致的，应当采用非格式条款。

（四）免责条款★★

《合同法》规定，合同中下列免责条款无效：

（1）造成对方人身伤害的；

（2）因故意或者重大过失造成对方财产损失的。

【例题5·多选题】（2014年）根据合同法律制度的规定，合同中的下列免责条款中，无效的有（　　）。

A. 排除因故意造成对方人身伤害的责任

B. 排除因重大过失造成对方人身伤害的责任

C. 排除因故意造成对方财产损失的责任

D. 排除因重大过失造成对方财产损失的责任

解析 ▶ 本题考核合同的免责条款。但凡免除造成人身伤害责任的条款一律无效，而免除的如果是造成财产损失的责任，仅限于故意或重大过失的情况下。　　**答案** ▶ ABCD

（五）缔约过失责任★★★

当事人在订立合同过程中有下列情形之一，给对方造成损失的，应当承担损害赔偿责任：

（1）假借订立合同，恶意进行磋商；

（2）故意隐瞒与订立合同有关的重要事实或者提供虚假情况；

（3）当事人泄露或不正当使用在订立合同过程中知悉的商业秘密；

（4）有其他违背诚实信用原则的行为。

【知识点拨】缔约过失责任与违约责任的区别，见表4-4。

表4-4　缔约过失责任与违约责任的区别

区别	缔约过失责任	违约责任
产生的时间不同	发生在合同成立之前	产生于合同生效之后

区别	缔约过失责任	违约责任
适用的范围不同	适用于合同未成立、合同未生效、合同被撤销或无效	适用于有效合同
赔偿范围不同	赔偿的是信赖利益的损失	赔偿的是可期待利益的损失 【知识点拨】可期待利益的损失要大于或者等于信赖利益的损失

【例题 6 · 单选题】(2018 年)根据合同法律制度的规定,下列各项中,应当承担缔约过失责任的是( )。

A. 丙未按时履行支付租金的义务

B. 丁驾驶机动车违反交通规则撞伤行人

C. 甲假借订立合同,恶意与乙进行磋商

D. 戊辞职后违反竞业禁止约定从事同业竞争

解析 ▶ 本题考核缔约过失责任。选项 AD 承担的是违约责任;选项 B 承担的是侵权责任。

答案 ▶ C

三、合同的效力

扫我解疑难

(一)合同的生效 ★

1. 依法成立的合同,成立就生效。

2. 法律、行政法规规定应当办理批准、登记等手续生效的,在依照其规定办理批准、登记等手续后生效。

【知识点拨】在合同订立后,经批准或登记之前的效力状态是已成立、未生效。

3. 法律、法规规定应当办理登记手续,但未规定登记后生效的,当事人未办理登记手续不影响合同的效力,但合同标的所有权或其他物权不能转移。如不动产抵押,抵押合同签订就生效,但未经登记不产生抵押权。

4. 当事人可以对合同的生效附条件或者附期限。

(1)附生效条件的合同,自条件成就时生效。

(2)附生效期限的合同,自期限届至时生效。

【知识点拨】在合同订立后,条件成就或期限到来之前的效力状态是已成立、未生效。

(二)合同的效力 ★★★

合同的效力包括:有效合同、无效合同、可撤销合同、效力待定合同、已成立未生效合同。(参见第二章民事法律行为的效力部分)

『总结』合同效力问题,见表 4-5。

表 4-5 合同的效力总结

效力状况	具体情形
无效	①无行为能力人单独订立的合同; ②违反法律、行政法规的强制性规定的合同; ③违背公序良俗的合同; ④行为人与相对人恶意串通,损害他人合法权益的合同; ⑤行为人与相对人以虚假的意思表示订立的合同(双方虚假表示行为)
可撤销	①因重大误解订立的合同; ②显失公平的合同; ③一方欺诈订立的合同;第三人实施欺诈行为,使一方在违背真实意思的情况下订立的合同,对方知道或者应当知道该欺诈行为的; ④一方或者第三人以胁迫手段订立的合同

续表

效力状况	具体情形
效力待定	①限制行为能力人不能独立实施的合同行为；②狭义无权代理
已成立未生效	附生效条件或附生效期限的合同，在合同订立以后，条件成就或期限到来之前，合同效力状况为已成立但未生效

四、合同的履行

扫我解疑难

（一）合同的履行规则 ★★★

1. 约定不明时合同内容的确定规则

合同生效后，当事人就质量、价款或者报酬、履行地点等内容没有约定或者约定不明确的，可以协议补充；不能达成补充协议的，按照合同有关条款或者交易习惯确定。仍不能确定的，适用下列履行规则，具体见表4-6。

表4-6　合同履行规则

不明确的内容	《合同法》规定
质量要求不明确	按照国家标准、行业标准履行；没有国家标准、行业标准的，按照通常标准或者符合合同目的的特定标准履行
价款或者报酬不明确	按照订立合同时履行地的市场价格履行；依法应当执行政府定价或者政府指导价的，按照规定履行
履行地点不明确	①给付货币的，在接受货币一方所在地履行； ②交付不动产的，在不动产所在地履行； ③其他标的，在履行义务一方所在地履行。（交付动产：卖方所在地）
履行期限不明确	债务人可以随时履行，债权人也可以随时要求履行，但应当给对方必要的准备时间
履行费用的负担不明确	由履行义务一方负担

【知识点拨1】内容约定不明→协议补充→有关条款或交易习惯→合同法规定

【知识点拨2】履行地点不明确和履行费用负担不明确中，都有"履行义务一方"，但具体到底是哪方当事人，一定要具体分析案例中当事人的合同义务是什么。

【例题7·单选题】（2014年）甲、乙两公司的住所地分别位于北京和海口。甲向乙购买一批海南产香蕉，3个月后交货。但合同对于履行地点和价款均无明确约定，双方也未能就有关内容达成补充协议，依照合同其他条款及交易习惯也无法确定。根据合同法律制度的规定，下列关于合同履行价格的表述中，正确的是（　　）。

A. 按合同订立时海口的市场价格履行

B. 按合同订立时北京的市场价格履行

C. 按合同履行时海口的市场价格履行

D. 按合同履行时北京的市场价格履行

解析　本题考核合同的履行。合同生效后，当事人就质量、价款或者报酬、履行地点等内容没有约定或者约定不明确的，可以协议补充；不能达成补充协议的，按照合同有关条款或者交易习惯等确定。仍不能确定的：价款或者报酬不明确的，按照订立合同时履行地的市场价格履行。履行地点不明确，给付货币的，在接受货币一方所在地履行；交付不动产的，在不动产所在地履行；其他标的，在履行义务一方所在地履行。针对交付香蕉，履行义务一方是出卖人乙，所以履行地是海口。那么价格就是按照订立合同时海口的市场价格履行。　答案　A

【知识点拨】上例中，如果再加一问：从海口到北京的运费由哪方当事人负担？答案是由买受人甲负担。履行费用负担不明确，由履行义务一方负担，本案中交货地点在海口，甲方需到海口去提货，履行提货义务产生的费用由甲方负担。如果合同约定乙方送货上门，属于明确约定了履行地点在北京，乙方有送货的义务，从海口到北京的运费就由乙方负担。

2. 向第三人履行和由第三人履行(见前述合同相对性)

(二)双务合同的履行抗辩权(见表4-7)★★★

表4-7　双务合同履行的抗辩权

抗辩权的类型	《合同法》规定
同时履行抗辩权	当事人互负债务，没有先后履行顺序的，应当同时履行。一方在对方履行之前有权拒绝其履行要求。一方在对方履行债务不符合约定时，有权拒绝其相应的履行要求。 【知识点拨】合同没有先后履行顺序，双方都可以主张的抗辩权
先履行抗辩权	当事人互负债务，有先后履行顺序，先履行一方未履行的，后履行一方有权拒绝其履行要求。先履行一方履行债务不符合约定的，后履行一方有权拒绝其相应的履行要求。 【知识点拨】在后履行一方可以主张的抗辩权
不安抗辩权	应当先履行债务的当事人，有确切证据证明对方有下列情形之一的，可以中止履行：①经营状况严重恶化；②转移财产、抽逃资金，以逃避债务；③丧失商业信誉；④有丧失或者可能丧失履行债务能力的其他情形。 先履行义务的一方当事人在行使不安抗辩权时，应把握以下要点： ①要有对方当事人不能履行合同的确切证据，否则，应承担违约责任。 ②当事人行使不安抗辩权，应及时通知对方中止履行合同，而不是立即解除合同。只有对方当事人在合理期限内未恢复履行能力并且未提供担保时，方能通知对方解除合同。 【知识点拨】在先履行一方可以主张的抗辩权

【例题8·单选题】(2017年)甲、乙双方签订买卖合同，约定甲支付货款一周后乙交付货物。甲未在约定日期付款，却请求乙交货。根据合同法律制度的规定，对于甲的请求，乙可行使的抗辩权是(　　)。

A. 不安抗辩权　　B. 先诉抗辩权

C. 不履行抗辩权　D. 先履行抗辩权

解析　本题考核先履行抗辩权。先履行抗辩权，是指双务合同的当事人互负债务，有先后履行顺序，先履行一方(甲)未履行的，后履行一方(乙)有权拒绝其履行要求。先履行一方履行债务不符合约定的，后履行一方有权拒绝其相应的履行要求。　答案　D

(三)债权人代位权★★★

债权人代位权，是指债务人怠于行使其对第三人(次债务人)享有的到期债权，危及债权人债权实现时，债权人为保障自己的债权，可以自己的名义代位行使债务人对次债务人的债权的权利。

1. 行使条件

(1)两个债权(债权人对债务人的债权、债务人对次债务人的债权)都合法；

(2)两个债权都到期；

(3)债务人怠于行使——必须是没有以诉讼或仲裁方式向次债务人主张，且债务人怠于行使损害了债权人的债权；

(4)债务人的债权并非专属于自身。专属于债务人自身的债权，债权人不得行使代位权。所谓"专属于债务人自身的债权"是指基于扶养关系、抚养关系、赡养关系、继承关系产生的给付请求权和劳动报酬、退休金、养老金、抚恤金、安置费、人寿保险、人身伤害赔偿请求权等权利。

2. 代位权的行使——必须诉讼

管辖法院：被告住所地法院

费用负担：如果债权人胜诉的，由次债务人承担诉讼费用，且从实现的债权中优先支付；代位权诉讼的其他必要费用则由债务人承担。

法律后果：次债务人向债权人履行清偿义务，导致两个债权在履行额度内消灭。

【例题9·单选题】（2015年）甲对乙的债务清偿期已届满却未履行，乙欲就甲对他人享有的债权提起代位权诉讼。根据合同法律制度的规定，甲享有的下列债权中，乙可代位行使的是（ ）。

A. 抚恤金请求权

B. 劳动报酬请求权

C. 人身伤害赔偿请求权

D. 财产损害赔偿请求权

解析 本题考核代位权。因债务人怠于行使其到期债权，对债权人造成损害的，债权人可以向人民法院请求以自己的名义代位行使债务人的债权，但该债权专属于债务人自身的除外。专属于债务人自身的债权，是指基于扶养关系、抚养关系、赡养关系、继承关系产生的给付请求权和劳动报酬、退休金、养老金、抚恤金、安置费、人寿保险、人身伤害赔偿请求权等权利。 **答案** D

（四）债权人撤销权 ★★★

债权人撤销权，是指债权人对债务人减少财产以致危害债权的行为，请求人民法院予以撤销的权利。撤销权的行使范围以债权人的债权为限。

1. 行使条件

债务人的行为导致其责任财产减少以致危害债权，包括：

（1）债务人的无偿行为（放弃到期债权或未到期债权、放弃债权担保、恶意延长到期债权的履行期、无偿转让财产），不论第三人是善意、恶意取得，均可撤销。

（2）债务人的有偿行为（以明显不合理的低价转让财产或以明显不合理的高价收购财产），以第三人的恶意取得为要件，如果第三人主观上无恶意，则债权人不能行使撤销权。

【知识点拨】 转让价格达不到交易时交易地的指导价或者市场交易价70%的，可以视为明显不合理的低价；对转让价格高于当地

指导价或者市场交易价30%的，可以视为明显不合理的高价。

2. 撤销权的行使——必须诉讼

债权人　债务人　第三人
　↓　　　↓　　　↓
当事人地位：原告　被告　第三人

管辖法院：被告住所地法院

费用负担：债权人行使撤销权支付的必要费用，由债务人负担；第三人有过错的，应当适当分担。

法律后果：撤销之前债务人的行为是有效的，一旦被撤销，自始无效。

除斥期间：撤销权自债权人知道或者应当知道撤销事由之日起1年内行使，自债务人的行为发生之日起5年内没有行使撤销权的，该撤销权消灭。

【例题10·多选题】 甲欠乙5000元，乙多次催促，甲拖延不还。后乙告知甲必须在半个月内还钱，否则起诉。甲立即将家中仅有的值钱物品九成新电冰箱和彩电各一台以150元价格卖给知情的丙，被乙发现。下列说法正确的有（ ）。

A. 乙可书面通知甲、丙，撤销该买卖合同

B. 如乙发现之日为2017年5月1日，则自2018年5月2日起，乙不再享有撤销权

C. 如乙向法院起诉，应以甲为被告，法院可以追加丙为第三人

D. 如乙的撤销权成立，则乙为此支付的必要费用应由甲、丙承担

解析 本题考核撤销权的规定。根据规定，因债务人以明显不合理的低价转让财产且受让人知情，对债权人造成损害的，债权人可以请求人民法院撤销债务人的行为。债权人自行通知相对人撤销放弃债权的行为，不具有法律效力。债权人行使撤销权的必要费用，由债务人负担，第三人有过错的，适当分担。 **答案** BCD

『**总结**』 代位权和撤销权的区别，见表4-8。

表 4-8　代位权和撤销权的区别

区别	代位权	撤销权
针对债务人的行为	消极行为(怠于行使到期债权)	积极行为(债务人放弃其债权；无偿转让财产；以明显不合理的低价转让财产且受让人知道该情形的)
诉讼主体	债权人是原告，次债务人是被告，债务人为诉讼中的第三人	债权人是原告，债务人是被告，受益人或者受让人为诉讼中的第三人
债权人是否享有优先受偿权	就行使权利的结果，享有优先受偿权	就行使权利的结果，无优先受偿权
费用的负担	债权人胜诉的，诉讼费用由次债务人负担。债权人行使代位权的必要费用由债务人承担	债权人行使撤销权支付的律师代理费、差旅费等必要费用，由债务人负担；第三人有过错的，应当适当分担

五、合同的担保

扫我解疑难

（一）合同担保的基本理论★

1. 担保的方式

（1）合同的担保方式包括：抵押、质押、留置、保证和定金。

（2）反担保。反担保是为了担保担保人对债务人追偿权的实现。反担保的方式可以是债务人提供的抵押或质押，也可以是其他人提供的保证、抵押或质押。定金与留置不能作为反担保方式。债务人自己向担保人提供反担保的，保证不得作为反担保方式。

『举例』甲公司向银行借款，乙担保公司为该笔借款做保证人。乙公司要求甲公司提供反担保，甲公司可以自己提供抵押、质押；也可以再找丙提供保证、抵押或质押作为反担保。

2. 担保合同的无效与责任承担

（1）担保合同无效的情形：

①国家机关和以公益为目的的事业单位、社会团体违法提供担保的，担保合同无效；

②以法律、法规禁止流通的财产或者不可转让的财产设定担保的，担保合同无效。

（2）担保合同无效的责任（见表 4-9）。

表 4-9　担保合同无效的法律责任

事项		法律后果
担保合同被确认无效		债务人、担保人、债权人有过错的，承担缔约过失责任
主合同有效而担保合同无效	债权人无过错的	担保人与债务人对主合同债权人的经济损失，承担连带赔偿责任
	债权人、担保人有过错	担保人承担民事责任的部分，不应超过债务人不能清偿部分的1/2
主合同无效而导致担保合同无效	担保人无过错的	担保人不承担民事责任
	担保人有过错	担保人承担民事责任的部分，不超过债务人不能清偿部分的1/3

【知识点拨】法人或者其他组织的法定代表人、负责人超越权限订立的担保合同，除相对人知道或者应当知道其超越权限的以外，该代表行为有效。

『举例』甲与乙订立买卖海洛因的合同，为担保货款清偿，找丙做保证人，并对丙谎称是买卖面粉，丙信以为真提供保证。因甲乙之间合同无效，导致担保合同无效，又因丙无过错，丙不承担民事责任；如果甲乙之间确实是买卖面粉，而丙以禁止转让的财产提供担保，甲作为被担保的债权人对此也知情，则买卖合同有效，但担保合同无效，因债权人也有过错，因此，担保人承担责任的部分不超过债务人不能清偿部分的1/2。

（二）保证★★★

1. 保证合同

保证合同为要式合同（书面形式）、单务合同、无偿合同、诺成合同、从合同。除了独立的书面保证合同以外，以下情形均成立保证合同：

（1）保证人在债权人与被保证人签订的订有保证条款的主合同上，以保证人的身份签字或者盖章，保证合同成立。

（2）主合同中虽然没有保证条款，但保证人在主合同上以保证人的身份签字或者盖章的，保证合同成立。

（3）第三人单方以书面形式向债权人出具担保书，债权人接受且未提出异议的，保证合同成立。

【知识点拨】当事人在借据、收据、欠条等债权凭证或者借款合同上签字或者盖章，但未表明其保证人身份或者承担保证责任，或者通过其他事实不能推定其为保证人的，出借人不能要求当事人承担保证责任。

2. 保证人

保证合同当事人为保证人和债权人。保证人的限制，见表4-10。

表4-10　保证人的限制

不得担任保证人的	例外情形
国家机关	经国务院批准为使用外国政府或国际经济组织的贷款进行转贷的除外
学校、幼儿园、医院等以公益为目的的事业单位、社会团体	从事经营活动的事业单位、社会团体，可担任保证人 【相关链接】《物权法》规定：学校、幼儿园、医院等以公益为目的的事业单位、社会团体的公益财产不可抵押。 【应试思路】公益单位的公益财产不可抵押，但非公益财产为自身债务可以抵押；公益单位一律不可做保证人
企业法人的分支机构、职能部门	分支机构有法人书面授权的，可以在授权范围内提供保证 【知识点拨】如果企业的分支机构超出书面授权范围提供保证，超过的部分是无效的

【例题11·多选题】甲向乙借款5万元，丙、丁、戊、己所作出的以下表示中，构成保证的有（　　）。

A. 丙在甲向乙出具的借据上签署"保证人丙"

B. 丁向乙出具字据称"如甲到期不向乙还款，本人愿代还3万元"

C. 戊向乙出具字据称"如甲到期不向乙还款，由本人负责"

D. 己在甲乙的借款合同上签署自己的名字"己"，并未写明"保证人"字样，合同中也没有保证条款

解析　本题考核保证合同。根据规定，主合同中虽然没有保证条款，但保证人在主合同上以保证人的身份签字或者盖章的，保证合同成立，因此选项A正确；第三人单方以书面形式向债权人出具担保书，债权人接受且未提出异议的，保证合同成立，因此选项BC正确。当事人在借据、收据、欠条等债权凭证或者借款合同上签字或者盖章，但未表明其保证人身份或者承担保证责任，或者通过其他事实不能推定其为保证人的，出借人不能要求当事人承担保证责任，因而选项D不构成保证。答案　ABC

3. 保证方式：一般保证与连带责任保证（见表4-11）

表4-11　一般保证与连带责任保证

保证方式	一般保证	连带责任保证
承担责任	一般保证人对债务承担补充责任	连带保证人对债务承担连带责任

保证方式	一般保证	连带责任保证
先诉抗辩权	一般保证的保证人对债权人享有先诉抗辩权，即在主合同纠纷未经审判和仲裁，并就债务人的财产依法强制执行前，对债权人可拒绝承担保证责任。 但有下列情形之一的，一般保证人不得行使先诉抗辩权： 第一，债务人住所变更，致使债权人要求其履行债务发生重大困难的； 第二，人民法院受理债务人破产案件，中止执行程序的； 第三，保证人以书面形式放弃先诉抗辩权的	连带保证人不享有先诉抗辩权
是否约定	一般保证必须当事人明确约定	当事人对保证方式没有约定或者约定不明确的，按照连带责任保证承担保证责任（*案例题多次考查）
诉讼处理	债权人将债务人和保证人一并起诉的，人民法院可以将债务人和保证人列为共同被告，但应当在判决书中明确：在对债务人财产依法强制执行后仍不能履行债务时，才由证人承担保证责任。（一般保证人承担补充责任）	债权人可以将债务人或者保证人作为被告提起诉讼，也可以将债务人和保证人作为共同被告提起诉讼（连带保证人承担连带责任）

【知识点拨】一般保证的保证人在主债权履行期间届满后，向债权人提供了债务人可供执行财产的真实情况的，债权人放弃或怠于行使权利致使该财产不能被执行，保证人可以请求法院在其提供可供执行财产的实际价值范围内免除保证责任。

4. 共同保证

同一债权有两个以上保证人的，成立共同保证。共同保证分为按份共同保证与连带共同保证。

（1）按份共同保证：各保证人与债权人明确约定了保证份额。债务人到期不清偿，债权人按照约定的份额分别向保证人要求清偿。

（2）连带共同保证：各保证人与债权人没有明确约定份额，所有保证人与债务人对全部主债务都承担连带责任。债务人到期不清偿，债权人可以要求债务人或任何一个保证人承担全部责任。

【知识点拨】连带共同保证中的"连带"，是指保证人之间的连带。连带责任保证中的"连带"，是指债务人与保证人之间的连带。

【例题12·多选题】甲公司向乙银行借款，丙和丁提供保证担保，但都没有与银行约定担保的方式和份额，下列说法正确的有（　　）。

A. 丙和丁提供的是一般保证

B. 丙和丁提供的是连带责任保证

C. 丙和丁各承担一半的保证责任

D. 丙和丁是连带共同保证人

解析▶本题考核保证方式。首先，保证人与债权人没有约定保证方式应当认定为连带责任保证。因此选项B正确。其次，丙和丁也没有与银行约定各自担保的份额，因此是连带共同保证人，对全部债务承担保证责任，因此选项D正确。　答案▶BD

【应试思路】题目同时考查不同的保证方式划分，要分清楚考查的是保证人与债务人之间的关系还是保证人相互之间的关系。

5. 保证责任

（1）保证的责任范围。

保证担保的责任范围有约定按约定，没有约定，保证人应当对全部债务承担责任，包括：主债权及利息、违约金、损害赔偿金和实现债权的费用。

（2）主合同变更对保证责任的影响。

第一，保证期间，债权人依法将主债权转让给第三人，保证债权同时转让，保证人在原担保范围内对受让人承担担保责任；但是保证人与债权人事先约定仅对特定的债权人承担保证责任或者禁止债权转让的，保证人不再承担保证责任；

第二，保证期间，债权人许可债务人转让债务的，应当取得保证人的书面同意，保证人对未经其同意转让的债务部分，不再承担保证责任；

第三，保证期间，债权人与债务人协议变更主合同的，应当取得保证人书面同意，未经保证人书面同意的主合同变更，如果减轻债务人的债务的，保证人仍应当对变更后的合同承担保证责任；如果加重债务人的债务的，保证人对加重的部分不承担保证责任。

『总结』主合同变更对保证责任的影响，见表4-12。

表4-12　主合同变更对保证责任的影响

主合同变更	保证人责任	例外
债权转让	继续承担	事先约定仅对特定债权人承担或禁止债权转让的，保证人不再承担
债务转让	不承担	保证人书面同意——继续承担
债务加重	按原数额承担	保证人书面同意——按加重后的数额
债务减轻	按减轻后的承担	—

【例题13·单选题】A公司与B公司签订一份买卖合同，价款总额为100万元，由C公司与B公司签订保证合同，后双方协议将合同总额变更为120万元，但未经C公司书面同意。根据相关规定，下列说法正确的是(　　)。

A. C公司应在100万元范围内承担保证责任

B. C公司应在120万元范围内承担保证责任

C. C公司应在20万元范围内承担保证责任

D. C公司不再承担保证责任

解析▶本题考核主合同变更对保证责任的影响。根据规定，未经保证人书面同意的主合同变更，如果加重债务人债务的，保证人对加重的部分不承担保证责任。　答案▶A

(3)对注册资金提供保证的责任。

保证人对债务人的注册资金提供保证的，债务人的实际投资与注册资金不符，或者抽逃转移资金的，保证人在注册资金不足或者抽逃转移注册资金的范围内承担连带责任保证。

(4)共同担保下的保证责任(该考点在案例题中多次考查)。

被担保的债权既有物的担保又有人的担保的，债务人不履行到期债务或者发生当事人约定的实现担保物权的情形时：

①债权人应当按照约定实现债权；

②没有约定或约定不明确：

债务人自己提供物的担保的，债权人应先就该物的担保实现债权；如果债权人放弃债务人的物保，保证人在该放弃的范围内免责。

第三人提供物的担保的，债权人可就物的担保实现债权，也可要求保证人承担保证责任。

③第三人承担担保责任后，有权向债务人追偿。

【例题14·多选题】甲向银行贷款，以自有房屋做抵押，乙作为甲的连带责任保证人，同时，丙也提供房屋一套作为抵押。甲、乙、丙未与银行约定各自的担保顺序和比例。甲到期无力还本付息。下列选项中，表述正确的有(　　)。

A. 银行应当先就甲的房屋行使抵押权

B. 就甲的房屋行使抵押权后仍有未实现的债权的，银行可以就丙的房屋行使抵押权

C. 就甲的房屋行使抵押权后仍有未实现的债权的，银行可以要求乙承担保证责任

D. 就甲的房屋行使抵押权后仍有未实现的债权的，银行可以同时就丙的房屋行使抵押权并要求乙承担保证责任

解析 ▶ 本题考核共同担保。被担保的债权既有物的担保又有人的担保的，债务人不履行到期债务或者发生当事人约定的实现担保物权的情形。债权人应当按照约定实现债权；没有约定或者约定不明确，债务人自己提供物的担保的，债权人应当先就该物的担保实现债权；第三人提供物的担保的，债权人可以就物的担保实现债权，也可以要求保证人承担保证责任。提供担保的第三人承担担保责任后，有权向债务人追偿。因此银行应当先就甲的房屋行使抵押权，仍有未实现的债权的，银行可以要求乙承担保证责任或就丙的房屋行使抵押权，或同时要求乙承担保证责任并就丙的房屋行使抵押权，来实现自己的债权。　　　　　　**答案** ▶ ABCD

6. 保证期间与保证的诉讼时效

（1）保证期间。

①保证期间的作用：保证期间主要用于确定保证人是否承担保证责任。在保证期间内，债权人应当主张权利（行使"保证权"），否则，保证人的责任免除。

债权人"主张权利"（行使"保证权"）的方式：一般保证中债权人需对债务人提起诉讼或申请仲裁；连带责任保证中债权人需向保证人要求承担保证责任。

【知识点拨】 一般保证方式下，保证人享有先诉抗辩权，因此，债权人不能直接要求保证人承担保证责任，只能向债务人提起诉讼或申请仲裁，以此来确定一般保证人的保证责任；而连带保证方式下，保证人不享有先诉抗辩权，因此债权人行使保证权的方式是直接找保证人要求承担责任。

②保证期间的长度（重要考点）

保证期间是除斥期间（见表4-13）。

表4-13　保证期间的长度

是否约定	保证期间长度
有约定	按约定期间
没有约定	保证人与债权人未约定保证期间的，保证期间为主债务履行期届满之日起6个月。保证合同约定的保证期间早于或者等于主债务履行期限的，视为没有约定

（2）保证的诉讼时效——3年。

①保证诉讼时效的起算点：

一般保证中，从对债务人的判决或者仲裁裁决生效之日开始起算保证的诉讼时效。

连带保证中，从确定保证责任时（债权人要求保证人承担责任时）起，开始起算保证的诉讼时效。

『举例1』A企业向B银行贷款100万元，约定还款时间为2018年1月1日，C为一般保证人，约定保证期间截至2018年12月31日。A到期不还款，B银行在2018年9月1日对A提起诉讼，确定保证人应当承担保证责任。若人民法院的判决在2019年3月1日生效，那么B银行对保证人的诉讼时效从2019年3月2日起算3年。如果B银行在2018年12月31日前没有起诉A，则一般保证人C的保证责任免除。

『举例2』沿用上例，如果保证合同约定的是连带责任保证，A到期不还款。B银行在2018年9月1日要求保证人C承担保证责任，那么B银行对保证人的诉讼时效期限为从2018年9月2日起算3年。

②主债务诉讼时效与保证诉讼时效的关系（见表4-14）。

表 4-14　保证的诉讼时效中止与中断

保证方式	主债务诉讼时效	保证债务诉讼时效
一般保证	中止	中止
	中断	中断
连带责任保证	中止	中止
	中断	不中断

【知识点拨】保证期间是除斥期间，不因任何事由发生中断、中止、延长的法律后果；而保证合同的诉讼时效期间是可变期间，可以中断、中止或延长。

【例题 15·单选题】2017 年 3 月 1 日，甲向乙借款，丙作为保证人签字，合同中没有关于保证方式的条款。根据合同，甲应于 2018 年 3 月 1 日还款，保证期间也截止到该日。甲到期拒绝还款，乙遂诉至法院，法院于 2018 年 5 月 9 日作出要求甲还款的判决，该判决于 2018 年 7 月 24 日生效，在此期间乙未向丙要求承担责任。对此，下列说法不正确的是(　　)。

A. 丙提供的是连带责任保证

B. 丙的保证期间视为没有约定

C. 丙的保证期间截止到 2018 年 9 月 1 日

D. 乙对丙的诉讼时效从 2018 年 7 月 25 日起算

解析▶ 本题考核保证方式、保证期间与保证的诉讼时效。保证方式没有约定，应为连带责任保证，因此选项 A 正确。保证合同约定的保证期间早于或等于主债务履行期限的，视为没有约定，保证期间为主债务履行期届满之日起 6 个月，因此选项 B、C 正确。连带责任保证中，保证的诉讼时效从债权人要求保证人承担责任之日起开始计算，因此选项 D 错误。　答案▶ D

【应试思路】首先看保证期间是否有约定，其次看保证方式是一般保证还是连带责任保证，进而确定保证诉讼时效的起算时间。

7. 保证人的抗辩权

(1)保证人享有债务人的抗辩权。债务人放弃抗辩权，保证人仍有权抗辩。如债务已过诉讼时效，债务人自己放弃时效抗辩权，向债权人清偿的，保证人仍然有权主张诉讼时效已过，而不对债权人承担清偿责任。

(2)保证人对已经超过诉讼时效期间的债务承担保证责任或者提供保证的，不得又以超过诉讼时效为由提出抗辩。

『举例』甲企业欠乙企业的货款 20 万元，已逾期 5 年未归还，其间，乙企业一直未向甲企业追偿。乙企业发现其对甲企业的债权已过诉讼时效，便要求甲企业提供担保，甲企业找到丙企业要求其提供保证担保，丙企业考虑到与甲企业的长期合作关系，签订了保证担保协议。后乙企业要求丙企业承担保证责任，遭丙企业拒绝，为此引起纠纷。本案中，丙企业与乙企业签订保证担保协议时，已知保证担保的主债务已过诉讼时效，而且该协议的签订不存在欺诈、胁迫、乘人之危等撤销事由，该协议应合法有效。因此，保证人不得以主债务超过诉讼时效为由进行抗辩，保证人应依据保证担保协议承担保证责任。

8. 保证人的追偿权

(1)保证人对债务人行使追偿权的诉讼时效，自保证人向债权人承担责任之日起算。

(2)保证期间，人民法院受理债务人破产案件的，债权人既可以向人民法院申报债权，也可以向保证人主张权利。债权人未申报债权的，应当通知保证人，保证人可以预先申报债权行使追偿权(各连带共同保证的保证人应当作为一个主体申报债权)。债权人知道或者应当知道债务人破产，既未申报债权也未通知保证人，致使保证人不能预先行使追偿权的，保证人在该债权在破产程序中可能受偿的范围内免除保证责任。债权人要求保证人对其在破产程序中未受清偿部分承担保证责任的，应当在破产程序终结后 6 个月内提出。

（三）定金（见表 4-15）★★★

表 4-15　定金

定金	考查点
定金的性质	定金合同为实践合同，自实际交付定金之日起生效。交付，定金所有权转移。 【应试思路 1】定金合同、自然人之间的借款合同、保管合同，是实践合同。 【应试思路 2】定金合同、抵押合同、质押合同、保证合同，都应采取书面形式，是要式合同
定金罚则	给付定金的一方不履行约定的债务的，无权要求返还定金；收受定金的一方不履行约定的债务的，应当双倍返还定金。当事人一方不完全履行合同的，应当按照未履行部分所占合同约定内容的比例，适用定金罚则
定金的数额	定金不得超过主合同标的额的 20%，超过部分无效
定金的适用	(1) 因不可抗力、意外事件致使主合同不能履行的，不适用定金罚则。 (2) 定金与违约金的关系：在同一合同中，当事人既约定违约金，又约定定金的，在一方违约时，当事人只能选择适用违约金条款或者定金条款，不能要求同时适用。 (3) 定金与赔偿损失的关系：买卖合同约定的定金不足以弥补一方违约造成的损失，对方请求赔偿超过定金部分损失的，人民法院可以并处，但定金和损失赔偿的数额总和不应高于因违约造成的损失

【例题 16·单选题】（2015 年）根据合同法律制度的规定，下列关于定金的表述中，正确的是（　　）。

A. 收受定金一方不履行合同义务时，应当三倍返还定金

B. 收受定金一方履行合同义务时，定金所有权发生移转

C. 定金数额不得超过主合同标的额的 20%

D. 既约定定金又约定违约金的，一方违约时，当事人有权要求同时适用

解析 ▶ 本题考核定金。收受定金的一方不履行约定的债务的，应当双倍返还定金；选项 A 错误。定金一旦交付，定金所有权发生转移；选项 B 错误。当事人既约定违约金，又约定定金的，一方违约时，对方可以选择适用违约金或者定金条款；选项 D 错误。

答案 ▶ C

六、合同的变更与转让

扫我解疑难

（一）合同的变更 ★

1. 合同的变更是指合同主体不变的情况下，内容的变更。合同主体变更即合同转让。

2. 当事人协商一致，可以变更合同。

（二）债权转让（见表 4-16）★★

表 4-16　债权转让

债权转让	考查点
1. 转让条件	债权人转让债权，无须债务人的同意，但应当通知债务人。未经通知，该转让对债务人不发生效力。 【应试思路】通知债务人并非债权转让的条件，如果不通知，转让本身是有效的，只是对债务人不发生效力
2. 禁止转让的债权	(1) 根据合同性质不得转让，如出版合同、赠与合同、委托合同； (2) 当事人约定不得转让； (3) 法律规定不得转让

债权转让	考查点
3. 转让的效力	(1)主债权转让，从权利一并转让，如各类担保权，但从权利专属于债权人自身的除外。 【相关链接】主债权转让，保证人应当继续承担保证责任，除非保证人与债权人约定只对特定的债权人承担责任。 (2)抗辩延续。债务人接到债权转让通知后，债务人对让与人的抗辩可以向受让人主张。 (3)法定抵销。债务人接到债权转让通知时，债务人对让与人享有债权，并且其债权先于转让的债权到期或者同时到期的，债务人可以向受让人主张抵销

【例题17·多选题】(2019年)根据合同法律制度的规定，下列关于债权转让的表述中，正确的有(　　)。

A. 债权转让无需债务人同意

B. 债务人可与债权人约定债权不得转让

C. 债权转让应当通知债务人

D. 债权转让后，受让人不能取得债权的从权利

解析 ▶本题考核债权转让。债权人转让权利的，受让人同时取得与主债权有关的从权利，但该从权利专属于债权人自身的除外；选项D错误。 答案 ▶ABC

(三)债务承担(见表4-17)★★

表4-17　债务承担

债务承担	考查点
1. 类型	(1)免责的债务承担。债务人将合同的义务全部或者部分转移给第三人的，应当经债权人同意。 (2)并存的债务承担。第三人加入债的关系与原债务人一起承担债务，无需债权人同意
2. 效力	(1)债务人转移义务的，新债务人可以主张原债务人对债权人的抗辩。 (2)新债务人应当承担与主债务有关的从债务，但该从债务专属于原债务人自身的除外。 【相关链接】债务转让的，未经保证人书面同意，保证人不再承担保证责任

【例题18·单选题】甲公司欠乙公司500万元货款未付，由A公司提供保证担保。丙公司是甲公司的母公司。甲公司与丙公司订立协议，约定将甲公司欠乙公司的该笔债务转移给丙公司承担。甲公司通知了A公司，A公司未予回复。下列关于甲公司和丙公司之间债务转让以及A公司责任的表述中，正确的是(　　)。

A. 该转让经乙公司同意才能生效

B. 该转让通知乙公司即可生效

C. 该转让直接生效，且甲公司和丙公司对乙公司承担连带清偿责任

D. 若乙公司同意该转让，则A公司继续承担保证责任

解析 ▶本题考核债务转让及保证责任。债务转让应当经债权人同意，选项A正确，选项BC错误。债务转让的情况下，未经保证人书面同意，保证人不再承担保证责任，选项D错误。 答案 ▶A

七、合同的终止

根据《合同法》规定，引起合同终止的法律事实，主要如下：

(一)清偿★

1. 第三人代为清偿

第三人代为清偿的，也可以发生清偿的效力，但根据法律规定、合同约定或依合同性质不能由第三人代为清偿的除外。

2. 清偿抵充

债务人的给付不足以清偿其对同一债权人所负的数笔相同种类的全部债务，除另有约定外，按以下顺序抵充：

(1)应当优先抵充已到期的债务；

(2)几项债务均到期的，优先抵充对债权

人缺乏担保或者担保数额最少的债务；

（3）担保数额相同的，优先抵充债务负担较重的债务；

（4）负担相同的，按照债务到期的先后顺序抵充；

（5）到期时间相同的，按比例抵充。

【记忆口诀】到期担保少，债务负担重，先后顺序同，按比例抵充。（注意：口诀的顺序不可颠倒）

『举例』甲向乙借款两笔，均为 50 万元，第一笔于 2017 年 2 月 1 日到期，第二笔于 2017 年 3 月 1 日到期。2017 年 2 月 10 日，甲拿出 20 万元，在没有约定的情况下，应当优先抵充第一笔，因第一笔已经到期。

（二）合同解除 ★★★

1. 类型。合同的解除分为合意解除（约定解除）和法定解除（重点掌握法定解除的情形）。

2. 合同的法定解除（见表 4-18）

表 4-18　合同的法定解除

法定解除		考查点
法定解除情形	总则的规定	在下列情形下，当事人可以单方解除合同： ①因不可抗力致使不能实现合同目的； ②在履行期限届满之前，当事人一方明确表示或者以自己的行为表明不履行主要债务（又称预期违约或先期违约）； ③当事人一方迟延履行主要债务，经催告后在合理期限内仍未履行； ④当事人一方迟延履行债务或者其他违约行为致使不能实现合同目的
	分则的规定	①不定期租赁合同，双方可以随时解除； ②委托合同，双方可以随时解除； ③承揽合同，定作人可以随时解除合同； ④货运合同，托运人有单方解除权
解除权的行使		当事人一方主张解除合同时，应当通知对方，合同自通知到达对方时解除。 对方有异议的，可以请求人民法院或者仲裁机构确认解除合同的效力。异议期间有约定按约定；没有约定，在解除合同通知到达之日起 3 个月后才向法院起诉的，法院不予支持。 【知识点拨】合同的解除权是形成权，通知到达对方即产生效力，无需对方同意

【例题 19·多选题】（2014 年）下列情形中，买受人可以取得合同解除权的有（　）。

A. 因不可抗力导致标的物在交付前灭失

B. 因出卖人过错导致标的物在交付前灭失

C. 出卖人在履行期限届满前明确表示拒绝交付标的物

D. 出卖人在履行期限届满后明确表示拒绝交付标的物

解析 ▷▷本题考核合同的法定解除权。根据规定，因不可抗力不能实现合同目的，双方当事人均可以行使解除权，因此选项 A 当选；当事人一方迟延履行债务或者有其他违约行为致使不能实现合同目的，另外一方当事人可以解除合同，因此选项 BD 当选；在履行期限届满之前，当事人一方明确表示或者以自己的行为表明不履行主要债务的，另外一方当事人可以解除合同，因此选项 C 当选。

答案 ▷ ABCD

（三）抵销 ★★（见表 4-19）

表 4-19　抵销的规则

抵销的类型	规则
法定抵销	当事人互负到期债务，该债务标的物的种类、品质相同，双方均可以主张抵销。法定抵销条件： （1）当事人互负债务

続表

抵销的类型	规则
法定抵销	(2)提出抵销一方的债权需已到期； (3)双方债务的给付为同一种类； (4)双方的债务均为可抵销的债务。不可抵销的债务包括：法律规定不可抵销；当事人约定不可抵销；根据合同性质不可抵销，如劳务。 【知识点拨】抵销权是形成权，通知到达对方即产生效力，因此，抵销不得附条件或附期限；抵销的意思表示溯及于得为抵销之时
约定抵销	当事人互负债务，标的物种类、品质不相同的，经双方协商一致，也可以抵销

【例题20·单选题】（2017年）根据合同法律制度的规定，下列关于抵销的表述中，正确的是（　）。

A. 抵销通知为要式

B. 抵销可附条件或期限

C. 抵销的效果自通知发出时生效

D. 抵销的意思表示溯及于得为抵销之时

解析 ▶ 本题考核抵销。当事人主张抵销的，应当通知对方，通知为非要式；选项A错误。抵销不得附条件或者附期限；选项B错误。抵销的效果自通知到达对方时生效；选项C错误。抵销的意思表示溯及于得为抵销之时；选项D正确。 答案 ▶ D

（四）债务人依法将标的物提存 ★★★

提存的规则如表4-20所示。

表4-20　提存的规则

项目	具体规则
提存的原因	《合同法》规定，有下列情形之一，难以履行债务的，债务人可以将标的物提存： (1)债权人无正当理由拒绝受领； (2)债权人下落不明； (3)债权人死亡未确定继承人或者丧失民事行为能力未确定监护人； (4)法律规定的其他情形
提存的后果	(1)标的物提存后，标的物的所有权、孳息、风险都归债权人，提存费用由债权人负担。 (2)除债权人下落不明的以外，债务人应当及时通知债权人或者债权人的继承人、监护人。 (3)债权人自提存之日起5年内不领取提存物的，提存物扣除提存费用后归国家所有。 【知识点拨】该5年为除斥期间，不可中止、中断、延长

【例题21·单选题】（2015年）债权人甲下落不明，为履行到期债务，债务人乙将标的物提存。根据合同法律制度的规定，下列表述中，正确的是（　）。

A. 提存费用由乙负担

B. 标的物提存后，毁损、灭失的风险由乙承担

C. 甲领取提存物的权利，自提存之日起5年内不行使则消灭

D. 若甲自提存之日起5年内不领取提存物，提存物归乙所有

解析 ▶ 本题考核提存的规定。标的物提存后，毁损、灭失的风险由债权人承担。提存费用由债权人负担。债权人领取提存物的权利，自提存之日起五年内不行使而消灭，提存物扣除提存费用后归国家所有。 答案 ▶ C

（五）免除与混同 ★

1. 免除是单方行为。债权人免除债务人部分或者全部债务的，合同的权利义务部分或全部终止。

2. 混同是指债权和债务同归于一人。如债权人公司和债务人公司合并。

八、违约责任

扫我解疑难

(一)承担违约责任的方式 ★★★

1. 继续履行

当事人一方未支付价款或者报酬的，对方可以要求其支付价款或者报酬。当事人一方不履行非金钱债务或者履行非金钱债务不符合约定的，对方可以要求履行，但有下列情形之一的除外：

(1)法律上或者事实上不能履行；

(2)债务的标的不适于强制履行或者履行费用过高；

(3)债权人在合理期限内未要求履行。

2. 采取补救措施

质量不符合约定的，应当按照当事人的约定承担违约责任。对违约责任没有约定或者约定不明确，受损害方根据标的的性质以及损失的大小，可以合理选择要求对方承担修理、更换、重作、退货、减少价款或者报酬等违约责任。

3. 损害赔偿

(1)赔偿损失。

①《合同法》中的损害赔偿——一个原则、三个规则。

一个原则：完全赔偿原则。损失赔偿额应当相当于因违约所造成的损失，包括合同履行后可以获得的利益。

三个规则：

第一，可预见规则。损失赔偿额应当相当于因违约所造成的损失，包括合同履行后可以获得的利益，但不得超过违约方订立合同时预见到或者应当预见到的因违反合同可能造成的损失。

第二，损益相抵规则。买卖合同当事人一方违约造成对方损失，对方对损失的发生也有过错，违约方主张扣减相应的损失赔偿额的，人民法院应予支持。买卖合同当事人一方因对方违约而获有利益，违约方主张从

损失赔偿额中扣除该部分利益的，人民法院应予支持。

第三，防止损失扩大规则。当事人一方违约后，对方应当采取适当措施防止损失的扩大；没有采取适当措施致使损失扩大的，不得就扩大的损失要求赔偿。

②《消费者权益保护法》中的惩罚性赔偿：经营者提供商品或者服务有欺诈行为的，应当按照消费者的要求增加赔偿其受到的损失，增加赔偿的金额为消费者购买商品的价款或者接受服务的费用的 3 倍；增加赔偿的金额不足 500 元的，为 500 元。法律另有规定的，依照其规定。

(2)支付违约金。

①违约金的具体数额视造成损失的大小而定。即约定的违约金低于损失的，当事人可以要求增加；约定的违约金过分高于违约所造成的损失(超过所造成损失 1.3 倍)，可以要求适当减少。

『举例』甲与乙开发商签订房屋买卖合同，合同约定的违约金为 20 万元，后由于开发商违约给甲造成损失 10 万元，这时开发商以约定的违约金过高为由请求减少的，应当以违约金超过造成损失 30% 为标准适当减少，即可以要求违约金降至 13 万元[10×(1+30%)]。如果甲的损失额为 30 万元，那么甲可以要求在原有 20 万元违约金基础上增加 10 万元。

②当事人就迟延履行约定违约金的，违约方支付违约金后，还应当履行债务。

③买卖合同因违约而解除后，守约方主张继续适用违约金条款的，人民法院应予支持。

(3)适用定金罚则(参见合同的担保部分)。

【例题 22·多选题】甲从某商场购买标注为明代青花瓷的花瓶一个，花费 5 万元，经鉴定该花瓶为赝品，市场价值 500 元。甲的下列主张能够得到法院支持的有(   )。

A. 甲可以要求撤销该买卖合同

B. 甲可以要求商场赔偿自己因此遭受的损失

C. 甲可以要求商场返还 20 万元给自己

D. 甲可以要求商场退还 49500 元给自己

解析 本题考核可撤销合同以及违约责任。选项 A 正确，商场有欺诈行为，甲可以主张撤销合同；选项 B 正确，商场违约，甲有权要求商场赔偿损失；选项 C 正确，甲可以根据《消费者权益保护法》要求惩罚性赔偿；选项 D 正确，甲可以要求商场承担修理、更换、重做、减少价款或报酬的违约责任。

答案 ABCD

（二）免责事由 ★★

1. 不可抗力

不可抗力是指不能预见、不能避免并不能克服的客观情况。不可抗力主要有：自然灾害、政府行为以及社会异常现象等。

（1）根据不可抗力的影响，全部或部分免责；迟延履行后发生不可抗力，不能免责。

（2）主张不可抗力一方应当：

①及时通报合同不能履行或迟延履行、部分履行的事由；②取得有关不可抗力的证明。

2. 情势变更制度

合同成立以后，客观情况发生了当事人在订立合同时无法预见的、非不可抗力造成的不属于商业风险的重大变化，继续履行合同对于一方当事人明显不公平或者不能实现合同目的，当事人请求人民法院变更或者解除合同的，人民法院应当根据公平原则，并结合案件的实际情况确定是否变更或者解除。情势变更如金融危机导致商品价格不正常上涨或下跌。

【知识点拨】 1. 房地产调控政策；2. 金融危机；3. 后果为：变更或解除合同

『举例』 甲乙订立原材料买卖合同后，因金融危机，物价飞涨，若按原合同约定的价格履行，将导致乙巨大亏损，乙可以请求变更或解除合同。

【应试思路】 情势变更与不可抗力不同，

不可抗力满足三不：不能预见、不能避免、不能克服；情势变更只满足一个不：不能预见。

【例题 23 · 多选题】 根据合同法律制度的规定，下列情形中，属于不可抗力的有（　　）。

A. 海啸

B. 社会大罢工

C. 台风

D. 政府政策的变更

解析 本题考核不可抗力的范围。根据规定，不可抗力是指"不能预见、不能避免并不能克服的客观情况"。常见的不可抗力有自然灾害、政府行为、社会异常现象。如地震、台风、洪水、海啸等。

答案 ABCD

九、买卖合同

扫我解疑难

（一）一物多卖合同履行顺序 ★★

1. 普通动产

出卖人就同一普通动产订立多重买卖合同，在买卖合同均有效的情况下，买受人均要求实际履行合同的，应当按照以下情形分别处理：

①先行受领交付的买受人请求确认所有权已经转移的，人民法院应予支持；

②均未受领交付，先行支付价款的买受人请求出卖人履行交付标的物等合同义务的，人民法院应予支持；

③均未受领交付，也未支付价款，依法成立在先合同的买受人请求出卖人履行交付标的物等合同义务的，人民法院应予支持。

【知识点拨】 顺序：交付在先——支付在先——合同成立在先。

2. 机动交通工具

出卖人就同一船舶、航空器、机动车等特殊动产订立多重买卖合同，在买卖合同均有效的情况下，买受人均要求实际履行合同的，应当按照以下情形分别处理：

①先行受领交付的买受人请求出卖人履行办理所有权转移登记手续等合同义务的，人民法院应予支持；

②均未受领交付，先行办理所有权转移登记手续的买受人请求出卖人履行交付标的物等合同义务的，人民法院应予支持；

③均未受领交付，也未办理所有权转移登记手续，依法成立在先合同的买受人请求出卖人履行交付标的物和办理所有权转移登记手续等合同义务的，人民法院应予支持；

④出卖人将标的物交付给买受人之一，又为其他买受人办理所有权转移登记，已受领交付的买受人请求将标的物所有权登记在自己名下的，人民法院应予支持。

【知识点拨1】 顺序：交付在先——登记在先——合同成立在先；交付与登记不一致，以交付为准。

【知识点拨2】 此处解决的是合同的履行顺序，动产所有权转移仍然是按照物权法规定，以交付为准。

【例题24·多选题】 张三将自己的一辆车出售，先后分别与甲乙签订了两份买卖合同，下列说法正确的有（ ）。

A. 若车已交付给甲，甲有权要求办理过户登记

B. 若车均未交付，已登记给乙，乙有权要求张三交付该车

C. 若车尚未交付，也未登记，甲有权要求张三交付该车并办理过户登记

D. 若车交付给甲，登记给乙，则甲可以要求张三办理过户登记

解析 ▶ 本题考核一物多卖合同的履行顺序。　　　　　**答案** ▶ ABCD

【应试思路】 题目属于一物多卖。注意看是普通动产还是特殊动产，然后再考虑履行顺序。

（二）交付标的物的时间、地点★★★

1. 有约定按约定。出卖人应当按照约定的期限和地点交付标的物。

2. 当事人没有约定交付地点或者约定不

明确，依照合同法的有关规定仍不能确定的，适用下列规定：

（1）标的物需要运输的，出卖人应当将标的物交付给第一承运人以运交给买受人；

【知识点拨】 合同对履行地点约定不明确的，其他标的在履行义务一方所在地履行。对于动产的买卖，履行交货义务一方为出卖人，因而在出卖人所在地交货，交付第一承运人就视为交付。

（2）标的物不需要运输，出卖人和买受人订立合同时知道标的物在某一地点的，出卖人应当在该地点交付标的物；不知道标的物在某一地点的，应当在出卖人订立合同时的营业地交付标的物。

【知识点拨】 买卖合同中，一般而言"一交三转"，即标的物交付之后：所有权、标的物毁损灭失的风险、孳息均从出卖人转移给买受人。

（三）标的物的所有权转移★★★

1. 标的物的所有权自标的物交付时起转移，但法律另有规定的除外。

【知识点拨】 动产交付转移所有权，不动产登记转移。注意动产除了现实交付，还有交付替代（包括简易交付、占有改定、指示交付）。

2. 出卖具有知识产权的计算机软件等标的物的，除法律另有规定或者当事人另有约定的以外，该标的物的知识产权不属于买受人。

（四）标的物的风险转移★★★（注意案例）

有约定按约定交付导致风险转移。

1. 基本原则：买卖合同+交付=风险转移

标的物毁损、灭失的风险，在标的物交付之前由出卖人承担，交付之后由买受人承担，但法律另有规定或者当事人另有约定的除外。

【知识点拨】 所有权转移≠标的物毁损、灭失风险的转移。

『举例』2015年2月9日，甲公司与乙公司签订一份附有所有权保留条款的买卖合同。合同约定：乙公司于2月10日将合同约定的货物交付给甲公司；但只有当甲公司于2月17日按合同约定的价款付款后，该批货物的所有权才转移给甲公司。根据该合同的约定，该批货物于2月17日付款时才转移所有权，但该批货物毁损、灭失的风险则自2月10日交付时就已经从乙公司转移给了甲公司。由此可见，标的物所有权转移与否并不是确定其风险转移的标准。

①明确约定了交付地点的，按约定的交付地点交付。

②当事人没有约定交付地点或者约定不明确，标的物需要运输的，出卖人将标的物交付给第一承运人后，标的物毁损、灭失的风险由买受人承担。

【知识点拨】交付第一承运人风险转移的前提是当事人没有约定交付地点或约定不明确的，如果当事人有约定交付地点的，应当到达约定地点交付后才转移风险。

『举例』北京的甲和上海的乙订立买卖合同，甲卖给乙一台电脑，双方没有约定交货地点，则甲将电脑交给某物流公司从北京运往上海时起风险由乙承担。如果双方明确约定，甲需送货上门，则北京到上海途中的风险由甲承担。

③出卖人出卖交由承运人运输的在途标的物，除当事人另有约定的以外，毁损、灭失的风险自合同成立时起由买受人承担。

【知识点拨】上述规定是"路货交易"，即标的物正在运输途中，然后当事人签订合同。

出卖人出卖交由承运人运输的在途标的物，在合同成立时知道或者应当知道标的物已经毁损、灭失却未告知买受人，买受人可以主张由出卖人负担标的物毁损、灭失的风险。

2. 违约方承担风险

①因买受人的原因致使标的物不能按照约定的期限交付的，买受人应当自违反约定之日起承担标的物毁损、灭失的风险。

②出卖人按照约定或者依照规定将标的物置于交付地点，买受人违反约定没有收取的，标的物毁损、灭失的风险自违反约定之日起由买受人承担。

3. 标的物毁损、灭失的风险由买受人承担，不影响因出卖人履行债务不符合约定，买受人要求其承担违约责任的权利。

【例题25·多选题】（2013年）根据合同法律制度的规定，下列情形中，买受人应当承担标的物灭失风险的有（　　）。

A. 出卖人依约为买受人代办托运，货交第一承运人后意外灭失

B. 买卖双方未约定交付地点，出卖人将标的物交由承运人运输，货物在运输途中意外灭失

C. 约定在出卖人营业地交货，买受人未按约定时间前往提货，后货物在地震中灭失

D. 买受人下落不明，出卖人将标的物提存后意外灭失

解析 ▶ 本题考核买卖合同中标的物风险的承担。当事人没有约定交付地点或者约定不明确，标的物需要运输的，出卖人将标的物交付给第一承运人后，标的物毁损、灭失的风险由买受人承担，选项AB正确；出卖人按照约定将标的物置于交付地点，买受人违反约定没有收取的，标的物毁损、灭失的风险自违反约定之日起由买受人承担，选项C正确；标的物提存后，风险由债权人承担，选项D正确。 答案 ▶ ABCD

【应试思路】标的物风险转移，首先看是否有约定交付地点，有约定按约定处理；没有约定再看是标的物需要运输的，还是一方违约等具体情况。

（五）标的物的检验 ★★★（该考点在案例题中多次考查）

1. 当事人约定检验期间的，买受人应当在检验期间内将标的物的数量或者质量不符合约定的情形通知出卖人。买受人怠于通知的，视为标的物的数量或者质量符合约定。

2. 当事人没有约定检验期间的，买受人在合理期限内未通知或者自标的物收到之日起 2 年内未通知出卖人的，视为标的物的数量或者质量符合约定。

【知识点拨】上述"通知时间"（检验期间、合理期限、2 年）的除外规定：①对标的物有质量保证期的，适用质量保证期，不适用 2 年的规定；②出卖人知道或者应当知道提供的标的物不符合约定的，买受人不受上述通知时间的限制。

在超过合理期间或 2 年期间后，出卖人自愿承担违约责任后，又以上述期间经过为由反悔的，人民法院不予支持。

（六）买卖合同的特别解除规则★★

1. 因标的物的主物不符合约定而解除合同的，解除合同的效力及于从物。因标的物的从物不符合约定被解除的，解除的效力不及于主物。

2. 标的物为数物，其中一物不符合约定的，买受人可以就该物解除合同，但该物与他物分离使标的物的价值显受损害的，当事人可以就数物解除合同。

3. 分批交货的，一批货物不符合要求，可以就该批货物解除合同；部分批次或各批货物需配套使用的，可以就部分批次的货物或全部货物解除合同。

（七）特种买卖合同★★★

1. 分期付款买卖

分期付款的买受人未支付到期价款的金额达到全部价款的 1/5 的，出卖人可以选择：

①要求买受人一并支付到期与未到期的全部价款；

②解除合同。出卖人解除合同的，退还已收取的价款，但可以向买受人要求支付该标的物的使用费。

2. 凭样品买卖

凭样品买卖的买受人不知道样品有隐蔽瑕疵的，即使交付的标的物与样品相同，出卖人交付的标的物的质量仍然应当符合同种标的物的通常标准。

3. 试用买卖

（1）买卖合同存在下列约定内容之一的，不属于试用买卖：

①约定标的物经过试用或者检验符合一定要求时，买受人应当购买标的物；

②约定第三人经试验对标的物认可时，买受人应当购买标的物；

③约定买受人在一定期间内可以调换标的物；

④约定买受人在一定期间内可以退还标的物。

【知识点拨】试用买卖在试用期间并不存在买卖合同关系，试用人可以选择买或不买。

（2）视为购买的情形：

①试用期间届满，买受人对是否购买标的物未作表示的；

②买受人已支付部分或全部价款，或者对标的物进行了出卖、出租、设定担保物权等行为的。

4. 商品房买卖合同（见表 4-21）

表 4-21　商品房买卖合同的相关规则

商品房买卖合同	法律相关规定
广告和宣传资料的性质	有关商品房的销售广告和宣传资料一般为要约邀请，但符合以下条件的视为要约，如果买房人购买，即便未写入合同，一旦开发商违反就构成违约，严重的构成根本违约，购房人可以解除合同：就商品房开发规划范围内的房屋及相关设施所作的说明和允诺具体确定，并对商品房卖合同的订立以及房屋价格的确定有重大影响的
商品房预售合同的效力	出卖人未取得预售许可而与买受人订立预售合同的，合同无效，但是在起诉前取得预售许可的，合同有效。 商品房预售合同应当办理登记备案手续，但该登记备案手续并非合同生效条件，当事人另有约定的除外

商品房买卖合同	法律相关规定
被拆迁人的优先权	拆迁人与被拆迁人按照所有权调换形式订立拆迁补偿安置协议，明确约定拆迁人以位置、用途特定的房屋对被拆迁人予以补偿安置，如果拆迁人将该补偿安置房屋另行出卖给第三人，被拆迁人请求"优先"取得补偿安置房屋的，应予支持
当事人的法定解除权	购房人可以单方解除的情形： ①因房屋主体结构质量不合格不能交付使用，或者房屋交付使用后，房屋主体结构质量经核验确属不合格的； ②因房屋质量问题严重影响正常居住使用的； ③房屋套内建筑面积或建筑面积与合同约定的面积误差比绝对值超过3%的； ④出卖人迟延交房，经催告后在3个月的合理期限内仍未履行(买受人迟延支付购房款，经催告后3个月的合理期限内仍未履行，出卖人可以单方解除合同)； ⑤约定或者法定的办理房屋所有权登记的期限届满后超过1年，因出卖人的原因导致买受人无法办理房屋所有权登记的
惩罚性赔偿	在下列情形下，由于出卖人行为构成了欺诈，因此买受人在请求解除合同并赔偿损失的前提下，还可以要求出卖人**承担不超过已付房款1倍的惩罚性赔偿金**： ①商品房买卖合同订立后，出卖人未告知买受人又将该房屋抵押给第三人； ②商品房买卖合同订立后，出卖人又将该房屋出卖给第三人； ③故意隐瞒没有取得商品房预售许可证明的事实或者提供虚假商品房预售许可证明； ④故意隐瞒所售房屋已经抵押的事实； ⑤故意隐瞒所售房屋已经出卖给第三人或者为拆迁补偿安置房屋的事实
商品房买卖合同与贷款合同的效力关系	①贷款合同未能订立，导致商品房买卖合同不能履行的，则当事人可以要求解除合同，并分析贷款合同未能订立的原因，在可以归责于一方当事人的情况下，由该当事人赔偿损失； ②商品房买卖合同无效、被撤销或者被解除，则贷款合同也应相应解除，出卖人应当将收受的购房贷款和购房款的本金及利息分别返还给担保权人和买受人

【例题 26·多选题】 甲开发商出售一套商品房给乙，隐瞒的下列事项中，乙可以要求甲退还已付价款并承担已付房款一倍的惩罚性赔偿金的有( )。

A. 该商品房已被抵押的事实

B. 该商品房已出售给他人的事实

C. 该商品房质量有严重问题的事实

D. 该商品房预售许可证系伪造的事实

解析 本题考核商品房买卖中的惩罚性赔偿。开发商隐瞒事项导致惩罚性赔偿中，不包括房屋存在严重质量问题的事实，因而选项C不当选。 **答案** ABD

5. 互易合同

互易合同是指金钱以外相互交换标的物所有权的合同。

(1)互易合同参照买卖合同的规定，故互易合同属于双务、诺成的合同。

(2)互易合同双方当事人的主要义务是各自向对方交付标的物，并转移标的物的所有权。同时，合同双方各自就标的物的权利状态向对方负担权利瑕疵担保责任。

十、赠与合同——单务、无偿、诺成合同

(一)赠与人的瑕疵担保责任★★

1. 赠与人一般不承担赠与财产的瑕疵担保责任。

2. 赠与人在以下两种情况下需承担责任：

(1)附义务的赠与，赠与的财产有瑕疵的，赠与人在附义务的限度内承担与出卖人相同的责任；

(2)赠与人故意不告知瑕疵或者保证无瑕疵，造成受赠人损失的，应当承担损害赔偿责任。

(二)赠与合同的撤销(见表 4-22)★★★

表 4-22　赠与合同的撤销

赠与的撤销		法律规定
任意撤销		赠与人在赠与财产的权利转移之前可以撤销赠与，但具有救灾、扶贫等社会公益、道德义务性质的赠与合同或者经过公证的赠与合同不得撤销
法定撤销	法定撤销的情形	受赠人有下列情形之一的，赠与人可以行使撤销权： ①严重侵害赠与人或者赠与人的近亲属； ②对赠与人有扶养义务而不履行； ③不履行赠与合同约定的义务。
	撤销权行使期限	①赠与人的撤销权自知道或者应当知道撤销原因之日起 1 年内行使。 ②赠与人的继承人或者法定代理人的撤销权，自知道或者应当知道撤销原因之日起 6 个月内行使

【知识点拨 1】　如果属于法定撤销，无论赠与财产的权利是否转移，赠与是否具有救灾、扶贫等社会公益、道德义务性质或者经过公证，均可以撤销。

【知识点拨 2】　法定撤销的情形下，撤销权人撤销赠与的，可以向受赠人要求返还赠与的财产。

(三)赠与人的法定解除权(穷困抗辩权)★★

赠与人的经济状况显著恶化，严重影响其生产经营或家庭生活的，可不再履行赠与义务。

【知识点拨】　与赠与的法定撤销不同，已经履行的不可要求返还。

【例题 27·多选题】　(2016 年)甲为庆祝好友乙 60 岁生日，拟赠与其古董瓷瓶一只。但双方约定，瓷瓶交付之后，甲可以随时借用该瓷瓶，根据合同法律制度的规定，下列正确的有(　　)。

A. 瓷瓶交付乙前，若甲的经济状况显著恶化，严重影响其生活，可不再履行赠与义务

B. 瓷瓶交付乙后，若甲请求借用时被乙拒绝，甲可以撤销赠与

C. 瓷瓶交付乙后，若被鉴定为赝品，乙有权以欺诈为由撤销赠与

D. 瓷瓶交付甲前，甲不得撤销赠与

解析▶本题考核赠与合同的撤销。赠与人的经济状况显著恶化，严重影响其生产经营或者家庭生活的，可以不再履行赠与义务；选项 A 正确。不履行赠与合同约定的义务，赠与人可以撤销赠与；选项 B 正确。题目中没有说甲有欺诈的故意，不能直接认定是可撤销合同。附义务的赠与，赠与的财产有瑕疵的，赠与人在附义务的限度内承担与出卖人相同的责任，所以乙可以要求甲赔偿；选项 C 错误。具有救灾、扶贫等社会公益、道德义务性质的赠与合同或者经过公证的赠与合同，赠与人不能任意撤销；题目中不是这些法定情形，甲可以任意撤销，选项 D 错误。

答案▶AB

【应试思路】　涉及到合同中的撤销权问题，首先思考题目考查的是何种撤销权，然后具体到比如赠与合同，再看是任意撤销还是法定撤销，然后再回顾知识点。

『总结』撤销权的期间(都是除斥期间)，见表 4-23。

表 4-23　撤销权期间的总结

种类	具体规定
民法总则	可撤销行为： ①一般：具有撤销权的当事人自知道或者应当知道撤销事由之日起 1 年(重大误解为 3 个月)内没有行使撤销权的，撤销权消灭

种类	具体规定
民法总则	②受胁迫的，自胁迫行为终止之日起算； ③具有撤销权的当事人知道撤销事由后明确表示或者以自己的行为表明放弃撤销权的，撤销权消灭； ④行为发生之日起 5 年不行使，撤销权消灭
合同法总则	合同保全措施中的撤销权： ①撤销权自债权人知道或者应当知道撤销事由之日起 1 年内行使； ②自债务人的行为发生之日起 5 年内没有行使撤销权的，撤销权消灭
合同法分则	赠与合同的撤销： ①赠与人的撤销权，自知道或者应当知道撤销原因之日起 1 年内行使； ②赠与人的继承人或者法定代理人的撤销权，自知道或者应当知道撤销原因之日起 6 个月内行使

十一、借款合同

扫我解疑难

（一）自然人之间的借款合同与金融机构贷款的借款合同（见表 4-24）★★

表 4-24 自然人之间借款合同与金融机构贷款合同的区别

区别	自然人之间的借款合同	金融机构贷款的借款合同
合同形式	可以采用书面形式或口头形式	应当采用书面形式
合同性质	实践合同，自贷款人提供借款时生效	诺成合同，自双方意思表示一致时成立
利息	没有约定或约定不明，视为无息	借款人必须向贷款人支付利息
利率	年利率超过 36% 的部分无效	除个人住房贷款利率外，金融机构其他贷款利率无上下限限制

（二）当事人的权利义务（见表 4-25）★★★

表 4-25 当事人的权利义务

借款合同		具体规定
使用借款		借款人未按照约定的借款用途使用借款的，贷款人可以停止发放借款、提前收回借款或者解除合同
利息支付	预先扣除	借款的利息不得在本金中扣除，利息预先在本金中扣除的，应当按照实际借款数额返还并计算利息
	提前还款	借款人提前偿还借款的，除当事人另有约定外，应当按照实际借款的期间计算利息
	支付期限	①借款期限不满 1 年的，应当在返还借款时一并支付； ②借款期限在 1 年以上的，应当在每届满 1 年时支付，剩余期间不满 1 年的，应当在返还借款时一并支付。 【相关链接】租赁合同中租金的支付期限没有约定或者约定不明的，支付期限的界定原则与借款合同相同

（三）民间借贷合同★★★

1. 民间借贷的范围，指自然人、法人、其他组织之间及其相互之间进行资金融通的行为。因而民间借贷可以分为自然人借款和其他民间借贷。

2. 民间借贷合同的效力

（1）以下民间借贷合同有效：

①法人之间、其他组织之间及其相互之

间为生产、经营需要订立的民间借贷合同有效。

②法人或者其他组织在本单位内部通过借款形式向职工筹集资金，用于本单位生产、经营，借贷合同有效。

（2）以下民间借贷合同无效：

①存在《合同法》52 条规定的无效情形的；

②套取金融机构信贷资金又高利转贷给借款人，且借款人事先知道或者应当知道的；

③以向其他企业借贷或者向本单位职工集资取得的资金又转贷给借款人牟利，且借款人事先知道或者应当知道的；

④出借人事先知道或者应当知道借款人借款用于违法犯罪活动仍然提供借款的；

⑤违背社会公序良俗的；

⑥其他违反法律、行政法规效力性强制性规定的。

【知识点拨】借款人或者出借人的借贷行为涉嫌犯罪，或者已经生效的判决认定构成犯罪，民间借贷合同并不当然无效。

3. 自然人之间借款合同生效的时间（实践合同，交付生效）

①以现金支付的，自借款人收到借款时；

②以银行转账、网上电子汇款或者通过网络贷款平台等形式支付的，自资金到达借款人账户时；

③以票据交付的，自借款人依法取得票据权利时；

④出借人将特定资金账户支配权授权给借款人的，自借款人取得对该账户实际支配权时；

⑤出借人以与借款人约定的其他方式提供借款并实际履行完成时。

4. 互联网借贷平台（P2P 平台）的责任

①纯中介平台：不承担保责任；

②以任何方式表明担保意思：承担担保责任。

【例题 28 · 单选题】（2016 年）甲公司通过乙互联网借贷平台向丙公司借款 30 万元，

用于生产经营，年利率 28%。乙互联网借贷平台在主页上标明"通过本平台签订的借款合同，本公司保障出借人的本金安全"字样。根据合同法律制度的规定，下列表述中，正确的是（ ）。

A. 借款利率高于法定最高利率，借款合同无效

B. 乙互联网借贷平台应当对借款本金承担担保责任

C. 甲、丙公司属法人间借贷，借款合同无效

D. 借款利率高于 24% 的法定最高利率，超出部分利息约定无效

解析 ▶ 本题考核民间借贷。利率超过 36% 的部分是无效的，选项 AD 错误；互联网借贷平台以任何方式表明担保的意思应当承担担保责任，选项 B 正确；法人之间借贷用于生产经营是有效的，因而选项 C 错误。

答案 ▶ B

5. 法定代表人的责任

（1）企业名义借贷实际用于个人。企业法定代表人或负责人以企业名义与出借人签订民间借贷合同，出借人、企业或者其股东能够证明所借款项用于企业法定代表人或负责人个人使用，出借人请求将企业法定代表人或负责人列为共同被告或者第三人的，人民法院应予准许。

（2）个人名义借贷实际用于企业。企业法定代表人或负责人以个人名义与出借人签订民间借贷合同，所借款项用于企业生产经营，出借人请求企业与个人共同承担责任的，人民法院应予支持。

【知识点拨】无论是企业名义借贷实际用于个人，还是个人名义借贷实际用于企业，出借人都可以要求企业与法定代表人共同承担责任。

6. 民间借贷与买卖合同混合时的处理规则（让与担保）——按借贷关系处理

当事人以签订买卖合同作为民间借贷合同的担保，借款到期后借款人不能还款，出

借人请求履行买卖合同的，人民法院应当按照民间借贷法律关系审理；判决生效后，借款人不履行生效判决确定的金钱债务，出借人可以申请拍卖买卖合同标的物，以偿还债务。

7. 民间借贷的利息与利率

（1）借期利息。没有约定，全部视为无息。约定不明，区分处理：

①自然人借款——视为无息；

②其他民间借贷——结合合同内容，并根据当地或者当事人的交易方式、交易习惯、市场利率等因素确定利息。

（2）借期利率。借贷双方约定的利率未超过年利率24%，出借人请求借款人按照约定的利率支付利息的，人民法院应予支持。借贷双方约定的利率超过年利率36%，超过部分的利息约定无效。

【知识点拨】 利率≤24%有效（保护区）；24%<利率<36%的部分，给了的不用还，没给的不能再要（自由区）；利率≥36%的部分无效（禁止区）。

（3）超期利息。有约定按约定（但注意利率不能超过法定限制）；未约定，分情况处理：

①既未约定借期利率，又未约定逾期利率，逾期按6%计算。

②约定了借期利率，未约定逾期利率，逾期按借期利率计算。

【例题29·多选题】 自然人甲与乙签订了年利率为30%、为期1年的1000万元借款合同。后双方又签订了房屋买卖合同，约定："甲把房屋卖给乙，房款为甲的借款本息之和。甲须在一年内以该房款分6期回购房屋。如甲不回购，乙有权直接取得房屋所有权。"乙交付借款时，甲出具收到全部房款的收据。后甲未按约定回购房屋，也未把房屋过户给乙。因房屋价格上涨至3000万元，甲主张偿还借款本息。下列选项表述正确的有（　　）。

A. 甲乙之间是借贷合同关系，不是房屋买卖合同关系

B. 应在不超过银行同期贷款利率的四倍以内承认借款利息

C. 乙不能获得房屋所有权

D. 因甲未按约定偿还借款，应承担违约责任

解析 ▶ 本题考核民间借贷合同。民间借贷与买卖合同混合时，当事人以签订买卖合同作为民间借贷合同的担保，借款到期后借款人不能还款，出借人请求履行买卖合同的，人民法院应当按照民间借贷法律关系处理，选项A正确。借贷双方约定不超过年利率24%是有效的，选项B错误。甲未把房屋过户给乙，乙不享有所有权，选项C正确。借款到期，借款人应当偿还借款，未按约定偿还借款的承担违约责任。选项D正确。

答案 ▶ ACD

十二、租赁合同——双务、有偿、诺成合同

扫我解疑难

（一）租赁合同的期限 ★★★

1. 租赁合同期限不得超过20年，超过20年的部分无效。租赁期间届满，当事人可以续订租赁合同，但约定的租赁期限自续订之日起不得超过20年。

2. 不定期租赁

不定期租赁合同的当事人均可以随时解除合同，但出租人解除合同应当在合理期限之前通知承租人。以下情形为不定期租赁：

①租赁期限6个月以上的，合同应当采用书面形式。当事人未采用书面形式的，视为不定期租赁。

②当事人对租赁期限没有约定或者约定不明确，依照《合同法》有关规定仍不能确定的，视为不定期租赁。

③租赁期届满，承租人继续使用租赁物，出租人没有提出异议的，原租赁合同继续有效，但租赁期限为不定期。

(二)当事人的权利义务(见表4-26)★★★

表4-26 当事人的权利义务

租赁合同	具体规则
租赁物的维修	(1)出租人应当履行租赁物的维修义务,但当事人另有约定的除外。 (2)出租人未履行维修义务的,承租人可以自行维修,维修费用由出租人负担。因维修租赁物影响承租人使用的,应当相应减少租金或者延长租期。 【相关链接】融资租赁合同中,承租人应当履行占有租赁物期间的维修义务
租赁物的改善	承租人经出租人同意,可以对租赁物进行改善或增设他物。未经同意,对租赁物进行改善或增设他物的,出租人可以要求承租人恢复原状或赔偿损失
转租	(1)经出租人同意,承租人可以将租赁物转租第三人。未经同意转租的,出租人可以解除合同。 (2)第三人对租赁物造成损失的,承租人应当赔偿损失
租金支付	对支付期限没有约定或者约定不明确,依照合同法有关规定仍不能确定: (1)租赁期间不满1年的,应当在租赁期间届满时支付; (2)租赁期间1年以上的,应当在每届满1年时支付,剩余期间不满1年的,应当在租赁期间届满时支付
买卖不破租赁	租赁物在租赁期间发生所有权变动的,不影响租赁合同的效力。 【知识点拨1】买卖不破租赁适用于所有的租赁合同,不限于房屋租赁。 【知识点拨2】但凡所有权转让均不破租赁,并非局限于买卖

【例题30·单选题】甲与乙于2017年1月1日签订一份租赁期为一年半的汽车租赁合同,每月租金3000元,但未约定租金的支付方式。租赁期内出租人甲未经乙同意将该汽车出卖给了丙。下列说法不正确的是( )。

A. 乙若将汽车转租给他人,甲可以解除与乙的租赁合同

B. 乙应在2018年1月1日支付上年度租金,剩余租金在租期届满时支付

C. 甲与丙签订的汽车买卖合同有效

D. 甲与乙签订的租赁合同经丙认可后继续有效

解析 ▶▶本题考核租赁合同。租赁物在租赁期间发生所有权变动的,不影响租赁合同的效力,原租赁合同继续有效,无需经租赁物新所有人的认可。选项D错误。 答案 ▶▶D

(三)租赁合同的解除(见表4-27)★★★

表4-27 租赁合同的解除

解除权	事由
承租人解除权	①因不可归责于承租人的事由,致使租赁物部分或者全部毁损、灭失的,承租人可以要求减少租金或者不支付租金;因租赁物部分或者全部毁损、灭失,致使不能实现合同目的的,承租人可以解除合同; ②租赁物危及承租人的安全或者健康的,即使承租人订立合同时明知该租赁物质量不合格,承租人仍然可以随时解除合同
出租人解除权	①承租人未按照约定的方法或者租赁物的性质使用租赁物,致使租赁物受到损失的,出租人可以解除合同并要求赔偿损失; ②承租人未经出租人同意转租的,出租人可以解除合同; ③承租人无正当理由未支付或者迟延支付租金的,出租人可以要求承租人在合理期限内支付。承租人逾期不支付的,出租人可以解除合同

(四)房屋租赁合同★★★

1. 房屋租赁合同的无效

(1)无效的情形——违法违章建筑出租的。

①出租人就未取得建设工程规划许可证或者未按照建设工程规划许可证的规定建设的房屋,与承租人订立的租赁合同无效。但

在一审法庭辩论终结前取得建设工程规划许可证或者经主管部门批准建设的，人民法院应当认定有效。

②出租人就未经批准或者未按照批准内容建设的临时建筑，与承租人订立的租赁合同无效。但在一审法庭辩论终结前经主管部门批准建设的，人民法院应当认定有效。

③租赁期限超过临时建筑的使用期限，超过部分无效。但在一审法庭辩论终结前经主管部门批准延长使用期限的，人民法院应当认定延长使用期限内的租赁期间有效。

（2）法院的处理。

房屋租赁合同无效，当事人请求参照合同约定的租金标准支付房屋占有使用费的，人民法院一般应予支持。

当事人以房屋租赁合同未按照法律、行政法规规定办理登记备案手续为由，请求确认合同无效的，人民法院不予支持。

2. 房屋租赁中承租人的优先购买权——仅限于房屋租赁合同

【知识点拨】买卖不破租赁适用于所有租赁合同；但只有房屋租赁合同的承租人才享有优先购买权。

出租人出卖租赁房屋的，应当在出卖之前的合理期限内通知承租人，承租人享有以同等条件优先购买的权利。

（1）出卖之前提前通知承租人。如果是拍卖，应当在拍卖5日前通知承租人。承租人未参加拍卖的，应当认定承租人放弃优先购买权。

（2）未通知的后果。

出租人出卖租赁房屋未在合理期限内通知承租人或者存在其他侵害承租人优先购买权的情形，承租人请求出租人承担赔偿责任的，人民法院应予支持。但请求确认出租人与第三人签订的房屋买卖合同无效的，人民法院不予支持。

（3）优先购买权的限制。

具有下列情形之一，承租人主张优先购买房屋的，人民法院不予支持：

①房屋共有人行使优先购买权的；

②出租人将房屋出卖给近亲属，包括配偶、父母、子女、兄弟姐妹、祖父母、外祖父母、孙子女、外孙子女的；

③出租人履行通知义务后，承租人在15日内未明确表示购买的；

④第三人善意购买租赁房屋并已经办理登记手续的。

3. 房屋租赁中同住人的权利

①承租人在房屋租赁期间死亡的，与其生前共同居住的人可以按照原租赁合同租赁该房屋。

②承租人租赁房屋用于以个体工商户或者个人合伙方式从事经营活动，承租人在租赁期间死亡、宣告失踪或者宣告死亡，其共同经营人或者其他合伙人请求按照原租赁合同租赁该房屋的，人民法院应予支持。

【知识点拨】生前与承租人共同生活或共同经营的人，租期内有继续承租的权利。

【例题31·多选题】丁某将其所有的房屋出租给方某，并约定由承租人方某在租赁期间履行对房屋的维修义务。方某未经丁某同意，将主卧的卫生间改造为书房，之后将房屋转租给李某。下列表述正确的有（ ）。

A. 丁某有权解除方某与李某之间的租赁合同

B. 丁某可以要求方某恢复主卧的原状或赔偿损失

C. 由承租人履行维修义务的约定有效

D. 如方某在租赁期间内死亡，方某的妻子可以继续按照原租赁合同租赁该房屋

解析 ▶ 本题考核房屋租赁合同。承租人擅自转租的，出租人解除的是与承租人之间的合同，选项A错误。　　**答案** ▶ BCD

十三、融资租赁合同

扫我解疑难

（一）融资租赁合同的特点★

融资租赁合同是出租人根据承租人的选择，向出卖人购买标的物，提供给承租人使

用，承租人支付租金的合同。

1. 融资租赁合同的性质——三方、书面合同(要式合同)

①三方当事人：出租人、承租人、出卖人。

②两个合同：租赁合同和买卖合同。

2. 售后回租不影响融资租赁的认定

承租人将其自有物出卖给出租人，再通过融资租赁合同将租赁物从出租人处租回的，人民法院不应仅以承租人和出卖人系同一人为由认定不构成融资租赁法律关系。

(二)当事人的权利义务 ★★

1. 标的物的交付

出卖人应向承租人交付标的物，承租人享有与受领标的物有关的买受人的权利。

2. 标的物质量问题

(1)当事人可以约定，出卖人不履行买卖合同义务的，承租人直接行使索赔权，出租人应予协助。

(2)承租人对出卖人行使索赔权，不影响其履行融资租赁合同项下支付租金的义务，但承租人以依赖出租人的技能确定租赁物或者出租人干预选择租赁物为由，主张减轻或者免除相应租金支付义务的除外。

【知识点拨】如果出租人没有选择租赁物或者干预承租人的选择，一般不承担标的物瑕疵担保责任，标的物有质量问题，承租人可以直接向出卖人索赔，同时需按约定向出租人支付租金；但如果出租人干预承租人的选择，承租人有权要求减轻或免除租金支付义务。

3. 标的物维修义务

承租人应当履行占有租赁物期间的维修义务。

4. 风险与责任承担

①承租人占有租赁物期间，租赁物毁损、灭失的风险由承租人承担，出租人要求承租人继续支付租金的，人民法院应予支持。但当事人另有约定或者法律另有规定的除外。

②承租人占有租赁物期间，租赁物造成第三人的人身伤害或者财产损害的，出租人不承担责任。

5. 标的物的所有权

(1)租赁期间，出租人享有租赁物的所有权。

(2)租期届满，出租人和承租人可以约定租赁期间届满租赁物所有权的归属，没有约定或约定不明，根据《合同法》的有关规定仍不能确定的，租赁物的所有权归出租人。(案例分析题常考)

6. 解除权

(1)出租人的解除权。

有下列情形之一，出租人请求解除融资租赁合同的，人民法院应予支持：

①承租人未经出租人同意，将租赁物转让、转租、抵押、质押、投资入股或者以其他方式处分租赁物的；

②承租人未按照合同约定的期限和数额支付租金，符合合同约定的解除条件，经出租人催告后在合理期限内仍不支付的；

③合同对于欠付租金解除合同的情形没有明确约定，但承租人欠付租金达到两期以上，或者数额达到全部租金15%以上，经出租人催告后在合理期限内仍不支付的；

④承租人违反合同约定，致使合同目的不能实现的其他情形。

(2)承租人的解除权。

因出租人的原因致使承租人无法占有、使用租赁物，承租人可以请求解除融资租赁合同。

【例题32·多选题】甲根据乙的选择，向丙购买了1台大型设备，出租给乙使用。乙在该设备安装完毕后，发现不能正常运行。下列说法正确的有( )。

A. 乙可以基于设备质量瑕疵而直接向丙索赔

B. 甲不对乙承担违约责任

C. 乙应当按照约定支付租金

D. 租赁期满后由乙取得该设备的所有权

解析 ▶ 本题考核融资租赁合同。融资租赁合同中，承租人享有买受人的合同权利，因而可以直接向丙要求承担质量瑕疵担保责任，出租人对承租人不承担违约责任，且承租人应当照付租金，选项ABC正确。当事人对租期届满标的物所有权归属没有约定或约定不明，根据《合同法》的有关规定仍不能确定的，租赁物的所有权归出租人，因而选项D错误。 **答案** ▶ ABC

【应试思路】 题目中没有明确指明合同类型，而是说三方当事人，一方购买后出租给另一方，因而首先需要确定是融资租赁合同，然后再按融资租赁合同的规则作答。

十四、建设工程合同

扫我解疑难

(一)建筑工程合同的无效 ★★★

1. 建设工程施工合同具有下列情形之一的，应当认定无效：

①承包人未取得建筑施工企业资质或者超越资质等级的；

②没有资质的实际施工人借用有资质的建筑施工企业名义的；

③建设工程必须进行招标而未招标或者中标无效的。

2. 建设工程施工合同无效的后果

(1)合同无效但建设工程经竣工验收合格，承包人可以请求参照合同约定支付工程价款。

(2)合同无效，且建设工程经竣工验收不合格的，按照以下情形分别处理：

①修复后的建设工程经竣工验收合格，发包人请求承包人承担修复费用的，应予支持；

②修复后的建设工程经竣工验收不合格，承包人请求支付工程价款的，不予支持。

【例题33·单选题】 (2013年)甲公司与乙公司签订建设工程施工合同，由乙公司承建甲公司的办公楼，但乙公司并无相应的建筑施工企业资质。工程竣工后，经验收合格。根据合同法律制度的规定，下列表述中，正确的是( )。

A. 合同无效，乙公司无权请求甲公司付款

B. 合同无效，但乙公司有权请求甲公司参照合同约定的工程价款数额付款

C. 合同有效，乙公司有权请求甲公司按照合同约定的数额支付工程价款

D. 合同有效，但甲公司有权撤销合同并拒付工程价款

解析 ▶ 本题考核建设工程合同无效的相关规定。根据规定，承包人未取得建筑施工企业资质或者超越资质等级签订建设工程合同的，属于无效合同。建设工程施工合同无效，但建设工程经竣工验收合格，承包人可以请求参照合同约定支付工程价款。

答案 ▶ B

(二)建筑工程的分包和转包 ★★

1. 分包

(1)经发包人同意，总承包人可以将自己承包的"部分工作"交由第三人完成。第三人就其完成的工作成果与总承包人向发包人承担"连带责任"(未经同意分包无效)；

【相关链接】 在承揽合同中，承揽人经定作人的同意，将其承揽的主要工作交由第三人完成的，由承揽人(就第三人完成的工作成果)向定作人负责。

(2)建设工程主体结构的施工必须由总承包人自行完成(主体结构分包无效)；

(3)禁止承包人将工程分包给不具备相应资质条件的单位(分包给没有资质的单位无效)；

(4)禁止分包人将其承包的工程再分包(分包之后再分包无效)。

2. 转包

承包人不得将其承包的全部建设工程转包给第三人或者将其承包的全部建设工程肢解以后以分包的名义分别转包给第三人(所有转包无效)。

【记忆法则】 经发包方同意，非主体工程

分包一次给有资质的单位是有效的。其余统统无效。

（三）垫资的处理 ★★★

1. 当事人对垫资和垫资利息有约定，承包人可以请求按照约定返还垫资及利息。

2. 当事人对垫资没有约定，按工程欠款处理。对垫资利息没有约定，承包人无权请求支付利息。

【知识点拨】对垫资有约定如何处理，应当按约定，如约定垫资按借款处理，就按借款；如只约定了垫资，但没有约定如何处理，就按工程欠款。工程竣工前的垫资，没有约定利息视为无息，但从应付工程款之日起如果欠付，与工程款一样开始计付利息（实际上是一种违约责任）。

（四）监理合同的性质——委托合同 ★

（五）建设工程合同的竣工 ★★★

（1）建设工程竣工经验收合格后，方可交付使用。

（2）当事人对建设工程实际竣工日期有争议的，按照以下情形分别处理：

①建设工程经竣工验收合格的，以竣工验收合格之日为竣工日期；

②承包人已经提交竣工验收报告，发包人拖延验收的，以承包人提交验收报告之日为竣工日期；

③建设工程未经竣工验收，发包人擅自使用的，以转移占有建设工程之日为竣工日期。

（六）工程款优先权 ★★★

建设工程合同的发包人未按照约定支付价款的，承包人可以催告发包人在合理期限内支付价款。发包人逾期不支付的，除按照建设工程不宜折价、拍卖的以外，承包人可以与发包人协议将该工程折价，也可以申请人民法院将该工程依法拍卖。建设工程的价款就该工程折价或者拍卖的价款优先受偿。具体规则如表4-28。

表4-28　工程款优先权

工程款优先权	具体规则
优先性的体现	工程价款优先受偿权优先于抵押权和其他债权
优先权的限制	承包人的工程价款优先受偿权不得对抗支付了购买商品房全部或者大部分款项的消费者
优先权的范围	建设工程价款包括承包人为建设工程应当支付的人工费、材料款等实际支出的费用，不包括承包人因发包人违约所造成的损失
优先受偿权的期限	建筑工程承包人行使优先权的期限为6个月，自发包人应当给付建设工程价款之日起算
约定不得损害建筑工人利益	发包人与承包人约定放弃或者限制建设工程价款优先受偿权，损害建筑工人利益，发包人根据该约定主张承包人不享有建设工程价款优先受偿权的，人民法院不予支持

【例题34·多选题】A建筑公司与B置业公司签订一份建设工程合同，由A建筑公司为B置业公司承建写字楼一栋，工程总造价15000万元，由A建筑公司部分垫资，并约定A建筑公司不享有工程款优先权。工程建设过程中，B公司用在建工程向C银行抵押借款，并且办理了抵押登记。工程如期竣工后，因写字楼出租状况不佳而未按约定支付工程价款，A公司因此无法支付建筑工人的工资。经A建筑公司催告在合理期限内，B置业公司表示仍无法支付工程价款。A公司向法院申请拍卖该写字楼，下列说法正确的有（　　）。

A. A公司的垫资按工程欠款处理

B. 根据双方的约定，A公司不享有工程款优先权

C. 对工程折价或拍卖的价款，A公司优先于C银行受偿

D. A公司享有的优先受偿权可以对抗已支付大部分购买该商品房价款的消费者

解析 ▶ 本题考核垫资及工程款优先权。当事人对垫资没有约定，按工程欠款处理。因此选项A正确。发包人逾期不支付工程价款的，建设工程合同承包人的建设工程价款就该工程折价或者拍卖的价款优先受偿，该优先受偿权优于抵押权和其他债权。发包人与承包人约定放弃或者限制建设工程价款优先受偿权，损害建筑工人利益，发包人根据该约定主张承包人不享有建设工程价款优先受偿权的，人民法院不予支持。因此选项B错误，选项C正确。消费者交付购买商品房的全部或者大部分款项后，承包人就该商品房享有的工程价款优先受偿权不得对抗买受人。

答案 ▶ AC

十五、其他有名合同

扫我解疑难

(一)承揽合同 ★★

1. 承揽合同是承揽人按定作人的要求完成工作并交付工作成果的合同。

2. 承揽人的义务

(1)经定作人同意，承揽人将其承揽的"主要工作"交由第三人完成的，应就第三人完成的工作向定作人负责(合同相对性)；未经同意，定作人可以解除合同。

(2)承揽人将其承揽的"辅助工作"交由第三人完成的，无须经定作人同意，但应就第三人完成的工作向定作人负责。

3. 定作人的两种解除权(见表4-29)

表4-29 定作人的两种解除权

解除权	具体规定
定作人的法定解除权	未经定作人同意，承揽人将主要工作交由第三人完成，定作人可以解除合同。(因承揽人根本违约，定作人无需赔偿承揽人损失)
定作人的任意解除权	定作人可以随时解除承揽合同，但造成承揽人损失的，应当赔偿损失

【例题35·单选题】 (2013年)甲、乙订立承揽合同，甲提供木料，乙为其加工家具。在乙已完成加工工作的50%时，甲通知乙解除合同。根据合同法律制度的规定，下列表述中，正确的是( )。

A. 甲有权解除合同，但应赔偿乙的损失

B. 甲有权解除合同，但应按约定金额向乙支付报酬

C. 甲有权解除合同，且无须赔偿乙的损失

D. 甲无权解除合同，并应依约向乙支付报酬

解析 ▶ 本题考核加工承揽合同的随时解除。根据规定，加工承揽合同中的定作人可以随时解除承揽合同，这是承揽合同的一个特点。因承揽合同是为满足定作人的特殊需要而订立的，订立合同后如需要改变，应允许定作人解除合同，以免给其造成更大的经济损失。但定作人因此造成承揽人损失的，应当赔偿损失。

答案 ▶ A

(二)委托合同(见表4-30) ★★

表4-30 委托合同

委托合同	法律规定
委托事务的处理	受托人应当按照委托人的指示处理委托事务。原则上受托人应当亲自处理委托事务。经委托人同意，受托人可以转委托

委托合同	法律规定
隐名代理	受托人以自己的名义，在委托人的授权范围内与第三人订立的合同，第三人在订立合同时知道受托人与委托人之间的代理关系的，该合同直接约束委托人和第三人，但有确切证据证明该合同只约束受托人和第三人的除外
委托合同的费用与报酬	委托人应当预付处理委托事务的费用。受托人垫付必要费用的，委托人应当偿还。当事人约定报酬的，受托人完成委托事务，委托人应当支付报酬；因不可归责于受托人的事由导致委托事务不能完成的，委托人应当向受托人支付相应的报酬
合同的解除	委托人或者受托人可以随时解除委托合同。因解除合同给对方造成损失的，除不可归责于该当事人的事由外，无偿委托合同的解除方应当赔偿因解除时间不当造成的直接损失，有偿委托合同的解除方应当赔偿对方的直接损失和可以获得的利益
损害赔偿	①有偿的委托合同，因受托人的过错给委托人造成损失的，委托人可以要求赔偿损失。 ②无偿的委托合同，因受托人的故意或重大过失给委托人造成损失的，委托人可以要求赔偿损失。 ③两个以上的受托人共同处理委托事务的，对委托人承担连带责任

【例题36·单选题】（2015年）根据合同法律制度的规定，下列关于委托合同的表述中，正确的是（　　）。

A. 原则上受托人有权转委托，不必征得委托人同意

B. 无偿的委托合同，因受托人一般过失给委托人造成损失的，委托人可以要求赔偿损失

C. 有偿的委托合同，因不可归责于受托人的事由，委托事务不能完成的，委托人有权拒绝支付报酬

D. 两个以上的受托人共同处理委托事务的，对委托人承担连带责任

解析▶ 本题考核委托合同。选项A，经委托人同意，受托人可以转委托。选项B，无偿的委托合同，因受托人的故意或者重大过失给委托人造成损失的，委托人可以要求赔偿损失。选项C，因不可归责于受托人的事由，委托合同解除或者委托事务不能完成的，委托人应当向受托人支付相应的报酬。当事人另有约定的，按照其约定。 答案▶ D

（三）行纪合同★

1. 行纪合同是行纪人以自己的名义为委托人从事贸易活动，委托人支付报酬的合同。

2. 双方当事人的权利义务

（1）行纪人处理委托事务产生的费用，由行纪人自己负担。

（2）行纪人完成或者部分完成委托事务的，委托人应当向其支付相应的报酬。

（3）行纪人在行纪中低于委托人指定的价格卖出或者高于委托人指定的价格买入的，应当经委托人同意。未经委托人同意，行纪人补偿其差额的，该买卖对委托人发生效力。行纪人高于委托人指定的价格卖出或者低于委托人指定的价格买入的，可以按照约定增加报酬。没有约定或者约定不明确，依照《合同法》有关规定仍不能确定的，该利益属于委托人。委托人对价格有特别指示的，行纪人不得违背该指示卖出或者买入。

（4）行纪人卖出或者买入具有市场定价的商品，除委托人有相反意思表示的以外，行纪人自己可以作为买受人或出卖人。

（5）行纪人与第三人订立合同的，行纪人对该合同直接享有权利、承担义务。

『总结』委托合同与行纪合同比较，见表4-31。

表 4-31　委托合同与行纪合同比较

区别	委托	行纪
以谁的名义与第三人订立合同	委托人(隐名代理除外)	行纪人,因而合同直接在行纪人与第三人之间产生效力
处理委托事务的费用	委托人负担,且应当预付	行纪人自负
报酬	有偿或无偿; 因不可归责于受托人的事由导致委托事务不能完成,仍应付报酬	有偿行为; 部分完成的部分支付; 未完成,不支付
自买与自卖	属于自己代理,滥用代理权	除非委托人有相反意思表示,否则,行纪人有权自买自卖,并有权收取报酬
相同点	行为内容:委托人决定	
	亲自完成义务:原则上受托人都应当亲自完成委托事务,转委托需经委托人同意,紧急情况为委托人利益除外	
	所得利益归属:归委托人	

【例题 37·多选题】 甲委托乙寄售行以该行名义将甲的一台仪器以 3000 元出售,除酬金外双方对其他事项未作约定。其后,乙将该仪器以 3500 元卖给了丙,为此乙多支付费用 100 元。对此,下列选项正确的有(　)。

A. 甲与乙订立的是居间合同

B. 高于约定价格卖得的 500 元属于甲

C. 如仪器出现质量问题,丙应向乙主张违约责任

D. 乙无权要求甲承担 100 元费用

解析 ▶ 本题考核行纪合同。行纪合同是行纪人以自己的名义为委托人从事贸易活动,委托人支付报酬的合同,选项 A 错误。行纪人高于委托人指定的价格卖出或者低于委托人指定的价格买入的,该利益一般属于委托人,选项 B 正确。行纪人乙以自己的名义与第三人丙订立合同,并对合同直接享有权利承担义务,选项 C 正确。行纪人处理委托事务产生的费用,由行纪人自己负担,选项 D 正确。　　　　　　　　　答案 ▶ BCD

(四)运输合同★

1. 客运合同

(1)承运人对运输过程中旅客的伤亡承担赔偿责任——无过错责任。

①旅客的范围包括:持票旅客;免票旅客;持优待票旅客;以及经承运人许可搭乘的无票旅客。

②免责事由两项:伤亡是旅客自身健康原因造成的;承运人证明伤亡是旅客故意、重大过失造成的。

(2)承运人对旅客自带物品的毁损灭失——过错责任。

【例题 38·多选题】 根据《合同法》的规定,承运人对运输过程中发生的下列旅客伤亡事件不承担赔偿责任的有(　)。

A. 一旅客因制止扒窃行为被歹徒刺伤

B. 一旅客在客车正常行驶过程中突发心脏病身亡

C. 一失恋旅客在行车途中吞服安眠药过量致死

D. 一免票乘车婴儿在行车途中因急刹车受伤

解析 ▶ 本题考核客运合同。承运人对旅客的人身伤亡承担无过错责任,只有在伤亡是旅客自身健康原因造成的或者旅客自己故意或重大过失造成的情况下才不赔偿,因而选项 AD 应当赔偿,选项 BC 无需赔偿。

答案 ▶ BC

2. 货运合同

（1）托运人单方变更、解除权（货交收货人之前）。在承运人将货物交付收货人之前，托运人可以要求承运人中止运输、返还货物、变更到达地或者将货物交给其他收货人，但应当赔偿承运人因此受到的损失。

（2）单式联运的连带责任。两个以上承运人以同一运输方式联运的，与托运人订立合同的承运人应当对全程运输承担责任。损失发生在某一运输区段的，与托运人订立合同的承运人和该区段的承运人承担连带责任。

（3）对货物毁损灭失承担赔偿责任（无过错责任），以下三种情况不赔：

①不可抗力（运费：未收不收，已收退还）；

②货物自然属性或合理损耗；

③托运人、收货人过错。

[例题39·单选题] 甲委托乙运输公司运送两批货物，第一批货物在运输过程中，由于自然损耗，减少10千克。第二批货物在快运达目的地时因山洪暴发毁损。关于本案说法正确的是（　　）。

A. 对第一批货物的损耗，乙公司应负全部赔偿责任

B. 对第一批货物，乙公司应当减收部分运费

C. 对第二批货物的毁损，乙公司应负全部赔偿责任

D. 对第二批货物，乙公司不应当收取运费

解析 ▶ 本题考核货运合同。承运人对运输过程中货物的毁损、灭失承担损害赔偿责任，但承运人证明货物的毁损、灭失是因不可抗力、货物本身的自然性质或者合理损耗以及托运人、收货人的过错造成的，不承担损害赔偿责任。选项A、C错误。因不可抗力导致毁损的，运费未收的不再收取，已收的应当退还。选项B错误，选项D正确。　**答案** ▶ D

（五）技术合同★

1. 技术合同的主体

自然人、法人、其他组织为技术合同的主体。

不具有民事主体资格的科研组织（如法人或者其他组织设立的从事技术研究开发、转让等活动的课题组、工作室等）订立的技术合同，经法人或者其他组织授权或者认可的，视为法人或者其他组织订立的合同，由法人或者其他组织承担责任；未经法人或者其他组织授权或者认可的，由该科研组织成员共同承担责任，但法人或者其他组织因该合同受益的，应当在其受益范围内承担相应责任。

2. 技术合同的解除

技术合同当事人一方迟延履行主要债务，经催告后在30日内仍未履行，另一方有权主张解除合同。当事人在催告通知中附有履行期限且该期限超过30日的，在该履行期限届满后方可有权提出解除合同的主张。

3. 职务技术成果（见表4-32）

表4-32　职务技术成果

职务技术成果	法律规定
界定	职务技术成果是执行法人或者其他组织的工作任务，或者主要是利用法人或者其他组织的物质技术条件所完成的技术成果。 执行法人或者其他组织的工作任务，包括： ①履行法人或者其他组织的岗位职责或者承担其交付的其他技术开发任务； ②离职后1年内继续从事与其原所在法人或者其他组织的岗位职责或者交付的任务有关的技术开发工作，但法律、行政法规另有规定的除外
权利归属	①职务技术成果的使用权、转让权属于法人或者其他组织的，法人或者其他组织可以就该项技术成果订立技术合同； ②法人或者其他组织订立技术合同转让职务技术成果时，"完成人"享有以同等条件优先受让的权利

4. 技术开发合同的技术成果权利归属(见表 4-33)

表 4-33 技术开发合同的技术成果权利归属

技术性质	开发方式	成果归属
专利技术	委托开发	有约定按约定
		没有约定，申请专利的权利属于研究开发人(受托人)： ①受托人取得专利权的，委托人可以免费实施该专利； ②受托人转让专利申请权的，委托人享有以同等条件优先受让的权利
	合作开发	有约定按约定
		没有约定，申请专利的权利属于合作开发的当事人共有： ①当事人一方转让其共有的专利申请权的，其他各方享有以同等条件优先受让的权利； ②当事人一方放弃其专利申请权的，可以由另一方单独申请或者由其他各方共同申请。申请人取得专利权的，放弃专利申请权的一方可以免费实施该专利； ③当事人一方不同意申请专利的，其他各方不得申请专利
技术秘密		有约定按约定； 没有约定或者约定不明的，当事人均可自己使用或者许可他人使用，并独占由此所获利益的权利。但委托开发的研究开发人不得在向委托人交付开发成果之前，将研究开发成果转让给第三人

【例题 40·单选题】甲公司委托乙研究院开发一项新技术，合同没有约定该项技术权利归属。乙研究院交给本单位的工程师丙负责，在开发完成以后，该项技术的专利申请权应当归( )。

A. 甲公司　　　B. 乙研究院
C. 甲、乙共有　D. 丙

解析 ▶ 本题考核技术开发合同专利申请权的归属。在委托开发中，没有特别约定，专利申请权归受托人。因而选项 B 正确。

答案 ▶ B

5. 技术转让合同

(1)技术转让合同的界定。

当事人以技术入股方式订立联营合同，但技术入股人不参与联营体的经营管理，并且以保底条款形式约定联营体或者联营对方支付其技术价款或者使用费的，视为技术转让合同。

(2)专利申请权转让合同。

①订立专利权转让合同或者专利申请权转让合同之前，让与人自己已经实施发明创造的，在合同生效后，受让人可以要求让与人停止实施，但当事人另有约定的除外。

②让与人与受让人订立的专利权、专利申请权转让合同，不影响在合同成立前让与人与他人订立的相关专利实施许可合同或者技术秘密转让合同的效力。

(3)专利实施许可合同。

专利实施许可的方式包括：独占实施许可；排他实施许可；普通实施许可。当事人对专利实施许可方式没有约定或者约定不明确的，认定为普通实施许可。

真题精练

一、单项选择题

1.(2017 年)根据合同法律制度的规定，下列关于法定抵销权性质的表述中，正确的是( )。

A. 支配权　　　B. 请求权
C. 抗辩权　　　D. 形成权

2.(2016 年)根据合同法律制度的规定，下列关于缔约过失责任的表述中，正确的是（   ）。

A. 一方当事人假借订立合同恶意进行磋商，给他人造成损失的，可成立缔约过失责任

B. 缔约过失责任仅在合同成立时适用

C. 缔约过失责任赔偿的是可期待利益损失

D. 缔约过失责任的赔偿额通常大于违约责任

3. （2016年）根据合同法律制度的规定，建设工程合同当事人对工程实际竣工日期有争议时，下列处理规则中，正确的是（   ）。

A. 承包人已提交竣工验收报告，发包人拖延验收的，以承包人提交验收报告之日为竣工日期

B. 工程未经竣工验收发包人擅自使用的，以工程封顶之日为竣工日期

C. 工程竣工验收合格的，以工程转移占有之日为竣工日期

D. 工程未经竣工验收，发包人擅自使用的，以开始使用之日为竣工日期

4. （2016年）乙承租甲的房屋，约定租赁期间为2015年1月1日至2016年12月31日。经甲同意，乙将该房屋转租给丙，租赁期间为2015年6月1日至2016年5月31日。根据合同法律制度的规定，下列表述中，正确的是（   ）。

A. 甲有权直接向丙收取租金

B. 若丙对房屋造成损害，甲有权向乙主张赔偿

C. 甲有权解除乙和丙之间的转租合同

D. 甲和乙之间的租赁合同在转租期内失效

5. （2014年）建设工程监理是指工程监理人代表发包人对承包人的工程建设情况进行监督，发包人与监理人之间的权利、义务以及法律责任，应当依照特定类型的有名合同处理，该有名合同是（   ）。

A. 技术服务合同　　B. 承揽合同

C. 建设工程合同　　D. 委托合同

6. （2014年）根据合同法律制度的规定，下列关于提存的法律效果的表述中，正确的

是（   ）。

A. 标的物提存后，毁损、灭失的风险由债务人承担

B. 提存期间，标的物的孳息归债务人所有

C. 提存费用由债权人负担

D. 债权人提取对提存物的权利，自提存之日起两年内不行使消灭

二、多项选择题

1. （2017年）赠与合同履行后，受赠人有特定忘恩行为时，赠与人有权撤销赠与合同。根据合同法律制度的规定，下列各项中，属于此类忘恩行为的有（   ）。

A. 受赠人严重侵害赠与人近亲属

B. 受赠人严重侵害赠与人

C. 受赠人不履行赠与合同约定的义务

D. 受赠人对赠与人有扶养义务而不履行

2. （2017年）保证合同是保证人与债权人订立的主债务人不履行其债务时，由保证人按约定履行或者承担责任的协议。根据合同法律制度的规定，下列关于保证合同性质的表述中，正确的有（   ）。

A. 单务合同　　　　B. 要式合同

C. 诺成合同　　　　D. 有偿合同

三、案例分析题

1. （2019年）2018年6月18日，甲向乙借款70万元，借期一年，约定到期本息一年偿还100万元，同时，甲以其市价100万元的挖掘机作为抵押，并约定：借款到期若甲不能偿还，挖掘机归乙。双方签订抵押合同但未作登记。

7月17日，甲、丙口头约定甲将挖掘机出租于丙，租期7个月，双方对租赁物的维修义务未作约定。9月20日，挖掘机出现故障，无法正常工作。丙要求甲维修，甲拒绝。丙遂自行维修，花去维修费3万元。丙要求甲支付该笔维修费，未果。

11月2日，甲电话通知丙解除租赁合同，要求丙在15日内返还，但未给出任何理由，丙拒绝。11月5日，丙将挖掘机售于丁，丁不知丙并非挖掘机所有人。同日，

丁向丙支付 100 万元，双方约定 11 月 16 日交付挖掘机。

11 月 15 日，丁得知挖掘机的所有权人是甲，并且甲不知自己与丙的交易。当晚，丁在未通知甲、丙的情况下，自行将挖掘机开走。11 月 16 日，丁将挖掘机以 110 万元售于戊，当日戊付款，丁交付挖掘机，戊不了解挖掘机之前的交易情况，亦不知道丁并非挖掘机所有权人。11 月 17 日，甲要求丙返还挖掘机，发现挖掘机已至戊手，甲请求戊返还挖掘机。甲向乙的借款到期后，甲不能偿还本息，乙诉至法院，请求判令甲按双方合同约定偿还借款本息 100 万元，甲辩称，该借款合同利率超过法律规定的最高利率，合同无效。

要求：根据上述内容，分别回答下列问题。

(1) 甲乙借款合同约定的 100 万元本息中，多少金额的约定是无效的？并说明理由。

(2) 乙向甲主张偿还的 100 万元本息中，法院应支持多少金额？并说明理由。

(3) 乙对挖掘机的抵押权是否已有效设立？并说明理由。

(4) 甲和乙之间"借款到期，若甲不能偿还，挖掘机归乙所有"的约定是否有效？并说明理由。

(5) 丙是否有权要求甲支付维修费？并说明理由。

(6) 甲丙之间的租赁合同是否因甲的解约通知而解除？并说明理由。

(7) 甲是否有权请求戊返还挖掘机？并说明理由。

2. （2018 年）2015 年 4 月，甲公司与乙建筑公司签订写字楼建筑工程总承包合同，约定：工程造价 4000 万元，工期 1 年。合同签订后，甲公司依约先行支付 2000 万元工程款，剩余 2000 万元拟在工程竣工验收合格后一次付清。

2015 年 5 月，乙公司从丙融资租赁公司租赁塔吊一台。双方约定：租金共计 48 万元，从当年 6 月开始，按月分 12 期支付，每期 4 万元。双方未就乙公司拖欠租金时如何处理以及塔吊在租赁期满后的归属作出约定。

2015 年 8 月，因遭受强台风袭击，塔吊损坏。乙公司为修复塔吊花去维修费 3 万元。乙公司要求丙公司承担维修费，丙公司拒绝。为此，乙公司从 2015 年 9 月开始停止支付租金。

2016 年 1 月，丙公司通知乙公司：由于欠交 4 个月租金，乙公司须在 2016 年 2 月的租金支付日支付全部剩余租金，否则解除合同。乙公司无奈，在 2016 年 2 月将剩余租金一次性全部交清。

租赁期满后，丙公司要求乙公司返还塔吊，乙公司拒绝。

2015 年 10 月，甲公司以在建写字楼抵押向 A 银行借款 3 亿元，借期 1 年。双方办理了抵押登记。2016 年 4 月，甲公司从丁公司借款 5000 万元，月利率 3%。甲公司仍以在建写字楼为抵押，并为丁公司办理第二顺位抵押登记。

2016 年 4 月，乙公司如期完成工程建设，要求甲公司验收，并要求支付剩余 2000 万元工程款。甲公司验收合格，但拒绝支付剩余工程款，理由是：根据相关规定，承包该工程需具备一级承包资质，但乙公司在签订建设工程总承包合同时仅有二级资质，一级资质直到 2016 年 1 月才取得，故合同无效。

2016 年 6 月，甲公司无力偿还丁公司借款，丁公司诉至人民法院，请求拍卖甲公司写字楼，偿还所欠其借款本金 5000 万元及利息 150 万元。2016 年 6 月，写字楼拍卖价款 3.5 亿元。乙公司要求首先清偿其工程款债权 2000 万元。A 银行要求提存 3 亿元及利息以确保其债权到期后能获清偿。

要求：根据上述内容，分别回答下列问题。

（1）甲公司关于乙公司签订建设工程总承包合同时仅有二级资质，合同因而无效的主张是否成立？并说明理由。

（2）丙公司是否有权拒绝承担塔吊的维修费用？并说明理由。

（3）丙公司是否有权要求乙公司在2016年2月支付全部剩余租金？并说明理由。

（4）租赁到期后，塔吊应归属于谁？并说明理由。

（5）对于丁公司向甲公司主张的150万元利息，人民法院应支持多少金额？并说明理由。

（6）乙公司关于写字楼拍得价款首先清偿其工程款债权的主张是否成立？并说明理由。

（7）A银行要求提存3亿元及利息以确保其债权到期后能获清偿的主张是否成立？并说明理由。

3.（2017年）2016年3月，甲公司因业务需要分别向乙公司和丙公司购买绒布面料和丝质面料。为筹措面料采购资金，甲公司与丁银行签订合同，约定：借款50万元，借期为自放款日起的1个月，月利率4%。借款合同签订当日，丁银行预先扣除相应利息后发放贷款48万元。戊公司为甲公司借款提供保证，双方未约定保证方式属于一般保证还是连带责任保证。

甲公司和乙公司绒布面料买卖合同约定：面料总价40万元，乙公司交付绒布面料3日内一次付清；合同签订次日，甲公司给付定金10万元。合同签订后，甲公司如数给付定金。后因绒布面料价格上涨，乙公司要求加价，被甲公司拒绝。最终，乙公司比约定交货日期延迟10日才向甲公司交货。此时，甲公司因无原料投产，不能向买方按时交货，订单已被原买方取消。甲公司为此遭受损失19万元。鉴于乙公司的履行已无意义，甲公司拒绝接受乙公司履行，通知乙公司解除合同，要求适用定金罚则由乙公司双倍返还定金共20万元，并

赔偿全部损失19万元。乙公司不同意解除合同，拒绝赔偿19万元损失，要求甲公司收货并支付货款。

甲公司和丙公司丝质面料买卖合同约定：甲公司向丙公司购买丝质面料100匹；甲公司应在收货后10日内检验面料质量并通知丙公司；甲公司于质量检验后3日内支付价款。甲公司收货后，由于业务繁忙，至收货后的第12日才开箱验货，发现面料质量存在问题，不能正常使用，遂通知丙公司解除合同。丙公司拒绝。验货次日，甲公司所在地山洪暴发，丝质面料全部毁损。

甲公司未能按期偿还丁银行借款。丁银行要求戊公司承担保证责任，为甲公司还本付息。戊公司拒绝，理由是：（1）4%的月利率不合法；（2）丁银行应先就甲公司财产强制执行。

要求：根据上述内容，分别回答下列问题。

（1）甲公司是否有权解除与乙公司的绒布面料买卖合同？并说明理由。

（2）根据定金罚则，甲是否有权要求乙返还20万元？并说明理由。

（3）适用定金罚则后，甲公司能否要求乙公司赔偿全部损失19万元？并说明理由。

（4）甲公司是否有权解除与丙公司的丝质面料买卖合同？并说明理由。

（5）丝质面料遭山洪毁损的损失由谁承担？并说明理由。

（6）甲公司与丁银行借款合同约定的4%月利率是否合法？借款到期后，甲公司应向丁银行支付多少利息？并分别说明理由。

（7）戊公司关于"丁银行应先就甲公司财产强制执行"的理由是否成立？并说明理由。

4.（2016年）甲将其位于住宅楼顶楼的房屋出租给乙，租赁期限2年，月租金9000元，双方对租金支付方式未约定。乙于租赁开始支付了一年租金。

租赁开始第2个月，房屋天花板出现严重

漏水，乙要求甲进行维修，甲以合同并未约定维修条款为由拒绝。因房屋漏水严重影响居住，乙请人进行维修花费维修费用8000元，并在此期间租住在宾馆花去3000元。

租赁开始第5个月，乙和其家人出国半年。乙经甲同意将房屋转租给丙。丙租赁期间，不当使用造成洗衣机损坏。乙回国后，甲要求乙进行赔偿。乙提出洗衣机系由丙损坏，甲应向丙索赔。

租赁开始第13个月，甲要求乙按照合同支付第二年租金，乙不同意。同时乙要求甲支付天花板维修费8000元，并减免维修期间宾馆住宿费用3000元，甲拒绝。

租赁开始第14个月，乙在未告知甲的情况下，在客厅造了一个壁炉，甲知悉后，要求乙拆除。

租赁开始第15个月，甲在未告知乙的情况下，将房屋卖给自己的姐姐丁并于三日后办理了产权登记手续。乙得知后主张自己优先购买权遭到侵犯，要求甲就此以及之前维修费和住宾馆费用进行赔偿。丁要求乙于次月搬出此房屋。

要求：根据上述内容，分析回答下列问题。

(1)甲是否有维修义务？乙能否要求甲支付维修费用并减免相当于维修期间住宾馆的租金？并说明理由。

(2)对于洗衣机的损坏，甲是否有权要求乙赔偿？并说明理由。

(3)租赁开始第13个月，甲能否要求乙支付第二年租金？并说明理由。

(4)甲是否有权要求乙拆除壁炉？并说明理由。

(5)丁是否取得了房屋所有权？并说明理由。

(6)乙能否以自己优先购买权遭到损害主张赔偿损失？并说明理由。

(7)丁能否要求乙搬离房屋？并说明理由。

真题精练答案及解析

一、单项选择题

1. D 【解析】本题考核法定抵销。形成权，指权利人依单方意思表示就能使民事法律关系发生变更与消灭的权利。即形成权的行使不需要相对人的同意，只取决于权利人的单方意志。抵销的效果自通知到达对方时生效，无需对方同意。因此法定抵销中的抵销权在性质上属于形成权。

2. A 【解析】本题考核缔约过失责任。缔约过失责任亦称缔约过错责任，是指合同当事人在订立合同过程中，因故意或过失致使合同未成立、未生效、被撤销或无效，给他人造成损失而应承担的损害赔偿责任；选项B错误。缔约过失赔偿的是信赖利益的损失；而违约责任赔偿的是可期待利益的损失。可期待利益的损失要大于或者等于信赖利益的损失；选项CD错误。

3. A 【解析】本题考核建设工程的竣工。当事人对建设工程实际竣工日期有争议的，按照以下情形分别处理：(1)建设工程经竣工验收合格的，以竣工验收合格之日为竣工日期；(2)承包人已经提交竣工验收报告，发包人拖延验收的，以承包人提交验收报告之日为竣工日期；(3)建设工程未经竣工验收，发包人擅自使用的，以转移占有建设工程之日为竣工日期。

4. B 【解析】本题考核租赁合同。根据合同的相对性，合同关系只能发生在特定主体之间，只有合同当事人一方能够向合同的另一方当事人基于合同提出请求，选项A错误。承租人未经出租人同意转租的，出租人可以解除合同。本题中，承租人乙转租房屋经出租人甲同意，选项C错误。承租人转租的，承租人与出租人之间的租赁合同继续有效，第三人对租赁物造成损失的，承租人应当赔偿损失，选项 B 正确，选项 D 错误。

5. D 【解析】本题考核建设工程合同。发包人与监理人的权利和义务以及法律责任，应当依照《合同法》关于委托合同的规定以及其他有关法律、行政法规的规定执行。

6. C 【解析】本题考核提存。标的物提存后，毁损、灭失的风险由债权人承担。提存期间，标的物的孳息归债权人所有。提存费用由债权人负担。债权人领取提存物的权利，自提存之日起五年内不行使而消灭，提存物扣除提存费用后归国家所有。

二、多项选择题

1. ABCD 【解析】本题考核赠与合同。受赠人有下列情形之一的，赠与人可以行使撤销权：（1）严重侵害赠与人或者赠与人的近亲属；（2）对赠与人有扶养义务而不履行；（3）不履行赠与合同约定的义务。

2. ABC 【解析】本题考核保证合同。保证合同中，只有保证人承担债务，债权人不负对待给付义务，故为单务合同。保证合同中，保证人对债权人承担保证债务，债权人对此不提供相应对价，故为无偿合同。保证合同因保证人和债权人协商一致而成立，不需另行交付标的物，故为诺成合同。保证合同必须采用书面形式，故保证合同为要式合同。

三、案例分析题

1.【答案】

（1）4.8 万元的利息无效。根据规定，借贷双方约定的利率超过年利率 36%，超过部分的利息约定无效。题目中本金 70 万元，约定一年本息 100 万元，即一年的利息为 30 万元，其中按照 36% 计算利息 = 70 × 36% = 25.2 万元，那么超过的部分为 30 − 25.2 = 4.8(万元)，是无效的。

（2）法院支持 86.8 万元的本息。根据规定，利率 24% − 36% 期间的利息，是债务人自愿履行，如果债务人拒绝支付，出借

人不能请求支付。法院支持的仅是 24% 部分的利息，即 70×24% = 16.8(万元)。

（3）抵押权已经有效设立。根据规定，动产抵押，抵押合同生效时抵押权设立；未经登记，不能对抗善意第三人。题目中签订了抵押合同，抵押权设立。

（4）甲和乙抵押合同中的该约定无效。根据规定，抵押权人在债务履行期届满前，不得与抵押人约定债务人不履行到期债务时抵押财产归债权人所有。

（5）丙有权要求甲支付维修费。根据规定，出租人应当履行租赁物的维修义务，但当事人另有约定的除外。题目中当事人没有约定，因此是出租人承担维修义务。

（6）租赁合同因甲的解除通知而解除。根据规定，租赁期限六个月以上的，应当采用书面形式。当事人未采用书面形式的，视为不定期租赁。不定期租赁合同中当事人可以随时解除合同，但出租人解除合同应当在合理期限之前通知承租人。

（7）甲无权请求戊返还挖掘机。根据规定，无处分权人将不动产或者动产转让给受让人的，所有权人有权追回；除法律另有规定外，符合下列情形的，受让人取得该不动产或者动产的所有权：第一，受让人受让该不动产或者动产时是善意的；第二，以合理的价格转让；第三，转让的不动产或者动产依照法律规定应当登记的已经登记，不需要登记的已经交付给受让人。题目中，承租人丙将挖掘机卖给丁，丁在"受让动产时"知道丙是无权处分，不是善意第三人，不构成善意取得。丁再将挖掘机卖给戊，仍是无权处分，但戊善意、价格合理、已经交付，构成善意取得制度而取得挖掘机所有权，因此甲无权请求戊返还挖掘机。

2.【答案】

（1）甲公司关于建设工程总承包合同无效的主张不成立。根据规定，承包人超越资质等级许可的业务范围签订建设工程施工

合同，在建设工程竣工前取得相应资质等级，不按照无效合同处理。

（2）丙公司有权拒绝承担塔吊的维修费用。根据规定，融资租赁合同中，承租人应当履行占有租赁物期间的维修义务。因此，塔吊的维修费用应由承租人乙公司承担，而不是由出租人丙公司承担，丙公司当然有权拒绝承担维修费用。

（3）丙公司无权直接要求乙公司在2016年2月支付全部剩余租金。根据规定，融资租赁合同的承租人应当按照约定支付租金，承租人经催告后在合理期限内仍不支付租金的，出租人可以要求支付全部租金；也可以解除合同，收回租赁物。因此，丙公司在要求乙公司支付全部剩余租金前应先对乙公司进行催告，而无权不经催告而直接要求乙公司支付全部剩余租金。

（4）租赁到期后塔吊的所有权归丙公司。根据规定，融资租赁合同的出租人和承租人可以约定租赁期间届满租赁物的归属。对租赁物的归属没有约定或者约定不明确，依照《合同法》相关规定仍不能确定的，租赁物的所有权归出租人。

（5）法院应支持100万元利息。根据规定，借贷双方约定的利率超过年利率24%的，出借人请求借款人支付未超过年利率24%部分的，人民法院应予支持；出借人请求支付超过24%部分的，人民法院不予支持。本题中，甲公司与丁公司约定的月利率是3%，折合成年利率是36%，超过了24%，超过部分法院不予保护，故法院应支持150万元利息中的100万元。

『提示』对于当事人约定的年利率为24%到36%之间的部分，如果债务人已经履行的，不得要求债权人返还。如果债务人还没有履行，债务人可以拒绝支付。

（6）乙公司先清偿工程款的主张成立。根据规定，发包人未按照约定支付价款的，承包人可以催告发包人在合理期限内支付

价款。发包人逾期不支付的，除按照建设工程的性质不宜折价、拍卖的以外，承包人可以与发包人协议将该工程折价，也可以申请人民法院将该工程依法拍卖。建设工程的价款就该工程折价或者拍卖的价款优先受偿。建筑工程的承包人的上述优先受偿权优于抵押权和其他债权。建设工程承包人行使优先权的期限为6个月，自发包人应当给付建设工程价款之日起计算。本题中，乙公司的工程款债权优于A银行与丁公司的抵押权受偿，且该优先权未过期。所以，乙公司关于写字楼拍得价款首先清偿其工程款债权的主张成立。

（7）A银行要求提存3亿元及利息的主张成立。根据规定，同一财产向两个以上债权人抵押的，顺序在后的抵押权所担保的债权先到期的，抵押权人只能就抵押物价值超出顺序在先的抵押担保债权的部分受偿。若顺位在后的抵押权所担保的债权先到期，该抵押权人自有权主张实现抵押权，从而变卖或拍卖抵押物。但抵押物拍卖或变卖后，必须在所得价款中剔除顺位在先抵押权所担保的债权额，予以提存，剩余部分方可供顺位在后的抵押权优先受偿。本题中，A银行的抵押权顺序在先，丁公司的抵押权顺序在后但先到期。应将顺序在先的A银行的3亿元及利息提存，剩余部分再向丁公司清偿，所以A银行的主张成立。

3.【答案】

（1）甲公司有权解除买卖合同。根据规定，当事人一方迟延履行债务或者有其他违约行为致使不能实现合同目的，守约方可以解除合同。因乙公司迟延履行，导致甲公司不能实现合同目的，因此甲公司可以主张解除合同。

（2）甲无权要求乙返还20万元。根据规定，定金的数额由当事人约定，但不得超过主合同标的额的20%；超过部分无效。题目中货款40万元，其20%是8万元，即

适用定金罚则，甲公司可以要求乙返还18万元(即双倍返还定金16万元，多出的2万元原数返还)。

(3)适用定金罚则后，甲公司不能要求乙公司赔偿全部损失19万元。根据规定，买卖合同约定的定金不足以弥补一方违约造成的损失，对方请求赔偿超过定金部分的损失的，法院可以并处，但定金和损失赔偿的数额总和不应高于因违约造成的损失，本题中，适用定金罚则可以弥补8万元损失，甲公司可以再要求乙公司赔偿19－8＝11(万元)。

(4)甲公司不能解除合同。根据规定，当事人约定检验期间的，买受人应当在检验期间内将标的物的数量或者质量不符合约定的情形通知出卖人。买受人怠于通知的，视为标的物的数量或者质量符合约定。题目中甲公司超过约定的检验期间，视为质量符合规定，不能主张解除合同。

(5)损失由甲公司承担。根据规定，标的物毁损、灭失的风险，在标的物交付之前由出卖人承担，交付之后由买受人承担，但法律另有规定或者当事人另有约定的除外。题目中货物已经交付给甲公司，因此是甲公司承担风险。

(6)第一，约定4%月利率合法。根据规定，自2013年7月20日起，我国全面放开金融机构贷款利率管制，除个人住房贷款利率浮动区间暂不调整外，金融机构其他贷款利率不再设上下限。题目中甲公司是向丁银行借款，这是向金融机构借款，因此利率符合规定。

第二，借款到期后，甲公司应向丁银行支付的利息为1.92万元(48×4%＝1.92万元)。根据规定，在借款合同中，借款的利息不得预先在本金中扣除。利息预先在本金中扣除的，应当按照实际借款数额返还借款并计算利息。

(7)戊公司的理由不成立。根据规定，当事人对保证方式没有约定或者约定不明确的，按照连带责任保证承担保证责任。题目中没有约定保证方式，视为连带责任保证。连带责任保证人没有先诉抗辩权，一般保证人才有先诉抗辩权。因此戊的理由不成立。

4.【答案】

(1)甲有维修义务。根据规定，出租人应当履行租赁物的维修义务，但当事人另有约定的除外。

乙能要求甲支付维修费用并减免相当于维修期间住宾馆费用的租金。根据规定，出租人未履行维修义务的，承租人可以自行维修，维修费用由出租人负担。因维修租赁物影响承租人使用的，应当相应减少租金或者延长租期。

(2)对于洗衣机的损坏，甲有权要求乙赔偿。根据规定，承租人经出租人同意，可以将租赁物转租给第三人。承租人转租的，承租人与出租人之间的租赁合同继续有效，第三人对租赁物造成损失的，承租人应当赔偿损失。

(3)租赁开始第13个月，甲不能要求乙支付第二年租金。根据规定，承租人应当按照约定的期限支付租金。对支付期限没有约定或者约定不明确，依照规定仍不能确定，租赁期间不满一年的，应当在租赁期间届满时支付；租赁期间一年以上的，应当在每届满一年时支付，剩余期间不满一年的，应当在租赁期间届满时支付。

(4)甲有权要求乙拆除壁炉。根据规定，承租人未经出租人同意，对租赁物进行改善或者增设他物的，出租人可以要求承租人恢复原状或者赔偿损失。

(5)丁取得了房屋所有权。根据规定，不动产物权的设立、变更、转让和消灭，经依法登记，发生效力；未经登记，不发生效力，但法律另有规定的除外。题目中已经办理产权登记手续，丁取得所有权。

(6)乙不能以自己优先购买权遭到损害主张赔偿损失。根据规定，出租人将房屋出卖给近亲属(配偶、父母、子女、兄弟姐妹等)的，承租人不得主张优先购买权。

(7)丁不能要求乙搬离房屋。根据规定，租赁物在租赁期间发生所有权变动的，不影响租赁合同的效力。因此租赁期限内，乙可以继续居住。

同步训练 限时90分钟

一、单项选择题

1. 下列关于合同的类型，表述正确的是( )。
   - A. 借款合同是有偿合同、实践合同
   - B. 赠与合同是无偿合同、单务合同
   - C. 委托合同是有偿合同、双务合同
   - D. 租赁合同是有偿合同、单务合同

2. 甲乙订立买卖苹果的合同，合同约定由丙将苹果交付给甲，甲支付给乙1万元。丙未按期向甲交付苹果，根据合同法律制度规定，下列表述正确的是( )。
   - A. 乙应向甲承担违约责任
   - B. 丙应向甲承担违约责任
   - C. 乙和丙向甲承担违约责任
   - D. 甲可以选择乙或丙承担违约责任

3. 甲公司分别向乙、丙、丁发出传真"本公司急需 X 型号钢材 100 吨，3000 元每吨，贵公司若有意出售，立即发货，货到验货合格即付款。"乙收到后立即回复传真："价格提到 3500 元每吨，立即发货。"丙收到后立即回复传真："价格没问题，库存仅 50 吨，可先发。"丁收到后没有回复，而是直接向甲发货 100 吨，不久，甲收到丙的钢材。关于此案，说法正确的是( )。
   - A. 甲发出的传真是要约邀请
   - B. 甲乙之间的合同成立
   - C. 甲丙之间合同成立
   - D. 甲丁之间合同成立

4. 根据《合同法》的规定，下列合同中，属于效力待定合同的是( )。
   - A. 甲、乙恶意串通订立的损害第三人丙利益的合同
   - B. 某公司法定代表人甲超越权限与善意第三人丁订立的买卖合同
   - C. 代理人甲超越代理权限与第三人丙订立的买卖合同
   - D. 无权处分人甲将租用的乙的电脑出售给丙的买卖合同

5. 上海某工厂向广州某公司购买一批物品，合同对履行地点和交货期限没有约定，发生争议时，依据《合同法》规定，下列说法正确的是( )。
   - A. 该合同的付款地在上海
   - B. 该合同的交货地点在上海
   - C. 上海某工厂可以随时请求广州某公司交货，无需给该公司准备时间
   - D. 广州某公司可以随时向上海某工厂交货，但需给对方必要准备时间

6. 甲、乙双方签订一份煤炭买卖合同，约定甲向乙购买煤炭 1000 吨，甲于 4 月 1 日向乙支付全部煤款，乙于收到煤款半个月后装车发煤。3 月 31 日，甲调查发现，乙的煤炭经营许可证将于 4 月 15 日到期，目前煤炭库存仅剩 700 余吨，且正加紧将库存煤炭发往别处。甲遂决定暂不向乙付款，并于 4 月 1 日将暂不付款的决定及理由通知乙。根据合同法律制度的规定，下列表述中，正确的是( )。
   - A. 甲无权暂不付款，因为在乙的履行期届至之前，无法确知乙将来是否会违约
   - B. 甲无权暂不付款，因为甲若怀疑乙届时不能履行合同义务，应先通知乙提供担保，只有在乙不能提供担保时，甲方可中止履行己方义务
   - C. 甲有权暂不付款，因为甲享有先履行抗辩权
   - D. 甲有权暂不付款，因为甲享有不安抗

辩权

7. 甲向乙借用电脑一台，乙向甲借用名牌手表一块。甲要求乙返还手表，乙以甲尚未归还电脑为由，拒绝返还手表。根据合同法律制度和物权法律制度的规定，下列表述中，正确的是（　　）。

A. 乙是在行使同时履行抗辩权，可以暂不返还手表

B. 乙是在行使不安抗辩权，可以暂不返还手表

C. 乙是在行使留置权，可以暂不返还手表

D. 乙应当返还手表

8. 甲对乙享有50000元债权，已到清偿期限，但乙一直宣称无能力清偿欠款。甲调查发现，乙对丁享有3个月后到期的7000元债权，戊因赌博欠乙8000元；另外，乙在半年前发生交通事故，因事故中的人身伤害对丙享有10000元债权，因事故中的财产损失对丙享有5000元债权。乙无其他可供执行的财产，乙对其享有的债权都怠于行使。下列各项中，甲可以代位行使的债权是（　　）。

A. 乙对丁的7000元债权

B. 乙对戊的8000元债权

C. 乙对丙的10000元债权

D. 乙对丙的5000元债权

9. 甲公司向银行贷款100万元，由乙公司为其100万元的债务提供担保，在保证期间内，银行通知甲公司其将100万元债权转让给丙公司，只通知了乙，但乙未予答复，对于本案中债权转让及担保责任，下列说法正确的是（　　）。

A. 银行的债权转让行为无效，因未经债务人甲同意

B. 银行的债权转让行为无效，因未经担保人乙同意

C. 乙的担保责任因债权的转移而消灭

D. 乙应当继续向丙承担担保责任

10. 2019年1月1日，甲公司从银行借款100万元，贷款期限为1年。乙公司单方向银

行出具了愿意承担担保责任的函，银行收到后未知可否。还款期限届满后，甲公司一直没有偿还贷款。下列有关该案的说法中，不正确的是（　　）。

A. 乙公司提供的是连带保证

B. 乙公司的保证期间截止到2020年7月1日

C. 即使银行未对乙承担担保责任作出答复，乙公司的保证也成立

D. 银行对乙公司的诉讼时效从银行起诉甲公司的判决生效之日起算

11. 甲餐厅承接乙的婚宴。双方约定：婚宴共办酒席20桌，每桌2000元；乙先行向甲餐厅支付定金1万元；任何一方违约，均应向对方支付违约金5000元。合同订立后，乙未依约向甲餐厅支付定金。婚宴前一天，乙因故通知甲餐厅取消婚宴。甲餐厅要求乙依约支付1万元定金与5000元违约金。根据合同法律制度的规定，下列表述中，正确的是（　　）。

A. 甲餐厅应在1万元定金与5000元违约金之间择一向乙主张，因为定金与违约金不能同时适用

B. 甲餐厅仅有权请求乙支付8000元定金，因为定金不得超过合同标的额的20%

C. 甲餐厅无权请求乙支付定金，因为乙未实际交付定金，定金条款尚未生效

D. 甲餐厅无权请求乙支付定金，因为定金额超过合同标的额的20%，定金条款无效

12. 下列关于合同解除的表述中，不正确的是（　　）

A. 因不可抗力导致合同解除的，不能要求违约方赔偿损失

B. 因一方违约导致合同解除的，守约方不能要求违约方支付合同约定的违约金

C. 借款合同的借款人未按照约定的借款用途使用借款的，贷款人可以解除合同

D. 委托合同当事人双方可以随时通知对

方解除合同，除不可归责于该当事人的事由以外，因解除合同给对方造成损失的应当赔偿损失

13. 甲乙订立买卖一头奶牛的合同，乙已付款，但后来下落不明，甲遂将奶牛交当地公证机关提存。根据合同法律制度的规定，下列关于提存期间当事人之间权利义务的表述中，正确的是（   ）。

A. 提存后，奶牛生下的小牛归甲所有

B. 保管奶牛产生的保管费由甲承担

C. 如果奶牛因为地震灭失，损失由乙承担

D. 如果自提存之日起 5 年后，乙仍没有领取奶牛，甲可以在支付保管费后取回

14. 赵某购买某汽车销售公司的轿车一辆，总价款 20 万元，约定分五次付清，每次 4 万元，每月的第一天支付。赵某按期支付三次共计 12 万元后，因该款汽车大幅降价，赵某遂停止付款。下列表述错误的是（   ）。

A. 汽车销售公司有权要求赵某一次性付清余下的 8 万元价款

B. 汽车销售公司有权通知赵某解除合同

C. 汽车销售公司有权收回汽车，并且向赵某收取汽车使用费

D. 汽车销售公司有权收回汽车，但不退还赵某已经支付的 12 万元价款

15. 张某与开发商签订了商品房买卖合同，购买某楼盘商品房一套。根据合同法律制度的规定，下列情形，张某不享有法定解除权的是（   ）。

A. 房屋套内建筑面积仅为合同约定面积 96% 的

B. 出卖人迟延交付房屋，经催告后在 1 个月内履行交付义务的

C. 约定或者法定的办理房屋所有权登记的期限届满后第 2 年，因出卖人的原因导致买受人仍无法办理房屋所有权登记的

D. 因房屋质量问题严重影响正常居住使用的

16. 2019 年 10 月 8 日，甲提出将其正在使用的轿车赠送给乙，乙欣然接受。10 月 21 日，甲将车交付给乙，但未办理过户登记。交车时，乙向甲询问车况，甲称"一切正常，放心使用"。事实上，该车三天前曾出现刹车失灵，故障原因尚未查明。乙驾车回家途中，刹车再度失灵，车毁人伤。根据合同法律制度的规定，下列表述中，正确的是（   ）。

A. 甲、乙赠与合同的成立时间是 2019 年 10 月 8 日

B. 双方没有办理过户登记，因此轿车所有权尚未转移

C. 甲未如实向乙告知车况，构成欺诈，因此赠与合同无效

D. 赠与合同是无偿合同，因此乙无权就车毁人伤的损失要求甲赔偿

17. A 公司向 B 公司拆借用于 A 公司扩建生产线，约定借款期限两年，年利率 36%，其他事项没有约定。下列说法正确的是（   ）。

A. 企业之间拆借，借款协议无效

B. A 公司法定代表人应当为该借款承担清偿责任

C. 该借款的利息届满一年时支付一次

D. 约定的年利率因过高而无效

18. 甲公司资金周转困难，公司法定代表人刘某以自己名义向同学张某借款 50 万元用于公司经营，现甲公司濒临破产，张某索要款项未果，遂将刘某和甲公司告上法院，下列表述正确的是（   ）。

A. 刘某与张某之间的借款合同无效

B. 张某只能要求刘某清偿借款

C. 张某只能要求甲公司承担清偿责任

D. 张某可以要求甲公司与刘某共同承担责任

19. 张先生将自己的一套房屋出租给王女士，在租赁期间，张先生将房屋出售，王女士主张优先购买权，人民法院应予支持的情形是（   ）。

A. 张先生将房屋卖给其近亲属

B. 张先生将房屋卖给了解该房屋已出租的同事李先生

C. 张先生将房屋卖给不知情的同学刘先生，并办理过户

D. 张先生将欲出售房屋的事实通知了王女士，王女士在 15 日内未明确表示购买

20. 甲公司与乙公司订立合同，乙公司将一台大型设备卖给甲，甲为此支付设备款 200 万元，甲又将该设备租给乙，乙每年支付租金 50 万元，共计 5 年，租期届满设备归乙所有。关于此合同，以下说法正确的是(　　)。

A. 该合同因违法而无效

B. 甲应当承担租赁期间设备的维修义务

C. 租赁期间若设备因不可抗力灭失，该损失由乙承担

D. 租赁期间若该设备导致第三人损失，该损失由甲承担

21. 根据合同法律制度的规定，下列各项关于承揽合同当事人权利义务的表述，错误的是(　　)。

A. 经定作人同意承揽人将其承揽的主要工作交给第三人完成的，承揽人应就该工作向定作人承担责任

B. 未经定作人同意承揽人将其主要工作交给第三人完成的，定作人有权要求解除合同

C. 不经定作人同意承揽人可以将其承揽的辅助工作交由第三人完成

D. 在承揽工作完成前，定作人有权随时解除承揽合同，并无需赔偿承揽人的任何损失

22. 甲公司的办公楼由乙公司承建，因缺乏资金，甲公司将在建工程抵押给银行贷款。工程完工后，甲公司尚欠乙公司工程款 200 万元，合同还约定了违约金 10 万元。由于甲公司迟迟不付款，乙公司欲拍卖该办公楼以优先受偿。下列选项中，正确的是(　　)。

A. 乙公司拍卖该办公楼需经银行同意

B. 乙公司必须在发包人应当给付建设工程价款之日起 6 个月内行使该权利

C. 银行的抵押权优先于乙公司的工程款

D. 乙公司可以主张 210 万元的优先权

23. 甲公司的工程师乙，主要工作职责是研发电脑鼠标。乙完成的下列研发工作中，专利申请权归乙自己的是(　　)。

A. 乙利用业余时间研发的新型飞镖

B. 乙没有利用甲公司物质技术条件研发出新鼠标

C. 乙主要利用了单位物质技术条件研发出新型手机

D. 乙辞职后半年内研发出的新鼠标

24. 刘某与李某、胡某签订合同，约定刘某以技术入股的方式与其共同投资成立 A 公司，但刘某不参与 A 公司的经营管理，且无论 A 公司盈亏，每年均分得 20000 元作为技术价款。根据以上所述，该合同应为(　　)。

A. 联营合同

B. 技术开发合同

C. 技术转让合同

D. 无效合同

二、多项选择题

1. 下列情形中，要约不得撤销的有(　　)。

A. 要约中明确规定了承诺期限

B. 要约中明确表示该要约不得撤销

C. 受要约人有理由认为要约不会撤销，并为履行合同作了准备

D. 要约已经到达受要约人

2. 下列选项中合同成立的有(　　)。

A. 甲与乙商谈买卖电脑 10 台的合同，二人约定于 3 月 15 日签订书面合同。3 月 8 日，甲因清理仓库，将作为合同标的的电脑送至乙处，乙收下，但一直未签订书面合同

B. 甲向乙发出要约的邮件，要求乙 10 日内答复。乙第二天即回复邮件，但因系统故障，导致乙的邮件到达甲时已是第 11

天，甲收到后未作任何表示

C. 甲乙商谈买卖手机，并约定签书面合同，甲签好以后，乙在合同上摁了手印，但未签字

D. 甲向乙发出要约的邮件，写明：三天之内如果乙不反对，合同就成立。乙收到以后三天内未作任何表示

3. 下列属于格式条款无效情形的有(　)。

A. 提供格式条款一方免除自己的责任

B. 提供格式条款的一方加重对方责任

C. 提供格式条款一方减轻自己的责任

D. 提供格式条款一方排除对方主要权利

4. 甲欠乙5万元，乙多次催促，甲拖延不还。2019年6月1日，乙发现甲实施的下列行为，可以行使撤销权的有(　)。

A. 2018年5月，甲曾放弃丙欠甲的3万元借款，该借款1年后才到期

B. 2019年1月，甲放弃丙为自己的债权提供的保证

C. 2019年3月，甲将戊所欠已到期5万元借款延期一年

D. 2019年5月，甲为庚的贷款提供担保，庚对甲欠款之事不知情

5. 甲公司向银行贷款，乙担保公司提供担保。为保障乙的权益，乙担保公司要求甲公司提供反担保。下列选项中，甲公司可以提供反担保的方式有(　)。

A. 甲公司提供的抵押

B. 甲公司提供的质押

C. 第三人提供的抵押

D. 第三人提供的保证

6. 下列各项中不能做保证人的有(　)。

A. 某公司财务部门

B. 某公立大学

C. 某社区幼儿园

D. 有书面授权的某公司的分支机构

7. 甲欠乙10万元，丙做保证人。甲将10万元债务转让给丁，通知了乙、丙，但二人均未答复，对此，说法正确的有(　)。

A. 债务转让通知到达乙时起，甲的债务转让给丁

B. 债务转让因未经乙同意而不生效力

C. 债务转让通知到达丙时起，丙对转让的债务继续承担保证责任

D. 乙同意、丙书面同意该债务转让时起，丙对转让的债务继续承担保证责任

8. 甲将其收藏的一幅名画以20万元卖给乙。以下情形下，当事人不可以通知对方解除合同的有(　)。

A. 甲未按期将画交给乙

B. 甲在履行期限届满前将画卖给丙并交付

C. 该画在交付给乙之前不慎被焚毁

D. 乙在甲交付画之前明确表示，如果不减价5万元，将不付款

9. 根据我国《合同法》的规定，下列情形中会导致合同的权利义务终止的有(　)。

A. 债务人甲公司以货物抵偿了欠乙公司的9万元债务

B. 甲公司欠乙公司10万元，乙公司将甲公司兼并

C. 甲公司免除了乙公司所欠的3万元借款

D. 甲欠乙10万元，丙代甲清偿全部欠款

10. 关于定金、违约金、损害赔偿金，下列表述正确的有(　)。

A. 约定的违约金过分高于违约所造成的损失，当事人可以请求法院或仲裁机构予以适当减少

B. 定金不足以弥补违约所造成的全部损失的，超出定金数额部分的损失，可以再要求损害赔偿

C. 违约金条款与定金条款，二者不能同时并用

D. 买卖合同当事人一方违约造成对方损失，对方对损失的发生也有过错，违约方可以主张扣减相应的损失赔偿额

11. 根据合同法律制度的规定，下列情形中，出卖人应承担标的物毁损、灭失的风险的有(　)。

A. 合同约定卖方代办托运，出卖人已将标的物发运，即将到达约定的交付地点

B. 出卖人将标的物运至买受人指定地点并交付给承运人

C. 标的物已运抵交付地点，买受人因标的物不符合约定的质量标准导致不能使用而拒绝接受

D. 合同约定在标的物所在地交货，约定时间已过，买受人仍未前往提货

12. 2018 年 10 月 1 日，甲有一批货物正在由北京运往上海准备销售的途中，10 月 5 日，甲与上海的乙就这批货物洽谈并签订了买卖合同，约定甲将货物卖给乙。签订合同时该标的物仍在运输途中，此时关于标的物的风险的承担表述正确的有（　　）。

A. 标的物的风险自合同成立时由买受人乙承担

B. 标的物的风险在实际交付买受人乙之前是出卖人甲承担

C. 如果甲在 10 月 5 日已知该批货物毁损但未告知乙，则应当是甲承担货物毁损的风险

D. 如果甲在 10 月 5 日已知该批货物毁损但未告知乙，则仍应是乙承担货物毁损的风险

13. 甲有一辆汽车要卖掉，乙欲购买，甲对乙说："你先开回去试用一个月，满意的话你就买下，价款 20 万元。"乙同意。乙的下列行为视为购买该车的有（　　）。

A. 试用期间，乙将汽车出售给丙

B. 试用期间，乙将汽车质押给丁

C. 试用期间，乙将汽车出租给戊

D. 试用期满，乙对是否购买未作任何表示

14. 喜好游泳的赵某从远达公司购买某小区商品房一套，交房时发现购房时远达公司售楼部所展示的该小区模型中的游泳池并不存在。经查，该小区设计中并无游泳池。关于本案，下列说法正确的有（　　）。

A. 因设计中并无游泳池，远达公司不构

成违约

B. 赵某有权自远达公司交房时起 1 年内请求法院撤销合同

C. 赵某有权要求远达公司承担违约责任

D. 赵某有权要求远达公司承担返还已付购房款一倍的赔偿责任

15. 根据合同法律制度的规定，下列各项中，赠与人可以撤销赠与的有（　　）。

A. 受赠人乙过失导致赠与人甲脚踝扭伤

B. 受赠人甲没有按照与赠与人的约定为其整理书稿

C. 赠与的车辆已经交付但尚未办理过户登记

D. 赠与合同经过律师见证，赠与的游轮尚未交付

16. 下列有关借款合同的说法，符合规定的有（　　）。

A. 自然人之间的借款合同可以不采用书面形式

B. 利息预先在本金中扣除的，应当按照实际借款数额返还借款并计算利息

C. 借款期间不满 1 年的，应当在返还借款时一并支付利息

D. 民间借贷合同中，借贷双方对借贷利息约定不明，出借人主张利息的，法院不予支持

17. 根据规定，法人之间民间借贷合同原则上有效，除存在无效情形的，下属于民间借贷合同无效情形的有（　　）。

A. 企业套取金融机构信贷资金又高利转贷给知情借款人

B. 出借人事先知道借款用于违法犯罪活动仍然提供借款的

C. 企业向本单位职工集资取得的资金又转贷给借款人牟利，但借款人对此不知情

D. 当事人订立的借款合同违背公序良俗

18. 2017 年 4 月 1 日，甲将自己的房屋租给乙住，口头约定租期为 5 个月，月租金 1000 元。其他事项未约定。在租赁期间，

当事人以下行为合法的有（   ）。

A. 甲可以随时要求乙搬出，但应该给乙必要的准备时间

B. 乙经甲同意可以将住房转租给丙

C. 甲若将房屋转让给丁，在租赁期间乙可继续租赁使用该房

D. 甲若将房屋转让给丁，应当提前通知乙，否则乙有权要求宣告甲丁之间房屋买卖合同无效

19. 甲根据乙的要求，向丙购买了1台大型设备，融资租赁给乙使用。关于三者之间的关系，下列表述中正确的有（   ）。

A. 如果设备出现质量问题，甲不向乙承担违约责任

B. 如果设备出现质量问题，乙有权直接要求丙承担责任

C. 如果设备不能正常使用，乙也应当按照约定支付租金

D. 融资租赁期间，如果乙破产，该设备应作为乙的破产财产

20. 甲公司与乙公司签订建设工程施工合同，将工程发包给乙公司施工。合同约定2017年7月1日竣工，甲公司支付工程款1亿元。乙公司经甲公司同意将主体工程分包给丙公司。工程于2017年7月5日竣工验收合格。至此，甲公司尚有部分工程款未支付，乙公司也因此未支付给丙公司。下列表述正确的有（   ）。

A. 乙丙之间分包合同无效

B. 该工程竣工日期为2017年7月1日

C. 丙公司有权要求甲公司支付所欠工程款

D. 乙公司有权要求甲公司支付自7月5日起欠付工程款的利息

21. 刘某提供三块布料在某个体制衣店定做三件衣服，合同签订不久刘某觉得衣服样式不够新潮，遂要求停止制作。制衣店认为这是个无理要求，便继续使用剩下两块布料，按原定式样做好了衣服。下列说法正确的有（   ）。

A. 制衣店应赔偿因此给刘某造成的损失

B. 刘某应支付全部约定报酬

C. 刘某应支付部分报酬

D. 刘某应支付全部约定报酬和违约金

22. 甲公司委托张某到某地采购10吨玉米，张某要求甲公司预付2万元处理委托事务的费用，甲公司予以拒绝，双方无其他约定。后张某在处理委托事务过程中自己垫付了2万元的必要费用。但因当地受灾，导致农作物歉收，张某未能采购到符合甲公司质量要求的玉米。根据合同法律制度的规定，下列表述中正确的有（   ）。

A. 甲公司应当预付张某处理委托事务的费用

B. 张某有权要求甲公司偿还为处理委托事务所支付的必要费用及利息

C. 甲公司有权随时解除委托合同

D. 张某无法采购到符合甲公司质量要求的玉米，张某有权要求甲公司支付相应的报酬

三、案例分析题

1. 2017年3月1日，甲公司向乙公司借款500万元，用于购置某型号汽车50辆，合同约定借期1年，年利率30%，利息在借款时一次性扣除，到期返还本金即可。乙公司实际借给甲公司350万元。甲公司法定代表人吴某以价值300万元的房屋设定抵押，同时，在借款合同上，丙公司以保证人的身份签字，并注明责任承担到借款到期为止。同日，甲公司与丁汽车制造公司签订了汽车买卖合同，合同约定质量检验期为收到汽车之日起6个月，货到付款。2017年6月5日，丁公司将50辆汽车运至甲公司指定地点，刚卸货不久，当地突降暴雨，导致5辆汽车意外被水淹报废。甲公司拒绝支付该5辆汽车的价款。2017年6月15日，甲公司办好其余车辆登记。2017年8月，甲公司将其中4辆车捐赠给某希望小学，2017年12月10日，希望小

学告知甲公司,其中 1 辆车有质量问题,甲公司遂要求丁公司维修,丁公司拒绝。

2018 年 2 月 1 日,甲公司的关联公司戊公司向乙公司表示,愿意承担甲公司的借款债务,乙公司收到后未做任何表示。3 月 1 日,甲公司欠乙公司借款到期,乙公司要求归还 500 万元的本息,甲无力清偿,乙公司准备对吴某的房屋行使抵押权,并要求保证人丙公司承担保证责任。丙公司提出抗辩:一是自己仅以保证人身份签字,合同中并无保证条款,保证关系并不成立;二是即便保证关系成立,也应当先拍卖吴某的房屋,自己也只是承担补充责任,更何况该债务已转移给戊公司,自己更无需承担责任;三是,即便保证关系成立,也已经过了保证期间,因为自己签字时注明责任承担到借款到期为止。

要求:根据上述内容,分别回答下列问题。

(1)甲公司何时取得汽车的所有权?并说明理由。

(2)甲公司是否有权拒绝支付 5 辆汽车的价款?并说明理由。

(3)希望小学是否有权要求甲公司对车辆承担维修责任?并说明理由。

(4)甲公司是否有权要求丁公司承担赠与给希望小学汽车的修理责任?并说明理由。

(5)丙公司认为保证关系不成立和自己只承担补充责任的说法是否正确?并说明理由。

(6)丙公司认为债务已转移给戊公司,自己无需承担责任的说法是否正确?并说明理由。

(7)丙公司认为已经过了保证期间的说法是否正确?并说明理由。

(8)乙公司要求甲公司还款 500 万元是否合法?甲公司应当支付乙公司多少利息?并说明理由。

2. 2017 年 3 月 1 日,甲房地产公司(简称"甲公司")与乙建筑公司(简称"乙公司")签订一份建筑工程承包合同,约定由乙公司承建甲公司开发的景明写字楼项目,工程价款 5000 万元,工期 14 个月。后来甲公司因资金短缺,无力继续提供约定由其提供的部分建筑材料。鉴于双方的长期合作关系,乙公司遂以自有资金 500 万元购买部分建筑材料用于该工程,为加快进度,乙公司经甲公司同意将少量非关键工作分包给另一建筑施工企业 A 公司,工程如期完成。对于乙公司的垫资,双方未作任何约定。工程竣工验收后,甲公司支付了工程款,但乙公司垫付的 500 万元建筑材料款尚未支付。

2018 年 6 月 22 日,甲公司为投资其他房地产项目,以景明写字楼作抵押,向丙银行借款 2.5 亿元,同时办理了抵押登记。该借款到期后,甲公司因资金周转困难,未能全部偿还,尚欠丙银行借款本息 2 亿元。

2018 年,乙公司开始涉足房地产开发业务,并于 7 月 12 日以 2.3 亿元的价格,从丁房地产公司(简称"丁公司")处受让一块建设用地使用权,用于建设西山公寓住宅项目。乙公司在取得该块土地使用权时,向丁公司支付了 1.3 亿元土地转让金。根据双方约定,剩余 1 亿元转让金应于 2019 年 5 月 31 日前支付完毕。同时,甲公司以景明写字楼作抵押,为乙公司所欠丁公司的 1 亿元土地转让金提供担保,双方亦办理了抵押登记。

西山公寓项目竣工后,因市场低迷而滞销。为缓解困境,乙公司于 2019 年 6 月 8 日,以西山公寓作抵押,从戊银行处获得一笔借款,并办理了抵押登记。双方约定,一旦乙公司连续 3 个月不能偿还借款利息,戊银行即可行使抵押权。

2019 年 10 月 29 日,吴某以 110 万元的价格购买了西山公寓住房一套,并一次性付清了房款。但乙公司未将该房屋已设定抵押的事实告知吴某。

甲公司因不能清偿到期债务，于 2019 年 12 月 27 日被人民法院裁定进入破产程序。在申报破产债权时，乙公司就其 500 万元的垫资款、丙银行就甲公司尚未偿还的 2 亿元借款本息、丁公司就其 1 亿元土地转让金，均主张以景明写字楼拍卖所得价款全额优先受偿。景明写字楼拍卖所得价款为 2.7 亿元。

鉴于乙公司停止偿还借款利息已超过 3 个月，2020 年 3 月 20 日，戊银行行使对西山公寓的抵押权，申请人民法院拍卖西山公寓。至此，吴某方知其所购商品房已被设定抵押，遂主张解除房屋买卖合同，要求乙公司返还 110 万元购房款并赔偿损失，此外，还要求乙公司另行支付 110 万元惩罚性赔偿金。

要求：根据上述内容，分别回答下列问题。

(1)乙公司与 A 公司之间的分包合同是否有效？若乙公司与甲公司签订建设工程合同后，经甲公司同意将主体工程分包给 A 公司，该分包行为是否有效？并分别说明理由。

(2)甲公司所欠乙公司的 500 万元垫资款能否从景明写字楼拍卖所得价款中全额优先受偿？并说明理由。

(3)甲公司所欠丙银行的 2 亿元借款本息能否从景明写字楼拍卖所得价款中全额优先受偿？并说明理由。

(4)由甲公司担保的乙公司所欠丁公司 1 亿元土地转让金能否从景明写字楼拍卖所得价款中全额优先受偿？并说明理由。

(5)吴某是否有权解除与乙公司的商品房买卖合同？并说明理由。

(6)吴某是否有权要求乙公司返还 110 万元房款并赔偿损失？并说明理由。

(7)吴某是否有权要求乙公司支付 110 万元惩罚性赔偿金？并说明理由。

3. 甲公司是一家家电生产厂家。2017 年 3 月

1 日，甲公司向乙公司租赁厂房，同时向 A 公司融资租赁设备一套。2017 年 4 月 1 日，甲公司在未告知乙公司的情况下，在厂房外墙凿出通风口，安装通风设备。乙公司得知以后要求甲公司拆除并赔偿墙体损害的损失。甲公司不予理睬，乙公司遂通知甲公司解除租赁合同，要求甲公司清退出厂房。2017 年 4 月 5 日，甲公司急需用钱，将融资租赁的设备以市价出售给不知情的丙公司，甲公司交付了设备，但丙公司仅支付了一半价款。A 公司得知以后要求丙公司返还该设备，丙公司拒绝。

2018 年 1 月 2 日，甲公司与张某签订委托合同，委托张某销售家电，为期 1 年。1 月 4 日，甲公司给张某出具授权委托书，载明张某以甲公司名义销售家电并收取款项，授权期限 1 月 5 日至 6 月 5 日。后张某因违反公司管理规定被甲公司开除，其手上尚有甲公司盖了公章的空白合同书若干。张某为报复甲公司，持该合同书与长期有合作关系的丁公司订立了出售价值 100 万元的家电的合同，合同约定丁公司先付首付款 20 万元，甲公司交货以后丁公司再支付余款。张某收取首付款以后逃匿。丁公司要求甲公司交货，甲公司以张某的行为与自己无关为由拒绝。经协商，甲公司答应交付价值 90 万元的家电，在甲公司准备交货之前，得知丁公司经营困难，已濒临破产，甲公司遂暂停发货，通知了丁公司。丁公司提供价值 100 万的汽车一辆作为抵押，要求甲公司发货，甲公司仍然拒绝。

甲公司将自有设备抵押给 A 银行借款，并为设备投保了保险。抵押期间，该设备因雷击起火被烧毁，保险公司赔偿 100 万元。甲公司届期无力清偿欠款，银行主张就保险赔款优先受偿。

要求：根据上述内容，分析回答下列问题。

(1)乙公司是否有权要求甲公司拆除通风

设备并赔偿墙体损害的损失？并说明理由。

(2)乙公司是否有权要求解除与甲公司的厂房租赁合同？并说明理由。

(3)A公司是否有权要求丙公司返还设备？并说明理由。

(4)甲公司与张某的委托合同何时成立？张某何时取得销售家电的代理权？并说明理由。

(5)丁公司要求甲公司交货，甲公司是否

有权以张某的行为与自己无关为由拒绝？并说明理由。

(6)甲公司能否暂停发货给丁公司？并说明理由。

(7)丁公司提供价值100万元的汽车一辆作为抵押，要求甲公司发货，甲公司能否拒绝发货？并说明理由。

(8)银行是否有权要求就保险赔款优先受偿？并说明理由。

同步训练答案及解析

一、单项选择题

1. B 【解析】本题考核合同的分类。自然人借款合同是实践合同，可能有偿可能无偿，金融机构借款合同是有偿合同、诺成合同，选项A错误。委托合同可能是有偿的，也可能是无偿的，选项C错误。租赁合同是有偿合同、双务合同，选项D错误。

2. A 【解析】本题考核合同的相对性原则。当事人约定由第三人向债权人履行债务的，第三人不履行债务或者履行债务不符合约定，债务人应当向债权人承担违约责任。选项A正确，选项BCD错误。

3. D 【解析】本题考核合同的订立。甲发出的传真是要约，乙、丙对甲的要约做了实质性变更，丁以行为作出承诺，因而甲、丁之间合同成立。选项ABC均错误。

4. C 【解析】本题考核效力待定合同的规定。选项A属于无效合同；选项B属于代表行为，不是代理行为，该合同是有效的；选项D无权处分人订立的买卖合同是有效的。

5. D 【解析】本题考核合同内容约定不明时的确定规则。履行地点不明确，给付货币的，在接受货币一方所在地履行；交付不动产的，在不动产所在地履行；其他标的，在履行义务一方所在地履行。本案

中，出卖人和收款人为广州公司，因而交货地、付款地都在广州，选项AB错误。履行期限不明确的，债务人可以随时履行，债权人也可以随时要求履行，但应当给对方必要的准备时间，因而选项C错误，选项D正确。

6. D 【解析】本题考核不安抗辩权。应当先履行债务的当事人，有确切证据证明对方有下列情形之一的，可以中止履行：经营状况严重恶化；转移财产、抽逃资金，以逃避债务；丧失商业信誉；有丧失或者可能丧失履行债务能力的其他情形。因为乙的煤炭经营许可证将于4月15日到期，且正加紧将库存煤炭发往别处，有可能丧失履行债务的能力，因此甲可以行使不安抗辩权。

7. D 【解析】本题考核抗辩权。同时履行抗辩权与不安抗辩权，都是在"同一双务合同"中，而题目中是"两个合同"，选项AB错误；债权人留置的动产，应当与债权属于同一法律关系，但企业之间留置的除外。题目中当事人是两个自然人，所以受"同一法律关系"的限制，但题目中是"两个合同"，所以不能行使留置权，选项C错误。

8. D 【解析】本题考核债权人代位权。合法的债权才能行使代位权，排除戊的赌博欠

债。到期的债权才能行使代位权，排除丁的未到期欠债。非专属于债务人自身的债权，才能行使代位权，排除丙因人身伤害的负债。

9. D 【解析】本题考核合同权利转让及担保责任。根据规定，债权人转让债权的，应当通知债务人，否则对债务人不发生法律效力。本案中，债权转让行为有效，且通知了债务人，对债务人也发生效力。选项AB错误。债权转让的情况下，除另有约定外，保证人应当继续承担保证责任，因而选项C错误，选项D正确。

10. D 【解析】本题考核保证与债务承担。第三人单方出具担保函，债权人接受且未表示异议的，应当认定保证成立，由于未约定保证方式，应当认定为连带责任保证，因而选项AC正确；未约定保证期间，保证期间为主债权履行期限届满之日起6个月，选项B正确；连带保证的诉讼时效起算时间为债权人向连带保证人主张权利时起算，因此选项D错误。

11. C 【解析】本题考核定金的规定。定金合同从实际交付定金之日起生效，本题中由于未支付定金，因此双方的定金合同未生效。

12. B 【解析】本题考核合同解除的相关规定。因一方违约导致合同解除的，守约方可以要求违约方支付违约金，故选项B错误。

13. C 【解析】本题考核买卖合同标的物提存的规定。根据规定，标的物提存后，毁损、灭失的风险由债权人承担。提存期间，标的物的孳息归债权人所有。提存费用由债权人负担。债权人领取提存物的权利，自提存之日起五年内不行使而消灭，提存物扣除提存费用后归国家所有。因此选项A、B、D错误。

14. D 【解析】本题考核分期付款买卖合同的相关规定。(1)分期付款的买受人未支付到期价款的金额达到全部价款的五分之一的，经催告后在合理期限内仍未支付到期价款的，出卖人可以要求买受人支付全部价款或者解除合同。本案中，赵某与汽车销售公司之间签订的是分期付款的买卖合同，赵某在支付12万元合同价款后拒绝支付，未支付到期货款是4万元，达到了全部价款的五分之一，经催告后在合理期限内仍未支付到期价款的，出卖人即汽车销售公司有权要求赵某一次性支付剩余8万元的价款或解除合同，因此选项AB正确；(2)出卖人解除合同的，可以向买受人要求支付该标的物的使用费。据此可知，如果汽车销售公司选择解除合同的话，汽车销售公司有权收回汽车，返还赵某已经支付的12万元价款，同时要求赵某支付汽车使用费，因此选项C正确，选项D错误。

15. B 【解析】本题考核商品房买卖合同。商品房买卖合同中当事人可以行使解除权的情形有：第一，因房屋主体结构质量不合格不能交付使用，或者房屋交付使用后，房屋主体结构质量经核验确属不合格的；第二，因房屋质量问题严重影响正常居住使用的(选项D不选)；第三，房屋套内建筑面积或者建筑面积与合同约定的面积误差比绝对值超过3%的(选项A不选)；第四，出卖人迟延交付房屋或者买受人迟延支付购房款，经催告后在3个月的合理期限内仍未履行的(选项B当选)；第五，约定或者法定的办理房屋所有权登记的期限届满后超过1年，因出卖人的原因导致买受人无法办理房屋所有权登记的(选项C不选)。

16. A 【解析】本题考核赠与合同。赠与合同是诺成合同，选项A正确。轿车是动产，所有权是自交付时转移，选项B错误。因欺诈订立的合同不损害国家利益的为可撤销合同，选项C错误。赠与人故意不告知瑕疵或者保证无瑕疵，造成受赠人损失的，应当承担损害赔偿责任；

选项 D 错误。

17. C 【解析】本题考核民间借贷。企业拆借用于生产经营的借贷合同有效，选项 A 错误；A 公司以自己名义借款用于企业经营，应当由 A 公司承担清偿责任，与法定代表人无关，选项 B 错误；由于未约定利息支付的时间，每届满一年支付一次，选项 C 正确；约定的年利率超过 36% 的部分才是绝对无效，选项 D 错误。

18. D 【解析】本题考核民间借贷合同。企业法定代表人或者负责人以企业名义与出借人签订民间借贷合同的，出借人、企业或者其股东能够证明所借款项用于企业法定代表人或负责人个人使用，出借人可以要求将企业法定代表人或负责人列为共同被告或者第三人。企业法定代表人或负责人以个人名义与出借人签订民间借贷合同，所借款项用于企业生产经营，出借人可以请求企业与个人共同承担责任。

19. B 【解析】本题考核房屋租赁合同。根据规定，第三人善意购买租赁房屋并已经办理登记手续的，承租人主张优先购买房屋的，人民法院不予支持。本题选项 B 中，李先生不构成善意第三人，无论是否已经办理登记手续，王女士都可以主张优先购买权。

20. C 【解析】本题考核融资租赁合同。售后返租不影响融资租赁的成立，选项 A 错误；承租人承担租赁期间租赁物维修义务，选项 B 错误；融资租赁期间标的物毁损灭失的风险由承租人承担，选项 C 正确；标的物导致第三人损失的，承租人承担赔偿责任，选项 D 错误。

21. D 【解析】本题考核承揽合同当事人的权利义务。定作人有权随时要求解除合同，但造成承揽人的损失应当赔偿。

22. B 【解析】本题考核建设工程合同。工程款优先权优先于抵押权人的抵押权；选项 AC 错误。工程款优先权仅限于实际

支出的费用，如材料费、人工费；选项 D 错误。

23. A 【解析】本题考核职务技术成果的确定。执行本单位的任务或者主要是利用本单位的物质技术条件所完成的发明创造为职务发明创造。乙是甲公司负责研发电脑鼠标的工程师，其在公司的职责就是研发电脑鼠标，即便其没有利用公司的资金、设备、零部件等技术条件，依然属于职务发明，该发明的专利申请权属于甲公司，而非属于乙。选项 B 错误。乙主要利用了单位物质技术条件研发出的新型手机属于职务发明，其专利申请权属于甲公司，而非属于乙。选项 C 错误。离职后一年内继续从事与其原所在法人或者其他组织的岗位职责或者交付的任务有关的技术开发工作，属于"执行法人或者其他组织的工作任务"，即为职务技术成果，则该新鼠标的专利申请权属于甲公司，选项 D 错误。

24. C 【解析】本题考核技术合同的规定。当事人以技术入股方式订立联营合同，但技术入股人不参与联营体的经营管理，并且以保底条款形式约定联营体或者联营对方支付其技术价款或者使用费的，视为技术转让合同。

二、多项选择题

1. ABC 【解析】本题考核要约的撤销。要约不得撤销的情形：（1）要约人确定了承诺期限的；（2）以其他形式明示要约不可撤销的；（3）受要约人有理由认为要约是不可撤销的，并已经为履行合同作了准备工作。因此选项 ABC 正确；要约生效后是可以撤销的，因此选项 D 错误。

2. ABC 【解析】本题考核合同的成立。选项 A 中，虽然未签书面合同，但一方已经履行其主要义务，对方接受，视为合同成立。选项 B 中，乙的承诺迟到，除要约人甲及时通知乙因承诺超过期限不接受该承诺的以外，该承诺有效，合同成立；选项

C 中，双方约定签书面合同，摁手印与签字有同等效力，合同成立；沉默只有在法律有明确规定、当事人有明确约定或者有交易习惯时才构成意思表示，因而合同不成立，选项 D 错误。

3. ABD 【解析】本题考核无效格式条款。提供格式条款一方免除自己的责任、加重对方的责任、排除对方主要权利都是无效的。选项 C 错误。

4. ABC 【解析】本题考核债权人撤销权。为他人的债务提供担保，以第三人的恶意（知道或应当知道）为要件，如果第三人主观上无恶意，则债权人不能行使撤销权。选项 D 错误。

5. ABCD 【解析】本题考核反担保。反担保方式可以是债务人提供的抵押或者质押，也可以是其他人提供的保证、抵押或者质押。

6. ABC 【解析】本题考核保证人的资格。选项 A 属于企业法人的职能部门，在任何情况下均不得为保证人；选项 BC 属于以公益为目的的事业单位，不能成为保证人。

7. BD 【解析】本题考核债务转让与保证责任。债务转让需经债权人同意，选项 A 错误，选项 B 正确；债务转让未经保证人书面同意的，保证人不再承担保证责任。选项 C 错误，选项 D 正确。

8. BCD 【解析】本题考核合同的法定解除。以下情形当事人可以直接通知对方解除合同：(1)不可抗力导致不能实现合同目的；(2)一方在合同履行期限届满前明确表示或以自己的行为表示将不履行合同的主要义务；(3)一方迟延履行经催告仍不履行；(4)一方迟延履行或有其他违约行为直接导致不能实现合同目的。选项 A 中甲只是迟延履行，未达到导致乙不能实现合同目的的程度，因而不当选。

9. ABCD 【解析】本题考核合同终止。导致合同权利义务终止的情形包括清偿、解

除、抵销、提存、混同、免除等。其中选项 A 为抵销的情形；选项 B 为混同的情形；选项 C 为免除的情形；选项 D 是第三人代为清偿，也导致合同终止。

10. ABCD 【解析】本题考核违约责任的承担。约定的违约金低于造成的损失的，当事人可以请求人民法院或者仲裁机构予以增加；约定的违约金过分高于造成的损失的，当事人可以请求人民法院或者仲裁机构予以适当减少，选项 A 正确。买卖合同约定的定金不足以弥补一方违约造成的损失，对方请求赔偿超过定金部分的损失的，人民法院可以并处，但定金和损失赔偿的数额总和不应高于因违约造成的损失，选项 B 正确。

11. AC 【解析】本题考核买卖合同标的物风险的转移。一般情况下，标的物毁损、灭失的风险，在标的物交付之前由出卖人承担，交付之后由买受人承担，所以选项 A 正确；出卖人按照约定将标的物运送至买受人指定地点并交付给承运人后，标的物毁损、灭失的风险由买受人承担，但是当事人另有约定的除外，所以选项 B 错误；因标的物质量不符合质量要求，致使不能实现合同目的的，买受人可以拒绝接受标的物或者解除合同。买受人拒绝接受标的物或者解除合同的，标的物毁损、灭失的风险由出卖人承担，选项 C 正确；因买受人的原因致使标的物不能按照约定的期限交付的，买受人应当自违反约定之日起承担标的物毁损、灭失的风险，所以选项 D 错误。

12. AC 【解析】本题考核买卖合同风险的转移。出卖人出卖交由承运人运输的在途标的物，除当事人另有约定的以外，毁损、灭失的风险自合同成立时起由买受人承担。但如果出卖人出卖交由承运人运输的在途标的物，在合同成立时知道或者应当知道标的物已经毁损、灭失却未告知买受人，买受人主张出卖人负担

标的物毁损、灭失的风险的，人民法院
应予支持。

13. ABCD 【解析】本题考核试用买卖合同。
在试用期内，买受人对标的物实施了出
卖、出租、设定担保物权等非试用行为
的，人民法院应当认定买受人同意购买。
试用期满，试用人对是否购买未做任何
表示，视为购买。

14. BC 【解析】本题考核商品房买卖合同。
商品房销售广告一般为要约邀请，但如
果其说明和允诺的对象为商品房或其配
套设施，而且具体明确，对买房人是否
购买及价格的确定有重大影响，应当视
为要约，即便未写入合同，也应当作为
合同的主要内容。开发商违反就将构成
违约，因此选项 A 错误、选项 C 正确；
开发商有欺诈行为，因为购房人赵某有
权自知道或应当知道撤销事由之日起一
年内要求撤销合同，选项 B 正确。本案
中的欺诈不属于开发商惩罚性赔偿的情
形，选项 D 错误。

15. BD 【解析】本题考核赠与合同的撤销。
根据规定，受赠人有下列情形之一的，
赠与人可以撤销赠与：（1）严重侵害赠与
人或者赠与人的近亲属；（2）对赠与人有
扶养义务而不履行；（3）不履行赠与合同
约定的义务。选项 A 不可撤销，选项 B
可以撤销。在赠与的财产权利转移之前，
赠与人可以撤销赠与。选项 C 中，赠与
汽车已经交付，导致赠与财产所有权已
经转移，在没有法定撤销情节的情况下，
赠与人不可任意撤销，选项 C 不可撤销；
选项 D 可撤销。

16. AB 【解析】本题考核借款合同的规定。
借款人应当按照借款合同约定的期限支
付利息，只有对支付利息的期限没有约
定或者约定不明确，当事人不能达成补
充协议的，依据合同有关条款或交易习
惯等仍不能确定的，借款期间不满 1 年
的，才应当在返还借款时一并支付。自

然人之间借贷对利息约定不明，出借人
主张支付利息的，人民法院不予支持；
除自然人之间的借贷外，借贷双方对借
贷利息约定不明，出借人主张利息的，
人民法院应当结合民间借贷合同的内容，
并根据当地或者当事人的交易方式、交
易习惯、市场利率等因素确定利息。

17. ABD 【解析】本题考核民间借贷合同的
效力。法人之间、其他组织之间以及它
们相互之间为生产、经营需要订立的民
间合同原则上有效除非存在如下情形的：
存在《合同法》52 条规定的无效情形的；
套取金融机构信贷资金又高利转贷给借
款人，且借款人事先知道或者应当知道
的（选项 A）；以向其他企业借贷或者向
本单位职工集资取得的资金又转贷给借
款人牟利，且借款人事先知道或者应当
知道的（选项 C 不满足借款人事先知道或
应当知道）；出借人事先知道或者应当知
道借款人借款用于违法犯罪活动仍然提
供借款的（选项 B）；违背社会公序良俗
的（选项 D）；其他违反法律、行政法规
效力性强制性规定的。

18. BC 【解析】本题考核租赁合同的相关规
定。6 个月以上的租赁需签订书面合同，
否则视为不定期租赁，但不到 6 个月并未
要求书面合同，因此，本合同是一个定
期租赁，选项 A 错误；经出租人同意，
可以转租，选项 B 正确；租赁物在租赁
期间发生所有权变动的，不影响租赁合
同的效力，出租人应在出卖前的合理期
限内通知承租人，否则承租人有权要求
赔偿损失，但无权要求宣告买卖合同无
效。选项 C 正确，选项 D 错误。

19. ABC 【解析】本题考核融资租赁合同。
(1)租赁物不符合约定或者不符合使用目
的的，出租人不承担责任，选项 AB 正
确；(2)承租人应当按照约定支付租金，
选项 C 正确；(3)融资租赁期间，标的物
的所有权人是出租人，选项 D 错误。

20. ACD 【解析】本题考核建设工程合同。主体工程分包无效，选项 A 正确。建设工程竣工日期应为竣工验收合格之日，选项 B 错误。实际施工人以发包人为被告主张权利的，人民法院可以追加转包人或者违法分包人为本案当事人。发包人只在欠付工程价款范围内对实际施工人承担责任。选项 C 正确。当事人对付款时间没有约定或者约定不明的，建设工程已实际交付的，应付款时间为交付之日。因此选项 D 正确。

21. AC 【解析】本题考核承揽合同。定作人有权随时解除合同，承揽人不得继续履行，否则造成定作人损失应当赔偿，因而选项 A 正确；由于合同解除前承揽人已经部分履行，定作人应当支付部分报酬，选项 C 正确，选项 BD 错误。

22. ABCD 【解析】本题考核委托合同。委托人应当预付处理委托事务的费用，选项 A 正确；受托人垫付必要费用的，委托人应当偿还所垫付的必要费用及利息，选项 B 正确；委托合同双方当事人都可以任意解除合同，选项 C 正确；非因受托人原因导致委托事务不能完成的，委托人应当支付相应的报酬，选项 D 正确。

三、案例分析题

1.【答案】

(1)2017 年 6 月 5 日，丁公司将汽车交付给甲公司时，甲公司取得汽车的所有权。根据规定，船舶、航空器、机动车等特殊动产物权的设立和转让，自交付时发生效力，不登记不得对抗善意第三人。

(2)甲公司无权拒绝支付 5 辆汽车的价款。根据规定，买卖合同标的物毁损灭失的风险，自交付时起转移给买受人。本案中丁公司已经交付汽车，交付之后发生的风险由买受人承担，虽然 5 辆汽车意外报废，但甲公司仍需支付价款。

(3)希望小学无权要求甲公司对车辆承担维修责任。根据规定，赠与的财产有瑕疵

的，赠与人不承担责任。

(4)甲公司无权要求丁公司承担 1 辆汽车的修理责任。根据规定，买卖合同当事人约定了标的物检验期间的，买受人应当在检验期间内将标的物的数量或者质量不符合约定的情形通知出卖人。买受人怠于通知的，视为标的物的数量或者质量符合约定。本案中，当事人约定检验期 6 个月，2017 年 6 月 5 日，买受人收到车辆，2017 年 12 月 10 日才通知出卖人质量问题，已经超过约定的检验期。

(5)丙公司认为保证关系不成立和自己只承担补充责任的说法不正确。根据规定，第一，保证人以保证人的身份在主合同上签字，应当认定保证合同成立；第二，被担保的债权既有物的担保又有人的担保的，债务人不履行到期债务或者发生当事人约定的实现担保物权的情形，债权人应当按照约定实现债权；没有约定或者约定不明确，债务人自己提供物的担保的，债权人应当先就该物的担保实现债权；第三人提供物的担保的，债权人可以就物的担保实现债权，也可以要求保证人承担保证责任。本案中没有约定保证方式，也没有约定保证与吴某的房屋抵押之间的关系，债权人可以任意选择。

(6)丙公司认为债务已转移给戊公司，自己无需承担责任的说法不正确。根据规定，第三方单方向债权人出具承担债务的承诺，构成并存的债务承担，并存的债务承担并不导致债务转移，保证人应当继续承担保证责任。

(7)丙公司认为已经过了保证期间的说法不正确。根据规定，对保证期间没有约定或约定不明的，保证期间为 6 个月，从主债务履行期限届满之日起算，本案中，丙承诺的保证期间为主债务履行期间，视为没有约定，应从主债务履行期限届满之日起计算，6 个月。

(8)乙公司要求甲公司还款 500 万元不合

法。根据规定,第一,借款的利息不得预先在本金中扣除,利息预先在本金中扣除的,应当按照实际借款数额返还借款并计算利息。本案中,乙公司实际借款数额为350万元,应当按照350万元计算本金和利息。第二,民间借贷双方约定的利率未超过年利率24%,出借人请求借款人按照约定的利率支付利息的,人民法院应予支持。本案中,约定的利率超过24%,应按24%计算利息,实际借款数额为350万元,应支付利息84万元。

2.【答案】

(1)①乙公司与A公司之间的分包合同有效。根据规定,经发包方同意,总承包人将非主体工程分包给有资质的单位是有效的。

②若乙公司与甲公司签订建设工程合同后,经甲公司同意将主体工程部分分包给另一家有资质的建筑施工企业A公司,则该分包行为无效。根据规定,建设工程主体结构的施工必须由承包人自行完成。即便经发包方同意,将主体工程分包给第三人也属于无效行为。

(2)甲公司所欠乙公司的500万元垫资款不具有优先受偿权。根据合同法律制度的规定,当事人对垫资没有约定的,按照工程欠款处理,可就该折价或拍卖的价款优于抵押权和其他债权优先受偿,且应在6个月内行使优先权。但乙公司主张权利时已经超过1年,故不再享有优先权。

(3)甲公司所欠丙银行的2亿元借款本息能够从景明写字楼拍卖所得价款中全额优先受偿。根据破产法律制度的规定,有抵押担保的债权人有权就抵押物的拍卖所得优先于普通债权人受偿。根据物权法律制度的规定,同一物上并存数个抵押权的,登记在先的抵押权优先于登记在后的抵押权得到清偿。丙银行的抵押权顺位优先于丁公司的抵押权,故应从拍卖款中优先得到全部2亿元的清偿。

(4)乙公司所欠丁公司1亿元土地转让金不能从景明写字楼拍卖所得价款中全额优先受偿。根据破产法律制度的规定,有抵押担保的债权人有权就抵押物的拍卖所得优先于普通债权人受偿。根据物权法律制度的规定,丁公司的抵押权顺位在丙银行之后,故应在丙银行的债权得到满足后,就剩余拍卖款优先受偿。拍卖款为2.7亿元,全额清偿丙银行的2亿元后,剩下7000万元用于清偿丁公司的土地使用权转让金。

(5)吴某有权解除与乙公司的商品房买卖合同。根据合同法律制度的规定,若出卖人故意隐瞒所售房屋已经抵押的事实,买受人有权解除合同。

(6)吴某有权要求乙公司返还110万元房款并赔偿损失。根据合同法律制度的规定,合同解除后,当事人有权要求恢复原状,并有权要求造成损失一方赔偿损失。乙公司恢复原状的方式即是返还购房款。

(7)吴某有权要求乙公司支付110万元惩罚性赔偿金。根据合同法律制度的规定,若出卖人故意隐瞒所售房屋已经抵押的事实,买受人可以在解除合同并赔偿损失的前提下,要求出卖人承担不超过已付房款一倍的惩罚性赔偿金。吴某已经支付全部房款,故有权要求乙公司支付110万元惩罚性赔偿金。

3.【答案】

(1)乙公司有权要求甲公司拆除通风设备并赔偿墙体损害的损失。根据规定,承租人经出租人同意,可以对租赁物进行改善或者增设他物。承租人未经出租人同意,对租赁物进行改善或者增设他物的,出租人可以要求承租人恢复原状或者赔偿损失。

(2)乙公司有权要求解除与甲公司的厂房租赁合同。根据规定,承租人未按照约定的方法或者租赁物的性质使用租赁物,致使租赁物受到损失的,出租人可以解除合同并要求赔偿损失。

(3)A公司无权要求丙公司返还设备。根据规定，善意取得的构成要件为：①出让人无权处分；②受让人受让该不动产或者动产时是善意的；③以合理的价格转让；④转让的不动产或者动产依照法律规定应当登记的已经登记，不需要登记的已经交付给受让人。本案中，甲公司无权处分，丙公司是善意的，并以市场价格转让，且设备已经交付，丙公司仅支付一半价款并不影响其构成善意取得。

(4)①甲与张某的委托合同于2018年1月2日生效。因为合同一般是依法成立时生效。1月2日甲与张某签订合同时，合同生效。

②张某于2018年1月4日取得代理权。因为代理权的授予属于单方民事法律行为，授权人甲一方作出意思表示即可成立。

(5)甲公司无权以张某的行为与自己无关为由拒绝。根据规定，代理人虽然无代理权，但相对人有理由认为行为人有代理权

而与其实施法律行为，其行为的法律后果由被代理人承担。本案中，张某持甲公司盖了公章的空白合同书订立合同，让相对人有理由相信该张某有代理权，构成表见代理，甲公司应当承担责任。

(6)甲公司可以暂停发货给丁公司。根据规定，应当先履行债务的当事人，有确切证据证明对方有下列情形之一的，可以中止履行：①经营状况严重恶化；②转移财产、抽逃资金，以逃避债务；③丧失商业信誉；④有丧失或者可能丧失履行债务能力的其他情形。本案中，丁公司濒临破产，甲公司可以行使不安抗辩权，暂停发货。

(7)甲公司不能拒绝发货。根据规定，一方当事人行使不安抗辩权，中止履行，如果对方提供适当担保时，应当恢复履行。

(8)银行有权就保险赔款优先受偿。根据规定，担保期间，担保财产损毁、灭失或者被征收等，担保物权人可以就获得的保险金、赔偿金或者补偿金等优先受偿。

本章知识串联

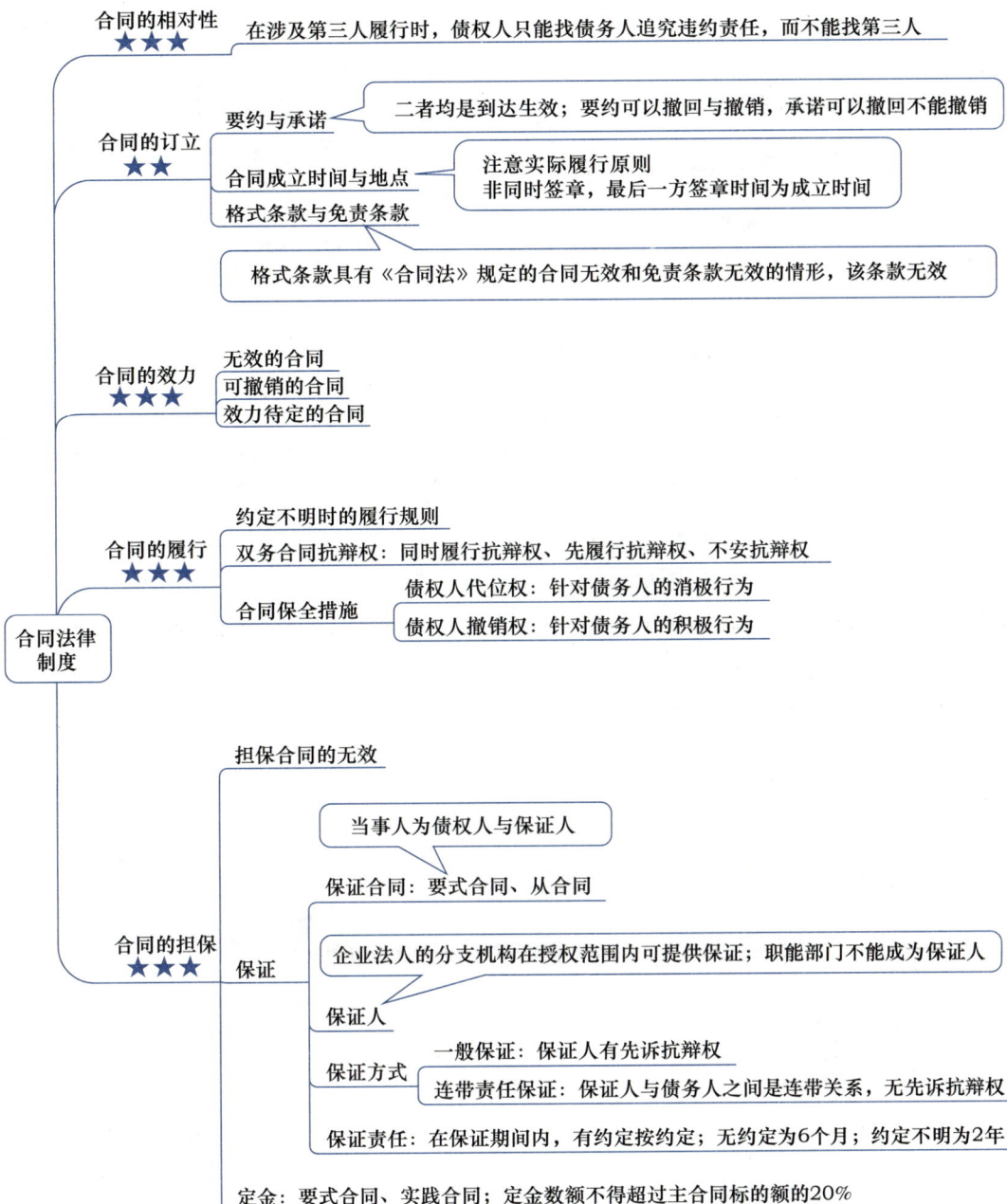

合同的相对性 ★★★ ── 在涉及第三人履行时，债权人只能找债务人追究违约责任，而不能找第三人

合同的订立 ★★
- 要约与承诺 ── 二者均是到达生效；要约可以撤回与撤销，承诺可以撤回不能撤销
- 合同成立时间与地点 ── 注意实际履行原则
非同时签章，最后一方签章时间为成立时间
- 格式条款与免责条款 ── 格式条款具有《合同法》规定的合同无效和免责条款无效的情形，该条款无效

合同的效力 ★★★
- 无效的合同
- 可撤销的合同
- 效力待定的合同

合同的履行 ★★★
- 约定不明时的履行规则
- 双务合同抗辩权：同时履行抗辩权、先履行抗辩权、不安抗辩权
- 合同保全措施
  - 债权人代位权：针对债务人的消极行为
  - 债权人撤销权：针对债务人的积极行为

合同法律制度

合同的担保 ★★★
- 担保合同的无效
- 保证
  - 保证合同：要式合同、从合同 ── 当事人为债权人与保证人
  - 保证人 ── 企业法人的分支机构在授权范围内可提供保证；职能部门不能成为保证人
  - 保证方式
    - 一般保证：保证人有先诉抗辩权
    - 连带责任保证：保证人与债务人之间是连带关系，无先诉抗辩权
  - 保证责任：在保证期间内，有约定按约定；无约定为6个月；约定不明为2年
- 定金：要式合同、实践合同；定金数额不得超过主合同标的额的20%

第 4 章 合同法律制度

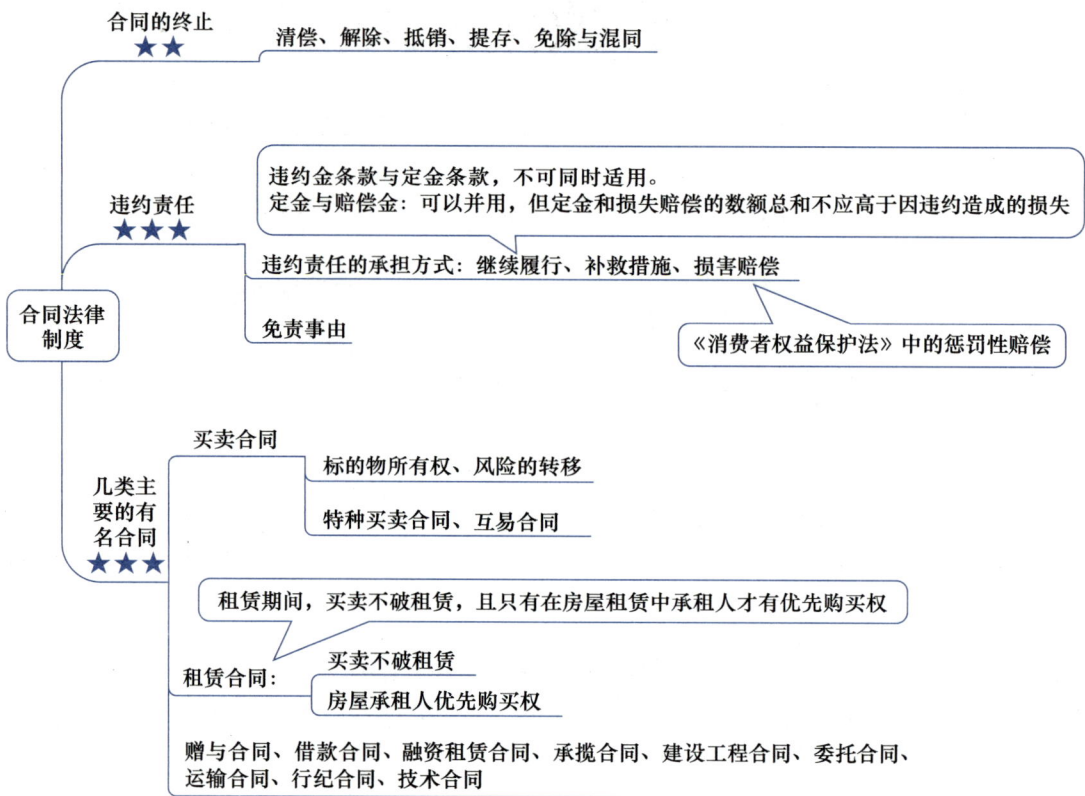

合同的终止 ★★ —— 清偿、解除、抵销、提存、免除与混同

违约责任 ★★★

违约金条款与定金条款，不可同时适用。
定金与赔偿金：可以并用，但定金和损失赔偿的数额总和不应高于因违约造成的损失

违约责任的承担方式：继续履行、补救措施、损害赔偿

免责事由 ——→ 《消费者权益保护法》中的惩罚性赔偿

合同法律制度

几类主要的有名合同 ★★★

买卖合同

标的物所有权、风险的转移

特种买卖合同、互易合同

租赁合同：

租赁期间，买卖不破租赁，且只有在房屋租赁中承租人才有优先购买权

买卖不破租赁

房屋承租人优先购买权

赠与合同、借款合同、融资租赁合同、承揽合同、建设工程合同、委托合同、运输合同、行纪合同、技术合同

第5章 合伙企业法律制度

考情解密

历年考情概况

本章在近几年考试中的平均分值为 7 分，一般以客观题形式进行考核，在经济法科目中是除了考查主观题的章节以外，分值最高的一章。2012 年曾单独考查过案例分析题。

近年考点直击

主要考点	主要考查题型	考频指数	考查角度
合伙企业法概述	单选题	★★	(1)合伙企业的纳税问题；(2)外国企业或者个人在中国境内设立合伙企业的管理
合伙企业的设立条件	单选题、多选题	★★★	(1)不同合伙企业的出资方式；(2)普通合伙人以劳务出资的规定；(3)不能担任普通合伙人的情形
合伙企业设立登记	多选题	★	直接考查合伙企业的登记事项
合伙企业的财产范围和性质	单选题、多选题	★★	(1)直接考查合伙企业财产的范围；(2)通过小案例考查合伙财产的性质
合伙份额的转让与出质	单选题、多选题	★★★	(1)普通合伙人合伙份额的转让和出质的规则；(2)有限合伙人合伙份额出质的规则
合伙事务执行	单选题、多选题	★★★	(1)应当经全体合伙人一致同意的事项；(2)合伙事务的决议办法；(3)有限合伙人不视为执行合伙事务的情形；(4)合伙企业的损益分配
合伙企业与第三人的关系	单选题、多选题	★★★	(1)考查合伙人的个人债务清偿；(2)考查合伙企业债务的清偿
退伙	单选题、多选题	★★★	(1)普通合伙人当然退伙的情形；(2)有限合伙人当然退伙的情形；(3)除名的规则；(4)退伙人责任承担；(5)合伙份额的继承和退伙结算
特殊普通合伙企业	单选题、多选题	★★	(1)结合案例分析普通合伙人的责任承担；(2)特殊的普通合伙企业执业风险防范措施
合伙人身份转变	单选题、多选题	★★★	给出小案例，分析转变身份的条件以及转变后的责任承担
合伙企业解散与清算	单选题	★★	合伙企业解散时财产清偿顺序

本章2020年考试主要变化

本章变动不大。主要：

(1)新增合伙企业的特征。

(2)删除合伙企业法的基本原则。

考点详解及精选例题

一、合伙企业法概述 ★

扫我解疑难

1. 合伙企业的特征

（1）合伙企业是合伙人共同出资、共同经营、共享收益、共担风险的企业。因此，约定一方当事人无论企业盈亏，均有权获得固定金额回报的协议，违背了合伙人共享收益和共担风险的基本原则，不构成合伙协议。

（2）合伙企业不具有法人资格，但也是法律关系的主体，也可以以自己的名义起诉和应诉。

（3）合伙企业不缴纳企业所得税；由合伙人分别缴纳所得税（2018 年单选考查）。

2. 合伙企业的分类（见图 5-1）

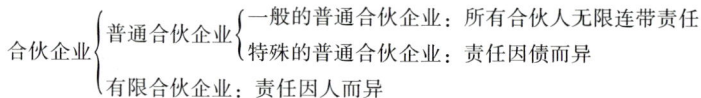

$$合伙企业\begin{cases}普通合伙企业\begin{cases}一般的普通合伙企业：所有合伙人无限连带责任\\特殊的普通合伙企业：责任因债而异\end{cases}\\有限合伙企业：责任因人而异\end{cases}$$

图 5-1　合伙企业的分类

3. 合伙人的责任形态（见表 5-1）

表 5-1　合伙人的责任形态

合伙人	责任形态
普通合伙人	无限连带责任
特殊的普通合伙	一般情况：所有合伙人无限连带责任；特殊情况：合伙人因故意或者重大过失造成合伙企业债务的，该合伙人应当承担无限责任或者无限连带责任，其他合伙人以其在合伙企业中的财产份额为限承担责任（其他人有限责任）
有限合伙人	以出资额为限承担有限责任

【知识点拨】 无限连带责任：首先，所谓无限责任，是指当合伙企业的财产不足以清偿债务的时候，所有合伙人都以自己全部财产对企业债务承担责任；其次，所谓连带责任，是指所有合伙人之间是连带责任，债权人可以要求任何一个合伙人承担全部责任，也可以要求所有合伙人按任意比例承担责任。

4. 外国企业或个人在中国境内设立合伙企业的管理

外国企业或者个人在中国境内设立合伙企业，是指 2 个以上外国企业或者个人在中国境内设立合伙企业，以及外国企业或者个人与中国的自然人、法人和其他组织在中国境内设立合伙企业。具体管理要求，见表 5-2。

表 5-2　外国企业或者个人在中国境内设立合伙企业的管理

管理要求	具体规定
合法合规要求	外国企业或个人在中国境内设立合伙企业，应当遵守法律法规，符合外商投资的产业政策
出资的货币	外国企业或个人用于出资的货币应当是可自由兑换的外币，也可以是依法获得的人民币

管理要求	具体规定
设立登记	外国企业或个人在中国境内设立合伙企业，应当由全体合伙人指定的代表或者共同委托的代理人向国务院市场监督管理部门授权的地方市场监督管理部门申请设立登记，领取《外商投资合伙企业营业执照》后，方可从事经营活动
解散清算	外国企业或者个人在中国境内设立的合伙企业解散的，应当依照《合伙企业法》的规定进行清算。清算人应当自清算结束之日起15日内，依法向企业登记机关办理注销登记

【例题1·单选题】（2017年）境外甲私募基金与境内乙有限责任公司拟合作设立丙有限合伙企业，在境内经营共享充电宝项目。其中，甲为有限合伙人，乙为普通合伙人。根据合伙企业法律制度的规定，下列关于设立丙有限合伙企业须遵守的相关规定的表述中，正确的是（　）。

A. 应当由乙负责办理审批手续

B. 甲出资的货币应当是人民币

C. 应当领取《外商投资合伙企业营业执照》

D. 应当向商务主管部门申请设立登记

解析 本题考核外国投资者在中国境内设立合伙企业的规定。外国企业或者个人在中国境内设立合伙企业，应当由全体合伙人指定的代表或者共同委托的代理人向国务院市场监督管理部门授权的地方"市场监督管理部门"申请设立登记，领取《外商投资合伙企业营业执照》后，方可从事经营活动；即无须办理审批手续；选项AD错误、选项C正确。外国企业或者个人用于出资的货币应当是可自由兑换的外币，也可以是依法获得的人民币，选项B错误。　　答案 ▶ C

二、普通合伙企业法律制度

扫我解疑难

（一）普通合伙企业的设立条件（见表5-3）★★★

表5-3　普通合伙企业的设立条件

条件	具体规定
2个以上合伙人	(1)合伙人可以是自然人，也可以是法人或者其他组织。 (2)合伙人是自然人的，应当具备完全民事行为能力。 (3)国有独资公司、国有企业、上市公司以及公益性的事业单位、社会团体不得成为普通合伙人。 【知识点拨】上述主体不能成为普通合伙人，但可以成为有限合伙人
书面合伙协议	(1)合伙协议经全体合伙人签名、盖章后生效。 (2)合伙人依照合伙协议享有权利，承担责任。 (3)修改或者补充合伙协议，应当经全体合伙人一致同意；但是，合伙协议另有约定的除外
合伙人的出资	(1)合伙企业的出资形式可以是货币、实物、土地使用权、知识产权或者其他财产权利，也可以是劳务。 (2)合伙人以劳务出资的，其评估办法由全体合伙人协商确定，并在合伙协议中载明。 【知识点拨1】合伙人以实物、知识产权、土地使用权或者其他财产权利出资，需要评估作价的，可以由全体合伙人协商确定，也可以由全体合伙人委托法定评估机构评估。 【知识点拨2】以"劳务"形式出资，为普通合伙人特有的出资方式。有限合伙企业的"普通合伙人"也可以用劳务出资；但有限合伙人不得以"劳务"出资
合伙企业名称和生产经营场所	(1)普通合伙企业应当在其名称中标明"普通合伙"字样，其中，特殊的普通合伙企业还应当在其名称中标明"特殊普通合伙"字样。 (2)经登记机关登记的合伙企业主要经营场所只能有一个，并且应当在其登记机关登记管辖范围内

第5章 合伙企业法律制度

【例题 2 · 单选题】（2014 年）甲上市公司、乙普通合伙企业、丙全民所有制企业和丁公立大学拟共同设立一有限合伙企业。根据合伙企业法律制度的规定，甲、乙、丙、丁中可以成为普通合伙人的是（　）。

A. 甲　　　　　B. 乙

C. 丙　　　　　D. 丁

解析 ▶ 本题考核有限合伙企业的设立。

国有独资公司、国有企业、上市公司以及公益性的事业单位、社会团体不得成为普通合伙人，但可以成为有限合伙人。　**答案** ▶ B

（二）合伙企业的设立登记★★

1. 合伙企业的登记事项

合伙企业的登记事项应当包括以下几方面，见表5-4。

表 5-4　合伙企业的登记事项

涉及范围	具体登记事项
合伙企业	合伙企业的名称、主要经营场所、执行事务合伙人、经营范围、合伙企业类型 **【知识点拨】** 执行事务合伙人是法人或者其他组织的，登记事项还应当包括法人或者其他组织委派的代表
合伙人	合伙人姓名或者名称及住所、承担责任方式、认缴或者实际缴付的出资数额、缴付期限、出资方式和评估方式
期限问题	合伙协议约定合伙期限的，登记事项还应当包括合伙期限

2. 合伙企业的营业执照签发日期，为合伙企业成立日期。合伙企业领取营业执照前，合伙人不得以合伙企业名义从事合伙业务。

3. 合伙企业领取营业执照后，从事法律、行政法规规定需要许可的业务的，应当按国家有关规定申请许可后方可从事该领域业务。

【例题 3 · 多选题】（2015 年）根据合伙企业法律制度的规定，合伙企业的下列事项中，应当在工商行政管理机关登记的有（　）。

A. 主要经营场所

B. 执行事务合伙人

C. 合伙人的住所

D. 合伙人的家庭状况

解析 ▶ 本题考核合伙企业的设立登记事项。　**答案** ▶ ABC

（三）合伙企业财产与合伙人份额★★★

1. 合伙企业财产的构成

合伙企业财产包括：合伙人的出资、以合伙企业名义取得的收益和其他财产（如接受赠与的财产）。

【例题 4 · 多选题】（2014 年）根据合伙企业法律制度的规定，下列各项中，属于合伙企业财产的有（　）。

A. 合伙人缴纳的实物出资

B. 合伙企业借用的某合伙人的电脑

C. 合伙企业对某公司的债权

D. 合伙企业合法接受的赠与财产

解析 ▶ 本题考核合伙企业财产的范围。合伙企业财产主要由合伙人的出资、以合伙企业名义取得的收益、依法取得的其他财产三部分构成，选项 A 属于合伙人的出资；选项 B 属于借用的财产，合伙企业并没有所有权，因此不属于合伙企业财产；选项 C 属于以合伙企业名义取得的收益；选项 D 属于依法取得的其他财产。　**答案** ▶ ACD

2. 合伙企业财产的性质

合伙企业的合伙财产具有共有财产性质，即由合伙人共有。合伙人在合伙企业清算前，不得请求分割合伙企业的财产；但是，合伙企业法另有规定的除外。合伙人在合伙企业清算前私自转移或者处分合伙企业财产的，合伙企业不得以此对抗善意第三人。

『举例』 甲乙丙共同出资设立了 A 普通合伙企业，合伙企业经营期间购买了一台设备，甲在乙丙不知情的情况下将设备以市价卖给不知情的丁并交付。甲私自处分合伙企业财产，构成无权处分，但合伙企业不得以此对抗丁，丁可以善意取得该设备的所有权。

3. 合伙人财产份额的转让与出质(见表5-5)

表5-5　合伙人财产份额的转让与出质

项目		具体内容
转让	对内转让	合伙人之间转让在合伙企业中的全部或者部分财产份额时，无须经过其他合伙人的同意，只需通知其他合伙人即可
	对外转让	除合伙协议另有约定外，合伙人向合伙人以外的人转让其在合伙企业中的全部或者部分财产份额时，须经其他合伙人的一致同意。除合伙协议另有约定外，在同等条件下，其他合伙人有优先购买权
出质	条件	合伙人以其在合伙企业中的财产份额出质的，须经其他合伙人一致同意
	未经一致同意的后果	未经其他合伙人一致同意，出质行为无效，由此给善意第三人造成损失的，由行为人依法承担赔偿责任

【知识点拨】针对普通合伙企业，只要牢记所有合伙人都要为企业债务承担无限连带责任，就能够理解普通合伙的所有规则。如对外转让财产份额需其他合伙人一致同意，因为合伙人相互之间要承担连带责任，因此，是否愿意与受让人承担连带责任就要看其他合伙人的态度。而出质的结果也可能导致份额对外转让，因此需要其他合伙人一致同意。

【例题5·单选题】(2016年)某普通合伙企业的一名合伙人拟将其合伙财产份额转让给合伙人以外的人，但合伙协议对该事项的决定规则未作约定。根据合伙企业法律制度的规定，下列关于该事项决定规则的表述中，正确的是(　　)。

A. 须其他合伙人半数以上同意

B. 须其他合伙人过半数同意

C. 须其他合伙人2/3以上同意

D. 须其他合伙人一致同意

解析▶本题考核普通合伙人财产份额的转让。根据规定，除合伙协议另有约定外，普通合伙人向合伙人以外的人转让其在合伙企业中的全部或者部分财产份额时，须经其他合伙人一致同意。　　答案▶D

(四)合伙事务执行与损益分配★★★

1. 合伙事务执行的形式

(1)执行方式。

合伙人执行合伙企业事务，可以由全体合伙人共同执行，也可以委托一名或者数名合伙人执行合伙企业事务。执行合伙企业事务的合伙人，对外代表合伙企业。但是，并非所有的合伙企业事务的决定权都可以被授予个别合伙人。

(2)除合伙协议另有约定外，合伙企业必须经全体合伙人一致同意的事项：

①改变合伙企业的名称；

②改变合伙企业的经营范围、主要经营场所的地点；

③处分合伙企业的不动产；

④转让或者处分合伙企业的知识产权和其他财产权利；

⑤以合伙企业的名义为他人提供担保；

⑥聘任合伙人以外的人担任合伙企业的经营管理人员。

【知识点拨】其他需要经过全体合伙人一致同意的事项还包括：

①普通合伙人以其在合伙企业中的财产份额出质；

②除合伙协议另有约定外，合伙人向合伙人以外的人转让其在合伙企业中的全部或者部分财产份额；

③除合伙协议另有约定外，普通合伙人转变为有限合伙人，或者有限合伙人转变为

普通合伙人，应当经全体合伙人一致同意。

对上述一致同意的事务，如果合伙人违反规定或协议约定擅自处理，给合伙企业或者其他合伙人造成损失，依法承担赔偿责任。

【例题6·多选题】（2019年）根据合伙企业法律制度的规定，下列事项中，除合伙协议另有约定外，应当经全体合伙人一致同意方能通过的有（　　）。

A. 合伙人向合伙人以外的人转让其合伙

份额

B. 合伙企业分配利润

C. 合伙企业处分其不动产

D. 合伙企业聘任合伙人以外的人担任企业的经营管理人员

解析 ▶ 本题考核合伙事务的执行。

答案 ▶ ACD

2. 合伙人在执行合伙企业事务中的权利和义务（见表5-6）

表5-6　合伙人在执行合伙企业事务中的权利和义务

项目	内容
权利	①代表权：执行合伙事务的合伙人对外代表合伙企业。 ②监督权：不执行合伙事务的合伙人有权监督执行事务合伙人执行合伙事务的情况。 ③知情权：合伙人为了解合伙企业的经营状况和财务状况，有权查阅合伙企业会计账簿等财务资料。 ④异议权：合伙人分别执行合伙事务的，执行事务合伙人可以对其他合伙人执行的事务提出异议。提出异议时，应当暂停该项事务的执行
义务	①报告义务：由一个或者数个合伙人执行合伙事务的，执行事务合伙人应当定期向其他合伙人报告事务执行情况以及合伙企业的经营和财务状况，其执行合伙事务所产生的收益归合伙企业，所产生的费用和亏损由合伙企业承担。 ②竞业禁止：合伙人不得自营或者同他人合作经营与本合伙企业相竞争的业务。 ③交易禁止：除合伙协议另有约定或者经全体合伙人一致同意外，合伙人不得同本合伙企业进行交易。 ④损害禁止：合伙人不得从事损害本合伙企业利益的活动。合伙人获得的不正当收益或侵占合伙企业财产应当返还给合伙企业；给合伙企业或其他合伙人造成损失的，应当赔偿

【知识点拨1】 竞业禁止对于"普通合伙人"而言是绝对禁止的；不允许合伙协议另有约定。

【知识点拨2】 交易禁止对"普通合伙人"而言是相对禁止；合伙协议有约定或全体合伙人一致同意可以交易。

【相关链接1】 根据《公司法》的规定，有限责任公司或股份有限公司未经股东会或股东大会同意，董事、高级管理人员不得自营或者委托他人经营与其所任职公司同类的业务（相对禁止）。

【相关链接2】 根据《公司法》的规定，董事、高级管理人员不得违反公司章程的规定或者未经股东会、股东大会同意，与本公司订立合同或者进行交易（相对禁止）。

【例题7·单选题】（2018年）甲为某普通合伙企业的执行合伙事务的合伙人。甲为清偿其对合伙企业以外的第三人乙的20万元个人债务，私自将合伙企业的一台工程机械以25万元的市价卖给善意第三人丙并交付。甲用所获取价款中的20万元清偿了对乙的债务，剩下5万元被其挥霍一空。根据合伙企业法律制度的规定，下列表述中，正确的是（　　）。

A. 乙应将20万元款项直接返还合伙企业

B. 甲与丙的工程机械买卖合同不成立

C. 合伙企业有权从丙处取回工程机械

D. 合伙企业有权就企业所受损失向甲追偿

解析 ▶ 本题考核合伙人在执行合伙事务中的权利和义务。选项A错误，因为货币是特殊的动产，占有即所有。选项BC错误，合伙人在合伙企业清算前私自转移或者处分合伙企业财产的，合伙企业不得以此对抗善意第三人；因此合同有效，善意的丙取得所有权，合伙企业无权从丙处取回工程机械；选项D正确，甲在执行合伙事务时利用职务上的便利，采取其他手段侵占合伙企业财产，给合伙企业或者其他合伙人造成损失的，依法承担赔偿责任。　　**答案 ▶ D**

3. 合伙事务执行的决议办法

(1)合伙人对合伙企业有关事项作出决议，按照合伙协议约定的表决办法办理。

(2)合伙协议未约定或约定不明确的，实行合伙人一人一票并经全体合伙人过半数通过的表决办法。

(3)《合伙企业法》对合伙企业的表决办法另有规定的，从其规定(如须全体合伙人一致同意的事项)。

【例题8·单选题】 (2015年)某普通合伙企业举行合伙人会议表决对外投资事项，但合伙协议对该事项的表决办法未作约定。根据合伙企业法律制度的规定，下列关于该事项表决办法的表述中，正确的是( )。

A. 须全体合伙人一致同意

B. 须持有过半数财产份额的合伙人同意

C. 须过半数合伙人同意

D. 须2/3以上合伙人同意

解析 ▶ 本题考核合伙企业的事务执行。合伙人对合伙企业有关事项作出决议，按照合伙协议约定的表决办法办理。合伙协议未约定或者约定不明确的，实行合伙人一人一票并经全体合伙人过半数通过的表决办法。　　**答案 ▶ C**

4. 合伙企业的损益分配

(1)合伙企业的利润和亏损，由合伙人依照合伙协议约定的比例分配和分担；

(2)合伙协议未约定或者约定不明确的，由合伙人协商决定；

(3)协商不成的，由合伙人按照实缴出资比例分配、分担；

(4)无法确定出资比例的，由各合伙人平均分配和分担；

(5)合伙协议不得约定将全部利润分配给部分合伙人或者由部分合伙人承担全部亏损

(绝对禁止)。

【知识点拨】 合伙企业的利润和亏损按以下顺序处理：**有约定按约定→合伙人协商→按实缴出资比例→平均分配**。

【相关链接】 根据《公司法》的规定，公司的股东按照"实缴"的出资比例分取红利；但是，全体股东可以事先约定不按照出资比例分取红利。

【例题9·单选题】 (2018年)2017年6月，自然人甲、乙、丙设立某合伙企业。合伙协议约定：甲、乙各出资30万元。丙出资90万元，均应于合伙企业成立之日起2年内缴清。合伙协议未约定利润分配事项。2018年6月，合伙企业拟分配利润，此时甲、乙已完全履行出资义务，丙已向合伙企业出资60万元，在甲、乙、丙未能就此次利润分配方案达成一致意见的情形下，下列关于此次利润应如何分配的表述中，正确的是( )。

A. 甲、乙、丙应按1∶1∶2的比例分配

B. 甲、乙、丙应按1∶1∶3的比例分配

C. 甲、乙、丙应按1∶1∶1的比例分配

D. 甲、乙、丙应按各自对合伙企业的贡献度分配

解析 ▶ 本题考核合伙企业损益分配。合伙企业的利润分配、亏损分担，按照合伙协议的约定办理；合伙协议未约定或者约定不明确的，由合伙人协商决定；协商不成的，由合伙人按照实缴出资比例分配、分担；无法确定出资比例的，由合伙人平均分配、分担。甲乙丙实缴出资比例是1∶1∶2。　　**答案 ▶ A**

(五)合伙企业与第三人的关系 ★★★

1. 对外代表权限制不得对抗善意第三人

合伙企业对合伙人执行合伙企业事务以及对外代表合伙企业权利的限制，不得对抗不知情的善意第三人。

『举例』 甲乙丙三人投资设立一普通合伙企业，推选甲为合伙事务执行人，但对甲执行合伙事务有限制，即对外签订10万元以上的合同需事先经其他合伙人一致同意。某日，甲外出办事，为合伙企业购入价值15万元的

原材料，对方对上述权利限制并不知情。则该原材料采购合同有效，合伙企业需为此承担责任。

2. 合伙企业和合伙人的债务清偿

（1）合伙企业的债务清偿。

①合伙企业的债务清偿有顺序性：首先由企业的全部财产承担，合伙企业的财产无法清偿全部到期债务的，各个合伙人应承担无限连带责任。

②普通合伙人对债权人承担无限连带责任。所谓无限连带责任，意味着合伙人之间的分担比例对债权人没有约束力，债权人可以请求全体合伙人中的一人或数人承担全部清偿责任，也可以按照自己确定的清偿比例向各合伙人分别追偿。

③普通合伙人内部相互可以追偿。合伙人由于承担无限连带责任，清偿数额超过其亏损分担比例的，有权向其他合伙人追偿。

【例题 10·单选题】（2019 年）某普通合伙企业有甲、乙、丙、丁四位合伙人，合伙协议约定，合伙企业债务由合伙人平均承担。现该合伙企业无力清偿到期债务 12 万元，甲向债权人清偿了 9 万元，乙向债权人清偿了 3 万元。根据合伙企业法律制度的规定，下列关于合伙企业债务内部追偿的表述中，正确的是（ ）。

A. 甲无权向丙或丁追偿 3 万元

B. 甲可以向乙追偿 3 万元

C. 甲可以向丁追偿 3 万元

D. 甲可以向丙追偿 6 万元

解析 ▶ 本题考核合伙企业的损益分配。合伙企业的利润分配、亏损分担，按照合伙协议的约定办理；合伙协议未约定或者约定不明确的，由合伙人协商决定；协商不成的，由合伙人按照实缴出资比例分配、分担；无法确定出资比例的，由合伙人平均分配、分担。题目中合伙协议约定"平均承担"，那么甲可以向丙丁各追偿三万元。 答案 ▶ C

（2）合伙人的个人债务清偿。

①合伙人发生与合伙企业无关的债务，相关债权人不得以其债权抵销其对合伙企业

的债务（抵销禁止）；也不得代位行使该合伙人在合伙企业中的权利（代位禁止）。

【知识点拨】不允许抵销是因为两笔债权债务的主体不同；不允许代位行使是因为合伙企业是人合性质的企业。

②合伙人的自有财产不足清偿其与合伙企业无关的债务的，该合伙人可以以其从合伙企业中分取的收益用于清偿；债权人也可以依法请求人民法院强制执行该合伙人在合伙企业中的财产份额用于清偿。

人民法院强制执行合伙人的财产份额时，应当通知全体合伙人，其他合伙人有优先购买权；其他合伙人未购买，又不同意将该财产份额转让给他人的，依照《合伙企业法》的规定为该合伙人办理退伙结算，或者办理削减该合伙人相应财产份额的结算。

【相关链接】根据《公司法》的规定，人民法院依照强制执行程序转让股东的股权时，应当通知公司及全体股东，其他股东在同等条件下有优先购买权。其他股东自人民法院通知之日起满 20 日不行使优先购买权的，视为放弃优先购买权。

【例题 11·多选题】（2018 年）甲为普通合伙企业合伙人，因个人原因欠合伙企业以外的第三人乙 10 万元。乙欠合伙企业货款 15 万元。现甲无力以个人财产清偿欠乙的债务，乙的下列主张中，符合合伙企业法律制度规定的有（ ）。

A. 以其对甲的债权部分抵销其欠合伙企业的债务

B. 以甲从合伙企业中分得的利润偿付债务

C. 代位行使甲在合伙企业中的各项权利

D. 以甲在合伙企业中的财产份额偿付债务

解析 ▶ 本题考核合伙人的债务清偿。合伙人发生与合伙企业无关的债务，相关债权人不得以其债权"抵销"其对合伙企业的债务；也不得"代位"行使合伙人在合伙企业中的权利；选项 AC 错误。合伙人的自有财产不足清

偿其与合伙企业无关的债务的，该合伙人可以其从合伙企业中分取的"收益"用于清偿；债权人也可以依法"请求人民法院强制执行"该合伙人在合伙企业中的财产份额用于清偿；选项 BD 正确。　　　　　　　**答案** BD

【应试思路】首先分清是合伙企业的债务还是合伙人个人的债务。题目中是合伙人的个人债务，因而有抵销禁止、代位禁止，债权人获得清偿的途径有二，一是就合伙人从合伙企业分配的利润获得清偿，二是要求法院强制执行合伙人的合伙份额。

(六)入伙和退伙 ★★★

1. 入伙

(1)入伙的条件。新合伙人入伙，除合伙协议另有约定外，应当经全体合伙人一致同意，并依法订立书面入伙协议。订立入伙协议时，原合伙人应当向新合伙人告知原合伙企业的经营状况和财务状况。

(2)入伙的后果。新入伙的合伙人对入伙前合伙企业的债务承担无限连带责任。

2. 退伙

(1)退伙的原因(见表5-7)。

表 5-7　退伙的原因

退伙方式		退伙原因
自愿退伙	协议退伙	合伙协议约定合伙期限的，在合伙企业存续期间，有下列情形之一的，合伙人可以退伙：①合伙协议约定的退伙事由出现；②经全体合伙人一致同意；③发生合伙人难以继续参加合伙的事由；④其他合伙人严重违反合伙协议约定的义务
	通知退伙	合伙协议未约定合伙期限的，合伙人在不给合伙企业事务执行造成不利影响的情况下，可以退伙，但应当提前30日通知其他合伙人
强制退伙	当然退伙	合伙人有下列情形之一的，当然退伙：①作为合伙人的自然人死亡或者依法宣告死亡；(人没了)②个人丧失偿债能力；(钱没了)③作为合伙人的法人或者其他组织依法被吊销营业执照、责令关闭、撤销或者被宣告破产；(人没了)④法律规定或者合伙协议约定合伙人必须具有相关资格而丧失该资格；(资格没了)⑤合伙人在合伙企业中的全部财产份额被人民法院强制执行(份额没了)
	除名	合伙人有下列情形之一的，经其他合伙人一致同意，可以决议将其除名：①未履行出资义务；②因故意或者重大过失给合伙企业造成损失；③执行合伙事务时有不正当行为；④发生合伙协议约定的事由对合伙人的除名决议应当书面通知被除名人。被除名人接到除名通知之日，除名生效，被除名人退伙。被除名人对除名决议有异议的，可以自接到除名通知之日起30日内，向人民法院起诉

【知识点拨】合伙人被依法认定为无民事行为能力人或者限制民事行为能力人的，经其他合伙人一致同意，可以依法转为有限合伙人，普通合伙企业依法转为有限合伙企业。其他合伙人未能一致同意的，该无民事行为能力或者限制民事行为能力的合伙人退伙。

(2)退伙的后果。

①退伙结算

第一，合伙人退伙，按照退伙时合伙企业财产状况进行结算，退还合伙人的财产份额；

第二，退伙人对其退伙前的合伙企业债务，承担无限连带责任。

②财产继承

【知识点拨】合伙人死亡，则该合伙人当

然退伙，产生继承问题。

第一，合伙人死亡或者被依法宣告死亡的，对该合伙人在合伙企业中的财产份额享有合法继承权的继承人，按照合伙协议的约定或者经全体合伙人一致同意，从继承开始之日起，取得该合伙企业的合伙人资格。

第二，有下列情形之一的，合伙企业应当向合伙人的继承人退还被继承合伙人的财产份额：继承人不愿意成为合伙人；法律规定或者合伙协议约定合伙人必须具有相关资格，而该继承人未取得该资格；合伙协议约定不能成为合伙人的其他情形。

第三，合伙人的继承人为无民事行为能力人或者限制民事行为能力人的，经全体合伙人一致同意，可以依法成为有限合伙人，普通合伙企业依法转为有限合伙企业。全体合伙人未能一致同意的，合伙企业应当将被继承合伙人的财产份额退还该继承人。

【例题 12·多选题】（2018 年）根据合伙企业法律制度的规定，下列各项中，属于普通合伙人当然退伙情形的有（　　）。

A. 法人合伙人被吊销营业执照

B. 因重大过失给合伙人企业造成损失

C. 自然人合伙人被宣告死亡

D. 未履行出资义务

解析 ▶ 本题考核普通合伙人当然退伙的情形。选项 BD 属于除名情形。　　**答案** ▶ AC

（七）特殊的普通合伙企业 ★★★

特殊的普通合伙企业主要有两个考点，如表 5-8 所示。

表 5-8　特殊的普通合伙企业

考点	具体内容
责任承担 ——责任因债而异	合伙人的责任关键取决于合伙人是否有故意或重大过失： (1)合伙人因故意或者重大过失造成合伙企业债务的，该合伙人应当承担无限责任或者无限连带责任，其他合伙人以其在合伙企业中的财产份额为限承担责任(其他人有限责任)。 (2)如果合伙人非因故意或者重大过失造成的合伙企业债务以及合伙企业的其他债务，由全体合伙人承担无限连带责任。 **【知识点拨】** 合伙人执业活动中因故意或者重大过失造成的合伙企业债务，以合伙企业财产对外承担责任后，该合伙人应当按照合伙协议的约定对给合伙企业造成的损失承担赔偿责任
执业风险防范	(1)特殊的普通合伙企业应当建立执业风险基金、办理职业保险。 (2)执业风险基金从其经营收益中提取，用于偿付合伙人执业活动造成的债务。执业风险基金应当单独立户管理

【例题 13·单选题】（2013 年）注册会计师甲、乙、丙共同出资设立一特殊的普通合伙制会计师事务所。因甲、乙在某次审计业务中故意出具不实审计报告，人民法院判决会计师事务所赔偿当事人 50 万元。根据合伙企业法律制度的规定，下列关于该赔偿责任承担的表述中，正确的是（　　）。

A. 以该会计师事务所的全部财产为限承担责任

B. 甲、乙、丙均承担无限连带责任

C. 甲、乙、丙均以其在会计师事务所中的财产份额为限承担责任

D. 甲、乙承担无限连带责任，丙以其在会计师事务所中的财产份额为限承担责任

解析 ▶ 本题考核特殊普通合伙企业的责任承担。根据规定，一个合伙人或者数个合伙人在执业活动中因故意或者重大过失造成合伙企业债务的，应当承担无限责任或者无限连带责任，其他合伙人以其在合伙企业中的财产份额为限承担责任。合伙人在执业活动中非因故意或者重大过失造成的合伙企业债务以及合伙企业的其他债务，由全体合伙人承担无限连带责任。本题中，由于甲和乙是因故意造成合伙企业债务，那么应由甲和乙承担无限连带责任，丙承担有限责任。

答案 ▶ D

三、有限合伙企业

(一)有限合伙企业设立的特殊规定(见表5-9)★★★

表5-9　有限合伙企业设立的特殊规定

条件	具体规定
1. 合伙人人数	有限合伙企业由2个以上50个以下合伙人设立；但是，法律另有规定的除外。有限合伙企业至少应当有1个普通合伙人。 【相关链接】普通合伙企业的合伙人为2人以上，其中国有独资公司、国有企业、上市公司以及公益性的事业单位、社会团体不得成为普通合伙人。 【知识点拨】有限合伙企业仅剩普通合伙人的，应当转为普通合伙企业。有限合伙企业仅剩有限合伙人的，合伙企业解散
2. 名称	有限合伙企业名称中应当标明"有限合伙"字样。 【知识点拨】普通合伙企业名称中应当标明"普通合伙"字样，特殊的普通合伙企业名称中应当标明"特殊普通合伙"字样
3. 出资方式	有限合伙人出资方式的规定。有限合伙人可以用货币、实物、知识产权、土地使用权或者其他财产权利作价出资。有限合伙人不得以劳务出资。 有限合伙人应当按照合伙协议的约定按期足额缴纳出资；未按期足额缴纳的，应当承担补缴义务，并对其他合伙人承担违约责任。 【应试思路】普通合伙人、有限合伙人、有限责任公司股东如果不按照约定缴纳出资，除了应当向企业补缴以外，还应当对其他合伙人、按期足额缴纳出资的股东承担违约责任

(二)有限合伙企业事务执行的特殊规定★★★

1. 有限合伙企业事务执行人的规定

有限合伙企业由普通合伙人执行合伙事务；有限合伙人不执行合伙事务，不得对外代表有限合伙企业。

【应试思路】只要理解有限合伙人以不参与执行合伙事务来换取有限责任，就能理解针对有限合伙人的规定，及其与普通合伙人的区别。

2. 有限合伙人不视为执行合伙事务的情形

有限合伙人的下列行为，不视为执行合伙事务：

(1)参与决定普通合伙人入伙、退伙；

(2)对企业的经营管理提出建议；

(3)参与选择承办有限合伙企业审计业务的会计师事务所；

(4)获取经审计的有限合伙企业财务会计报告；

(5)对涉及自身利益的情况，查阅有限合伙企业财务会计账簿等财务资料；

(6)在有限合伙企业中的利益受到侵害时，向有责任的合伙人主张权利或者提起诉讼；

(7)执行事务合伙人怠于行使权利时，督促其行使权利或者为了本企业的利益以自己的名义提起诉讼；

(8)依法为本企业提供担保。

【知识点拨】上述行为不视为执行合伙事务，因为一般而言这些行为并未直接参与企业的经营，不会直接给合伙企业带来交易的后果。

【例题14·单选题】(2019年)根据合伙企业法律制度的规定，下列关于合伙事务执行的表述中，说法正确的是(　　)。

A. 普通合伙人对执行合伙事务享有同等的权利

B. 公司作为普通合伙人，不得执行合伙事务

C. 有限合伙人不享有合伙事务的监督权

D. 出资最多的合伙人负责合伙事务的执行

解析 本题考核合伙企业事务执行。普通合伙人对执行合伙事务享有同等的权利；选项A正确、选项B错误。不执行合伙事务的合伙人有权监督执行事务合伙人执行合伙事务的情况；选项C错误。按照合伙协议的约定或者经全体合伙人决定，可以委托一个或者数个合伙人对外代表合伙企业，执行合伙事务；选项D错误。 **答案** A

3. 有限合伙人未经授权以合伙企业名义与他人进行交易的法律后果

(1)第三人有理由相信有限合伙人为普通合伙人并与其交易的，该有限合伙人对该笔交易承担与普通合伙人同样的责任。

(2)有限合伙人未经授权以有限合伙企业名义与他人进行交易，给有限合伙企业或者其他合伙人造成损失的，该有限合伙人应当承担赔偿责任。

【例题15·单选题】张三是某有限合伙企业的有限合伙人，某日，张三出差至外地，发现企业急需的一种原材料在当地价格优惠，于是以合伙企业名义与不知情的卖方订立了买卖合同。对此，以下表述正确的是( )。

A. 张三与卖方订立的买卖合同效力待定

B. 张三对该笔交易承担有限责任

C. 该笔交易对合伙企业不发生效力

D. 张三对该笔交易承担无限连带责任

解析 本题考核禁止有限合伙人执行合伙事务。第三人有理由相信有限合伙人为普通合伙人并与其交易的，该有限合伙人对该笔交易承担与普通合伙人同样的责任，也就是无限连带责任，因而选项B错误，选项D正确。合伙企业对执行合伙事务的限制不得对抗善意第三人，该合同为有效合同，合伙

企业需为此承担责任，选项AC错误。 **答案** D

4. 有限合伙企业利润分配

有限合伙企业不得将全部利润分配给部分合伙人；但是，合伙协议另有约定的除外。

【相关链接】普通合伙企业绝对禁止约定将全部利润分配给部分合伙人或者由部分合伙人承担全部亏损。

5. 有限合伙人的权利

(1)有限合伙人可以同本有限合伙企业进行交易；但是，合伙协议另有约定的除外。

(2)有限合伙人可以自营或者同他人合作经营与本有限合伙企业相竞争的业务；但是，合伙协议另有约定的除外。

【相关链接1】普通合伙人的竞业禁止义务属于绝对禁止。

【相关链接2】除合伙协议另有约定或者经全体合伙人一致同意外，"普通合伙人"不得同本合伙企业进行交易(相对禁止)。

(三)有限合伙企业财产出质与财产转让的特殊规定★★

1. 有限合伙人财产份额的出质

有限合伙人可以将其在有限合伙企业中的财产份额出质；但是，合伙协议另有约定的除外。

【相关链接】普通合伙人以其在合伙企业中的财产份额出质的，须经其他合伙人一致同意；未经其他合伙人一致同意，其行为无效，由此给善意第三人造成损失的，由行为人依法承担赔偿责任。

2. 有限合伙人财产份额的转让

有限合伙人可以按照合伙协议的约定向合伙人以外的人转让其在有限合伙企业中的财产份额，但应当提前30日通知其他合伙人。

【相关链接】除合伙协议另有约定外，普通合伙人向合伙人以外的人转让其在合伙企业中的财产份额时，须经其他合伙人一致同意。

【例题16·单选题】(2016年)甲、乙、

丙、丁拟共同投资设立一有限合伙企业，甲、乙为普通合伙人，丙、丁为有限合伙人。四人草拟了一份合伙协议。该合伙协议的下列内容中，符合合伙企业法律制度的是（   ）。

A. 合伙企业名称为"环宇商贸有限公司"

B. 丙、丁可以将其在合伙企业中的财产份额出质

C. 丙任执行事务合伙人

D. 甲以房屋作价 30 万元出资，乙以专利技术作价 15 万元出资，丙以劳务作价 20 万元出资，丁以现金 50 万元出资

解析 ▶ 本题考核有限合伙企业的相关规定。合伙企业名称中不能有"公司"字样；选项 A 错误。有限合伙人不执行合伙事务，不得对外代表有限合伙企业；选项 C 错误。有限合伙人不得以劳务出资；选项 D 错误。

答案 ▶ B

(四)有限合伙人债务清偿的特殊规定 ★★★

有限合伙人的自有财产不足清偿其与合伙企业无关的债务的，两种清偿方式：

(1)该合伙人可以以其从有限合伙企业中分取的收益用于清偿；

(2)债权人也可以依法请求人民法院强制执行该合伙人在有限合伙企业中的财产份额用于清偿。

(五)有限合伙企业入伙与退伙的特殊规定 ★★

1. 入伙

新入伙的有限合伙人对入伙前有限合伙企业的债务，以其认缴的出资额为限承担责任。

【相关链接】 新入伙的普通合伙人对入伙前的债务承担无限连带责任。

2. 退伙

(1)有限合伙人当然退伙的情形：

①作为合伙人的自然人死亡或者被依法宣告死亡；（人没了）

②作为合伙人的法人或者其他组织依法被吊销营业执照、责令关闭、撤销，或者被宣告破产；（人没了）

③法律规定或者合伙协议约定合伙人必须具有相关资格而丧失该资格；（资格没了）

④合伙人在合伙企业中的全部财产份额被人民法院强制执行。（份额没了）

【知识点拨】 普通合伙人当然退伙的情形还包括：普通合伙人个人丧失偿债能力。此种情况下有限合伙人并不当然退伙是因为有限合伙人无需拿其他财产来为合伙企业承担无限连带责任，只要有限合伙人在合伙企业中的财产份额还在，即便其余没有财产也并不影响其责任。

(2)后果

有限合伙人退伙后，对基于其退伙前的原因发生的有限合伙企业债务，以其退伙时从有限合伙企业中取回的财产承担责任。

【相关链接】 普通合伙人退伙的，对基于其退伙前的原因发生的合伙企业债务，承担无限连带责任。

(3)作为有限合伙人的自然人丧失行为能力，其他合伙人不得因此要求其退伙。

【知识点拨】 因为有限合伙人不执行合伙事务。

(4)作为有限合伙人的自然人死亡、被依法宣告死亡或者作为有限合伙人的法人及其他组织终止时，其继承人或者权利承受人可以依法取得该有限合伙人在有限合伙企业中的资格。

[例题 17·单选题] 某有限合伙企业由甲、乙、丙、丁四人出资设立，其中，甲、乙为普通合伙人，丙、丁为有限合伙人。后丙因故退伙。对于在丙退伙前有限合伙企业既有的债务，丙应承担责任的正确表述是（   ）。

A. 丙以其认缴的出资额为限承担责任

B. 丙以其实缴的出资额为限承担责任

C. 丙以其退伙时从有限合伙企业中取回的财产承担责任

D. 丙不承担责任

解析 ▶ 本题考核有限合伙人退伙时应承

担的责任。根据规定，有限合伙人退伙后，对基于其退伙前的原因发生的有限合伙企业债务，以其退伙时从有限合伙企业中"取回的财产"承担责任。　　答案 ▶ C

【应试思路】 首先分析题目中是普通合伙人退伙还是有限合伙人退伙，再结合各自的规定来判断退伙后对企业债务的责任承担。

（六）合伙人性质转变（见表5-10）★★★

表5-10　合伙人性质转变

项目	内容
1. 条件	除合伙协议另有约定外，普通合伙人转变为有限合伙人，或者有限合伙人转变为普通合伙人，应当经全体合伙人一致同意
2. 责任	(1)有限合伙人转变为普通合伙人的，对其作为有限合伙人期间有限合伙企业发生的债务承担无限连带责任。 (2)普通合伙人转变为有限合伙人的，对其作为普通合伙人期间合伙企业发生的债务承担无限连带责任

【知识点拨】 无论是哪种转变，原则上都需全体合伙人一致同意，且对转变前的债务都承担无限连带责任。

【例题18·单选题】（2013年）甲、乙、丙、丁设立一有限合伙企业，其中甲、乙为普通合伙人，丙、丁为有限合伙人。1年后，甲转为有限合伙人，同时丙转为普通合伙人。合伙企业设立之初，企业欠银行50万元，该债务直至合伙企业被宣告破产仍未偿还。下列关于该50万元债务清偿责任的表述中，符合合伙企业法律制度规定的是（　　）。

A. 甲、乙承担无限连带责任，丙、丁以其出资额为限承担责任

B. 乙、丙承担无限连带责任，甲、丁以其出资额为限承担责任

C. 甲、乙、丙承担无限连带责任，丁以其出资额为限承担责任

D. 乙承担无限责任，甲、丙、丁以其出资额为限承担责任

解析 ▶ 本题考核合伙人身份转换的责任承担。根据规定，有限合伙人转变为普通合伙人的，对其作为有限合伙人期间有限合伙企业发生的债务承担无限连带责任。普通合伙人转变为有限合伙人的，对其作为普通合伙人期间合伙企业发生的债务承担无限连带责任。本题中，甲应对其作为普通合伙人期间的债务承担无限连带责任，丙应对其作为有限合伙人期间的债务承担无限连带责任。　　答案 ▶ C

四、合伙企业的解散和清算

扫我解疑难

（一）合伙企业的解散 ★★

合伙企业有下列情形之一的，应当解散：

（1）合伙期限届满，合伙人决定不再经营；

（2）合伙协议约定的解散事由出现；

（3）全体合伙人决定解散；

（4）合伙人已不具备法定人数满30天；

（5）合伙协议约定的合伙目的已经实现或者无法实现；

（6）依法被吊销营业执照、责令关闭或者被撤销；

（7）法律、行政法规规定的其他原因。

（二）合伙企业清算（见表5-11）★★

表5-11　合伙企业清算

清算程序	具体规则
1. 确定清算人	清算人确定的方式有三种： (1)由全体合伙人担任清算人。 (2)指定一个或者数个合伙人，或者委托第三人担任清算人

清算程序	具体规则
1. 确定清算人	前提条件： ①合伙企业的清算人未能由全体合伙人担任； ②经全体合伙人过半数同意； ③自合伙企业解散事由出现后15日内作出指定或者委托。 (3)由人民法院指定清算人。 前提条件： ①合伙企业的清算人未能由全体合伙人担任； ②在合伙企业解散事由出现后15日内未确定清算人； ③由合伙人或者其他利害关系人提出申请。
2. 债权申报	清算人自被确定之日起10日内将合伙企业解散事项通知债权人，并于60日内在报纸上公告。债权人应当自接到通知书之日起30日内，未接到通知书的自公告之日起45日内，向清算人申报债权。 【知识点拨】清算期间，合伙企业存续，但不得开展与清算无关的经营活动
3. 清偿顺序	合伙企业财产在支付清算费用和职工工资、社会保险费用、法定补偿金，以及缴纳所欠税款、清偿债务后的剩余财产，依法进行分配。 (1)合伙企业注销后，原普通合伙人对合伙企业存续期间的债务仍应承担无限连带责任。 (2)合伙企业不能清偿到期债务的，债权人可以依法向人民法院提出破产清算申请，也可以要求普通合伙人清偿。 (3)合伙企业依法被宣告破产的，普通合伙人对合伙企业债务仍应承担无限连带责任。 【知识点拨】合伙企业不能清偿全部债务的，也可以适用《企业破产法》规定的破产清算程序。只是债权人对于破产程序中未获得清偿的部分可以要求普通合伙人承担无限连带责任

【例题19·单选题】（2019年）根据合伙企业法律制度的规定，合伙企业在清算时，企业财产在支付清算费用后，应当优先清偿(   )。

A. 法定补偿金

B. 职工工资

C. 所欠税款

D. 社会保险费用

解析 ▶ 本题考核合伙企业清算。合伙企业财产在支付清算费用和职工工资、社会保险费用、法定补偿金以及缴纳所欠税款、清偿债务后的剩余财产，依照规定进行分配。

答案 ▶ B

『总结1』普通合伙企业与有限合伙企业的区别，见表5-12。

表5-12 普通合伙企业与有限合伙企业的区别

区别	普通合伙企业	有限合伙企业
合伙人	合伙人可以是自然人，也可以是法人或者其他组织	
	(1)有2个以上合伙人。合伙人为自然人的，应当具有完全民事行为能力； (2)国有独资公司、国有企业、上市公司以及公益性的事业单位、社会团体不得成为普通合伙人	(1)2个以上50个以下的合伙人； (2)至少有1个普通合伙人
出资方式的规定	货币、实物、土地使用权、知识产权或者其他财产权利	
	普通合伙人可以用劳务出资（评估办法由全体合伙人协商确定）	有限合伙人不得以劳务出资

第5章 合伙企业法律制度

区别	普通合伙企业	有限合伙企业
事务执行规定	共同执行或委托部分合伙人执行	(1)由普通合伙人执行合伙事务； (2)有限合伙人不执行合伙事务，不得对外代表有限合伙企业
竞业禁止的规定	合伙人不得自营或者同他人合作经营与本合伙企业相竞争的业务(绝对禁止)	有限合伙人可以自营或者同他人合作经营与本有限合伙企业相竞争的业务，但是，合伙协议另有约定的除外
交易禁止的规定	除合伙协议另有约定或者经全体合伙人一致同意外，合伙人不得同本合伙企业进行交易(相对禁止)	有限合伙人可以同本有限合伙企业进行交易，但是，合伙协议另有约定的除外
出质的规定	合伙人以其在合伙企业中的财产份额出质的，须经其他合伙人一致同意，否则出质行为无效	有限合伙人可以将其在有限合伙企业中的财产份额出质，但是，合伙协议另有约定的除外
财产转让的规定	除合伙协议另有约定外，合伙人向合伙人以外的人转让其在合伙企业中的全部或者部分财产份额时，须经其他合伙人一致同意	有限合伙人可以按照合伙协议的约定向合伙人以外的人转让其在有限合伙企业中的财产份额，但应当提前30日通知其他合伙人
利润分配和亏损分担	普通合伙企业中合伙协议不得约定将全部利润分配给部分普通合伙人或者由部分普通合伙人承担全部亏损	有限合伙企业不得将全部利润分配给部分合伙人；但是，合伙协议另有约定的除外
入伙人对入伙前企业债务的责任	对入伙前合伙企业的债务承担无限连带责任	对入伙前合伙企业的债务，以其认缴的出资额为限承担责任
退伙人对退伙前企业债务的责任	退伙人对基于其退伙前的原因发生的合伙企业债务，承担无限连带责任	有限合伙人退伙后，对基于其退伙前的原因发生的有限合伙企业债务，以其退伙时从有限合伙企业中取回的财产承担责任
当然退伙事由	包括个人丧失偿债能力	不包括个人丧失偿债能力
自然人合伙人丧失行为能力	经其他合伙人同意转变为有限合伙人，合伙企业转变为有限合伙企业；否则该合伙人退伙	有限合伙人丧失行为能力并不退伙
自然人合伙人死亡	继承人按照合伙协议的约定或者经全体合伙人一致同意，从继承开始之日起，取得该合伙企业的合伙人资格。继承人无行为能力或限制行为能力，经全体合伙人一致同意成为有限合伙人，否则应当将财产份额退还该继承人	有限合伙人死亡，继承人直接取得该有限合伙人在有限合伙企业中的资格
责任承担	普通合伙企业：合伙人对合伙企业的债务承担无限连带责任 特殊的普通合伙企业(因债而异)：(1)合伙人因故意或者重大过失造成合伙企业债务的，该合伙人应当承担无限责任或者无限连带责任，其他合伙人以其在合伙企业中的财产份额为限承担责任； (2)合伙人非故意或重大过失，所有合伙人无限连带责任	因人而异：其中，有限合伙人以其认缴的出资额为限对合伙企业债务承担责任；普通合伙人承担无限连带责任

第 5 章 合伙企业法律制度

『**总结 2**』约定优先与法定事项，见表 5-13。

表 5-13　约定优先与法定事项

约定优先（按合伙协议）	法定事项（不可约定）
(1)修改或者补充合伙协议，应当经全体合伙人一致同意；但是，合伙协议另有约定的除外； (2)除合伙协议另有约定外，普通合伙人向合伙人以外的人转让其在合伙企业中的全部或者部分财产份额时，须经其他合伙人一致同意； (3)合伙人向合伙人以外的人转让其在合伙企业中的财产份额的，在同等条件下，其他合伙人有优先购买权；但是，合伙协议另有约定的除外； (4)除合伙协议另有约定外，合伙企业的6类法定事项应当经全体合伙人一致同意； (5)除合伙协议另有约定或者经全体合伙人一致同意外，普通合伙人不得同本合伙企业进行交易； (6)新合伙人入伙，除合伙协议另有约定外，应当经全体合伙人一致同意，并依法订立书面入伙协议； (7)入伙的新合伙人与原合伙人享有同等权利，承担同等责任。入伙协议另有约定的，从其约定； (8)有限合伙企业不得将全部利润分配给部分合伙人；但是，合伙协议另有约定的除外； (9)有限合伙人可以同本有限合伙企业进行交易；但是，合伙协议另有约定的除外； (10)有限合伙人可以自营或者同他人合作经营与本有限合伙企业相竞争的业务；但是，合伙协议另有约定的除外； (11)有限合伙人可以将其在有限合伙企业中的财产份额出质；但是，合伙协议另有约定的除外； (12)除合伙协议另有约定外，普通合伙人转变为有限合伙人，或者有限合伙人转变为普通合伙人，应当经全体合伙人一致同意	(1)国有独资公司、国有企业、上市公司以及公益性的事业单位、社会团体不得成为普通合伙人； (2)普通合伙人以其在合伙企业中的财产份额出质的，须经其他合伙人一致同意； (3)普通合伙人不得自营或者同他人合作经营与本合伙企业相竞争的业务； (4)普通合伙企业中合伙协议不得约定将全部利润分配给部分普通合伙人或者由部分普通合伙人承担全部亏损； (5)合伙人发生与合伙企业无关的债务，相关债权人不得以其债权抵销其对合伙企业的债务；也不得代位行使合伙人在合伙企业中的权利； (6)合伙企业对第三人的债务，应先以其全部财产进行清偿。合伙企业不能清偿到期债务的，普通合伙人承担无限连带责任； (7)有限合伙人不得以劳务出资； (8)有限合伙人不执行合伙事务，不得对外代表有限合伙企业

真题精练

一、单项选择题

1. (2019年、2016年)根据合伙企业法律制度的规定，合伙人以劳务出资的，确定评估办法的主体应当是(　　)。

   A. 全体合伙人

   B. 合伙企业事务执行人

   C. 法定评估机构

   D. 合伙企业登记机关

2. (2019年)普通合伙人甲、乙、丙、丁共同设立一家合伙企业，其持有合伙企业的份额分别为18%、20%、27%和35%。合伙协议约定：合伙人对外转让份额，应当经3/5以上份额合伙人的同意。甲拟将其持有的10%份额转给非合伙人戊，并拟将其持有的剩余8%的财产份额转让给合伙人丙。根据合伙企业法律制度的规定，下列表述中，正确的是(　　)。

   A. 未经乙、丙、丁一致同意，甲不得将其财产份额转让给戊

   B. 未经丁同意，甲不得将其财产份额转让给丙

   C. 经丙、丁同意，甲即可将其财产份额转

让给戊

D. 未经乙同意，甲不得将其财产份额转让给丙

3. （2018年）2017年，甲有限合伙企业实现利润300万元。2018年初，合伙企业向普通合伙人乙、丙及有限合伙人丁各分配利润100万元。根据合伙企业法律制度的规定，就上述可分配利润应缴纳所得税的主体是（　　）。

A. 乙和丙　　　　　B. 乙、丙和丁

C. 丁　　　　　　　D. 甲、乙、丙和丁

4. （2018年）根据合伙企业法律制度的规定，合伙协议未约定合伙期限的，在不给合伙企业事务执行造成不利影响的情况下，合伙人可以退伙，但应当提前一定期限通知其他合伙人。该期限是（　　）。

A. 10日　　　　　B. 15日

C. 7日　　　　　　D. 30日

5. （2017年）某普通合伙企业合伙人甲因个人借款，拟将其合伙财产份额质押给债权人乙。根据合伙企业法律制度的规定，为使该质押行为有效，同意质押的合伙人人数应当是（　　）。

A. 超过全体合伙人的三分之二

B. 超过全体合伙人的二分之一

C. 全体合伙人

D. 超过全体合伙人的四分之三

6. （2017年）根据合伙企业法律制度的规定，构成有限合伙人当然退伙情形的是（　　）。

A. 作为有限合伙人的法人被宣告破产

B. 作为有限合伙人的自然人丧失民事行为能力

C. 作为有限合伙人的自然人失踪

D. 作为有限合伙人的自然人故意给合伙企业造成损失

7. （2017年）某普通合伙企业合伙人甲死亡，其未成年子女乙、丙是其全部合法继承人。根据合伙企业法律制度的规定，下列表述中，正确的是（　　）。

A. 乙、丙可以继承甲的财产份额，但不能成为合伙人

B. 乙、丙因继承甲的财产份额自动取得合伙人资格

C. 经全体合伙人一致同意，乙、丙可以成为有限合伙人

D. 应解散合伙企业，清算后向乙、丙退还甲的财产份额

8. （2017年）根据合伙企业法律制度的规定，下列关于普通合伙企业合伙人的表述中，正确的是（　　）。

A. 非法人组织不能成为合伙人

B. 国有企业不能成为合伙人

C. 限制民事行为能力的自然人可以成为合伙人

D. 公益性社会团体可以成为合伙人

9. （2016年）某普通合伙企业拟变更企业名称，但合伙协议对该事项的决议规则未作约定。下列表述中，符合合伙企业法律制度规定的是（　　）。

A. 该事项经半数以上合伙人同意即可通过

B. 该事项经2/3以上合伙人同意即可通过

C. 该事项经全体合伙人一致同意方可通过

D. 该事项经出资占2/3以上的合伙人同意即可通过

10. （2016年）根据合伙企业法律制度的规定，合伙企业解散清算时，企业财产首先应当清偿或支付的是（　　）。

A. 所欠税款　　　　B. 所欠银行借款

C. 所欠职工工资　　D. 清算费用

11. （2015年）甲国有独资公司、乙上市公司、丙外商独资企业、丁民营投资有限公司拟成立一家有限合伙企业。根据合伙企业法律制度的规定，上述投资主体中，可以担任普通合伙人的是（　　）。

A. 甲和丙　　　　　B. 乙和丙

C. 丙和丁　　　　　D. 甲和丁

12. （2015年）根据合伙企业法律制度的规定，下列行为中，禁止由有限合伙人实施的是（　　）。

A. 为本合伙企业提供担保

B. 参与决定普通合伙人入伙

C. 以合伙企业的名义对外签订买卖合同

D. 对涉及自身利益的情况，查阅合伙企业的财务会计账簿

13. (2015年)某普通合伙企业合伙人甲因执行合伙事务有不正当行为，经合伙人会议决议将其除名。甲接到除名通知后不服，诉至人民法院。根据合伙企业法律制度的规定，该合伙企业对甲除名的生效日期为(   )。

A. 甲的不正当行为作出之日

B. 除名决议作出之日

C. 甲接到除名通知之日

D. 甲的诉讼请求被人民法院驳回之日

14. (2015年)根据合伙企业法律制度的规定，下列关于普通合伙企业债务清偿的表述中，正确的是(   )。

A. 债权人应当首先向合伙企业求偿

B. 债权人应当首先向合伙人求偿

C. 债权人应当同时向合伙企业及其合伙人求偿

D. 债权人可以选择向合伙企业或其合伙人求偿

二、多项选择题

1. (2019年)根据合伙企业法律制度的规定，合伙企业存续期间出现特定情形时，合伙人可以退伙。这些情况有(   )。

A. 发生合伙协议约定的退伙事由

B. 发生合伙人难以继续参加合伙的事由

C. 其他合伙人严重违反合伙协议约定的义务

D. 全体合伙人一致同意

2. (2017年)甲、乙和丙设立某普通合伙企业，从事餐饮服务，2017年6月5日，甲退伙；6月10日，丁入伙。6月9日，合伙企业经营的餐厅发生卡式燃气炉灼伤顾客戊的事件，需要支付医疗费用等共计45万元，经查，该批燃气炉系当年4月合伙人共同决定购买，其质量不符合相关国家

标准。该合伙企业支付30万元赔偿后已无赔偿能力。现戊请求合伙人承担其余15万元赔偿责任。根据合伙企业法律制度的规定，应承担赔偿责任的合伙人有(   )。

A. 乙   B. 甲

C. 丁   D. 丙

3. (2017年)根据合伙企业法律制度的规定，下列有限合伙人的行为中，视为执行合伙企业事务的有(   )。

A. 参与决定普通合伙人退伙

B. 参与决定合伙企业为第三人提供担保

C. 为合伙企业提供担保

D. 参与决定出售合伙企业房产

4. (2016年)某普通合伙企业经营期间，吸收甲入伙。甲入伙前合伙企业已负债20万元。甲入伙1年后退伙，在此期间合伙企业新增债务10万元，甲退伙后半年，合伙企业解散，以企业全部财产清偿债务后，尚有80万元债务不能清偿。根据合伙企业法律制度的规定，下列关于甲承担清偿责任的表述中，正确的有(   )。

A. 甲对担任合伙人期间合伙企业新增加的10万元债务承担无限连带责任

B. 甲对合伙企业解散后尚未清偿的全部80万元债务承担无限连带责任

C. 甲对入伙前合伙企业的20万元债务承担无限连带责任

D. 甲对入伙后至合伙企业解散时新增的60万元债务承担无限连带责任

5. (2016年)根据合伙企业法律制度的规定，下列关于特殊的普通合伙企业执业风险防范措施的表述中，正确的有(   )。

A. 企业应当从其经营收益中提取相应比例资金作为执业风险基金

B. 执业风险基金应当单独立户管理

C. 执业风险基金用于偿付合伙人执业活动造成的债务

D. 企业可以选择建立执业风险基金或办理职业保险

一、单项选择题

1. A 【解析】本题考核合伙人的出资。合伙人以劳务出资的，其评估办法由全体合伙人协商确定，并在合伙协议中载明。

2. C 【解析】本题考核合伙企业财产份额的转让。除合伙协议另有约定外，合伙人向合伙人以外的人转让其在合伙企业中的全部或者部分财产份额时，须经其他合伙人一致同意；题目中是合伙协议另有约定，从其约定，选项 C 正确、选项 A 错误。合伙人之间转让在合伙企业中的全部或者部分财产份额时，应当通知其他合伙人；选项 BD 错误。

3. B 【解析】本题考核合伙企业法的基本原则。合伙企业的生产经营所得和其他所得，按照国家有关税收规定，由合伙人分别缴纳所得税。合伙企业不缴纳企业所得税。

4. D 【解析】本题考核退伙的原因——通知退伙。合伙协议未约定合伙期限的，合伙人在不给合伙企业事务执行造成不利影响的情况下，可以退伙，但应当提前 30 日通知其他合伙人。

5. C 【解析】本题考核合伙人财产份额的出质。普通合伙人以其在合伙企业中的财产份额出质的，须经其他合伙人一致同意。

6. A 【解析】本题考核有限合伙人当然退伙。有限合伙人有下列情形之一的，当然退伙：(1)作为合伙人的自然人死亡或者被依法宣告死亡(因此失踪并不导致当然退伙，选项 C 不选)；(2)作为合伙人的法人或者其他组织依法被吊销营业执照、责令关闭、撤销或者被宣告破产；(3)法律规定或者合伙协议约定合伙人必须具有相关资格而丧失该资格；(4)合伙人在合伙企业中的全部财产份额被人民法院强制执行。作为有限合伙人的自然人在有限合

伙企业存续期间丧失民事行为能力的，其他合伙人不得因此要求其退伙；选项 B 不选。选项 D 属于"除名"的情形，不选。

7. C 【解析】本题考核合伙人退伙的效果。普通合伙人死亡或者被依法宣告死亡的，对该合伙人在合伙企业中的财产份额享有合法继承权的继承人，按照合伙协议的约定或者经全体合伙人一致同意，从继承开始之日起，取得该合伙企业的合伙人资格；选项 B 错误。普通合伙人的继承人为无民事行为能力人或者限制民事行为能力人的，经全体合伙人一致同意，可以依法成为有限合伙人，普通合伙企业依法转为有限合伙企业；选项 A 错误，选项 C 正确。全体合伙人未能一致同意的，合伙企业应当将被继承合伙人的财产份额退还该继承人；选项 D 错误。

8. B 【解析】本题考核普通合伙企业的设立条件。合伙人可以是自然人，也可以是法人或者其他组织，选项 A 错误；合伙人为自然人的，应当具有完全民事行为能力。无民事行为能力人和限制民事行为能力人不得成为普通合伙人，选项 C 错误；国有独资公司、国有企业、上市公司以及公益性的事业单位、社会团体不得成为普通合伙人，选项 B 正确，选项 D 错误。

9. C 【解析】本题考核合伙事务的执行。除合伙协议另有约定外，改变合伙企业的名称，应当经全体合伙人一致同意。

10. D 【解析】本题考核合伙企业的清算。合伙企业财产在支付清算费用和职工工资、社会保险费用、法定补偿金以及缴纳所欠税款、清偿债务后的剩余财产，依照规定进行分配。

11. C 【解析】本题考核有限合伙企业的设立。国有独资公司、国有企业、上市公司以及公益性的事业单位、社会团体不

得成为普通合伙人。

12. C 【解析】本题考核有限合伙企业的事务执行。有限合伙人不执行合伙事务，不得对外代表有限合伙企业。有限合伙人的下列行为，不视为执行合伙事务：(1)参与决定普通合伙人入伙、退伙(选项B正确)；(2)对企业的经营管理提出建议；(3)参与选择承办有限合伙企业审计业务的会计师事务所；(4)获取经审计的有限合伙企业财务会计报告；(5)对涉及自身利益的情况，查阅有限合伙企业财务会计账簿等财务资料(选项D正确)；(6)在有限合伙企业中的利益受到侵害时，向有责任的合伙人主张权利或者提起诉讼；(7)执行事务合伙人怠于行使权利时，督促其行使权利或者为了本企业的利益以自己的名义提起诉讼；(8)依法为本企业提供担保(选项A正确)。

13. C 【解析】本题考核合伙人的退伙。对合伙人的除名决议应当书面通知被除名人。被除名人接到除名通知之日，除名生效，被除名人退伙。

14. A 【解析】本题考核合伙企业的债务清偿。合伙企业对其债务，应先以其全部财产进行清偿。合伙企业不能清偿到期债务的，合伙人承担无限连带责任。

二、多项选择题

1. ABCD 【解析】本题考核协议退伙。合伙协议约定合伙期限的，在合伙企业存续期间，有下列情形之一的，合伙人可以退伙：(1)合伙协议约定的退伙事由出现；(2)经全体合伙人一致同意；(3)发生合伙人难以继续参加合伙的事由；(4)其他合伙人严重违反合伙协议约定的义务。

2. ABCD 【解析】本题考核合伙人入伙与退伙的责任承担。(1)选项AD，合伙企业不能清偿到期债务的，普通合伙人承担无限连带责任。本题中，乙、丙作为普通合伙人，应当对合伙企业不能清偿的债务承担无限连带责任；(2)选项B：退伙人对基于其退伙前的原因发生的合伙企业债务，承担无限连带责任。本题中，发生事故的燃气炉系当年4月合伙人共同决定购买，其质量不符合相关国家标准，此时，甲依然是普通合伙人，应当对此承担无限连带责任；(3)选项C：新合伙人对入伙前合伙企业的债务承担无限连带责任。

3. BD 【解析】本题考核有限合伙企业事务执行的特别规定。有限合伙人的下列行为，不视为执行合伙事务：(1)参与决定普通合伙人入伙、退伙；(2)对企业的经营管理提出建议；(3)参与选择承办有限合伙企业审计业务的会计师事务所；(4)获取经审计的有限合伙企业财务会计报告；(5)对涉及自身利益的情况，查阅有限合伙企业财务会计账簿等财务资料；(6)在有限合伙企业中的利益受到侵害时，向有责任的合伙人主张权利或者提起诉讼；(7)执行事务合伙人怠于行使权利时，督促其行使权利或者为了本企业的利益以自己的名义提起诉讼；(8)依法为本企业提供担保。

4. AC 【解析】本题考核合伙人的退伙。退伙人对基于其退伙前的原因发生的合伙企业债务，承担无限连带责任；选项A正确。新合伙人对入伙前的债务承担无限连带责任；选项C正确。

5. ABC 【解析】本题考核特殊的普通合伙企业。特殊的普通合伙企业从其经营收益中提取相应比例的资金留存收益或者根据相关规定上缴至指定机构形成执业风险基金，选项A正确。执业风险基金应当单独立户管理。执业风险基金用于偿付合伙人执业活动造成的债务，选项BC正确。特殊的普通合伙企业应当建立执业风险基金、办理职业保险，选项D错误。

一、单项选择题

1. 下列关于合伙企业的说法中,符合法律规定的是( )。

   A. 某合伙企业名称中没有标明"普通"或是"有限"字样,视为普通合伙企业

   B. 外资设立合伙企业时,外国企业或个人用于出资的货币必须是可自由兑换的外币

   C. 合伙企业无需缴纳企业所得税,各合伙人分别缴纳所得税

   D. 特殊的普通合伙企业中,部分合伙人对企业债务以出资额为限承担有限责任

2. 关于某普通合伙企业,说法错误的是( )。

   A. 合伙人甲以厂房出资,应当依法办理财产权转移手续

   B. 合伙人乙以实物出资,必须委托法定评估机构评估

   C. 合伙人丙以劳务出资的,评估办法由全体合伙人协商确定

   D. 合伙协议约定,出资最多的合伙人丁可以决定修改合伙协议

3. 甲、乙、丙、丁共同出资设立了一普通合伙企业,对合伙份额的转让和出质均没有特别约定。下列关于各合伙人处分财产份额的说法中,正确的是( )。

   A. 甲拟将自己的财产份额转让给乙,无须经其他合伙人同意,也不需要通知其他合伙人

   B. 乙将其财产份额转让戊,需经其他合伙人过半数同意

   C. 丙以其在合伙企业中的财产份额出质,须经其他合伙人一致同意

   D. 丁将其财产份额出质给合伙人以外的人,未经其他合伙人同意,应给丁办理退伙结算

4. 甲、乙、丙、丁成立了一个普通合伙企业,全体合伙人约定由甲执行合伙事务,下列选项中,错误的是( )。

   A. 甲可以对外代表合伙企业

   B. 甲应当定期向乙、丙、丁报告事务执行情况

   C. 甲执行合伙事务的费用和亏损由合伙企业承担

   D. 乙、丙、丁可以随时了解企业经营情况但不得查阅会计账簿

5. 甲、乙共同出资设立了经营文化用品的A普通合伙企业,甲、乙的下列行为中,符合《合伙企业法》规定的是( )。

   A. 甲经乙同意,另行设立了经营文化用品的个人独资企业

   B. 甲经乙同意,与丙共同投资设立了另一经营文化用品的公司

   C. 乙经甲同意,将自己购买尚未用完的文化用品出售给A合伙企业

   D. 乙未经甲同意,购买A合伙企业经销的文化用品

6. 根据合伙企业法律制度的规定,除合伙协议另有约定外,下列事项中,须全体合伙人一致同意的是( )。

   A. 聘请合伙人以外的人担任企业的财务负责人

   B. 出售合伙企业名下的动产

   C. 合伙人以其个人财产为他人提供担保

   D. 聘请会计师事务所承办合伙企业的审计业务

7. 某普通合伙企业中,合伙协议约定按认缴出资比例分配利润。甲、乙、丙各认缴出资10万元、20万元和30万元,已实际交付出资情况为:甲10万元、乙20万元、丙20万元,当年合伙企业有12万元利润,则甲、乙、丙利润分配比例为( )。

   A. 1:1:1

   B. 1:2:3

   C. 1:2:2

D. 三人另行协商的比例

8. 某普通合伙企业合伙人甲享有合伙财产份额价值为 10 万元，因个人车辆修理而欠乙修理费 5 万元，到期无力清偿。同时乙欠合伙企业 5 万元未清偿；合伙企业未向甲支付上一年度应分配利润 10 万元。债权人乙提出的下列主张中，符合合伙企业法律制度规定的是( )。

A. 以甲欠乙的修理费抵销乙欠合伙企业的货款

B. 请求人民法院强制执行甲在合伙企业中的财产份额以清偿修理费

C. 代位行使甲对合伙企业上一年度全部可分配利润的请求权

D. 直接取得甲在合伙企业中价值 5 万元的财产份额

9. 张某为甲普通合伙企业的合伙人，因故欠合伙人以外的乙人民币 10 万元。乙曾为甲企业承担担保责任 3 万元，尚未向甲追偿。乙又因向甲企业购买产品欠甲企业 5 万元货款已到期。关于本案，说法错误的有( )。

A. 乙可以向甲企业主张抵销 8 万元

B. 乙可以向甲企业主张抵销 5 万元

C. 乙可以向甲企业主张抵销 3 万元

D. 张某可以向乙主张抵销 8 万元

10. 甲乙丙共同投资设立一普通合伙企业，经营一段时间后，丁提出加入该合伙企业，下列关于丁入伙，说法错误的是( )。

A. 丁入伙，应当经甲乙丙一致同意

B. 丁入伙，应当订立书面入伙协议

C. 甲乙丙应当告知丁该合伙企业的经营状况和财务状况

D. 丁入伙后对入伙前合伙企业的债务以出资额为限承担责任

11. 根据《合伙企业法》的规定，合伙人可以采取通知退伙的方式退伙。以下选项中不属于通知退伙的法定条件的是( )。

A. 合伙协议未约定合伙企业的经营期限

B. 合伙人退伙不给合伙企业事务执行造成不利影响

C. 提前 30 日通知其他合伙人

D. 经全体合伙人一致同意

12. 某普通合伙企业的合伙人包括有限责任公司甲、乙，自然人丙、丁。根据合伙企业法律制度的规定，下列情形中，属于当然退伙事由的是( )。

A. 甲被债权人申请破产

B. 丁因斗殴被公安机关拘留

C. 丙被依法宣告失踪

D. 乙被吊销营业执照

13. 2018 年 5 月，甲、乙、丙三人分别出资 2 万元、2 万元、1 万元设立 A 普通合伙企业，并约定按出资比例分配和分担损益。8 月，A 合伙企业欠 B 企业货款 1 万元。12 月底，甲提出退伙要求，乙、丙同意。经结算，A 合伙企业净资产为 3 万元。根据合伙企业法律制度的规定，应退还甲的财产数额是( )万元。

A. 2   B. 1.2

C. 1   D. 0.8

14. 某普通合伙企业中，合伙协议约定由合伙人甲执行合伙事务，某日，甲因重大过失给合伙企业造成了较大损失，但自己并未牟取私利。为此，其他合伙人一致同意将甲除名，并作出除名决议，书面通知甲。下列对于该除名决议的表述中，正确的是( )。

A. 其他合伙人不能决议将甲除名，但可以终止对甲单独执行合伙事务的权利

B. 即使甲对除名决议有异议，该除名决议也自作出之日起生效

C. 如果甲对除名决议有异议，可以在接到除名通知之日起 30 日内，向人民法院起诉

D. 如果甲对除名决议有异议，可以在接到除名通知之日起 30 日内，请求工商行政管理机关作出裁决

15. 某饭店是一普通合伙企业，有合伙人甲、

乙、丙三人，聘请张某担任经营管理人员。2017年1月，合伙企业向银行借款10万元用于经营。同年4月，合伙人甲退伙。同年5月，合伙企业吸收丁入伙，修订的合伙协议约定，丁对其入伙前合伙企业的债务不承担责任。现合伙企业无力偿还借款。关于本案的责任承担问题，下列说法中符合法律规定的是（　　）。

A. 应由乙、丙、张某承担连带赔偿责任

B. 应由甲、乙、丙承担连带赔偿责任

C. 应由乙、丙、丁承担连带赔偿责任

D. 应由甲、乙、丙、丁承担连带赔偿责任

16. 2016年3月，甲乙丙丁投资设立一普通合伙企业。2017年7月，甲因车祸死亡，其妻戊为唯一继承人。在下列情形中，不影响戊通过继承的方式取得该合伙企业的普通合伙人资格的是（　　）。

A. 戊腿部残疾，行动不便

B. 合伙协议规定合伙人须具有注册会计师资格证，戊不具有

C. 在合伙协议没有约定的情况下，乙不愿意接纳戊为合伙人

D. 戊因夫亡突遭打击，精神失常，经法院宣告为无民事行为能力人

17. 根据合伙企业法律制度的规定，下列各项中，有限合伙人可用作合伙企业出资的是（　　）。

A. 为合伙企业提供财务管理

B. 为合伙企业提供战略咨询

C. 债权

D. 社会关系

18. 甲、乙、丙、丁成立一家有限合伙企业，甲是普通合伙人，负责合伙事务执行。乙、丙、丁均为有限合伙人，在合伙协议没有约定的情况下，下列行为不符合法律规定的是（　　）。

A. 甲以合伙企业的名义向银行借款10万元

B. 乙代表合伙企业与B公司签订了一份

代销合同

C. 丙将自有房屋租给合伙企业使用

D. 丁设立的一人有限公司经营与合伙企业相同的业务

19. 某有限合伙企业的有限合伙人甲未经授权以合伙企业的名义与善意的乙公司订立合同，购买原材料，该交易使合伙企业遭受2万元损失。对该笔交易说法正确的是（　　）。

A. 甲与乙公司订立的合同无效

B. 甲就该笔交易以出资额为限承担责任

C. 对该笔交易，甲承担无限责任，其他合伙人承担有限责任

D. 甲应对合伙企业的损失承担赔偿责任

20. 甲、乙、丙三人成立有限合伙企业，其中甲为普通合伙人，乙和丙均为有限合伙人，经营一段时间后，按照合伙协议的约定，乙和丙相继转换为普通合伙人，对于这种情况，下列说法中，表述正确的是（　　）。

A. 该合伙企业应当解散

B. 该合伙企业应当转变为普通合伙企业

C. 该合伙企业应当转变为特殊的有限合伙企业

D. 乙和丙不得全部转变为普通合伙人

21. 关于合伙企业的清算，下列说法中，不正确的是（　　）。

A. 合伙企业自行结算的，无需清算

B. 清算期间，合伙企业存续，但不得开展与清算无关的经营活动

C. 合伙企业解散后，原普通合伙人对合伙企业未能清偿的债务仍然承担无限连带责任

D. 合伙企业不能清偿到期债务的，债权人可以依法向人民法院提出破产清算申请，也可以要求普通合伙人清偿

二、多项选择题

1. 下列关于某合伙企业的设立，符合法律规定的有（　　）。

A. 年满15周岁的天才大学生甲与研究生

乙共同投资设立一软件开发普通合伙企业

B. 乙以提供心理咨询的劳务出资，在某合伙企业中承担有限责任

C. 外国人丙与某国有企业共同投资设立一生产型有限合伙企业

D. 持有医师执业资格的丁与私营企业戊共同投资设立一普通合伙企业

2. 根据合伙企业法律制度的规定，合伙企业的下列事项中，必须在工商行政管理机关登记的有(　　)。

A. 合伙企业的类型和经营范围

B. 合伙期限

C. 合伙人的出资方式和评估方式

D. 合伙人的财产状况

3. 下列属于合伙企业财产的有(　　)。

A. 合伙人认缴的出资

B. 合伙企业未分配的利润

C. 合伙企业的债权

D. 合伙企业取得的工业产权和非专利技术

4. 甲、乙订立普通合伙企业书面合伙协议约定：甲以 10 万元出资，乙以劳务出资；乙执行合伙企业事务。下列关于合伙协议约定的利润分配和亏损分担方式中，符合《合伙企业法》规定的有(　　)。

A. 合伙企业利润由甲、乙分别按 80% 和 20% 的比例分配

B. 由合伙人甲获得合伙企业的全部利润和承担全部亏损

C. 合伙企业亏损由甲、乙分别按 20% 和 80% 的比例分担

D. 甲和乙平均分配利润，由合伙人乙承担全部亏损

5. 甲、乙、丙为某普通合伙企业的合伙人。该合伙企业向丁借款 15 万元，甲、乙、丙之间约定，如果到期合伙企业无力偿还该借款，甲、乙、丙各自负责偿还 5 万元。借款到期时，该合伙企业没有财产向丁清偿。下列关于该债务清偿的表述中，正确的有(　　)。

A. 丁有权直接向甲要求偿还 15 万元

B. 只有在甲、乙确实无力清偿的情况下，丁才有权要求丙偿还 15 万元

C. 乙仅负有向丁偿还 5 万元的义务

D. 丁可以根据各合伙人的实际财产情况，要求甲偿还 10 万元，乙偿还 3 万元，丙偿还 2 万元

6. 甲、乙、丙、丁、戊共同出资设立一有限合伙企业，甲、乙、丙为普通合伙人，丁、戊为有限合伙人。执行事务合伙人甲提议接收庚为新合伙人，乙、丙反对，丁、戊同意。合伙协议对新合伙人入伙的表决办法未作约定。根据合伙企业法律制度的规定，下列表述中，不正确的有(　　)。

A. 庚可以入伙，因甲作为执行事务合伙人有权自行决定接收新合伙人

B. 庚可以入伙，因全体合伙人过半数同意

C. 庚不得入伙，因丁、戊作为有限合伙人无表决权，而反对庚入伙的普通合伙人占全体普通合伙人的 2/3

D. 庚不得入伙，因未得到全体合伙人一致同意

7. 甲乙丙拟设立一特殊的普通合伙企业，合伙协议中约定的下列事项中，符合《合伙企业法》规定的有(　　)。

A. 在企业名称中应当标明"特殊的普通合伙"字样

B. 所有合伙人对合伙企业债务一律承担无限连带责任

C. 企业应当建立执业风险基金、办理职业保险

D. 若合伙人故意给合伙企业造成损失，合伙企业承担责任后，该合伙人应当对合伙企业承担赔偿责任

8. 甲、乙、丙、丁四位律师共同出资设立特殊普通合伙制律师事务所，在执业过程中，甲因重大过失给事务所造成债务 17 万元，乙、丙 2 人因轻微过失给事务所造成债务 20 万元，则以上债务的责任承担符合

法律规定的有( )。

A. 甲造成的债务甲个人承担无限责任，乙、丙、丁不承担责任

B. 甲造成的债务甲个人承担无限责任，乙、丙、丁以其在合伙企业中的财产份额为限承担有限责任

C. 乙、丙2人造成的债务由全体合伙人承担无限连带责任

D. 乙、丙2人造成的债务由此2人承担全部责任

9. 甲、乙、丙、丁拟设立一有限合伙企业。甲、乙为普通合伙人，丙、丁为有限合伙人。下列合伙协议内容中，符合合伙企业法律制度规定的有( )。

A. 甲以其出资金额的两倍为限对合伙企业债务承担责任

B. 丙、丁只对标的额100万元以上的合同参与表决

C. 丙不得将其在合伙企业中的财产份额出质

D. 合伙企业成立后前3年的利润全部分配给丙、丁

10. 某有限合伙企业有限合伙人甲拟从事的下列行为中，符合《合伙企业法》规定的有( )。

A. 参与表决某普通合伙人入伙

B. 建议企业更换财务负责人

C. 查阅企业会计账簿

D. 以自己名义起诉给企业造成损害的另一合伙人

11. 下列有关有限合伙人的表述中，符合合伙企业法律制度规定的有( )。

A. 有限合伙人经全体合伙人一致同意可以转变为普通合伙人

B. 作为有限合伙人的自然人死亡时，其继承人可以取得该有限合伙人在有限合伙企业中的合伙人资格

C. 除合伙协议另有约定外，有限合伙人可以将其在有限合伙企业中的财产份额出质

D. 有限合伙人可以按照合伙协议的约定向合伙人以外的人转让其在有限合伙企业中的财产份额，但应当提前30日通知其他合伙人

12. 甲、乙、丙、丁共同投资设立一个有限合伙企业，甲、乙为普通合伙人，丙、丁为有限合伙人。下列有关合伙人以财产份额出质的表述中，符合合伙企业法律制度规定的有( )。

A. 经乙、丙、丁同意，甲可以其在合伙企业中的财产份额出质

B. 如果合伙协议没有约定，即使甲、乙均不同意，丁也可以其在合伙企业中的财产份额出质

C. 合伙协议可以约定，经2个以上合伙人同意，乙可以其在合伙企业中的财产份额出质

D. 合伙协议可以约定，未经2个以上合伙人同意，丙不得以其在合伙企业中的财产份额出质

13. 甲、乙分别为某有限合伙企业的普通合伙人和有限合伙人。后甲变更为有限合伙人，乙变更为普通合伙人。下列关于甲、乙对其合伙人性质互换前的企业债务承担的表述中，符合合伙企业法律制度规定的有( )。

A. 甲对其作为普通合伙人期间的企业债务承担有限责任

B. 甲对其作为普通合伙人期间的企业债务承担无限连带责任

C. 乙对其作为有限合伙人期间的企业债务承担无限连带责任

D. 乙对其作为有限合伙人期间的企业债务承担有限责任

14. 某合伙企业解散时，在如何确定清算人的问题上，下列说法中符合合伙企业法律制度规定的有( )。

A. 由全体合伙人共同担任清算人

B. 由全体合伙人推选一名或数名合伙人担任清算人

C. 经全体合伙人过半数同意，委托第三人担任清算人

D. 合伙企业未按期确定清算人，可由人民法院指定清算人

15. 某有限合伙企业甲是有限合伙人，乙、丙是普通合伙人，关于该合伙企业的解散和清算说法正确的有（　　）。

A. 该合伙企业可以适用破产清算程序

B. 债权人可直接要求乙、丙清偿债务

C. 企业财产优先用于支付职工的工资和社会保险

D. 甲、乙、丙对企业未能清偿的债务承担无限连带责任

三、案例分析题

1. 2017年2月10日，甲、乙、丙、丁共同出资设立一家普通合伙企业，合伙协议中约定：甲乙丙均以现金出资各10万元，丁以劳务出资，作价5万元。甲为合伙企业事务的执行人，对外代表合伙企业，但甲对外签订10万元以上合同时，须经其他合伙人一致同意。其他事项没有约定。

该合伙企业成立后，发生了下列事项：

(1)2017年6月，在其他合伙人不知情的情况下，甲与A公司签订了为合伙企业购买价值15万元的设备的合同，对方对甲的权利限制并不知情。设备送到以后，A公司要求合伙企业付款，合伙企业以该合同价款超过10万元未经其他合伙人一致同意为由拒绝。

(2)2017年7月15日，合伙企业向银行借款45万元用于经营，借期1年。7月20日，丙撤资退伙。7月21日，合伙企业接纳戊入伙，修订合伙协议，约定戊出资10万元，分两次缴清，第一次在入伙时支付5万元，剩余5万元入伙2年时付清。

(3)丙退伙，戊入伙后，合伙企业拟将原来的门面房出售后迁址，该事项甲乙和戊表示同意，但丁表示反对。

(4)2018年7月16日，银行要求合伙企业清偿借款，合伙企业无力清偿，银行要求

甲乙丙丁戊承担连带责任。甲表示自己按合伙协议约定的出资比例承担债务，拒绝承担连带责任，丙表示自己已经退伙，不应对合伙企业债务承担连带责任，戊表示该借款发生在其入伙以前，与自己无关，拒绝承担连带责任。

(5)2018年12月，合伙企业扭亏为盈，盈利6万元，各合伙人因盈余分配发生了争执。

(6)不久，甲因病死亡，其唯一继承人庚只有9周岁。

(7)2019年1月，戊因个人负债，除在合伙企业的出资以外，其他财产均被强制执行，且有部分债务尚未清偿完毕。甲提出戊应当退伙，但戊认为自己在合伙企业中的出资尚在，不应当退伙。

要求：根据上述条件回答下列问题。

(1)丁以劳务出资是否合法？说明理由。

(2)合伙企业对A公司拒绝付款的理由是否成立？说明理由。

(3)合伙企业能否将原来的门面房出售后迁址？说明理由。

(4)甲、丙、戊拒绝承担连带责任的主张是否成立？说明理由。

(5)2018年的盈利在合伙人之间如何分配？说明理由

(6)甲死亡后，合伙企业应该如何处理甲在合伙企业中的财产份额？说明理由

(7)戊是否应当退伙？说明理由。

2. 2018年1月，甲、乙、丙、丁、戊共同出资设立A有限合伙企业（简称"A企业"），从事产业投资活动。其中，甲、乙、丙为普通合伙人，丁、戊为有限合伙人。丙负责执行合伙事务。

2018年2月，丙请丁物色一家会计师事务所，以承办本企业的审计业务。丁在合伙人会议上提议聘请自己曾任合伙人的B会计师事务所。对此，丙、戊表示同意，甲、乙则以丁是有限合伙人、不应参与执行合伙事务为由表示反对。A企业的合伙

协议未对聘请会计师事务所的表决办法作出约定。

2018年3月，丁以合伙企业名义与不知情的C公司订立合同，为C公司提供融资，导致A企业需向C公司赔偿100万元。其他合伙人要求丁对此承担赔偿责任。

2018年4月，戊又与他人共同设立从事产业投资的C有限合伙企业（简称"C企业"），并任执行合伙人。后因C企业开始涉足A企业的主要投资领域，甲、乙、丙认为戊违反竞业禁止义务，要求戊从A企业退出。戊以合伙协议并未对此作出约定为由予以拒绝。

2018年5月，戊以其在A企业中的财产份额出质向庚借款200万元，但未告知A企业的其他合伙人。2018年12月，因戊投资连续失败，其个人财产损失殆尽，无力偿还所欠庚的到期借款。经评估，戊在A企业中的财产份额价值150万元。庚因欠A企业50万元到期债务，遂自行以该笔债务抵销戊所欠其借款50万元，并同时向A企业提出就戊在A企业中的财产份额行使质权。对于庚的抵销行为与行使质权之主张，A企业均表反对。

要求：根据上述条件回答下面问题。

（1）甲、乙反对丁提议B会计师事务所承办A企业审计业务的理由是否成立？并说明理由。

（2）在甲、乙反对，其他合伙人同意的情况下，丁关于聘请B会计师事务所承办A企业审计业务的提议能否通过？并说明理由。

（3）丁对A企业需向C公司赔偿的100万元承担何种责任？其他合伙人是否有权要求丁对此承担赔偿责任？并说明理由。

（4）甲、乙、丙关于戊违反竞业禁止义务的主张是否成立？并说明理由。

（5）庚能否以其对戊的债权抵销所欠A企业的债务？并说明理由。

（6）戊以其在A企业中的财产份额向庚出质的行为是否有效？并说明理由。

（7）庚是否有权请求人民法院强制执行戊在A企业中的财产份额？并说明理由。

同步训练答案及解析

一、单项选择题

1. C 【解析】本题考核合伙企业的特点。合伙企业必须在名称中标明"普通"或者"有限"字样，否则是不符合规定的，选项A错误；外资设立合伙企业时，外国企业或个人用于出资的货币可以是自由兑换的外币，也可以是合法取得的人民币，选项B错误；特殊的普通合伙企业中，所有人都是普通合伙人，只是如果因为合伙人故意或重大过失导致企业损失时，其他合伙人是以在合伙企业中的财产份额为限承担有限责任，选项D错误。

2. B 【解析】本题考核合伙人的出资方式以及合伙协议。合伙人以实物、知识产权、土地使用权或者其他财产权利出资，需要评估作价的，可以由全体合伙人协商确定，也可以由全体合伙人委托法定评估机构评估，需要办理财产权转移手续的，应当依法办理。合伙人以劳务出资的，评估办法由合伙人协商确定。选项AC正确，不当选。修改或者补充合伙协议，应当经全体合伙人一致同意；但是，合伙协议另有约定的除外。选项D正确，不当选。

3. C 【解析】本题考核合伙企业财产份额转让和处置的规定。根据规定，合伙人之间转让在合伙企业中的全部或者部分财产份额时，无须经过其他合伙人的同意，但是需通知其他合伙人，选项A错误；除合伙协议另有约定外，合伙人向合伙人以外的人转让其在合伙企业中的全部或者部分财产份额，须经全体合伙人一致同意，选项B错误；合伙人以其在合伙企业中的财产份额出质的，须经其他合伙人一致同意。未经其他合伙人一致同意，合伙人以其在合伙企业中的财产份额出质的，其行为无效，由此给善意第三人造成损失的，依法承担赔偿责任，选项C正确，选项D错误。

4. D 【解析】本题考核合伙事务的执行。根据规定，合伙事务执行人对外代表合伙企业，应当定期向其他合伙人报告合伙事务执行情况，执行合伙事务的收益归合伙企业，费用和亏损由合伙企业承担，不执行合伙事务的合伙人有权查阅合伙企业会计账簿，因而选项ABC正确；选项D错误。

5. C 【解析】本题考核合伙人的义务。根据规定，普通合伙人不得自营或者同他人合作经营与本合伙企业相竞争的业务；不得与合伙企业进行交易，但合伙协议另有约定或经其他合伙人一致同意的除外。故选项C正确。

6. A 【解析】本题考核合伙事务执行的形式。根据规定，除合伙协议另有约定外，处分合伙企业的不动产，须经全体合伙人一致同意，因此选项B不选；以合伙企业名义为他人提供担保的，须经全体合伙人一致同意，因此选项C不选；聘任合伙人以外的人担任合伙企业的经营管理人员须经全体合伙人一致同意，因此选项A应一致同意，选项D不需要一致同意。

7. B 【解析】本题考核合伙企业的损益分配。合伙企业的利润分配、亏损分担，首先按照合伙协议的约定；合伙协议未约定或者约定不明确的，由合伙人协商决定；协商不成的，由合伙人按照实缴出资比例分配、分担；无法确定出资比例的，由合伙人平均分配、分担。本案中合伙协议明确约定按认缴出资比例分配，因而选项B正确。

8. B 【解析】本题考核合伙人的债务清偿。

合伙人发生与合伙企业无关的债务，相关债权人不得以其债权抵销其对合伙企业的债务；也不得代位行使合伙人在合伙企业中的权利，选项AC错误；合伙人的自有财产不足清偿其与合伙企业无关的债务的，该合伙人可以以其从合伙企业中分取的收益用于清偿；债权人也可以依法请求人民法院强制执行该合伙人在合伙企业中的财产份额用于清偿。选项B正确，选项D错误。

9. C 【解析】本题考核合伙人的债务清偿与合伙企业的关系。合伙企业中某一合伙人的债权人，不得以该债权抵销其对合伙企业的债务，所以选项ABD错误。甲企业与乙之间互负到期债务，根据《合同法》规定任何一方可以主张抵销3万元，选项C正确。

10. D 【解析】本题考核入伙。入伙人对入伙前合伙企业已经发生的债务承担无限连带责任，选项D错误。

11. D 【解析】本题考核通知退伙。通知退伙无需经全体合伙人一致同意。

12. D 【解析】本题考核当然退伙。合伙人有下列情形之一的，当然退伙：(1)作为合伙人的自然人死亡或者被依法宣告死亡；(2)个人丧失偿债能力；(3)作为合伙人的法人或者其他组织依法被吊销营业执照、责令关闭、撤销，或者被宣告破产；(4)法律规定或者合伙协议约定合伙人必须具有相关资格而丧失该资格；(5)合伙人在合伙企业中的全部财产份额被人民法院强制执行。

13. B 【解析】本题考核合伙损益分配原则。本题甲、乙、丙三人约定按出资比例(2：2：1)分配和分担损益，则应退还甲的财产数额是3÷5×2＝1.2(万元)。注意题目给出的3万元是A合伙企业的净资产，说明因承担保证责任支付的1万元已扣减了，所以甲退伙按净资产分配财产份额即可。

14. C 【解析】本题考核合伙人退伙的规定。合伙人因故意或者重大过失给合伙企业造成损失的，经全体合伙人一致同意，可以决议将其除名。对合伙人的除名决议应当书面通知被除名人，被除名人自接到除名通知之日起，除名生效，被除名人退伙，所以选项 AB 错误。被除名人对除名决议有异议，可以在接到除名通知之日起 30 日内，向人民法院起诉，所以选项 C 正确，选项 D 错误。

15. D 【解析】本题考核合伙人的责任。张某并非合伙人，不承担责任，选项 A 错误。普通合伙人退伙后，对基于其退伙前的原因发生的合伙企业债务，承担无限连带责任；新合伙人对入伙前合伙企业的债务承担无限连带责任。选项 D 正确。

16. A 【解析】本题考核合伙人的退伙。戊残疾，并不影响其通过继承的方式取得该合伙企业的普通合伙人资格，选项 A 正确；合伙协议约定合伙人必须具有相关资格，而该继承人不具有该资格的，其不能成为该合伙企业的普通合伙人，选项 B 错误；乙是普通合伙人之一，其不同意戊成为普通合伙人的，在合伙协议没有约定的情况下，戊不能取得该合伙企业的普通合伙人资格，选项 C 错误；合伙人的继承人为无民事行为能力人的，经全体合伙人一致同意，可以依法成为有限合伙人，但是不能成为普通合伙人，选项 D 错误。

17. C 【解析】本题考核有限合伙人的出资。有限合伙人不得以劳务出资，所以选项 AB 错误。社会关系无法评估作价，不得用于出资，所以选项 D 错误。

18. B 【解析】本题考核有限合伙企业事务执行的特别规定。有限合伙人不执行合伙事务，不得对外代表有限合伙企业，因此选项 B 不符合法律规定。

19. D 【解析】本题考核有限合伙人的责任

承担。有限合伙人未经授权以有限合伙企业名义与他人进行交易，该有限合伙人对该笔交易承担与普通合伙人同样的责任，即无限连带责任；给有限合伙企业造成损失的，该有限合伙人应当承担赔偿责任，所以选项 D 正确。

20. B 【解析】本题考核普通合伙人转变为有限合伙人的相关规定。根据规定，有限合伙企业仅剩有限合伙人的，应当解散；有限合伙企业仅剩普通合伙人的，转为普通合伙企业。本题的合伙企业仅剩普通合伙人，因此应当转变为普通合伙企业，所以选项 B 正确。

21. A 【解析】本题考核合伙企业解散、清算。合伙企业解散的，应当清算，选项 A 错误。

二、多项选择题

1. CD 【解析】本题考核合伙企业的设立。普通合伙人必须是完全民事行为能力人，选项 A 错误；普通合伙人可以以劳务出资，且普通合伙人承担的是无限连带责任，选项 B 错误；国有企业可以作为有限合伙人，选项 C 正确；选项 D 中丁和戊都可以作为普通合伙人。

2. AC 【解析】本题考核合伙企业的登记事项。合伙协议没有约定合伙期限的，可以不登记，选项 B 错误。合伙人的财产状况不属于合伙企业登记事项，选项 D 错误。

3. ABCD 【解析】本题考核合伙企业财产。合伙企业的财产包括合伙人的出资和以合伙企业名义取得的收益。其中合伙人的出资是认缴的出资。选项 A 正确，选项 BCD 都是以合伙名义取得的收益，正确。

4. AC 【解析】本题考核合伙协议的有关规定。普通合伙企业的合伙人是可以以劳务出资的；合伙协议不得约定将全部利润分配给部分合伙人或者由部分合伙人承担全部亏损，选项 AC 中的约定没有违背这一规定，所以正确。

5. AD 【解析】本题考核合伙人之间的债务

分担和追偿。合伙人之间的分担比例对债权人没有约束力。债权人既可以根据自己的清偿利益，请求全体合伙人中的一人或数人承担全部清偿责任，也可以按照自己确定的比例向各合伙人分别追偿。

6. ABC 【解析】本题考核入伙。根据规定，新合伙人入伙，除合伙协议有约定外，应当经全体合伙人一致同意，并依法订立书面入伙协议。因而选项 ABC 错误，选项 D 正确。

7. ACD 【解析】本题考核特殊的普通合伙企业的规定。特殊的普通合伙企业名称中需要标明"特殊普通合伙"字样。所以选项 A 正确；一个合伙人或者数个合伙人在执业活动中因故意或者重大过失造成合伙企业债务的，应当承担无限责任或者无限连带责任，其他合伙人以其在合伙企业中的财产份额为限承担责任。合伙企业在承担责任后，有故意或重大过失的合伙人应对企业承担赔偿责任。合伙人在执业活动中非因故意或者重大过失造成的合伙企业债务以及合伙企业的其他债务，由全体合伙人承担无限连带责任。所以选项 B 错误，选项 D 正确。特殊的普通合伙应当建立执业风险基金、办理职业保险，选项 C 正确。

8. BC 【解析】本题考核特殊的普通合伙企业。特殊的普通合伙企业中一个合伙人或者数个合伙人在执业活动中因故意或者重大过失造成合伙企业债务的，应当承担无限责任或者无限连带责任，其他合伙人以其在合伙企业中的财产份额为限承担责任，因此选项 B 正确；合伙人在执业活动中非因故意或者重大过失造成的合伙企业债务以及合伙企业的其他债务，由全体合伙人承担无限连带责任，因此选项 C 正确。

9. CD 【解析】本题考核有限合伙企业。有限合伙企业中普通合伙人对合伙企业事务承担无限连带责任，有限合伙人以其认缴的出资额为限对合伙企业债务承担责任，选项 A 不符合规定；有限合伙人不得执行合伙事务，选项 B 不符合规定；有限合伙人以其财产份额出质的，先看合伙协议的约定，没有约定的，有限合伙人可以以其财产份额出质，选项 C 符合规定；有限合伙企业不得将全部利润分配给部分合伙人；合伙协议另有约定的除外，选项 D 符合规定。

10. ABCD 【解析】本题考核有限合伙事务执行。选项 ABCD 中的行为都属于不视为执行合伙事务的行为，有限合伙人均可为之。

11. ABCD 【解析】本题考核有限合伙企业。有限合伙人转变为普通合伙人需经其他合伙人一致同意，选项 A 正确；有限合伙人资格当然继承，选项 B 正确；有限合伙人可以将其在有限合伙企业中的财产份额出质，但合伙协议另有约定的除外，选项 C 正确；有限合伙人可以按照合伙协议的约定向合伙人以外的人转让其在有限合伙企业中的财产份额，但应当提前 30 日通知其他合伙人，选项 D 正确。

12. ABD 【解析】本题考核普通合伙人与有限合伙人的区别。普通合伙人将其合伙份额出质，需经全体合伙人一致同意，对此不可约定例外，选项 A 正确，选项 C 错误；有限合伙人可以以其合伙份额出质，合伙协议另有约定除外，选项 BD 正确。

13. BC 【解析】本题考核合伙人身份转变。有限合伙人转变为普通合伙人的，对其作为有限合伙人期间有限合伙企业发生的债务承担无限连带责任。普通合伙人转变为有限合伙人的，对其作为普通合伙人期间合伙企业发生的债务承担无限连带责任。

14. ABCD 【解析】本题考核合伙企业的清算。合伙企业解散，应当由清算人进行清算。清算人由全体合伙人担任；经全体合伙人过半数同意，可以自合伙企业解散事由出现后15日内指定一个或者数个合伙人，或者委托第三人，担任清算人。自合伙企业解散事由出现之日起15日内未确定清算人的，合伙人或者其他利害关系人可以申请人民法院指定清算人。

15. AB 【解析】本题考核合伙企业解散和清算。合伙企业不能清偿到期债务的，债权人可以依法向人民法院提出破产清算申请，也可以要求普通合伙人清偿；因而选项AB正确。企业财产优先用于支付清算费用，选项C错误；合伙企业依法被宣告破产的，普通合伙人对合伙企业债务仍应承担无限连带责任，选项D错误。

三、案例分析题

1.【答案】

(1)丁以劳务出资符合法律规定。根据规定，普通合伙企业的合伙人可以用劳务出资。

(2)合伙企业对A公司拒绝付款的理由不成立。根据规定，合伙企业对合伙人执行合伙事务以及对外代表合伙企业权利的限制，不得对抗善意第三人；A公司并不知道甲执行合伙事务的限制，属于善意第三人。

(3)合伙企业不能将原来的门面房出售后迁址。根据规定，除非合伙协议另有约定，处分合伙企业的不动产，改变合伙企业主要经营场所的地点，需经全体合伙人一致同意。本案中丁表示反对，说明没有获得全体合伙人一致同意。

(4)第一，甲的主张不成立。根据规定，普通合伙人对合伙企业的债务承担无限连带责任。第二，丙的主张不成立。根据规定，退伙人对基于其退伙前的原因发生的合伙企业债务，承担无限连带责任。第三，戊的主张不成立。根据规定，新合伙人对入伙前合伙企业的债务承担无限连带责任。

(5)2018年的盈利分配：甲、乙各2万元，戊、丁各1万元。根据规定，合伙企业的利润分配、亏损分担，按照合伙协议的约定办理；合伙协议未约定或者约定不明确的，由合伙人协商决定；协商不成的，由合伙人按照实缴出资比例分配、分担；无法确定出资比例的，由合伙人平均分配、分担。本案中，合伙协议未约定，且合伙人之间无法协商，应当按实缴出资比例分配利润，甲、乙、戊、丁的实缴出资分别为：10万元、10万元、5万元和5万元，出资比例为2∶2∶1∶1，因此，利润分配的数额为甲、乙各2万元，戊、丁各1万元。

(6)甲死亡后，由于其继承人庚为限制民事行为能力人(或非完全民事行为能力人)，经全体合伙人一致同意，其可以依法成为有限合伙人，普通合伙企业转化为有限合伙企业，全体合伙人未能一致同意的，合伙企业应当将甲的财产份额退还给庚。

(7)戊应当退伙。根据规定，普通合伙人当然退伙的情形包括：个人丧失偿债能力。本案中，戊的其他财产已经被强制执行，且还有部分债务未清偿完毕，属于个人丧失偿债能力的情形，应当退伙。

2.【答案】

(1)甲、乙反对丁提议B会计师事务所承办A企业审计业务的理由不成立。根据合伙企业法律制度的规定，有限合伙人参与选择承办本企业审计业务的会计师事务所，不视为执行合伙事务。

(2)能够通过。根据合伙企业法律制度的规定，合伙协议未约定表决办法的，实行合伙人一人一票并经全体合伙人过半数通过的表决办法。A企业的合伙协议没有约定表决办法，丙、丁、戊合计超过全体合伙人的半数，故丁的提议可以通过。

(3)第一，丁对 A 企业需向 C 公司赔偿的 100 万元应承担无限连带责任。根据规定，第三人有理由相信有限合伙人为普通合伙人并与其交易的，该有限合伙人对该笔交易承担与普通合伙人同样的责任。第二，其他合伙人有权要求丁对此承担赔偿责任。根据规定，有限合伙人未经授权以有限合伙企业名义与他人进行交易，给有限合伙企业或者其他合伙人造成损失的，该有限合伙人应当承担赔偿责任。

(4)甲、乙、丙关于戊违反竞业禁止义务的主张不成立。根据合伙企业法律制度的规定，有限合伙人可以自营或者同他人合作经营与本有限合伙企业相竞争的业务；但是，合伙协议另有约定的除外。

(5)庚不能以其对戊的债权抵销所欠 A 企业的债务。根据合伙企业法律制度的规定，合伙人发生与合伙企业无关的债务，相关债权人不得以其债权抵销其对合伙企业的债务。

(6)戊的出质行为有效。根据合伙企业法律制度的规定，有限合伙人可以将其在有限合伙企业中的财产份额出质；但是，合伙协议另有约定的除外。

(7)庚有权请求人民法院强制执行戊在 A 企业中的财产份额。根据合伙企业法律制度的规定，合伙人的自有财产不足清偿其与合伙企业无关的债务的，债权人可以依法请求人民法院强制执行该合伙人在合伙企业中的财产份额用于清偿。因戊的自有财产不足以偿还所欠庚的到期借款，故庚有权请求人民法院强制执行戊在 A 企业中的财产份额。

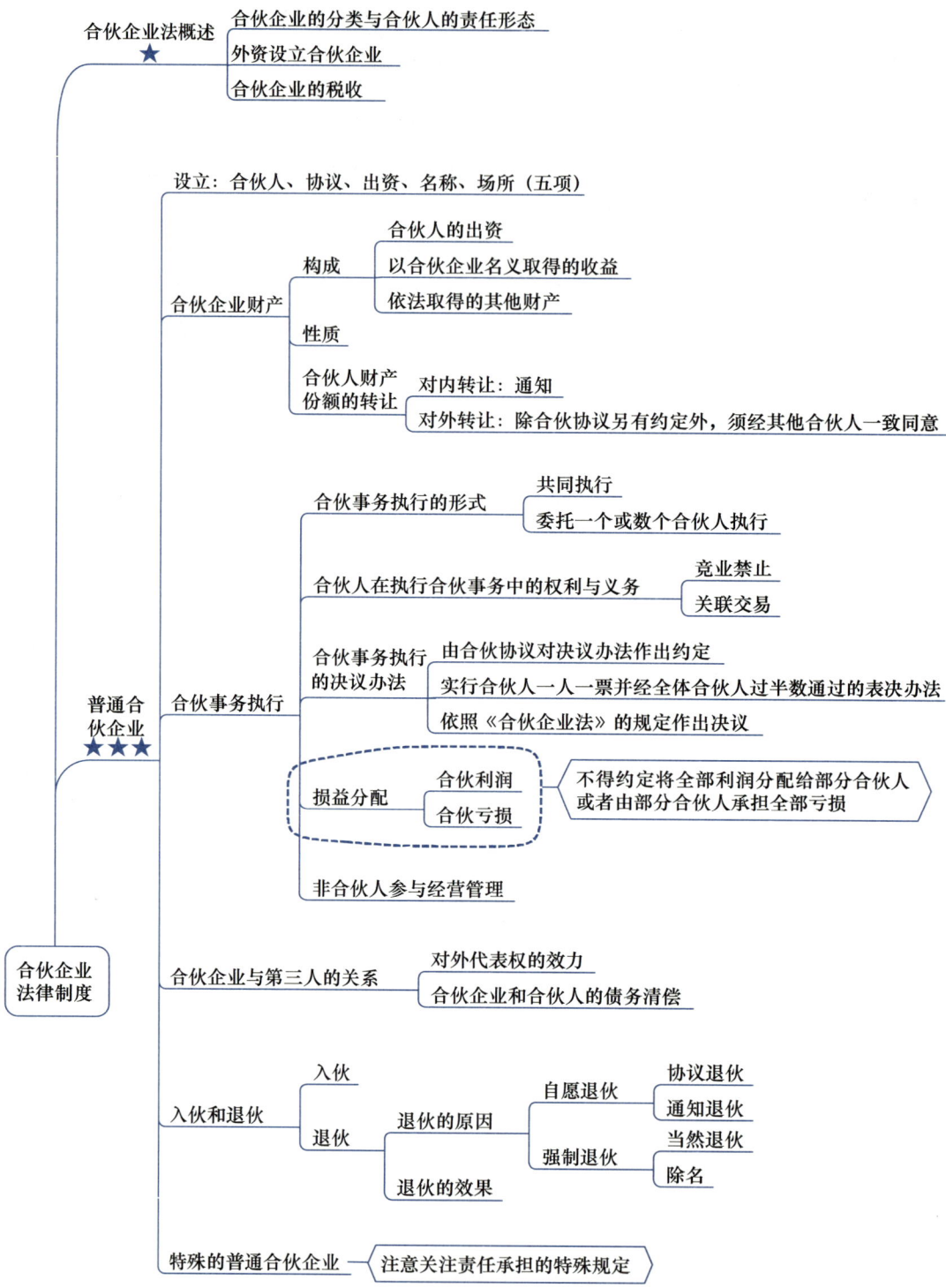

合伙企业法律制度

第5章 合伙企业法律制度

合伙企业法概述 ★
- 合伙企业的分类与合伙人的责任形态
- 外资设立合伙企业
- 合伙企业的税收

普通合伙企业 ★★★
- 设立：合伙人、协议、出资、名称、场所（五项）
- 合伙企业财产
  - 构成
    - 合伙人的出资
    - 以合伙企业名义取得的收益
    - 依法取得的其他财产
  - 性质
  - 合伙人财产份额的转让
    - 对内转让：通知
    - 对外转让：除合伙协议另有约定外，须经其他合伙人一致同意
- 合伙事务执行
  - 合伙事务执行的形式
    - 共同执行
    - 委托一个或数个合伙人执行
  - 合伙人在执行合伙事务中的权利与义务
    - 竞业禁止
    - 关联交易
  - 合伙事务执行的决议办法
    - 由合伙协议对决议办法作出约定
    - 实行合伙人一人一票并经全体合伙人过半数通过的表决办法
    - 依照《合伙企业法》的规定作出决议
  - 损益分配
    - 合伙利润
    - 合伙亏损
    - 不得约定将全部利润分配给部分合伙人或者由部分合伙人承担全部亏损
  - 非合伙人参与经营管理
- 合伙企业与第三人的关系
  - 对外代表权的效力
  - 合伙企业和合伙人的债务清偿
- 入伙和退伙
  - 入伙
  - 退伙
    - 退伙的原因
      - 自愿退伙
        - 协议退伙
        - 通知退伙
      - 强制退伙
        - 当然退伙
        - 除名
    - 退伙的效果
- 特殊的普通合伙企业
  - 注意关注责任承担的特殊规定

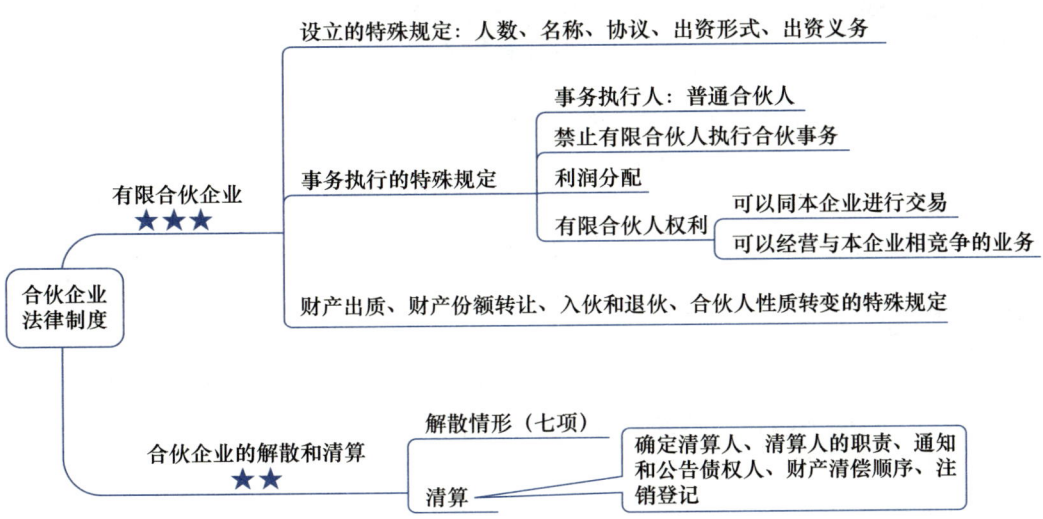

公司法律制度

考情解密

历年考情概况

本章考试分值平均在 12.5 分左右，考试题型单项选择题、多项选择题和案例分析题全面覆盖。本章常与证券法律制度结合考综合性案例分析题，分值比例高、题目难度大，可并称为经济法科目中的"喋血双雄"。

近年考点直击

考点	主要考查题型	考频指数	考查角度
公司权利能力限制	单选题、案例题	★★★	通过案例考核公司担保和借款方面的限制
公司设立制度	单选题、多选题	★★★	(1)通过小案例考核公司设立阶段的合同责任和侵权责任；(2)考核公司设立失败的责任
股东出资制度	单选题	★★★	直接或通过案例考核：(1)股东出资方式；(2)股东出资义务的履行；(3)名义股东与实际出资人的关系；(4)冒用他人名义出资的后果；(5)抽逃出资的情形；(6)违反出资义务的责任
股东权利、义务	单选题、多选题、案例题	★★★	(1)考核股东查阅权的具体内容；(2)考核利润分配请求权诉讼；(3)通过案例考核股东代表诉讼资格及程序；(4)考核股东义务的内容
董事、监事、高级管理人员制度	单选题、案例题	★	通过案例考核董事、高级管理人员的忠实义务与勤勉义务的判断
股东(大)会、董事会会议制度	单选题、案例题	★★	(1)直接或通过案例考核股东(大)会、董事会会议决议不成立、无效与可撤销的判断；(2)通过案例考核股东大会决议撤销之诉
有限责任公司的组织机构	单选题	★★★	(1)考核有限责任公司的必设机构；(2)考核股东会特别表决事项；(3)考核有限公司临时股东会召开情形；(4)考核有限公司董事会的职权
有限责任公司股权转让	单选题	★★	(1)考核其他股东的优先购买权；(2)考核股权的强制执行；(3)考核股权的继承
股份公司的组织机构	单选题、多选题、案例题	★★★	(1)考核股东大会特别表决事项；(2)考核股份公司临时股东大会召开情形；(3)通过案例考核股东临时提案权；(4)通过案例考核股份公司董事会的职权范围与议事规则；(5)考核上市公司独立董事的任职资格、产生方式
股份有限公司股份发行与转让	单选题、案例题	★★★	(1)考核优先股表决权限制；(2)直接或通过具体案例考核股份转让的限制；(3)通过具体案例考核股份公司股份回购的情形

考点	主要考查题型	考频指数	考查角度
公司的财务会计	单选题、多选题、案例题	★★★	(1)考核财务会计报告的制作；(2)考核资本公积金的概念、公积金的作用；(3)计算法定公积金的数额；(4)考核利润分配顺序，计算股东实际分配利润
公司的重大变更	单选题、多选题	★★	(1)考核公司合并时债权人保护程序；(2)考核公司分立时的责任承担；(3)考核公司减资的方式
公司解散与清算	单选题、多选题	★★	(1)考核公司司法解散的事由；(2)考核公司清算组的职权

本章2020年考试主要变化

本章变动不大，主要增加《公司法》司法解释五的内容：对关联交易的规制以及相关的股东代表诉讼；董事职务的解除；利润分配请求权的实现；有限责任公司股东纠纷解决。

考点详解及精选例题

一、公司法基本概念与制度

扫我解疑难

（一）公司法人资格与股东有限责任★★

1. 公司法人资格与股东有限责任理解

（1）公司有独立的法人资格，可以独立承担责任，公司的财产与股东的财产是相互独立的。

（2）股东有限责任：

①有限责任公司的股东以其"认缴的出资额"为限对公司债务承担责任。

②股份有限公司的股东以其"认购的股份"为限对公司债务承担责任。

【应试思路】股东有限责任意味着股东只要出资到位，就无需用自己的其他财产为公司债务承担责任，这是公司区别于个人独资企业、合伙企业的特点。

2. 滥用法人独立地位和有限责任及其法律后果——公司法人人格否认制度

（1）公司股东滥用公司法人独立地位和股东有限责任，逃避债务，严重损害公司债权人利益的，股东应当对公司债务承担"连带责任"。

（2）一人有限责任公司的股东不能证明公司财产独立于股东自己财产的，应当对公司债务承担连带责任。

【知识点拨】股东一般情况下对公司的债务承担有限责任，但是如果股东滥用其有限责任，损害债权人的利益，则公司的独立人格将被否认，股东对公司的债务承担连带责任。

（二）公司法人权利能力限制（见表6-1）★★★

表6-1 公司法人权利能力限制

权利能力限制	具体规定
对外投资限制	(1)公司可以向其他企业投资；但是，除法律另有规定外，不得成为对所投资企业的债务承担连带责任的出资人
对外投资限制	【知识点拨】一般公司可以成为普通合伙人，但国有独资公司、上市公司不得作为普通合伙人。 (2)公司向其他企业投资，依照公司章程的规定，由董事会或者股东会、股东大会决议；公司章程对投资的总额及单项投资的数额有限额规定的，不得超过规定的限额

續表

權利能力限制	具體規定
擔保限制	(1)**公司為他人提供擔保，依照公司章程的規定，由董事會或者股東會、股東大會決議；** (2)公司章程對擔保的總額及單項擔保的數額有限額規定的，不得超過規定的限額； (3)公司為公司股東或者實際控制人提供擔保的，必須經股東會或者股東大會決議。接受擔保的股東或者受實際控制人支配的股東不得參加表決。該項表決由**出席會議的其他股東所持表決權的過半數通過。**(多次考查) 【知識點撥】公司為股東或者實際控制人提供擔保，有可能發生大股東操縱公司並損害中小股東利益的情形，因此必須由"股東會、股東大會"決議且關聯人員不得參加表決
借款限制	(1)一般情況下，除非公司章程有特別規定或經過股東會(股東大會)、董事會的批准同意，公司董事、經理不得擅自將公司資金借貸給他人； (2)股份有限公司不得直接或者通過子公司向董事、監事、高級管理人員提供借款。(注意案例)

【例題1·單選題】A公司的全資子公司B公司與其他四個自然人股東一起出資設立了C股份有限公司，B公司持有60%的股份，B公司派C公司董事甲行使股東權益，其餘四個股東各持10%的股份，C公司召開股東大會，會上甲與另外兩個股東贊同作出以下決議，另兩個股東表示反對，其中能夠獲得通過的是( )。

A. 為A公司向銀行借款提供擔保

B. 為B公司向銀行借款提供擔保

C. 將C公司的資金借給甲

D. 用C公司的累計剩餘利潤投資設立一個新的有限責任公司

解析 ▶ 本題考核公司擔保和借款限制。公司為公司股東或者實際控制人提供擔保的，必須經股東會或者股東大會決議。接受擔保的股東或者受實際控制人支配的股東不得參加表決。該項表決由出席會議的其他股東所持表決權的過半數通過。選項A和選項B都是為股東或實際控制人提供擔保，甲對此沒有表決權，需經出席會議其餘四個股東所持表決權過半數通過，其餘四人表決權相同，因此必須經至少三個人同意才能過半數，本案中只有兩個股東表示贊同，選項AB均不能通過。股份有限公司不得直接或者通過子公司向董事、監事、高級管理人員提供借款，因而選項C錯誤。選項D屬於公司對外投資，是股東大會一般表決事項，因而能夠獲得通過。 答案 ▶ D

(三)公司設立制度 ★★★

1. 公司設立程序(了解)

(1)發起設立：發起人協議→前置營業許可(有效期90日)→準備其他設立事項(住所、章程、出資、組織機構等)→申請設立登記

(2)募集設立：(前期同上)……準備設立事項(增加：繳納出資、募集資金、驗資等事項)→(30日內)召開創立大會→(30日內)設立登記

2. 前置營業許可

(1)公司設立許可——主管部門批准：如證券公司、保險公司。

(2)經營範圍許可——經營範圍中的項目審批：如煙草、危險品等。

【知識點撥】並非所有公司設立都需要前置營業許可，只有特定的行業、特定的營業項目才需要許可。

3. 設立登記

(1)公司的登記事項包括：名稱；住所；法定代表人姓名；註冊資本；公司類型；經營範圍；營業期限；有限責任公司股東或者股份有限公司發起人的姓名或者名稱。

(2)設立有限責任公司的，由全體股東指定的代表或者共同委託的代理人向公司登記機關申請設立登記。設立國有獨資公司的，由國務院或者地方人民政府授權的本級人民政府國有資產監督管理機構作為申請人，申請設立登記。設立股份有限公司，由董事會向公司登記機關申請設立登記。

第6章 公司法律制度

（3）依法设立的公司，由公司登记机关发给《企业法人营业执照》。营业执照的签发日期为公司成立日期。

【知识点拨】 一般企业、公司的成立日期，都是营业执照签发之日，如合伙企业、公司。

4. 公司设立阶段的债务（见表6-2）（常考点）

表6-2　公司设立阶段的债务

债务	清偿
合同之债	①发起人以自己的名义订立的合同，合同相对人有权选择请求该发起人或者成立后的公司承担合同义务。 ②发起人以公司的名义订立的合同，公司成立后自动承担该合同义务。 公司不能成立时，对上述合同，全体发起人承担连带责任
侵权之债	发起人如因设立公司而对他人造成损害的： ①公司成立后应自动承受该侵权责任； ②公司未成立的，受害人有权请求全体发起人承担连带赔偿责任； ③公司或者无过错的发起人承担赔偿责任后，可以向有过错的发起人追偿

【知识点拨】 公司设立失败，发起人对设立行为所产生的债务和费用负连带责任；对认股人已缴纳的股款，发起人负返还股款并加算银行同期存款利息的连带责任。

【例题2·单选题】（2014年）在乙有限责任公司设立过程中，出资人甲以乙公司名义与他人签订一份房屋租赁合同，所租房屋供筹建乙公司之用。乙公司成立后，将该房屋作为公司办公用房，但始终未确认该房屋租赁合同。下列关于房屋租赁合同责任承担的表述中，符合公司法律制度规定的是（　　）。

A. 甲承担

B. 乙承担

C. 甲、乙连带承担

D. 先由甲承担，乙承担补充责任

解析 ▶ 本题考核公司设立中的合同责任。发起人以设立中公司名义对外签订合同，公司成立后合同相对人请求公司承担合同责任的，人民法院应予支持。　　**答案** ▶ B

【例题3·单选题】（2017年）甲、乙、丙三人拟设立一有限责任公司。在公司设立过程中，甲在搬运为公司购买的办公家具时，不慎将丁撞伤。根据公司法律制度的规定，下列关于对丁的侵权责任承担的表述中，正确的是（　　）。

A. 若公司未成立，丁仅能请求甲承担该侵权责任

B. 若公司成立，则由公司自动承受该侵权责任

C. 若公司未成立，丁应先向甲请求赔偿，不足部分再由乙、丙承担

D. 无论公司是否成立，该侵权责任应由甲、乙、丙共同承担

解析 ▶ 本题考核公司设立阶段的侵权之债。发起人如因设立公司而对他人造成损害的，公司成立后应自动承受该侵权责任；公司未成立的，受害人有权请求全体发起人承担连带赔偿责任；公司或者无过错的发起人承担赔偿责任后，可以向有过错的发起人追偿。

答案 ▶ B

（四）股东出资制度 ★★★

1. 出资方式

股东可以用货币出资，也可以用实物、知识产权、土地使用权等可以用货币估价并可以依法转让的非货币财产作价出资（如股权、债权等都可以用于出资）。

【知识点拨】 股东不得以劳务、信用、自然人姓名、商誉、特许经营权或者**设定担保的财产等**作价出资。

股权可以用于出资，符合下列条件的，人民法院应当认定出资人已履行出资义务：①出资的股权由出资人合法持有并依法可以

转让；②出资的股权无权利瑕疵或者权利负担；③出资人已履行关于股权转让的法定手续；④出资的股权已依法进行了价值评估。股权出资如果不符合前述第①②③项的规定，公司、其他股东或者公司债权人请求认定出资人未履行出资义务的，人民法院应当责令该出资人在指定的合理期间内采取补正措施，以符合上述条件；逾期未补正的，人民法院应当认定其未依法全面履行出资义务。

【例题 4·单选题】（2018 年）根据公司法律制度的规定，下列各项中，不得作为出资的是（　　）。

A. 债权　　　　　B. 特许经营权
C. 知识产权　　　D. 股权

解析 ▶ 本题考核股东出资义务。股东不得以劳务、信用、自然人姓名、商誉、特许经营权或者设定担保的财产等作价出资。

答案 ▶ B

2. 非货币财产的评估作价问题

对非货币财产的评估作价，并不要求必须经"资产评估机构评估作价"，可由股东协商一致确认。

（1）未评估的——评估；评估确实少，认定出资不足。出资人以非货币财产出资，未依法评估作价，公司、其他股东或者公司债权人请求认定出资人未履行出资义务的，人民法院应当委托具有合法资格的评估机构对该财产评估作价。评估确定的价额显著低于公司章程所定价额的，人民法院应当认定出资人未依法全面履行出资义务。

（2）出资后贬值——通常不认定出资不足。出资人以符合法定条件的非货币财产出资后，因市场变化或者其他客观因素导致出资财产贬值，公司、其他股东或者公司债权人请求该出资人承担补足出资责任的，人民法院不予支持。但是，当事人另有约定的除外。

【知识点拨】 有限责任公司股东与发起设立股份公司的发起人实缴出资时无需验资。募集设立的股份公司注册资本应当验资。

3. 履行出资义务

股东履行出资义务包括两个方面：第一，股东是否依照章程规定按期缴纳；第二，实缴出资的财产形态、金额等是否与股东认缴出资时的承诺一致。

（1）以需登记的财产出资（注意享有股东权利的时间）。

①交付但未登记的——办理登记。出资人以房屋、土地使用权或者需要办理权属登记的知识产权等财产出资，已经交付公司使用但未办理权属变更手续，公司、其他股东或者公司债权人主张认定出资人未履行出资义务的，人民法院应当责令当事人在指定的合理期间内办理权属变更手续；在前述期间内办理了权属变更手续的，人民法院应当认定其已经履行了出资义务；出资人主张自其实际交付财产给公司使用时享有相应股东权利的，人民法院应予支持。

②登记但未交付的——交付。出资人以前述财产出资，已经办理权属变更手续但未交付给公司使用的，公司或者其他股东主张其向公司交付、并在实际交付之前不享有相应股东权利的，人民法院应予支持。

【例题 5·单选题】（2017 年）甲有限责任公司成立于 2017 年 1 月 5 日。公司章程规定，股东乙以其名下的一套房产出资。乙于 1 月 7 日将房产交付公司，但未办理权属变更手续。5 月 9 日，股东丙诉至人民法院，要求乙履行出资义务。5 月 31 日，人民法院责令乙于 10 日内办理权属变更手续。6 月 6 日，乙完成办理权属变更手续。根据公司法律制度的规定，乙享有股东权利的起始日期是（　　）。

A. 1 月 7 日　　　B. 1 月 5 日
C. 6 月 6 日　　　D. 5 月 31 日

解析 ▶ 本题考核履行出资义务。出资人以房屋、土地使用权或者需要办理权属登记的知识产权等财产出资，已经交付公司使用但未办理权属变更手续的，当公司、其他股东或者公司债权人主张认定出资人未履行出资义务的，人民法院应当责令当事人在指定的合理期间内办理权属变更手续；在前述期间内办理了权属变更手续的，人民法院应当认定其已经履行了出资义务；出资人主张自其实际交付财产给公司使用时享有相应的股东权利的，人民法院应予支持。 **答案 ▶ A**

（2）以瑕疵土地使用权出资——消除瑕疵。出资人以划拨土地使用权出资，或者以设定权利负担的土地使用权出资，公司、其他股东或者公司债权人主张认定出资人未履行出资义务的，人民法院应当责令当事人在指定的合理期间内办理土地变更手续或者解除权利负担；逾期未办理或者未解除的，人民法院应当认定出资人未依法全面履行出资义务。

（3）以无权处分的财产出资——公司可善意取得。出资人以无权处分的财产出资，人民法院可以参照善意取得制度的规定予以认定。公司不知道出资人无权处分；该财产经评估合理作价；不动产已经登记、动产已交付给公司，公司构成善意取得，原所有权人只能要求无权处分人赔偿。

【例题 6·单选题】 甲向乙借用一台机床。借用期间，未经乙同意，甲以所有权人名义，以该机床作价出资，与他人共同设立有限责任公司丙。已知甲将机床交付丙公司且机床作价合理，公司其他股东对甲并非机床所有人的事实并不知情。乙发现上述情况后，要求返还机床。根据公司法律制度和物权法律制度的规定，下列表述中，正确的是( )。

A．甲出资无效，不能取得股东资格，乙有权要求返还机床

B．甲出资无效，应以其他方式补足出资，乙有权要求返还机床

C．甲出资有效，乙无权要求返还机床，但甲应向乙承担赔偿责任

D．甲出资有效，乙无权要求返还机床，但丙公司应向乙承担赔偿责任

解析 ▶ 本题考核股东出资制度及善意取得。出资人以无权处分的财产出资，人民法院可以参照善意取得制度的规定予以认定，本题中，甲以无权处分财产出资，但公司对此不知情，作价合理并已交付给公司，公司构成善意取得，因而甲的出资行为有效，乙无权要求返还机床，但有权要求甲承担赔偿责任。选项C正确，其他均错误。 **答案 ▶ C**

（4）以非法所得出资——以股权折价补偿受害人。出资人以贪污、受贿、侵占、挪用等违法犯罪所得的货币出资后取得股权的，司法机关对违法犯罪行为予以追究、处罚时，应当采取拍卖或者变卖的方式处置其股权，以股权折价补偿受害人损失。

4. 违反出资义务的责任（见表6-3）

表6-3 违反出资义务的责任

违反出资义务的情形	责任
（1）设立时股东未履行或未全面履行出资义务	①对公司：该股东应该补足，公司设立时的其他股东（发起人）为此承担连带责任。公司的发起人承担责任后，可以向被告股东追偿。 ②对其他股东：违约责任。有限公司：股东应当向已按期足额缴纳出资的股东承担违约责任；股份公司：按照发起人协议承担违约责任。 ③对债权人：补充赔偿责任。债权人有权要求股东在未出资本息范围内对公司债务不能清偿的部分承担补充赔偿责任。债权人有权要求发起人为此承担连带责任，发起人承担责任后可向被告股东追偿
（2）增资时未履行或未全面履行出资义务	①该股东：应当补足。 ②董事、高管未尽公司法规定的忠实和勤勉义务而使出资未缴足的情况发生，该董事、高级管理人员应当承担相应责任；董事、高级管理人员承担责任后，可以向被告股东追偿

违反出资义务的情形	责任
(3)出资不足即转让股权	①出让人(原股东):应当补足。 ②受让人知情的:公司有权要求其对补足出资承担连带责任;债权人要求出资不足的股东承担补充清偿责任时,有权要求受让人为此承担连带责任。受让人在承担责任后,有权向出让的股东追偿,除非当事人另有约定
(4)名义股东对出资不足的责任	①对债权人:债权人可以要求名义股东对公司债务不能清偿的部分在未出资本息范围内承担补充赔偿责任,名义股东不得以其为名义股东为由进行抗辩; ②名义股东承担责任以后可以向实际出资人追偿
(5)冒名登记股东的法律责任	①行为人承担责任:冒用他人名义出资并将该他人作为股东在公司登记机关登记的,冒名登记行为人应当承担相应责任。 ②被冒名登记人不承担责任:公司、其他股东或者公司债权人以未履行出资义务为由,请求被冒名登记的股东承担补足出资责任或者对公司债务不能清偿部分的赔偿责任的,人民法院不予支持。
	【知识点拨】注意冒名登记与股权代持的区别,股权代持中,名义股东与实际出资人之间是有合同关系,实际出资人授权名义股东持有股权;冒名登记是未经被冒名人同意的行为,如张三捡到李四的身份证,以李四的名义出资设立公司,此事与李四无关

【例题7·单选题】(2012年)某有限责任公司股东甲将其所持全部股权转让给该公司股东乙。乙受让该股权时,知悉甲尚有70%出资款未按期缴付。下列关于甲不按规定出资责任的表述中,符合公司法律制度规定的是( )。

A. 甲继续向公司承担足额缴纳出资的义务,乙对此不承担责任

B. 甲继续向公司承担足额缴纳出资的义务,乙对此承担连带责任

C. 乙代替甲向公司承担足额缴纳出资的义务,甲对此不再承担责任

D. 乙代替甲向公司承担足额缴纳出资的义务,甲对此承担补充清偿责任

解析 本题考核股东违反出资义务的责任。出资不足即股权转让,出让人应当补足;受让人知情的,公司有权要求其对补足出资承担连带责任。甲应当继续承担缴纳出资的义务,乙对此承担连带责任。选项B正确,选项ACD错误。 **答案** B

【例题8·单选题】(2017年)甲盗用乙的身份证,以乙的名义向丙公司出资。乙被记载于丙公司股东名册,并进行了登记,但直至出资期限届满仍未履行出资义务。根据公司法律制度的规定,下列关于出资责任承担的表述中,正确的是( )。

A. 乙承担出资责任

B. 甲承担出资责任

C. 乙首先承担出资责任,不足部分再由甲补足

D. 甲、乙对出资承担连带责任

解析 本题考核违反出资义务的责任。冒用他人名义出资并将该他人作为股东在公司登记机关登记的,冒名登记行为人应当承担相应责任;公司、其他股东或者公司债权人以未履行出资义务为由,请求被冒名登记的股东承担补足出资责任或者对公司债务不能清偿部分的赔偿责任的,人民法院不予支持。 **答案** B

5.抽逃出资的责任(见表6-4)

表 6-4　抽逃出资的责任

项目	内容
抽逃出资的认定	但凡股东出资以后又以任何方式将出资抽回的行为，包括： ①通过虚构债权债务关系将其出资转出； ②制作虚假财务会计报表虚增利润进行分配； ③利用关联交易将出资转出； ④其他未经法定程序将出资抽回的行为
抽逃出资的责任	①对公司：返还本息。公司或其他股东可以请求抽逃出资的股东向公司返还出资本息，还可要求协助抽逃出资的其他股东、董事、高级管理人员或实际控制人为此承担连带责任； ②对债权人：补充赔偿责任。公司债权人可以请求抽逃出资的股东在抽逃出资本息范围内对公司债务不能清偿的部分承担补充赔偿责任，并要求协助抽逃出资的其他股东、董事、高级管理人员或者实际控制人对此承担连带责任

【例题 9·多选题】(2019 年)甲公司股东吴某抽逃出资。根据公司法律制度的规定，下列各项中，有资格对吴某提起向公司返还出资本息之诉的有( )。

A. 甲公司　　　　B. 甲公司其他股东

C. 甲公司董事会　D. 甲公司监事会

解析 ▶ 本题考核股东抽逃出资。股东抽逃出资，公司或者其他股东请求其向公司返还出资本息、协助抽逃出资的其他股东、董事、高级管理人员或者实际控制人对此承担连带责任的，人民法院应予支持。答案 ▶ AB

6. 限制股权与解除股东资格

股东未履行或者未全面履行出资义务或者抽逃出资，公司有权依法限制其股东权利乃至解除股东资格。

①部分未履行或者抽逃部分：公司根据章程或股东会决议限制其股东权利；

②全部未履行或抽逃全部：公司股东会决议解除其股东资格。

7. 违反出资义务的民事责任不适用诉讼时效

①公司股东未履行或者未全面履行出资义务或者抽逃出资，公司或者其他股东请求其向公司全面履行出资义务或者返还出资，被告股东不得以诉讼时效为由进行抗辩。

②公司债权人的债权未过诉讼时效期间，其请求未履行或者未全面履行出资义务或者抽逃出资的股东承担赔偿责任，被告股东不得以出资义务或者返还出资义务超过诉讼时效期间为由进行抗辩。

【相关链接】根据《破产法》规定：管理人代表债务人提起诉讼，主张出资人向债务人依法缴付未履行的出资或者返还抽逃的出资本息，出资人以认缴出资尚未届至公司章程规定的缴纳期限或者违反出资义务已经超过诉讼时效为由抗辩的，人民法院不予支持。

【例题 10·多选题】甲乙丙丁戊五人共同组建一有限公司。出资协议约定甲以现金 10 万元出资，甲已缴纳 6 万元出资，尚有 4 万元未缴纳。在某次股东会上，对此问题进行讨论，下列决议中，符合公司法律制度规定的有( )。

A. 股东会决议免除甲的出资义务

B. 股东会决议限制甲的表决权

C. 股东会决议甲按实缴出资比例分红并在限期内补足出资

D. 股东会决议解除甲的股东资格

解析 ▶ 本题考核股东的出资。股东未履行或者未全面履行出资义务或者抽逃出资，公司有权依法限制其股东权利乃至解除股东资格。本案中，甲出资义务没有完全履行，不能通过股东会决议免除，选项 A 错误；甲只有部分出资义务没有履行，选项 BC 正确，选项 D 错误。答案 ▶ BC

(五)股东资格 ★★★

名义股东与实际出资人，如表 6-5 所示。

表 6-5 名义股东与实际出资人

关系	处理
(1)实际出资人与名义股东之间——按合同约定	实际出资人与名义股东订立合同,约定由实际出资人出资并享有投资权益,以名义出资人为名义股东,实际出资人与名义股东对该合同效力发生争议的,如无法律规定的合同无效情形,人民法院应当认定该合同有效。实际出资人与名义股东因投资权益的归属发生争议,实际出资人以其实际履行了出资义务为由向名义股东主张权利的,人民法院应予支持
(2)实际出资人成为公司的股东——按股权转让	实际出资人未经公司其他股东半数以上同意,请求公司变更股东、签发出资证明书、记载于股东名册、记载于公司章程并办理公司登记机关登记的,人民法院不予支持。名义股东以公司股东名册记载、公司登记机关登记为由否认实际出资人权利的,人民法院不予支持
(3)名义出资人处分股权——第三人按善意取得	①名义股东将登记于其名下的股权转让、质押或者以其他方式处分,实际出资人以其对于股权享有实际权利为由,请求认定处分股权行为无效的,人民法院可以参照善意取得制度的规定处理(受让方可善意取得该股权)。 ②名义股东处分股权造成实际出资人损失,实际出资人请求名义股东承担赔偿责任的,人民法院应予支持

【相关链接】 涉及出资不足的责任:债权人可以要求名义股东对公司债务不能清偿的部分在未出资本息范围内承担补充赔偿责任,名义股东不得以其为名义股东为由进行抗辩;名义股东承担责任以后可以向实际出资人追偿。

【例题11·单选题】(2014年)根据公司法律制度的规定,在名义股东与实际出资人之间确定投资权益的归属时,应当依据( )。

A. 股东名册的记载

B. 公司登记机关的登记

C. 其他股东的过半数意见

D. 名义股东与实际出资人之间的合同约定

解析 ▶ 本题考核名义股东与实际出资人。在实际出资人与名义股东之间,实际出资人的投资权益应当依双方合同确定并依法保护。因而选项D正确。 答案 ▶ D

(六)股东权利和义务

1. 股东权利的分类

股东权利可分为参与管理权和资产收益权,前者又称共益权,后者又称自益权。

【知识点拨】 自益权的行使后果可以让股东得到金钱和物质方面的好处——得到钱或股票,比如股利分配、剩余财产分配、新股认购、股份质押、股份转让。

2. 股东权利的内容

(1)表决权。股东行使表决权时,一般是按照一股一票或者按照出资比例行使表决权。

【知识点拨】 有限责任公司中,股东会会议由股东按照出资比例行使表决权,但公司章程另有规定的除外;股份有限公司中,股东出席股东大会会议,所持每一股份有一表决权。但是,公司持有的本公司股份没有表决权。即有限责任公司股东行使表决权要看公司章程是否有约定,而股份有限公司严格规定"一股一表决权"。

(2)选举权或者被选举权。股东大会选举董事、监事,可以依照公司章程的规定或者股东大会的决议,实行累积投票制。

(3)查阅权(见表6-6)。

表 6-6 查阅权

项目	内容
查阅权的内容	①有限责任公司股东有权**查阅**、**复制**公司章程、股东会会议记录、董事会会议决议、监事会会议决议和财务会计**报**告，股东可以要求**查阅**公司会计**账**簿。 【记忆口诀】会长报账(会：会议记录、决议；长：公司章程) ②股份有限公司股东有权**查阅**公司章程、股东**名**册、公司**债**券存根、股东大会会议记录、董事会会议决议、监事会会议决议、财务会计**报**告。 【记忆口诀】会长在报名(在：公司债券存根)
查阅权的细化	公司章程或者股东间协议可以对查阅范围、方式等做出规定，但不得"实质性剥夺"股东以公司法享有的查阅权
查阅的资格	提出查阅请求者应当具备股东资格。因此，公司有证据证明原告在起诉时不具有公司股东资格的，人民法院应当驳回起诉。但有例外：原告有初步证据证明在持股期间其合法权益受到损害的，有权请求依法查阅或者复制其持股期间的公司特定文件材料
查阅会计账簿	有限公司股东查阅会计账簿的具体规则： ①查阅股东应当向公司提出**书面请求**，说明目的。 ②公司有合理根据认为股东查阅会计账簿有"不正当目的"，可能损害公司合法利益的，可以拒绝提供查阅，并应当自股东提出书面请求之日起15日内书面答复股东并说明理由。 ③有限公司如证明股东有下列情形之一，则人民法院应认定该股东的查阅请求具有"不正当目的"：A. 股东自营或为他人经营的业务与公司主营业务有"实质性竞争关系"，除非公司章程另有规定或者全体股东另有约定；B. 股东查阅公司会计账簿，是为了向他人通报有关信息，而他人一旦获知该信息，公司合法利益即可能遭受损害；C. 股东在向公司提出查阅请求之日前的三年内，曾通过查阅公司会计账簿，向他人通报有关信息损害公司合法利益。 ④判决支持查阅：人民法院对股东诉讼请求予以支持的，"应当在判决中明确查阅或者复制公司特定文件材料的时间、地点和特定文件材料的名录"。 ⑤专家辅助查阅：股东依生效判决查阅公司文件材料的，在该股东在场的情况下，可以由会计师、律师等依法或者依据执业行为规范负有保密义务的中介机构执业人员辅助进行。 【知识点拨】只有查阅会计账簿需要书面请求，其他不需要
赔偿责任	①公司董事、高管的赔偿责任：如果公司董事、高管未依法履行职责，导致公司未制作或保存股东有权查阅的资料，造成股东损失的，应承担赔偿责任。 ②股东及相关辅助人的赔偿责任：股东查阅信息后如泄露公司商业秘密导致公司损害，则须对公司承担赔偿责任；辅助股东查阅的会计师、律师等专业人员，负有相同义务，适用同一规则

【例题 12·多选题】（2019 年）根据公司法律制度的规定，下列各项中，股份有限公司的所有股东均有权查阅的有（　）。

A. 董事会会议记录

B. 监事会会议记录

C. 股东名册

D. 股东大会会议记录

解析 ▶ 本题考核查阅权。股份有限公司的股东有权查阅公司章程、股东名册、公司债券存根、股东大会会议记录、董事会会议决议、监事会会议决议、财务会计报告，对公司的经营提出建议或者质询。 **答案** ▶ CD

（4）增资优先认缴权。

①有限责任公司：新增资本时，股东有权优先于股东以外的人，按照实缴的出资比例认缴出资。但是，全体股东约定不按照出资比例优先认缴出资的除外。

②股份有限公司：发行新股，股东大会应当对"向原有股东发行新股的种类及数额"作出决议。

【知识点拨】有限责任公司的股东当然享有增资优先认缴权，除非全体股东约定放弃或者限制；股份有限公司的股东不当然享有新股优先认购权，除非股东大会在发行新股时通过优先向原股东配售新股的决议。

关于增资优先认缴权的行使和救济还有以下几点说明：

①增资优先认缴权的行使条件是，公司决定接受外部投资者认缴出资而新增注册资本，因此公司吸收合并导致其注册资本增加的情况下，原有股东不享有增资优先认缴权；

②在具备行使该项权利的条件的前提下，股东应当在公司形成增资决议的过程中，向公司作出明确且合格的行使增资优先认缴权的意思表示；

③增资优先认缴权性质上属于形成权，股东作出意思表示后即与公司形成认缴出资的合意；

④股东可以放弃行使自己的增资优先认缴权，其放弃的认缴份额并不当然成为其他股东行使增资优先认缴权的对象；

⑤增资优先认缴权可以在公司原股东之间自由转让，但不得转让给股东以外的人；

⑥针对侵害增资优先认缴权的不同行为，股东可提起的诉讼请求包括：请求人民法院否定相关决议、责令公司恢复原状、行使增资优先认缴权或责令公司继续履行增资认缴协议、损害赔偿等。

（5）股利分配请求权（见表6-7）。

表6-7 股利分配请求权

项目	内容
分配标准	①有限责任公司按照股东实缴的出资比例分配，但全体股东约定不按照出资比例分配的除外； ②股份有限公司按照股东持有的股份比例分配，但股份有限公司章程规定不按股比例分配的除外
分配时间（新增）	《公司法司法解释五》：分配利润的股东会或者股东大会决议作出后，公司应当在决议载明的时间内完成利润分配。决议没有载明时间的，以公司章程规定的为准。决议、章程中均未规定时间或者时间超过一年的，公司应当自决议作出之日起一年内完成利润分配。 决议中载明的利润分配完成时间超过公司章程规定时间的，股东可以依据《公司法》第二十二条第二款规定请求人民法院撤销决议中关于该时间的规定
关于利润分配的诉讼	诉讼当事人：股东起诉请求公司分配利润的案件，应当列公司为被告
	判决结果： ①判决分配。如果公司股东会或者股东大会已作出含具体分配方案的有效决议，而公司又无正当理由拒不执行该决议的，法院可以判决公司依决议履行分配利润的义务。 ②判决驳回。如果股东在诉讼中未提交上述决议，法院应驳回其要求公司分配利润的请求，除非公司不分配利润是因部分股东滥用股东权利所致，而且不分配利润损害了其他股东的利益

【例题13·单选题】（2018年）根据公司法律制度的规定，在股东起诉请求公司分配利润的案例中，应当列为被告的是（　　）。

A. 反对分配利润的董事

B. 反对分配利润的股东

C. 公司

D. 公司及反对分配利润的股东

解析 ▶ 本题考核股东权利。股东起诉请求公司分配利润的案件，应当列公司为被告。

答案 ▶ C

3. 股东诉讼（见表6-8）（案例常考）

股东诉讼有两种：第一种是代表诉讼，即公司的利益受到损害，股东代表公司进行诉讼，股东代表诉讼首先要经过前置程序，具备代表诉讼的前提，股东才能代表公司起诉；第二种是股东直接诉讼，即股东自己的利益受到损害，股东起诉加害人。

【知识点拨】《公司法司法解释五》增加了关于股东代表诉讼的两种具体情形：

（1）关联交易损害公司利益。关联交易损

害公司利益，原告公司依法可以请求控股股东、实际控制人、董事、监事、高级管理人员赔偿所造成的损失，被告仅以该交易已经履行了信息披露、经股东会或者股东大会同意等法律、行政法规或者公司章程规定的程序为由抗辩的，人民法院不予支持。

公司没有提起诉讼的，符合法定条件的股东，可以依法向人民法院提起诉讼(代表诉讼)。

(2)关联交易合同无效或可撤销。关联交易合同存在无效或者可撤销情形，公司没有起诉合同相对方的，符合法定条件的股东，可以依法向人民法院提起诉讼(代表诉讼)。

表6-8 股东诉讼

股东诉讼		规则
股东代表诉讼前置程序	董事、监事、高管给公司造成损失	针对董事、高管：股东书面请求监事会或者监事提起诉讼。 原告：公司；监事会主席或监事代表公司诉讼
		针对监事：股东书面请求董事会或者执行董事提起诉讼。 原告：公司；董事长或执行董事代表公司诉讼
	他人给公司造成损失	股东书面请求监事会或者监事、董事会或者执行董事向人民法院提起诉讼。 程序参照上述程序
	申请资格	有限公司全体股东；股份公司连续180日以上单独或合计持有公司1%以上股份的股东
股东代表诉讼	代表诉讼前提	前述主体拒绝起诉、怠于起诉(收到请求30日未起诉)或情况紧急，不立即起诉将使公司利益严重受损，股东有权以自己名义直接起诉
	代表资格	有限公司全体股东；股份公司连续180日以上单独或合计持有1%以上股份的股东
	诉讼当事人	股东(原告)——责任人(被告)——公司(第三人)
	利益归属、费用承担	胜诉利益归属：公司；股东请求被告直接向其承担民事责任的，法院不予支持。 股东的请求获得全部或部分支持的，公司应当承担股东参加诉讼支付的合理费用
股东直接诉讼		公司董事、高级管理人员违反法律、行政法规或者公司章程的规定，损害股东利益的，股东可以依法向人民法院提起诉讼 【知识点拨】股东可以直接起诉，无需告知公司

【知识点拨】无论是股东代表诉讼还是股东直接诉讼，股东都是以自己的名义提起诉讼。而在股东代表诉讼中董事会或监事会是以公司的名义提起诉讼。

【例题14·单选题】(2018年)某有限责任公司股东甲、乙、丙的持股比例分别为9%、9%和82%。公司未设监事会，乙任监事；丙任执行董事，甲发现丙将公司资产擅自低于市价转让给丙妻，严重损害公司利益，遂书面请求乙对丙提起诉讼。乙碍于情面，未提起诉讼。甲的下列行为中，符合公司法律制度规定的是(　　)。

A．以自己的名义对丙提起诉讼，要求其赔偿公司损失

B．提议召开临时股东会，要求丙对相关事项作出说明

C．请求公司以合理价格收购其股权，从而退出公司

D．以公司监督机构失灵、公司和股东利益受到严重损害为由，请求人民法院解散公司

解析 ▶ 本题考核股东代表诉讼。公司董

事给公司造成损失的行为，符合条件的股东可以书面请求监事会或者不设监事会的有限责任公司的监事向人民法院提起诉讼。以上请求被拒绝，或者自收到请求之日起30日内未提起诉讼，或者情况紧急、不立即提起诉讼将会使公司利益受到难以弥补的损害的，符合条件的股东有权为了公司的利益以自己的名义直接向人民法院提起诉讼。 **答案 ▶ A**

4. 股东义务

股东的主要义务包括：

（1）出资义务；

（2）善意行使股权的义务（不滥用股东权利）；

（3）公司出现解散事由后，股东有组织清算的义务。有限公司股东、股份公司控股股东，未依法启动清算，损害债权人利益的，应承担相应的民事责任（详见公司解散和清算）。

（七）董事、监事、高级管理人员制度 ★★

【知识点拨】高级管理人员，是指公司的经理、副经理、财务负责人、上市公司董事会秘书和公司章程规定的其他人员。

1. 公司董事、监事和高级管理人员的任职资格

有下列情形之一的，不得担任公司的董事、监事、高级管理人员：

（1）无民事行为能力或者限制民事行为能力；

（2）因贪污、贿赂、侵占财产、挪用财产或者破坏社会主义市场经济秩序，被判处刑罚，执行期满未逾5年，或者因犯罪被剥夺政治权利，执行期满未逾5年；

（3）担任破产清算的公司、企业的董事或者厂长、经理，对该公司、企业的破产负有个人责任的，自该公司、企业破产清算完结之日起未逾3年；

（4）担任因违法被吊销营业执照、责令关闭的公司、企业的法定代表人，并负有个人责任的，自该公司、企业被吊销营业执照之

日起未逾3年；

（5）个人所负数额较大的债务到期未清偿。

2. 公司董事、监事和高级管理人员的法定义务——忠实义务、勤勉义务

（1）忠实义务。

违反忠实义务一般存在于与公司有利益冲突的场合，如利用职权收受贿赂或者其他非法收入，侵占公司的财产，挪用公司资金，将公司资金以个人名义存储，披露公司秘密等，特别注意：

①违反公司章程的规定或者未经股东会、股东大会同意，与本公司订立合同或者进行交易；

【相关链接1】除合伙协议另有约定或者经全体合伙人一致同意外，普通合伙人不得同本合伙企业进行交易。

【相关链接2】有限合伙人可以同本有限合伙企业进行交易；但是，合伙协议另有约定的除外。

②未经股东会或者股东大会同意，利用职务便利为自己或者他人谋取属于公司的商业机会，自营或者为他人经营与所任职公司同类的业务；

【相关链接1】普通合伙人不得自营或者同他人合作经营与本合伙企业相竞争的业务。

【相关链接2】有限合伙人可以自营或者同他人合作经营与本有限合伙企业相竞争的业务；但是，合伙协议另有约定的除外。

③接受他人与公司交易的佣金归为己有。

公司董事、高级管理人员违反上述规定所得的收入应当归公司所有；董事、监事、高级管理人员执行公司职务时违反法律、行政法规或者公司章程的规定，给公司造成损失的，应当承担赔偿责任。

【相关链接】关联交易损害公司利益，原告公司请求控股股东、实际控制人、董事、监事、高级管理人员赔偿所造成的损失，被告仅以该交易已经履行了信息披露、经股东会或者股东大会同意等法律、行政法规或者

公司章程规定的程序为由抗辩的，人民法院不予支持。

（2）勤勉义务。

勤勉义务是指公司管理者在履行职务时应当勤勉尽责。一般适用于与公司没有利益冲突的场合。

【例题15·单选题】（2015年）根据公司法律制度的规定，公司董事的下列行为中，涉嫌违反勤勉义务的是（　　）。

A. 擅自披露公司商业秘密

B. 将公司资金以个人名义开立账户存储

C. 无正当理由长期不出席董事会会议

D. 篡夺公司商业机会

解析▶本题考核公司董事、监事、高管的义务。选项ABD属于违反"忠实义务"。

答案▶C

（八）股东（大）会和董事会决议制度★★★

1. 决议不成立（见表6-9）

表6-9　决议不成立

项目	内容
不成立的情形	（1）决议未作出： ①公司未召开会议，但（有限公司）依据公司法或者（所有）公司依据章程规定可以不召开股东会或者股东大会而直接作出决定，并由全体股东在决定文件上签名、盖章的除外； ②会议未对决议事项进行表决 （2）虽作出决议，但不符合法定条件： ①出席会议的人数或者股东所持表决权不符合公司法或者公司章程规定的； ②会议的表决结果未达到公司法或者公司章程规定的通过比例的
诉讼当事人	股东/董事/监事等（原告）——公司（被告）

2. 决议无效和撤销（见表6-10）

表6-10　决议无效和撤销

项目	内容
决议无效	无效情形：决议内容违反法律、行政法规
	诉讼当事人：股东/董事/监事等（原告）——公司（被告）
决议可撤销	可撤销情形：决议内容违反公司章程；程序、表决方式违法或违反公司章程 【知识点拨】若会议召集程序或者表决方式仅有轻微瑕疵，且对决议未产生实质影响的，人民法院不予支持
	撤销期限：股东可以自决议作出之日起60日内，请求人民法院撤销； 诉讼当事人：原告须具有股东资格

【知识点拨1】只有决议内容违法才是无效的；内容违反章程及程序违法或违反章程都是可撤销。

【知识点拨2】决议不成立和无效的情况下，原告可以是公司的股东、董事或监事等主体；只有撤销决议才要求原告必须具有股东资格。

【例题16·多选题】（2019年）根据公司法律制度的规定，下列情形中，人民法院应当确认董事会决议不成立的有（　　）。

A. 公司未召开董事会会议作出该决议

B. 董事会会议表决结果未达到公司法或公司章程规定的通过比例

C. 公司召开了董事会会议，但未表决该决议事项

D. 公司召开董事会会议时，到会董事人

数不符合公司法或公司章程规定

解析 ▶ 本题考核公司决议不成立之诉。股东(大)会、董事会决议存在下列情形之一，当事人主张决议不成立的，人民法院应当予以支持：(1)公司未召开会议的，但依据公司法或者公司章程规定可以不召开股东会或者股东大会而直接作出决定，并由全体股东在决定文件上签名、盖章的除外(选项A)；(2)会议未对决议事项进行表决的(选项C)；(3)出席会议的人数或者股东所持表决权不符合公司法或者公司章程规定的(选项D)；(4)会议的表决结果未达到公司法或者公司章程规定的通过比例的(选项B)；(5)导致决议不成立的其他情形。

答案 ▶ ABCD

【例题17·单选题】(2019年)根据公司

法律制度的规定，确认公司董事会决议效力无效，应当以( )为被告。

A. 公司

B. 出席会议的董事

C. 董事会

D. 对该决议投赞成票的董事

解析 ▶ 本题考核公司决议无效之诉。原告请求确认股东会或者股东大会、董事会决议不成立、无效或者撤销决议的案件，应当列公司为被告。

答案 ▶ A

二、有限责任公司

(一)有限责任公司的设立条件(见表6-11)★★

表6-11 有限责任公司的设立条件

项目	内容		
股东人数	50人以下。可以设立一人公司。		
	【相关链接】股份公司发起人2-200人，股东人数没有上限		
出资	出资方式：货币、实物、知识产权、土地使用权，其他可以以货币估价并可依法转让的非货币财产；		
	出资期限：由公司章程规定，没有最低注册资本和出资期限限制		
组织条件	公司名称：有限责任公司		
	公司住所：固定的生产经营场所		
	公司章程	有限责任公司：全体股东制定	
		国有独资公司：国资委制定或董事会制订后报国资委批准	
		一人公司：股东自己制定	

(二)有限责任公司的组织机构★★★

公司的组织机构包括：股东(大)会、董事会、监事会。

【知识点拨1】股份公司组织机构必须齐备；但有限公司规模较小、人数较少的，可以不设董事会，只设一名执行董事，也可以不设监事会，设1至2名监事。

【知识点拨2】公司的组织机构在公司运营中的作用：股东(大)会是公司的权力机构，重要的决策都由股东(大)会作出；董事会是公司的执行机构，负责执行股东(大)会的决

议，同时就重要事项向股东(大)会提出议案、负责公司的内部管理问题；监事会是公司的监督机构，主要监督董事会和高级管理人员是否为公司和股东的利益行事。

机构之间的关系如图6-1所示：

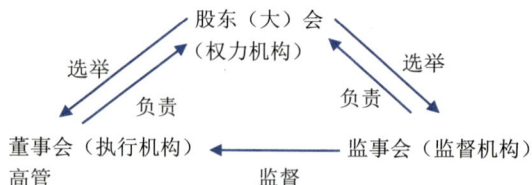

图6-1 机构之间的关系

1. 股东会

(1)股东会的职权(股份有限公司同)

①决定公司的"经营方针"和"投资计划";

【相关链接】 决定公司的经营计划和投资方案属于董事会的职权。

②选举和更换非由职工代表担任的董事、监事,决定有关董事、监事的报酬事项;

【相关链接】 高级管理人员由董事会决定。

③审议批准董事会的报告;

④审议批准监事会或者监事的报告;

⑤审议批准公司的年度财务预算方案、决算方案;

⑥审议批准公司的利润分配方案和弥补亏损方案;

⑦对发行公司债券作出决议;

⑧对公司增加或者减少注册资本作出决议;

⑨对公司合并、分立、解散、清算或者变更公司形式作出决议;⎬股东会特别表决事项

⑩修改公司章程。

(2)股东会会议的形式

有限责任公司股东会会议的形式分为定期会议和临时会议两种。

以下情形下,应该召开临时会议:

①代表1/10以上表决权的股东提议;

②1/3以上的董事提议;

③监事会或者不设监事会的公司的监事提议。

【知识点拨】 股份公司临时董事会召开的条件与有限公司临时股东会召开条件相同。

【例题18·多选题】 (2015年)根据公司法律制度的规定,下列人员或机构中,有权要求有限责任公司在2个月内召开临时股东会议的有( )。

A. 代表1/10以上表决权的股东

B. 1/3以上的董事

C. 董事长

D. 监事会

解析 本题考核临时股东会。代表1/10以上表决权的股东,1/3以上的董事,监事会或者不设监事会的公司的监事提议召开临时会议的,应当召开临时会议。 答案 ABD

(3)股东会的召集与主持(见图6-2)

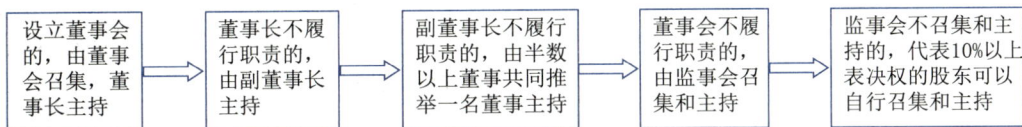

| 设立董事会的,由董事会召集,董事长主持 | 董事长不履行职责的,由副董事长主持 | 副董事长不履行职责的,由半数以上董事共同推举一名董事主持 | 董事会不履行职责的,由监事会召集和主持 | 监事会不召集和主持的,代表10%以上表决权的股东可以自行召集和主持 |

图6-2 股东会的召集和主持

(4)股东会决议

①一般事项:股东会会议由股东按照出资比例行使表决权,公司章程另有规定的除外。

②特别决议:股东会会议作出修改公司章程、增加或者减少注册资本的决议,以及公司合并、分立、解散或者变更公司形式的决议,必须经代表2/3以上表决权的股东通过。

【知识点拨】 在有限责任公司中,对股东会所行使的职权,如果股东以书面形式一致表示同意的,可以不召开股东会会议,直接作出决定,并由全体股东在决定文件上签名、盖章。

【例题19·多选题】 (2016年)根据公司法律制度的规定,有限责任公司股东会会议的下列决议中,须经代表2/3以上表决权的股东通过的有( )。

A. 增加注册资本

B. 对外提供担保

C. 决定利润分配方案

D. 修改公司章程

解析 本题考核股东会决议。有限责任公司股东会特别决议事项:修改公司章程、

公司增加或者减少注册资本、公司合并、分立、解散以及变更公司形式。 **答案 ▶ AD**

2. 董事会(见表6-12)

表6-12　董事会

项目	内容
(1)董事会的组成	①董事会由3至13人组成。股东人数较少或者规模较小的有限责任公司,可以设一名执行董事,不设董事会; ②两个以上的国有企业或者其他两个以上的国有投资主体投资设立的有限责任公司,其董事会成员中"应当"有公司职工代表。董事会中的职工代表由公司职工民主选举产生
(2)董事的任期与解任	董事任期由公司章程规定,但每届任期不得超过3年。董事任期届满,连选可以连任(股份有限公司同) 【知识点拨】董事任期届满前被股东会或者股东大会有效决议解除职务,其主张解除不发生法律效力的,人民法院不予支持。 董事职务被解除后,因补偿与公司发生纠纷提起诉讼的,人民法院应当依据法律、行政法规、公司章程的规定或者合同的约定,综合考虑解除的原因、剩余任期、董事薪酬等因素,确定是否补偿以及补偿的合理数额。(2020新增)
(3)董事会的职权(股份有限公司同)	①召集股东会会议,并向股东会报告工作; ②执行股东会的决议; ③决定公司的经营计划和投资方案; ④制订公司的年度财务预算方案、决算方案; ⑤制订公司的利润分配方案和弥补亏损方案; ⑥制订公司增加或者减少注册资本以及发行公司债券的方案; ⑦制订公司合并、分立、解散或者变更公司形式的方案; ⑧决定公司内部管理机构的设置; ⑨决定聘任或者解聘公司经理及其报酬事项,并根据经理的提名决定聘任或者解聘公司副经理、财务负责人及其报酬事项(注意案例); ⑩制定公司的基本管理制度。 【知识点拨】重点掌握董事会可以决定的四个事项,尤其是高级管理人员的人选及报酬。其余均由董事会提出方案,由股东会作出决议
(4)董事会的召集	董事会会议由董事长召集和主持;董事长不能履行职务或者不履行职务的,由副董事长召集和主持;副董事长不能履行职务或者不履行职务的,由半数以上董事共同推举一名董事召集和主持
(5)董事会的议事方式和表决程序	董事会的议事方式和表决程序,由公司章程规定。 董事会应当对所议事项的决定作成会议记录,出席会议的董事应当在会议记录上签名。 董事会决议的表决,实行一人一票

【例题20·单选题】(2015年)根据公司法律制度的规定,下列各项中,属于董事会职权的是(　　)。

A. 修改公司章程

B. 决定有关董事的报酬事项

C. 决定公司内部管理机构的设置

D. 决定发行公司债券

解析 ▶ 本题考核董事会的职权。选项ABD是股东会的职权。 **答案 ▶ C**

3. 监事会(见表6-13)

表 6-13　监事会

项目	内容
（1）监事会的组成	①监事会成员不得少于 3 人，由股东代表和 1/3 以上的公司职工代表组成。股东人数较少或者经营规模较小的，可以只设 1 至 2 名监事，不设监事会。 ②监事会主席由全体监事过半数选举产生。 【知识点拨】董事、高级管理人员不得兼任本公司监事
（2）监事的任期	监事的任期每届为 3 年。监事任期届满，连选可以连任（股份有限公司同）
（3）监事会的职权（股份有限公司同）	①检查公司财务； ②对董事、高级管理人员执行公司职务的行为进行监督，对违反法律、行政法规、公司章程或者股东会决议的董事、高级管理人员提出罢免的建议； 【知识点拨】任免非职工代表董事是股东会的职权；任免高级管理人员是董事会的职权。 ③当董事、高级管理人员的行为损害公司的利益时，要求董事、高级管理人员予以纠正； ④提议召开临时股东会会议，在董事会不履行《公司法》规定的召集和主持股东会会议职责时召集和主持股东会会议； ⑤向股东会会议提出提案； ⑥依照《公司法》第 151 条的规定，对董事、高级管理人员提起诉讼（代表诉讼）； ⑦公司章程规定的其他职权
（4）监事会的召开与决议	①监事会会议由监事会主席召集和主持；监事会主席不能或者不履行职务的，由半数以上监事共同推举一名监事召集和主持监事会会议。 ②监事会决议应当经"半数以上"监事通过。 ③监事会应当对所议事项的决定作成会议记录，出席会议的监事应当在会议记录上签名

【例题 21·多选题】乙有限责任公司不设监事会，只设了一名监事甲。甲的下列做法中，不符合《公司法》规定的有（　　）。

A. 提议召开临时股东会会议

B. 制订公司的利润分配方案，提交股东会讨论

C. 代表公司对违法造成公司损失的董事提起诉讼

D. 罢免违反公司章程的董事职务

解析 ▶ 本题考核公司监事会的职权。选项 B 是董事会的职权，选项 D 是股东会的职权。　　答案 ▶ BD

（三）一人有限责任公司的特别规定（见表 6-14）★★

一人有限责任公司，是指只有一个自然人股东或者一个法人股东的有限责任公司。

表 6-14　一人公司的特别规则

项目	内容
注明股东	一人有限责任公司应当在公司登记中注明自然人独资或者法人独资，并在公司营业执照中载明
数量限制	一个自然人只能投资设立一个一人有限责任公司。该一人有限责任公司不能投资设立新的一人有限责任公司 【应试思路】法人可投资设立多个一人公司，且该一人公司还可投资一人公司
组织机构	一人公司不设股东会，股东决定应当采用书面形式，并由股东签字后置备于公司
强制审计	一人公司每一会计年度终了时应当编制财务会计报告，并经会计师事务所审计
人格否认	一人有限责任公司的股东不能证明公司财产独立于股东自己的财产的，应当对公司债务承担连带责任 【应试思路】举证责任由股东承担

【例题 22·单选题】（2016 年）根据公司法律制度的规定，下列关于一人有限责任公司（简称"一人公司"）的表述中，正确的是（   ）。

A. 一个自然人只能投资设立一个一人公司，但该一人公司可以再投资设立新的一人公司

B. 一人公司的股东应当对公司债务承担连带清偿责任

C. 一人公司设立时，股东应当一次缴足公司章程规定的出资额

D. 一人公司应当在公司登记中注明自然人独资或者法人独资

解析 ▶ 本题考核一人有限责任公司的特别规定。一个自然人只能投资设立一个一人有限责任公司，且该一人有限责任公司不能投资设立新的一人有限责任公司，选项 A 错误。一人有限责任公司的股东不能证明公司财产独立于股东自己的财产的，应当对公司债务承担连带责任，选项 B 错误。《公司法》取消了一人公司注册资本实缴出资的限制，选项 C 错误。 **答案** ▶ D

（四）国有独资公司的特别规定（见表 6-15）★★

表 6-15　国有独资公司组织机构的特别规定

项目	内容
不设股东会	(1)国有独资公司不设股东会，由国有资产监督管理机构行使股东会职权； (2)国有资产监督管理机构可以授权公司董事会行使股东会的部分职权，决定公司的重大事项； (3)公司的合并、分立、解散、增减注册资本和发行公司债券，必须由国有资产监督管理机构决定； (4)重要的国有独资公司的合并、分立、解散、申请破产，应当由国有资产监督管理机构审核后，报"本级人民政府"批准
董事会	国有独资公司设立董事会，董事会成员由国有资产监督管理机构委派；董事会中必须有职工代表，职工代表由公司职工代表大会选举产生
监事会	(1)监事会成员不得少于 5 人，其中职工代表的比例不得低于 1/3； (2)监事会成员由国有资产监督管理机构委派；但是，监事会中的职工代表由公司职工代表大会选举产生； (3)监事会主席由国有资产监督管理机构从监事会成员中指定

【例题 23·多选题】 根据公司法律制度的规定，下列各项中，可以由国有独资公司董事会作出决议的有（   ）。

A. 发行公司债券

B. 与另一国有独资公司合并

C. 为非某私营企业提供担保

D. 决定公司内部管理机构的设置

解析 ▶ 本题考核国有独资公司董事会的职权。国有独资公司的合并、分立、解散、增加或减少注册资本和发行公司债券，必须由国有资产监督管理机构决定。 **答案** ▶ CD

（五）有限责任公司的股权转让★★★

1. 股权转让的限制

(1)对内转让。

有限责任公司的股东之间可以相互转让其全部或者部分股权。

(2)对外转让。

股东向股东以外的人转让股权，应当经"其他股东""过半数"同意。股东应就其股权转让事项"以书面或者其他能够确认收悉的合理方式通知"其他股东征求同意，其他股东自接到书面通知之日起满 30 日未答复的，视为同意转让。其他股东半数以上不同意转让的，不同意的股东应当购买该转让的股权；不购买的，视为同意转让。经股东同意转让的股权，在同等条件下，其他股东有优先购买权。两个以上股东主张行使优先购买权的，协商确定各自的购买比例；协商不成的，按照转让时各自的出资比例行使优先购买权。

【知识点拨】公司章程对股权转让另有规

定的，从其规定。 （见表6-16）。

（3）其他股东同等条件下的优先购买权

表6-16　其他股东同等条件下的优先购买权

项目	内容
前提条件	对外转让。若自然人股东因继承发生变化时，其他股东主张行使优先购买权的，人民法院不予支持，但公司章程另有规定或者全体股东另有约定的除外
同等条件	人民法院在判断是否属于"同等条件"时，应当考虑转让股权的数量、价格、支付方式及期限等因素
行使期间	①公司章程有规定的，按规定； ②公司章程没有规定行使期间或者规定不明确，按通知确定的期间，通知确定的期间短于30日或者未明确行使期间的，为30日
二人以上主张	两个以上股东主张行使优先购买权的：协商确定； 协商不成，按照转让时各自的出资比例行使优先购买权
撤回转让	转让股东在其他股东主张优先购买后又不同意转让股权的，对其他股东优先购买的主张，法院不予支持，但公司章程另有规定或者全体股东另有约定的除外。其他股东主张转让股东赔偿其损失合理的，法院应当支持
损害救济	其他股东优先购买权受到损害： ①可以主张按照同等条件购买该转让股权，但以下情形不可主张： A. 其他股东自知道或者应当知道同等条件之日起30日内没有主张； B. 自股权变更登记之日起超过一年。 ②其他股东不主张购买，仅提出确认股权转让合同及股权变动效力等，法院不予支持。但其他股东非因自身原因导致无法行使优先购买权的，可以要求损害赔偿 股权受让人受到损害： 股权受让人因其他股东行使优先购买权而不能获得股权，可以依法请求转让股东承担赔偿责任

【例题24·单选题】（2019年）甲有限公司章程规定，股东优先购买权的行使期间是收到书面转让通知之日起60日。股东赵某拟对外转让股权并书面通知其他股东：欲行使优先购买权者，请自收到通知之日起20日内提出。根据公司法律制度的规定，其他股东优先购买权的行使期间是（　　）。

A. 自收到赵某书面通知之日起20日内

B. 自收到赵某书面通知之日起80日内

C. 自收到赵某书面通知之日起30日内

D. 自收到赵某书面通知之日起60日内

解析　本题考核有限公司股权转让的优先购买权。根据规定，有限责任公司的股东主张优先购买转让股权的，应当在收到通知后，在公司章程规定的行使期间内提出购买请求。公司章程没有规定行使期间或者规定不明确的，以通知确定的期间为准，通知确

定的期间短于30日或者未明确行使期间的，行使期间为30日。题目中"公司章程规定的行使期间是60日"，则按照公司章程规定。

答案　D

2. 股权强制执行规则

人民法院依照法律规定的强制执行程序转让股东的股权时，应当通知公司及全体股东，其他股东在同等条件下有优先购买权。其他股东自人民法院通知之日起满20日不行使优先购买权的，视为放弃优先购买权。

3. 股权继承规则

自然人股东死亡后，其合法继承人可以直接继承股东资格，公司章程另有规定除外。

【知识点拨】有限公司的自然人股东因继承发生变化时，其他股东主张行使优先购买权的，法院不予支持，但公司章程另有规定或全体股东另有约定的除外。

【例题 25 · 单选题】 某有限责任公司共有甲、乙、丙三名股东。因甲无法偿还个人到期债务，人民法院拟依强制执行程序变卖其股权偿债。根据公司法律制度的规定，下列表述中，正确的是(   )。

A. 人民法院应当征得乙、丙同意，乙、丙在同等条件下有优先购买权

B. 人民法院应当通知乙、丙，乙、丙在同等条件下有优先购买权

C. 人民法院应当征得公司及乙、丙同意，乙、丙在同等条件下有优先购买权

D. 人民法院应当通知公司及全体股东，乙、丙在同等条件下有优先购买权

解析 ▶ 本题考核有限责任公司的股权转让。人民法院依照法律规定的强制执行程序转让股东的股权时，应当通知公司及全体股东，其他股东在同等条件下有优先购买权。其他股东自人民法院通知之日起满 20 日不行使优先购买权的，视为放弃优先购买权。

答案 ▶ D

4. "一股二卖"的处理规则(见表 6-17)

表 6-17 "一股二卖"的处理规则

项目	内容
发生原因	股权转让后，公司没有立即向公司登记机关办理变更登记，股权仍登记在原股东名下。原股东将该股权转让、质押或者以其他方式处分给第三人
涉及当事人	原股东(出让人)、受让人(第一个买受人)、第三人(质权人或第二个买受人)
法律后果	①第三人按善意取得处理：受让股东以其对于股权享有实际权利为由，请求认定原股东处分股权行为无效的，人民法院可以参照善意取得制度的规定处理(第三人可善意取得)。如果不满足善意取得的条件，则原股东处分股权的行为无效。 ②受让人权利保护：受让股东可以请求原股东承担赔偿责任；同时，还可以要求未及时办理变更登记有过错的董事、高级管理人员或者实际控制人承担相应责任

『举例』 甲将其在 A 有限公司的股权转让给乙，双方签订了转让协议，履行其他法定程序，但股权尚未变更登记，甲又以更高的价格将该股权转让给不知情的丙，履行了相关法定程序，并办理了变更登记等手续。丙构成善意取得，乙只能要求甲赔偿损失，如果 A 公司的董事、高级管理人员对未及时办理变更登记有过错的，乙可以要求其承担相应责任。如果丙不构成善意取得，则甲转让股权给丙的行为无效。

5. 股权回购

对股东会以下决议投反对票的股东可以请求公司按照合理的价格收购其股权：

(1)公司连续 5 年不向股东分配利润，而公司该 5 年连续盈利，并且符合法律规定的分配利润条件的；

(2)公司合并、分立、转让主要财产的；

(3)公司章程规定的营业期限届满或者章程规定的其他解散事由出现，股东会会议通过决议修改章程使公司存续的。

【知识点拨】 股份公司收购自己公司股票的情形有六种。

【例题 26 · 单选题】 以下情况有限责任公司股东可以要求公司回购其股权的是(   )。

A. 股东甲认为公司没有通知其参加股东会，损害了自己的股东权益

B. 股东乙在公司股东会上对公司合并表示反对

C. 股东丙在公司股东会上对公司连续 3 年盈利但不分配利润的决议表示反对

D. 股东丁在公司股东会上对公司增资表示反对

解析 ▶ 本题考核有限公司股权回购。只有选项 B 属于可以要求公司回购的情形。

答案 ▶ B

(六)有限责任公司与股份有限公司的组织形态变更 ★

有限责任公司变更为股份有限公司时，

折合的实收股本总额不得高于公司净资产额。

【知识点拨】有限责任公司的资本并不划分为等额的股份，因此在变更为股份有限公司时要将其净资产折合为一定数额的股份，但公司法也遵循谨慎性要求，有多少净资产就折合为多少的股份，不得超出净资产的数额。

三、股份有限公司

扫我解疑难

(一)股份有限公司的设立★★

1. 设立条件(见表6-18)

表6-18　股份公司的设立条件

项目		内容
发起人		2至200人，其中半数以上的发起人在中国境内有住所
出资	出资方式	货币、实物、知识产权、土地使用权及其他合法的财产权利
	缴纳期限	发起设立：公司章程规定
		募集设立：必须一次付清。其中发起人认购的股份不得少于公司股份总数的35%
组织条件		名称：股份有限公司、股份公司
		章程：发起人制订，募集设立应当经过创立大会通过
		完整的组织机构；固定的生产经营场所

2. 设立程序(见表6-19)

表6-19　股份公司的设立程序

项目	内容
发起设立	发起人协议→缴纳股款→选举组织机构等→登记
募集设立	发起人协议→发起人缴纳股款→公开募集股款→验资→召开创立大会→登记 创立大会：股款缴足后30日内召开；代表股份总数过半数的发起人、认股人出席；决议由出席会议认股人所持表决权过半数通过 登记：董事会在创立大会召开后30日内申请设立登记

【知识点拨】注意理解发起设立与募集设立的区别。发起设立是指由发起人认购公司应发行的全部股份而设立的公司。也就是说，以发起设立的方式设立股份有限公司的，在设立时其股份全部由该公司的发起人认购，不向发起人以外的任何社会公众发行股份。募集设立是指由发起人认购公司应当发行股份的部分，其余股份向社会公开募集或者向特定对象募集而设立公司。也就是说，以募集设立方式设立股份有限公司的，在公司成立时，认购公司应发行股份的人不仅有发起人，而且还有发起人以外的投资者。

【例题27·多选题】(2014年)根据公司法律制度的规定，认股人缴纳出资后，有权要求返还出资的情形有(　　)。

A. 公司未按期募足股份

B. 发起人未按期召开创立大会

C. 创立大会决议不设立公司

D. 公司发起人抽逃出资，情节严重

解析 ▶ 本题考核股份公司的设立。公司设立失败，发起人应当承担返还股款并加算同期银行利息的连带责任。选项ABC都属于公司设立失败的情形，选项D不属于设立失败，而是按"抽逃出资"情形处理。

答案 ▶ ABC

(二)股份有限公司的组织机构★★★

1. 股东大会

(1)《公司法》中规定的职权(同有限公司)。

（2）召开临时股东大会的情形。

有下列情形之一的，应当在2个月内召开临时股东大会：

①董事人数不足《公司法》规定人数或者公司章程所定人数的2/3时；

②公司未弥补的亏损达实收股本总额的1/3时；

【知识点拨】 此处1/3标准的计算基础是"实收股本总额"，注意考题中出现分期缴付出资的情形，分期缴付出资的要以"实收股本"作为确认依据，而不是注册资本。

③单独或者合计持有公司10%以上股份的股东请求时；

④董事会认为必要时；

⑤监事会提议召开时；

⑥公司章程规定的其他情形。

【相关链接】 有限公司临时股东会召开的情形只有三种：代表1/10以上表决权的股东提议；1/3以上董事提议；监事会或不设监事会的监事提议。

（3）股东大会的召开程序。

①股东大会的召集与主持。股东大会会议由董事会召集，董事长主持；董事长不能或者不履行职责的，由副董事长主持；副董事长不能或者不履行职责的，由半数以上董事共同推举一名董事主持；董事会不能或者不履行召集股东大会会议职责的，监事会应当及时召集和主持；监事会不召集和主持的，连续90日以上单独或者合计持有公司10%以上股份的股东可以自行召集和主持。

②通知与公告：召开股东大会会议，应当将会议召开的时间、地点和审议的事项于会议召开20日前通知各股东；临时股东大会应当于会议召开15日前通知各股东；发行无记名股票的，应当于会议召开30日前公告会议召开的时间、地点和审议事项。

【知识点拨】 股东大会不得对通知中没有列明的事项进行表决。

③股东临时提案权：单独或者合计持有公司3%以上股份的股东，可以在股东大会召开10日前提出临时提案并书面提交董事会；董事会应当在收到提案后2日内通知其他股东，并将该临时提案提交股东大会审议（注意案例）。

（4）股东大会会议的表决和决议事项。

①表决权的行使。股东出席股东大会会议，所持每一股份有一表决权。股东可以委托代理人出席股东大会会议，代理人应当向公司提交股东授权委托书，并在授权范围内行使表决权。公司持有的本公司股份没有表决权。

②股份有限公司股东大会的决议分为特别决议和普通决议。特别决议是指对公司股东大会作出修改公司章程、增加或者减少注册资本的决议，以及公司合并、分立、解散或者变更公司形式作出的决议。特别决议须经出席会议的股东所持表决权的2/3以上通过，普通决议须经出席会议的股东所持表决权过半数通过。

【相关链接1】 有限责任公司通过特别决议是经全体股东所持表决权2/3以上通过；而股份有限公司通过特别决议是经"出席会议"的股东所持表决权的2/3以上通过。

【相关链接2】 有限责任公司通过普通决议，由公司章程规定；而股份有限公司普通决议须经出席会议的股东所持表决权过半数通过。

【例题28·多选题】 某股份公司股本总额为1亿股，某次临时股东大会出席股东持股数为8000万股，对以下事项进行表决，表决通过的股东持股数为5000万股，其中能够获得通过的有（　　）。

A. 选举该公司董事一名

B. 增加公司注册资本1000万元

C. 发行公司债券3000万元

D. 修改公司章程中关于经营期限的条款

解析 ▶ 本题考核股份公司股东大会表决规则。公司股东大会作出修改公司章程、增加或者减少注册资本的决议，以及公司合并、分立、解散或者变更公司形式作的决议，须经出席会议的股东所持表决权的 2/3 以上通过，其他决议只需经出席会议的股东所持表决权过半数通过。本案中，选项 AC 属于一般表决事项，因而获得出席会议股东所持过半数表决权票数可以通过，而选项 BD 属于特别表决事项，需出席会议股东所持表决权 2/3 以上才能通过。　　　　答案▶AC

（5）累积投票制。

所谓累积投票制，是指股东大会选举董事或者监事时，每一股份拥有与应选董事或者监事人数相同的表决权，股东拥有的表决权可以集中使用。

控股股东控股比例在 30% 以上的上市公司，应当采用累积投票制。

（6）会议记录。

股东大会应当对所议事项的决定作成会议记录，主持人、出席会议的董事应当在会议记录上签名。会议记录应当与出席股东的签名册及代理出席的委托书一并保存。

【相关链接】有限责任公司股东会的会议记录由出席会议的股东签名。

2. 董事会（见表 6-20）

表 6-20　董事会

项目	内容
董事会的组成	股份有限公司的董事会由 5 至 19 人组成 【相关链接】有限责任公司董事会由 3 至 13 人组成，国有独资公司、两个以上的国有企业投资设立的有限责任公司，董事会成员中"应当"包括职工代表；其他有限责任公司和股份有限公司董事会成员中"可以"有职工代表
董事的任期	董事任期由公司章程规定，但每届任期不得超过 3 年
董事会的职权	同有限责任公司董事会
董事会会议的召开	①董事会每年度至少召开两次会议，每次会议应当于会议召开 10 日前通知全体董事和监事。 ②代表 1/10 以上表决权的股东、1/3 以上董事或者监事会，可以提议召开董事会临时会议。董事长应当自接到提议后 10 日内，召集和主持董事会会议。董事会召开临时会议，可以另定召集董事会的通知方式和通知时限。 【应试思路】股份有限公司临时董事会召开条件与有限责任公司临时股东会基本相同，但缺少"不设监事会的监事提议召开"，因为股份有限公司必须设立监事会。 ③董事会会议应有过半数的董事出席方可举行。董事会作出决议必须经全体董事的过半数通过。董事会决议的表决实行一人一票。股份有限公司董事会开会时，董事应当亲自出席，如因故不能出席时，可以"书面"委托其他"董事"代为出席，但书面委托书中应载明授权范围（多次考查，注意案例）
会议记录	①董事会应当对会议所议事项的决定作成会议记录，出席会议的董事应当在会议记录上签名。 【相关链接】股东大会的会议记录由"主持人、出席会议的董事"签名。 ②董事应当对董事会的决议承担责任。董事会的决议违反法律、行政法规或者公司章程、股东大会决议，致使公司遭受严重损失的，参与决议的董事对公司负赔偿责任。但经证明在表决时曾表明异议并记载于会议记录的，该董事可以免除责任

【例题 29·多选题】（2012 年）下列关于股份有限公司董事会的表述中，符合公司法律制度规定的有（　　）。

A. 董事会成员为 5 至 19 人，且人数须为单数

B. 董事会成员中应有一定比例的独立董事

C. 董事会会议应有过半数的董事出席方可举行

D. 董事会作出决议须经全体董事的过半数通过，董事会决议的表决实行一人一票

解析▶本题考核股份公司董事会相关规定。依据《公司法》的规定，股份有限公司董事会的成员为 5 至 19 人，并无人数单双的规

定，选项 A 错误；要求上市公司设立独立董事，而非所有股份有限公司都设立独立董事，选项 B 错误；董事会会议应有过半数的董事出席方可举行，选项 C 正确；董事会作出决议必须经全体董事的过半数通过，董事会决议的表决实行一人一票，选项 D 正确。

答案 ▶ CD

【例题 30·多选题】 根据公司法律制度的规定，某上市公司召开董事会会议，下列选项中，符合规定的有( )。

A. 董事长因故不能出席会议，会议由副董事长甲主持

B. 通过了有关公司董事报酬的决议

C. 通过了免除乙的经理职务，聘任副董事长甲担任经理的决议

D. 会议记录由主持人甲和记录员丙签名后存档

解析 ▶ 本题考核股份有限公司的董事会。选项 B，决定董事报酬事项属于股东大会的职权；选项 D，董事会的会议记录由出席会议的董事签名后存档。

答案 ▶ AC

3. 监事会(见表 6-21)

表 6-21 监事会

项目	内容
监事会的组成	监事会成员不得少于 3 人。监事会应当包括股东代表和职工代表，其中职工代表的比例不得低于 1/3。 【知识点拨 1】 股东代表出任的监事由股东会选举产生；职工代表出任的监事由职工民主选举产生。 【知识点拨 1】 董事、高级管理人员不得兼任监事
监事会的职权	同有限责任公司监事会
监事会会议制度	①股份有限公司的监事会每 6 个月至少召开一次会议。 ②监事会会议由监事会主席召集和主持。监事会主席不能或者不履行职务的，由监事会副主席召集和主持监事会会议；监事会副主席不能或者不履行职务的，由半数以上监事共同推举一名监事召集和主持监事会会议。 ③监事会应当对所议事项的决定作成会议记录，出席会议的监事应当在会议记录上签名

(三)上市公司组织机构的特别规定 ★★

1. 上市公司股东大会的特别职权

除一般公司股东大会的职权外，上市公司股东大会还对以下事项作出决议，见表 6-22。

表 6-22 上市公司股东大会的特别职权

项目	内容
涉及担保	①上市公司及其控股子公司的对外担保总额，达到或超过最近一期经审计净资产 50% 以后提供的任何担保； ②公司对外担保总额，达到或超过最近一期经审计总资产 30% 以后提供的任何担保； ③为资产负债率超过 70% 的担保对象提供的担保； ④单笔担保额超过最近一期经审计净资产 10% 的担保； ⑤对股东、实际控制人、关联方提供的担保
其他事项	①对聘用、解聘会计师事务所作出决议； 【相关链接】 非上市公司的聘用、解聘承办公司审计业务的会计师事务所，依照公司章程的规定，由股东会、股东大会或者董事会决定。 ②审议公司在一年内购买、出售重大资产超过公司最近一期经审计总资产 30% 的事项； ③审议批准变更募集资金用途； ④审议股权激励计划

2. 增加股东大会的特别表决事项

除一般股份公司股东大会的特别表决事项以外，上市公司股东大会特别表决事项还包括：

上市公司在 1 年内购买、出售重大资产或者担保金额超过公司资产总额 30% 的，应当由股东大会作出决议，并经出席会议的股东所持表决权的 2/3 以上通过。

3. 增设关联关系董事的表决权排除制度

上市公司董事与董事会会议决议事项所涉及的企业有关联关系的，不得对该项决议行使表决权，也不得代理其他董事行使表决权。该董事会会议由过半数的无关联董事出席即可举行，董事会会议所作决议须经无关联关系董事过半数通过。出席董事会的无关联关系董事人数不足 3 人的，应将该事项提交上市公司股东大会审议。

【相关链接】公司为股东或者实际控制人提供担保的，必须经股东大会决议。接受担保的股东或者受实际控制人支配的股东不得参加表决，该项表决由"出席会议的"其他股东所持表决权的"过半数"（大于 1/2）通过。

【例题 31·单选题】（2019 年）根据公司法律制度的规定，上市公司在一年内出售重大资产超过公司资产总额一定比例的，应当由股东大会作出决议，并经出席会议的股东所持表决权的 2/3 以上通过。该比例是（ ）。

A. 30%   B. 70%

C. 50%   D. 60%

解析 ▶ 本题考核上市公司组织机构特别规定。上市公司在一年内购买、出售重大资产或者担保金额超过公司资产总额 30% 的，应当由股东大会作出决议，并经出席会议的股东所持表决权的 2/3 以上通过。**答案** ▶ A

4. 上市公司独立董事制度

（1）上市公司必设独立董事，上市公司股权激励的对象不应当包括独立董事。

（2）担任独立董事的条件（见表 6-23）。

表 6-23　上市公司独立董事的任职资格

应当符合的任职基本条件	不得担任独立董事的情形
①根据法律、行政法规及其他有关规定，具备担任上市公司董事的资格； ②具有立法与有关规定要求的独立性； ③具备上市公司运作的基本知识，熟悉相关法律、行政法规、规章及规则； ④具有 5 年以上法律、经济或者其他履行独立董事职责所必需的工作经验； ⑤公司章程规定的其他条件	①在上市公司或者其附属企业任职的人员及其直系亲属、主要社会关系； ②直接或间接持有上市公司已发行股份 1% 以上或者是上市公司前 10 名股东中的自然人股东及其直系亲属； ③在直接或间接持有上市公司已发行股份 5% 以上的股东单位或者在上市公司前 5 名股东单位任职的人员及其直系亲属； ④最近 1 年内曾经具有前三项所列举情形的人员； ⑤为上市公司或者其附属企业提供财务、法律、咨询等服务的人员； ⑥公司章程规定的其他人员； ⑦中国证监会认定的其他人员

『总结』独立董事任职资格限制图示（见图 6-3）。

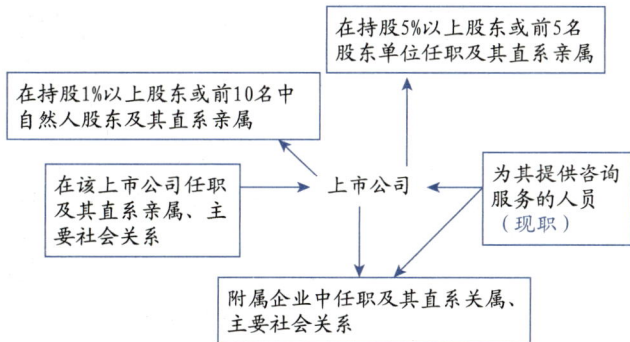

图 6-3　独立董事任职资格限制

【例题 32·单选题】（2014 年）某上市公司拟聘任独立董事一名。甲为该公司人力资源总监的大学同学；乙为在该公司中持股 7% 的某国有企业的负责人；丙曾任该公司财务部经理，半年前离职；丁为某大学法学院教授，兼职担任该公司子公司的法律顾问。根据公司法律制度的规定，可以担任该公司独立董事的是（ ）。

A. 甲　　　　　　　B. 乙
C. 丙　　　　　　　D. 丁

解析 ▶ 本题考核独立董事的任职资格。选项 B 是在直接或间接持有上市公司已发行股份 5% 以上的股东单位或者在上市公司前五名股东单位任职的人员及其直系亲属；选项 C 是最近一年内曾经具有前三项所列举情形的人员；选项 D 是为上市公司或者其附属企业提供财务、法律、咨询等服务的人员。

答案 ▶ A

（3）独立董事的特别职权（见表 6-24）。

表 6-24　独立董事的特别职权

特别职权	应当发表独立意见的重大事项
①重大关联交易（指上市公司拟与关联人达成的总额高于 300 万元或高于上市公司最近经审计净资产值的 5% 的关联交易）应由独立董事认可后，提交董事会讨论； ②向董事会提议聘用或解聘会计师事务所； ③向董事会提请召开临时股东大会； ④提议召开董事会。 **【知识点拨】** 注意是"提请"召开临时股东大会；"提议"召开董事会。 ⑤独立聘请外部审计机构和咨询机构； ⑥可以在股东大会召开前公开向股东征集投票权	①提名、任免董事； ②聘任或解聘高级管理人员； ③公司董事、高级管理人员的薪酬； ④上市公司的股东、实际控制人及其关联企业对上市公司现有或新发生的总额高于 300 万元或高于上市公司最近经审计净资产值的 5% 的借款或其他资金往来，以及公司是否采取有效措施回收欠款； ⑤独立董事认为可能损害中小股东权益的事项； ⑥公司章程规定的其他事项。 独立董事应当就上述事项发表以下几类意见之一：同意；保留意见及其理由；反对意见及其理由；无法发表意见及其障碍

（4）独立董事的任免（见表 6-25）

表 6-25　独立董事的任免

项目	内容
独立董事的提名	上市公司董事会、监事会、单独或者合并持有上市公司已发行股份 1% 以上的股东可以提出独立董事候选人，并经股东大会选举决定
独立董事的任期	独立董事每届任期与该上市公司其他董事任期相同，任期届满，连选可以连任，但是连任时间不得超过 6 年
独立董事的撤换和辞职	①独立董事连续 3 次未亲自出席董事会会议的，由董事会提请股东大会予以撤换。 ②独立董事在任期届满前可以提出辞职。如因独立董事辞职导致公司董事会中独立董事所占的比例低于规定的最低要求时，该独立董事的辞职报告应当在下任独立董事填补其缺额后生效

【例题 33·单选题】（2018 年）根据公司法律制度的规定，下列主体中，有资格提出上市公司独立董事候选人的是（ ）。

A. 持有上市公司已发行股份 1% 以上的股东

B. 上市公司的董事长
C. 上市公司的职工代表大会
D. 上市公司的监事会主席

解析 ▶ 本题考核独立董事。上市公司董事会、监事会、单独或者合计持有上市公司

已发行股份 1% 以上的股东可以提出独立董事候选人，并经股东大会选举决定。 **答案** ▶ A

(四)股份有限公司的股份发行和转让 ★

★★

1. 优先股(见表 6-26)

表 6-26 优先股的基本规则

项目	内容
发行主体	上市公司、非上市公众公司 上市公司可以公开发行优先股
优先性	优先股股东相对于普通股东享有两个方面的优先权： (1)优先分配公司利润； (2)优先分配公司剩余财产
发行数额	公司已发行的优先股不得超过普通股股份总数的 50%，且筹集金额不得超过发行前净资产的 50%
表决权限制	优先股股东一般不享有表决权，除以下事项： (1)修改公司章程中与优先股有关的内容； (2)一次或累计减资超过 10%； (3)公司合并、分立、解散或变更公司形式； (4)发行优先股； (5)公司章程规定的其他情形。 上述事项需经双 2/3 以上表决通过：出席会议的普通股股东、优先股股东分别所持表决权 2/3 以上通过
表决权恢复	累计 3 个会计年度或连续 2 个会计年度未按约定支付优先股股息的，优先股股东表决权恢复。恢复期限：若是股息可累积到下一个会计年度的优先股，直至公司全额支付所欠股息；若是股息不可累积的优先股，直至公司全额支付当年股息
转换与回购	公司章程规定
持股比例计算	计算持股比例时，只计普通股和恢复表决权的优先股： (1)与股东大会有关：请求召开临时股东大会；召集和主持股东大会；提交股东大会临时提案； (2)认定控股股东

【例题 34 · 多选题】 (2019 年)根据公司法律制度的规定，在公司章程没有特别规定时，优先股股东可以出席股东大会会议并参与表决的事项有( )。

A. 公司合并

B. 变更公司形式

C. 累计减少公司注册资本超过 10%

D. 公司解散

解析 ▶ 本题考核优先股。除以下情况外，优先股股东不出席股东大会会议，所持股份没有表决权：(1)修改公司章程中与优先股相关的内容；(2)一次或累计减少公司注册资本超过 10%；(3)公司合并、分立、解散或变更公司形式；(4)发行优先股；(5)公司章程规定的其他情形。 **答案** ▶ ABCD

2. 股份有限公司股份转让限制(见表 6-27)

表 6-27 股份公司股份转让限制(重要考点)

限制对象	限制内容
发起人	发起人持有的本公司股份，自公司成立之日起 1 年内不得转让
公开发行股份前已发行的股份	自公司股票在证券交易所上市交易之日起 1 年内不得转让。 **【知识点拨】** 因司法强制执行、继承、遗赠、依法分割财产等导致股份变动的除外

限制对象	限制内容
董事、监事、高级管理人员	①公司董事、监事、高级管理人员在任职期间每年转让的股份不得超过其所持有本公司股份总数的25%； ②所持本公司股份自公司股票上市交易之日起1年内不得转让。 ③上述人员离职后半年内不得转让其所持有的本公司股份。 （上市公司）所持股份不超过1000股的，可一次全部转让
	上市公司董事、监事、高级管理人员在以下特定期间内不可买卖本公司股份： ①上市公司定期报告公告前30日内； ②上市公司业绩预告、业绩快报公告前10日内； ③自重大事项发生之日或决策过程中至依法披露后2个交易日内

【例题35·单选题】（2012年）下列关于股份有限公司股票转让限制的表述中，符合公司法律制度规定的是（ ）。

A. 股东转让其股份，必须在依法设立的证券交易所进行

B. 发起人持有的本公司股份，自公司成立之日起1年内不得转让

C. 公司公开发行股份前已发行的股份，自公司股票在证券交易所上市交易之日起3年内不得转让

D. 公司董事、监事、高级管理人员离职1年内，不得转让所持有的本公司股份

解析 ▶ 本题考核股份有限公司股票转让。股东转让其股份，应当在依法设立的证券交易场所进行或者按照国务院规定的其他方式进行，选项A错误；公司公开发行股份前已发行的股份，自公司股票在证券交易所上市交易之日起1年内不得转让，选项C错误；董事、监事、高级管理人员离职后半年内，不得转让其所持有的本公司股份，选项D错误。

答案 ▶ B

（五）股份的回购（公司收购自身股份）

（1）公司不得收购本公司股份，但有下列情形之一的除外，见表6-28。

表6-28 公司收购本公司股份的情形

事由	程序要求
减少公司注册资本	①应经股东大会特别决议通过； ②应自收购之日起10日内注销
与持有本公司股份的其他公司合并	①应经股东大会特别决议通过； ②应当在6个月内转让或者注销
股东因对股东大会作出的公司合并、分立决议持异议，要求公司收购其股份的	应当在6个月内转让或者注销
将股份用于员工持股计划或者股权激励	①经股东大会决议通过（也可依照公司章程规定或股东大会授权，经2/3以上董事出席的董事会会议决议）； ②公司合计持有的本公司股份不得超过本公司已发行股份总额的10%； ③上市公司应通过公开集中交易方式进行； ④应当在3年内转让或者注销
将股份用于转换上市公司发行的可转换为股票的公司债券	
上市公司为维护公司价值及股东权益所必需	

【知识点拨】上市公司收购本公司股份的，应当依照《中华人民共和国证券法》的规定履行信息披露义务。（注意结合证券法考查）

（2）公司不得接受本公司的股票作为质押权的标的。

【知识点拨】公司接受本公司股票作为质

押权的标的，可能导致变相违规收购本公司股份。如甲公司向乙公司拆借 1000 万，将自己所持有的乙公司股票质押给乙公司作为担保，如果甲公司不能还款，股票按市价折价给乙公司，则相当于乙公司收购了自己价值1000 万的股份。

四、公司的财务会计

扫我解疑难

(一)财务会计报告★

1. 公司财务会计报告应当由董事会负责编制，并对其真实性、完整性和准确性负责。

2. 公司应当依法聘用会计师事务所对财务会计报告审查验证。公司聘用、解聘承办公司审计业务的会计师事务所，依照公司章程的规定，由"股东(大)会或者董事会"决定。

【相关链接】上市公司只能由股东大会来对解聘会计师事务所作出决议。

3. 有限责任公司应当依照公司章程规定的期限将财务会计报告送交各股东。股份有限公司的财务会计报告应当在召开股东大会年会的**20 日前**置备于本公司，供股东查阅；公开发行股票的股份有限公司必须公告其财务会计报告。

(二)利润分配★★★

1. 利润分配的顺序

公司分配的只能是"税后利润"，即缴纳企业所得税以后的剩余利润。公司应当按照以下顺序进行利润分配：

①弥补以前年度的亏损；
②提取法定公积金；
③提取任意公积金；
④向股东分配利润。

2. 利润分配比例

公司弥补亏损和提取公积金后所余税后利润，有限责任公司按照股东实缴的出资比例分配，但全体股东约定不按照出资比例分配的除外；股份有限公司按照股东持有的股份比例分配，但股份有限公司章程规定不按持股比例分配的除外。

【知识点拨】公司持有的本公司股份不得行使表决权，也不得分配利润。公司持有的本公司股份，是指公司持有的，尚未注销、转让或奖励给职工的股份。

3. 未按规定分配利润的责任

(1)股东承担违规分配利润的返还责任。股东在弥补亏损和提列法定公积金之前分配利润，接受分红的股东负有向公司返还违规分配之利润的责任。

(2)董事承担对公司的损害赔偿责任。赞同违规分配的董事会成员或者执行董事，可能因其违法行为给公司造成损失而承担赔偿责任。

(3)股东如果借利润分配之名"抽回出资"，则构成"抽逃出资"，需承担相应的责任。

(4)公司可能因未提列法定公积金而遭行政处罚。"县级以上人民政府财政部门"可以责令公司补提法定公积金，并对公司课处不超过 20 万元的行政罚款。

4. 公积金(见表 6-29)

表 6-29 公积金

项目		内容
公积金的种类	资本公积金	资本公积金是直接由资本原因形成的公积金，股份有限公司以超过股票票面金额的发行价格发行股份所得的溢价款以及国务院财政部门规定列入资本公积金的其他收入，应当列为公司资本公积金
	盈余公积金	①法定公积金——按税后利润的 10% 提取，当其累计金额达到注册资本的 50% 以上时可不再提取；②任意公积金——按照公司章程或股东(大)会决议提取

项目	内容
公积金 的用途	①弥补亏损。 【知识点拨】资本公积金不得用于弥补公司的亏损。 ②扩大公司生产经营。 ③转增公司资本。法定公积金转为资本时，所留存的该项公积金不得少于"转增前"公司注册资本的25%

【例题36·单选题】 某公司注册资本为100万元。2015年，该公司提取的法定公积金累计额为60万元，提取的任意公积金累计额为40万元。当年，该公司拟用公积金转增公司资本50万元。下列有关公司拟用公积金转增资本的方案中，不符合公司法律制度规定的是(   )。

A. 用法定公积金10万元、任意公积金40万元转增资本

B. 用法定公积金20万元、任意公积金30万元转增资本

C. 用法定公积金30万元、任意公积金20万元转增资本

D. 用法定公积金40万元、任意公积金10万元转增资本

解析 ▶ 本题考核公积金转增资本的规定。根据规定，法定公积金转为资本时，所留存的该项公积金不得少于转增前公司注册资本的25%；任意公积金转增资本没有比例限制。本题中，法定公积金是60万元，注册资本是100万元，则转增后法定公积金不得少于25万元，即最多转增35万元，因此选项D的方案不符合法律规定。 **答案** ▶ D

五、公司重大变更（见表6-30）

扫我解疑难

【知识点拨】 公司重大变更包括公司的合并、分立、增资与减资，均属于公司股东(大)会的特别决议事项。

表6-30 公司重大变更

变更情形	主要规则
公司合并 ★★	1. 合并形式 一是吸收合并(A+B=A)；二是新设合并(A+B=C)。 2. 合并程序 公司应当自作出合并决议之日起10日内通知债权人，并于30日内在报纸上公告。债权人自接到通知书之日起30日内，未接到通知书的自公告之日起45日内，可以要求公司清偿债务或者提供相应的担保。 【知识点拨】债权人要求清偿或提供担保，不以债权人的债权已到期为前提。 3. 公司合并各方的债权债务的承继：合并各方的债权、债务应当由合并后存续的公司或者新设的公司承继
公司分立 ★★	1. 分立形式 一是新设分立(A→B+C)；二是派生分立(A→A+B)。 2. 分立程序 公司分立，应当编制资产负债表及财产清单。公司应当自作出分立决议之日起10日内通知债权人，并于30日内在报纸上公告。 3. 公司分立前债务的承担：公司分立前的债务由分立后的公司承担连带责任。但是，公司在分立前与债权人就债务清偿达成的书面协议另有约定的除外。 【知识点拨1】分立时对债务处理的协议经债权人认可，按当事人协议处理，否则分立后的公司对债权人承担连带责任；承担责任之后，在分立后公司之间，可以按协议处理。没有协议或协议约定不明的，根据企业分立时的资产比例分担。 【知识点拨2】公司分立时，债权人不能要求公司清偿债务或提供担保。原因是分立后的公司承担连带责任，对债权人的保护强于公司合并

变更情形	主要规则
公司增资★	公司就增资形成股东会或股东大会决议(特别表决事项);决议应依章程规定,对原有股东是否享有及如何行使增资优先认缴权或者新股优先认购权作出相应安排
公司减资★	1. 减资原因 公司可能因多种原因而减资,如:避免资本闲置、向股东返还出资、减少股东出资、回购股权或股份、因亏损而减资等。 2. 减资方式 (1)返还出资或股款,即将股东已缴付的出资财产或股款部分或者全部返还股东; (2)减免出资或购股义务,即部分或全部免除股东已认缴或认购但未实缴的出资金额; (3)缩减股权或股份。公司按照一定比例将已发行股份合并,例如二股合为一股,也可达到缩减股份的目的。 3. 减资程序 公司减少注册资本时,应当自作出减少注册资本决议之日起10日内通知债权人,并于30日内在报纸上公告。债权人自接到通知书之日起30日内,未接到通知书的自公告之日起45日内,有权要求公司清偿债务或者提供相应的担保。 【知识点拨】合并、减资时,债权人均有权要求清偿债务或提供担保,均不以债权到期为前提

【例题37·单选题】(2019年)甲公司分立为乙公司和丙公司,根据分立协议,乙公司承继甲公司20%的净资产,丙公司承继甲公司80%的净资产及全部负债。甲公司的到期债权人丁公司接到分立通知后,要求上述相关公司立即清偿债务。下列关于丁公司债务清偿请求的表述中,符合公司法律制度规定的是( )。

A. 丁公司仅能请求乙公司对该债务承担20%的责任

B. 丁公司仅能请求丙公司对该债务承担责任,不能请求乙公司对该债务

C. 丁公司可请求乙、丙公司对该债务承担连带责任

D. 丁公司仅能请求丙公司对该债务承担80%的责任

解析▶本题考核公司分立的责任承担。公司分立前的债务由分立后的公司承担连带责任。但是,公司在分立前与债权人就债务清偿达成的书面协议另有约定的除外。

答案▶C

【例题38·多选题】(2018年)根据公司法律制度的规定,下列各项中,属于公司减少注册资本可以采取的方式有( )。

A. 减免股东的出资或购股义务

B. 股东对外转让股权

C. 向股东返还出资或股款

D. 缩减股权或股份

解析▶本题考核公司注册资本的减少。公司可采取以下方式实施减资:(1)返还出资或股款。(2)减免出资或购股义务。(3)缩减股权或股份。

答案▶ACD

六、公司解散和清算

(一)公司解散的原因★★★

1. 公司解散的原因

(1)公司章程规定的营业期限届满或者公司章程规定的其他解散事由出现(可以通过修改公司章程而存续);

(2)股东会或者股东大会决议解散;

(3)因公司合并或者分立需要解散;

(4)依法被吊销营业执照、责令关闭或者被撤销;

(5)人民法院依法予以解散。

【知识点拨】公司因合并或分立而解散,无需清算;其他情形下的解散,应当进行清算。

2. 强制解散(司法解散)的条件

単独或者合计持有公司全部股东表决权10%以上的股东，以下列事由之一提起解散公司诉讼，并符合公司法规定的，人民法院应予受理：

①公司持续2年以上无法召开股东会或者股东大会，公司经营管理发生严重困难的；

②股东表决时无法达到法定或者公司章程规定的比例，持续2年以上不能作出有效的股东会或者股东大会决议，公司经营管理发生严重困难的；

③公司董事长期冲突，且无法通过股东会或者股东大会解决，公司经营管理发生严重困难的；

④经营管理发生其他严重困难，公司继续存续会使股东利益受到重大损失的情形。

【知识点拨】股东以知情权、利润分配请求权等权益受到损害，或者公司亏损、财产不足以偿还全部债务，以及公司被吊销企业法人营业执照未进行清算等为由，提起解散公司诉讼的，人民法院不予受理。

【例题39·单选题】（2016年）根据公司法律制度的规定，下列情形中，构成股东要求司法解散公司的正当理由的是（　）。

A．公司最近3年未开股东会，无法形成股东会决议，经营管理严重困难，继续存续会使股东利益严重受损，且无其他途径解决

B．公司无故拒绝股东查询公司会计账簿

C．公司连续5年盈利，并符合法律规定的利润分配条件，但不分红

D．公司连续3年亏损，累计亏损达到实收股本总额的1/2

解析 ▶ 本题考核公司解散——强制解散。公司经营管理发生严重困难，继续存续会使股东利益受到重大损失，通过其他途径不能解决的，持有公司全部股东表决权10%以上的股东，可以请求人民法院解散公司。 答案 ▶ A

3．人民法院审理解散公司诉讼案件，应当注重调解

根据司法解释规定，当事人协商一致以下列方式解决分歧，且不违反法律、行政法规的强制性规定的，人民法院应予支持：

（1）公司回购部分股东股份；

（2）其他股东受让部分股东股份；

（3）他人受让部分股东股份；

（4）公司减资；

（5）公司分立；

（6）其他能够解决分歧，恢复公司正常经营，避免公司解散的方式。

当事人不能协商一致使公司存续的，人民法院应当及时判决。

（二）公司清算 ★★

1．清算义务人

（1）清算义务人的范围：有限公司的股东、股份公司的董事和控股股东。

（2）清算义务人的责任。

①怠于清算的责任：未在法定期间成立清算组，导致公司财产贬值、流失、毁损或者灭失的，在造成损失范围内对公司债务承担责任；怠于履行义务，导致主要财产、账册、重要文件等灭失，无法清算，对公司债务承担连带清偿责任；上述问题若是实际控制人造成的，实际控制人应对公司债务承担相应的民事责任。

②解散后恶意处置财产或骗取注销登记的责任：公司解散后，恶意处置公司财产给债权人造成损失，或未依法清算，以虚假的清算报告骗取注销登记的，清算义务人、实际控制人对公司债务承担相应赔偿责任。

③未经清算即办理注销登记的责任：公司未经清算就办理注销登记，导致无法清算，公司清算义务人和实际控制人应对公司债务承担清偿责任。

2．公司在清算期间的行为限制

（1）清算期间，公司不再从事新的经营活动，仅局限于清理公司已经发生但尚未了结的事务。

（2）清算期间，公司的代表机构为清算组。

（3）清算期间，公司财产在未按照法定程序清偿前，不得分配给股东。

3. 清算组

(1)清算组成立时间。当公司出现解散事由时(因公司合并或者分立需要解散的除外),公司应当在解散事由出现之日起15日内成立清算组。

(2)清算组的组成。

有限责任公司的清算组由股东组成,股份有限公司的清算组由董事或者股东大会确定的人员组成。

有下列情形之一,债权人申请人民法院指定清算组进行清算的,人民法院应予受理:

①公司解散逾期不成立清算组进行清算的;

②虽然成立清算组但故意拖延清算的;

③违法清算可能严重损害债权人或者股东利益的。

在上述第②种情况下,若债权人未提起清算申请,公司股东也可申请法院指定清算组。

人民法院组织清算的,应当在组成清算组之日起6个月内清算完毕,特殊情况可申请延长。

(3)清算组的职权。

①清理公司财产,分别编制资产负债表和财产清单;

②通知、公告债权人;

③处理与清算有关的公司未了结的业务;

④清缴所欠税款以及清算过程中产生的税款;

⑤清理债权、债务;

⑥处理公司清偿债务后的剩余财产;

⑦代表公司参与民事诉讼活动。

清算组成员故意或重大过失给公司或债权人造成损失的应当承担赔偿责任。

【例题40·多选题】(2017年)根据公司法律制度的规定,清算组在清算期间,可以行使的职权有( )。

A. 清理公司财产,分别编制资产负债表和财产清单

B. 处理公司清偿债务后的剩余财产

C. 代表公司参与民事诉讼

D. 通知、公告债权人

解析 ▶ 本题考核清算组的职权。上述四个选项均属于清算组的职权。 **答案** ▶ ABCD

4. 清算程序

(1)通知债权人。清算组应当自成立之日起10日内通知债权人,并于60日内在报纸上公告。债权人应当自接到通知书之日起30日内,未接到通知书的自公告之日起45日内,向清算组申报其债权。

(2)补充申报。债权人在规定的期限内未申报债权,在公司清算程序终结前补充申报的,清算组应予登记。债权人补充申报的债权,可以在公司尚未分配财产中依法清偿。

5. 清偿顺序

公司财产在分别支付清算费用、职工的工资、社会保险费和法定补偿金,缴纳所欠税款,清偿公司债务后的剩余财产,有限责任公司按照股东的出资比例分配,股份有限公司按照股东持有的股份比例分配。

清算组发现公司财产不足以清偿债务,应向法院申请宣告破产。

『**总结1**』关于股权、股份的比例要求,见表6-31。

表6-31 关于股权、股份的比例要求

具体事项	有限公司股权比例要求	股份公司持股比例要求
代表诉讼资格	全体股东都有资格	连续180日以上单独或合计持有1%以上股份
提议召开临时股东会	代表1/10以上表决权	单独或合计持有10%股份
召集主持股东会	代表1/10以上表决权	连续90日以上单独或者合计持有公司10%以上股份

具体事项	有限公司股权比例要求	股份公司持股比例要求
股东会临时提案权	—	单独或合计持有公司 3%以上股份
强制解散公司的诉讼	持有公司全部股东表决权 10%以上	

『总结2』关于通知和公告及债权申报期限，见表 6-32。

表 6-32　关于通知和公告及债权申报期限的总结

项目	通知或者公告期限		债权人要求担保、清偿、申报债权期限	
	通知	公告	接到通知的债权人	未接到通知的债权人
公司解散清算	10 日	60 日	30 日	45 日
合并、减少注册资本	10 日	30 日	30 日	45 日
分立	10 日	30 日	—	—

『总结3』有限责任公司与股份有限公司的区别，见表 6-33。

表 6-33　有限责任公司与股份有限公司的区别

区别点	有限公司	股份公司
性质	人合兼资合	资合
资本划分	不划分为等额股份，股东按出资额行使表决权	划分为等额股份，股东按持股比例行使表决权
知情权	股东有权查阅和复制：公司章程、股东会会议记录、董事会会议决议、监事会会议决议和财务会计报告。 股东有权查阅：会计账簿	股东有权查阅：公司章程、股东名册、公司债券存根、股东大会会议记录、董事会会议决议、监事会会议决议、财务会计报告
利润分配	按实缴出资比例分配，但全体股东约定不按实缴出资比例分配的除外	按持股比例分配，但公司章程可以规定不按持股比例分配利润
代表诉讼权	股东都有权	连续 180 日以上单独或合计持有 1%以上股份的股东才有权
设立方式	发起设立	发起设立或募集设立。 募集设立时，发起人认购至少 35%，且一次缴清
股东人数	50 人以下	股东人数不限；发起人 2-200 人，其中半数以上在中国境内有住所
出资方式	现金、实物、知识产权、土地使用权、其他依法可以货币计价并可以转让的财产权利	
章程制定	股东	发起人（募集设立须创立大会通过）

区别点		有限公司	股份公司
组织机构	股东会	股东会 提前 15 日通知 一般决议：公司章程规定 特别决议：全体股东所持表决权的 2/3 以上。 **特殊做法**：全体股东一致书面同意，可以不开会。 临时会议召开： ①代表 1/10 以上表决权股东提议； ②1/3 以上董事提议； ③监事会或不设监事会的监事提议。 注意：一人公司与国有独资公司没有股东会	股东大会 年会：提前 20 日通知； 临时会议：提前 15 日通知。 股东提案：单独或合计持股 3%以上股份的股东提前 10 天书面提交董事会。 一般决议：到会股东所持表决权的过半数 特别决议：到会股东所持表决权的 2/3 以上。 注意：不得对通知中没有列明的事项进行表决。 临时会议提议召开： ①董事人数不足法定人数或章程所定人数的 2/3； ②公司没有弥补的亏损达到实收股本总额 1/3； ③单独或合计持有 10%以上股份的股东提议； ④董事会提议； ⑤监事会提议
		召集和主持：董事会——监事会——股东自行（代表 1/10 以上表决权的股东）	召集和主持：董事会——监事会——股东自行（连续 90 日以上单独或合计持有 10%以上股份的股东）
	董事会	3-13 人 人数较少、规模较小的有限公司可以不设董事会，设一名执行董事	5-19 人 董事会的召开与表决：提前 10 天通知全体董事。全体董事过半数出席，全体董事过半数表决通过。 临时董事会召开： ①代表 1/10 以上表决权股东提议 ②1/3 以上董事提议 ③监事会提议 **特别注意**：上市公司的独立董事制度
	监事会	一般不少于 3 人；规模较小、人数较少的有限公司可以不设监事会，设 1-2 名监事。 国有独资公司，不少于 5 人。 本公司董事、高管不得兼任监事 每年开一次会	至少 3 人 本公司董事、高管不得兼任监事 每 6 个月开一次会
股权、股份转让		内部转让不受限制； 股东向股东以外的人转让必须经其他股东的过半数通过，提前 30 日通知，满 30 日不答复视为同意，不同意的股东应该购买，不购买的视为同意。 经股东同意转让的股权，其他股东同等条件下享有优先购买权。 股权被强制执行的：提前 20 日通知公司及全体股东，其他股东也有优先购买权	一般股东转让不受限制。但发起人、董监高等受以下限制： ①发起人持有的本公司股份，自公司成立之日起 1 年内不得转让。 ②公司公开发行股份前已经发行的股份，自公司上市之日起 1 年内不得转让。 ③公司董事、监事、高级管理人员，应当向公司申报所持有的本公司的股份及其变动情况，在任职期间每年转让的股份不得超过其所持有本公司股份总数的 25%；所持本公司股份自公司股票上市交易之日起 1 年内不得转让。上述人员离职后半年内，不得转让其所持有的本公司股份

区别点	有限公司	股份公司
股权、股份回购	有下列情形之一的，对股东会该项决议投反对票的股东可以请求公司按照合理的价格收购其股权： ①公司连续五年不向股东分配利润，而公司该五年连续盈利，并且符合本法规定的分配利润条件的； ②公司合并、分立、转让主要财产的； ③公司章程规定的营业期限届满或者章程规定的其他解散事由出现，股东会会议通过决议修改章程使公司存续的	公司不得收购本公司股份。但是，有下列情形之一的除外： ①减少公司注册资本； ②与持有本公司股份的其他公司合并； ③用于员工持股计划或者股权激励； ④股东因对股东大会作出的公司合并、分立决议持异议，要求公司收购其股份的。 ⑤将股份用于转换上市公司发行的可转换为股票的公司债券； ⑥上市公司为维护公司价值及股东权益所必需 公司不得接受本公司的股票作为质押权的标的

真题精练

一、单项选择题

1. (2019年)甲、乙拟共同投资设立丙公司，约定由乙担任法定代表人，在公司设立过程中，甲以丙公司名义与丁公司签订房屋租赁合同作为丙公司的办公场地，租金20万元，后丙公司设立失败，租金未付。对此，下列说法正确的是( )。
   - A. 由甲承担全部责任
   - B. 由甲、乙承担连带责任
   - C. 由乙承担全部责任
   - D. 由甲、乙依出资比例按份承担责任

2. (2019年)根据公司法律制度的规定，下列各项中有权制订公司年度财务预算、决算方案的是( )。
   - A. 总经理
   - B. 股东大会
   - C. 董事会
   - D. 监事会

3. (2018年)某有限责任公司有甲、乙两名股东，分别持有70%和30%的股权。2018年3月，乙发现，该公司基于股东会2017年2月作出的增资决议增加了注册资本，乙的持股比例被稀释。经查，该公司2017年2月并未召开股东会作出增资决议。根据公司法律制度的规定，如果乙拟提起诉讼推翻增资决议，其诉讼请求应当是( )。
   - A. 撤销决议
   - B. 确认决议不成立
   - C. 确认决议无效
   - D. 确认决议效力待定

4. (2018年)某有限责任公司的自然人股东甲死亡。公司章程对于股权继承无特别规定。根据公司法律制度的规定，甲的合法继承人享有的权利是( )。
   - A. 继承甲的股东资格，并享有全部股东权利
   - B. 继承甲的股东资格，但表决权受一定限制
   - C. 继承甲所持股权的财产利益，但不得继承股东资格
   - D. 继承甲所持股权的财产利益，但继承股东资格须经其他股东过半数通过

5. (2018年)根据公司法律制度的规定，股份有限公司发起人持有的本公司股份，自公司成立之日起一定期限内不得转让。该期限是( )。
   - A. 1年
   - B. 2年
   - C. 6个月
   - D. 3年

6. (2017年)根据公司法律制度的规定，股份有限公司以超过股票票面金额的价格发行股份所得的溢价款，应当列为( )。
   - A. 盈余公积金
   - B. 未分配利润

C. 法定公益金　　D. 资本公积金

7. （2016年）某有限责任公司有甲、乙、丙三名股东。甲、乙各持8%的股权，丙持84%的股权。丙任执行董事，乙任监事。甲发现丙将公司资产以极低价格转让给其妻开办的公司，严重损害了本公司利益，遂书面请求乙对丙提起诉讼。乙碍于情面予以拒绝。根据公司法律制度的规定，下列表述中，正确的是（　　）。

A. 甲可以提议召开临时股东会，要求丙对相关事项作出说明

B. 甲可以请求公司以合理价格收购其股权，从而退出公司

C. 甲可以以公司内部监督机制失灵、公司和股东利益严重受损为由，请求人民法院判决解散公司

D. 甲可以以自己的名义对丙提起诉讼，要求其赔偿公司损失

8. （2016年）某股份有限公司于2016年3月7日首次公开发行股份并在上海证券交易所上市交易。2016年4月8日，该公司召开股东大会，拟审议有关董事、高级管理人员（简称"高管"）持股事项的议案中包含下列内容。其中，符合公司法律制度规定的是（　　）。

A. 董事、高管离职后半年内，不得转让其所持有的本公司股份

B. 董事、高管在任职期间，每年转让的股份不得超过其所持本公司股份总数的50%

C. 董事、高管持有的本公司股份，自决议通过之日起3个月后可以内部自由转让

D. 董事、高管持有的本公司股份，自决议通过之日起6个月后可以对外自由转让

9. （2015年）股份有限公司召开股东大会年会时应当提前将财务会计报告置备于公司。根据公司法律制度的规定。该提前的日期是（　　）。

A. 20日　　　　　B. 10日
C. 30日　　　　　D. 50日

10. （2015年）李某为甲股份公司的董事长。

赵某为乙股份公司的董事长。甲公司持有乙公司60%的股份。甲、乙公司的下列行为中，公司法不予禁止的是（　　）。

A. 乙公司向李某提供200万元购房借款

B. 甲公司向赵某提供200万元购房借款

C. 甲公司向李某提供200万元购房借款

D. 乙公司向赵某提供200万元购房借款

11. （2015年）某有限公司共有股东3人，根据公司法律制度的规定，下列各项中，该公司必须设置的是（　　）。

A. 董事会　　　　B. 股东会
C. 监事会　　　　D. 经理

12. （2015年）甲和乙成立有限责任公司，甲认购出资4万元，乙认购出资2万元，一年后公司利润为9万元，甲实缴1万元，乙缴足出资，设立公司时未约定利润分配方式，根据公司法律制度的规定，甲分配的利润是（　　）。

A. 6万元　　　　B. 3万元
C. 4.5万元　　　D. 9.5万元

二、多项选择题

1. （2018年）根据公司法律制度的规定，下列各项中，属于有限责任公司股东义务的有（　　）。

A. 经营管理公司的义务

B. 善意行使股权的义务

C. 出资义务

D. 公司出现解散事由后，组织清算的义务

2. （2018年）根据公司法律制度的规定，下列各项中，应当由上市公司股东大会作出决议的有（　　）。

A. 公司对外担保总额超过最近一期经审计总资产的30%以后提供的担保

B. 为资产负债率超过70%的非关联方提供的担保

C. 公司对外担保总额达到最近一期经审计净资产的50%以后提供的担保

D. 为公司实际控制人及其关联方提供的担保

3. （2017年）甲有限责任公司未设董事会，股

东乙为执行董事。根据公司法律制度的规定，在公司章程无特别规定的情形下，乙可以行使的职权有( )。

A. 决定公司的投资计划

B. 召集股东会会议

C. 决定公司的利润分配方案

D. 决定聘任公司经理

4. (2016 年)根据公司法律制度的规定，股份有限公司的下列文件中，股东有权查阅的有( )。

A. 公司会计账簿

B. 董事会会议决议

C. 股东名册

D. 公司债券存根

5. (2015 年)根据公司法律制度的规定，下列各项中，有权提议召开临时股东大会的

有( )。

A. 代表 1/10 以上表决权的股东

B. 董事长

C. 1/3 的董事

D. 监事会

6. (2015 年)根据公司法律制度的规定，下列各项中，应当在提取法定公积金之前实施的有( )。

A. 向股东分配利润

B. 缴纳企业所得税

C. 提取任意公积金

D. 弥补以前年度亏损

『说明』 本章一般与证券法结合考一个综合性案例分析题，主要的设问在证券法部分，因此案例分析题真题请见证券法一章。

真题精练答案及解析

一、单项选择题

1. B 【解析】本题考核公司设立阶段的合同之债。根据规定，发起人以公司名义为设立公司之目的与他人签订合同，公司设立失败，发起人为数人的，承担连带债务。

2. C 【解析】本题考核董事会的职权。董事会是制订公司的年度财务预算方案、决算方案；股东会是审议批准公司的年度财务预算方案、决算方案。

3. B 【解析】本题考核决议不成立之诉。股东会或者股东大会、董事会决议存在下列情形之一，当事人主张决议不成立的，人民法院应当予以支持：(1)公司未召开会议的，但依据《公司法》第 37 条第 2 款或者公司章程规定可以不召开股东会或者股东大会而直接作出决定，并由全体股东在决定文件上签名、盖章的除外；(2)会议未对决议事项进行表决的；(3)出席会议的人数或者股东所持表决权不符合公司法或者公司章程规定的；(4)会议的表决结果未达到公司法或者公司章程规定的通过

比例的；(5)导致决议不成立的其他情形。

4. A 【解析】本题考核有限责任公司的股权转移——股权继承规则。自然人股东死亡后，其合法继承人可以直接继承股东资格；但是，公司章程另有规定的除外。

5. A 【解析】本题考核股份转让的限制。发起人持有的本公司股份，自公司成立之日起一年内不得转让。

6. D 【解析】本题考核利润分配。资本公积金是直接由资本原因形成的公积金，股份有限公司以超过股票票面金额的发行价格发行股份所得的溢价款以及国务院财政部门规定列入资本公积金的其他收入，应当列为公司资本公积金。

7. D 【解析】本题考核股东诉讼。有限责任公司代表 1/10 以上表决权的股东、1/3 以上的董事、监事会或者不设监事会的公司的监事提议召开临时股东会，甲持股 8%不满足提起临时股东会条件，选项 A 错误。有限责任公司异议股东股份请求回购权，股东在出现以下情形之一，对股东会

决议投反对票的，可以请求公司按合理价格收购其股权，退出公司：(1)公司连续5年不向股东分配利润，而公司该5年连续盈利，并且符合公司法规定的分配利润条件的；(2)公司合并、分立、转让主要财产的；(3)公司章程规定的营业期限届满或者章程规定的其他解散事由出现，股东会会议通过决议修改章程使公司存续的。故甲不符合异议股东请求回购的条件，选项B错误。公司经营管理发生严重困难，继续存续会使股东利益受到重大损失，通过其他途径不能解决的，持有公司全部股东表决权10%以上的股东，可以请求人民法院解散公司。甲持股8%不满足条件，选项C错误。

8. A 【解析】本题考核股份转让的限制。根据规定，公司的董事、监事、高管人员应当向公司申报所持有的本公司的股份及其变动情况，在任职期间每年转让的股份不得超过其所持有本公司股份总数的25%；所持本公司股份自公司股票上市交易之日起1年内不得转让，选项BCD错误。

9. A 【解析】本题考核公司的财务会计。

10. B 【解析】本题考核公司借款的限制。公司不得直接或者通过子公司向董事、监事、高级管理人员提供借款。本题中，甲公司不得向李某或者通过乙公司向李某提供借款，所以选项AC是公司法禁止的。乙公司不得向赵某提供借款，所以选项D是公司法禁止的。

11. B 【解析】本题考核有限责任公司的组织机构。股东人数较少或者规模较小的有限责任公司，可以设一名执行董事，不设董事会。股东人数较少或者规模较小的有限责任公司，可以设一至二名监事，不设监事会。有限责任公司可以设经理。题目中不是一人有限责任公司，所以股东会是必设的。

12. B 【解析】本题考核有限责任公司的利润分配。有限责任公司的股东按照实缴的出资比例分取红利，但是，全体股东可以事先约定不按照出资比例分取红利。本题中，公司未事先约定，则按照实缴出资比例，甲可以分得(1/3)×9=3(万元)。

二、多项选择题

1. BCD 【解析】本题考核股东义务。股东义务主要有三个方面：第一，是出资义务，即按照法律和公司章程的规定，向公司按期足额缴纳出资。第二，是善意行使股权的义务，即股东不得滥用其权利。第三，是公司出现解散事由后，股东有组织清算的义务。

2. ABCD 【解析】本题考核上市公司股东大会。上市公司股东大会审议批准下列对外担保行为：(1)本公司及本公司控股子公司的对外担保总额，达到或超过最近一期经审计净资产的50%以后提供的任何担保；(2)公司的对外担保总额，达到或超过最近一期经审计总资产的30%以后提供的任何担保；(3)为资产负债率超过70%的担保对象提供的担保；(4)单笔担保额超过最近一期经审计净资产10%的担保；(5)对股东、实际控制人及其关联方提供的担保。

3. BD 【解析】本题考核董事会的职权。决定公司的"经营计划"和"投资方案"属于董事会的职权，决定公司的"经营方针"和"投资计划"属于股东会的职权，选项A错误；审议批准公司的利润分配方案属于股东会的职权，选项C错误。

4. BCD 【解析】本题考核股东查阅权。股份有限公司股东有权查阅公司章程、股东名册、债券存根、股东大会会议记录、董事会会议决议、监事会会议决议、财务会计报告。

5. AD 【解析】本题考核临时股东大会的召开。有下列情形之一，应当在两个月内召开临时股东大会：(1)董事人数不足《公司法》规定人数或公司章程所定人数的2/3

时；(2)公司未弥补的亏损达实收股本总额1/3时；(3)单独或者合计持有公司10%以上股份的股东请求时（选项A正确）；(4)董事会认为必要时；(5)监事会提议召开时（选项D正确）；(6)公司章程规定的其他情形。

6. BD 【解析】本题考核公司的利润分配顺序。根据规定，公司应当按照下列顺序进行利润分配：(1)弥补以前年度的亏损，但不得超过税法规定的弥补期限；(2)缴纳所得税；(3)弥补在税前利润弥补亏损之后仍存在的亏损；(4)提取法定公积金；(5)提取任意公积金；(6)向股东分配利润。所以在提取法定公积金之前实施的有选项BD。

同步训练 限时102分钟

一、单项选择题

1. 甲、乙、丙三人拟设立A有限责任公司，公司设立阶段，发生了以下事项：发起人甲以自己的名义与B公司签订了房屋租赁合同，约定租赁B公司办公房屋一幢，月租金5万元。发起人乙在查看办公室装修情况时，不慎掉落装修材料，砸伤路人张某。A公司成立后入住了该办公房屋并正常经营，但A公司和甲均未支付B公司相应的租金，同时，张某要求乙和A公司赔偿自己的医疗费。关于此案，下列说法正确的是（　）。

A. B公司只能要求甲支付租金

B. B公司可以要求甲、乙、丙对租金承担连带责任

C. 张某可以要求甲、乙、丙对自己的医疗费损失承担连带责任

D. 张某要求A公司赔偿医疗费，人民法院应予支持

2. 甲、乙、丙三家公司和自然人丁共同出资设立A有限责任公司，甲、乙、丙、丁的下列非货币财产出资中，符合公司法律制度规定的是（　）。

A. 甲公司以其商誉作价50万元出资

B. 乙公司以其特许经营权作价50万元出资

C. 丙公司以其非专利技术作价60万元出资

D. 丁以其管理公司的劳务作价20万元出资

3. 2014年2月1日，甲、乙、丙投资设立一个有限责任公司。章程约定甲、乙、丙在公司设立时各自投资100万元，其中，丙未在规定的期限内缴足出资，甲、乙也一直没有要求丙补足出资。2018年6月1日，该公司的债权人丁要求丙对公司不能清偿的债务承担责任。根据公司法律制度规定，下列说法中正确的是（　）。

A. 丙可以以自己补足出资的义务已经过诉讼时效为由进行抗辩

B. 公司有权要求丙缴纳出资

C. 甲、乙对丙不按照规定缴纳出资不承担责任

D. 债权人丁不能要求丙对公司不能清偿的债务承担责任

4. 杨某与宋某签订一份协议，约定由杨某实际出资100万元并享有投资权益，而宋某为名义股东。合同不存在法律规定的无效情形，但杨某尚有20万元出资未缴清。到年终，公司分红，杨某要求宋某把分得的利润给自己；宋某见该投资有利可图，于是向法院提起诉讼主张二者之间的合同无效；杨某认为宋某不再适合做名义股东，要求自己行使在公司中的股东权益。第二年，公司亏损，欠崔某货款未付，崔某查知宋某名下尚有20万元出资未缴清，于是要求宋某承担清偿责任。下列说法中符合法律规定的是（　）。

A. 人民法院应当认定杨某与宋某之间的合同无效

B. 若杨某以其实际履行了出资义务为由主张获得公司利润，法院应予支持

C. 杨某要求自己行使在公司中的股东权益，法院应当支持

D. 宋某可以以自己仅为名义股东为由拒绝崔某清偿货款的要求

5. 甲有限责任公司章程没有规定利润分配的时间，股东会作出了分配利润的决议，内容为决议作出之日起18个月内按实缴出资比例内分配利润100万元，则甲公司应当在（　　）内完成利润分配。

A. 3个月　　　　　　B. 6个月

C. 1年　　　　　　　D. 18个月

6. 甲公司拟补选一名董事，根据公司法律制度的规定，下列人选中，能够被选为公司董事的是（　　）。

A. 刘某，因贪污被判处有期徒刑5年，3年前执行期满

B. 黄某，曾任某公司经理，2年前该公司因地震导致资产损失过大而破产

C. 王某，曾任某公司法定代表人，1年前该公司因违法经营而被吊销营业执照，王某对此负有责任

D. 李某，现任甲公司监事

7. 甲公司主要经营木地板加工业务，刘某系该公司的董事。任职期间，刘某利用职务便利将丙公司委托的一单木地板加工业务转给亲戚开的乙公司，并从中获得一笔报酬。甲公司董事长得知以后，表示异议。对此，下列表述正确的是（　　）。

A. 刘某的行为与甲公司无关，甲公司无权提出异议

B. 应当宣告丙公司与乙公司的木地板加工合同无效，转由甲公司负责加工

C. 刘某的行为违反忠实义务，其获得的报酬应当归甲公司所有

D. 刘某的行为违反勤勉义务，甲公司可依法定程序罢免刘某

8. 甲股份公司股本总额1亿股，公司1月5日通知全体股东，于1月10日召开临时股东大会，出席会议的股东持有6000万股，其中持股3500万股的股东表决通过：因公司前期亏损，增资发行股份1000万股。事后，公司公告临时股东大会决议：补选张某为董事并增资发行1000万股。对上述决议，下列说法中正确的是（　　）。

A. 补选张某为董事的决议无效，因为股东大会未对该项决议进行表决

B. 补选张某为董事的决议不成立，因为本次股东大会未提前15天通知到全体股东

C. 增资发行的决议不成立，因为股东大会表决时未达到出席会议股东所持表决权的2/3以上

D. 增资发行的决议无效，因不符合公司增资发行的条件

9. 某有限责任公司股东甲、乙、丙、丁分别持有公司5%、20%、35%和40%的股权，该公司章程未对股东行使表决权及股东会决议方式作出规定。下列关于该公司股东会会议召开及决议作出的表述中，符合《公司法》规定的是（　　）。

A. 甲可以提议召开股东会临时会议

B. 若甲、乙、丙同意，股东会可以作出与其他公司合并的决议

C. 只要丙和丁表示同意，股东会即可作出增加公司注册资本的决议

D. 只要乙和丁表示同意，股东会即可作出变更公司形式的决议

10. 某有限公司召开董事会会议，下列选项中，不符合《公司法》规定的是（　　）。

A. 通过决议，由董事甲担任公司经理

B. 通过了公司有关员工考勤的管理规定

C. 通过了给全体董事和高级管理人员涨工资10%的决议

D. 通过了公司下半年的投资方案

11. 下列关于某有限公司监事会，说法正确的是（　　）。

A. 监事会人数较少的，不需要有职工

代表

B. 监事任期每届 3 年

C. 监事会每年至少开两次会

D. 监事会表决应当经过半数监事通过

12. 甲、乙、丙、丁共同出资设立一有限责任公司，公司章程未对股权转让和继承作出规定。下列涉及股权转让的事项，不符合公司法规定的是( )。

A. 若甲拟将股权转让给戊，乙表示同意，丙表示反对，丁自接到书面通知之日起满 30 日未答复，则甲可以将股权转让给戊

B. 若乙的股权被法院强制执行，法院应当提前 30 日通知公司及全体股东，甲、丙、丁可以主张同等条件下的优先购买权

C. 若丙将股权转让给戊，甲、乙均同意，丙出国近一年未接到丁的通知，则丙在股权变更登记之日起一年内仍可以主张以同等条件购买该转让的股权

D. 若丁不幸车祸去世，则丁的继承人可以继承丁的股东资格

13. 某有限责任公司有甲、乙、丙、丁、戊五名股东。甲拥有 20% 的股权，乙拥有 50% 的股权，丙、丁、戊各拥有 10% 的股权。甲的儿子考上研究生后，为奖赏儿子，甲决定把其拥有的公司股权中的一半送给儿子。若甲的儿子合法取得其父亲赠与的股权，须满足的条件是( )。

A. 甲有权自主决定，无需征得其他股东的同意

B. 需得到控股股东乙的同意即可

C. 需得到乙、丙、丁、戊四位股东中的任意三位同意即可

D. 需得到乙、丙、丁、戊四位股东中的任意二位同意即可

14. 甲有限责任公司拟变更为乙股份有限公司，下列说法中，不正确的是( )。

A. 甲公司应当召开股东会，并获全体股东所持表决权的 2/3 以上通过

B. 甲公司在变更为乙公司时，可以增加注册资本

C. 甲公司在变更为乙公司时，折合的股本总额不得高于公司净资产额

D. 乙公司无需承担甲公司的债务

15. 几家企业拟采用发起设立方式设立一家股份有限公司，法律顾问提供的下列法律意见中，正确的是( )。

A. 发起人的人数至少为 5 人

B. 须有半数以上的发起人是中国人

C. 发起人在公司设立时应当缴足全部股款

D. 发起人应当负责制定公司章程

16. 根据公司法律制度的规定，下列各项中，属于股份有限公司股东大会行使的职权是( )。

A. 选举和更换公司的全部监事

B. 对公司分配利润作出决议

C. 制定公司财务预算方案

D. 决定公司内部管理机构的设置

17. 根据公司法律制度的规定，下列有关股份有限公司监事会组成和会议制度的表述中，符合规定的是( )。

A. 监事会成员中职工代表的比例不得低于 1/3

B. 监事会成员任期为 3 年，不得连选连任

C. 监事会每年至少召开一次会议

D. 监事会可以罢免有违法行为的董事和高级管理人员

18. 甲、乙、丙、丁拟任 A 上市公司独立董事。根据上市公司独立董事制度的规定，可以担任独立董事的是( )。

A. 甲，其妻半年前卸任 A 公司之附属企业 B 公司总经理之职

B. 乙，1 年前卸任 C 公司副董事长之职，C 公司持有 A 公司已发行股份的 7%

C. 丙，正在担任 A 公司的法律顾问

D. 丁，持有 A 公司已发行股份 2%

19. 甲上市公司的董事会成员为 12 人，其中

张某和李某为甲公司的股东乙公司派出的董事。公司经营一段时间后，甲公司拟与乙公司进行资产置换，下列有关甲公司董事会对此交易进行表决程序的情况中，可以通过该事项的是( )。

A. 全体董事出席会议，其中包括张某和李某在内的 7 人同意

B. 包括张某和李某在内的 7 人出席会议，张某和李某自己未参与表决，但董事吴某委托张某代为表决，共 6 人同意

C. 张某未出席会议，包括李某在内的董事 7 人出席会议，其余 6 人同意

D. 张某和李某未出席会议，其余董事 9 人出席，其中 5 人同意

20. 下列有关上市公司独立董事的说法，符合公司法律制度规定的是( )。

A. 2/3 以上董事联名可以提议上市公司独立董事的人选

B. 独立董事连续 3 次未亲自出席董事会会议的，由董事会予以撤换

C. 独立董事的连任时间不得超过 6 年

D. 独立董事在任期届满前不得辞职

21. 甲公司的注册资本是 5000 万元，甲公司的公司章程未对优先股股东的表决权作出任何规定，下列情形中，优先股股东享有表决权的是( )。

A. 累计减少公司注册资本 500 万元

B. 甲公司再次发行优先股

C. 甲公司为实际控制人提供担保

D. 甲公司发行公司债券

22. 甲公司于 2013 年 3 月 1 日成立，张某、王某、李某是甲公司的发起人，同时分别是甲公司的董事长、监事和总经理。2018 年 3 月 1 日，甲公司在上海证交所上市，下列有关甲公司股票转让事项中，符合公司法律制度规定的是( )。

A. 2014 年 1 月 25 日，张某将自己持有的部分股份转让给朋友吴某

B. 甲公司 2019 年年报公告 30 日前，张某售出所持有的甲公司 1% 的股票

C. 2019 年 1 月 20 日，王某将自己持有的股份全部卖出

D. 2019 年 8 月 1 日，李某辞去总经理职务，当年 12 月 10 日，将自己持有的甲公司股份售出 10%

23. 下列甲股份有限公司的股票于 2017 年 3 月 1 日在上海证券交易所上市交易，下列关于甲公司股份回购事项的做法，不符合公司法律制度规定的是( )。

A. 甲公司拟减资 1000 万元，购回发行在外的相应股份，并于购回后第 5 日注销

B. 甲公司拟与乙公司合并，将乙公司持有的甲公司股份购回，并于购回后第 5 个月注销

C. 甲公司拟将股份用于转换可转换为股票的公司债券，通过协议方式向大股东购回不超过已发行股份 5% 的股份

D. 甲公司因维护公司价值及股东权益，经股东大会决议购回不超过已发行股份 10% 的股份

24. 某有限责任公司注册资本为人民币 1000 万元，2019 年税后利润为 200 万元，累计已提取法定公积金 350 万元。根据规定，该公司当年法定公积金应提取的数额为( )。

A. 可不再提取

B. 20 万元

C. 30 万元

D. 60 万元

25. 根据公司法律制度规定，下列关于公司财务会计的表述中，正确的是( )。

A. 有限责任公司的财务会计报告由股东会编制，股份公司的财务会计报告由董事会编制

B. 股份公司的财务会计报告需在股东大会年会召开 15 日前置备于公司

C. 公司的利润在提取法定公积金之后才能用于弥补以前年度的亏损

D. 公司持有本公司的股份不分配利润

26. 甲公司拟分立为乙公司和丙公司，甲公

司解散，甲公司原欠债权人 A 公司 100 万元，分立时乙公司和丙公司达成协议，该债务由乙公司清偿。关于甲公司的分立，下列选项中符合公司法律制度规定的是( )。

A. 甲公司应当在作出分立决议之日起 10 日内通知 A 公司，A 公司在接到分立通知书后 30 日内，可要求甲公司清偿债务或提供相应的担保

B. 乙公司和丙公司之间关于债务清偿的协议无效

C. A 公司可向分立后的乙公司与丙公司主张连带清偿责任

D. 甲公司必须进行清算，并办理注销登记

27. 2017 年 5 月 1 日，甲有限责任公司股东会决定解散该公司(非因公司合并和分立而解散)，并自行清算，下列行为中，违反公司法律制度规定的是( )。

A. 公司在 2017 年 5 月 15 日成立了清算组，清算组由三名股东组成

B. 清算期间由清算组代表公司

C. 清算期间，甲公司承接了一份新的订单

D. 在清理公司财产过程中，清算组发现公司财产只能清偿 60% 的债务，随即向人民法院申请宣告破产

二、多项选择题

1. 甲、乙、丙、丁作为发起人发起设立 A 股份有限公司，公司章程规定股东的出资一次缴清。其中甲以车辆出资，作价 100 万元，车辆登记给 A 公司，但尚未交付给 A 公司使用。乙以自有的厂房出资，已投入使用，但厂房尚未办理过户。丙以借用 B 企业的设备出资，丁挪用 C 企业货币出资，后来丁被司法部门采取强制措施。对丙、丁用于出资的财产状况，甲乙均不知情。关于该情形，下列说法正确的有( )。

A. 甲应当将车辆交付给 A 公司，否则认

定甲未履行出资义务

B. 乙应当在合理期间内将厂房过户登记给 A 公司，但可以主张自产房交付 A 公司使用时享有股东权利

C. 丙借用设备出资，该设备应当返还给 B 企业

D. 丁用违法所得货币出资，货币应当返还给 C 企业

2. 下列情形属于抽逃出资的有( )。

A. 股东甲向垫资机构借款出资，公司从验资账户取出返还给垫资机构

B. 股东乙虚构对公司的债权，从公司账户取走一笔款项

C. 股东丙要求财务做假账，虚增利润，分取红利 5 万元

D. 股东丁出售给公司一批原材料，从公司获取现金 5 万元

3. 张某是甲有限责任公司的小股东，下列各项中，张某可以查阅和复制的有( )。

A. 公司章程

B. 股东会会议记录、董事会会议决议、监事会会议决议

C. 公司会计账簿

D. 公司财务会计报告

4. 张某是某股份有限公司的发起人股东，公司成立三年多来，张某在该股份公司中一直保持 8% 的股份，下列关于其在公司中的股东权利，表述正确的有( )。

A. 张某有自行召集和主持股东大会的资格

B. 张某有权提出股东大会临时提案

C. 张某有依法提起股东代表诉讼的资格

D. 张某有请求人民法院司法解散公司的资格

5. 大华有限公司股东甲、乙、丙、丁要求查阅公司会计账簿，公司可以拒绝查阅的理由有( )。

A. 甲参与其他公司的业务与本公司主营业务有实质性竞争关系

B. 乙要求查阅公司会计账簿，是为了向他

人通报有关信息，损害公司利益

C. 丙在向公司提出查阅请求之日前的三年内，曾通过查阅公司会计账簿，向他人通报有关信息损害公司合法利益

D. 丁没有书面提出查阅请求

6. 下列关于有限责任公司和股份有限公司表决权比例与利润分配比例的说法中，正确的有( )。

A. 有限责任公司按照股东实缴的出资比例分配，但全体股东约定不按照出资比例分配的除外

B. 股份有限公司按照股东持有的股份比例分配，但股份有限公司章程规定不按持股比例分配的除外

C. 有限责任公司股东会由股东按照出资比例行使表决权，但公司章程另有规定的除外

D. 股份有限公司股东出席股东大会会议，所持每一股份有一表决权。但公司持有的本公司股份没有表决权

7. 甲是一个有限责任公司，公司股东会和董事会作出的各项决议中，可撤销的有( )。

A. 股东会的决议内容违反法律规定

B. 股东会的决议内容违反公司章程

C. 董事会的会议程序违反法律规定

D. 董事会决议的内容违反公司章程

8. A股份有限公司小股东张某、不持有公司股份的职工监事李某拟请求法院对公司股东大会作出的一项决议宣告无效或撤销，下列关于该诉讼说法正确的有( )。

A. 张某若请求法院宣告该决议无效，应以A公司为被告

B. 张某若请求法院宣告该决议无效，应自决议作出之日起60日内提出

C. 张某若请求法院撤销该决议，应以同意该决议的股东为被告

D. 李某无权请求法院撤销该决议

9. 乙有限责任公司不设监事会，只设了一名监事甲。甲的下列做法中，符合公司法律

制度规定的有( )。

A. 提议召开临时股东会会议

B. 制订公司的年度财务预算方案，提交股东会讨论

C. 制订公司分立的方案，提交股东会讨论

D. 向股东会提议罢免违反公司章程的董事职务

10. 刘某出资12万元设立了一个一人有限责任公司。公司存续期间，刘某的下列行为中，符合公司法律制度规定的有( )。

A. 决定由其本人担任公司经理和法定代表人

B. 决定用公司盈利再投资设立另一个一人有限责任公司

C. 决定减少注册资本5万元

D. 决定不编制财务会计报告

11. 下列有关某国有独资公司的表述中，符合法律规定的有( )。

A. 该国有独资公司章程可以由公司董事会制订，并报经国有资产监督管理机构批准

B. 该国有独资公司设立董事会，董事会成员全部由某国有资产监督管理机构委派

C. 该国有独资公司的董事长由全体董事过半数选举产生

D. 该国有独资公司监事会成员5人，其中有2名职工代表

12. 某有限责任公司关于股东资格解除与认定的下列做法中，符合公司法律制度规定的有( )。

A. 股东甲未依照章程规定缴纳出资，董事会通过决议解除其股东资格

B. 股东乙病故后，其妻作为合法继承人要求继承股东资格，公司依章程中关于股东资格不得继承的规定予以拒绝

C. 股东丙抽逃部分出资，股东会通过决议解除其股东资格

D. 实际出资人丁请求公司解除名义股东戊的股东资格，并将自己登记为股东，

因未获公司其他股东半数以上同意，公司予以拒绝

13. 某有限责任公司中，对下列股东会决议投反对票的股东，可以请求公司按照合理的价格收购其股权的有(　　)。

A. 公司连续 5 年盈利，且符合法定的分配利润条件，但连续 5 年股东会会议决议不向股东分配利润

B. 股东会会议决议与其他公司合并

C. 股东会会议决议为公司股东或者实际控制人提供担保

D. 股东会会议决议转让主要财产

14. 甲、乙、丙拟作为发起人以募集设立方式设立股份有限公司。下列说法中，符合公司法律制度规定的有(　　)。

A. 甲、乙、丙认购股份至少要达到股份总数的 35%

B. 全部股款应当在公司设立时一次缴清

C. 股权募足后应当召开创立大会并作出设立公司的决议

D. 若股款未按期募足，甲、乙、丙应当承担返还其他投资人股款本金并加算银行同期利息的责任

15. 根据公司法律制度的规定，股份有限公司出现下列情形，应当在 2 个月内召开临时股东大会的有(　　)。

A. 公司董事会原有成员 9 人，现只剩下 5 人

B. 公司未弥补的亏损达到注册资本的 1/3

C. 持有公司股份 10% 以上的股东请求

D. 监事会提议召开

16. 下列选项中，经过上市公司股东大会出席会议股东所持表决权的 2/3 以上才能通过的事项有(　　)。

A. 公司对外担保总额达到或超过最近一期经审计净资产 50% 以后的担保

B. 为控股股东提供担保

C. 修改公司章程

D. 1 年内购买、出售重大资产或担保金额超过公司资产总额 30%

17. 根据《公司法》的相关规定，下列各项中属于独立董事的特别职权的有(　　)。

A. 在股东大会召开前公开向股东征集投票权

B. 独立聘请外部审计机构

C. 向董事会提请召开临时股东大会

D. 提议召开董事会

18. 根据中国证监会的有关规定，上市公司的下列事项中，独立董事应当发表独立意见的有(　　)。

A. 公司董事和监事的任免

B. 公司总经理的解聘

C. 公司董事会秘书的薪酬

D. 公司内部管理机构的设置

19. 某股份有限公司公司章程对收购自身股份用于员工持股计划没有特别规定，关于该公司收购自身股份奖励给职工的表述中，不符合公司法律制度规定的有(　　)。

A. 经股东大会决议或股东大会授权经 2/3 以上董事出席的董事会会议决议

B. 收购比例不得超过本公司已发行股份总额的 5%

C. 用于收购的资金应当从公司的资本公积金中支付

D. 所收购的股份应当在 1 年内转让给职工

20. 下列关于有限责任公司与股份有限公司的表述中，不符合公司法律制度规定的有(　　)。

A. 有限公司股东对外转让股权受限制，股份公司股东对外转让股权不受任何限制

B. 有限公司可以不设董事会，股份公司必设董事会

C. 两种公司股东(大)会对一般决议的表决方式可由公司章程自行确定，通过特别决议则必须经过出席股东(大)会的股东所持表决权的 2/3 以上同意

D. 有限公司无需公开披露财务会计报告，股份公司必须公开披露财务会计报告

21. 下列有关公司公积金的表述中，正确的有（　　）。
    A. 公司的资本公积金不得用于弥补亏损
    B. 资本公积金和盈余公积金都可用于转增资本
    C. 法定公积金的提取比例为20%
    D. 公司利润中提取法定公积金之后还可以提取任意公积金

22. 下列各项中，属于公司章程可以自行规定的权利有（　　）。
    A. 有限责任公司股东可以不按照出资比例行使表决权
    B. 有限责任公司自然人股东的股权继承可以排除
    C. 股份公司可以不按照出资比例分红
    D. 公司以法定公积金转增资本留存额的限制可以以章程来限制

23. 下列各项中，属于可以提请法院强制解散公司的有（　　）。
    A. 甲公司连续3年严重亏损，已濒临破产
    B. 乙公司由大股东控制，连续4年不分配利润
    C. 丙公司股东之间发生矛盾，持续3年无法召开股东会，经营管理发生严重困难
    D. 丁公司董事长期不合，公司无法正常运行，且无法通过股东会解决

24. 下列关于公司清算期间，清算组的职权说法正确的有（　　）。
    A. 处理与清算有关的公司未了结的业务
    B. 以自己的名义代表公司进行民事诉讼
    C. 清理公司的债权债务
    D. 处理公司清偿债务后的剩余财产

三、案例分析题

1. 赵某担任甲上市公司总经理，并持有该公司股票10万股。钱某为甲公司董事长兼法定代表人。

2019年7月1日，钱某召集甲公司董事会，9名董事中有4人出席，另有1名董事孙某因故未能出席，书面委托钱某代为出席投票；赵某列席会议。会上，经钱某提议，出席董事会的全体董事通过决议，从即日起免除赵某总经理职务。赵某向董事会抗议称：公司无正当理由不应当解除其职务，且董事会实际出席人数未过半数，董事会决议无效。公司于次日公布了董事会关于免除赵某职务的决定。12月20日，赵某卖出所持的2万股甲公司股票。

小股东刘某自2019年1月起连续购入甲公司股份，2月末持股达到2%。2019年12月23日，刘某向证监会书面举报：（1）甲公司的子公司乙公司曾向甲公司全体董事提供低息借款，用于个人购房；（2）2019年4月1日，公司召开董事会通过决议，为母公司丙公司向银行借款提供担保；（3）2019年5月，公司临时股东大会曾表决向母公司丙公司购买价值1000万元的设备，事实上该设备仅价值500万元，该决议是丙公司委派管理甲公司的钱某一手操纵的，钱某应当为此承担责任，但钱某以该事项已经股东大会表决通过为由抗辩。刘某书面请求监事会起诉钱某，监事会也以经股东大会表决通过为由拒绝。刘某遂直接向法院提起诉讼。

要求：根据上述内容，分别回答下列问题。

(1)2019年7月1日甲公司董事会的出席人数是否符合规定？并说明理由。

(2)甲公司董事会能否在无正当理由的情况下解除赵某的总经理职务？并说明理由。

(3)2019年12月20日赵某卖出所持甲公司2万股股票的行为是否合法？并说明理由。

(4)乙公司向甲公司的所有董事提供低息借款购房的行为是否合法？并说明理由。

（5）2019年4月1日甲公司董事会通过的为丙公司提供担保的决议是否合法？并说明理由。

（6）对刘某提起的诉讼，法院是否应予支持？钱某的抗辩理由是否成立？并说明理由。

2. 2016年12月1日，甲、乙、丙、丁共同出资设立了A有限责任公司（下称"A公司"），出资比例分别为50%、20%、20%和10%，公司章程规定公司分配利润应自决议作出之日起1个月内分配完毕。公司未设董事会，仅设丙为执行董事。2017年9月8日，甲与戊订立合同，约定将其所持有的全部股权以20万元的价格转让给戊。甲于同日分别向乙、丙、丁发出拟转让股权给戊的通知书。乙、丙分别于9月20日和9月24日回复同意转让，但均要求在同等条件下优先购买甲所持公司全部股权。

戊在对公司进行调查的过程中，发现乙在公司设立时以机器设备折合30万元用于出资，而该机器设备当时的实际价值仅为10万元。

2017年10月，丙未与其他股东商议作出两项决定：第一，聘请李某担任公司总经理；第二，给自己涨工资10%。2017年11月，A公司股东会决议：第一，同意李某以其获得的某项特许经营权作价10万元对公司增资，在公司中出资比例为5%。第二，解除丙的执行董事职务，由戊担任执行董事。丙认为自己任期尚未届满，股东会解除其执行董事职务的决议无效。

公司于2018年2月召开股东会临时会议，就2017年度利润分配作出决议，决定将公司在该年度获得的可分配利润68万元全部用于分红，并在5月底之前实施完毕。丁因病未出席。至4月1日，丁尚未收到上述分红利润，丁对公司利润的数额和利润分配问题提出异议，口头要求查阅公司的会计账簿和股东会会议记录并按公司章程

规定的时间分配利润。公司要求其提出书面请求，并说明目的。丁在没有告知公司任何机构和人员的情况下，直接向人民法院提起诉讼，请求法院判决允许其查阅、撤销决议中关于利润分配时间的内容并实施分红决议。

要求：根据上述内容，回答下列问题。

（1）乙、丙均要求在同等条件下，优先受让甲所持公司全部股权，应当如何处理？并说明理由。

（2）对乙设备出资的问题，应当如何处理？并说明理由。

（3）丙的两项决定是否符合规定？并分别说明理由。

（4）股东会决议解除丙的执行董事职务是否有效？并说明理由。

（5）李某可否以特许经营权出资？并说明理由。

（6）丁查阅会计账簿和股东会会议记录的请求能否获得法院支持？并说明理由。

（7）丁分配利润的请求能否获得法院支持？并说明理由。

（8）丁要求撤销股东会决议中关于利润分配时间的内容能否获得法院支持？并说明理由。

3. 甲、乙、丙、丁等发起人于2012年3月6日发起设立了A股份公司，其中甲、乙、丙、丁各持15%的股份。公司董事会成员一共9人，乙任董事长，李某担任公司总经理。2018年1月9日，A公司依法发行5000万股社会公众股，并于同年3月10日在证券交易所上市。2019年5月，证监会在对A公司进行检查时发现以下事实：

2019年3月5日，甲将所持A公司2%的股份转让给B公司，2019年3月6日，李某通过公开交易将所持A公司5000股出售，直到检查时，甲和李某都未向A公司报告。

2019年5月2日，公司发出通知并公告于2019年5月23日召开临时股东大会，将

对公司发行债券、补选独立董事事项进行表决。5月15日，各持公司股份2%长达9个月的股东马某和朱某联合提出临时提案，要求罢免甲的董事职务。董事会收到该提案后并未列入临时股东大会议程。在临时股东大会上，首先审议了发行公司债券的决议，然后补选独立董事牛某，还根据丙的提议，临时增加了一项增选一名公司董事的议案，三项决议均经出席会议的股东所持表决权的过半数通过。马某提出异议，认为牛某不符合独立董事条件，其1年前曾在A公司的全资子公司B公司担任财务负责人。

2019年5月25日，A公司经理李某未经董事会同意，投资设立了C一人公司，但C公司的经营业务与A公司无关。

2019年6月20日，公司再次召开临时股东大会，作出以下决议：为维护公司价值及股东权益，通过公开交易方式回购公司

已发行股份的5%，并在1年内转让出去。

要求：根据上述内容，回答下列问题。

(1)甲和李某转让A公司股份的行为是否符合法律规定？并说明理由。

(2)A公司股东马某和朱某联合提出临时提案，董事会未将其列入临时股东大会议程是否符合法律规定？并说明理由。

(3)A公司临时股东大会通过发行公司债券的决议和增选一名公司董事的决议是否符合法律规定？并说明理由。

(4)牛某是否符合独立董事条件？并说明理由。

(5)李某设立C一人公司的行为是否违反法律规定？并说明理由。

(6)股东马某是否有权要求A公司回购其股份？并说明理由。

(7)公司召开临时股东大会决定回购公司股份的做法是否符合规定？并说明理由。

同步训练答案及解析

一、单项选择题

1. D 【解析】本题考核公司设立中的责任承担。根据规定，发起人以自己名义为设立公司之目的而与他人订立合同，合同相对人有权选择请求该发起人或者成立后的公司承担合同义务，因此选项A错误；对于公司设立中的侵权责任，在公司成立后，受害人有权要求A公司承担，选项D正确。如果公司设立失败，无论是合同责任还是侵权责任，当事人都可以要求发起人承担连带责任，因此选项B、C错误。

2. C 【解析】本题考核股东的出资。股东不得以劳务、信用、自然人姓名、商誉、特许经营权或者设定担保的财产等作价出资。

3. B 【解析】本题考核违反出资义务的责任。选项A，股东未尽出资义务或抽逃出资的，不得以该义务已经过诉讼时效为由

进行抗辩；选项C，股东或发起人不按照章程规定缴纳出资的，其他发起人股东与该股东承担连带责任；选项D，债权人可以请求未尽出资义务的股东在未出资本息范围内对公司债务不能清偿的部分承担责任，也可以要求公司发起人与该股东一起承担连带责任。

4. B 【解析】本题考核实际出资人与名义出资人。根据规定，有限责任公司的实际出资人与名义出资人订立合同，约定由实际出资人出资并享有投资权益，以名义出资人为名义股东，实际出资人与名义股东对该合同效力发生争议的，如无法律规定的合同无效的情形，人民法院应当认定该合同有效，所以选项A错误；实际出资人与名义股东因投资权益的归属发生争议，实际出资人以其实际履行了出资义务为由向名义股东主张权利的，人民法院应予支

237

持，所以选项 B 正确；实际出资人未经公司其他股东半数以上同意，请求公司变更股东、签发出资证明书、记载于股东名册、记载于公司章程并办理公司登记机关登记的，人民法院不予支持，所以选项 C 错误；债权人可以要求名义股东对公司债务不能清偿的部分在未出资本息范围内承担补充赔偿责任，名义股东不得以其为名义股东为由进行抗辩，所以选项 D 错误。

5. C 【解析】本题考核股东的利润分配请求权。根据规定，分配利润的股东会或者股东大会决议作出后，公司应当在决议载明的时间内完成利润分配。决议没有载明时间的，以公司章程规定的为准。决议、章程中均未规定时间或者时间超过一年的，公司应当自决议作出之日起一年内完成利润分配。故选项 C 正确，选项 A、B、D 错误。

6. B 【解析】本题考核公司董监高的任职资格。下列人员不得担任公司董事、监事、高级管理人员：因贪污、贿赂、侵占财产、挪用财产、破坏社会主义市场经济秩序等犯罪被判处刑罚或因犯罪被剥夺政治权利，执行期满未逾 5 年的；担任因违法被吊销营业执照、责令关闭的公司、企业的法定代表人，并负有个人责任的，自该公司、企业被吊销营业执照之日起未逾 3 年的。因此选项 A、C 不符合规定。董事、高级管理人员不得兼任监事，因此选项 D 不符合规定。选项 B 中，黄某虽担任破产清算的公司、企业的经理，但对该公司的破产并不负有个人责任，因而可以担任。

7. C 【解析】本题考核董事的忠实义务。公司董事、监事、高级管理人员不得未经股东会或者股东大会同意，利用职务便利为自己或者他人谋取属于公司的商业机会，自营或者为他人经营与所任职公司同类的业务；违反上述规定所得的收入应当归公司所有，给公司造成损失的，应当承担赔偿责任。本题中，刘某违反了忠实义务，

但丙公司与乙公司之间的地板加工合同有效，刘某获得的收入应当归公司所有。因而选项 C 正确。

8. C 【解析】本题考核股东大会决议。根据《公司法》及司法解释的规定，股东大会未对该项决议进行表决或表决时没有达到表决权比例要求，该决议不成立，补选张某为董事未经股东大会表决，而增资的决议则未达到表决权比例要求，因此选项 A、B、D 错误，选项 C 正确。

9. C 【解析】本题考核有限公司股东会。根据《公司法》的规定，代表 1/10 以上表决权的股东，1/3 以上的董事，监事会或者不设监事会的公司的监事提议召开临时会议的，应当召开临时会议。有限责任公司股东会议作出修改公司章程、增加或者减少注册资本的决议，以及公司合并、分立、解散或者变更公司形式的决议，必须经代表 2/3 以上表决权的股东通过。

10. C 【解析】本题考核董事会的职权。董事会决定经理人选及报酬，选项 A 正确；董事会有权决定公司的经营计划和投资方案，有权决定公司内部管理机构的设置以及内部管理制度。选项 B、D 正确。董事会只能决定高级管理人员的报酬，董事的报酬由股东会决定，选项 C 错误。

11. B 【解析】本题考核有限公司监事会制度。所有公司监事会中应当有职工代表，选项 A 错误；监事任期每届 3 年，连选可以连任，选项 B 正确；有限公司监事会每年至少开一次会，选项 C 错误；监事会会议决议应当经半数以上监事通过，选项 D 错误。

12. B 【解析】本题考核有限公司股权转让。股东向股东以外的人转让股权，应当经其他股东过半数同意。书面征求意见，其他股东自接到书面通知之日起满 30 日未答复的，视为同意转让，选项 A 正确；法院强制执行股权，应当提前 20 日通知公司及全体股东，其他股东在同等条件

下有优先购买权，选项 B 错误；其他股东优先购买权受到损害的，仍可以主张按照同等条件购买该转让股权，但自股权变更登记之日起超过一年的不能主张，选项 C 正确；股东资格可以继承，公司章程另有规定的除外，选项 D 正确。

13. C 【解析】本题考核有限责任公司股东转让出资的规定。股东向股东以外的人转让股权，应当经其他股东过半数同意。

【应试思路】有限责任公司股东对外转让股权，首先看公司章程是否有规定。公司章程没有规定的话，是经其他股东过半数同意。这里是指"股东人数"的过半数，而不是看"表决权"。

14. D 【解析】本题考核公司形式的变更。变更公司形式属于股东会特别表决事项，有限公司全体股东所持表决权 2/3 以上通过，选项 A 正确；变更公司形式的同时可以增资，选项 B 正确；有限公司变更为股份公司，折合的实收股本总额不得高于公司净资产，选项 C 正确；变更后的公司需承继以前公司的全部债权债务，选项 D 错误。

15. D 【解析】本题考核股份有限公司的设立条件。设立股份有限公司，应当有 2 人以上 200 人以下为发起人，其中须有半数以上的发起人在中国境内有住所；选项 AB 错误；发起设立可以分期出资，选项 C 错误。

16. B 【解析】本题考核股份有限公司股东大会的职权。股东大会只可以选举和更换由股东代表担任的监事，所以选项 A 错误；选项 C 和选项 D 是董事会的职权。

17. A 【解析】本题考核股份有限公司的监事会。根据规定，监事的任期每届为 3 年，连选可以连任，所以选项 B 错误；股份公司监事会每六个月召开一次会，选项 C 错误；监事会可以提议罢免有违法行为的董事和高级管理人员，但不能直接罢免，选项 D 错误。

18. B 【解析】本题考核上市公司独立董事的任职资格。根据规定，最近一年内曾经在上市公司或者其附属企业任职的人员及其直系亲属、主要社会关系(直系亲属是指配偶、父母、子女等；主要社会关系是指兄弟姐妹、岳父母、儿媳女婿、兄弟姐妹的配偶、配偶的兄弟姐妹等)，不得担任上市公司的独立董事，因此选项 A 不符合要求；为上市公司或者其附属企业提供财务、法律、咨询等服务的人员，不得担任该公司的独立董事，因此选项 C 不符合要求；直接或间接持有上市公司已发行股份 1% 以上或者是上市公司前十名股东中的自然人股东及其直系亲属，不得担任上市公司独立董事，因此选项 D 不符合要求。

19. D 【解析】本题考核关联关系董事表决权的排除制度。根据规定，上市公司董事与董事会会议决议事项所涉及企业有关联关系的，不得对该项决议行使表决权，也不得代理其他董事代为行使表决权。该董事会会议由过半数的无关联关系董事出席方可举行，董事会会议所作决议须经无关联关系董事过半数通过。本题无关联关系董事为 10 人，因此需要有 6 人以上出席会议才可召开，该项表决，需要经过全体无关联关系董事(10 人)过半数(6 人)以上通过，所以选项 C 正确。

20. C 【解析】本题考核上市公司独立董事制度。根据规定，董事会可以提议上市公司独立董事的人选，选项 A 错误；独立董事连续 3 次未亲自出席董事会会议的，由董事会提请股东大会予以撤换，选项 B 错误；独立董事在任期届满前可以辞职，选项 D 错误。

21. B 【解析】本题考核优先股股东可以表决的事项。根据规定，除以下情况外，优先股股东所持股份没有表决权：(1)修改公司章程中与优先股相关的内容；(2)

一次或累计减少公司注册资本超过 10%（选项 A 累计减少 500 万元，未超过注册资本的 10%，故不选）；（3）公司合并、分立、解散或变更公司形式；（4）发行优先股(选项 B 正确)；（5）公司章程规定的其他情形。选项 CD 不在上述情况中，故不选。

22. B 【解析】本题考核股份有限公司股票转让。发起人持有的本公司股份，自公司成立之日起 1 年内不得转让，选项 A 错误；上市公司定期报告公告前 30 日内，上市公司的董事、监事、高管不能买卖本公司股票，但选项 B 是 30 日前，故选项 B 正确；公司公开发行股份前已发行的股份，自公司股票在证券交易所上市交易之日起 1 年内不得转让，选项 C 错误；董事、监事、高级管理人员离职后半年内，不得转让其所持有的本公司股份，选项 D 错误。

23. C 【解析】本题考核股份公司股份回购。上市公司拟将股份用于转换可转换为股票的公司债券，应当通过公开集中交易方式进行，选项 C 错误。

24. B 【解析】本题考核公司财务会计利润分配。法定公积金按照税后利润的 10% 提取，当公司法定公积金累计额已达到注册资本的 50% 时，可不再提取。$200 \times 10\% = 20$(万元)，同时累计已提取法定公积金 350 万元，没有超过注册资本的 50% (500 万元)，选项 B 正确。

25. D 【解析】本题考核公司财务会计制度。公司的财务会计报告应当由董事会负责编制，选项 A 错误；股份公司的财务会计报告需在股东大会年会召开 20 日前置备于公司，供股东查阅，选项 B 错误；公司的利润先弥补亏损以及缴纳企业所得税，之后才能提取法定公积金，选项 C 错误；公司持有本公司的股份不分配利润，选项 D 正确。

26. C 【解析】本题考核公司的分立。公司

分立程序中没有赋予债权人请求公司清偿债务或者提供相应担保的权利，选项 A 错误；乙公司和丙公司之间关于债务清偿的协议在乙、丙之间有效，但对债权人 A 公司不生效力，而不是无效，选项 B 错误；因合并、分立而解散的公司不必进行清算，但应当注销登记，选项 D 错误。

27. C 【解析】本题考核公司的清算。选项 A，公司应当在解散事由出现之日起 15 日内成立清算组，有限责任公司的清算组由股东组成，股份有限公司的清算组由董事或者股东大会确定的人员组成，选项 A 正确；清算期间公司的代表机构是清算组，选项 B 正确；清算期间公司不得从事新的经营活动，选项 C 错误，当选；清算组在清理公司财产、编制资产负债表和财产清单后，发现公司财产不足清偿债务的，应当立即向人民法院申请宣告破产，选项 D 正确。

二、多项选择题

1. AB 【解析】本题考核股东出资。根据规定，出资人以动产出资的，应当交付公司使用，选项 A 正确；出资人以房屋、土地使用权或者需要办理权属登记的知识产权等财产出资，已经交付公司使用但未办理权属变更手续，人民法院应当责令当事人在指定的合理期间内办理权属变更手续；在前述期间内办理了权属变更手续的，人民法院应当认定其已经履行了出资义务；出资人主张自其实际交付财产给公司使用时享有相应股东权利的，人民法院应予支持，选项 B 正确；出资人以无权处分的财产出资，公司不知道出资人无权处分；该财产经评估合理作价；不动产已经登记、动产已交付给公司，公司构成善意取得，原所有权人不能要求返还，选项 C 错误；出资人以贪污、受贿、侵占、挪用等违法犯罪所得的货币出资后取得股权的，司法机关对违法犯罪行为予以追究、处罚时，

应当采取拍卖或者变卖的方式处置其股权，以股权折价补偿受害人损失，选项 D 错误。

2. ABC 【解析】本题考核抽逃出资的规定。公司成立后，公司、股东或者公司债权人以相关股东的行为符合下列情形之一且损害公司权益为由，请求认定该股东抽逃出资的，人民法院应予支持：(1)通过虚构债权债务关系将其出资转出(选项 B)；(2)制作虚假财务会计报表虚增利润进行分配(选项 C)；(3)利用关联交易将出资转出；(4)其他未经法定程序将出资抽回的行为(选项 A)。选项 D 是正常的交易行为，不属于抽逃出资。

3. ABD 【解析】本题考核股东查阅权的内容。根据规定，有限责任公司股东可以查阅和复制股东会会议记录、董事会会议决议、监事会会议决议、公司章程、公司财务会计报告，可以查阅但不能复制公司会计账簿。因而选项 ABD 正确，选项 C 错误。

4. BC 【解析】本题考核股东权利的相关规定。根据规定，股份有限公司出现法定情形的，连续 90 日以上单独或者合计持有公司 10%以上股份的股东可以依法自行召集和主持股东大会，选项 A 错误；单独或者合计持有公司全部股东表决权 10%以上的股东，有资格提起解散公司的诉讼，选项 D 错误。股份公司股东临时提案权需单独或合计持有公司股份 3%以上股东；代表诉讼的股东资格：有限公司全体股东，股份公司需连续 180 日以上单独或合计持有 1%以上股份的股东。因而选项 B、C 正确。

5. ABCD 【解析】本题考核股东查阅权。

6. ABCD 【解析】本题考核股东权利。

7. BCD 【解析】本题考核公司会议决议效力。股东会、董事会决议内容违法，无效；程序违法或违反章程、内容违反章程，可撤销。因而选项 A 错误，选项 BCD 正确。

8. AD 【解析】本题考核公司决议的无效或可撤销。请求宣告公司股东大会决议无效或可撤销，应当以公司为被告，因此选项 A 正确、选项 C 错误；请求法院撤销决议，应自决议作出之日起 60 日内提出，选项 B 错误；请求法院撤销决议原告应具有股东资格，因而选项 D 正确。

9. AD 【解析】本题考核监事会的职权。根据规定，制订公司的年度财务预算方案、决算方案、分立方案是属于董事会的职权，所以选项 BC 错误；监事有权对违反法律、行政法规、公司章程或者股东会决议的董事、高级管理人员提出罢免的建议，所以选项 D 正确。

10. AC 【解析】本题考核一人有限责任公司的规定。根据规定，一个自然人只能投资设立一个一人有限责任公司。该一人有限责任公司不能投资设立新的一人有限责任公司，所以选项 B 错误；一人有限责任公司的法定注册资本最低限额已取消，所以选项 C 正确；一人有限责任公司应当在每一会计年度终了时编制财务会计报告，并经会计师事务所审计，所以选项 D 错误。

11. AD 【解析】本题考核国有独资公司的规定。国有独资公司设立董事会，董事会成员中的职工代表由公司职工代表大会选举产生，选项 B 错误。董事长、副董事长由国有资产监督管理机构从董事会成员中指定，选项 C 错误。国有独资公司监事会不少于 5 人，其中职工代表至少 1/3，选项 D 正确。

12. BD 【解析】本题考核股东资格解除与认定。有限责任公司的股东未履行出资义务或者抽逃全部出资，经公司催告缴纳或者返还，其在合理期间内仍未缴纳或者返还出资，公司可以通过股东会决议解除该股东的股东资格，选项 AC 错误。

13. ABD 【解析】本题考核有限公司股权回

购。根据规定，有下列情形之一的，对股东会决议投反对票的股东可以请求公司按照合理的价格回购其股权：（1）公司连续5年不向股东分配利润，而公司该5年连续盈利，并且符合法律规定的分配利润条件的（选项A正确）；（2）公司合并、分立、转让其主要财产的（选项B、D正确）；（3）公司章程规定的营业期限届满或者章程规定的其他解散事由出现，股东会会议通过决议修改公司章程使公司存续的。选项C不属于可以要求公司回购股权的法定情形。

14. ABCD 【解析】本题考核股份公司募集设立。募集设立中，发起人认购的股份达到股份总数的35%，选项A正确；募集设立股款应当一次缴清，应当召开创立大会并作出设立公司的决议，选项B、C正确；募集设立失败，发起人应当对设立中产生的费用承担连带责任，对其他认股人承担返还股款本金并加算银行同期利息的责任。因而选项D正确。

15. ACD 【解析】本题考核股份公司临时股东大会召开的情形。有下列情形之一，2个月内召开临时股东大会：（1）董事人数不足《公司法》规定人数或者公司章程所定人数的2/3时（选项A正确）；（2）公司未弥补的亏损达实收股本总额1/3时（选项B错误）；（3）单独或者合计持有公司10%以上股份的股东请求时（选项C正确）；（4）董事会认为必要时；（5）监事会提议召开时（选项D正确）。

16. CD 【解析】本题考核上市公司股东大会特别表决事项。除了一般公司股东（大）会特别表决事项以外，还包括：1年内购买、出售重大资产或担保金额超过公司资产总额30%。选项A、B只是必须由股东大会表决，但并非特别表决事项，因而错误。

17. ABCD 【解析】本题考核独立董事的职权。

18. BC 【解析】本题考核独立董事应当独立发表意见的事项。

19. BCD 【解析】本题考核股份公司回购股票的规定。

20. ACD 【解析】本题考核有限责任公司与股份有限公司的区别。股份公司股东对外转让股权也受到一定限制，如发起人持有的公司股份自公司成立之日起1年内不可转让等，所以选项A错误；根据规定，股份有限公司股东大会的一般决议是经出席会议的股东所持表决权过半数通过，而有限责任公司股东会的特别决议是经代表2/3以上表决权的股东通过，所以选项C错误；公开发行股份的股份公司才需要公开披露财务会计报告，选项D错误。

21. ABD 【解析】本题考核公积金制度。法定公积金提取比例为税后利润的10%，选项C错误。其余表述均正确。

22. ABC 【解析】本题考核公司章程的规定。公司以法定公积金转增资本留存额的限制，是法定的，公司章程不能有其他规定。

23. CD 【解析】本题考核公司强制解散。提请法院强制解散公司的条件是公司经营管理发生严重困难，继续存续会使股东利益受到重大损失。其中选项AB均不属于强制解散的事由。

24. ACD 【解析】本题考核清算组的职权。根据规定，清算组进行民事诉讼，应当以公司名义进行，所以选项B错误。

三、案例分析题

1. 【答案】

（1）2019年7月1日甲公司董事会的出席人数符合规定。根据公司法律制度的规定，董事会会议应有过半数董事出席方可举行，但董事因故不能出席的，可以书面委托其他董事代为出席。甲公司有9名董事，4名实际出席，1名委托他人出席，符合过半数要求。

（2）董事会可在无正当理由的情况下解除赵某的总经理职务。根据公司法律制度的规定，董事会有权解聘公司总经理，并不需要理由。

（3）2019年12月20日赵某卖出甲公司2万股股票的行为不合法。根据公司法律制度的规定，公司高级管理人员在离职后半年内，不得转让其所持有的本公司股份。

（4）乙公司向甲公司所有董事提供低息借款购房的行为不合法。根据公司法律制度的规定，股份公司不得通过子公司向董事、监事、高级管理人员提供借款。

（5）2019年4月1日甲公司董事会通过的为丙公司提供担保的决议不合法。根据公司法律制度的规定，公司为公司股东提供担保的，必须经股东会或者股东大会决议。

（6）对刘某提起的诉讼，法院应予支持，钱某的抗辩不成立。首先，刘某具备股东代表诉讼的资格，根据规定，股份公司连续180日以上单独或合计持有公司1%以上股份的股东有代表诉讼资格，刘某符合条件；其次，刘某起诉前已经书面请求监事会提起诉讼，但被监事会拒绝；再次，关联交易损害公司利益，原告公司依法可以请求控股股东、实际控制人、董事、监事、高级管理人员赔偿所造成的损失，被告仅以该交易已经履行了信息披露、经股东会或者股东大会同意等法律、行政法规或者公司章程规定的程序为由抗辩的，人民法院不予支持。

2.【答案】

（1）乙、丙均主张优先权时，协商确定各自的购买比例；协商不成的，按照转让时各自的出资比例行使优先购买权。

（2）对乙出资不实的行为，应当由乙补足其差额，公司设立时的其他股东甲、丙、丁承担连带责任。

（3）丙的第一项决议符合规定，第二项决议不符合规定。首先，决定聘请李某担任

公司总经理符合规定。根据规定，决定聘任或者解聘公司经理及其报酬事项是董事会的职权。本案中，因公司未设董事会只设一名执行董事丙，丙可以行使董事会的职权，可以决定经理的人选。第二，丙决定给自己涨工资不符合规定。根据规定，董事的报酬由股东会决定。

（4）有效。根据规定，股东会有权决定董事的人选，董事任期届满前被股东会或者股东大会有效决议解除职务，其主张解除不发生法律效力的，人民法院不予支持。

（5）李某不可以特许经营权出资。根据规定，股东不得以劳务、信用、自然人姓名、商誉、特许经营权或者设定担保的财产等作价出资。

（6）第一，丁查阅会计账簿的请求不能得到法院支持。根据规定，股东要求查阅会计账簿，应当提出书面请求并说明目的。第二，丁查阅股东会会议记录的请求能够得到法院支持。根据规定，股东要求查阅股东会会议记录，无需书面请求并说明目的。

（7）丁分配利润的请求能够得到法院支持。根据规定，如果公司股东会或者股东大会已作出含具体分配方案的有效决议，而公司又无正当理由拒不执行该决议的，法院可以判决公司依决议履行分配利润的义务。

（8）丁要求撤销股东会决议中关于利润分配时间的内容能够获得法院支持。根据规定，分配利润的股东会或者股东大会决议作出后，公司应当在决议载明的时间内完成利润分配。

决议中载明的利润分配完成时间超过公司章程规定时间的，股东可以请求人民法院撤销决议中关于该时间的规定。

【应试思路】此处一定要注意，股东请求撤销决议的时间为决议作出之日起60日内。

3.【答案】

(1) 甲和李某转让 A 公司股份的行为都不合法。《公司法》规定，公司发起人持有的股份，自公司上市之日起 1 年内不得转让；公司董事、监事、高级管理人员持有的股份，自公司上市之日起 1 年内不得转让。本案中 A 公司 2018 年 3 月 10 日在证券交易所上市，甲于 2019 年 3 月 5 日转让自己持有的股份，李某于 2019 年 3 月 6 日转让股份都不足一年的时间，因此转让行为不合法。

(2) 董事会未将马某和朱某的临时提案列入临时股东大会议程符合法律规定。根据规定，单独或合计持有公司 3% 以上股份的股东可以在临时股东大会召开 10 日前提出临时提案，董事会应当在 2 日内通知其他股东，并将该临时提案提交股东大会审议。本案中，马某和朱某持股比例合计为 4%，持股比例符合临时提案要求，但他们提出临时提案的时间为 5 月 15 日，临时股东大会于 5 月 23 日召开，未提前 10 日提出，因而董事会可以拒绝将之列入临时提案。

(3) 首先，A 公司临时股东大会通过发行公司债券的决议符合法律规定。根据规定，对发行公司债券作出决议属于股东大会的职权，该决议经出席会议的股东所持表决权的过半数通过即可。其次，A 公司临时股东大会通过增选一名公司董事的决议不符合法律规定。根据规定，临时股东大会不得对通知中未列明的事项作出决议。

(4) 牛某符合独立董事条件。根据规定，在上市公司或者其附属企业任职的人员及其直系亲属、主要社会关系，或者前 1 年内具有该情形的，不得担任独立董事。但牛某是 1 年前在上市公司的子公司任职，因而不受该条限制。

(5) 李某设立 C 一人公司不违法。根据规定，公司董事、监事、高级管理人员未经股东会或者股东大会同意，不得利用职务便利为自己或者他人谋取属于公司的商业机会，自营或者为他人经营与所任职公司同类的业务。李某虽设立 C 公司一人公司，但 C 公司并没有从事与 A 公司相竞争的业务。

(6) 马某无权要求 A 公司回购其股份。只有对公司合并、分立投反对票的股东才有权利要求公司回购其股份，本案中，A 公司并未合并或分立。

(7) 公司召开临时股东大会决定回购公司股份的做法符合规定，根据规定，为维护公司价值及股东权益，上市公司可以回购自己的股份，回购应当通过公开集中交易方式进行，公司通过回购持有公司已发行股份不超过 10%，并在 3 年内转让或注销。

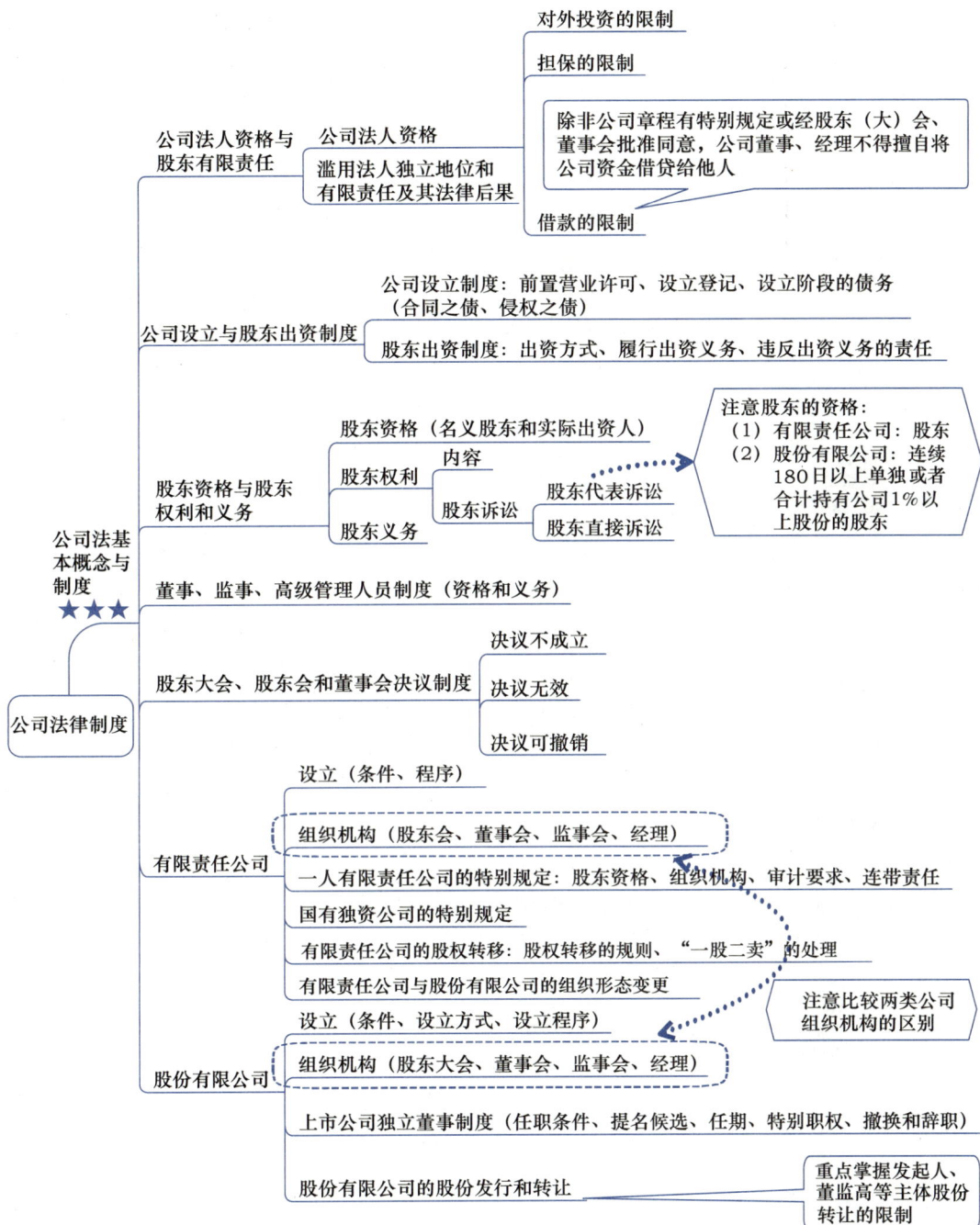

公司法人资格与
股东有限责任

公司法人资格

滥用法人独立地位和
有限责任及其法律后果

对外投资的限制

担保的限制

除非公司章程有特别规定或经股东（大）会、
董事会批准同意，公司董事、经理不得擅自将
公司资金借贷给他人

借款的限制

公司设立与股东出资制度

公司设立制度：前置营业许可、设立登记、设立阶段的债务
（合同之债、侵权之债）

股东出资制度：出资方式、履行出资义务、违反出资义务的责任

股东资格与股东
权利和义务

股东资格（名义股东和实际出资人）

股东权利

内容

股东诉讼

股东义务

股东代表诉讼

股东直接诉讼

注意股东的资格：
（1）有限责任公司：股东
（2）股份有限公司：连续
180日以上单独或者
合计持有公司1%以
上股份的股东

公司法基
本概念与
制度
★★★

董事、监事、高级管理人员制度（资格和义务）

股东大会、股东会和董事会决议制度

决议不成立

决议无效

决议可撤销

公司法律制度

有限责任公司

设立（条件、程序）

组织机构（股东会、董事会、监事会、经理）

一人有限责任公司的特别规定：股东资格、组织机构、审计要求、连带责任

国有独资公司的特别规定

有限责任公司的股权转移：股权转移的规则、"一股二卖"的处理

有限责任公司与股份有限公司的组织形态变更

设立（条件、设立方式、设立程序）

注意比较两类公司
组织机构的区别

股份有限公司

组织机构（股东大会、董事会、监事会、经理）

上市公司独立董事制度（任职条件、提名候选、任期、特别职权、撤换和辞职）

股份有限公司的股份发行和转让

重点掌握发起人、
董监高等主体股份
转让的限制

第6章 公司法律制度

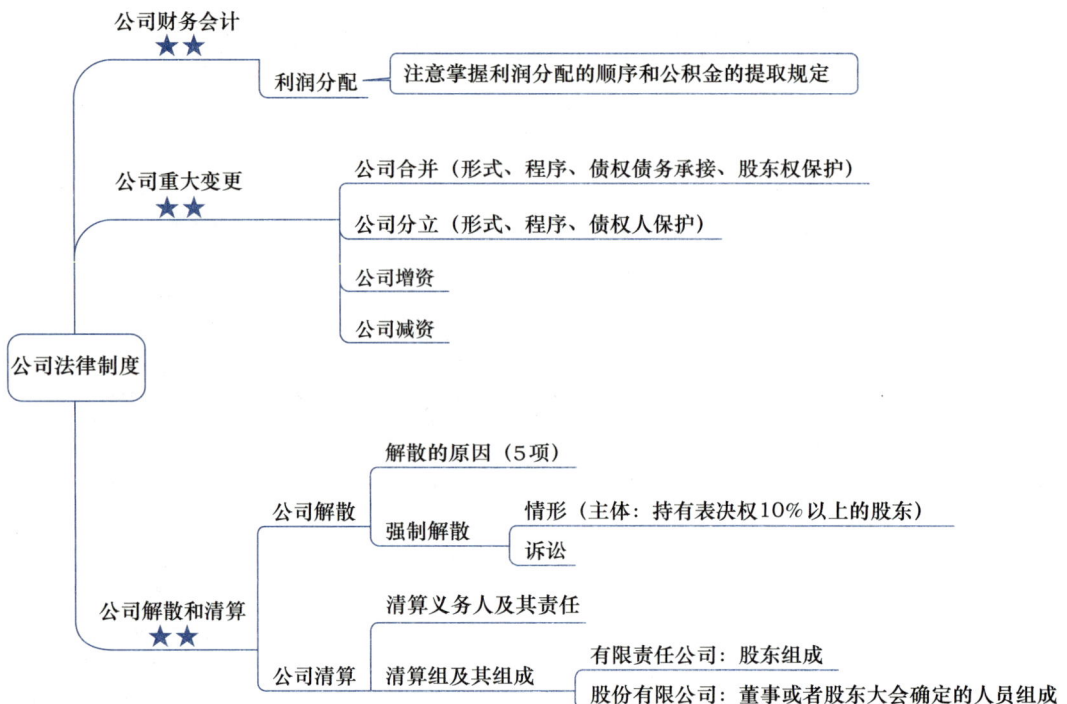

任何成功都来自于坚持不懈的努力！

王妍磊

2020年 注册会计师全国统一考试

经济法

应试指南 下册

■ 王妍荔 主编　　■ 中华会计网校 编

感恩20年相伴　助你梦想成真

人民出版社

目 录 CONTENTS

下　　册

第7章 证券法律制度

历年考情概况

本章为经济法科目的重点章节，虽然最近几年考试中本章分值起伏较大，从11分到22分不等，但在历年考试中一直保持着耀眼的"明星"姿态，平均分值为16分，是所有章节中平均考查分值最高的一章，单选、多选、案例题都考查，特别是与其"兄弟"——《公司法》组合而成的"喋血双雄"可以说是通过本科目的最大障碍，考生务必攻克。

近年考点直击

考点	主要考查题型	考频指数	考查角度
信息披露制度	单选题、案例题	★★★	（1）考核招股说明书有效期；（2）考核重大事项信息披露的时点；（3）通过案例考核是否属于需披露的重大事项
股票的发行与非上市公众公司	单选题、多选题、案例题	★★★	（1）通过小案例考核哪种股票发行方式需要证监会核准或豁免核准；（2）考核非上市公众公司的特点
首次公开发行股票并上市	多选题	★	考核股票发行的方式
上市公司增发股票	单选题、案例题	★★★	（1）考核增发股票的一般条件；（2）考核上市公司配股的条件；（3）通过案例考核上市公司定向增发的条件；（4）分析何种事项构成增发股票的法定障碍
股票公开发行的方式	单选题	★	直接考核股票公开发行的方式
优先股发行	单选题、案例题	★★	直接或通过案例考核优先股发行的条件、公开发行优先股的基本规则
公司债券的发行	单选题、多选题、案例题	★★★	（1）考核公开发行的基本条件、发行程序、期限与场所；（2）非公开发行公司债券的规定；（3）考核发行可转债的条件、担保等；（4）考核债券持有人利益保护
股票的上市与交易	单选题、多选题、案例题	★★★	（1）考核大宗交易系统；（2）考核退市整理期；（3）通过案例考核重大违法行为强制退市
上市公司收购	单选题、多选题、案例题	★★★	（1）考核上市公司收购及一致行动人的概念；（2）考核权益变动披露以及要约收购的触发时点；（3）通过案例分析收购的程序；（4）考核要约收购后转让股票的限制
重大资产重组	单选题、多选题、案例题	★★★	（1）通过案例判断是否构成重大资产重组；（2）考核发行股份购买资产的规定；（3）考核重大资产重组的程序
证券欺诈的法律责任	单选题、多选题、案例题	★★★	（1）考核虚假陈述中不同主体民事赔偿责任的归责原则；（2）通过案例考核虚假陈述中民事赔偿的因果关系以及不单独作为不予行政处罚的事由；（3）通过案例考核内幕交易的判断、短线交易的计算及操纵市场的判断

本章变动较大。

(1)依据《证券法》(2019年修订)、《首次公开发行股票并上市管理办法》(2018年修订)、《非上市公众公司监督管理办法》(2019年修订)、《证券发行与承销管理办法》(2018年修订)、《上市公司重大资产重组管理办法》(2019年修订)进行调整。

(2)新增《非上市公众公司信息披露管理办法》的部分规定。

(3)删除"暂停上市"。

考点详解及精选例题

一、证券法律制度概述

扫我解疑难

(一)证券法的适用范围

1. 证券的范围

(1)《证券法》的适用对象,主要分为三类:

①发行和交易都适用《证券法》的,也就是"证券法"所称的"证券"包括股票、债券、存托凭证。具体种类如图7-1所示。

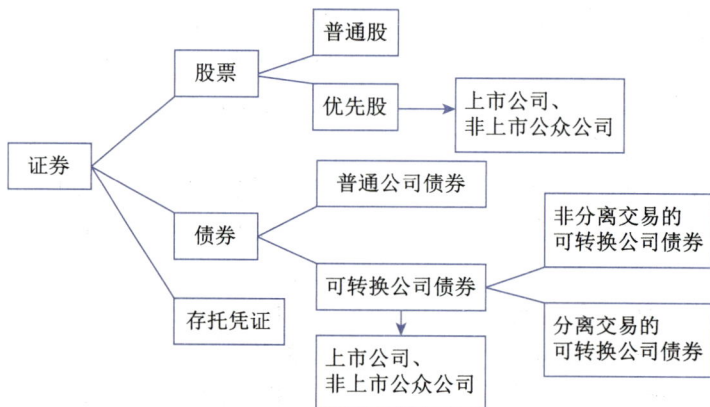

图7-1 证券的类型

【知识点拨】股票代表股权,持有公司股票意味着是公司的股东,享有收益的同时承担亏损的风险;债券代表债权,持有公司债券意味着是公司的债权人,享有债券到期要求公司还本付息的权利;可转换公司债券的持有人可以在一定条件下转变为公司股东;存托凭证是指由存托人签发、以境外证券为基础在中国境内发行、代表境外基础证券权益的证券。

②仅上市交易适用《证券法》的,包括政府债券、证券投资基金份额。

③发行和交易适用《证券法》基本原则的,包括资产支持证券、资产管理产品等,具体发行、交易的管理办法,由国务院依照《证券法》的原则规定。

（2）存托凭证

①存托凭证的法律关系，如图7-2所示。

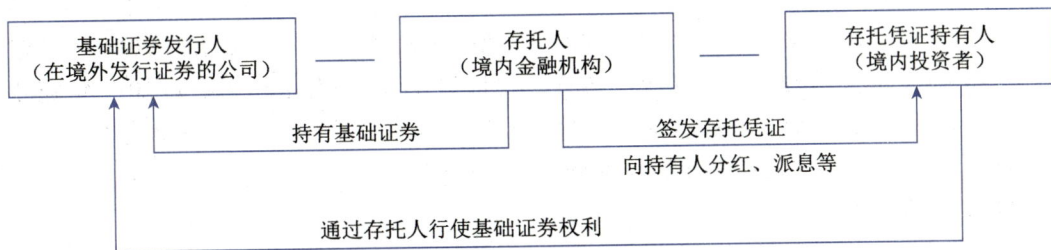

图7-2　存托凭证的法律关系

第一，当事人通过存托协议明确存托凭证所代表权益及各方权利义务；存托协议应约定因存托凭证发生的纠纷适用中国法律法规规定，由境内法院管辖。

第二，存托人可在境外委托金融机构担任托管人。存托人和托管人应为存托凭证基础财产单独立户，将存托凭证基础财产与其自有财产分别管理。

②存托凭证的公开发行条件。

公开发行存托凭证的，应当符合首次公开发行新股的条件以及国务院证券监督管理机构规定的其他条件。

2. 证券公开发行★★

（1）公开发行的界定

①向不特定对象发行证券；

②向特定对象发行证券累计超过二百人，但依法实施员工持股计划的员工人数不计算在内；

③法律、行政法规规定的其他发行行为。

【知识点拨】科创板首次公开发行股票注册管理：首次公开发行股票并在科创板上市，应当符合发行条件、上市条件以及相关信息披露要求，依法经上海证券交易所发行上市审核并报经中国证券监督管理委员会履行发行注册程序。

（2）非公开发行证券，不得采用广告、公开劝诱和变相公开方式。

【知识点拨1】区分公开发行与非公开发行的原因，主要在于非公开发行面向的对象一般是合格投资者或者对发行人比较熟悉的投资者，对公司的情况比较了解，而且人数相对较少，因而无需监管部门过多介入；而公开发行面向的对象是公众投资者，大量投资者对发行人并不熟悉，如果欺诈发行造成的社会影响较大，因而应该经证监会注册。

【知识点拨2】证券法中需要考生掌握的证券发行包括：股份公司首次公开发行股份并上市（区分主板、中小板和创业板）；上市公司发行新股（公开增发、定向增发、配股）；上市公司发行优先股；公司债券的公开发行（面向合格投资者、面向公众投资者）、非公开发行；可转换公司债券（非分离交易、分离交易）的发行等。要分清不同证券发行的条件和程序确非易事，考生需善用口诀，反复、耐心地记忆。

【例题1·多选题】根据《证券法》的规定，下列属于公开发行的有（　　）。

A. 向累计超过100人的社会公众发行证券

B. 向累计超过100人的本公司股东发行证券

C. 向累计超过200人的社会公众发行证券

D. 向累计超过200人的本公司股东发行证券

解析 ▶ 本题考核公开发行证券的情形。有下列情形之一的，为公开发行：（1）向不特定对象发行证券的；（2）向特定对象发行证券累计超过200人的。　答案 ▶ ACD

【应试思路】对于不特定对象（社会公众），不计人数，无论发行对象是多少人，都属于公开发行。对于特定对象，累计超过200

人的属于公开发行。

(3)公开发行实行注册制。

公开发行证券,必须符合法律、行政法规规定的条件,并依法报经国务院证券监督管理机构或者国务院授权的部门注册。未经依法注册,任何单位和个人不得公开发行证券。证券发行注册制的具体范围、实施步骤,由国务院规定。

【知识点拨】2019年《证券法》修订,将核准制改为注册制。股票发行注册制主要是指发行人申请发行股票时,必须依法将公开的各种资料完全准确地向证券监管机构申报。证券监管机构的职责是对申报文件的全面性、准确性、真实性和及时性作形式审查,不对发行人的资质进行实质性审核和价值判断而将发行公司股票的良莠留给市场来决定。但《证券法》修订并不意味着,目前所有的证券发行都一律实行注册制,具体的范围、步骤尚待国务院规定。

(二)证券市场监管体制

我国证券市场监管采取政府管理和行业自律结合的方式。

1. 政府统一管理

证监会是证券发行和交易的监管机构。

2. 行业自律

(1)中国证券业协会。其会员是各类证券经营机构。

(2)证券交易场所。

①证券交易所。证券交易所负责公开发行申请文件的审核以及审核证券上市交易,还可以决定暂停或者终止证券的上市交易。

②国务院批准的其他全国性证券交易场所。如全国中小企业股份转让系统("新三板")。

(3)证券服务机构。如会计师事务所、律师事务所、资产评估机构等。

(三)强制信息披露制度★★★

1. 首次信息披露(见表7-1)

首次信息披露主要有招股说明书、债券募集说明书、上市公告书等。

表7-1 首次信息披露

披露内容	具体规则
招股说明书	①股票发行申请文件在证券交易所受理后,发行人应当将招股说明书(申报稿)在中国证监会的网站预先披露。预先披露的招股说明书(申报稿)不能含有股票发行价格信息。 ②招股说明书中引用的财务报表在其最近一期截止日后**6个月内**有效。特别情况下发行人可申请适当延长,但**至多不超过1个月**。财务报表应当以年度末、半年度末或季度末为截止日。**招股说明书的有效期为6个月**,自中国证监会核准发行申请前招股说明书**最后一次签署之日**起计算。 ③发行人及其全体董事、监事、高级管理人员,应当在招股说明书上签署书面确认意见,保证所披露的信息真实、准确、完整。保荐人及其保荐代表人应进行核查并在核查意见上签字、盖章

【例题2·单选题】(2017年)根据证券法律制度的规定,招股说明书有效期为6个月,有效期的起算日是( )。

A. 发行人全体董事在招股说明书上签名盖章之日

B. 保荐人及保荐代表人在核查意见上签名盖章之日

C. 中国证监会核准发行申请前招股说明书最后一次签署之日

D. 中国证监会在指定网站第一次全文刊登之日

解析 ▶ 本题考核招股说明书。招股说明书的有效期为6个月,自中国证监会核准发行申请前招股说明书最后一次签署之日起计算。 答案 ▶ C

2. 持续信息披露

持续信息披露的信息主要有:定期报告、临时报告。

(1)定期报告(见表7-2)。

上市公司应当披露的定期报告包括年度报告、中期报告和季度报告。

表 7-2　上市公司定期报告披露时间

定期报告	披露时间
年度报告	每个会计年度结束之日起 4 个月内编制完成并披露。次年 4 月 30 日前
中期报告	每个会计年度上半年结束之日起 2 个月内编制完成并披露。每年 8 月 31 日前
季度报告	每个会计年度第 3 个月、第 9 个月结束后的 1 个月内编制完成并披露 一季报：4 月 30 日前；三季报：10 月 31 日前

（2）临时报告。

《证券法》规定的临时报告包括出现影响股票交易价格的重大事件和出现影响债券交易价格的重大事件时，涉及的公司应当履行报告义务。（影响债券交易价格的重大事件见公司债券发行与交易部分）

发生可能对上市公司、新三板挂牌公司股票交易价格产生较大影响的重大事件，投资者尚未得知时，公司应当立即将有关该重大事件的情况向国务院证券监督管理机构和证券交易场所报送临时报告，并予以公告，说明事件的起因、目前的状态和可能产生的法律后果。

重大事件包括（2020 年修订）：

①公司的经营方针和经营范围的重大变化；

②公司的重大投资行为，公司在一年内购买、出售重大资产超过公司资产总额 30%，或者公司营业用主要资产的抵押、质押、出售或者报废一次超过该资产的 30%；

③公司订立重要合同、提供重大担保或从事关联交易，可能对公司的资产、负债、权益和经营成果产生重要影响；

④公司发生重大债务和未能清偿到期重大债务的违约情况；

⑤公司发生重大亏损或者重大损失；

⑥公司生产经营的外部条件发生的重大变化；

⑦公司的董事、1/3 以上监事或者经理发生变动，董事长或者经理无法履行职责；

⑧持有公司 5% 以上股份的股东或者实际控制人持有股份或者控制公司的情况发生较大变化，公司的实际控制人及其控制的其他企业从事与公司相同或者相似业务的情况发生较大变化；

【知识点拨】计算 5% 股东的持股数额时，仅计算普通股和表决权恢复的优先股的数额。

⑨公司分配股利、增资的计划，公司股权结构的重要变化，公司减资、合并、分立、解散及申请破产的决定，或者依法进入破产程序、被责令关闭；

⑩涉及公司的重大诉讼、仲裁，股东大会、董事会决议被依法撤销或者宣告无效；

⑪公司涉嫌犯罪被依法立案调查，公司的控股股东、实际控制人、董事、监事、高级管理人员涉嫌犯罪被依法采取强制措施；

⑫国务院证券监督管理机构规定的其他事项。

【知识点拨 1】上市公司控股子公司发生重大事件，可能对上市公司证券及其衍生品种交易价格产生较大影响的，上市公司应当履行信息披露义务。

【知识点拨 2】能够成为重大事件，都是可能对上市公司证券交易价格产生较大影响的事项，因而在上述事件用语中，大都冠以"重大""重要""主要"等字眼；同时，请特别注意②⑦⑧这 3 项，涉及的人员及股份比例容易成为考查重点。

【例题 3·单选题】下列不属于《证券法》规定的影响股票交易价格的重大事件的是（　　）。

A. 公司在一年内购买、出售重大资产超过公司资产总额 30%

B. 公司经理发生变动

C. 持有公司1%股份的股东发生变动的

D. 董事长无法履行职责

解析 ▶ 本题考核重大事件的范围。根据规定，持有公司5%以上股份的股东或者实际控制人，其持有股份或者控制公司的情况发生较大变化的，属于重大事件。 **答案** ▶ C

【应试思路】重大事件是明确的列举性规定，需要将各选项对照规定进行分析。其中

选项 B 中"经理"仅指总经理，如果是副经理、财务负责人等其他高管变动，不是重大事件。

(四)信息披露事务管理(见表7-3) ★★

上市公司、上市公司的董事、监事、高级管理人员、上市公司的股东、实际控制人在信息披露中都负有一定的职责。

表7-3 信息披露事务管理

主体			职责
上市公司	制定制度		上市公司信息披露事务管理制度应当经公司董事会审议通过，报注册地证监局和证券交易所备案
	披露场所		依法披露的信息，应当在证券交易场所的网站和符合国务院证券监督管理机构规定条件的媒体发布，同时将其置备于公司住所、证券交易场所，供社会公众查阅
	具体职责	公平披露	信息披露义务人披露的信息应当同时向所有投资者披露，不得提前向任何单位和个人泄露。但是，法律、行政法规另有规定的除外
		公开承诺的披露与责任	发行人、控股股东、实际控制人，发行人的董事、监事、高级管理人员等作出公开承诺的，应当披露。不履行承诺给投资者造成损失的，应当依法承担赔偿责任
		披露时间、形式合法	信息披露义务人在公司网站及其他媒体发布信息的时间不得先于规定媒体，不得以新闻发布或者答记者问等任何形式代替应当履行的报告、公告义务，不得以定期报告形式代替应当履行的临时报告义务
		重大事件及时披露	上市公司应当在最先发生的以下任一时点，及时履行重大事件的信息披露义务： ①董事会或者监事会就该重大事件形成决议时； ②有关各方就该重大事件签署意向书或者协议时； ③董事、监事或者高级管理人员知悉该重大事件发生并报告时。 【知识点拨】"及时"是指自起算日起或者触及披露时点的2个交易日内
		重大事件前期披露	在上述规定的时点之前出现下列情形之一的，上市公司应当及时披露相关事项的现状、可能影响事件进展的风险因素： ①该重大事件难以保密； ②该重大事件已经泄露或者市场出现传闻； ③公司证券及其衍生品种出现异常交易情况。 【知识点拨】重大事件的披露时点注意两点：一是重大事件已确定的2个交易日内要披露；二是重大事件可能未确定，但已泄漏或已有影响时也要披露相关情况

主体	职责
董、监、高	(1)发行人的董事、高级管理人员应当对证券发行文件和定期报告签署书面确认意见；发行人的监事会应当对董事会编制的证券发行文件和公司定期报告进行审核并提出书面审核意见；监事应当签署书面确认意见。 (2)发行人的董事、监事和高级管理人员应当保证发行人及时、公平地披露信息，所披露的信息真实、准确、完整。 (3)董事、监事和高级管理人员无法保证证券发行文件和定期报告内容的真实性、准确性、完整性或者有异议的，应当在书面确认意见中发表意见并陈述理由，发行人应当披露。发行人不予披露的，董事、监事和高级管理人员可以直接申请披露
股东、实际控制人	(1)上市公司的股东、实际控制人不得滥用其股东权利、支配地位，不得要求上市公司向其提供内幕信息。 (2)通过接受委托或者信托等方式持有上市公司5%以上股份的股东或者实际控制人，应当及时将委托人情况告知上市公司，配合上市公司履行信息披露义务

【例题4·单选题】(2017年)甲上市公司最近一期经审计的净资产额为50亿元人民币。甲公司拟为乙公司提供保证担保，担保金额为6亿元，并经董事会会议决议通过。甲公司章程规定，单笔对外担保额超过公司最近一期经审计净资产10%的担保须经公司股东大会批准。根据证券法律制度的规定，甲公司披露该笔担保的最早时点应当是(　　)。

A. 甲公司股东大会就该笔担保形成决议时

B. 甲公司董事会就该笔担保形成决议时

C. 甲公司与乙公司的债权人签订保证合同时

D. 证券交易所核准同意甲公司进行担保时

解析 ▶ 本题考核重大事件的披露。上市公司对外提供重大担保，属于重大事件，应当临时报告。上市公司应当在最先发生的以下任一时点，及时履行重大事件的信息披露义务：(1)董事会或者监事会就该重大事件形成决议时；(2)有关各方就该重大事件签署意向书或者协议时；(3)董事、监事或者高级管理人员知悉该重大事件发生并报告时。

答案 ▶ B

二、股票的发行

扫我解疑难

(一)股票发行注册制

(1)股票公开发行实行注册制，意味着在主板、中小板、创业板、科创板首发并上市都将实行注册制。

(2)证券发行注册制的具体范围、实施步骤，由国务院规定，意味着我国的公开发行审核正处于核准制向注册制改革的进程，目前在全国股转系统(新三板)进行发行和交易的非上市公众公司的公开转让、定向发行和向不特定合格投资者的公开发行仍然适用核准制，即由中国证监会予以核准；是否采用注册制，还待国务院的进一步规定。

(二)股票发行和转让的类型 ★★

有关股票发行和转让的类型，见图7-3。

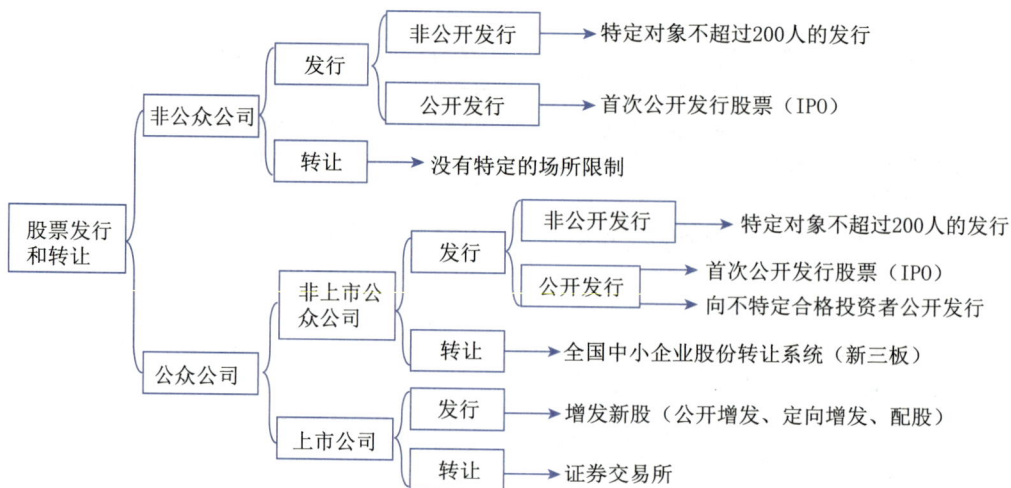

图 7-3　股票发行和转让的类型

【知识点拨】股票发行和转让类型的理解思路包括三点：第一，首次公开发行股票并上市，即 IPO，在我国即公司第一次公开发行股票并在我国沪深两个交易所上市交易；第二，新三板挂牌的非上市公众公司可以面向新三板的合格投资者公开发行；第三，非公开发行即在发行前已经确定好发行的特定对象，此时不属于公开发行，除非特定对象累计超过 200 人；第四，涉及股票转让的，要区分是否是公众公司，如果是两类公众公司(上市公司和非上市公众公司)的，那么股票转让应在特定交易所(沪深交易所或新三板)进行。

(三)非上市公众公司★★

1. 非上市公众公司的概念

【知识点拨】非上市公众公司并非《公司法》中法定的公司类型；而是基于《证券法》关于证券公开发行的界定所认定的一种股份公司。

非上市公众公司是指有下列情形之一且其股票未在证券交易所上市交易的股份有限公司：

(1)股票向特定对象发行或者转让导致股东累计超过 200 人；

(2)股票公开转让。

2. 股份有限公司发行和转让股票的相关注册规定(见图 7-4、图 7-5)

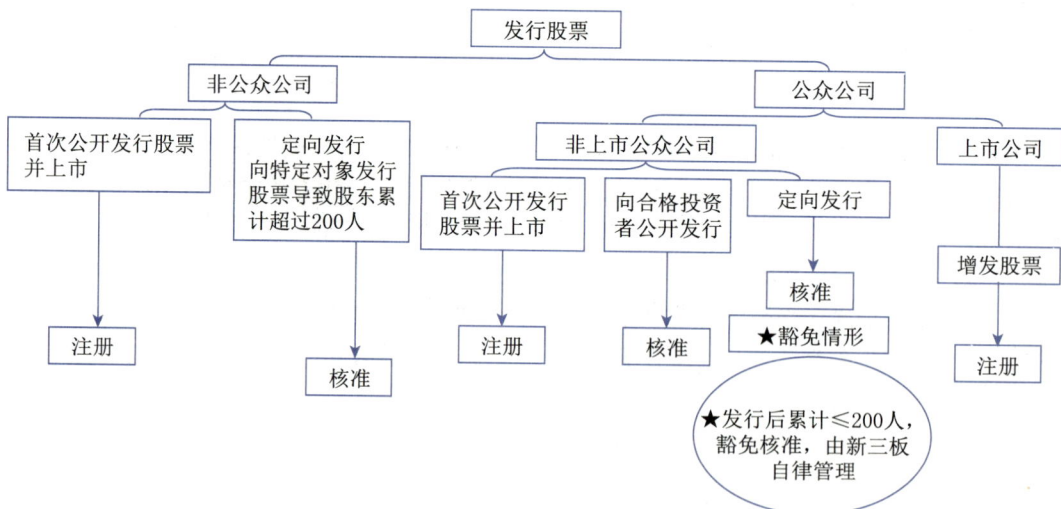

图 7-4　股票发行的注册与豁免

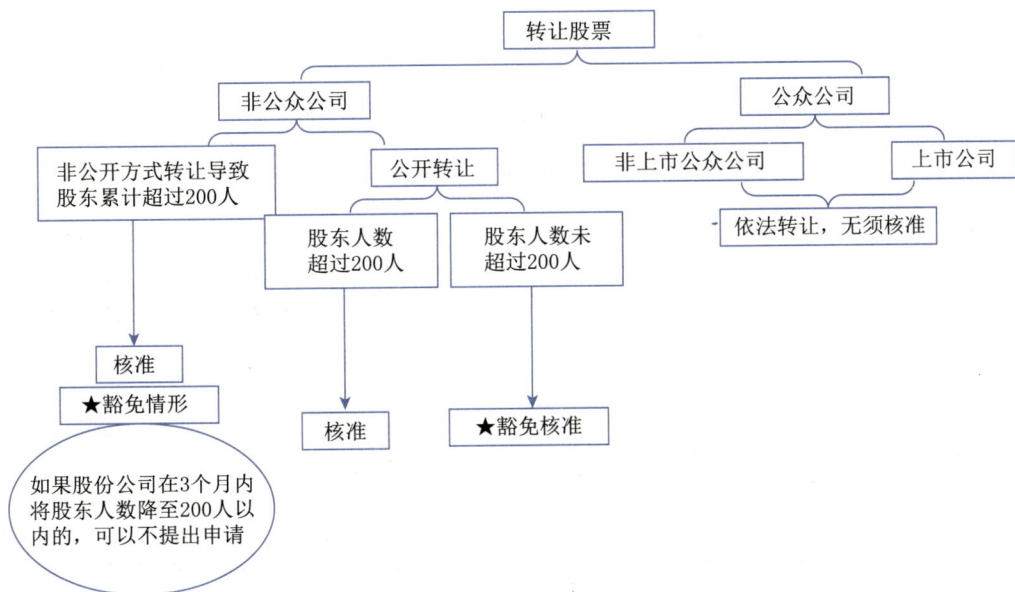

图7-5 股票转让的注册与豁免

【知识点拨1】 非上市公众公司的股票发行与转让根据《非上市公众公司监督管理办法》规定由证监会核准或新三板自律管理。

【知识点拨2】 股票在全国中小企业股份转让系统挂牌公开转让的非上市公众公司向特定对象发行后股东累计不超过200人的，豁免向中国证监会申请注册，由全国中小企业股份转让系统自律管理，但发行对象应当符合对特定对象范围的规定。

【知识点拨3】 但凡非上市公司的定向发行，股东人数累计不超过200人，都无需核准或注册。非公众公司的股票转让，区分非公开方式转让和公开转让：非公开方式转让导致股东人数累计不超过200人都无需核准，超过200人需要核准，但3个月内又降至200人以内的豁免；申请股票公开转让区分股东人数是否超过200人，超过200人的需核准，未超过200人的无需核准。

【相关链接】《非上市公众公司办法》施行前股东人数已经超过200人的股份公司，符合条件的，可以申请在全国中小企业股份转让系统公开转让股票，也可以申请首次公开发行股票并在证券交易所上市。

3. 非上市公众公司股票定向发行（见表7-4）

表7-4 非上市公众公司股票定向发行

特定对象的范围及人数	特定对象的范围包括下列机构或者自然人：①公司股东；②公司的董事、监事、高级管理人员、核心员工；③符合投资者适当性管理规定的自然人投资者、法人投资者及其他经济组织。公司确定发行对象时，符合上面第②项、第③项规定的投资者合计不得超过35名
发行方式限制	不得采用公开路演、询价等方式
董事会决议、股东大会表决	董事会拟定方案、作出决议后，提交股东大会表决，决议必须经出席会议的股东所持表决权的2/3以上通过。董事会、股东大会决议确定具体发行对象的，董事、股东参与认购或者与认购在关联关系的，应当回避表决。出席董事会的无关联关系董事人数不足3人的，该事项提交公司股东大会审议

续表

定向发行后股东 > 200 人	需核准	①公司申请定向发行股票，可申请一次注册，分期发行。自中国证监会予以核准之日起，公司应当在 3 个月内首期发行，剩余数量应当在 12 个月内发行完毕。超过注册文件限定的有效期未发行的，须重新经中国证监会核准后方可发行。②首期发行数量应当不少于总发行数量的 50%，剩余各期发行的数量由公司自行确定，每期发行后 5 个工作日内将发行情况报中国证监会备案
定向发行后股东 ≤ 200 人	无需注册	中小企业股份转让系统自律管理

4. 非上市公众公司向不特定合格投资者公开发行（见表 7-5）

表 7-5　非上市公众公司向合格投资者公开发行（2020 新增）

项目	具体规定
发行条件	①具备健全且运行良好的组织机构；②具有持续盈利能力，财务状况良好，最近 3 年财务会计文件无虚假记载；③依法规范经营，最近 3 年内，公司及其控股股东、实际控制人不存在贪污、贿赂、侵占财产、挪用财产或者破坏社会主义市场经济秩序的刑事犯罪，不存在欺诈发行、重大信息披露违法或者其他涉及国家安全、公共安全、生态安全、生产安全、公众健康安全等领域的重大违法行为，最近 12 个月内未受到中国证监会行政处罚
董事会决议、股东大会表决	公司董事会应当依法就本次股票发行事项作出决议，并提请股东大会批准。股东大会就公开发行股票事项作出决议，必须经出席会议的股东所持表决权的 2/3 以上通过。公司股东人数超过 200 人的，应当对出席会议的持股比例在 10% 以下的股东表决情况单独计票并予以披露。公司就公开发行股票事项召开股东大会，应当提供网络投票的方式，公司还可以通过其他方式为股东参加股东大会提供便利
证监会核准	中国证监会受理申请文件后，在 20 个工作日内作出核准、中止审核、终止审核、不予核准的决定
证券公司承销、保荐人保荐	应当聘请具有证券承销业务资格的证券公司承销，签订承销协议，确定采取代销或包销方式；还应当聘请具有保荐资格的机构担任保荐人，保荐人持续督导期间为公开发行完成后当年剩余时间及其后 2 个完整会计年度
定价方式	公众公司公开发行股票，可以与主承销商自主协商直接定价，也可以通过合格投资者者网上竞价，或者网下询价等方式确定股票发行价格和发行对象。公司通过网下询价方式确定股票发行价格和发行对象的，询价对象应当是经中国证券业协会注册的网下投资者

5. 非上市公众公司的监管

（1）差异化信息披露管理，见表 7-6。

表 7-6　非上市公众公司差异化信息披露管理

公司类型	年度报告	中期报告	季度报告	财务会计报告审计要求
精选层挂牌公司	√	√	√	年度报告中财务会报告应当经符合《证券法》规定的会计师事务所审计。精选层挂牌公司审计业务签字注册会计师应当定期轮换
创新层、基础层挂牌公司	√	√	×	

(2)不挂牌公司。

未在全国股转系统挂牌的非上市公众公司(以下简称"不挂牌公司"),包括自愿纳入监管的历史遗留股东人数超过200人的股份公司,以及经中国证监会核准通过定向发行或转让导致股东累计超过200人的股份公司,应按照《非上市公众公司办法》履行公众公司信息披露等义务;不得采用公开方式向社会公众转让股份,也不得在未经国务院批准的证券交易场所转让股份;未经批准不得擅自发行股票。

(四)首次公开发行股票★★★

【知识点拨】发起设立股份有限公司的,由于全体发起人认购全部的拟定的股份总额,因此并没有"公开发行股票",一般只有在经营3年并符合证券法律制度的具体规定之后才能公开发行股票,这便是"首次公开发行股票";募集设立股份有限公司的,由于公司成立时全体发起人只是认购了不低于公司股本总额35%的股份,剩余股份是公开发行的,因此在成立时就已经属于"首次公开发行股票"了,但此时一般是不上市的。

1. 公司首次公开发行新股的基本条件

《证券法》规定,公司首次公开发行新股,应当符合下列条件:

(1)具备健全且运行良好的组织机构;

(2)具有持续经营能力;

(3)最近3年财务会计报告被出具无保留意见审计报告;

(4)发行人及其控股股东、实际控制人最近3年不存在贪污、贿赂、侵占财产、挪用财产或者破坏社会主义市场经济秩序的刑事犯罪;

(5)经国务院批准的国务院证券监督管理机构规定的其他条件。

上市公司发行新股,应当符合经国务院批准的国务院证券监督管理机构规定的条件,具体管理办法由国务院证券监督管理机构规定。

公开发行存托凭证的,应当符合首次公开发行新股的条件以及国务院证券监督管理机构规定的其他条件。

2. 主板、中小板和创业板首次公开发行股票的条件(见表7-7)

【知识点拨】为方便记忆,调整了教材各条件的顺序。

表7-7 首次公开发行股票的条件综述

情形	主板和中小板上市	创业板上市
成立满3年	发行人应当是依法设立且合法存续一定期限的股份有限公司: ①股份有限公司应自成立后,持续经营时间在3年以上; ②有限责任公司按原账面净资产值折股整体变更为股份有限公司的,持续经营时间可以从有限责任公司成立之日起计算,并达3年以上。 【相关链接】根据《公司法》的规定,有限责任公司变更为股份有限公司时,折合的实收股本总额不得高于公司净资产额	
股本总额	发行前股本总额不少于3000万元	发行后股本总额不少于3000万元
出资到位	发行人的注册资本已足额缴纳,发起人或者股东用作出资的资产的财产权转移手续已经办理完毕,发行人的主要资产不存在重大权属纠纷	
股权清晰	发行人的股权清晰,控股股东和受控股东、实际控制人支配的股东持有的发行人股份不存在重大权属纠纷	
净资产	最近一期期末无形资产(扣除土地使用权、水面养殖权和采矿权等后)占净资产的比例不高于20%	最近一期期末净资产不少于2000万元

情形	主板和中小板上市	创业板上市
经营稳定	主营业务和董事、高级管理人员、实际控制人最近**3 年内**没有发生变化	主营业务和董事、高级管理人员、实际控制人最近 **2 年内**没有发生变化
盈利能力	①最近**3 个会计年度净利润均为正数且累计超过人民币 3000 万元**，净利润以扣除非经常性损益前后较低者为计算依据； ②最近 3 个会计年度经营活动产生的现金流量净额累计超过人民币 5000 万元；或者最近 3 个会计年度营业收入累计超过人民币 3 亿元。 【知识点拨】中国证监会根据《关于开展创新企业境内发行股票或存托凭证试点的若干意见》等规定认定的试点企业（简称试点企业）不适用第①项	最近2 年连续盈利，最近 2 年净利润累计不少于 1000 万元；或者最近 1 年盈利，最近 1 年营业收入不少于 5000 万元。 【知识点拨 1】净利润以扣除非经常性损益前后孰低者为计算依据。 【知识点拨 2】试点企业不适用该项
盈利能力	『举例』甲上市公司 2015 年未扣除非经营性损益前的净利润为 2500 万元，扣除非经常性损益后的净利润为 3000 万元，此时就应该以未扣除非经常性损益前的净利润 2500 万元作为计算依据；假设扣除非经常性损益后的净利润为 2000 万元，此时就应该以扣除后的净利润 2000 万元作为计算依据。总之，扣除非经常性损益后的净利润，可能比扣除前大，也可能比扣除前小，在计算时取其较低值计算	
无未弥补的亏损	最近一期期末不存在未弥补亏损 【知识点拨】试点企业不适用该项	
持续盈利	发行人不得有下列影响持续盈利能力的情形： ①发行人的经营模式、产品或服务的品种结构已经或者将发生重大变化，并对发行人的持续盈利能力构成重大不利影响； ②发行人的行业地位或发行人所处行业的经营环境已经或者将发生重大变化，并对发行人的持续盈利能力构成重大不利影响； ③发行人最近 1 个会计年度的营业收入或净利润对关联方或者存在重大不确定性的客户存在重大依赖； ④发行人最近 1 个会计年度的净利润主要来自合并财务报表范围以外的投资收益； ⑤发行人在用的商标、专利、专有技术及特许经营权等重要资产或技术的取得或者使用存在重大不利变化的风险	—
依法纳税	发行人依法纳税，发行人的经营成果对税收优惠不存在严重依赖	—
或有事项	发行人不存在重大偿债风险，不存在影响持续经营的担保、诉讼及仲裁等重大或有事项	—
组织机构	发行人具备健全且运行良好的组织机构。发行人的董事、监事和高级管理人员符合法律、行政法规和规章规定的任职资格，而且不得有： ①被中国证监会采取证券市场禁入措施尚在禁入期的； ②最近 36 个月内（创业板表述为 3 年）受到中国证监会行政处罚，或者最近 12 个月内（创业板表述为 1 年）受到证券交易所公开谴责； ③因涉嫌犯罪被司法机关立案侦查或者涉嫌违法违规被中国证监会立案调查，尚未有明确结论意见	
治理结构	发行人已经依法建立健全股东大会、董事会、监事会、独立董事、董事会秘书制度，相关机构和人员能够依法履行职责	
内部控制	发行人的内部控制在所有重大方面是有效的，并由注册会计师出具了无保留结论的内部控制鉴证报告	

情形	主板和中小板上市	创业板上市
消极条件	发行人不存在下列情形： ①最近 36 个月内未经法定机关核准，擅自公开或者变相公开发行过证券；或者有关违法行为虽然发生在 36 个月前，但目前仍处于持续状态； ②最近 36 个月内违反工商、税收、土地、环保、海关以及其他法律、行政法规，受到行政处罚，且情节严重； ③最近 36 个月内曾向中国证监会提出发行申请，但报送的发行申请文件有虚假记载、误导性陈述或重大遗漏；或者不符合发行条件以欺骗手段骗取发行核准；或者以不正当手段干扰中国证监会及其发行审核委员会审核工作；或者伪造、变造发行人或其董事、监事、高级管理人员的签字、盖章； ④本次报送的发行申请文件有虚假记载、误导性陈述或者重大遗漏； ⑤涉嫌犯罪被司法机关立案侦查，尚未有明确结论意见	发行人及其控股股东、实际控制人不存在下列情形： ①最近 3 年内存在损害投资者合法权益和社会公共利益的重大违法行为； ②最近 3 年内存在未经法定机关核准，擅自公开或者变相公开发行证券，或者有关违法行为虽然发生在三年前，但目前仍处于持续状态的情形

【记忆口诀】主板、中小板、创业板首发并上市条件（见表7-8）

表7-8 主板、中小板、创业板首发并上市条件

主板、中小板	创业板	主板、中小板	创业板
自从成立满 3 年， 股本总额 3000 万， 主业董高 3 不变； 出资到位股权清， 股份资产无纠纷， 无形资产仅 2 成； 3 年净利 3000 万， 3 年现金 5000 万， 或者收入 3 亿元， 没有亏损未弥补； 持续盈利无障碍， 依法纳税不依赖， 或有事项不存在	自从成立满 3 年， 主业董高 2 不变； 出资到位股权清， 股份资产无纠纷， 一种主业合法政； 发后股本 3000 万， 净产至少 2000 万， 2 年净利 1000 万； 或者： 1 年收入 5000 万（相对于主板减半）， 没有亏损未弥补	(不存在： 经营、环境大变化，依赖 关联不确定， 利润来自报表外， 在用技术有风险)； 治理结构很完善， 财会内控都规范， 出具无保留意见； 公司没有： 三罚一责立案查， 三年未核擅自发， 申请文件有虚假， 严重损人损社会	没有持续盈利要求， 治理结构很完善， 投票制度很健全， 财会内控都规范， 出具无保留意见， 董监高管无禁入， 亦无： 三罚一责立案查； 公司： 3 年无严重违法， 3 年未核擅自发

【知识点拨 1】"三罚"，指最近三年（或 36 个月）被行政处罚；"一责"，指最近 12 个月被证券交易所公开谴责（下文同）。

【知识点拨 2】注意"试点企业"不适用的两项。

【应试思路】背口诀可以减轻记忆负担，但要注意：一是一定要把每句话对应的含义搞清楚，否则口诀背完了，代表什么含义不知道，不如不背；二是有空就要反复诵记，达到看到一个相关的题目，条件反射出口诀

的效果。

【例题 5·多选题】某股份有限公司拟公开发行股票并在主板上市。根据证券法律制度的有关规定，下列各项中，符合公司首次公开发行股票并上市的条件的有（　）。

A. 公司发行股票前股本总额为人民币 6000 万元

B. 公司上一年度严重违反环境保护管理法规受到罚款的行政处罚

C. 公司最近 3 个会计年度净利润均为正

数且累计为人民币 4000 万元

D. 公司最近 1 个会计年度的净利润主要来自合并财务报表范围以外的投资收益

解析 ▶ 本题考核主板首次公开发行股票并上市的条件。要求发行前股本总额 3000 万元，最近 3 个会计年度净利润均为正数且累计超过人民币 3000 万元，选项 A、C 正确，要求发行人不存在最近 1 个会计年度的净利润主要来自合并财务报表范围以外的投资收益的情况，最近 36 个月内不存在严重违反工商、税收、土地、环保、海关以及其他法律、行政法规，受到行政处罚的情形，选项 B、D 错误。 **答案** ▶ AC

【例题 6 · 单选题】(2019 年)根据证券法律制度的规定，公司申请在创业板公开发行股票并上市的，在不存在未弥补亏损的情况下，其最近一期期末净资产的最低金额应当是( )。

A. 1000 万元　　B. 4000 万元

C. 2000 万元　　D. 3000 万元

解析 ▶ 本题考核创业板首发条件。公司申请在创业板公开发行股票并上市的，最近一期期末净资产不少于 2000 万元，且不存在未弥补亏损。 **答案** ▶ C

3. 科创板首次公开发行股票的发行条件(见表 7-9)

表 7-9　科创板首次公开发行股票的条件

条件	总结	与主板、创业板异同
发行人是依法设立且持续经营 3 年以上的股份有限公司，具备健全且运行良好的组织机构，相关机构和人员能够依法履行职责。有限责任公司按原账面净资产值折股整体变更为股份有限公司的，持续经营时间可以从有限责任公司成立之日起计算	自从成立满三年	同主板、创业板
发行人会计基础工作规范，财务报表的编制和披露符合企业会计准则和相关信息披露规则的规定，在所有重大方面公允地反映了发行人的财务状况、经营成果和现金流量，并由注册会计师出具标准无保留意见的审计报告。发行人内部控制制度健全且被有效执行，能够合理保证公司运行效率、合法合规和财务报告的可靠性，并由注册会计师出具无保留结论的内部控制鉴证报告	财会内控均规范，出具无保留意见	同主板、创业板
业务完整，具有直接面向市场独立持续经营的能力： ①资产完整，业务及人员、财务、机构独立，与控股股东、实际控制人及其控制的其他企业间不存在对发行人构成重大不利影响的同业竞争，不存在严重影响独立性或者显失公平的关联交易。	持续经营无障碍： 资产完整人财独，	主板有持续盈利要求，创业板无
②发行人主营业务、控制权、管理团队和核心技术人员稳定，最近 2 年内主营业务和董事、高级管理人员及核心技术人员均没有发生重大不利变化；控股股东和受控股股东、实际控制人支配的股东所持发行人的股份权属清晰，最近 2 年实际控制人没有发生变更，不存在导致控制权可能变更的重大权属纠纷。	主业董高 2 不变，	主板 3 不变；创业板 2 不变
③发行人不存在主要资产、核心技术、商标等的重大权属纠纷，重大偿债风险，重大担保、诉讼、仲裁等或有事项，经营环境已经或者将要发生重大变化等对持续经营有重大不利影响的事项。	股份资产无纠纷， 或有事项不存在	同主板、创业板 同主板
④发行人生产经营符合法律、行政法规的规定，符合国家产业政策。最近 3 年内，发行人及其控股股东、实际控制人不存在贪污、贿赂、侵占财产、挪用财产或者破坏社会主义市场经济秩序的刑事犯罪，不存在欺诈发行、重大信息披露违法或其他涉及国家安全、公共安全、生态安全、生产安全、公众健康安全等领域的重大违法行为。董事、监事和高级管理人员不存在最近 3 年内受到中国证监会行政处罚，或者因涉嫌犯罪被司法机关立案侦查或者涉嫌违法违规被中国证监会立案调查，尚未有明确结论意见等情形	公司： 3 年无严重违法； 董监高无三罚、立案查	同主板、创业板

【例题7·多选题】下列关于某公司在科创板首次公开发行股票并上市的条件和程序说法正确的有( )。

A. 该公司最近3年主营业务不能有重大变化

B. 该公司现任监事在最近36个月内曾经受到过中国证监会的行政处罚将构成发行障碍

C. 该公司申请公开发行适用注册制

D. 该公司的发行申请应由证监会审核批准

解析 ▶ 本题考核在科创板首次公开发行股票并上市。选项A：发行人最近2年内主营业务和董事、高级管理人员及核心技术人员均没有发生重大不利变化，选项A错误。选项D：交易所按照规定的条件和程序，作出同意或者不同意发行人股票公开发行并上市的审核意见，选项D错误。 答案 ▶ BC

4. 首次公开发行股票的注册程序和承销

（1）首次公开发行的注册程序——以科创板块为例，见表7-10

【知识点拨】以科创板注册为例，基本程序为：董事会提出方案——股东大会批准——保荐人保荐——向证交所申请——证交所形成审核意见——审核同意，向证监会履行注册程序（若不同意，则终止发行上市）——证监会3个月内作出决定同意注册或不予注册——发行人发行股票

表7-10 首次公开发行股票的程序——以科创板为例

程序	具体规定
①内部表决	董事会就发行做出决议后，提请股东大会表决批准
②提交申请文件	制作注册申请文件，由保荐人保荐并向交易所申报。交易所收到注册申请文件后，5个工作日内作出是否受理的决定
③预先披露申请文件	发行人申请首次公开发行股票的，在提交申请文件后，应当按照国务院证券监督管理机构的规定预先披露有关申请文件(招股说明书、保荐书、审计报告、法律意见书等)
④证券交易所审核	交易所应当自受理注册申请文件之日起3个月内形成审核意见
⑤证监会注册	注册机构应当自受理证券发行申请文件之日起20个工作日内(说明：证券法规定一般是3个月内，此处专门针对科创板是20个工作日)，作出予以注册或者不予注册的决定，发行人根据要求补充、修改发行申请文件的时间不计算在内。不予注册的，应当说明理由
⑥发行股票	中国证监会同意注册的决定自作出之日起1年内有效，发行人应当在注册决定有效期内发行股票，发行时点由发行人自主选择
⑦撤销注册	注册机构对已作出的证券发行注册的决定，发现不符合法定条件或者法定程序，应当予以撤销，尚未发行证券的，停止发行；已经发行尚未上市的，发行人应当按照发行价并加算银行同期存款利息返还证券持有人
⑧重新申请	交易所作出终止发行上市审核决定，或者中国证监会作出不予注册决定的，自决定作出之日起6个月后，发行人可以再次提出公开发行股票并上市申请

【例题8·单选题】(2019年)根据证券法律制度的规定，在科创板申请公开发行股票并上市的公司，作出同意或者不同意股票公开发行并上市的审核意见的是( )。

A. 保荐人

B. 证券业协会

C. 证券交易所

D. 证监会

解析 ▶ 本题考核科创板首发上市。首次公开发行股票并在科创板上市，依法经上海证券交易所发行上市审核并报经中国证券监督管理委员会履行发行注册程序。 答案 ▶ C

（2）发行人与控股股东诚信义务，表 7-11。

表 7-11　发行人与控股股东的诚信义务

稳定股价的义务	①发行人控股股东、持有发行人股份的董事和高级管理人员应在公开募集及上市文件中公开承诺：所持股票在锁定期满后两年内减持的，其减持价格不低于发行价；公司上市后 6 个月内如公司股票连续 20 个交易日的收盘价均低于发行价，或者上市后 6 个月期末收盘价低于发行价，持有公司股票的锁定期限自动延长至少 6 个月。 [知识点拨] 锁定期：发起人、董事、监事、高管持有的本公司股份，自公司股票上市交易之日起 1 年内不得转让。 ②发行人及其控股股东、公司董事及高级管理人员应在公开募集及上市文件中提出上市后三年内公司股价低于每股净资产时稳定公司股价的预案
减持披露义务	发行人应当在公开募集及上市文件中披露公开发行前持股 5% 以上股东的持股意向及减持意向。持股 5% 以上股东减持时，须提前 3 个交易日予以公告
撤销注册时的责任	注册机构撤销注册的，停止发行。后果： ①已经发行尚未上市的，撤销发行注册决定，发行人应当按照发行价并加算银行同期存款利息返还证券持有人；发行人的控股股东、实际控制人以及保荐人，应当与发行人承担连带责任，但是能够证明自己没有过错的除外。 ②股票的发行人在招股说明书等证券发行文件中隐瞒重要事实或者编造重大虚假内容，已经发行并上市的，证监会可以责令发行人回购证券，或者责令负有责任的控股股东、实际控制人买回证券

5. 证券的承销（见表 7-12）

公开发行证券的发行人有权依法自主选择承销的证券公司。

表 7-12　证券的承销

（1）承销方式	代销、包销： ①证券代销是指证券公司代发行人发售证券，在承销期结束时，将未售出的证券全部退还给发行人的承销方式。 ②证券包销是指证券公司将发行人的证券按照协议全部购入或者在承销期结束时将售后剩余证券全部自行购入的承销方式。 [知识点拨] 代销有可能发行失败，但包销不存在发行失败的问题
（2）证券公司的义务	保证先行出售给认购人的义务：证券公司在代销、包销期内，对所代销、包销的证券应当保证先行出售给认购人，证券公司不得为本公司预留所代销的证券和预先购入并留存所包销的证券。同时，承销的证券公司不得有下列行为： ①进行虚假的或者误导投资者的广告宣传或者其他宣传推介活动； ②以不正当竞争手段招揽承销业务； ③其他违反证券承销业务规定的行为。 证券公司有前款所列行为，给其他证券承销机构或者投资者造成损失的，应当依法承担赔偿责任
（3）承销团承销	向不特定对象发行证券聘请承销团承销的，承销团应当由主承销和参与承销的证券公司组成
（4）承销的期限	证券的代销、包销期限最长不得超过 90 日。公开发行股票，代销、包销期限届满，发行人应当在规定的期限内将股票发行情况报证监会备案
（5）发行失败	股票发行采用代销方式，代销期限届满，向投资者出售的股票数量未达到拟公开发行股票数量 70% 的，为发行失败。发行人应当按照发行价并加算银行同期存款利息返还股票认购人

【例题9·多选题】（2015年）甲公司委托乙证券公司以代销方式公开发行股票6000万股。代销期限届满，投资者认购甲公司股票的数量为4000万股，下列表述中，正确的有（　）。

A. 甲公司应当以自有资金购入剩余的2000万股

B. 股票发行失败

C. 甲公司可以更换承销商，继续销售剩余的2000万股

D. 应当返还已收取的4000万股发行价款，并加算银行同期存款利息

解析 本题考核股票承销的规定。股票发行采用代销方式，代销期限届满，向投资者出售的股票数量未达到拟公开发行股票数量70%的，为发行失败。发行人应当按照发行价并加算银行同期存款利息返还股票认购人。本题中，公开发行股票数量为6000万股，实际认购数量为4000万股，低于其发行总量的70%（4200万股），因此应界定为发行失败，相关的认股款项应返还给认股人，并加算银行同期存款利息。

答案 BD

6. 首次公开发行股票时的老股转让（见表7-13）

表7-13　公司首次公开发行时，股东公开发售所持有的股票（老股转让）要求

条件	①公司股东公开发售的股份，其已持有时间应当在36个月以上； ②公司股东公开发售的股份，权属应当清晰，不存在法律纠纷或质押、冻结及其他依法不得转让的情况
程序	股东向董事会申请，董事会决议，经股东大会批准
后果	①公司股东公开发售股份后，公司的股权结构不得发生重大变化，实际控制人不得发生变更； ②股东公开发售股份所得资金不归公司所有
数量	公司股东公开发售股份数量不得超过自愿设定12个月及以上限售期的投资者获得配售股份的数量
费用	发行人与拟公开发售股份的公司股东应当就本次发行承销费用的分摊原则进行约定，并在招股说明书等文件中披露

【应试思路】 首次公开发行股票时的老股转让是合法的，不受《公司法》规定"公开发行股份前已经发行的股份在公司上市之日起一年内不得转让"的限制。原因是，老股东将自己的股份与首次公开发行的新股一并出售，并非公司上市以后才转让。

（五）上市公司发行新股 ★★★（案例常考点）

【知识点拨】 上市公司发行新股有两大类三种方式：第一类是公开发行新股，包括两种方式，向老股东配股和向不特定对象公开增发；第二类是非公开发行新股，即向特定对象发行（定向增发）。

公司对公开发行股票所募集资金，必须按照招股说明书或者其他公开发行募集文件所列资金用途使用；改变资金用途，必须经股东大会作出决议。擅自改变用途，未作纠正的，或者未经股东大会认可的，不得公开发行新股。

1. 上市公司公开发行新股的条件（见表7-14）

【知识点拨】 为便于考生记忆，调整了教材各条件的顺序。

Table 7-14 上市公司公开发行新股的条件

条件		向不特定对象增发	配股
一般条件	盈利要求	①上市公司最近3个会计年度连续盈利。扣除非经常性损益后的净利润与扣除前的净利润相比，以低者作为计算依据；②最近3年以现金方式累计分配的利润不少于最近3年实现的年均可分配利润的30%。上市公司可进行中期现金分红。【相关链接】上市公司发行可转换公司债券的，最近3个会计年度实现的年均可分配利润不少于公司债券1年的利息。③最近24个月内曾公开发行证券的，不存在发行当年营业利润比上年下降50%以上的情形	
	经营稳定持续盈利	①业务和盈利稳定，不存在严重依赖控股股东、实际控制人的情形；②经营、环境等均无重大不利变化；不存在可能严重影响公司持续经营的担保、诉讼、仲裁或其他重大事项；③高级管理人员和核心技术人员稳定，最近12个月内未发生重大不利变化	
	管理规范	①会计工作规范、合法。最近3年及一期财务报表未被注册会计师出具保留意见、否定意见或无法表示意见的审计报告；被注册会计师出具带强调事项段的无保留意见审计报告的，所涉及的事项对发行人无重大不利影响或者在发行前重大不利影响已经消除；资产质量良好，不良资产不足以对公司财务状况造成重大不利影响；②上市公司的公司章程合法有效，组织机构健全，公司内部控制制度健全	
	组织机构	组织机构健全，运行良好。上市公司现任董事、监事和高级管理人员：①具备任职资格；②不存在违反《公司法》中关于董事、监事和高级管理人员限制规定的行为	
	消极条件	上市公司(36个月内)财务会计文件无虚假记载，且不存在以下情形：①上市公司及董、监、高最近36个月内违反证券法律、行政法规或规章，受到证监会的行政处罚，或者受到刑事处罚；最近12个月内受到过证券交易所的公开谴责；②最近36个月内违反工商、税收、土地、环保、海关以及其他法律、行政法规，受到行政处罚，且情节严重，或者受到刑事处罚；③本次发行申请文件有虚假记载、误导性陈述或重大遗漏；④擅自改变前次公开发行证券募集资金的用途而未作纠正；⑤上市公司及其控股股东或实际控制人最近12个月内存在未履行向投资者作出的公开承诺的行为；⑥最近12个月内不存在违规对外提供担保的行为；⑦上市公司或其现任董事、高级管理人员因涉嫌犯罪被司法机关立案侦查或涉嫌违法违规被中国证监会立案调查；⑧严重损害投资者合法权益和社会公共利益的其他情形	
	募集资金	募集资金的数额和使用符合规定：①建立募集资金专项存储制度，募集资金必须存放于公司董事会决定的专项账户；②上市公司募集资金数额不超过项目需要量；募集资金用途符合国家产业政策和有关环境保护、土地管理等法律和行政法规的规定；除金融类企业外，本次募集资金使用项目不得为持有交易性金融资产和可供出售的金融资产、借予他人、委托理财等财务性投资，不得直接或间接投资于以买卖有价证券为主要业务的公司；③投资项目实施后，不会与控股股东或实际控制人产生同业竞争或影响公司生产经营的独立性	

条件	向不特定对象增发	配股
特别条件	①最近3个会计年度加权平均净资产收益率平均不低于6%。扣除非经常性损益后的净利润与扣除前的净利润相比，以低者作为加权平均净资产收益率的计算依据； ②除金融类企业外，最近一期期末不存在持有金额较大的交易性金融资产和可供出售的金融资产、借予他人款项、委托理财等财务性投资的情形； ③发行价格应不低于"公告招股意向书前20个交易日"公司股票均价或前一个交易日的均价	①拟配售股份数量不超过本次配售股份前股本总额的30%； ②控股股东应当在股东大会召开前公开承诺认配股份的数量； ③采用证券法规定的代销方式发行。 控股股东不履行认配股份的承诺，或者代销期限届满，原股东认购股票的数量未达到"拟配售数量70%"的，发行人应当按照发行价并加算银行同期存款利息返还已经认购的股东（发行失败）。 【知识点拨】 配股的承销方式只能是代销

【记忆口诀】 公开发行新股的一般条件；公开增发和配股的特殊条件（见表7-15）

表7-15 公开发行新股的一般条件、公开增发和配股的特殊条件

一般条件		公开增发特殊条件	配股特殊条件
连续盈利满3年； 累计现利0.3 中期分红有现钱； 24月曾经发 未有利润减一半； 持续盈利无障碍； 或有事项不存在； 高管核心技术员 12月内均不变； 财会内控均规范 三年无保留意见 12月担保不违规；	董监 高管不存在： 三罚一责立案查 公司： 3年财会无虚假； 申请文件有虚假； 资金不按申请花； 12月承诺未履行。 上市公司及董高 （无）三罚一责立案查 所募资金专账户； 用途合法不投资	3年加权净收6%； 金融资产少持有； 发行价格有要求： 20、1均价无折扣	配售数量仅3成； 控股股东先承认。 代销失败； 控股股东不履行； 股东认不够7成

【应试思路】 上市公司增发的一般条件中，对监事没有"正在被立案侦查或被立案调查"的限制。故用不同颜色标注出来。

【例题10·多选题】 （2011年）上市公司发生下列情形时，属于证券法律制度禁止其增发股票的有（　　）。

A. 公司在3年前曾经公开发行过可转换公司债券

B. 公司现任监事在最近36个月内曾经受到过中国证监会的行政处罚

C. 公司在前年曾经严重亏损

D. 公司现任董事因涉嫌违法已被中国证监会立案调查

解析 ▶ 本题考核上市公司增发的条件。其中选项A并非增发的消极条件。

答案 ▶ BCD

2. 上市公司非公开发行股票（定向增发）的条件（见表7-16）

【知识点拨】 上市公司定向增发只需要满足自己特定条件即可，无需满足上表中的一般条件。

表 7-16　上市公司定向增发条件

条件	上市公司定向增发
发行对象	特定发行对象不超过 10 名。其中： ①证券投资基金管理公司以其管理的两只以上基金认购的，视为一个发行对象； ②信托公司作为发行对象，只能以自有资金认购； ③发行对象为境外战略投资者的，应当经国务院相关部门事先批准
禁售期	一般：本次发行的股份自发行结束之日起 12 个月内不得转让； 特殊：控股股东、实际控制人及其控制的关联人、认购后取得实际控制权的投资者以及董事会拟引入的境内外战略投资者，认购的股份 36 个月内不得转让
发行价格	发行价格不低于定价基准日前 20 个交易日公司股票均价的 90%。 【知识点拨】定价基准日是本次非公开发行股票发行期的首日
消极条件	上市公司存在下列情形之一的，不得非公开发行股票： ①本次发行申请文件有虚假记载、误导性陈述或重大遗漏； ②上市公司的权益被控股股东或实际控制人严重损害且尚未消除； ③上市公司及其附属公司违规对外提供担保且尚未解除； ④现任董事、高级管理人员最近 36 个月内受到过中国证监会的行政处罚，或者最近 12 个月内受到过证券交易所公开谴责； ⑤上市公司或其现任董事、高级管理人员因涉嫌犯罪正被司法机关立案侦查或涉嫌违法违规正被中国证监会立案调查； ⑥最近一年及一期财务报表被注册会计师出具保留意见、否定意见或无法表示意见的审计报告。保留意见、否定意见或无法表示意见所涉及事项的重大影响已经消除或者本次发行涉及重大重组的除外； ⑦严重损害投资者合法权益和社会公共利益的其他情形

【记忆口诀】发行对象仅 10 名，基金只算一个人，信托必须自有金，境外战略需批准。禁售至少 12 月，三控战略 36 禁，20 日均价得 9 成。不存在：申请文件有虚假，两控损害未消除，违规担保未解除，上市公司及董高，三罚一责立案查，财务报表意见差，严重损人损社会。

【知识点拨1】"三控"指控股股东、实际控制人及其控制的关联人、认购后取得实际控制权的投资者。"战略"指境外战略投资者。

【知识点拨2】非公开发行是指向不超过 10 名的特定对象进行定向增发，这里的特定对象一般都是专门从事投资业务的主体或有足够财富"放长线、钓大鱼"的战略投资者。

【例题 11·多选题】（2012 年）根据证券法律制度的规定，下列关于上市公司非公开发行股票的表述中，正确的有(　　)。

A. 现任董事最近 12 个月内受到过证券交易所公开谴责的，不得非公开发行股票

B. 发行对象不超过 10 名

C. 实际控制人认购的股份自发行结束之日起 36 个月内不得转让

D. 发行价格不得低于定价基准日前 20 个交易日公司股票均价的 90%

解析 ▶ 本题考核上市公司定向增发的条件。

答案 ▶ ABCD

『总结』发行股票的条件比较，见表7-17。

表7-17　发行股票的条件

条件		主板、中小板首次发行	创业板首次发行	公开增发	定向增发
盈利要求		最近3个会计年度净利润均为正数且累计超过人民币3000万元	最近2年连续盈利，最近2年净利润累计不少于1000万元；或者最近1年盈利，最近1年营业收入不少于5000万元	上市公司最近3个会计年度连续盈利。最近3年以现金方式累计分配的利润不少于最近3年实现的年均可分配利润的30%。上市公司可进行中期现金分红	—
持续盈利能力		有要求	—	有要求	—
经营稳定		主营业务和董事、高级管理人员、实际控制人最近3年内没有发生变化	主营业务和董事、高级管理人员、实际控制人最近2年内没有发生变化	高级管理人员和核心技术人员稳定，最近12个月内未发生重大不利变化	—
组织机构		组织机构健全，运行良好			—
内部控制		有效			—
审计报告		无保留意见的审计报告		最近三年及一期无保留意见审计报告；被注册会计师出具带强调事项段的无保留意见审计报告的，所涉及的事项对发行人无重大不利影响或者在发行前重大不利影响已经消除	最近一年及一期无保留意见审计报告。保留意见、否定意见或无法表示意见所涉及事项的重大影响已经消除或者本次发行涉及重大重组的除外
消极条件	本次申请文件	不得有虚假记载、误导性陈述或者重大遗漏			
	行政处罚	不得有最近36个月内被行政处罚	—	不得有最近36个月内被行政处罚	—
	组织机构	发行人的董、监、高不得有： ①最近36个月内（创业板表述为3年）受到中国证监会行政处罚，或者最近12个月内（创业板表述为1年）受到证券交易所公开谴责； ②因涉嫌犯罪被司法机关立案侦查或者涉嫌违法违规被中国证监会立案调查，尚未有明确结论意见（增发一般条件对监事无此项要求）			
	对外担保	—	—	最近12个月内不存在违规对外提供担保的行为	上市公司及其附属公司不得有违规对外提供担保且尚未解除

3. 上市公司发行新股的程序（见表7-18）

表 7-18 上市公司发行新股的程序

增发类型	程序
公开增发	董事会作出决议→提请股东大会批准（特别表决事项）→保荐人保荐并向交易所申报→交易所审核→证监会注册→发行股票（注册决定有效期）→证券公司承销 【知识点拨】股东大会就发行事项作出决议，必须经出席会议的股东所持表决权的2/3以上通过。 向本公司特定的股东及其关联人发行的，股东大会就发行方案进行表决时，关联股东应当回避。 上市公司就增发股票事项召开股东大会，应当提供网络或者其他方式为股东参加股东大会提供便利
定向增发	董事会决议→股东大会决议→向交易所申报→交易所审核→证监会注册→发行股票（注册决定有效期内）备案 【知识点拨】在股东大会表决时，关联股东（作为本次发行对象的股东及其关联人）应回避表决

（六）公司公开发行股票的方式（见表7-19）★

表 7-19 公司公开发行股票的方式

网上网下发行		首次公开发行股票的网下发行应和网上发行同时进行，投资者应自行选择参与网下或网上发行，不得同时参与
定价方式		首次公开发行股票，两种定价方式：①通过向网下投资者询价的方式确定股票发行价格；②通过发行人与主承销商自主协商直接定价等其他合法可行的方式确定发行价格
直接定价		发行股票数量在2000万股（含）以下且无老股转让计划的，可以通过直接定价的方式确定发行价格。采用直接定价方式的，全部向网上投资者发行，不进行网下询价和配售
询价方式	自由报价	采用询价方式定价的，符合条件的网下机构和个人投资者可以自主决定是否报价，主承销商无正当理由不得拒绝
	有效报价	采用询价方式，剔除最高报价部分后的为有效报价，有效报价投资者数量不足的，应当中止发行： 公开发行数量≤4亿股，有效报价投资者数量不少于10家； 公开发行数量>4亿股，有效报价投资者数量不少于20家
	网下发行数量	公开发行后总股本≤4亿股，网下初始发行比例不低于本次公开发行股票数量的60%；发行后总股本>4亿股的，网下初始发行比例不低于本次公开发行股票数量的70%。 其中，应当安排不低于网下发行数量的40%优先向通过公开募集方式设立的证券投资基金、全国社会保障基金和基本养老保险基金配售；安排一定比例的股票向符合规定的企业年金基金和保险资金配售
申购要求		投资者：首次公开发行持有一定数量非限售股或存托凭证的投资者才能参加网上申购，不得全权委托证券公司申购新股； 资金：网上网下申购都无需缴付申购资金；但获得配售后应当按时足额缴纳，连续12个月内3次中签但不足额缴纳资金的，6个月内不得参与新股、可转换公司债券、可交换公司债券申购
中止与重启		网下和网上投资者缴款认购的新股或可转换公司债券数量合计不足本次公开发行数量的70%时，可以中止发行。 中止发行后，在证监会同意注册决定有效期内，经向中国证监会备案，可重新启动发行

| 禁止配售的对象 | (1)发行人及其股东、实际控制人、董事、监事、高级管理人员和其他员工；发行人及其股东、实际控制人、董事、监事、高级管理人员能够直接或间接实施控制、共同控制或施加重大影响的公司，以及该公司控股股东、控股子公司和控股股东控制的其他子公司；
(2)主承销商及其持股比例5%以上的股东，主承销商的董事、监事、高级管理人员和其他员工；主承销商及其持股比例5%以上的股东、董事、监事、高级管理人员能够直接或间接实施控制、共同控制或施加重大影响的公司，以及该公司控股股东、控股子公司和控股股东控制的其他子公司；
(3)承销商及其控股股东、董事、监事、高级管理人员和其他员工；
(4)上述前3项所述人士的关系密切的家庭成员，包括配偶、子女及其配偶、父母及配偶的父母、兄弟姐妹及其配偶、配偶的兄弟姐妹、子女配偶的父母；
(5)过去6个月内与主承销商存在保荐、承销业务关系的公司及其持股5%以上的股东、实际控制人、董事、监事、高级管理人员，或已与主承销商签署保荐、承销业务合同或达成相关意向的公司及其持股5%以上的股东、实际控制人、董事、监事、高级管理人员；
(6)通过配售可能导致不当行为或不正当利益的其他自然人、法人和组织 |

【例题12·单选题】（2018年）根据证券法律制度的规定，首次公开发行股票数量在2000万股(含)以下且无老股转让计划的，其发行价格的确定方式是(　　)。

A. 直接定价　　B. 竞价定价

C. 网下询价　　D. 机构报价

★★

解析 本题考核股票公开发行的方式——网上和网下同时发行的机制。发行股票数量在2000万股(含)以下且无老股转让计划的，应当通过直接定价的方式确定发行价格。

答案 A

（七）优先股发行与交易（见表7-20）★

表7-20　优先股发行与交易

发行人范围	仅限于上市公司和非上市公众公司 公开发行优先股的发行人仅限于证监会规定的上市公司
发行数量	公司已发行的优先股不得超过公司普通股股份总数的50%，且筹资金额不得超过发行前净资产的50%，已回购、转换的优先股不纳入计算
章程规定	公司公开发行优先股的，应当在公司章程中规定以下事项： (1)采取固定股息率； (2)在有可分配税后利润的情况下必须向优先股股东分配股息； (3)未向优先股股东足额派发股息的差额部分应当累积到下一会计年度； (4)优先股股东按照约定的股息率分配股息后，不再同普通股股东一起参加剩余利润分配
交易	优先股应当在证券交易所、全国中小企业股份转让系统或者在国务院批准的其他证券交易场所交易或转让。 [知识点拨] 优先股交易或转让环节的投资者适当性标准应当与发行环节一致
收购涉及优先股	(1)优先股可以作为并购重组支付手段。 (2)上市公司收购要约适用于被收购公司的所有股东，但可以针对优先股股东和普通股股东提出不同的收购条件。 (3)根据《证券法》第44条(关于短线交易的规定)、第51条(关于内幕信息知情人员的规定)、第80条、81条(关于重大事件的认定)，认定持股5%以上股东以及根据《证券法》第63条(大股东披露和权益变动披露)计算5%股份比例，第65条和第73条计算触发要约收购义务(30%的持股比例)时，表决权未恢复的优先股不计入持股数额和股本总额

【例题13·多选题】（2018年）根据证券法律制度的规定，公开发行优先股的公司必须在公司章程中规定的事项有（　　）。

A. 在有可分配税后利润的情况下必须向优先股股东分配股息

B. 未向优先股股东足额派发股息的差额部分应当累积到下一个会计年度

C. 采取固定股息率

D. 优先股股东按照约定的股息率分配股息后，不再同普通股股东一起参加剩余利润分配

解析 ▶ 本题考核优先股公开发行时的特殊要求。公开发行优先股的公司，必须在公司章程中规定以下事项：（1）采取固定股息率；（2）在有可分配税后利润的情况下必须向优先股股东分配股息；（3）未向优先股股东足额派发股息的差额部分应当累积到一下会计年度；（4）优先股股东按照约定股息率分配股息后，不再同普通股股东一起参加剩余利润分配。

答案 ▶ ABCD

三、公司债券的发行与交易

扫我解疑难

【知识点拨】公司债券包括普通公司债券和可转换公司债券。普通公司债券所有公司符合法定条件均可发行，可转换公司债券只能由非上市公众公司和上市公司发行，可转换公司债券又分为非分离交易的可转债和分离交易的可转债。公司债券的发行分为公开发行和非公开发行（定向发行），其中公开发行又分为面向合格投资者的公开发行和面向公众投资者的公开发行。考生在考试中需注意考查的到底是哪种发行。

（一）公司债券发行的一般规定 ★★

（1）公司债券可以公开发行，也可以非公开发行。

（2）上市公司、股票公开转让的非上市公众公司发行的公司债券，可以附认股权、可转换成相关股票等条款。

（3）公司债券的期限为1年以上，公司债券每张面值100元，发行价格由发行人与保荐人通过市场询价确定。

【相关链接】可转换公司债券的期限最短为1年，最长为6年。分离交易的可转换公司债券期限最短1年。

（二）公司债券公开发行的条件 ★★★

【知识点拨】公司资信状况符合一定条件的，可以自主选择公开发行的对象是公众投资者还是合格投资者。

1. 公开发行公司债券的条件——面向合格投资者公开发行

（1）具备健全且运行良好的组织机构；

（2）最近三年平均可分配利润足以支付公司债券一年的利息；

（3）国务院规定的其他条件。

【例题14·单选题】（2017年）某上市公司2013年5月发行5年期公司债券1000万元、3年期公司债券1500万元。2017年1月，该公司鉴于到期债券已偿还且具备再次发行债券的其他条件，计划再次发行公司债券。经审计，确认该公司2016年12月末净资产额为9000万元。根据证券法律制度的规定，该公司此次发行公司债券的最高限额是（　　）万元。

A. 2700
B. 3600
C. 1700
D. 2600

解析 ▶ 本题考核公司债券公开发行的条件。公开发行公司债券应满足的条件之一是：本次发行后累计公司债券余额不超过最近一期期末净资产的40%。本题中，2013年5月发行5年期公司债券1000万元，截至2017年1月尚未到期，故该公司此次发行公司债券的最高限额为9000×40%－1000＝2600（万元）。

答案 ▶ D

2. 可以面向公众投资者公开发行的资信标准

资信状况符合以下标准的公司债券可以向公众投资者公开发行，也可以自主选择仅面向合格投资者公开发行：

（1）发行人最近 3 年无债务违约或者迟延支付本息的事实；

（2）发行人最近 3 个会计年度实现的年均可分配利润不少于债券 1 年利息的 1.5 倍；

（3）债券信用评级达到 AAA 级；

（4）中国证监会根据投资者保护的需要规定的其他条件。

未达到前款规定标准的公司债券公开发行应当面向合格投资者。

3. 不得公开发行公司债券的情形

存在下列情形之一的，不得公开发行公司债券：

（1）对已发行的公司债券或者其他债务有违约或者迟延支付本息的事实，仍处于继续状态；

（2）违反规定，改变公开发行公司债券所募集资金的用途。

【知识点拨】公开发行公司债券筹集的资金，必须按照公司债券募集办法所列资金用途使用；改变资金用途，必须经债券持有人会议作出决议。公开发行公司债券筹集的资金，不得用于弥补亏损和非生产性支出。

【例题 15·多选题】（2012 年改）下列关于公司债券发行的表述中，符合证券法律制度规定的有（ ）。

A. 公司债券每张面值 1 元

B. 公开发行公司债券，应当委托具有从事证券服务业务资格的资信评级机构进行信用评级

C. 为公开发行可转换公司债券提供担保的，应为全额担保

D. 公开发行公司债券募集的资金不得用于弥补亏损和非生产性支出

解析 ▶ 本题考核公司债券的发行。公司债券每张面值 100 元，选项 A 错误。

答案 ▶ BCD

（三）公司债券的非公开发行 ★★★

1. 非公开发行的公司债券应当向合格投资者发行，不得采用广告、公开劝诱和变相公开方式，**每次发行对象不得超过 200 人**。

2. 合格投资者，应当具备相应的风险识别和承担能力，知悉并自行承担公司债券的投资风险，并符合下列资质条件：

（1）经有关金融监管部门批准设立的金融机构，包括证券公司、基金管理公司及其子公司、期货公司、商业银行、保险公司和信托公司等，以及经中国证券投资基金业协会（以下简称"基金业协会"）登记的私募基金管理人；

（2）上述金融机构面向投资者发行的理财产品，包括但不限于证券公司资产管理产品、基金及基金子公司产品、期货公司资产管理产品、银行理财产品、保险产品、信托产品以及经基金业协会备案的私募基金；

（3）**净资产不低于人民币 1000 万元的企事业单位法人、合伙企业**；

（4）合格境外机构投资者（QFII）、人民币合格境外机构投资者（RQFII）；

（5）社会保障基金、企业年金等养老基金，慈善基金等社会公益基金；

（6）**名下金融资产不低于人民币 300 万元的个人投资者**；

（7）经中国证监会认可的其他合格投资者。

【知识点拨 1】理财产品、合伙企业拟将主要资产投向单一债券，需要穿透核查最终投资者是否为合格投资者并合并计算投资者人数。此处的投资者是指理财产品的"购买者"和合伙企业的"合伙人"。

【知识点拨 2】发行人的董事、监事、高级管理人员及持股比例超过 5% 的股东，可以参与本公司非公开发行公司债券的认购与转让，不受上述合格投资者资质条件的限制。

【例题 16·多选题】某商业银行发行风险等级为 R3 的 VIP 专属理财产品，其单一投向为甲上市公司非公开发行的公司债券，该理财产品销售给张某、闫某、王某三名个人 VIP 客户和乙有限责任公司，张某为上市公司董事长，持有各类金融资产共 5 亿元，闫某为公司白领，持有各类金融资产共 280 万元，王某为个体业主，持有各类金融资产共

310万元，乙有限责任公司净资产为800万元。下列关于商业银行该理财产品发行和购买的说法中，错误的有（ ）。

A. 由于该理财产品投资投向单一，因此张某、闫某、王某个人投资者不得参与购买

B. 张某、王某和乙公司可以购买该理财产品，闫某不得购买

C. 甲上市公司此次非公开发行公司债券涉及理财产品的投资人应计算为两名

D. 张某、闫某、王某和乙公司均可以购买该理财产品，由于非直接购买公司债券，因此非公开发行公司债券涉及理财产品的投资人应计算为一名

解析 ▶ 本题考核非公开发行公司债券的投资人。如果理财产品或合伙企业投资单一债券时，需要看理财产品的投资者及合伙企业的合伙人是否符合合格投资者的标准，并计算其人数。理财产品投资单一，仅对最终投资者进行穿透核查，因此选项A表述错误；根据规定，投资者为企业事业单位、合伙企业的净资产不低于人民币1000万元，乙有限责任公司的净资产低于了1000万元，不满足合格投资者的标准，因此选项B表述错误；由于通过购买理财产品的投资人应合并计算非公开发行公司债券的投资者人数，符合合格投资者标准的理财产品人数是2人，即公司债券的投资者是2人。因此选项C表述正确、选项D表述错误。 **答案** ▶ ABD

『**总结**』公司债券公开发行与非公开发行的比较（见表7-21）。

表7-21 公司债券公开发行与非公开发行比较

比较项目	公开发行公司债券	非公开发行公司债券
发行对象	(1)公众投资者； (2)合格投资者	仅限合格投资者
发行对象数量	无限制	每次不得超过200人 【知识点拨】不得采用公告、公开劝诱和变相公开发行方式
信用评级要求	必须委托有资质的资信评级机构进行信用评级	是否评级由发行人确定，并在债券募集说明书中披露
备案要求	每期发行完成后5个工作日内报证监会备案	每次发行完成后5个工作日内报中国证券业协会备案
是否可以转让	是	是
转让对象限制	发行环节与交易环节的投资者适当性要求应当保持一致	仅限于合格投资者范围内，转让后，持有"同次"发行债券的合格投资者合计不得超过200人
交易场所	应当公开交易，包括： (1)证券交易所； (2)全国股转系统	可以申请在以下交易场所交易： (1)证券交易所； (2)全国股转系统； (3)机构间私募产品报价与服务系统； (4)证券公司柜台转让

【例题17·单选题】（2017年）甲股份有限公司非公开发行债券，乙证券公司担任承销商。下列关于此次非公开发行的表述中，符合证券法律制度规定的是（ ）。

A. 本次非公开发行的债券在发行后可申请在证券交易所转让

B. 债券发行后进行转让的，持有本次发行债券的合格投资者合计不得超过300人

C. 净资产不低于500万元的企业法人可以作为本次非公开发行债券的合格投资者

D. 乙证券公司应在本次发行完成后5个工作日内向中国证监会备案

解析 ▶ 本题考核公司债券的非公开发行。债券发行后进行转让的，持有本次发行债券的合格投资者合计不得超过200人，选项B错误。净资产不低于1000万元的企事业单位法人、合伙企业可以作为本次非公开发行债券的合格投资者，选项C错误。非公开发行公司债券，承销机构或依法自行销售的发行人应当在每次完成后5个工作日内向"中国证券业协会"备案，选项D错误。 **答案** ▶ A

（四）公司债券发行与交易中的信息披露★

1. 募集资金用途的披露

（1）公司债券募集资金的用途应当在债券募集说明书中披露。

（2）发行人应当在"定期报告"中披露公开发行公司债券募集资金的使用情况。

（3）非公开发行公司债券的，应当在"债券募集说明书"中约定募集资金使用情况的披露事宜。

2. 重大事项披露

公开发行公司债券的发行人，在债券存续期应及时披露以下重大事项：

（1）公司股权结构或者生产经营状况发生重大变化；

（2）公司债券信用评级发生变化；

（3）公司重大资产抵押、质押、出售、转让、报废；

（4）公司发生未能清偿到期债务的情况；

（5）公司新增借款或者对外提供担保超过上年末净资产的20%；

（6）公司放弃债权或者财产超过上年末净资产的10%；

（7）公司发生超过上年末净资产10%的重大损失；

（8）公司分配股利，作出减资、合并、分立、解散及申请破产的决定，或者依法进入破产程序、被责令关闭；

（9）涉及公司的重大诉讼、仲裁；

（10）公司涉嫌犯罪被依法立案调查，公司的控股股东、实际控制人、董事、监事、高级管理人员涉嫌犯罪被依法采取强制措施；

（11）国务院证券监督管理机构规定的其他事项。

（五）公司债券持有人的权益保护（见表7-22）★★

表 7-22 公司债券持有人的权益保护

保护机制	具体规定
1. 信用评级	（1）公开发行公司债券，应当委托具有从事证券服务业务资格的资信评级机构进行信用评级。在债券有效存续期间，每年至少向市场公布一次定期跟踪评级报告； （2）非公开发行公司债券，是否评级由发行人确定，并在债券募集说明书中披露
2. 受托管理	（1）上市公司应当为债券持有人聘请债券受托管理人，并订立债券受托管理协议；在债券存续期限内，由债券受托管理人按照规定或者依照协议的约定维护债券持有人的利益。 【知识点拨】非公开发行公司债券的，债券受托管理人应当按照债券受托管理协议的约定履行职责。 （2）债券受托管理人由本次发行的承销机构或者其他经中国证监会认可的机构担任
3. 债券持有人会议	存在下列情况的，债券受托管理人应当召集债券持有人会议： （1）拟变更债券募集说明书的约定； （2）拟修改债券持有人会议规则； （3）拟变更债券受托管理人或受托管理协议的主要内容； （4）发行人、单独或合计持有本期债券总额10%以上的债券持有人书面提议召开； （5）发行人不能按期支付本息； （6）保证人、担保物或者其他偿债保障措施发生重大变化； （7）发行人管理层不能正常履行职责，导致发行人债务清偿能力面临严重不确定性，需要依法采取行动的； （8）发行人提出债务重组方案的

续表

保护机制	具体规定
3. 债券持有人会议	(9)发行人减资、合并、分立、解散或者申请破产； (10)发生其他对债券持有人权益有重大影响的事项。 在债券受托管理人应当召集债券持有人会议而未召集债券持有人会议时，单独或合计持有本期债券总额10%以上的债券持有人有权自行召集债券持有人会议。 【知识点拨】上述事项都是可能影响公司对债券还本付息的，因而要召开债券持有人会议
4. 担保机制	发行人可采取内外部增信机制、偿债保障措施，提高偿债能力，控制公司债券风险。内外部增信机制、偿债保障措施包括但不限于自己提供或第三方提供的担保、商业保险、限制发行人债务及担保规模、限制发行人对外投资规模等

【例题18·单选题】（2013年）下列关于上市公司公司债券投资者权益保护制度的表述中，符合证券法律制度规定的是（　）。

A. 发行公司债券应委托资产评估机构对债券做出信用评级

B. 债券受托管理人不得由公司聘请

C. 公司不能按期支付债券本息时，应召开债券持有人会议

D. 为公司债券提供保证担保的，应当为一般保证

解析 本题考核公司债券投资者权益保护的规定。上市公司发行公司债券应当委托具有从事证券服务业务资格的资信评级机构进行信用评级，选项A错误；上市公司应当为债券持有人聘请债券受托管理人，并订立债券受托管理协议，选项B错误；以保证方式提供担保的，应当为连带责任保证，且保证人资产质量良好，选项D错误。 答案 C

（六）可转换公司债券的发行（见表7-23）★★

可转换公司债券在一定期间内依据约定的条件可以转换成股份。包括分离交易的可转债和非分离交易的可转债两种。其中，分离交易的可转债实际上是两次融资，债券和认股权证是分别交易的。

【知识点拨】上市公司发行可转换为股票的公司债券，除应当符合公司债券公开发行的条件外，还应当符合上市公司发行新股的条件（因为可以按约定条件申请转换成公司股份，这种情况下相当于公司增发了股份）。但是，按照公司债券募集办法，上市公司通过收购本公司股份的方式进行公司债券转换的除外。

表7-23 非分离交易的可转债与分离交易的可转债的发行条件比较

	债券类型 具体要求	非分离交易可转换公司债券	分离交易可转换公司债券
发行条件	净资产总额	无要求	最近一期期末经审计的净资产不低于人民币15亿元
	最近3个会计年度加权平均净资产收益率	平均不低于6%（扣除非经常性损益后的净利润与扣除前的净利润相比，以低者作为加权平均净资产收益率的计算依据）	最近3个会计年度经营活动产生的现金流量净额平均不少于公司债券1年的利息，但最近3个会计年度加权平均净资产收益率平均不低于6%（扣除非经常性损益后的净利润与扣除前的净利润相比，以低者作为加权平均净资产收益率的计算依据）除外
	本次发行后累计公司债券余额	分离交易的可转债预计所附认股权全部行权后募集的资金总量不超过拟发行公司债券金额	
	最近3个会计年度年均可分配利润	不少于公司债券1年的利息	

债券类型 具体要求	非分离交易可转换公司债券	分离交易可转换公司债券
	公开发行可转换公司债券,应当提供担保,但最近一期期末经审计的净资产不低于人民币 15 亿元的公司除外	无担保要求(因已要求净资产不低于 15 亿)
担保	①提供担保的,应当为全额担保,担保范围包括债券的本金及利息、违约金、损害赔偿金和实现债权的费用; ②以保证方式提供担保的,应当为连带责任担保,且保证人最近一期经审计的净资产额应不低于其累计对外担保的金额。证券公司或上市公司不得作为发行可转债的担保人,但上市商业银行除外; ③设定抵押或质押的,抵押或质押财产的估值应不低于担保金额。估值应经有资格的资产评估机构评估	
债券存续期限	最短为 1 年,最长为 6 年	最短为 1 年
转股/认股权证行权期限	自发行结束之日起 6 个月后方可转换为公司股票	认股权证自发行结束至少已满 6 个月起方可行权
转股/认股权证行权价格	转股价格应不低于募集说明书公告日前 20 个交易日该公司股票交易均价和前一交易日的均价	认股权证的行权价格应不低于公告募集说明书日前 20 个交易日公司股票均价和前一个交易日的均价

【知识点拨】 发行可转换公司债券后,因配股、增发、送股、派息、分立及其他原因引起上市公司股份变动的,应当同时调整转股价格。

【例题 19·多选题】 (2013 年改)根据证券法律制度的规定,下列关于可转换公司债券的表述中,正确的有( )。

A. 上市公司可以公开发行认股权和债券分离交易的可转换公司债券

B. 上市公司发行可转换公司债券不同于公开发行股票,无须报中国证监会注册

C. 在转股期限内,可转换公司债券持有人有权决定是否将债券转换为股票

D. 非上市股份有限公司不得发行可转换公司债券

解析 本题考核上市公司发行可转换公司债券的规定。上市公司发行股票与发行可转债,均须经证监会注册。股票公开转让的非上市公众公司发行的公司债券,可以附认股权、可转换成相关股票等条款。答案 AC

(七)公司债券的交易 ★★

1. 公司债券上市交易

债券上市交易应向证券交易所申请,由证券交易所审核同意。具体上市条件由证券交易所规定。

2. 公司债券的终止上市

上市交易的证券,不再符合上市条件的,或者有上市规则规定的其他情形的,由证券交易所按照业务规则终止其上市交易。证券交易所决定终止证券上市交易的,应当及时公告,并报国务院证券监督管理机构备案。

四、股票的上市与交易

扫我解疑难

(一)股票市场的结构(见图 7-6) ★

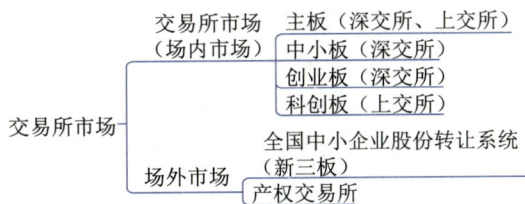

图 7-6 股票市场的结构

【知识点拨】 中小企业板块在市场定位上属于主板市场的组成部分,主要安排主板市场拟发行上市企业中流通股本规模相对较小的公司在该板块上市。

1. 场内市场(见表7-24)

表7-24　场内市场

(1)集合竞价交易	证券交易按价格优先、时间优先的原则竞价成交
(2)大宗交易	①上海和深圳证券交易所从2002年开始建立大宗交易制度。 ②在上海证券交易所市场进行的证券单笔买卖达到如下最低限额,可以采用大宗交易方式: A股交易数量在50万股(含)以上,或交易金额在300万元(含)人民币以上; B股交易数量在50万股(含)以上,或交易金额在30万美元(含)以上。 ③大宗交易应当委托其办理指定交易的交易所会员办理。 ④大宗交易的交易时间:交易日的15:00-15:30。 ⑤买卖双方根据大宗交易的意向申报信息,就大宗交易的价格和数量等要素进行议价协商。成交价格由买卖双方在当日最高和最低成交价格之间确定,该证券当日无成交的,以前收盘价为成交价

【例题20·多选题】(2017年)根据证券法律制度的规定,下列关于证券大宗交易系统的表述中,正确的有(　)。

A. 大宗交易的交易时间为交易日的15:00-15:30

B. 目前只有上海证券交易所建立了大宗交易系统

C. 买方和卖方就大宗交易达成一致后,自行交易,无须交易所确认

D. 买方和卖方可以就大宗交易的价格和数量等要素进行议价协商

解析　本题考核证券大宗交易系统。我国上海和深圳两个证券交易所从2002年开始建立大宗交易制度,选项B错误;大宗交易的成交申报须经交易所确认,选项C错误。

答案　AD

2. 全国股转系统(新三板)

全国中小企业股份转让系统(简称全国股转系统)是经国务院批准,依据《证券法》设立的全国性证券交易场所。可以参与挂牌公司股票公开转让的投资者:

(1)机构投资者,包括:①注册资本500万元人民币以上的法人机构;②实缴出资总额500万元人民币以上的合伙企业;③证券公司资产管理产品、基金管理公司及其子公司产品、期货公司资产管理产品、银行理财产品、保险产品、信托产品、经行业协会备案的私募基金等理财产品,社会保障基金、企业年金等养老金,慈善基金等社会公益基金,合格境外机构投资者(QFII)、人民币合格境外构投资者(RQFII)等机构投资者。

(2)同时符合下列条件的自然人投资者:①在签署协议之日前,投资者本人名下最近10个转让日的日均金融资产500万元人民币以上。金融资产是指银行存款、股票、债券、基金份额、资产管理计划、银行理财产品、信托计划、保险产品、期货及其他衍生产品等。②具有2年以上证券、基金、期货投资经历,或者具有2年以上金融产品设计、投资、风险管理及相关工作经历,或者具有金融机构的高级管理人员任职经历。具有前款所称投资经历、工作经历或任职经历的人员属于《证券法》相关规定禁止参与股票交易的,不得申请参与挂牌公司股票公开转让。

【应试思路】注意把新三板的合格投资者与公司债券发行中的合格投资者区分开。

全国中小企业股份转让系统采取多元化交易机制,股票转让可以采取协议方式、做市方式、竞价方式或其他中国证监会批准的转让方式。

3. 区域性股权市场

区域性股权市场定位是主要服务于所在省级行政区域内中小微企业的私募股权市场,如各地的产权交易所。主要由所在地省级人

民政府按规定实施监管。

（二）股票上市★★

申请证券上市交易，应当向证券交易所提出申请，由证券交易所依法审核同意，并由双方签订上市协议。申请股票上市交易，应当符合证券交易所上市规则规定的上市条件。

（三）股票终止上市★★

1. 主动退市制度

（1）上市公司主动申请退市或者转市。

上市公司拟决定其股票不再在交易所交易，或者转而申请在其他交易场所交易或者转让的，应当召开股东大会作出决议，须双三分之二以上表决通过：经出席会议的股东所持表决权的2/3以上通过，并须经出席会议的中小股东所持表决权的2/3以上通过。

【知识点拨】"中小股东"是指以下股东之外的其他股东：①上市公司的董事、监事、高级管理人员；②单独或合计持有上市公司5%以上股份的股东。

（2）通过要约收购实施的退市和通过合并、解散实施的退市。

因全面要约收购上市公司股份、实施以上市公司为对象的公司合并、上市公司全面回购股份以及上市公司自愿解散，导致公司股票退出市场交易的，证券交易所应当在上市公司公告回购或者收购结果、完成合并交易、作出解散决议之日起15个交易日内，作出终止其股票上市的决定。

2. 重大违法行为强制退市制度

（1）因欺诈发行、重大信息披露违法、其他严重损害证券市场秩序的重大违法且严重影响上市地位：

①上市公司首次公开发行股票、发行股份购买资产并构成重组上市，该两类行为中申请或者披露文件存在虚假记载、误导性陈述或重大遗漏，被证监会行政处罚或被法院作出有罪生效判决；（此种情况被终止上市，不可重新上市）

②上市公司披露的年度报告存在虚假记载、误导性陈述或者重大遗漏，根据中国证监会行政处罚决定认定的事实，导致连续会计年度财务指标实际已触及规定的终止上市标准；

③交易所根据上市公司违法行为的事实、性质、情节及社会影响等因素认定的其他严重损害证券市场秩序的情形。（②③两种情况股票被终止上市的，自其股票进入全国中小企业股份转让系统挂牌转让之日起的5个完整会计年度内，交易所不受理其重新上市申请）

（2）因危害国家、社会、公共安全的违法行为。上市公司存在涉及国家安全、公共安全、生态安全、生产安全和公众健康安全等领域的违法行为，情节恶劣，严重损害国家利益、社会公共利益，或者严重影响上市地位，其股票应当被终止上市的情形。

上市公司涉及该种重大违法行为，存在以下情形之一的，其股票应当被终止上市：

①上市公司或其主要子公司被依法吊销营业执照、责令关闭或者被撤销；

②上市公司或其主要子公司被依法吊销主营业务生产经营许可证，或者存在丧失继续生产经营法律资格的其他情形；

③交易所根据上市公司重大违法行为损害国家利益、社会公共利益的严重程度，结合公司承担法律责任类型、对公司生产经营和上市地位的影响程度等情形，认为公司股票应当终止上市的。

（因该类重大违法股票被终止上市的，自其股票进入全国中小企业股份转让系统挂牌转让之日起的5个完整会计年度内，交易所不受理其重新上市申请）

【知识点拨】恢复上市的前提是最终认定不构成违法或犯罪，且恢复上市必须经申请。

【例题21·单选题】（2019年）根据证券法律制度的规定，上市公司存在涉及生态安全领域的违法行为，情节恶劣，严重损害国家利益、社会公共利益，其股票被终止上市的，在5个完整会计年度内，交易所不受理其重新上市申请。该5个完整会计年度的起算日是（　　）。

A. 股票被标记为"ST"之日

B. 股票进入全国中小企业股份转让系统挂牌转让之日

C. 股票被交易所终止上市之日

D. 证监会的相关行政处罚公告之日

解析 ▶ 本题考核股票的上市与交易。

答案 ▶ B

3. 因不能满足交易标准要求的强制退市指标(见图7-7)

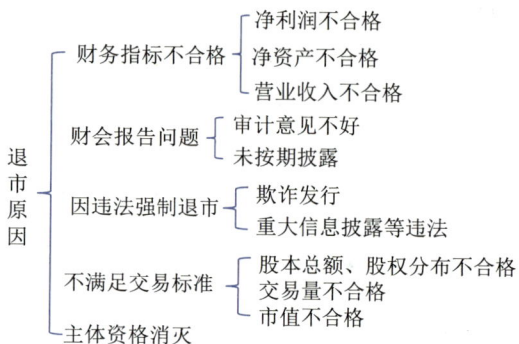

图7-7 退市原因

【知识点拨1】 因违法强制退市也是强制退市的一种,内容见上文第2点。

【知识点拨2】 强制退市三步曲:退市风险警示→暂停上市→终止上市

(1)股票退市风险警示。

【知识点拨1】 退市风险警示是中国A股市场上为保护投资者合法权益,降低市场风险的一种制度。证交所对存在股票终止上市风险的公司,对其股票交易实行警示存在终止上市风险的特别处理。

【知识点拨2】 特别处理措施的内容包括:①对于退市风险警示,在公司股票简称前冠以"＊ST"字样(其他特别处理的措施是冠以"ST"字样),以区别于其他股票。②股票报价的日涨跌幅限制为5%。

有下列情形之一的,为存在股票终止上市风险(退市风险警示)的公司:

财务指标问题

①最近两个会计年度经审计的净利润连续为负值或者被追溯重述后连续为负值;

【知识点拨】 追溯重述是指在发现前期差错时,视同该项前期差错从未发生过,从而对财务报表相关项目进行更正的方法。

②最近一个会计年度经审计的期末净资产为负值或者被追溯重述后为负值;

③最近一个会计年度经审计的营业收入低于1000万元或者被追溯重述后低于1000万元;

④最近一个会计年度的财务会计报告被会计师事务所出具无法表示意见或者否定意见的审计报告;

财会报告问题

【相关链接1】 上市公司最近3年及1期财务报表被注册会计师出具保留意见、否定意见或无法表示意见的审计报告,构成上市公司"增发股票"的法定障碍。

【相关链接2】 最近1年及1期财务报表被注册会计师出具保留意见、否定意见或无法表示意见的审计报告的,构成上市公司"非公开发行股票"的法定障碍。

⑤因财务会计报告存在重大会计差错或者虚假记载,被中国证监会责令改正但未在规定期限内改正,且公司股票已停牌2个月;

⑥未在法定期限内披露年度报告或者中期报告,且公司股票已停牌2个月;

违法

⑦因欺诈发行受到中国证监会行政处罚,或者因涉嫌欺诈发行罪被依法移送公安机关;

⑧因重大信息披露违法受到中国证监会行政处罚,或者因涉嫌违规披露、不披露重要信息罪被依法移送公安机关;

交易指标问题：
⑨上市公司因要约收购或者其他原因导致股权分布不再具备上市条件的情形，公司披露的解决方案存在重大不确定性，或者在规定期限内未披露解决方案，或者在披露可行的解决方案后一个月内未实施完成。
【知识点拨1】股权分布不具备上市条件，是指社会公众股东持有的股份连续20个交易日低于公司总股本的25%，公司股本总额超过人民币4亿元的，低于公司总股本的10%。
【知识点拨2】社会公众股股东指不包括下列股东的上市公司其他股东：①持有上市公司10%以上股份的股东及其一致行动人；②上市公司董事、监事、高级管理人员及其关联人。

主体资格问题：
⑩法院依法受理公司重整、和解或者破产清算申请；
【相关链接】此处只是人民法院依法受理，只有上市公司被法院宣告破产的，股票才终止上市。
⑪出现可能导致公司被依法强制解散的情形；
⑫本所认定的其他情形。

(2)终止上市。

财务指标：
①净利润、净资产负值，暂停上市后近1年度仍负值；
营业收入低于1000万元，暂停上市后近1年度仍低于1000万；

财会报告问题：
②因净利润、净资产、营业收入或审计意见类型触及相关标准，暂停上市后，最近一个会计年度的财务会计报告被会计师事务所出具保留意见、无法表示意见或者否定意见的审计报告；
③因净利润、净资产、营业收入或审计意见类型触及相关标准，暂停上市后，未在法定期限内披露暂停上市后首个年度报告；
④因未在规定期限内按要求改正财务会计报告或未在规定期限内披露年度报告或中期报告触及标准，股票被暂停上市后，公司在2个月内仍未按要求披露相关定期报告；或者上述行为按要求改正后，5个工作日内未提出恢复上市申请；

违法：
⑤因欺诈发行或重大信息披露违法，其股票被暂停上市后，证监会做出行政处罚决定、移送决定之日起12个月内被判决有罪或未满足恢复上市条件；
⑥因欺诈发行或重大信息披露违法，其股票被暂停上市后，符合恢复上市申请条件但未申请；

交易指标问题：
⑦在本所仅发行A股股票的上市公司，通过本所交易系统连续120个交易日(不包含公司股票停牌日)实现的累计股票成交量低于500万股，或者连续20个交易日(不包含公司股票停牌日)的每日股票收盘价均低于股票面值；
⑧在本所仅发行B股股票的上市公司，通过本所交易系统连续120个交易日(不包含公司股票停牌日)实现的累计股票成交量低于100万股，或者连续20个交易日(不包含公司股票停牌日)的每日股票收盘价均低于股票面值；
⑨在本所既发行A股又发行B股的上市公司，其A、B股的成交量或收盘价同时触及上述⑦⑧标准的；
⑩主板上市公司连续20个交易日股东人数低于2000人，中小板上市公司连续20个交易日股东人数低于1000人；

交易指标问题
⑪因股本总额不具备上市条件，暂停上市后，在本所规定的期限内仍不能达到上市条件；

⑫因股权分布发生变化不具备上市条件，其股票被暂停上市后，公司在6个月内其股权分布仍不具备上市条件；

或者虽在6个月内具备上市条件，但规定期限内未提出恢复上市申请；

『总结』出现股权分布问题，应提交可行方案一个月内实施——"退市风险警示"——6个月内仍不满足条件——暂停上市——6个月再不满足条件——终止上市

主体资格及其他
⑬上市公司被强制解散或被宣告破产；
⑭中小板上市公司最近36个月内累计被3次公开谴责；
⑮恢复上市的申请未被受理；
⑯恢复上市申请未获同意。

【知识点拨】证券交易所在公司退市前给予30个交易日的股票交易时间。"退市整理期"公司并购重组行政许可申请将不再受理；已经受理的，应当终止审核。主动退市公司可以选择在证券交易场所交易或者转让其股票，或者依法作出其他安排。强制退市公司股票应当统一在全国中小企业股份转让系统设立的专门层次挂牌转让。

【例题22·多选题】下列情形中，不属于上市公司股权终止上市情形的有(　　)。

A. 中小板上市公司最近36个月内累计受到证交所三次公开谴责

B. 中小板上市公司连续20个交易日股东人数低于2000人

C. 公司因欺诈发行、重大信息披露违法其股票被暂停上市后，符合规定的恢复上市申请条件但未在规定期限内向证交所提出恢复上市申请

D. 法院受理上市公司的重整申请

解析 ▶ 本题考核股票上市与退市。终止上市条件包括：主板上市公司连续20个交易日股东人数低于2000人；中小板上市公司连续20个交易日股东人数低于1000人。受理重整、和解、破产清算属于退市风险警示的情形。　　　**答案** ▶ BD

(四)股票场内交易与结算(了解)

1. 股票场内交易

(1)进入实行会员制的证券交易所参与集中交易的，必须是证券交易所的会员。

(2)投资者如欲参与证券市场交易，应当在证券公司实名开立账户证券公司不得将投资者的账户提供给他人使用。投资者应当使用实名开立的账户进行交易。

2. 股票保管和过户

(1)上市股票，统一由证券登记结算公司办理过户事项。

(2)证券登记结算机构应当妥善保存登记、存管和结算的原始凭证及有关文件和资料。其保存期限不得少于20年。

3. 停牌、复牌、停市

(1)停牌是指由于发生法律规定的事件，上市公司的股票暂停交易。

(2)复牌是指停牌的上市公司股票恢复交易。

【知识点拨】股票的停牌和复牌指股票暂停"交易"或恢复"交易"，一般持续时间比较短，与上述的股票暂停上市或终止上市有一定的区别，比如，菜市场里面一个卖菜商户某一天家里娶媳妇关门一天，此时就是"暂停交易"，如果这个商户经常缺斤短两，坑害消费者，违反"菜市场上市规则"，那么就有可能被请出菜市场不让他卖了，此时就是"暂停上市"或"终止上市"。

(3)因不可抗力、意外事件、重大技术故障、重大人为差错等突发性事件而影响证券交易正常进行时，为维护证券交易正常秩序和市场公平，证券交易所可以按照业务规则采取技术性停牌、临时停市等处置措施，并

应当及时向国务院证券监督管理机构报告。因前款规定的突发性事件导致证券交易结果出现重大异常，按交易结果进行交收将对证券交易正常秩序和市场公平造成重大影响的，证券交易所按照业务规则可以采取取消交易、通知证券登记结算机构暂缓交收等措施，并应当及时向国务院证券监督管理机构报告并公告。证券交易所对其依照本条规定采取措施造成的损失，不承担民事赔偿责任，但存在重大过错的除外。

五、上市公司收购

扫我解疑难

(一)上市公司收购概述★★★

上市公司收购是要取得对上市公司的实际控制权。

1. 实际控制

取得对上市公司的实际控制是指：

(1) 投资者为上市公司持股 50% 以上的控股股东；

(2) 投资者可以实际支配上市公司股份表决权超过 30%；

(3) 投资者通过实际支配上市公司股份表决权能够决定公司董事会半数以上成员选任；

(4) 投资者依其可实际支配的上市公司股份表决权足以对公司股东大会的决议产生重大影响；

(5) 中国证监会认定的其他情形。

【例题 23·多选题】（2015 年）根据证券法律制度的规定，下列情形中，构成对上市公司实际控制的有（　　）。

A. 投资者为上市公司持股 56% 的股东

B. 投资者可以实际支配上市公司股份表决权的 40%

C. 投资者通过实际支配上市公司股份表决权能够决定公司董事会 1/3 成员选任

D. 投资者依其可实际支配的上市公司股份表决权足以对公司股东大会的决议产生重大影响

解析 ▶ 本题考核上市公司收购。有下列情形之一的，为拥有上市公司控制权：(1) 投资者为上市公司持股 50% 以上的控股股东；(2) 投资者可以实际支配上市公司股份表决权超过 30%；(3) 投资者通过实际支配上市公司股份表决权能够决定公司董事会半数以上成员选任；(4) 投资者依其可实际支配的上市公司股份表决权足以对公司股东大会的决议产生重大影响；(5) 中国证监会认定的其他情形。

答案 ▶ ABD

2. 一致行动人（注意案例）

【知识点拨】 一致行动人应当合并计算其所持有的股份。投资者计算其所持有的股份，应当包括登记在其名下的股份，也包括登记在其一致行动人名下的股份。

如无相反证据，投资者有下列情形之一的，为一致行动人：

(1) 投资者之间有股权控制关系；

(2) 投资者受同一主体控制；

(3) 投资者的董事、监事或者高级管理人员中的主要成员，同时在另一个投资者担任董事、监事或者高级管理人员；

(4) 投资者参股另一投资者，可以对参股公司的重大决策产生重大影响；

(5) 银行以外的其他法人、其他组织和自然人为投资者取得相关股份提供融资安排；

(6) 投资者之间存在合伙、合作、联营等其他经济利益关系；

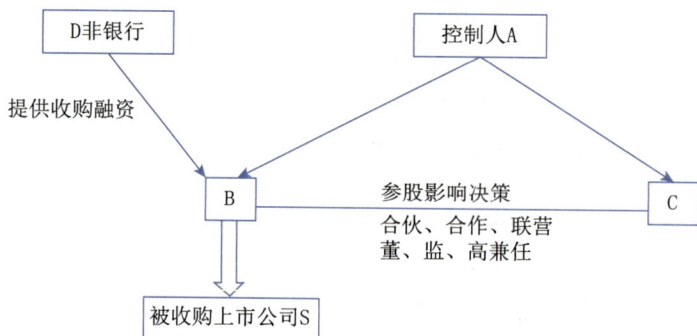

图 7-8　因投资、融资、人事安排产生的一致行动人（B 为投资者）

（7）持有投资者 30% 以上股份的自然人，与投资者持有同一上市公司股份；

（8）在投资者任职的董事、监事及高级管理人员，与投资者持有同一上市公司股份；

（9）持有投资者 30% 以上股份的自然人和在投资者任职的董事、监事及高级管理人员，其父母、配偶、子女及其配偶、配偶的父母、兄弟姐妹及其配偶、配偶的兄弟姐妹及其配偶等亲属，与投资者持有同一上市公司股份；

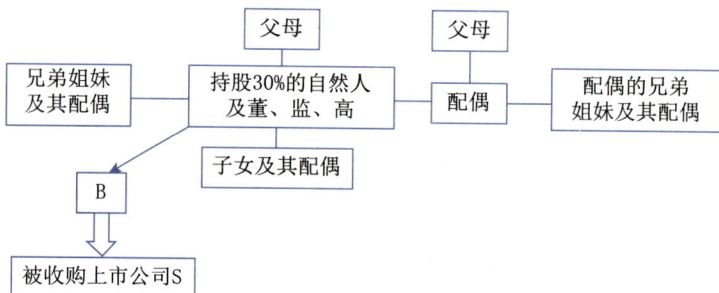

图 7-9　因自然人亲属关系产生的一致行动人（B 为投资者）

『举例』甲欲收购乙上市公司，如果张某持有甲公司 35% 的股份（超过了 30%），李某是甲公司的董事。另外，A 是张某的法定直系亲属，B 是李某的法定直系亲属。这种情况下，如果 A 和 B 持有乙上市公司的股份的，那么 A 和甲，B 和甲构成一致行动人。

（10）在上市公司任职的董事、监事、高级管理人员及其前项所述亲属同时持有本公司股份的，或者与其自己或者其前项所述亲属直接或者间接控制的企业同时持有本公司股份；

（11）上市公司董事、监事、高级管理人员和员工与其所控制或者委托的法人或者其他组织持有本公司股份；

（12）投资者之间具有其他关联关系。

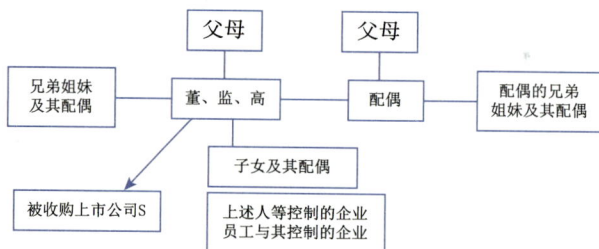

图 7-10　被收购公司内部自然人及其亲属关系导致的一致行动人

3. 不得收购上市公司的情形

（1）收购人负有数额较大债务，到期未清偿，且处于持续状态；

（2）收购人最近3年有重大违法行为或者涉嫌有重大违法行为；

（3）收购人最近3年有严重的证券市场失信行为；

（4）收购人为自然人的，存在《公司法》第146条规定情形（即不得担任公司的董事、监事、高级管理人员的情形）；

（5）法律、行政法规规定以及中国证监会认定的不得收购上市公司的其他情形。

【知识点拨】不得收购非上市公众公司的情形包括上述（1）、（4）、（5）项；（2）、（3）两项的时间均为2年。

【例题24·多选题】甲公司拟收购乙上市公司。根据证券法律制度的规定，下列投资者中，如无相反证据，属于甲公司一致行动人的有（　）。

A. 由甲公司的监事担任董事的丙公司

B. 持有乙公司1%股份且为甲公司董事之弟的张某

C. 持有甲公司20%股份且持有乙公司3%股份的王某

D. 在甲公司中担任董事会秘书且持有乙公司2%股份的李某

解析 ▶本题考核一致行动人。持有投资者30%以上股份的自然人才算一致行动人，因而选项C错误。 答案 ▶ABD

4. 上市公司收购中相关当事人的义务（见表7-25）

表7-25　上市公司收购中相关当事人的义务

当事人	义务
被收购公司相关人员	（1）被收购公司的控股股东或者实际控制人不得滥用股东权利，损害被收购公司或者其他股东的合法权益。 （2）要约收购期间，被收购公司董事不得辞职。 （3）被收购公司董事会应当对收购人的主体资格、资信情况及收购意图进行调查，对要约条件进行分析，对股东是否接受要约提出建议，并聘请独立财务顾问提出专业意见
收购人	（1）买卖限制：收购人在要约收购期内，不得卖出被收购公司的股票；也不得采取要约规定以外的形式和超出要约的条件买入被收购公司的股票。 （2）报告义务：收购期限届满后15日内，收购人应当向证券交易所提交关于收购情况的书面报告，并予以公告。 （3）锁定义务：收购人持有的被收购的上市公司的股票，在收购行为完成后的18个月内不得转让。但是，收购人在被收购公司中拥有权益的股份在同一实际控制人控制的不同主体之间进行转让不受前述18个月的限制，但应当遵守《收购办法》有关豁免申请的有关规定。 【说明】《证券法》已经将12个月改为18个月，但辅导教材仍按原规定12个月，根据新法优于旧法的原则，应以18个月为宜。 在一个上市公司中拥有权益的股份达到或者超过该公司已发行股份的30%的，自上述事实发生之日起一年后，每12个月内增持不超过该公司已发行的2%的股份，该增持不超过2%的股份锁定期为增持行为完成之日起6个月。（注意案例）

5. 收购的支付方式

上市公司收购可以采用现金、依法可以转让的证券以及法律、行政法规规定的其他支付方式进行。

（二）上市公司收购中的报告与信息披露

★★★

1. 大股东披露和权益变动披露

（1）大股东披露。

通过证券交易所的证券交易，投资者持有或者通过协议、其他安排与他人共同持有一个上市公司已发行的有表决权股份达到5%时，应当在该事实发生之日起3日内，向国务院证券监督管理机构、证券交易所作出书面报告，通知该上市公司，并予公告；在上述期限内，不得再行买卖该上市公司的股票，但国务院证券监督管理机构规定的情形除外。

（2）权益变动披露。

投资者持有或者通过协议、其他安排与他人共同持有一个上市公司已发行的有表决权股份达到5%后，其所持该上市公司已发行的有表决权股份比例每增加或者减少5%，应当依照前款规定进行报告和公告。在该事实发生之日起至公告后3日内，不得再行买卖该上市公司的股票，但国务院证券监督管理机构规定的情形除外。

投资者持有或者通过协议、其他安排与他人共同持有一个上市公司已发行的有表决权股份达到5%后，其所持该上市公司已发行的有表决权股份比例每增加或者减少1%，应当在该事实发生的次日通知该上市公司，并予公告。

违反前述规定买入上市公司有表决权的股份的，在买入后的36个月内，对该超过规定比例部分的股份不得行使表决权。

【相关链接】 以协议方式收购上市公司时，达成协议后，收购人必须在三日内将该收购协议向国务院证券监督管理机构及证券交易所作出书面报告，并予公告。在公告前不得履行收购协议。

【知识点拨1】 通过证券交易所的交易，投资者购买一个上市公司股份可以正好控制在5%，该事实发生3日内，应当履行披露义务；以后每增加或减少5%（如10%、15%等），都要履行权益变动披露义务。如果通过协议转让的方式获得一个上市公司股份，一般而言不可能正好在5%，如甲向乙协议转让其所持有的某上市公司9%股份，不必要分成两次交易，**在甲乙达成转让9%的股份的协议时**应当履行披露义务；以后在5%的倍数时，再履行权益变动披露义务，比如后来又通过证券交易所交易持有该上市公司股份达到10%时，应当履行权益变动披露义务。

【例题25·单选题】（2014年）甲以协议转让方式取得乙上市公司7%的股份，之后又通过交易所集中竞价交易陆续增持乙公司5%的股份。根据证券法律制度的规定，甲需要进行权益披露的时点分别是（   ）。

A. 其持有乙公司股份5%和10%时
B. 其持有乙公司股份7%和10%时
C. 其持有乙公司股份5%和7%时
D. 其持有乙公司股份7%和12%时

解析 本题考核上市公司收购的权益披露。《收购办法》对协议转让股权的权益披露时点有所放松：投资者通过协议转让方式，在一个上市公司中拥有权益的股份拟达到或者超过一个上市公司已发行股份5%时，履行权益披露义务。此后，其拥有权益的股份占该上市公司已发行股份的比例每增加或者减少达到或者超过5%的，也应当履行报告、公告义务。 **答案** B

【知识点拨2】 在上市公司收购中，我们将大股东披露和权益变动披露及相应的买卖限制规定称作收购的"慢走规则"，意味着收购一个上市公司不要急于求成，要慢慢来。当持股比例达到或超过5%，应当在该事实发生之日起3日内进行大股东披露，且该期限内不得买卖该公司股票；以后持股每增加或减少5%，应当在该事实发生之日起3日内进行权益变动披露，且在该事实发生之日起至公告后3日内，不得再行买卖该上市公司的股票。考生需注意限制买卖的期限起止日期。

『举例』 A投资公司通过证券交易所的交易于2017年5月8日持有B上市公司已发行股份的5%，A投资公司在3日内（5月9—11日）应当编制权益变动报告书，并履行法定的报告、通知和公告的义务，同时，在该期限内，不得再行买卖B上市公司的股票。此后，A投资公司于2017年5月20日又通过证券交易所的证券交易增持5%，合计持有B上市公司已发行股份的10%，A投资公司在3日内应当编制权益变动报告书，并履行法定的报告、通知和公告的义务，同时，在公告后3

日内，不得再行买卖 B 上市公司的股票。如果 A 投资公司于 5 月 21 日履行了前述法定义务，则 A 投资公司直到 5 月 24 日都不得再行买卖 B 上市公司的股票；如果 A 投资公司于 5 月 22 日履行了前述法定义务，则 A 投资公司直到 5 月 25 日都不得再行买卖 B 上市公司的股票。

【例题 26·单选题】（2016 年）甲持有某上市公司已发行股份的 8%，2016 年 7 月 4 日，投资者乙与甲签署股份转让协议，约定以 6000 万元的价格受让甲持有的该上市公司全部股份。7 月 6 日，乙将股份转让事项通知该上市公司。7 月 11 日，双方办理了股份过户。7 月 18 日，乙通知该上市公司股份过户已办理完毕。根据证券法律制度的规定，乙应当向证监会和证券交易所作出书面报告的日期是（ ）。

A. 2016 年 7 月 8 日

B. 2016 年 7 月 13 日

C. 2016 年 7 月 6 日

D. 2016 年 7 月 20 日

解析 ▶ 本题考核大股东披露和权益变动披露。如果投资者是通过协议转让的方式获得上市公司股权，投资者则无法控制协议购买的股权数量，不能恰好在 5% 的时点上停下来进行报告和公告。投资者通过协议转让方式，在一个上市公司中拥有权益的股份拟达到或者超过一个上市公司已发行股份 5% 时，履行权益披露义务。投资者应当在该事实发生之日起（签订股份转让协议时）3 日内，向国务院证券监督管理机构、证券交易所作出书面报告。**答案** ▶ C

【知识点拨 3】2019 年《证券法》修订，增加了大股东权益变动披露义务的内容，除了每增减 5% 履行报告、通知、公告的义务外，每增减 1% 时，还应当通知上市公司并公告，只是无需向证监会和证交所报告，对此，考生应予以注意。

【知识点拨 4】违反权益变动披露的规定，并非不能购买，而是买入的股份在 36 个月内都不能行使表决权。

2. 权益变动报告书的编制（见表 7-26）

表 7-26　权益披露报告书的类型

收购比例	收购主体	报告书类型
5%～20%	不是上市公司的第一大股东或实际控制人	简式权益变动报告书
	上市公司第一大股东或实际控制人	详式权益变动报告书
20%～30%	不是上市公司的第一大股东或实际控制人	详式权益变动报告书
	上市公司第一大股东或实际控制人	详式权益变动报告书

(三)要约收购的程序 ★★★

1. 要约收购的股份比例最低限制

以要约方式收购一个上市公司股份的，其预定收购的股份比例均不得低于该上市公司已发行股份的 5%。

2. 要约公告和竞争要约（见表 7-27）

表 7-27　要约公告和竞争要约

(1)要约可以取消(撤回)	收购人在公告要约收购报告书之前，拟自行取消收购计划的，应当公告原因；自公告之日起 12 个月内，该收购人不得再次对同一上市公司进行收购
(2)要约收购期限	不得少于 30 日，并不得超过 60 日；但是出现竞争要约的除外
(3)要约不可撤销	在收购要约确定的承诺期限内，收购人"不得撤销"其收购要约

(4)要约可以变更	在收购要约确定的承诺期限内,收购人需要变更收购要约的,应当及时公告,载明具体变更事项,且不得存在下列情形: ①降低收购价格; ②减少预定收购股份数额; ③缩短收购期限; ④国务院证券监督管理机构规定的其他情形。
(5)竞争要约	①收购要约期限届满前15日内,收购人不得变更收购要约;但是出现竞争要约的除外。 ②出现竞争要约时,发出初始要约的收购人变更收购要约距初始要约收购期限届满不足15日的,应当延长收购期限,延长后的要约期限应当不少于15日,不得超过最后一个竞争要约的期满日,并按规定比例追加履约保证。 ③发出竞争要约的收购人最迟不得晚于初始要约收购期限届满前15日发出要约收购的提示性公告,并应当根据规定履行公告义务

『举例』甲公司向A上市公司发出收购要约并履行了公告和报告的义务,确定的要约收购期限为1月1日至2月10日,如果出现竞争要约的,那么按照规定应该在初始要约期满前15日发出要约收购的提示性公告,也就是在1月26日之前发出提示性公告,假设乙作为竞争要约人在1月20日时公告了竞争要约的提示性公告的。此时作为初始要约人的甲公司有两个选择,一个是不作出任何反应,仍旧按照原先的收购要约条件进行收购,由被收购公司的股东决定将股份出售给谁,另外一个选择就是变更初始要约的条件(主要是价格条件),如果甲公司在1月26日之前(初始要约期满前15日之前)变更的话,那么不需要延长初始要约的收购期限,如果甲在1月27日之后变更的话,必须要相应延长收购期限。假设甲公司在2月1日决定变更原收购要约中的价格条件的,那么此时必须要延长收购期限,延长的收购期限不得短于15日,也就是必须延长到2月15日之后(延长期限自变更之日起计算),不能短于该期限,但最长不能超过竞争要约的收购期限。

3. 要约对象和条件

(1)收购价格的要求。收购人按照规定进行要约收购的,对同一种类股票的要约价格,不得低于"要约收购提示性公告日前"6个月内收购人取得该种股票所支付的最高价格。

(2)要约价格低于提示性公告日前30个交易日该种股票的每日加权平均价格的算术平均值的,收购人聘请的财务顾问应当就该种股票前6个月的交易情况进行分析,说明是否存在股价被操纵、要约价格是否合理等情况。

(3)收购要约提出的各项收购条件,应当适用于被收购公司的所有股东。上市公司发行不同种类股份的,收购人可以针对不同种类股份提出不同的收购条件。

4. 预受要约(见表7-28)

表7-28 预受要约

(1)预受的界定	是指被收购公司股东同意接受要约的"初步意思表示"(准备接受),在要约收购期限内不可撤回之前不构成承诺
(2)预受的撤回	在要约收购期限届满3个交易日前,预受股东可以委托证券公司办理撤回预受要约的手续,证券登记结算机构根据预受要约股东的撤回申请解除对预受要约股票的临时保管
(3)撤回的限制	在要约收购期限届满前3个交易日内,预受股东不得撤回其对要约的接受
(4)预受情况披露	在要约收购期限内,收购人应当每日在证券交易所网站上公告已预受收购要约的股份数量

5. 要约期满

要约期满相关当事人履行收购义务，见表7-29。

表7-29 要约期满相关当事人履行收购义务

部分要约的收购人	应当按照收购要约约定的条件购买被收购公司股东预受的股份，预受要约股份的数量超过预定收购数量时，收购人应当按照同等比例收购预受要约的股份
以终止被收购公司上市地位为目的	收购人应当按照收购要约约定的条件购买被收购公司股东预受的全部股份
已持股超过30%，未取得证监会豁免	应当购买被收购公司股东预受的全部股份

【例题27·多选题】 下列有关上市公司要约收购的表述，不符合《证券法》规定的有( )。

A. 收购上市公司部分股份的收购要约应当约定：被收购公司股东承诺出售的股份数额超过预定收购的股份数额的，收购人应全部收购

B. 采取要约收购方式的，收购人在收购期限内，可以卖出被收购公司的股票，但不得采取要约规定以外的形式和超出要约的条件买入被收购公司的股票

C. 在收购要约确定的承诺期内，收购人不得撤销其收购要约

D. 以要约方式收购一个上市公司股份的，其预定收购的股份比例不得低于该上市公司已发行股份的5%

解析 本题考核要约收购。预受要约股份的数量超过预定收购数量时，收购人应当按照同等比例收购预受要约的股份；选项A不符合规定。采取要约收购方式的，收购人在收购期限内，不得卖出被收购公司的股票，也不得采取要约规定以外的形式和超出要约的条件买入被收购公司的股票；选项B不符合规定。 **答案** AB

(四)强制要约制度 ★★

1.《证券法》规定触发要约收购义务的条件

通过证券交易所的证券交易，收购人持有一个上市公司有表决权的股份达到该公司已发行股份的30%时，继续增持股份的，应当采取要约方式进行，发出全面要约或者部分要约。

2. 当事人触发要约收购的处理方式

(1)以协议收购方式一次超过30%

①首先收购人应当考虑是否可以申请豁免，如果符合豁免条件，则免于要约收购；

②如果收购人不申请豁免或者申请但不符合豁免条件，则其必须向目标公司除协议转让股份的股东之外的所有剩余股东发出收购其手上全部股份的要约(全面要约)。

(2)恰好持股30%

①停下来不继续收购，不触发要约收购义务。

②如果继续增持股份的，必须采取要约方式，但收购人可以选择部分要约收购或者全面要约收购。

【知识点拨】 全面要约是指向被收购公司"所有股东"发出收购其所持有的"全部股份"的要约。部分要约是指向被收购公司"所有股东"发出收购其所持有的"部分股份"的要约。

(五)豁免申请 ★★★

收购人收购上市公司一定股份时，并不必然履行收购要约的义务，中国证监会可以针对实际情况行使豁免权，免除收购人发出收购要约的义务。

1. 免于以要约收购方式增持股份的事项(经证监会决定豁免)(见表7-30)

表 7-30　免于以要约收购方式增持股份的事项

(1)实际控制人不变	收购人与出让人能够证明本次股份转让未导致上市公司的实际控制人发生变化
(2)重组获同意且3年不转让	上市公司面临严重财务困难，收购人提出的挽救公司的重组方案取得该公司股东大会批准，且收购人承诺3年内不转让其在该公司中所拥有的权益

2. 适用简易程序免于发出要约收购方式增持股份的事项(见表 7-31)

表 7-31　适用简易程序免于发出要约收购方式增持股份的事项

(1)国有资产管理所致	经政府或者国有资产管理部门批准进行国有资产无偿划转、变更、合并，导致投资者在一个上市公司中拥有权益的股份占该公司已发行股份的比例超过30%
(2)股份回购所致	因上市公司按照股东大会批准的确定价格向特定股东回购股份而减少股本，导致投资者在该公司中拥有权益的股份超过该公司已发行股份的30%

3. 免于提出豁免申请直接办理股份转让和过户的事项(见表 7-32)

表 7-32　免于提出豁免申请直接办理股份转让和过户的事项

(1)新股发行，收购人承诺3年不转让	经上市公司股东大会非关联股东批准，投资者取得上市公司向其发行的新股，导致其在该公司拥有权益的股份超过该公司已发行股份的30%，投资者承诺3年内不转让本次向其发行的新股，且公司股东大会同意投资者免于发出要约
(2)达30%一年后，年增持不超过2%	在一个上市公司中拥有权益的股份达到或者超过该公司已发行股份的30%的，自上述事实发生之日起一年后，每12个月内增持不超过该公司已发行的2%的股份。【相关链接】锁定期为增持行为完成之日起6个月
(3)50%后增持，不影响公司上市	在一个上市公司中拥有权益的股份达到或者超过该公司已发行股份的50%的，继续增加其在该公司拥有的权益不影响该公司的上市地位
(4)金融机构承销、贷款所致	证券公司、银行等金融机构在其经营范围内依法从事承销、贷款等业务导致其持有一个上市公司已发行股份超过30%，没有实际控制该公司的行为或者意图，并且提出在合理期限内向非关联方转让相关股份的解决方案
(5)继承所致	因继承导致在一个上市公司中拥有权益的股份超过该公司已发行股份的30%
(6)履行购回式证券交易协议	因履行约定购回式证券交易协议购回上市公司股份导致投资者在一个上市公司中拥有权益的股份超过该公司已发行股份的30%，并且能够证明标的股份的表决权在协议期间未发生转移
(7)优先股表决权恢复	因所持优先股表决权依法恢复导致投资者在一个上市公司中拥有权益的股份超过该公司已发行股份的30%

(六)协议收购★

1. 过渡期安排(见表 7-33)

表 7-33　过渡期安排

过渡期	是指自签订收购协议起至相关股份完成过户的期间
当事人的义务	收购人不得通过控股股东提议改选上市公司董事会，确有充分理由改选董事会的，来自收购人的董事不得超过董事会成员的1/3
	被收购公司不得为收购人及其关联方提供担保；被收购公司不得公开发行股份募集资金，不得进行重大购买、出售资产及重大投资行为或者与收购人及其关联方进行其他关联交易，但收购人为挽救陷入危机或者面临严重财务困难的上市公司的情形除外

2. 管理层收购(见表7-34)

表 7-34 管理层收购

收购主体	上市公司董事、监事、高级管理人员、员工或者其所控制或者委托的法人或者其他组织 【知识点拨】上市公司董事、监事、高级管理人员存在《公司法》第148条规定的情形，或者最近3年有证券市场不良诚信记录的，不得收购本公司
收购方式	直接收购或间接收购
对被收购公司的要求	①上市公司应当具备健全且运行良好的组织机构以及有效的内部控制制度； ②公司董事会成员中独立董事的比例应当达到或者超过1/2； ③公司应当聘请具有证券、期货从业资格的资产评估机构提供公司资产评估报告； ④本次收购应当经董事会非关联董事作出决议，且取得2/3以上的独立董事同意后，提交公司股东大会审议，经出席股东大会的非关联股东所持表决权过半数通过。 【相关链接】独立董事行使其特别职权时，应当取得全体独立董事的1/2以上同意

(七)间接收购 ★

(1)间接收购的情形。收购人虽不是上市公司的股东，但通过投资关系、协议、其他安排导致其拥有权益的股份达到或者超过一个上市公司已发行股份的5%，未超过30%的，应按规定进行权益披露。

(2)全面要约和减持股份的义务。收购人拥有权益的股份超过该公司已发行股份的30%的，应当向该公司所有股东发出全面要约；收购人预计无法在事实发生之日起30日内发出全面要约的，应当在前述30日内促使其控制的股东将所持有的上市公司股份减持至30%或者30%以下，并于减持之日起2个工作日内公告。其后收购人或者其控制的股东拟继续增持的，应当采取要约方式；除非根据《收购办法》的规定申请豁免。

【例题28·单选题】根据《上市公司收购管理办法》的规定，下列属于协议收购中的"过渡期"的是( )。

A. 自签订收购意向书起至完成资金交割的期间

B. 自签订收购协议起至相关股份完成过户的期间

C. 自达成意向起至签订收购协议止的期间

D. 自签订收购协议起至完成资金交割的期间

解析 本题考核协议收购的相关规定。

以协议方式进行上市公司收购的，自签订收购协议起至相关股份完成过户的期间为上市公司协议收购过渡期。

答案 B

六、上市公司重大资产重组

扫我解疑难

(一)重大资产重组的方式和类型 ★

上市公司及其控股或者控制的公司在日常经营活动之外购买、出售资产或者通过其他方式进行资产交易达到规定的比例，导致上市公司的主营业务、资产、收入发生重大变化的资产交易行为。

1. 重大资产重组的方式包括：

(1)与他人新设企业、对已设立的企业增资或者减资；

(2)受托经营、租赁其他企业资产或将经营性资产委托他人经营、租赁；

(3)接受附义务的资产赠与或对外捐赠资产；

(4)证监会根据审慎监管原则认定的其他情形。

【知识点拨】上市公司按照经中国证监会核准的发行证券文件披露的募集资金用途，使用募集资金购买资产、对外投资的行为，不属于重大资产重组行为。

2. 重大资产重组的类型

两种：普通重大资产重组和特殊重大资

产重组(借壳上市)。其中,借壳上市需经证监会核准。

(二)普通重大资产重组★★★

1. 普通重大资产重组的界定标准

(1)金额标准

①总资产标准。购买、出售的资产总额占上市公司最近一个会计年度经审计的合并财务会计报告期末资产总额的比例达到50%以上;

②营业收入标准。购买、出售的资产在最近一个会计年度所产生的营业收入占上市公司同期经审计的合并财务会计报告营业收入的比例达到50%以上;

③净资产标准。购买、出售的资产净额占上市公司最近一个会计年度经审计的合并财务会计报告期末净资产额的比例达到50%以上,且超过5000万元人民币。

(2)上述比例的计算规则

①各项目有不同计算方式的,均以金额较高者为准;

②上市公司同时购买、出售资产的,应当分别计算购买、出售资产的相关比例,并以两者中比例较高者为准;

③上市公司在12个月内连续对同一或者相关资产进行购买、出售的,以其累计数分别计算相应数额。

2. 普通重大资产重组的要求(了解)

普通重大资产重组应当符合以下要求:

(1)符合国家产业政策和有关环境保护、土地管理、反垄断等法律和行政法规的规定;

(2)不会导致上市公司不符合股票上市条件;

(3)重大资产重组所涉及的资产定价公允,不存在损害上市公司和股东合法权益的情形;

(4)重大资产重组所涉及的资产权属清晰,资产过户或者转移不存在法律障碍,相关债权债务处理合法;

(5)有利于上市公司增强持续经营能力,不存在可能导致上市公司重组后主要资产为现金或者无具体经营业务的情形;

(6)有利于上市公司在业务、资产、财务、人员、机构等方面与实际控制人及其关联人保持独立,符合中国证监会关于上市公司独立性的相关规定;

(7)有利于上市公司形成或者保持健全有效的法人治理结构。

(三)特殊重大资产重组——借壳上市★★★

1. 借壳上市的界定

借壳上市是重大资产重组的一种情形。上市公司自控制权发生变更之日起36个月内,向收购人及其关联人购买资产,导致上市公司发生以下根本变化情形之一的,构成重大资产重组(借壳上市),应当按照规定报经中国证监会核准:

(1)资产总额标准。购买的资产总额占上市公司控制权发生变更的前一个会计年度经审计的合并财务会计报告期末资产总额的比例达到100%以上;

(2)营业收入标准。购买的资产在最近一个会计年度所产生的营业收入占上市公司控制权发生变更的前一个会计年度经审计的合并财务会计报告营业收入的比例达到100%以上;

(3)资产净额标准。购买的资产净额占上市公司控制权发生变更的前一个会计年度经审计的合并财务会计报告期末净资产额的比例达到100%以上;

(4)发行股份标准。为购买资产发行的股份占上市公司首次向收购人及其关联人购买资产的董事会决议前一个交易日的股份的比例达到100%以上;

(5)特殊标准。上市公司向收购人及其关联人购买资产虽未达到本款第(1)至第(4)项标准,但可能导致上市公司主营业务发生根本变化;

(6)中国证监会认定的可能导致上市公司发生根本变化的其他情形。

【知识点拨】 允许符合国家战略的高新技术产业和战略性新兴产业相关资产在创业板

重组上市，其他资产不得在创业板实施重组上市交易。

2. 借壳上市，应当符合下列规定：

（1）符合上市公司实施重大资产重组的一般要求、上市公司发行股份购买资产的要求；

（2）上市公司购买的资产对应的经营实体应当是股份有限公司或者有限责任公司，且符合《首次公开发行股票并上市管理办法》规定的其他发行条件；

（3）上市公司及其最近 3 年内的控股股东、实际控制人不存在因涉嫌犯罪正被司法机关立案侦查或涉嫌违法违规正被中国证监会立案调查的情形，但是，涉嫌犯罪或违法违规的行为已经终止满 3 年，交易方案能够消除该行为可能造成的不良后果，且不影响对相关行为人追究责任的除外；

（4）上市公司及其控股股东、实际控制人

最近 12 个月内未受到证券交易所公开谴责，不存在其他重大失信行为；

（5）本次重大资产重组不存在中国证监会认定的可能损害投资者合法权益，或者违背公开、公平、公正原则的其他情形。

【知识点拨】"借壳上市"国家不予以禁止，但要求重组方的资产，即注入到壳公司的新资产必须符合一定的条件，不能利用资产重组操纵上市公司股价损害中小股东的利益，要将"优质水注入鸡蛋壳"，而不能将"臭水注入鸡蛋壳"，否则上市公司就成了"臭鸡蛋"了。2019 年《上市公司重大资产重组管理办法》中对借壳上市的界定与要求进行了修订，学习时需要注意。

『举例』顺丰控股借壳鼎泰新材上市案例，见图 7-11。

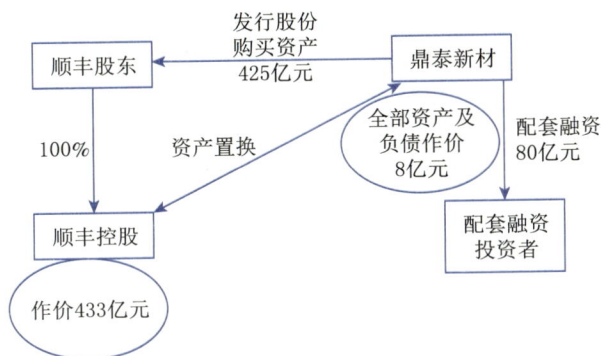

图 7-11　顺丰控股借壳上市图解

第一步：资产置换。本次交易中鼎泰新材拟置出资产初步作价 8 亿元，拟置入资产顺丰控股作价 433 亿元，两者差额为 425 亿元。

第二步：发行股份购买资产。差额部分由鼎泰新材以发行股份的方式自顺丰控股全体股东处购买。

另，本次借壳上市还配套融资 80 亿元，将用于航材购置及飞行支持等有关项目的建设。

（四）发行股份购买资产的规定 ★★★

【知识点拨】上市公司发行股份购买资产无须适用前述重大资产重组的一般要求的七

点，而是适用以下特别规则。

1. 发行股份购买资产的基本要求

（1）充分说明并披露本次交易有利于提高上市公司资产质量、改善财务状况和增强持续盈利能力，有利于上市公司减少关联交易、避免同业竞争、增强独立性；

（2）上市公司最近一年及一期财务会计报告被注册会计师出具无保留意见审计报告；被出具保留意见、否定意见或者无法表示意见的审计报告的，须经注册会计师专项核查确认，该保留意见、否定意见或者无法表示意见所涉及事项的重大影响已经消除或者将通过本次交易予以消除；

（3）上市公司及其现任董事、高级管理人员不存在因涉嫌犯罪正被司法机关立案侦查或涉嫌违法违规正被中国证监会立案调查的情形，但是，涉嫌犯罪或违法违规的行为已经终止满3年，交易方案有助于消除该行为可能造成的不良后果，且不影响对相关行为人追究责任的除外；

（4）充分说明并披露上市公司发行股份所购买的资产为权属清晰的经营性资产，并能在约定期限内办理完毕权属转移手续；

（5）中国证监会规定的其他条件。

上市公司为促进行业的整合、转型升级，在其控制权不发生变更的情况下，可以向控股股东、实际控制人或者其控制的关联人之外的特定对象发行股份购买资产。

2. 视同发行股份购买资产的行为

特定对象以现金或者资产认购上市公司非公开发行的股份后，上市公司用同一次非公开发行所募集的资金向该特定对象购买资产的，视同上市公司发行股份购买资产。

『举例』甲上市公司向乙公司非公开发行股份1000万股，后甲公司又以该次募集的资金1000万元购买乙公司的整体资产，这种情况下实质就是乙公司用资产认购甲公司非公开发行的股份。

【相关链接】非公开发行是指上市公司向不超过10名的特定对象进行定向增发。

3. 发行股份购买资产的股份发行价格要求

上市公司发行股份的价格不得低于市场参考价的90%。市场参考价为本次发行股份购买资产的董事会决议公告日前20个交易日、60个交易日或者120个交易日的公司股票交易均价之一。本次发行股份购买资产的董事会决议应当说明市场参考价的选择依据。

【知识点拨】所称交易均价的计算公式为：董事会决议公告日前若干个交易日公司股票交易均价=决议公告日前若干个交易日公司股票交易总额/决议公告日前若干个交易日公司股票交易总量。

『总结』发行股份或转股价格（见表7-35）

表7-35 发行股份或转股价格

上市公司非公开发行	发行价格不低于"定价基准日前20个交易日"公司股票均价的90%
上市公司向不特定对象发行	发行价格应不低于"公告招股意向书前20个交易日"公司股票均价或前一个交易日的均价
可转换公司债券转为股份	转股价格应不低于"募集说明书公告日前20个交易日"该公司股票交易均价和前一交易日的均价
发行股份购买资产	上市公司发行股份的价格不得低于市场参考价的90%。市场参考价为本次发行股份购买资产的董事会决议公告日前20个交易日、60个交易日或者120个交易日的公司股票交易均价之一

【例题29·单选题】某上市公司准备以发行股份的方式购买资产，除了发行价格之外其他情况符合相关的发行条件，已知市场参考价选择该公司董事会作出决议公告日前20个交易日的股票交易均价，该20日的交易总额和交易总量分别为2550万元、170万股，按照《上市公司重大资产重组管理办法》的规定，下列选项中，该公司本次发行股份的最低价格是（ ）元。

A. 10.5　　B. 15
C. 20　　D. 13.5

解析 本题考核上市公司发行股份购买资产的价格要求。根据规定，上市公司发行股份的价格不得低于市场参考价的90%。市场参考价为本次发行股份购买资产的董事会决议公告日前20个交易日、60个交易日或者

120 个交易日的公司股票交易均价之一。本次发行股份购买资产的董事会决议应当说明市场参考价的选择依据。本题中，市场参考价选择董事会作出决议公告日前 20 个交易日的股票交易均价，均价为 2550/170 = 15（元/股）。而发行股份的价格不得低于市场参考价的 90%，即不得低于 15 元的 90% = 13.5 元。

答案 ▶ D

4. 特定对象转让股份的限制

（1）特定对象以资产认购而取得的上市公司股份，自股份发行结束之日起 12 个月内不得转让；

（2）属于下列情形之一的，36 个月内不得转让：

①特定对象为上市公司控股股东、实际控制人或者其控制的关联人；

②特定对象通过认购本次发行的股份取得上市公司的实际控制权；

③特定对象取得本次发行的股份时，对其用于认购股份的资产持续拥有权益的时间不足 12 个月。

【相关链接 1】收购人持有的被收购的上市公司的股票，在收购行为完成后的 18 个月内不得转让。

【相关链接 2】上市公司非公开发行股票的，本次发行的股份自发行结束之日起 12 个月内不得转让；但控股股东、实际控制人及其控制的企业、拟引入境内外战略投资者和认购后取得实际控制权的投资者，认购的股份 36 个月内不得转让。

（五）信息披露和公司决议 ★★★

1. 信息披露

重大资产重组属于上市公司的重大事项，应当及时披露。

【知识点拨】回顾本章第一个考点中上市公司持续信息披露，有关重大事项披露的规则。

2. 公司决议

（1）上市公司股东大会就重大资产重组事项作出决议，必须经出席会议的股东所持表决权的 2/3 以上通过。

（2）上市公司重大资产重组事宜与本公司股东或者其关联人存在关联关系的，股东大会就重大资产重组事项进行表决时，关联股东应当回避表决。

【相关链接】《公司法》规定，上市公司董事与董事会会议决议事项所涉及的企业有关联关系的，不得对该项决议行使表决权，也不得代理其他董事行使表决权。

（3）交易对方已经与上市公司控股股东就受让上市公司股权或者向上市公司推荐董事达成协议或者默契，可能导致上市公司的实际控制权发生变化的，上市公司控股股东及其关联人应当回避表决。

【例题 30·单选题】（2016 年）根据证券法律制度的规定，上市公司进行重大资产重组须由股东大会作出决议。下列关于该股东大会会议中召开和表决规则的表述中，正确的是（　）。

A. 股东大会会议应当以现场会议或通讯方式举行

B. 持有上市公司股份不足 5% 的股东的投票情况无须单独统计或披露

C. 与重组事项有关联关系的股东应当回避表决

D. 决议经出席会议股东所持表决权过半数同意即可通过

解析 ▶ 本题考核上市公司重大资产重组的决议。上市公司就重大资产重组事宜召开股东大会，应当以现场会议形式召开，并应当提供网络投票或者其他合法方式为股东参加股东大会提供便利，选项 A 错误。除上市公司的董事、监事、高级管理人员、单独或合计持有上市公司 5% 以上股份的股东以外，其他股东的投票情况应当单独统计并予以披露，选项 B 错误。上市公司股东大会就重大资产重组事项作出决议，必须经出席会议的股东所持表决权的 2/3 以上通过，选项 D 错误。

答案 ▶ C

（六）证监会核准 ★★★

上市公司重大资产重组存在下列情形之一的，应当提交并购重组审核委员会审核：

（1）借壳上市；

（2）上市公司发行股份购买资产。

七、证券欺诈的法律责任

扫我解疑难

（一）虚假陈述行为

虚假陈述是指在证券发行、交易及其他相关活动中作出不实、严重误导或者含有重大遗漏等的陈述或者诱导导致投资者在不了解事实真相的情况下作出证券投资决定的行为以及未按规定披露信息的行为。

【知识点拨1】 包括不实陈述也包括隐瞒、不披露。

【知识点拨2】 虚假陈述的法律责任包括：民事责任、行政责任、刑事责任。

1. 虚假陈述行为的行政责任（见表7-36）★★

虚假陈述的行政责任包括责令改正、警告、罚款等。

承担行政责任的主体包括两类：

（1）单位：发行人、上市公司、其他信息披露义务人。

（2）个人：发行人或上市公司的董事、监事、高级管理人员；及其他组织、参与、实施虚假陈述的相关人员。

（3）有过错的律师事务所、会计师事务所和资产评估机构等证券服务机构及其直接负责的主管人员和其他直接责任人员。

表7-36 虚假陈述行为行政责任认定情形

不予行政处罚	从轻或减轻处罚	从重处罚	不得单独作为不予处罚的情形
①当事人对认定的信息披露违法事项提出具体异议记载于董事会、监事会、公司办公会会议记录等，并在上述会议中投反对票的；②当事人在信息披露违法事实所涉及期间，由于不可抗力、失去人身自由等无法正常履行职责的；③对公司信息披露违法行为不负有主要责任的人员在公司信息披露违法行为发生后及时向公司和证券交易所、证券监管机构报告的	①未直接参与信息披露违法行为；②在信息披露违法行为被发现前，及时主动要求公司采取纠正措施或者向证券监管机构报告；③在获悉公司信息披露违法后，向公司有关主管人员或者公司上级主管提出质疑并采取了适当措施；④配合证券监管机构调查且有立功表现；⑤受他人胁迫参与信息披露违法行为	①不配合证券监管机构监管，或者拒绝、阻碍证券监管机构及其工作人员执法，甚至以暴力、威胁及其他手段干扰执法；②在信息披露违法案件中变造、隐瞒、毁灭证据，或者提供伪证，妨碍调查；③两次以上违反信息披露规定并受到行政处罚或者证券交易所纪律处分；④在信息披露上有不良诚信记录并记入证券期货诚信档案	①不直接从事经营管理；②能力不足、无相关职业背景；③任职时间短、不了解情况；④相信专业机构或者专业人员出具的意见和报告；⑤受到股东、实际控制人控制或者其他外部干预

2. 虚假陈述的民事赔偿责任 ★★★

（1）民事赔偿责任的主体。

『总结』赔偿责任主体的归责原则，见表7-37。

表7-37 民事赔偿责任的主体

责任	责任主体	归责原则
责任人	发行人或上市公司	无过错责任

责任	责任主体	归责原则
连带责任人	发行人的控股股东、实际控制人、董事、监事、高级管理人员和其他直接责任人员	过错责任（推定过错）：能证明自己没有过错的，不承担赔偿责任
	保荐人、承销的证券公司及其直接责任人员	
	从事评估、审计、咨询、信用评级或提供法律意见等的服务机构	

【相关链接】股票的发行人在招股说明书等证券发行文件中隐瞒重要事实或者编造重大虚假内容，已经发行并上市的，国务院证券监督管理机构可以责令发行人回购证券，或者责令负有责任的控股股东、实际控制人买回证券。

【例题31·单选题】（2016年）证券监管部门调查发现，1年前在证券交易所挂牌上市的甲公司在首次公开发行股票过程中存在虚假陈述行为，并对投资者造成经济损失。乙系甲公司董事长。根据证券法律制度的规定，下列关于乙就甲公司虚假陈述行为所致投资者损失承担赔偿责任的表述中，正确的是（　　）。

A. 无论乙有无过错，均须承担赔偿责任

B. 无论乙有无过错，均不承担赔偿责任

C. 乙须承担赔偿责任，除非能够证明自己没有过错

D. 只有当投资者证明乙有过错时，乙才承担赔偿责任

解析 ▶ 本题考核虚假陈述行为的民事责任。虚假陈述行为导致发行人或者上市公司的信息披露虚假，投资者可能据此作出了错误的投资决策，造成了投资损失。应追究虚假陈述的民事责任，发行人、上市公司的董事、监事、高级管理人员和其他直接责任人员，应当与发行人、上市公司承担连带赔偿责任，但是能够证明自己没有过错的除外，选项C正确。答案 ▶ C

（2）民事赔偿责任的认定和范围。

虚假陈述行为人在证券交易市场承担民事赔偿责任的范围，以投资人因虚假陈述而实际发生的损失为限。投资人实际损失包括：①投资差额损失；②投资差额损失部分的佣金和印花税。

（3）虚假陈述与损失因果关系的认定（见表7-38）

表7-38　虚假陈述与损失因果关系的认定

项目	内容
推定因果关系（重点，注意案例）	①买入时间：投资人在虚假陈述实施日及以后，至揭露日或者更正日之前买入该证券； ②卖出时间：投资人在虚假陈述揭露日或者更正日及以后，因卖出该证券发生亏损，或者因持续持有该证券而产生亏损
被告举证：亏损与虚假陈述无关，则不存在因果关系	①在虚假陈述揭露日或者更正日之前已经卖出证券； ②在虚假陈述揭露日或者更正日及以后进行的投资； ③明知虚假陈述存在而进行的投资； ④损失或者部分损失是由证券市场系统风险等其他因素所导致； ⑤属于恶意投资、操纵证券价格的。 【知识点拨】只要交易市场对监管部门立案调查、权威媒体刊载的揭露文章等信息存在着明显的反应，对一方主张市场已经知悉虚假陈述的抗辩，人民法院依法予以支持

续表

项目	内容
有关日期的含义（了解）	①虚假陈述实施日，在指定信息披露媒体发布虚假陈述文件的日期，即可以确定为虚假陈述实施日。对于隐瞒和不履行信息披露义务的，则应以法定期限的最后一个期日为虚假陈述实施日； ②虚假陈述揭露日，监管机关有关立案稽查的消息，可以作为揭露日的标志；媒体揭露行为是否可以作为虚假陈述揭示日，可与相关股票是否停牌挂钩，其引起价格急剧波动导致其停牌的，则可以认定其揭露行为的时日为虚假陈述揭露日； ③虚假陈述更正日，是指虚假陈述行为人在中国证券监督管理委员会指定披露证券市场信息的媒体上，自行公告更正虚假陈述并按规定履行停牌手续之日

【例题 32 · 单选题】 2018 年 1 月 10 日，甲上市公司发布虚假的重大利好消息。2018 年 2 月 20 日，在全国范围发行的乙证券报首次揭露了甲公司的虚假消息而引起价格急剧波动导致其停牌。2018 年 3 月 30 日，甲公司在中国证券监督管理委员会指定披露证券市场信息的媒体上，自行公告更正虚假陈述。下列投资者中，属于因甲公司虚假陈述造成损失的是（　　）。

A. 张某在 2017 年 12 月 15 日买入甲公司的股票，在 2018 年 1 月 5 日卖出，产生亏损

B. 李某在 2018 年 2 月 5 日买入甲公司的股票，在 2018 年 2 月 15 日卖出，产生亏损

C. 王某在 2018 年 2 月 15 日买入甲公司的股票，在 2018 年 3 月 5 日卖出，产生亏损

D. 赵某在 2018 年 4 月 5 日买入甲公司的股票，在 2018 年 4 月 15 日卖出，产生亏损

解析 ▶ 本题考核虚假陈述。选项 A 买卖均发生在虚假陈述实施日之前，与虚假陈述不存在因果关系。选项 B 属于在虚假陈述揭露日或者更正日之前已经卖出证券，与虚假陈述不存在因果关系。选项 C 属于在虚假陈述实施日及以后，至揭露日或者更正日之前买入该证券，并在虚假陈述揭露日或者更正日及以后，因卖出该证券发生亏损，其损失与虚假陈述有因果关系。选项 D 属于在虚假陈述揭露日或者更正日及以后进行的投资，与虚假陈述不存在因果关系。　　**答案** ▶ C

（二）内幕交易行为

1. 内幕交易的概念★

内幕交易是指证券交易内幕信息的知情人员和非法获取内幕信息的人利用内幕信息进行证券交易的行为。

2. 内幕交易行为的认定★★★

（1）内幕信息的认定。

证券交易活动中，涉及发行人的经营、财务或者对该发行人证券的市场价格有重大影响的尚未公开的信息，为内幕信息。但凡"重大事件"均属于内幕信息。

（2）内幕交易人员。

内幕交易人员有两类：一是内幕信息知情人员；二是非法获取内幕信息的人员。

第一类：内幕信息知情人员。包括：

①发行人及其董事、监事、高级管理人员；

②持有公司 5% 以上股份的股东及其董事、监事、高级管理人员，公司的实际控制人及其董事、监事、高级管理人员；

【知识点拨】 计算 5% 股东的持股数额时，仅计算普通股和表决权恢复的优先股的数额。

③发行人控股或者实际控制的公司及其董事、监事、高级管理人员；

④由于所任公司职务或者因与公司业务往来可以获取公司有关内幕信息的人员；

⑤上市公司收购人或者重大资产交易方及其控股股东、实际控制人、董事、监事和高级管理人员；

⑥因职务、工作可以获取内幕信息的证券交易场所、证券公司、证券登记结算机构、证券服务机构的有关人员；

⑦因职责、工作可以获取内幕信息的证券监督管理机构工作人员；

⑧因法定职责对证券的发行、交易或者对上市公司及其收购、重大资产交易进行管理可以获取内幕信息的有关主管部门、监管机构的工作人员;

⑨国务院证券监督管理机构规定的可以获取内幕信息的其他人员。

第二类:非法获取内幕信息的人员。包括:

①利用窃取、骗取等非法手段获取内幕信息的;

②内幕信息知情人员的近亲属、其他关系密切人员或者在内幕信息敏感期内与内幕信息知情人员联络、接触人员,在内幕信息敏感期内,从事或明示、暗示他人从事,或者泄露内幕信息导致他人从事内幕信息有关的证券交易,交易行为明显异常,且无正当理由或者正当信息来源的。

【应试思路】 但凡因工作性质可能接触到内幕信息的人,或是非正当途径获取内幕信息的人都是内幕交易的主体。

(3)内幕交易行为

上述内幕信息的知情人员、非法获取内幕信息的人员利用自己掌握的内幕信息买卖证券,或者是建议他人买卖证券,或将内幕信息泄露给他人,他人依此买卖,都属于内幕交易。

(4)不属于内幕交易的情况

具有下列情形之一的,不属于刑法上的内幕交易行为:

①持有或者通过协议、其他安排与他人共同持有上市公司5%以上股份的自然人、法人或者其他组织收购该上市公司股份的。

②按照事先订立的书面合同、指令、计划从事相关证券、期货交易的。

③依据已被他人披露的信息而交易的。

④交易具有其他正当理由或者正当信息来源的。

【例题33·多选题】 (2012年)根据证券法律制度的规定,下列各项中,属于证券交易内幕信息知情人的有( )。

A. 负责发行人重大资产重组方案文印工作的秘书甲

B. 中国证监会负责审核发行人重大资产重组方案的官员乙

C. 为发行人重大资产重组进行审计的注册会计师丙

D. 通过公开发行报刊知悉发行人重大资产重组方案的律师丁

解析 ▶ 本题考核内幕交易的规定。

答案 ▶ ABC

(三)短线交易(见表7-39)★★★

表7-39 短线交易

1. 主体	(1)上市公司、股票在国务院批准的其他全国性证券交易场所交易(新三板挂牌)的公司持有5%以上股份的股东; (2)上市公司、新三板挂牌公司的董事、监事、高级管理人员; (3)前述自然人的配偶、父母、子女持有的及利用他人账户持有的股票以及其他具有股权性质的证券
2. 短线交易行为	将其持有的股份在买入后6个月内卖出,或者卖出后6个月内买入,由此所得收益归该公司所有
3. 处理	公司董事会应当收回其所得收益; 股东有权要求董事会30日内执行,董事会不执行的,股东有权直接以自己的名义提起诉讼; 公司董事会不按照前述规定执行的,负有责任的董事依法承担连带责任
4. 除外	证券公司因包销购入售后剩余股票而持有5%以上股份的,以及有国务院证券监督管理机构规定的其他情形的除外。(卖出该股票不受6个月时间限制)

【例题34·单选题】 (2018年)甲为某上市公司董事。2018年1月8日和22日,甲通过其配偶的证券账户,以20元/股和21元/股的价格,先后买入本公司股票2万股和4

万股，2018年7月9日，甲以22元/股的价格将6万股全部卖出。根据证券法律制度的规定，甲通过上述交易所得收益中，应当归入公司的金额是（　）。

A. 2万元　　　B. 4万元

C. 0元　　　　D. 6万元

解析 ▶ 本题考核短线交易。上市公司董事、监事、高级管理人员、持有上市公司股份5%以上的股东，将其持有的该公司的股票在买入后6个月内卖出，或者在卖出后6个月内又买入，由此所得收益归该公司所有，公司董事会应当收回其所得收益。**答案** ▶ B

（四）利用未公开信息交易

1. 界定

证券交易场所、证券公司、证券登记结算机构、证券服务机构和其他金融机构的从业人员、有关监管部门或者行业协会的工作人员，利用因职务便利获取的内幕信息以外的其他未公开的信息，违反规定，从事与该信息相关的证券交易活动，或者明示、暗示他人从事相关交易活动。（老鼠仓）

2. 与内幕交易的区别

（1）老鼠仓的主体范围特定；（2）利用的信息是内幕信息以外的未公开信息。

（五）操纵市场行为★★

操纵市场行为主要包括以下几种情况：

（1）单独或者通过合谋，集中资金优势、持股优势或者利用信息优势联合或者连续买卖；

（2）与他人串通，以事先约定的时间、价格和方式相互进行证券交易；

（3）在自己实际控制的账户之间进行证券交易；

（4）不以成交为目的，频繁或者大量申报并撤销申报；

（5）利用虚假或者不确定的重大信息，诱导投资者进行证券交易；

（6）对证券、发行人公开作出评价、预测或者投资建议，并进行反向证券交易；

（7）利用在其他相关市场的活动操纵证券市场；

（8）操纵证券市场的其他手段。

【例题35·单选题】（2015年）汪某为某知名证券投资咨询公司负责人。该公司经常在重要媒体和互联网平台免费公开发布咨询报告，并向公众推荐股票。汪某多次将本人已经买入的股票在公司咨询报告中予以推荐，并于咨询报告发布后将股票卖出。根据证券法律制度的规定，汪某的行为涉嫌（　）。

A. 内幕交易　　B. 虚假陈述

C. 操纵市场　　D. 欺诈客户

解析 ▶ 本题考核操纵市场行为。操纵市场是指单位或个人以获取利益或减少损失为目的，利用其资金、信息等优势或者滥用职权影响证券市场价格，制造证券市场假象，诱导或致使投资者在不了解事实真相的情况下作出买卖证券的决定。**答案** ▶ C

真题精练

一、单项选择题

1. （2017年）根据证券法律制度的规定，下列关于非上市公众公司的表述中，正确的是（　）。

A. 非上市公众公司不包括虽然在全国中小企业股份转让系统进行公开转让，但股东人数未超过200人的股份有限公司

B. 非上市公众公司向特定对象发行股票，无须中国证监会核准

C. 非上市公众公司包括股票向特定对象转让导致股东累计超过200人，但其股票未在证券交易所上市交易的股份有限公司

D. 非上市公众公司经中国证监会核准，可以在全国中小企业股份转让系统向不特定对象公开发行

2. （2015年）根据证券法律制度规定，退市整

理期的期限为( )。

　A. 10 日　　　　　B. 30 日

　C. 45 日　　　　　D. 60 日

3. (2014 年)根据证券法律制度的规定,下列主体中,对招股说明书中的虚假陈述记载承担无过错责任的是( )。

　A. 发行人　　　　B. 保荐人

　C. 承销人　　　　D. 实际控制人

4. (2014 年)甲公司为发起设立的股份有限公司,现有股东 199 人,尚未公开发行或转让过任何股票。根据证券法律制度的规定,甲公司或其股东的下列行为中,需要向中国证监会申请核准的是( )。

　A. 股东乙向一位朋友转让部分股票

　B. 甲公司向两家投资公司定向发行股票各 500 万股

　C. 股东丙将其持有的部分股票分别转让给丁和戊,约定 2 个月后全部买回

　D. 甲公司向全国中小企业股份转让系统申请其股票公开转让

5. (2014 年)甲为乙上市公司董事,并持有乙公司股票 10 万股。2013 年 3 月 1 日和 3 月 8 日,甲以每股 25 元的价格先后卖出其持有的乙公司股票 2 万股和 3 万股。2013 年 9 月 3 日,甲以每股 15 元的价格买入乙公司股票 5 万股。根据证券法律制度的规定,甲通过上述交易所获收益中,应当收归公司所有的金额是( )。

　A. 20 万元　　　　B. 30 万元

　C. 50 万元　　　　D. 75 万元

二、多项选择题

1. (2018 年)根据证券法律制度的规定,下列证券交易场所中,可以交易公开发行的公司债券的有( )。

　A. 证券公司柜台市场

　B. 中国金融期货交易所

　C. 证券交易所

　D. 全国中小企业股份转让系统

2. (2017 年)根据证券法律制度的有关规定,下列各项中,属于债券受托管理人应当召

集债券持有人会议情形的有( )。

　A. 拟变更债券募集说明书的约定

　B. 发行人拟增加注册资本

　C. 担保物发生重大变化

　D. 发行人不能按期支付本息

3. (2017 年)上市公司发行股份购买资产时,发行股份的价格不得低于市场参考价的 90%,市场参考价为本次发行股份购买资产的董事会决议公告日前特定时间段的公司股票交易均价。下列各项中,属于该特定时间段的有( )。

　A. 20 个交易日

　B. 120 个交易日

　C. 90 个交易日

　D. 60 个交易日

三、案例分析题

1. (2019 年修订)新银公司为 A 股上市公司,股本总额为 2 亿股。2015 年 5 月 22 日,新银公司召开临时股东大会,审议通过了《非公开发行股票议案》。该议案确定本次非公开发行对象为公司股东物灵公司、宝华公司与元基公司;股票发行数量不超过 5000 万股;物灵公司认购 4000 万股,宝华公司和元基公司共认购 1000 万股,发行价格为 7.5 元/股。5 月 26 日,新银公司与三股东正式签订非公开发行股票认购协议。协议签订前,物灵公司持有新银公司的股份比例为 28%;宝华公司和元基公司签有一致行动人协议,合计持股比例 10%;新银公司董事、监事及高级管理人员及其一致行动人合计持股比例为 12%。宝华公司和元基公司承诺在此次非公开发行实施完毕前,不以任何形式增持新银公司股份。

自 2015 年 6 月起,宝华公司旗下管理的基金账户通过场内交易增持新银公司股份。截至 2015 年 12 月 8 日,宝华公司和元基公司合计持股比例达到 29%。物灵公司认为,宝华公司和元基公司不属于"社会公众股东",在宝华公司通过场内交易增持

后,新银公司如仍按《非公开发行股票议案》增资扩股,将导致新银公司的股份分布违反证券法的规定。董事会决定调整非公开发行方案。2015 年 12 月 16 日,新银公司发布公告称,证监会已同意公司暂停非公开发行股票的申请。

新银公司董事会经与物灵公司协商,形成如下意见:鉴于宝华公司和元基公司的失信行为,不再将其作为本次非公开发行的认购对象,调整后的股票发行数量为 3000 万股,由物灵公司全额认购。物灵公司认购后,所持新银公司的股份比例将超过 30%,会触发强制要约收购义务,物灵公司认为,因其已承诺 3 年内不转让本次非公开发行的股票,所以只要新银公司股东大会的非关联股东豁免要约收购即可,无须向证监会申请豁免。根据以上意见,2016 年 2 月 1 日,新银公司董事会审议通过《关于调整非公开发行股票发行对象、发行数量及募集资金数额的议案》(以下简称"议案 1")。次日,新银公司发布公告:公司将于 2 月 19 日召开临时股东大会审议该议案,物灵公司、宝华公司和元基公司应当对该议案表决予以回避。2016 年 2 月 5 日,宝华公司和元基公司向新银公司董事会提交《关于调整非公开发行股票方案的议案》(以下简称"议案 2"),提议宝华公司和元基公司全额认购拟非公开发行的 3000 万股。同时,对上述关于回避表决的要求提出异议。

2016 年 2 月 19 日,宝华公司和元基公司参加临时股东大会并进行表决,对议案 1 投了反对票,对议案 2 投了赞成票。议案 2 获得出席股东大会的股东所持表决权过半数通过,议案 1 未获通过。物灵公司未参与此次股东大会表决,但在会后向董事会提出质疑:宝华公司和元基公司无权提出临时提案,更无权参与此次股东大会并对议案 1 和议案 2 进行表决。

物灵公司认为,关联股东未回避表决属于

股东大会决议撤销之诉的事由,故而于 2016 年 4 月 29 日向法院提起诉讼,请求撤销 2 月 19 日新银公司临时股东大会对议案 2 的决议。

要求:根据上述内容,分别回答下列问题。

(1)物灵公司认为宝华公司和元基公司不属于"社会公众股东",是否正确?并说明理由。

(2)物灵公司关于"因其已承诺 3 年内不转让本次非公开发行的股票,所以只要新银公司股东大会非关联股东豁免要约收购即可,无须向证监会申请豁免"的观点,是否符合证券法律制度的规定?并说明理由。

(3)宝华公司和元基公司参加新银公司临时股东大会并对议案 1 进行表决,是否符合证券法律制度的规定?并说明理由。

(4)宝华公司和元基公司参加新银公司临时股东大会并对议案 2 进行表决,是否符合证券法律制度的规定?并说明理由。

(5)物灵公司关于"宝华公司和元基公司无权提出临时提案"的观点,是否符合公司法律制度的规定?并说明理由。

(6)物灵公司提起股东大会决议撤销之诉的日期是否符合公司法律制度的规定?并说明理由。

2. (2019 年)福明公司为 A 股上市公司。2018 年 1 月 25 日,福明公司实际控制人、董事长李某根据公司 2017 年度业绩情况,向董事会秘书赵某提出在当期事实施股票"高送转"的利润分配动议。赵某起草了《高送转预期利润分配预案》等文件提交董事会审议,但由于董事会对具体实施方案存在较大分歧、未能形成有效决议,该方案未予披露。

孙某为赵某好友,2018 年 1 月底,孙某在一次商业宴会上向赵某打听福明公司 2017 年度业绩和利润分配情况,赵某告知孙某"业绩不错,可能会做'高送转',但董事会还没通过，具体还不好说"。得此答复后，孙某于 2018 年 2 月 2 日买入福明公司股票。

2018 年 2 月 5 日，赵某根据董事会意见修改了利润分配方案。2018 年 2 月 26 日（星期一），福明公司召开董事会通过了修改后的利润分配方案。根据该方案，以盈余公积金向全体股东每 10 股转增 10 股，并派发 2 元红利。3 月 1 日公司公告董事会决议。

赵某将"高送转"信息告知妻子程某。随后，程某又将该信息转告福明公司股东王某。王某通过其控制的越野投资有限公司（简称"越野投资"）于 2018 年 2 月中旬多次买入福明公司股票。此前，王某已持有福明公司 2% 的股份，越野投资不持有福明公司股份。

2019 年 3 月起，证监会对福明公司内幕交易案立案调查，孙某在内幕交易调查中抗辩：福明公司的"高送转"方案在 2018 年 1 月底时董事会尚未通过；赵某于 2 月 5 日才修改"高送转"方案；孙某在 2 月 2 日买入股票时内幕信息尚未形成，故其买入行为不构成内幕交易。调查期间，证监会认定王某与越野投资在 2018 年 2 月购入福明公司股票时，构成一致行动人；购入后二者合计持股比例为 5.9%，未按规定履行重大持股信息披露义务，王某在内幕交易调查中未对自己的买入行为给出正当理由，但辩称：其于 2018 年 2 月的股票买入行为，属于相关司法解释中规定的"持有或通过协议、其他安排与他人共同持有上市公司 5% 以上股份的自然人、法人或者其他组织收购该上市公司股份"的情形，不构成内幕交易。

要求：根据上述内容，分别回答下列问题。

（1）本案"高送转"的利润分配方案是否构成内幕信息？并说明理由。

（2）赵某告知孙某"可能会做'高送转'"的行为是否构成内幕交易？并说明理由

（3）福明公司以盈余公积金转增股本的做法是否符合公司法律制度的规定？并说明理由

（4）福明公司于 2018 年 3 月 1 日公告董事会决议，是否符合证券法律制度的规定？并说明理由。

（5）孙某关于其"在 2 月 2 日买入股票时内幕信息尚未形成"的抗辩是否成立？并说明理由。

（6）程某告知王某"福明公司可将做'高送转'"的行为是否构成内幕信交易？并说明理由。

（7）王某所称"其于 2018 年 2 月的股票买入行为属于收购，不构成内幕交易"的抗辩理由，是否成立？并说明理由。

3.（2018 年）2017 年 4 月，甲上市公司与乙有限责任公司达成合并意向。甲公司董事会初步拟定的合并及配套融资方案（简称"方案初稿"）包括以下要点：

（1）甲公司吸收合并乙公司，合并完成后，甲公司存续、承接乙公司全部资产和负债，乙公司注销，乙公司原股东获得现金补偿。

（2）根据合并双方审计报告，截至 2016 年年底，乙公司资产总额占甲公司同期经审计资产总额的比例超过 50%。但该年度乙公司营业收入占甲公司同期经审计营业收入的比例低于 50%，故本次合并不构成甲公司重大资产重组。

（3）出席股东大会并对合并方案投反对票的股东，享有异议股东股份回购请求权，有权要求甲公司以合理价格回购其股票。

（4）为筹集实施合并所需资金，甲公司拟向本公司控股股东 A 公司非公开发行股票，发行价不低于定价基准日前 20 个交易日公司股票均价的 80%。具体发行价格由董事会决议确定，并经股东大会批准，A 公司认购的股份自发行结束之日起 12 个月内不得转让。

甲公司董事会根据中介机构的意见修订方案初稿后，予以公告。

2017年6月1日，甲公司临时股东大会通过合并决议和非公开发行股票融资决议。同日，乙公司临时股东会也通过了合并决议。6月15日，证监会批准甲公司的合并与配套融资方案。

B银行对甲公司享有一笔2018年6月底到期的借款债权。接到甲公司合并通知后，B银行于6月20日向甲公司提出偿债请求。甲公司以债务未到期为由，予以拒绝。

2017年6月22日，乙公司股东贾某以"股东会召集程序违反公司章程"为由提起诉讼，请求人民法院撤销乙公司股东会6月1日通过的合并决议。经查，乙公司章程规定，召开股东会应当以电子邮件方式通知股东，但乙公司并未向贾某发送电子邮件，而是以手机短信方式通知。贾某及其他股东均出席了6月1日的股东会会议并表决。人民法院认为，乙公司股东会召集程序确有不符合公司章程之处，但仍然驳回了贾某的诉讼请求。

甲公司股东周某反对甲、乙公司合并，于2017年5月底向甲公司董事会邮寄了书面反对意见，但周某并未出席甲公司6月1日召开的临时股东大会，也未委托他人表决。6月6日，周某向甲公司提出行使异议股东股份回购请求权，遭甲公司拒绝，拒绝理由是：只有出席股东大会并对合并投反对票的股东，才享有异议股东股份回购请求权。

2017年10月7日，证监会接到举报称，甲公司董事雷某涉嫌内幕交易。经查，雷某于2017年2月1日、2月10日及3月2日先后购入甲公司股票10万股、20万股、40万股，并于2017年8月25日全部卖出，获利100余万元。根据以上事实，证监会认定雷某的行为违反证券法，构成短线交易。

要求：根据上述内容，分别回答下列问题。

（1）基于方案初稿所述情况，本次合并是否构成甲公司的重大资产重组？并说明理由。

（2）方案初稿中关于非公开发行股票的内容，是否符合证券法律制度的规定？并说明理由。

（3）甲公司拒绝B银行偿债请求的理由是否成立？并说明理由。

（4）人民法院认为乙公司股东会召集程序确有不符合章程之处，但仍然驳回贾某的诉讼请求，是否符合公司法律制度的规定？并说明理由。

（5）甲公司拒绝周某异议股东股份回购请求的理由是否成立？并说明理由。

（6）计算雷某因短线交易所获利润时，应当以多少股份数为基础？并说明理由。

（7）雷某短线交易所获利润应当归谁所有？

4.（2018年）林森木业是在深圳证券交易所挂牌的上市公司。林木集团系林森木业控股股东，持股比例为45%。

2016年10月27日，人民法院裁定受理林木集团的破产重整申请。2017年5月，林木集团第一大股东赵某与新民投资开始实质性磋商，由新民投资以向林木集团注资的方式参与重整。2017年9月18日，新民投资与赵某等林木集团股东签署重组框架协议。9月21日，林森木业对该重组框架协议签订事宜予以公告。

2017年12月26日，人民法院裁定批准林木集团的破产重整计划草案。根据该破产重整计划，新民投资向林木集团注资后，将持有重整后的林木集团85%的股权。

2018年2月12日，新民投资公布要约收购报告书，向林森木业除林木集团以外的所有股东发出收购其所持全部无限售流通股的要约。林森木业发布的要约收购报告书摘要的提示性公告显示：此次要约收购有效期为2018年2月14日至2018年4月

10 日；预定收购股份数量为 6 亿股；收购价格为每股 9.77 元；提示性公告前 6 个月内，新民投资未买入林森木业任何股票。

2 月 12 日前 30 个交易日内，林森木业每日加权平均价格的算术平均值为每股 9.76 元。

2018 年 3 月，林森木业独立董事钱某因个人健康原因向董事会提出辞职。

2018 年 4 月 9 日，林森木业董事会发布《致全体股东报告书》，对股东是否接受新民投资的要约提出建议。

持有林森木业股票的孙某于 2018 年 3 月 30 日委托其开户的证券公司办理接受前述收购要约的预受手续。4 月 9 日，孙某反悔前述预受承诺，并委托证券公司撤回预受。

2018 年 5 月，中国证监会因新民投资副董事长李某涉嫌内幕交易对其立案调查。经查，李某于 2017 年 9 月 15 日以每股 7.8 元的价格买入林森木业 10 万股，并于要约收购有效期内接受了要约。李某辩称：其买入林森木业股票时，不仅重组框架协议尚未签署，林木集团重整计划草案能否获得通过也不确定，故新民投资向林木集团注资一事尚未形成内幕信息。李某对其买入行为未给出其他理由。

要求：根据上述内容，分别回答下列问题。

(1)新民投资按照重整计划向林木集团注资，是否构成对林森木业的收购？并说明理由。

(2)新民投资按照重整计划向林木集团注资，是否必须向林森木业其他所有股东发出收购要约？并说明理由。

(3)新民投资对林森木业的要约收购价格是否符合证券法律制度的规定？并说明理由。

(4)钱某能否辞去独立董事职务？并说明理由。

(5)林森木业发布《致全体股东报告书》的时间是否符合证券法律制度的规定？并说明理由。

(6)孙某能否撤回预受？并说明理由。

(7)李某关于其购买股票时内幕信息尚未形成的主张是否成立？李某的行为是否构成内幕交易？并分别说明理由。

5. (2015 年)恒利发展是在上海证券交易所挂牌的上市公司，股本总额 10 亿元，主营业务为医疗器械研发与生产。维义高科是从事互联网医疗业务的有限责任公司，甲公司和乙公司分别持有维义高科 90% 和 10% 的股权。为谋求业务转型，恒利发展于 2015 年 6 月 3 日，与维义高科、甲公司、乙公司签署了四方重组协议书，协议的主要内容包括：(1)恒利发展以主业资产及负债(资产净额经评估为 9 亿元)，置换甲公司持有的维义高科的全部股权；(2)恒利发展以 1 亿元现金购买乙公司持有的维义高科的全部股权。恒利发展最近一个会计年度经审计的合并财务会计报告显示期末净资产额为 17 亿元。

恒利发展拟通过非公开发行公司债券的方式筹集 1 亿元收购资金，并初拟了发行方案，有如下内容：(1)拟发行的债券规模为 1 亿元，期限 5 年，面值 10 元；(2)发行对象为不超过 300 名的合格投资者，其中：企事业单位、合伙企业的净资产不得低于 500 万元，个人投资者名下金融资产不得低于 100 万元。董事会讨论后，对上述方案中不符合证券法律制度规定的内容进行了修改。

恒利发展召开的临时股东大会对资产重组和公司债券发行事项分别进行了表决。出席该次股东大会的股东共持有 4.5 亿股有表决权的股票，关于资产重组的议案获得 3.1 亿股赞成票，关于发行公司债券的议案获得 2.3 亿股赞成票。该次股东大会宣布两项议案均获得通过。在上述两项议案的表决中，持股比例为 0.1% 的股东孙某均投了反对票。根据前述表决结果，孙某认为，两议案的赞成票数均未达到法定比例，不能形成有效的股东大会决议；孙某还对恒利发展通过置换方式出让主业资产持反对意见，遂要求公司回购其持有的恒利发展的全部股份，被公司拒绝。随后，孙某书面请求监事会对公司全体董事提起诉讼，称公司全体董事在资产重组交易中低估了公司主业资产的价值，未尽到勤勉义务，给公司造成巨大损失，应承担赔偿责任，亦被拒绝。孙某遂直接向人民法院提起股东代表诉讼，人民法院裁定不予受理。

要求：根据上述内容，分别回答下列问题。

(1)该资产重组交易是否应向中国证监会申请核准？并说明理由。

(2)公司初拟的非公开发行公司债券方案中，有哪些内容不符合证券法律制度的规定？并分别说明理由。

(3)临时股东大会作出资产重组决议，是否符合法定表决权比例？并说明理由。

(4)临时股东大会作出公司债券发行决议，是否符合法定表决权比例？并说明理由。

(5)恒利发展是否有义务回购股东孙某所持公司的股份？并说明理由。

(6)人民法院对孙某的起诉裁定不予受理，是否符合法律规定？并说明理由。

真题精练答案及解析

一、单项选择题

1. C 【解析】本题考核非上市公众公司。非上市公众公司是指有下列情形之一且其股票未在证券交易所上市交易的股份有限公司：股票向特定对象发行或者转让导致股东累计超过 200 人；股票公开转让。无论公开转让后股东人数是否超过 200 人，都构成非上市公众公司，选项 A 错误、选项 C 正确。无论是普通公司通过向特定对象发行股票累计超过 200 人而成为非上市公众公司，还是已经成为非上市公众公司的发行人向特定对象发行股票，都必须经过中国证监会的核准，选项 B 错误。非上市公众公司公开转让股票应当在全国中小企业股份转让系统进行。非上市公众公司经中国证监会核准向不特定对象公开发行股票，应当申请在证券交易所上市；选项 D 错误。

2. B 【解析】本题考核股票上市和退市。对于股票已经被证券交易所决定终止上市交易的强制退市公司，证券交易所应当设置"退市整理期"，在其退市前给 30 个交易日的股票交易时间。

3. A 【解析】本题考核虚假陈述。发行人公告的招股说明书、公司债券募集办法、财务会计报告、上市报告文件、年度报告、中期报告、临时报告以及其他信息披露资料，有虚假记载、误导性陈述或者重大遗漏，致使投资者在证券交易中遭受损失的，发行人应当承担赔偿责任；发行人的控股股东、实际控制人、董事、监事、高级管理人员和其他直接责任人员以及保荐人、承销的证券公司及其直接责任人员，应当与发行人承担连带赔偿责任，但是能够证明自己没有过错的除外。

4. B 【解析】本题考核股票的发行。选项 B 是非公众公司向特定对象发行股票，导致发行后股东超过 200 人，需要经证监会核准。选项 A 向 1 位朋友转让"部分"股票，那么此时股东就是 200 人，并没有超过 200 人，无需证监会核准。选项 C 中，约定 2 个月后全部买回，股东人数并没有超过 200 人，故无需证监会核准。选项 D 是股东人数未超过 200 人的股份公司，申请股票公开转让，证监会豁免核准。

5. B 【解析】本题考核短线交易。上市公司、股票在国务院批准的其他全国性证券交易场所交易的公司持有百分之五以上股份的股东、董事、监事、高级管理人员，将其持有的该公司的股票或者其他具有股权性质的证券在买入后六个月内卖出，或者在卖出后六个月内又买入，由此所得收益归该公司所有，公司董事会应当收回其所得收益。

二、多项选择题

1. CD 【解析】本题考核公司债券的交易场所。公开发行的公司债券，应当在依法设立的证券交易所上市交易，或在全国中小企业股份转让系统或者国务院批准的其他证券交易场所转让。

2. ACD 【解析】本题考核公司债券持有人的权益保护。存在下列情形的，债券受托管理人应当召集债券持有人会议：(1)拟变更债券募集说明书的约定；(2)拟修改债券持有人会议规则；(3)拟变更债券受托管理人或受托管理协议的主要内容；(4)发行人不能按期支付本息；(5)发行人减资、合并、分立、解散或者申请破产；(6)保证人、担保物或者其他偿债保障措施发生重大变化；(7)发行人、单独或合计持有本期债券总额10%以上的债券持有人书面提议召开；(8)发行人管理层不能正常履行职责，导致发行人债务清偿能力面临严重不确定性，需要依法采取行动的；(9)发行人提出债务重组方案的；(10)发生其他对债券持有人权益有重大影响的事项。

3. ABD 【解析】本题考核发行股份购买资产。上市公司发行股份的价格不得低于市场参考价的90%。市场参考价为本次发行股份购买资产的董事会决议公告日前20个交易日、60个交易日或者120个交易日的公司股票交易均价之一。

三、案例分析题

1.【答案】

(1)该说法正确。根据规定，社会公众股东，是指不包括下列股东的上市公司其他股东：①持有上市公司10%以上股份的股东及其一致行动人；②上市公司的董事、监事、高级管理人员及其关联人。宝华公司和元基公司合计持有29%的股份且是一致行动人，不属于社会公众股东。

(2)该主张符合规定。根据规定，经上市公司股东大会非关联股东批准，投资者取得上市公司向其发行的新股，导致其在该公司拥有权益的股份超过该公司已发行股份的30%，投资者承诺3年内不转让本次向其发行的新股，且公司股东大会同意投资者免于发出要约；则可以免于申请，直接向证券交易所和证券登记结算机构申请办理股份转让和过户登记手续。题目中物灵公司承诺3年内不转让本次向其发行的新股，所以经股东大会非关联股东审议可以豁免。

(3)符合规定。股东大会就发行事项作出决议，必须经出席会议的股东所持表决权的2/3以上通过。向本公司特定的股东及其关联人发行的，股东大会就发行方案进行表决时，关联股东应当回避。议案一是向原股东物灵公司发行，不涉及宝华公司、元基公司，所以宝华公司元基公司参与表决符合规定。

(4)不符合规定。股东大会就非公开发行股票作出的决定，涉及关联股东的，应当回避表决。关联股东是指董事会决议已确定为本次发行对象的股东及其关联人。议案二是向原股东宝华公司、元基公司发行，因此宝华公司元基公司不能参与表决。

(5)该主张不正确。根据规定，单独或者合计持有公司百分之三以上股份的股东，可以在股东大会召开十日前提出临时提案并书面提交董事会；董事会应当在收到提案后二日内通知其他股东，并将该临时提案提交股东大会审议。

(6)不符合法定期间的要求。根据规定，

股东会或者股东大会、董事会的会议召集程序、表决方式违反法律、行政法规或者公司章程，或者决议内容违反公司章程的，股东可以自决议作出之日起60日内，请求人民法院撤销。决议作出之日是2月19日，请求撤销之日是4月29日，超过了60天。

2.【答案】

(1)本案"高送转"利润分配方案构成内幕信息。根据规定，公司分配股利或者增资的计划属于内幕信息。

(2)赵某告知孙某"可能会做高送转"，孙某因此买入股票构成内幕交易，根据规定，在内幕信息敏感期内，内幕信息知情人员自己买卖、明示或暗示他人买卖证券，均构成内幕交易。李某于1月25日向赵某提出"高送转"利润分配动议，赵某属于内幕信息知情人员，该内幕信息尚未公布，属于内幕信息敏感期，内幕信息知情人在内幕信息敏感期内泄露信息，他人依此交易，构成内幕交易行为。

(3)福明公司的做法符合规定。根据规定，公司盈余公积金的用途包括弥补亏损、扩大经营、转增资本，公司为了实现增加资本的目的，可以将公积金的一部分转为资本。

(4)福明公司的做法不符合规定，根据规定，董事会就发行新股形成决议属于重大事件，上市公司应当在董事会形成决议的2个交易日内履行重大事件信息披露义务。在本案中，董事会于2月26日(星期一)形成决议，至3月1日(星期四)已经超过2个交易日。

(5)孙某的抗辩不成立。根据规定，影响内幕信息形成的动议、筹划、决策或者执行人员，其动议、筹划、决策或者执行初始时间，应当认定为内幕信息的形成之时。

(6)程某的行为构成内幕交易。根据规定，内幕信息知情人员的近亲属或其他与内幕信息知情人员关系密切的人员，在内幕信息敏感期内，从事或明示、暗示他人从事与该内幕信息有关的证券交易、相关交易行为明显异常，且无正当理由或者正当信息来源的，构成内幕交易。

(7)王某的抗辩不成立。根据规定，在内幕信息敏感期内，内幕信息知情人员和非法获取内幕信息的人，买卖该公司的证券，或者泄露，或者建议他人买卖该证券，均构成内幕交易行为。

3.【答案】

(1)本次合并构成甲公司的重大资产重组。上市公司及其控股或者控制的公司购买、出售资产，达到下列标准"之一"的，构成重大资产重组：①购买、出售的资产总额占上市公司最近一个会计年度经审计的合并财务会计报告期末资产总额的比例达到50%以上。②购买、出售的资产在最近一个会计年度所产生的营业收入占上市公司同期经审计的合并财务会计报告营业收入的比例达到50%以上。③购买、出售的资产净额占上市公司最近一个会计年度经审计的合并财务会计报告期末净资产额的比例达到50%以上，且超过5000万元人民币。题目中，乙公司资产总额占甲公司同期经审计资产总额的比例超过50%，构成重大资产重组。

(2)①发行定价不符合规定。根据规定，上市公司非公开发行股票的，发行价格不低于定价基准日前20个交易日公司股票均价的90%。

②锁定期12个月不符合规定。根据规定，发行对象为上市公司的控股股东、实际控制人或者其控制的关联人的，其认购的股份应自发行结束之日起36个月内不得转让。

(3)甲公司拒绝清偿的理由不成立。根据规定，公司合并，应当自作出合并决议之日起10日内通知债权人，并于30日内在报纸上公告。债权人(包括未到期债权人)

自接到通知书之日起 30 日内，未接到通知书的自公告之日起 45 日内，可以要求公司清偿债务或者提供相应的担保。

（4）人民法院驳回贾某的诉讼请求符合规定。根据规定，股东请求撤销股东会或者股东大会、董事会决议，若会议召集程序或者表决方式仅有轻微瑕疵，且对决议未产生实质影响的，人民法院不予支持。题目中，公司未按照章程的规定发送电子邮件通知而是短信告知，但并未影响股东出席会议，对决议无实质影响。

（5）甲公司拒绝周某异议股东股份回购请求的理由成立。根据规定，股份公司中，股东因对股东大会作出的公司合并、分立决议持异议，要求公司收购其股份。这里应当是股东参与会议表决并投反对票，才能行使股份回购请求权。

（6）以 40 万股为基数。根据规定，短线交易规定中的"买入后 6 个月内卖出"是指最后一笔买入时点起算 6 个月内卖出的。即 3 月 2 日起算 6 个月，8 月 25 日卖出，只有 3 月 2 日买入的 40 万股构成短线交易。

（7）雷某短线交易所获利润应归甲上市公司所有。根据规定，上市公司董事、监事、高级管理人员、持有上市公司股份 5% 以上的股东，将其持有的该公司的股票在买入后 6 个月内卖出，或者在卖出后 6 个月内又买入，由此所得收益归该公司所有，公司董事会应当收回其所得收益。

4. 【答案】

（1）新民投资按照重整计划向林木集团注资，构成对林森木业的收购。根据规定，收购人通过获得上市公司母公司控制权，从而间接控制上市公司，这属于间接收购。题目中，新民投资向林木集团注资而取得林木集团控制权，林木集团是林森木业的控股股东，因此构成对林森木业的间接收购。

（2）新民投资按照重整计划向林木集团注资，应当向林森木业其他股东发出收购要约。根据规定，收购人虽不是上市公司的股东，但通过投资关系、协议、其他安排导致其拥有权益的股份超过该公司已发行股份的 30% 的，应当向该公司所有股东发出全面要约。

（3）新民投资对林森木业的要约收购价格符合规定。根据规定，收购人按照规定进行要约收购的，对同一种类股票的要约价格，不得低于要约收购提示性公告日前 6 个月内收购人取得该种股票所支付的最高价格。要约价格低于提示性公告日前 30 个交易日该种股票的每日加权平均价格的算术平均值的，收购人聘请的财务顾问应当就该种股票前 6 个月的交易情况进行分析，说明是否存在股价被操纵、要约价格是否合理等情况。题目中，提示性公告日前 6 个月内新民投资未购入林森木业任何股票，而且要约价格并不低于提示性公告日前 30 个交易日该种股票的每日加权平均价格的算术平均值。

（4）钱某不能辞去独立董事职务。根据规定，在要约收购期间，被收购公司董事不得辞职。

（5）林森木业发布报告书的时间不符合规定。根据规定，被收购公司董事会应当对收购人的主体资格、资信情况及收购意图进行调查，对要约条件进行分析，对股东是否接受要约提出建议，并聘请独立财务顾问提出专业意见。在收购人公告要约收购报告书后 20 日内，被收购公司董事会应当公告被收购公司董事会报告书与独立财务顾问的专业意见。题目中，新民投资在 2018 年 2 月 12 日公布要约收购报告书，林森木业董事会在 2018 年 4 月 9 日发布报告书，超过了 20 日。

（6）孙某不能撤回预受。根据规定，在要约收购期限届满前 3 个交易日内，预受股东不得撤回其对要约的接受。孙某 4 月 9 日反悔，在收购期限届满前 3 日内，不能撤回预受。

(7)①李某关于内幕信息尚未形成的主张不成立。因为影响内幕信息形成的动议、筹划、决策或者执行人员，其动议、筹划、决策或者执行初始时间，应当认定为内幕信息的形成之时，在本题中，赵某与新民投资于2017年5月已经开始实质性磋商，应当认定内幕信息此时已经形成。

②李某的行为构成内幕交易。证券交易内幕信息的知情人员和非法获取内幕信息的人员，在内幕信息公开前，不得买卖该公司的证券，或者泄露该信息，或者建议他人买卖该证券，否则就构成了内幕交易。

5.【答案】

(1)该资产重组交易无需向中国证监会申请核准。根据证券法律制度的规定，对于借壳上市与发行股份购买资产的事项，需要证监会核准；其他情形的重大资产重组，无需证监会核准。

(2)公司初拟的非公开发行公司债券方案中，不符合证券法律制度规定的内容有：①债券面值不合法，应当为100元面值；②发行对象人数不合法，非公开发行公司债券的每次发行对象不得超过200人；③部分投资者不符合"合格投资者"的条件，企事业单位法人、合伙企业的净资产应当不低于1000万元，个人投资者名下的金融资产应当不低于300万元。

(3)临时股东大会作出资产重组决议，符合法定表决权比例。根据证券法律制度的规定，上市公司股东大会就重大资产重组事项作出决议，必须经出席会议的股东所持表决权的2/3以上通过。本次股东大会出席股东所持表决权为4.5亿股，3.1亿股赞成重组事项，符合作出决议的票数要求。

(4)临时股东大会作出公司债券发行决议，符合法定表决权比例。根据公司法律制度的规定，发行公司债券属于普通决议事项，经出席会议的股东所持表决权过半数通过即可，本次股东大会出席股东所持表决权为4.5亿股，2.3亿股赞成发行公司债券事项，符合作出决议的票数要求。

(5)恒利发展没有义务回购股东孙某的股份。根据公司法律制度的规定，股份公司股东仅在对股东大会作出的合并或者分立决议持异议的情况下，才有权请求公司回购其股份，而本次交易未导致公司合并或分立，交易完成后恒利发展和维义高科均继续存续。

(6)人民法院对孙某的起诉裁定不予受理符合法律规定。根据公司法律制度的规定，连续180日以上单独或者合计持有公司1%以上股份的股份有限公司股东才有权提起股东代表诉讼。孙某持股比例仅为0.1%，没有达到这一要求。

同步训练 /限时120分钟

一、单项选择题

1. 定期报告是上市公司进行持续信息披露的主要形式之一。甲上市公司的下列做法中，符合证券法律制度规定的是( )。

A. 该公司的第一季度报告在该会计年度的4月披露

B. 该公司的中期报告在该会计年度的9月披露

C. 该公司的第三季度报告在该会计年度的11月披露

D. 该公司的年度报告在第二年的5月披露

2. 甲公司是一家在上海证交所上市的公司，证监会在对甲公司信息披露问题进行检查的过程中，发现甲公司的下列做法，正确的是( )。

A. 甲公司披露事务管理制度已经公司董事会审议通过，并报注册地证监局和证券交易所备案

B. 甲公司上半年发生某重大事件的时间正好是一季报报送时间，甲公司决定在定期报告中披露，不再临时报告

C. 甲公司年中时某项重大事件市场已有传闻，股价出现不正常波动，但因尚未最后确定，甲公司未进行披露

D. 甲公司下半年发生某项重大事件，甲公司第一时间在公司网站进行了披露

3. 甲股份有限公司于 2016 年 5 月成立，股本总额为 1000 万元，发起人股东人数为 180 人。下列情形中，甲股份有限公司应当依法向证监会申请核准的是( )。

A. 增资发行新股，对象为本行业的特定自然人投资者，人数为 20 人

B. 10 名股东拟向特定对象转让股份，转让对象为某公司员工，人数为 35 人

C. 增资发行新股，对象是国内本行业的 3 家战略投资者

D. 申请股份公开转让

4. 甲股份有限公司为非上市公众公司，现有股东 170 人，拟定向发行新股，下列说法符合法律规定的是( )。

A. 甲公司向 30 名自然人投资者发行，应当向证监会申请核准

B. 甲公司向本公司 10 名董事和符合合格投资者管理规定的 25 名自然人投资者发行，无需申请核准

C. 甲公司向本公司的 10 名股东和 30 家机构投资者发行，应当向证监会申请核准

D. 甲公司向全国股转系统的不特定合格投资者公开发行，应当向证监会申请核准

5. 甲公司是在一家非上市公众公司，拟面向不特定合格投资者公开发行股份，下列说法不正确的是( )。

A. 甲公司应当具有健全且运行良好的组织机构，具有持续盈利能力

B. 本次发行应当经过股东大会出席会议股东所持表决权 2/3 以上通过

C. 本次发行应当由证券公司承销

D. 本次股份发行价格应采用与主承销商

自主协商直接定价的方式

6. 甲股份有限公司拟在主板市场首次公开发行股票并上市，财务顾问和法律顾问给出的意见中，不符合证券法律制度规定的是( )。

A. 甲公司的股本总额必须不少于 3000 万元

B. 发行人的主要资产不存在重大权属纠纷

C. 发行人最近 2 年内主营业务和董事、高级管理人员没有发生重大变化，实际控制人没有发生变更

D. 发行人的最近 3 个会计年度经营活动产生的现金流量净额累计超过人民币 5000 万元

7. 某股份有限公司拟在创业板首发并上市，下列各项有关该公司在创业板上市条件，表述正确的是( )。

A. 公司发行股票后股本总额至少达到人民币 6000 万元

B. 公司必须具有持续盈利能力

C. 公司最近 2 个会计年度净利润均为正数且累计为人民币 1000 万元

D. 公司最近 1 年营业收入不少于 1 亿元

8. 甲上市公司于 2019 年 7 月向中国证监会提出公开增发股票的申请，根据《发行管理办法》的规定，下列各项中，不构成上市公司增发股票障碍的是( )。

A. 2017 年 6 月，现任公司董事吴某因违规行为受到中国证监会的行政处罚

B. 2018 年 1 月，曾公开发行股票，发行当年营业利润比上年下降 25%

C. 2018 年 11 月，现任董事会秘书未及时发布公司重大信息受到证券交易所的公开谴责

D. 2018 年 11 月，为控股股东违规提供担保

9. 某上市公司拟非公开发行股票，其发行方案的下列内容中，符合证券法律制度规定的是( )。

A. 本次非公开发行股票的对象为 20 名合

格机构投资者

B. 本次非公开发行股票的对象中包括乙信托公司管理的一个集合资金信托计划

C. 本次非公开发行股票的发行价格，不得低于定价基准日前 20 个交易日公司股票均价的 90%

D. 投资者在本次非公开发行中认购的股份，自发行结束之日起 6 个月内不得转让

10. 关于公司收购中的优先股，下列表述错误的是（ ）。

A. 优先股可以作为并购重组支付手段

B. 上市公司收购要约适用于被收购公司的所有股东，不能针对优先股股东和普通股股东提出不同的收购条件

C. 计算收购人持有上市公司已发行股份比例，表决权未恢复的优先股不计入持股数额和股本总额

D. 计算触发要约收购义务时，表决权未恢复的优先股不计入持股数额和股本总额

11. 下列选项中，不属于《证券发行与承销管理办法》规定的首次公开发行股票时禁止配售的对象是（ ）。

A. 发行人及其股东、实际控制人

B. 主承销商的董事张某所管理的某只公募股票投资基金

C. 承销商的控股股东

D. 主承销商持股比例 5% 以上自然人股东的配偶

12. 根据证券法律制度规定，公司公开发行股票采用询价方式，剔除最高报价部分后的为有效报价，有效报价投资者数量不足的，应当中止发行。同时，对网下初始发行数量也有要求。下列说法中不正确的是（ ）。

A. 公开发行数量不超过 4 亿股的，有效报价投资者数量不少于 10 家

B. 公开发行数量超过 4 亿股的，有效报价投资者数量不少于 20 家

C. 公开发行后总股本不超过 4 亿股，网

下初始发行比例不低于本次公开发行股票数量的 50%

D. 发行后总股本超过 4 亿股的，网下初始发行比例不低于本次公开发行股票数量的 70%

13. 下列关于公司债券发行的说法中，正确的是（ ）。

A. 公司最近三年平均可分配利润足以支付公司债券 1 年的利息是发行公司债券的基本条件

B. 非公开发行的公司债券每次发行对象不得超过 200 人

C. 公开发行的公司债券可以转让交易，非公开发行的公司债券不得转让交易

D. 公司债券非公开发行完成后 5 个工作日内应报证监会备案

14. 非公开发行的公司债券应当向合格投资者发行，下列不属于合格投资者范围的是（ ）。

A. 某商业银行发行的投资不同债券组合的理财产品

B. 信托公司发行的信托产品

C. 保险公司发行的保险产品

D. 净资产为 300 万元的合伙企业

15. 甲上市公司拟公开发行可转换公司债券，根据证券法律制度的规定，下列各项中，属于甲公司公开发行可转换公司债券应当具备的条件的是（ ）。

A. 本次发行后累计公司债券余额不超过最近一期期末净资产的 40%

B. 最近 3 个会计年度加权平均净资产收益率平均不低于 5%

C. 最近 3 个会计年度实现的年均可分配利润不少于公司债券 1 年的利息

D. 最近一期期末经审计净资产不低于人民币 15 亿元

16. 根据《上市规则》规定，下列情形中证交所不会对股票实施退市风险警示的是（ ）。

A. 最近一个会计年度经审计的营业收入

低于 1000 万元

 B. 最近一个会计年度的财务会计报告被会计师事务所出具无法表示意见或者否定意见的审计报告

 C. 未在法定期限内披露年度报告或者中期报告，且公司股票已停牌 1 个月

 D. 法院依法受理公司重整、和解或者破产清算申请

17. 可以在全国中小企业股份转让系统参与挂牌公司股票公开转让的投资者必须符合法定标准，下列不属于该类投资者的是( )。

 A. 实缴出资总额 300 万元人民币的合伙企业

 B. 实收资本为 500 万元人民币的某公司

 C. 某商业银行的理财产品

 D. 张某，签署协议前名下最近 10 个转让日日均证券类资产市值为 500 万元人民币，具有两年以上证券投资经历

18. 投资者及其一致行动人虽然不是上市公司的第一大股东或者实际控制人，其拥有权益的股份达到或者超过该公司已发行股份的一定比例，应当编制简式权益变动报告书。根据规定，该一定的比例是( )。

 A. 达到 5%，但未达到 10%

 B. 达到 5%，但未达到 20%

 C. 达到 10%，但未达到 20%

 D. 达到 10%，但未达到 30%

19. 2018 年 4 月 1 日，甲公司发出公开要约收购乙上市公司 10% 的股份，公告的要约期限截止到 5 月 20 日。股东陆某于 5 月 10 日预受要约，下列关于陆某的预受说法正确的是( )。

 A. 陆某在 5 月 15 日以后不可撤回该预受

 B. 陆某在 5 月 18 日以后不可撤回该预受

 C. 陆某不可撤回该预受

 D. 要约期满后，陆某可以撤销对要约的预受

20. 下列关于上市公司收购程序的说法中，

正确的是( )。

 A. 收购要约的期限不得少于 30 日，并不得超过 60 日，但是出现竞争要约的除外

 B. 采取要约收购方式的，收购人在收购期限内，不得以超出要约的条件买入被收购公司的股票，但可以卖出被收购公司股票

 C. 收购期限届满后 30 日内，收购人应当向证券交易所提交关于收购情况的书面报告，并予以公告

 D. 收购要约期限届满 15 日之前，收购人不得变更收购要约，但是出现竞争要约的除外

21. 根据证券法律制度规定，下列收购行为中，可以适用简易程序免于发出要约收购方式增持股份的是( )。

 A. 经政府或者国有资产管理部门批准进行国有资产无偿划转、变更、合并，导致投资者股份占该公司已发行股份的比例超过 30%

 B. 上市公司面临严重财务困难，收购人提出的挽救公司的重组方案取得该公司股东大会批准，且收购人承诺 3 年内不转让其在该公司中所拥有的权益

 C. 在一个上市公司中拥有权益的股份达到或者超过该公司已发行股份的 30% 的，自上述事实发生之日起 1 年后，每 12 个月内增持不超过该公司已发行的 2% 的股份

 D. 在一个上市公司中拥有权益的股份达到或者超过该公司已发行股份的 50% 的，继续增加其在该公司拥有的权益不影响该公司的上市地位

22. 下列关于上市公司管理层收购的表述中，不正确的是( )。

 A. 被收购上市公司应当具备健全且运行良好的组织机构以及有效的内部控制制度，公司董事会成员中独立董事的比例应当达到或者超过 1/2

 B. 公司应当聘请具有证券、期货从业资

格的资产评估机构提供公司资产评估报告

C. 该次收购应当经董事会非关联董事作出决议，且取得过半数的独立董事同意后，提交公司股东大会审议，经出席股东大会的非关联股东所持表决权过半数通过

D. 独立董事发表意见前，应当聘请独立财务顾问就该次收购出具专业意见，独立董事及独立财务顾问的意见应当一并予以公告

23. 某上市公司因财务造假被证监会查处，股民要求下列人员承担赔偿责任的说法不正确的是（　　）。

A. 该上市公司的董事、监事、高级管理人员能够证明自己没有过错的，不承担赔偿责任

B. 承担该上市公司审计业务的会计师事务所能够证明自己没有过错的，不承担赔偿责任

C. 该上市公司的控股股东能够证明自己没有过错的，不承担赔偿责任

D. 该上市公司能够证明自己没有过错的，不承担赔偿责任

24. 根据证券法律制度规定，特定人员将其持有的公司的股票或者其他具有股权性质的证券在买入后六个月内卖出，或者在卖出后六个月内又买入，由此所得收益归该公司所有。不属于前述"特定人员"的是（　　）。

A. 张某，其妻持有该上市公司5%的股份

B. 李某，该新三板公司的董事

C. 王某，该上市公司董事会秘书

D. 刘某，其弟持有该新三板公司20%的股份

二、多项选择题

1. 下列关于我国《证券法》的适用范围，说法正确的有（　　）。

A. 股票、债券的发行和交易都适用《证券法》

B. 存托凭证的发行和交易适用《证券法》

C. 证券投资基金份额的发行和交易适用《证券法》

D. 政府债券的发行和交易适用《证券法》

2. 根据证券法律制度的规定，凡发生可能对上市公司证券及其衍生品种交易价格产生较大影响的重大事件，投资者尚未得知时，上市公司应当立即提出临时报告。甲上市公司发生的下列事项中，属于重大事件的有（　　）。

A. 对外提供重大担保

B. 公司非主要资产报废一次超过该资产的70%

C. 公司经理因病无法履行职责

D. 公司董事李某涉嫌犯罪被采取强制措施

3. 上市公司董事、监事和高级管理人员在信息披露工作中应当履行相应的职责。下列表述中，符合证券法律制度规定的有（　　）。

A. 上市公司董事应对公司年度报告签署书面审核意见

B. 上市公司监事应对公司年度报告签署书面确认意见

C. 上市公司高级管理人员应对公司年度报告签署书面审核意见

D. 上市公司监事会应对公司年度报告签署书面审核意见

4. 某股份有限公司拟公开发行股票并上市，根据证券法律制度的有关规定，下列各项中，构成公司在主板首次公开发行股票并上市障碍的有（　　）。

A. 发行人最近一个会计年度的净利润主要来自合并财务报表范围以外的投资收益

B. 发行人在用的商标存在重大不利变化的风险

C. 公司最近3个会计年度净利润均为正数且累计为人民币5000万元，净利润以扣除非经常性损益前后较低者为计算依据

D. 最近 3 个会计年度营业收入累计超过人民币 1 亿元

5. 下列关于股票首次公开发行的注册程序说法正确的有（　　）。

　　A. 股票发行注册应当向证券交易所提出申请

　　B. 证监会有权作出是否予以注册的决定

　　C. 注册机构撤销股票发行注册的，已经发行尚未上市的，发行人应当按照发行价并加算银行同期存款利息返还股票持有人

　　D. 交易所作出终止发行上市审核决定之日起 6 个月内，发行人可以再次提出公开发行股票并上市申请

6. 下列关于首次公开发行新股的股份有限公司原股东持有的股票转让的说法中，正确的有（　　）。

　　A. 公司首次公开发行时，公司股东公开发售的股份，其已持有时间应当在 12 个月以上

　　B. 公司的股权结构不得发生重大变化，实际控制人不得发生变更

　　C. 股东公开发售股份所得资金不归公司所有

　　D. 公司股东公开发售股份数量不得超过自愿设定 24 个月及以上限售期的投资者获得配售股份的数量

7. A 上市公司拟向原股东配售股份，A 公司原有股本总额 1 亿股，下列有关配股条件的说法中，正确的有（　　）。

　　A. 拟配售股份数量不超过 3000 万股

　　B. 控股股东应当在股东大会召开前公开承诺认配股份的数量

　　C. 最近 3 个会计年度加权平均净资产收益率平均不低于 6%

　　D. 最近 3 年以现金方式累计分配的利润不少于最近 3 年实现的年均可分配利润的 30%

8. 根据证券法律制度的规定，下列关于上市公司公开发行优先股的表述中，正确的有（　　）。

　　A. 优先股发行数量不得超过公司普通股股份总数的 50%

　　B. 优先股的股息率根据公司盈利情况每年调整

　　C. 未向优先股股东足额派发股息的差额部分应当累积到下一会计年度

　　D. 优先股股东按照约定的股息率分配股息后，不再同普通股股东一起参加剩余利润分配

9. 根据《证券发行与承销管理办法》的规定，股份有限公司首次公开发行股票采用网上和网下同时发行的，应安排不低于本次网下发行股票数量的 40% 优先给特殊机构配售，下列选项中，该特殊机构包括（　　）。

　　A. 公开募集设立的证券投资基金

　　B. 知名机构的风险投资基金

　　C. 全国社会保障基金

　　D. 基本养老保险基金

10. 甲公司拟面向合格投资者公开发行公司债券，下列说法正确的有（　　）。

　　A. 甲公司对已发行的到期公司债券尚未还本付息，不得再次公开发行公司债券

　　B. 债券的信用评级须达到 AAA 级

　　C. 本次发行债券募集资金不得用于弥补亏损和非生产性支出

　　D. 债券的期限需在 1 年以上

11. 下列关于某股份公司拟非公开发行公司债券的表述，正确的有（　　）。

　　A. 只能向合格投资者发行，每次发行对象不得超过 200 人

　　B. 本次发行的公司债券只能在合格投资者范围内转让

　　C. 本次发行公司债券应当经过中国证监会核准

　　D. 本次发行的公司债券应当进行信用评级

12. 上市公司发行公司债券，应当与债券受托管理人制定债券持有人会议规则，约定债券持有人通过债券持有人会议行使权利的范围、程序和其他重要事项。下

列情况中，应当召开债券持有人会议的有（ ）。

A. 拟变更债券募集说明书的约定

B. 拟变更债券受托管理人

C. 公司减资、合并、分立、解散或者申请破产

D. 保证人发生重大变化

13. 下列各项中，符合上市公司发行分离交易的可转换公司债券的条件有（ ）。

A. 发行人应当提供全额担保

B. 最近 3 个会计年度实现的年均可分配利润不少于公司债券 1 年的利息

C. 最近 3 个会计年度经营活动产生的现金流量净额平均不少于公司债券 1 年的利息，但最近 3 个会计年度加权平均净资产收益率平均不低于 6% 的除外

D. 本次发行后累计公司债券余额不超过最近一期期末净资产额的 40%，预计所附认股权全部行权后募集的资金总量不超过拟发行公司债券金额

14. 根据证券法律制度规定，上市公司因特定的重大违法行为触及相关标准可能导致被强制退市，下列属于此类重大违法行为的有（ ）。

A. 欺诈发行

B. 重大信息披露违法

C. 涉及公共安全的违法

D. 涉及公众健康安全的违法

15. 根据证券法律制度规定，特殊情况下，证券交易所可以按照业务规则采取技术性停牌、临时停市等处置措施。下列关于该类处置措施说法正确的有（ ）。

A. 采取该类措施的前提是因不可抗力、意外事件、重大技术故障、重大人为差错等突发性事件而影响证券交易正常进行

B. 采取该类措施应当及时向国务院证券监督管理机构报告并公告

C. 若突发性事件导致证券交易结果出现重大异常，按交易结果进行交收将对市

场公平造成重大影响的，证券交易所按照业务规则可以采取取消交易

D. 证券交易所对其采取处置措施造成的任何损失，不承担民事赔偿责任

16. 甲公司收购乙上市公司时，下列投资者同时也在购买乙上市公司的股票。根据证券法律制度的规定，如无相反证据，与甲公司为一致行动人的投资者有（ ）。

A. 杨某，持有甲公司 25% 的股份

B. 刘某，是甲公司董事长张某的好友

C. 朱某，是甲公司某监事弟弟的配偶

D. 丙公司，与甲公司同受丁公司控股

17. 在上市公司协议收购的过渡期内，当事人应当履行相应的义务，下列表述符合规定的有（ ）。

A. 在过渡期内，收购人在任何情况下不得通过控股股东提议改选上市公司董事会

B. 被收购公司不得为收购人及其关联方提供担保

C. 被收购公司不得公开发行股份募集资金

D. 被收购公司不得进行重大购买、出售资产的行为

18. 上市公司收购中，下列属于免于提出豁免申请直接办理股份转让和过户事项的情形有（ ）。

A. 甲投资者已经持有 A 上市公司 35% 的股份，依法持有的事实发生起第 6 个月，甲增持 A 公司 1% 的股份

B. 乙投资者已经持有 B 上市公司 40% 的股份，依法持有的事实发生起第三年，乙增持 B 公司 1% 的股份

C. 丙投资者在 C 上市公司中拥有权益的股份达到 51%，丙继续增加其在该公司拥有的权益，该增持已经影响 C 公司的上市地位

D. 丁投资者因继承导致在 D 上市公司中拥有权益的股份超过该公司已发行股份的 30%

19. 根据证券法律制度的规定，上市公司重大资产重组的方式包括( )。

    A. 与他人新设企业

    B. 对已设立的企业增资或者减资

    C. 将经营性资产委托他人经营、租赁

    D. 接受附义务的资产赠与

20. 上市公司实施的下列行为中，构成重大资产重组的情形有( )。

    A. 购买、出售的资产在最近一个会计年度所产生的营业收入占上市公司同期经审计的合并财务会计报告营业收入的比例达到50%以上

    B. 购买、出售的资产在最近一个会计年度所产生的营业收入占上市公司同期经审计的合并财务会计报告营业收入的比例达到30%以上，且超过人民币5000万元

    C. 购买、出售的资产总额占上市公司最近一个会计年度经审计的合并财务会计报告期末资产总额的比例达到50%以上

    D. 购买、出售的资产净额占上市公司最近一个会计年度经审计的合并财务会计报告期末净资产额的比例达到50%以上，且超过5000万元人民币

21. 下列关于借壳上市，说法正确的有( )。

    A. 上市公司向收购人购买的资产总额，占上市公司控制权发生变更的前一个会计年度经审计的合并财务会计报告期末资产总额的比例达到100%以上，属于借壳上市

    B. 借壳上市需经证监会核准

    C. 发行股份购买资产即借壳上市

    D. 上市公司购买的资产对应的经营实体应当是股份有限公司或有限责任公司，且符合首发上市的条件

22. 根据《上市公司重大资产重组管理办法》的规定，下列关于上市公司发行股份购买资产的说法中，不正确的有( )。

    A. 上市公司为促进行业的整合、转型升级，在其控制权不发生变更的情况下，可以向控股股东、实际控制人或者其控制的关联人之外的特定对象发行股份购买资产

    B. 上市公司控股股东以资产认购而取得的上市公司股份，自股份发行结束之日起12个月内不得转让

    C. 特定对象取得本次发行的股份时，对其用于认购股份的资产持续拥有权益的时间不足12个月，该特定对象取得的上市公司股份12个月内可以转让

    D. 特定对象以现金或者资产认购上市公司非公开发行的股份后，上市公司用同一次非公开发行所募集的资金向该特定对象购买资产的，视同上市公司发行股份购买资产

23. 甲公司是一家上市公司。下列股票交易行为中，为证券法律制度所禁止的有( )。

    A. 持有甲公司3%股权的股东李某已将其所持全部股权转让于他人，甲公司董事张某在获悉该消息后，告知其朋友王某，王某在该消息为公众所知悉前将其持有的甲公司股票全部卖出

    B. 乙公司经研究认为甲公司去年盈利状况超出市场预期，在甲公司公布年报前购入甲公司4%的股权

    C. 甲公司董事张某在董事会审议年度报告时，知悉了甲公司去年盈利超出市场预期的消息，在年报公布前买入了本公司股票10万股

    D. 甲公司的收发室工作人员刘某看到了中国证监会寄来的公司因涉嫌证券违法行为被立案调查的通知，在该消息公告前卖出了其持有的本公司股票

24. 下列行为中，构成操纵市场的有( )。

    A. 与他人串通，以事先约定的时间、价格和方式相互进行证券交易

    B. 不以成交为目的，频繁或者大量申报并撤销申报

    C. 利用虚假或者不确定的重大信息，诱

导投资者进行证券交易

D. 对证券、发行人公开作出评价、预测或者投资建议，并进行反向证券交易

三、案例分析题

1. 甲公司于 2020 年 3 月 1 日在深圳证券交易所（简称"深交所"）首次公开发行股票并上市（简称"IPO"），2020 年 4 月，中国证监会（简称"证监会"）接到举报称，甲公司的招股说明书中有财务数据造假行为。证监会调查发现，在甲公司 IPO 过程中，为减少应收账款余额，总会计师赵某经董事长钱某同意后，令公司财务人员通过外部借款、使用自有资金或伪造银行单据等手段，制造收回应收账款的假象。截至 2019 年 12 月 31 日，甲公司通过上述方法虚减应收账款 3.5 亿元。证监会调查还发现：2019 年 12 月，甲公司持股 90% 的子公司乙有限责任公司（简称"乙公司"）的总经理孙某，向公安机关投案自首，交代了其本人擅自挪用乙公司贷款 5600 万元用于个人期货交易和偿还个人债务，导致 5000 万元无法归还的违法事实。孙某的违法行为造成乙公司巨额损失。公安机关立案后，将案情通报甲公司董事长钱某，由于乙公司是甲公司的主要利润来源之一，故甲公司利润也因此遭受巨大减损。董事长钱某，要求甲公司和乙公司的知情人员对孙某挪用公司资金案的情况严格保密。2020 年 1 月，在未对孙某造成的巨额损失做账务处理的情况下（如果对该损失做账务处理，乙公司 2019 年底累计未分配利润应为负数），乙公司股东会会议通过了 2019 年度利润分配决议，向甲公司和另一股东丙公司分别派发股利 4500 万元和 500 万元。2020 年 3 月，甲公司收到乙公司支付的 2019 年度股利 4500 万元。2020 年 5 月 5 日，证监会认定：甲公司制造应收账款回收假象，在 IPO 申请文件中提供虚假财务数据，构成欺诈发行；甲公司未及时披露乙公司总经理孙某挪用公款一案的相关信息，构成上市后在信息披露文件中遗漏重大事项。为此，证监会决定对甲公司以及包括董事长钱某在内的 7 名董事、3 名监事、总经理李某、总会计师赵某、甲公司保荐人和为甲公司出具审计报告的会计师事务所等作出罚款的行政处罚。

甲公司独立董事王某对证监会的处罚不服，提出行政复议申请，理由是：本人并不了解会计知识，无法发现财务造假。会计师事务所提出抗辩，甲公司造假手段高明，而从事业务的注册会计师经验不足，不应被处罚。同年 6 月 12 日，由于乙公司不能清偿其对丁银行的到期债务，丁银行向人民法院提起诉讼，请求人民法院认定甲公司通过违规分红抽逃出资，判令甲公司在 4500 万元本息范围内对乙公司债务不能清偿的部分承担补充赔偿责任。

同年 6 月 15 日，已连续 7 个月持有甲公司 1.01% 股份的股东周某，直接以自己的名义，对包括董事长钱某在内的 7 名董事提起诉讼，请求法院判令 7 名被告赔偿甲公司因缴纳证监会罚款而产生的 500 万元损失。2020 年 7 月 15 日，证监会作出决定，要求甲公司购回已发行的全部股份。

要求：根据上述内容，分别回答下列问题。

（1）甲公司应否对乙公司总经理孙某挪用公款事件履行信息披露义务？并说明理由。

（2）甲公司独立董事王某的行政复议申请理由是否成立？并说明理由。

（3）会计师事务所抗辩理由是否成立？并说明理由。

（4）丁银行请求人民法院认定甲公司抽逃出资，判令甲公司在 4500 万元本息范围内承担补充赔偿责任，人民法院是否应予支持？并说明理由。

（5）对于周某直接以自己名义提起的诉讼，人民法院应否受理？并说明理由。

（6）若本案中甲公司首发并上市时采取注

册制，应由谁作出是否准予注册的决定？并说明理由。

(7)证监会要求甲公司购回已发行的全部股份是否有法律依据？并说明理由。

2. 风顺科技是一家在深圳证券交易所上市的网络技术服务公司，股本总额为 10 亿。2017 年初，风顺科技拟增发 4 亿股。公司基本情况如下：2014-2016 年，公司连续三年盈利分别为：1 亿元、1.2 亿元和 1.1 亿元，并且以现金分配利润分别为：1200 万元、1500 万元和 1100 万元。董事会在以下两种方案中投票：一是公开增发，发行价格为公告招股意向书前 20 个交易日公司股票均价的 90%；二是向老股东配股，由持股 5% 以下的中小股东优先认配。对这两种方案，董事会投票时均提出了异议。经修改后，采纳了公开增发的方案。

2017 年 7 月初，风顺科技拟与 A 公司签订一项技术服务合同，合同金额约 3.5 亿元。经过谈判，双方于 7 月 15 日就合同主要条款达成一致并签署合作意向书。但早在 7 月 8 日，市场出现关于风顺科技即将签署重大交易合同的传闻。7 月 9 日和 10 日，风顺科技股票连续两天开盘即涨停。7 月 10 日，证券交易所就股价异动要求风顺科技发布澄清公告。7 月 10 日晚间，风顺科技发布公告称，公司无应披露之信息。7 月 16 日，风顺科技发布临时公告，披露公司已与 A 公司签订重大技术服务合同合作意向书。

2017 年 10 月底，监管机构根据举报，对风顺科技股票交易异常情况立案调查，并查明如下事实：

(1)风顺科技董事长的弟弟吴某，于 7 月 9 日将股票账户中亏损的股票全部清仓，买入风顺科技股票，并于 7 月 15 日卖出，获利 30 万元。据查，此前吴某与其兄之间曾电话联系。

(2)投资者张某于 2016 年 2 月高价买入风顺科技股票，并一直持有，市场出现传闻后，张某担心有人以虚假信息操控股价，遂于 2017 年 7 月 10 日卖出所持有的全部风顺科技股票，亏损 10 万元。张某主张，其亏损系风顺科技虚假陈述所致。

在监管机构调查过程中，负责公司信息披露事务的董事会秘书郑某辩称，公司未正确披露重大技术服务合同的相关信息，是公司实际控制人授意而为，自己仅是遵照指令行事，不应受到处罚。董事韩某则认为，自己在董事会就是挂个名，对公司情况不了解，看大多数人怎么投票自己就怎么投票，也不受到处罚。

要求：根据上述内容，分别回答下列问题。

(1)风顺科技的基本情况是否符合增发股票的一般条件？并说明理由。

(2)两种增发方案都有哪些不符合证券法律规定之处？并说明理由。

(3)风顺科技于 7 月 10 日发布公告称无应披露之信息，是否符合证券法律制度的规定？并说明理由。

(4)吴某买卖风顺科技股票的行为是否构成内幕交易？并说明理由。

(5)投资者张某关于其亏损系风顺科技虚假陈述所致的主张是否成立？并说明理由。

(6)公司董事会秘书郑某主张其本人不应受处罚的抗辩是否成立？并说明理由。

(7)董事韩某主张其本人不应受处罚的抗辩是否成立？并说明理由。

3. 星海公司是一家在上海证交所上市的公司，2018 年 2 月，公司董事会召开会议，拟就公开发行可转换公司债券的方案进行讨论。公司的基本情况和初步拟定的方案如下：

(1)公司经审计的财务会计资料显示：截止到 2017 年 12 月 31 日，公司注册资本 5 亿元，资产总额 16 亿元，其中负债 4 亿元；2017 年 10 月，该上市公司公开发行 5 年期公司债券 1 亿元，年利率 5%。没有延期支付本息的情况。最近三年公司可分配利润分别为1亿元、1.2亿元和1.4亿元。财务顾问认为本次债券发行应当提供担保。

（2）公开发行可转换公司债券方案：①星海公司拟发行公司债券200万张，每张面值200元，募集资金中的1000万元用于维修公司的办公大楼，其余部分用于扩建一条生产线；公司债券年利率为5%，期限为5年。②经资信评估机构评估，公司本次发行的债券信用等级为AAA级。③公司债券拟分两次发行，均由甲证券公司包销。根据星海公司与甲证券公司签订的公司债券包销合同，公司债券的承销期限都是100天，证券公司每次承销时可以预先购入并留存公司债券1000万元，其余部分向公众发行。

对上述方案，董事会讨论后认为，公司债券发行方案存在有违相关规定之处，需调整后方能进行。

2020年3月25日，星海公司发布公告，称其于3月22日已持有上市公司恒达股份5%的股份，并拟继续增持。2020年3月26日，星海公司继续通过证券交易增持恒达公司股份5%，星海公司于3月28日发布了公告；2020年3月30日，星海公司再次发布公告，称其又增持了恒达股份5%的股份，但因股价持续走高，未来12个月内将不再增持。

要求：根据上述内容，结合法律规定，分别回答下列问题。

（1）星海公司发行债券的面值是否符合证券法律制度的规定？并说明理由。

（2）星海公司的可分配利润是否符合《证券法》中公开发行可转换公司债券的条件？并说明理由。

（3）财务顾问认为本次债券发行应当提供担保的说法是否正确？并说明理由。

（4）星海公司本次发行公司债券的评级和可分配利润是否符合向公众投资者公开发

行的要求？并说明理由。

（5）星海公司发行公司债券募集资金用途是否符合有关规定？并分别说明理由。

（6）星海公司与甲证券公司的包销协议是否符合规定？并说明理由。

（7）星海公司于2020年3月25日和3月28日分别发出公告的行为是否符合法律规定？并说明理由。

（8）星海公司2020年3月26日和3月30日分别购入恒达公司5%股份的行为是否符合法律规定？若不符合规定，根据证券法律制度规定应如何处理？并说明理由。

4. 甲股份有限公司为乙上市公司实际控制人，甲公司另有一全资子公司A公司。甲公司召开董事会，拟讨论如下事项：一是通过A公司向甲公司董事吴某提供借款一笔用于购买住房；二是收购丙上市公司（以下简称"丙公司"）的股份，达到控制丙公司的目的。

提交董事会讨论的收购方案如下：

（1）第一阶段：以乙公司和A公司作为收购人，同一天分别协议购买丙上市公司20%的股份。

（2）第二阶段：乙公司继续通过证券交易市场进行公开要约收购，收购比例为10%，收购期限初步定为20日，届期若股东预受要约的股份超过10%，则通过抽签方式决定购买。

（3）在收购行为完成6个月后，A公司将持有的丙公司股份转让给乙公司；在收购行为完成后第13个月，乙公司将所持丙公司的股份部分转让给丁公司，丁公司是非受甲公司控制的公司。

董事会认为该收购方案存在一定问题，拟调整后再进行。方案调整后，乙公司于2016年7月1日完成收购，持有丙公司40%的股份，2017年8月1日，乙公司继续通过证券市场交易增持丙公司2%的股份，有知情人员举报乙公司未通过要约收购方式增持，乙公司提出抗辩。

截至 2018 年年底，丙公司普通股总数为 5 亿股，净资产额为 10 亿元，最近 3 年可分配利润分别为 3000 万元、2000 万元和 1000 万元。2019 年 2 月，丙公司董事会决定，拟公开发行公司债券筹资 5 亿元，期限为 5 年，年利率为 6%。财务顾问认为，丙公司的利润情况不符合公开发行公司债券的条件，建议考虑其他融资途径。3 月，丙公司拟公开发行优先股，并制定方案如下：(1)发行优先股 3 亿股，拟筹资 5 亿元；(2)第一年股息率为 6%，此后每两年根据市场利率调整一次；(3)优先股股东按照约定股息率分配股息后，还可与普通股股东一起参加剩余利润分配。2019 年 4 月，在丙公司召开的年度股东大会上，优先股融资方案未获通过。

要求：根据上述内容，分别回答下列问题。

(1)甲公司通过 A 公司向董事吴某提供借款的行为是否符合法律规定？并说明理由。

(2)乙公司和 A 公司作为收购人同一天分别协议购买丙上市公司股份 20% 是否符合法律规定？并说明理由。

(3)收购要约约定的收购期限定为 20 日是否符合规定？并说明理由。

(4)若预受要约的股份超过 10%，通过抽签方式决定购买是否符合规定？并说明理由。

(5)在收购行为完成后 A 公司和乙公司转让股份的行为是否符合规定？并说明理由。

(6)2017 年 8 月 1 日，乙公司继续通过证券市场交易增持丙公司 2% 的股份是否符合规定？并说明理由。

(7)财务顾问认为，丙公司的利润情况不符合公开发行公司债券的条件是否有法律依据？并说明理由。

(8)丙公司的优先股融资方案有哪些不符合法律规定之处？并说明理由。

同步训练答案及解析

一、单项选择题

1. A 【解析】本题考核上市公司信息披露制度。第一季度报告在 4 月 30 日前披露，因而选项 A 正确；中期报告在 8 月 31 日前披露，因而选项 B 错误；第三季度报告在 10 月 31 日前披露，因而选项 C 错误；年度报告在次年的 4 月 30 日前披露，因而选项 D 错误。

2. A 【解析】本题考核上市公司信息披露事务管理的相关规定。根据规定，上市公司信息披露义务人不得以定期报告形式代替应当履行的临时报告义务，因此选项 B 错误；某项重大事件已经泄露或者市场出现传闻的，即便发生在法定披露时点之前，上市公司也应及时披露相关事项的现状，因此选项 C 错误；上市公司在公司网站等其他媒体披露的时间不得早于指定媒体，因此选项 D 错误。

3. B 【解析】本题考核非上市公众公司。非上市公众公司是指有下列情形之一且其股票未在证券交易所上市交易的股份有限公司：(1)股票向特定对象发行或者转让导致股东累计超过 200 人；(2)股票公开转让。

4. D 【解析】本题考核非上市公众公司发行股份。在非上市公司股份发行中，向特定对象发行导致股东人数累计超过 200 人以及向不特定的合格投资者公开发行需要经证监会核准。非上市公众公司向特定对象发行股票后股东累计不超过 200 人的，无需向中国证监会申请核准。

5. D 【解析】本题考核非上市公众公司的面向合格投资者公开发行。公众公司公开发行股票，可以与主承销商自主协商直接定价，也可以通过合格投资者者网上竞价，或者网下询价，选项 D 错误。

6. C　【解析】本题考核主板首次公开发行股票的条件。选项 C 应当是：发行人最近 3 年内主营业务和董事、高级管理人员没有发生重大变化，实际控制人没有发生变更。

7. C　【解析】本题考核创业板上市条件。要求公司发行股票后股本总额达到人民币 3000 万元，选项 A 错误；对公司的持续盈利能力没有要求，选项 B 错误；最近 1 年营业收入不少于 5000 万元，选项 D 错误。

8. B　【解析】本题考核上市公司增发股票的条件。上市公司现任董事、监事和高级管理人员最近 36 个月内未受到过中国证监会的行政处罚、最近 12 个月内未受到过证券交易所的公开谴责；最近 12 个月内不存在违规对外提供担保的行为；最近 24 个月内曾公开发行证券的，发行当年营业利润比上年下降 50% 以上的情形，不得增发股票。故选项 B 的表述并不违反增发股票的条件。

9. C　【解析】本题考核上市公司非公开发行股份。上市公司非公开发行股票，发行对象不超过 10 名；选项 A 错误。信托公司作为发行对象，只能以自有资金认购；选项 B 错误。本次发行的股份自发行结束之日起，除特定的发行对象，12 个月内不得转让；选项 D 错误。

10. B　【解析】本题考核优先股。上市公司收购要约适用于被收购公司的所有股东，但可以针对优先股股东和普通股股东提出不同的收购条件；选项 B 表述错误。

11. B　【解析】本题考核首次公开发行股票时禁止配售的对象。根据规定，禁止配售对象管理的公募基金不受禁止配售规定的限制，但应符合中国证监会的有关规定。

12. C　【解析】本题考核网上和网下同时发行机制。公开发行后总股本不超过 4 亿

股，网下初始发行比例不低于本次公开发行股票数量的 60%。

13. B　【解析】本题考核公司债券发行。公司最近三年平均可分配利润足以支付公司债券 1 年的利息是"公开发行"公司债券的条件，因此选项 A 错误；非公开发行的公司债券可以申请在证券交易所、全国中小企业股份转让系统、机构间私募产品报价与服务系统、证券公司柜台转让，转让仅限于合格的投资者范围内，转让后，持有同次发行债券的合格投资者合计不得超过 200 人，因此选项 C 错误；非公开发行公司债券，发行完成后 5 个工作日内报中国证券业协会备案，因此选项 D 错误。

14. D　【解析】本题考核公司债券非公开发行的合格投资者范围。合格投资者，应当具备相应的风险识别和承担能力，知悉并自行承担公司债券的投资风险，并符合下列资质条件：(1)经有关金融监管部门批准设立的金融机构，包括证券公司、基金管理公司及其子公司、期货公司、商业银行、保险公司和信托公司等，以及经中国证券投资基金业协会登记的私募基金管理人；(2)上述金融机构面向投资者发行的理财产品，包括但不限于证券公司资产管理产品、基金及基金子公司产品、期货公司资产管理产品、银行理财产品、保险产品、信托产品以及经基金业协会备案的私募基金；(3)净资产不低于人民币 1000 万元的企事业单位法人、合伙企业；(4)合格境外机构投资者(QFII)、人民币合格境外机构投资者(RQFII)；(5)社会保障基金、企业年金等养老基金，慈善基金等社会公益基金；(6)名下金融资产不低于人民币 300 万元的个人投资者；(7)经中国证监会认可的其他合格投资者。

15. C　【解析】本题考核公开发行可转换公司债券的条件。证券法删除了"发行可转

换公司债券的，本次发行后累计公司债券余额不超过最近一期期末净资产额的40%。"的规定，因此选项 A 错误；最近 3 个会计年度加权平均净资产收益率平均不低于 6%，因此选项 B 错误；最近一期期末经审计净资产不低于人民币 15 亿元是发行分离交易的可转债的条件，因此选项 D 错误。

【应试思路】公开发行可转债，需要满足上市公司增发股票的一般条件。因此分析题目选项时，需要考虑上市公司增发的一般条件以及公开发行可转债的条件。

16. C 【解析】本题考核退市风险警示。选项 C 如果是"未在法定期限内披露年度报告或者中期报告，且公司股票已停牌两个月"才是退市风险警示的情形。

17. A 【解析】本题考核全国中小企业股份转让系统中的合格投资者标准。合伙企业的实缴出资总额需达到 500 万元以上，选项 A 错误。

18. B 【解析】本题考核简式权益变动报告书的编制情形。根据规定，投资者及其一致行动人不是上市公司的第一大股东或者实际控制人，其拥有权益的股份达到或者超过该公司已发行股份的 5%，但未达到 20% 的，应当编制简式权益变动报告书。

19. B 【解析】本题考核要约的预受。根据规定，预受要约可以撤回，但在要约期限届满前 3 个交易日内不可撤回。

20. A 【解析】本题考核上市公司收购的相关规定。根据规定，采取要约收购方式的，收购人在收购期限内，不得卖出被收购公司股票，选项 B 错误；收购期限届满后 15 日内，收购人应当向证券交易所提交关于收购情况的书面报告，并予以公告，选项 C 错误；收购要约期限届满前"15 日内"，收购人不得变更收购要约，但是出现竞争要约的除外，因此选项 D 错误。

21. A 【解析】本题考核适用简易程序免于发出要约收购方式增持股份的事项。

22. C 【解析】本题考核管理层收购。该次收购应当经董事会非关联董事作出决议，且取得 2/3 以上的独立董事同意后，提交公司股东大会审议，经出席股东大会的非关联股东所持表决权过半数通过；选项 C 不符合规定。

23. D 【解析】本题考核虚假陈述的民事赔偿责任。上市公司的董事、监事、高管、会计师事务所、控股股东承担的是过错责任，能够证明自己没有过错的，不承担赔偿责任；上市公司承担的是无过错责任。故选项 D 错误。

24. D 【解析】本题考核短线交易。上市公司、股票在国务院批准的其他全国性证券交易场所交易的公司持有百分之五以上股份的股东、董事、监事、高级管理人员，将其持有的该公司的股票或者其他具有股权性质的证券在买入后六个月内卖出，或者在卖出后六个月内又买入，由此所得收益归该公司所有，公司董事会应当收回其所得收益。但是，证券公司因购入包销售后剩余股票而持有百分之五以上股份，以及有国务院证券监督管理机构规定的其他情形的除外。前款所称董事、监事、高级管理人员、自然人股东持有的股票或者其他具有股权性质的证券，包括其配偶、父母、子女持有的及利用他人账户持有的股票或者其他具有股权性质的证券。

二、多项选择题

1. AB 【解析】本题考核《证券法》的适用范围。证券投资基金份额、政府债券仅上市交易适用《证券法》，选项 C、D 错误。

2. ACD 【解析】本题考核重大事件。公司营业用主要资产的抵押、质押、出售或者报废一次超过该资产的 30% 才属于重大事件，选项 B 错误。

3. BD 【解析】本题考核董事、监事、高级管理人员在信息披露中的职责。董事和高级管理人员签署的是书面确认意见。

4. ABD 【解析】本题考核首次公开发行股票并上市的条件。根据规定，公司首次公开发行股票并上市的条件之一是最近 3 个会计年度净利润均为正数且累计超过人民币 3000 万元，净利润以扣除非经常性损益前后较低者为计算依据，因此选项 C 不构成公司首次公开发行股票并上市的障碍。

5. ABC 【解析】本题考核股票发行注册程序。交易所作出终止发行上市审核决定，或者中国证监会作出不予注册决定的，自决定作出之日起 6 个月后，发行人可以再次提出公开发行股票并上市申请。选项 D 错误。

6. BC 【解析】本题考核首次公开发行股票时的老股转让规定。根据规定，公司首次公开发行时，公司股东公开发售的股份，其已持有时间应当在 36 个月以上，因此选项 A 错误；公司股东公开发售股份后，公司的股权结构不得发生重大变化，实际控制人不得发生变更，选项 B 正确；股东公开发售股份所得资金不归公司所有，选项 C 正确；公司股东公开发售股份数量不得超过自愿设定 12 个月及以上限售期的投资者获得配售股份的数量，因此选项 D 错误。

7. ABD 【解析】本题考核上市公司向原股东配售股份的条件。选项 C 是向公众投资者公开增发的条件。

8. ACD 【解析】本题考核优先股发行。公司公开发行优先股的，应当在公司章程中规定采取固定股息率，因而选项 B 错误。

9. ACD 【解析】本题考核股票的公开发行。根据规定，首次公开发行股票网上网下发行的，应安排不低于本次网下发行股票数量的 40% 优先向通过公开募集方式设立的证券投资基金（公募基金）和由社保基金投资管理人管理的社会保障基金（社保基金）以及养老基金配售，公募基金和社保基

金、养老基金有效申购不足 40% 的，发行人和主承销商可以向其他符合条件的网下投资者配售。

10. ACD 【解析】本题考核公司债券的发行条件。公司存在下列情形的，不得发行公司债券：对已发行的公司债券或者其他债务有违约或者迟延支付本息的事实，仍处于继续状态（选项 A）。公开发行公司债券筹集的资金，不得用于弥补亏损和非生产性支出。（选项 C）。公司债券的期限为 1 年以上（选项 D）。债券信用评级达到 AAA 级是面向公众投资者公开发行的条件，选项 B 错误。

11. AB 【解析】本题考核公司债券的发行。非公开发行公司债券无需经证监会核准，是否进行信用评级由发行人确定。选项 CD 错误。

12. ABCD 【解析】本题考核公司债券持有人的权益保护。

13. BC 【解析】本题考核发行分离交易的可转换公司债券的条件。无担保要求（因已要求净资产不低于 15 亿），选项 A 错误；证券法删除了关于累计债券余额不得超过净资产 40% 的规定，选项 D 错误。

14. ABCD 【解析】本题考核上市公司因重大违法被强制退市。根据规定，选项 ABCD 严重违法，影响公司上市的，都将被强制退市。

15. ABC 【解析】本题考核技术性停牌、临时停市。证券交易所对其依照规定采取措施造成的损失，不承担民事赔偿责任，但存在重大过错的除外，选项 D 错误。

16. CD 【解析】本题考核上市公司收购。根据规定，持有投资者 30% 以上股份的自然人，在投资者任职的董事、监事及高级管理人员，其父母、配偶、子女及其配偶、配偶的父母、兄弟姐妹及其配偶、配偶的兄弟姐妹及其配偶等亲属，投资者受同一主体控制，与投资者持有同一上市公司股份，属于一致行动人。选项 A

没有达到 30%；选项 B 并非前述亲属关系。

17. BCD 【解析】本题考核协议收购。在过渡期内，收购人不得通过控股股东提议改选上市公司董事会，确有充分理由改选董事会的，来自收购人的董事不得超过董事会成员的 1/3；选项 A 不符合规定。

18. BD 【解析】本题考核免于提出豁免申请直接办理股份转让和过户的事项。根据规定，免于提出豁免申请直接办理股份转让和过户的事项包括：在一个上市公司中拥有权益的股份达到或者超过该公司已发行股份的 30% 的，自上述事实发生之日起一年后，每 12 个月内增持不超过该公司已发行的 2% 的股份，选项 A 的情形不符合该规定；在一个上市公司中拥有权益的股份达到或者超过该公司已发行股份的 50% 的，继续增加其在该公司拥有的权益不影响该公司的上市地位，选项 C 中丙的增持已经影响了 C 的上市地位，因此不能适用直接办理股份转让和过户的规定。

19. ABCD 【解析】本题考核重大资产重组。重大资产重组的方式包括：（1）与他人新设企业、对已设立的企业增资或者减资；（2）受托经营、租赁其他企业资产或将经营性资产委托他人经营、租赁；（3）接受附义务的资产赠与或对外捐赠资产；（4）证监会根据审慎监管原则认定的其他情形。

20. ACD 【解析】本题考核重大资产重组。构成重大资产重组要求购买、出售的资产在最近一个会计年度所产生的营业收入占上市公司同期经审计的合并财务会计报告营业收入的比例达到 50% 以上。选项 B 错误。

21. ABD 【解析】本题考核借壳上市。发行股份购买资产并不等同于借壳上市。

22. BC 【解析】本题考核上市公司发行股份购买资产。特定对象以资产认购而取得的上市公司股份，自股份发行结束之日起 12 个月内不得转让；属于下列情形之一的，36 个月内不得转让：（1）特定对象为上市公司控股股东、实际控制人或者其控制的关联人；（2）特定对象通过认购本次发行的股份取得上市公司的实际控制权；（3）特定对象取得本次发行的股份时，对其用于认购股份的资产持续拥有权益的时间不足 12 个月。

23. CD 【解析】本题考核内幕交易。选项 A 中的事项不属于内幕信息，因而不当选；选项 B 中乙公司是自己研究的结果，并非内幕交易，不当选。

24. ABCD 【解析】本题考核操纵市场。

三、案例分析题

1.【答案】

（1）甲公司应履行信息披露义务。公司董事、监事、高级管理人员涉嫌犯罪被依法采取强制措施以及公司发生重大损失属于重大事件，根据规定，上市公司控股子公司发生重大事件可能对上市公司证券及其衍生品种交易价格产生较大影响的，上市公司应当履行信息披露义务。

（2）王某的行政复议申请理由不成立。根据规定，能力不足、无相关职业背景不得单独作为不予处罚情形认定。

（3）会计师事务所的抗辩理由不成立。根据规定，如果证券服务机构未勤勉尽责，所制作、出的文件有虚假记载、误导性陈述或者重大遗漏的，也应当承担行政责任。

（4）人民法院应予支持。根据规定，公司债权人请求抽逃出资的股东在抽逃出资本息范围内对公司债务不能清偿的部分承担补充赔偿责任的，人民法院应予支持。

（5）人民法院不应受理。根据规定，公司董事、高级管理人员侵犯公司利益，股份有限公司连续 180 日以上单独或者合计持有公司 1% 以上股份的股东可以书面请求

"监事会"向人民法院提起诉讼。如果监事会收到股东的书面请求后拒绝提起诉讼，或者自收到请求之日起30日内未提起诉讼，或者情况紧急、不立即提起诉讼将会使公司利益受到难以弥补的损害的，股东有权为了公司的利益以自己的名义直接向人民法院提起诉讼。本题中，周某应先书面请求监事会，不能直接提起诉讼。

（6）甲公司首发并上市采取注册制由证监会作出是否准予注册的决定。根据规定，发行人应向证券交易所提出申请，证券交易所作出同意的审核意见后，由证监会作出是否准予注册的决定。

（7）有法律依据。根据规定，股票的发行人在招股说明书等证券发行文件中隐瞒重要事实或者编造重大虚假内容，已经发行并上市的，国务院证券监督管理机构可以责令发行人回购证券，或者责令负有责任的控股股东、实际控制人买回证券。

2.【答案】

（1）风顺科技的基本情况公司基本情况符合增发股票的一般条件。根据规定，上市公司要增发股票，必须连续三年盈利，且最近3年以现金方式累计分配的利润不少于最近3年实现的年均可分配利润的30%。风顺科技2014-2016年连续三年盈利分别为：1亿元、1.2亿元和1.1亿元，并且以现金分配利润分别为：1200万元、1500万元和1100万元。满足增发的一般条件。

（2）①公开增发方案不合法之处在于：发行价格为公告招股意向书前20个交易日公司股票均价的90%，根据规定，公开增发的发行价格应为公告招股意向书前20个交易日公司股票均价或前一个交易日的均价。

②向老股东配股方案不合法之处在于：首先，配售数量不合法，根据规定，上市公司拟配售股份数量不超过本次配售股份前股本总额的30%，风顺科技原股本总额10亿，拟配股4亿股，不合法；其次，让中小股东优先认配不合法，根据规定，控股股东应当在股东大会召开前公开承诺认配股份的数量。

（3）风顺科技于7月10日发布公告称无应披露之信息，不符合证券法律制度的规定。

根据证券法规定，公司订立重要合同，可能对公司的资产、负债、权益和经营成果产生重要影响，属于重大事件，应当进行披露。而出现下列情形之一的，上市公司应当及时披露相关事项的现状、可能影响事件进展的风险因素：该重大事件难以保密；该重大事件已经泄露或者市场出现传闻；公司证券及其衍生品种出现异常交易情况。题目中7月8日市场出现关于风顺科技即将签署重大交易合同的传闻，上市公司应当及时披露签署重大交易合同的信息。

（4）吴某买卖风顺科技股票的行为构成内幕交易。根据证券法规定，证券交易内幕信息的知情人和非法获取内幕信息的人，在内幕信息公开前，不得买卖该公司的证券，或者泄露该信息，或者建议他人买卖该证券。在内幕信息敏感期内，与内幕信息知情人员联络、接触，或者泄露内幕信息导致他人从事与该内幕信息有关的证券、期货交易，相关交易行为明显异常，且无正当理由或者正当信息来源的，属于非法获取证券内幕信息的人员，其又在内幕信息敏感期买卖证券的，可推定其从事了内幕交易行为。

（5）张某关于其亏损系风顺科技虚假陈述所致的主张不成立。根据证券法规定，认定虚假陈述与损害结果之间存在因果关系，需要看买入时间与卖出时间。法律规定要求：投资人在虚假陈述实施日及以后，至揭露日或者更正日之前买入该证券；投资人在虚假陈述揭露日或者更正日及以后，因卖出该证券发生亏损，或者因持续持有该证券而产生的亏损。本题中，张某买入风顺科技股份的期限为 2016 年 2 月，这是在虚假陈述实施日之前已经买入股票，不符合规定；因此张某的损失与风顺科技的虚假陈述无因果关系。

(6)公司董事会秘书郑某主张其本人不应受处罚的抗辩不成立。根据规定，受到股东、实际控制人控制或者其他外部干预，不得单独作为不予处罚情形的认定。

(7)董事韩某主张其本人不应受处罚的抗辩不成立。根据规定，不了解公司情况不得单独作为不予处罚情形的认定。

3.【答案】

(1)债券面值不符合法律规定。根据证券法规定，公司债券面值均为 100 元，星海公司规定为 200 元，不合法。

(2)星海公司可分配利润符合公开发行可转换公司债券的条件。根据规定，公开发行可转换公司债券，最近 3 年的平均可分配利润足以支付公司债券 1 年的利息。在本题中，星海公司最近 3 年的平均可分配利润为 12000 万元，假设星海公司按最多可发行债券额度 3.8 亿发行可转债，则星海公司支付公司债券 1 年利息最多为 $(3.8+1) \times 10000 \times 5\% = 2400$（万元）。因此，可分配利润符合公司债券发行的条件。

(3)财务顾问认为本次债券发行应当提供担保的说法正确。根据规定，公开发行可转换公司债券，应当提供担保，但最近一期期末经审计的净资产不低于人民币 15 亿元的公司除外。星海公司资产总额 16 亿元，负债 4 亿元，净资产不足 15 亿元。

(4)首先，评级符合要求，根据证券法规定，公开发行公司债券的信用评级应当达到 AAA 级；其次，可分配利润符合规定。根据证券法规定，公司债券向公众投资者公开发行的，要求发行人最近 3 个会计年度实现的年均可分配利润不少于公司债券 1 年利息的 1.5 倍。本题中，可分配利润符合公司债券发行条件。

(5)星海公司募集资金用途不符合规定。根据规定，公开发行公司债券筹集的资金，不得用于弥补亏损和非生产性支出。在本题中，星海公司将募集资金中的 1000 万元用于维修办公大楼，属于非生产性支出，不符合法律规定。

(6)①甲证券公司预留债券不符合规定。根据规定，证券公司在代销、包销期内，对所代销、包销的证券应当保证先行出售给认购人，证券公司不得为本公司预留所代销的证券和预先购入并留存所包销的证券。

②公司债券的承销期限不符合规定。根据规定，证券的代销、包销期限最长不得超过 90 日。而本题中，甲证券公司的包销期限为 100 天，故不符合规定。

(7)星海公司 3 月 25 日和 3 月 28 日发出公告的行为合法。根据规定，通过证券交易所的证券交易，投资者持有或者通过协议、其他安排与他人共同持有一个上市公司已发行的有表决权股份达到 5% 时，应当在该事实发生之日起三日内，向国务院证券监督管理机构、证券交易所作出书面报告，通知该上市公司，并予公告。持有上市公司已发行的股份每增加或减少 5% 应在该事实发生之日起 3 日内，履行前述披露义务。星海公司分别于 3 月 22 日持股达到 5%，应在 3 月 25 日前公告；3 月 26 日增持 5%，应在 3 月 29 日前公告。

(8)①星海公司 2020 年 3 月 26 日购入 5% 股份的行为符合规定。根据规定，通过证券交易所的证券交易，投资者持有或者通过协议、其他安排与他人共同持有一个上市公司已发行的有表决权股份达到 5% 时，应当在该事实发生之日起 3 日内，向国务院证券监督管理机构、证券交易所作出书面报告，通知该上市公司，并予公告，在上述期限内不得再行买卖该上市公司的股票。星海公司 3 月 22 日持有恒达 5% 的股份，3月25日前，不得再行买卖，但其是3月26日增持，因而符合规定。

②星海公司2020年3月30日购入5%股份的行为不符合规定。根据规定，投资者持有或者通过协议、其他安排与他人共同持有一个上市公司已发行的有表决权股份达到5%后，其所持该上市公司已发行的有表决权股份比例每增加或者减少5%，应当依照前款规定进行报告和公告，在该事实发生之日起至公告后3日内，不得再行买卖该上市公司的股票，但国务院证券监督管理机构规定的情形除外。星海公司3月26日增持5%，3月28日发出公告，公告之日起3日内，也就是3月31日前不得再行买卖该上市公司股票，因此3月30日增持不合法。根据规定，对违反规定买入的该5%股份，在买入后的36个月内，对该部分的股份不得行使表决权。

4.【答案】

(1)甲公司通过A公司向董事吴某提供借款的行为不符合法律规定。根据规定，公司不得直接或者通过子公司向董事、监事、高级管理人员提供借款。

(2)乙公司和A公司作为收购人同一天分别协议购买丙上市公司股份20%不符合法律规定。①乙公司和A公司在上市公司收购中为一致行动人，持有丙公司的股份应合并计算。根据规定，在上市公司的收购及相关股份权益变动活动中有一致行动情形的投资者，互为一致行动人。一致行动人应当合并计算其所持有的股份。本题中两个子公司互为一致行动人，所以持有的丙公司的股份应当合并计算。②收购人持有一个上市公司的股份超过该公司已发行股份的30%，继续增持股份的，应当采取要约方式进行，向该上市公司所有股东发出全面要约。

(3)收购期限不符合法律规定。根据规定，收购要约约定的收购期限不得少于30日，并不得超过60日，而本题中约定的期限为20日。

(4)若预受股份的比例超过10%，通过抽签方式决定购买不符合规定。根据规定，预受要约股份的数量超过预定收购数量时，收购人应当按照同等比例收购预受要约的股份。

(5)①收购行为完成6个月后A公司将丙公司股份转让给乙公司符合法律规定，根据规定，收购人在收购行为完成后18个月内不得转让所持上市公司的股份，但收购人在被收购公司中拥有权益的股份在同一实际控制人控制的不同主体之间转让不受18个月时间限制。②收购行为完成后第13个月乙公司转让所持丙公司股份给丁公司不符合法律规定。根据规定，收购人在收购行为完成后18个月内不得转让所持上市公司的股份。

(6)2017年8月1日，乙公司继续通过证券市场交易增持丙公司2%的股份符合规定。根据规定，在一个上市公司中拥有权益的股份达到或者超过该公司已发行股份的30%的，自上述事实发生之日起一年后，每12个月内增持不超过该公司已发行的2%的股份，可以豁免向证监会申请，直接办理股份转让和过户。

(7)财务顾问关于丙公司的利润情况不符合公开发行公司债券条件的判断正确。根据证券法律制度的规定，公司最近三个会计年度实现的年均可分配利润应不少于公司债券1年的利息。丙公司拟发行的公司债券1年的利息为3000万元，而其最近三年年均可分配利润只有2000万元。

(8)丙公司的优先股融资方案中，以下内容不符合规定：

①拟发行的优先股股数不符合法律规定。根据证券法律制度的规定，公司已经发行的优先股不得超过公司普通股总数的50%，丙公司已发行的普通股总数为5亿股，拟发行优先股3亿股，超过50%。

②有关股息率调整的方案不符合法律规定。根据证券法律制度的规定，公开发行的优先股应当采取固定股息率，不能两年调整一次。

③有关优先股股东分配股息后还能继续参加剩余利润分配的内容不符合法律规定。根据证券法律制度的规定，公开发行的优先股，优先股股东分配股息后，不再同普通股股东一起参加剩余利润分配。

本章知识串联

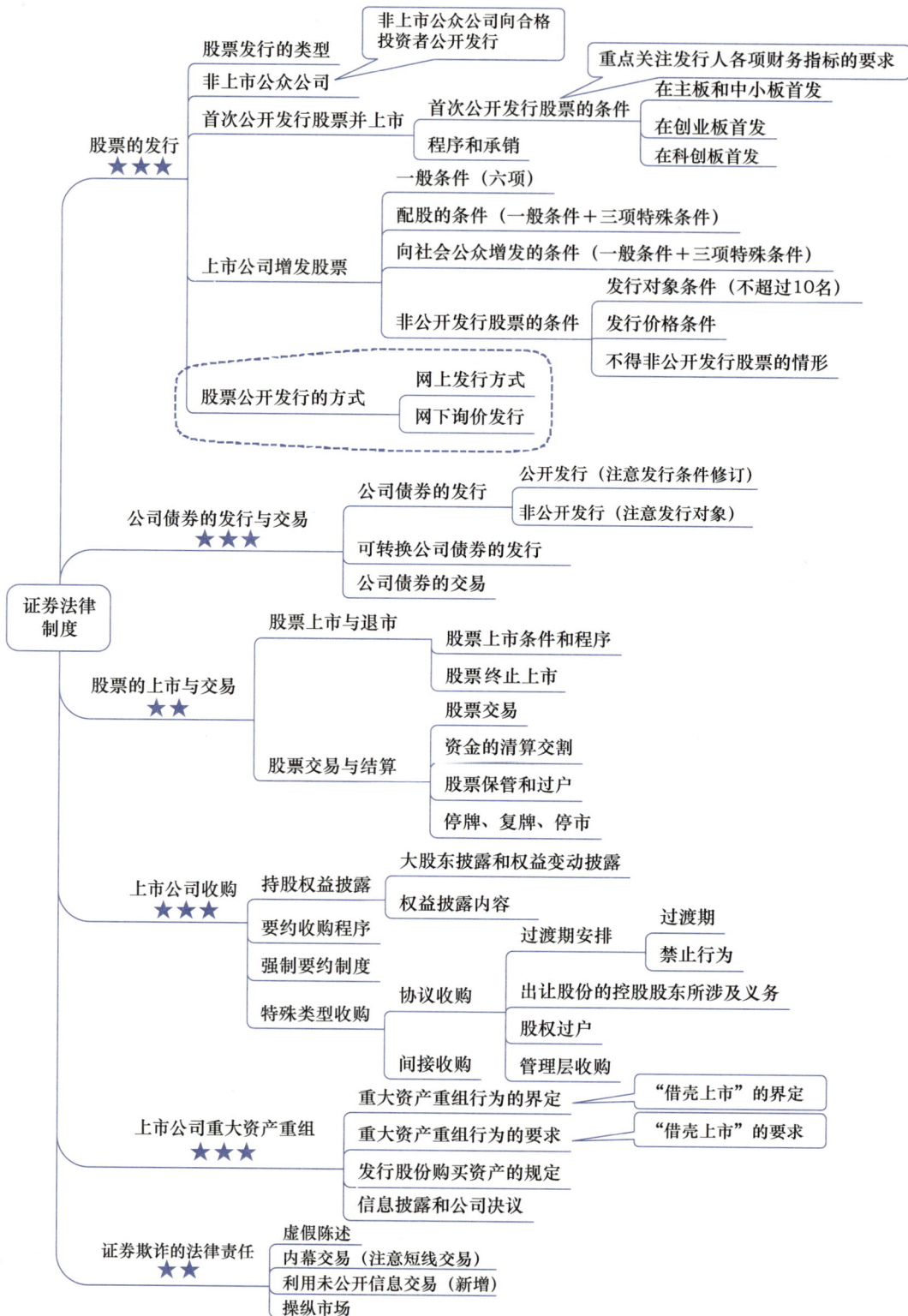

- 证券法律制度
  - 股票的发行 ★★★
    - 股票发行的类型
      - 非上市公众公司
        - 非上市公众公司向合格投资者公开发行
      - 首次公开发行股票并上市
        - 首次公开发行股票的条件
          - 重点关注发行人各项财务指标的要求
          - 在主板和中小板首发
          - 在创业板首发
          - 在科创板首发
        - 程序和承销
    - 上市公司增发股票
      - 一般条件（六项）
      - 配股的条件（一般条件＋三项特殊条件）
      - 向社会公众增发的条件（一般条件＋三项特殊条件）
      - 非公开发行股票的条件
        - 发行对象条件（不超过10名）
        - 发行价格条件
        - 不得非公开发行股票的情形
    - 股票公开发行的方式
      - 网上发行方式
      - 网下询价发行
  - 公司债券的发行与交易 ★★★
    - 公司债券的发行
      - 公开发行（注意发行条件修订）
      - 非公开发行（注意发行对象）
    - 可转换公司债券的发行
    - 公司债券的交易
  - 股票的上市与交易 ★★
    - 股票上市与退市
      - 股票上市条件和程序
      - 股票终止上市
    - 股票交易与结算
      - 股票交易
      - 资金的清算交割
      - 股票保管和过户
      - 停牌、复牌、停市
  - 上市公司收购 ★★★
    - 持股权益披露
      - 大股东披露和权益变动披露
      - 权益披露内容
    - 要约收购程序
    - 强制要约制度
    - 特殊类型收购
      - 协议收购
        - 过渡期安排
          - 过渡期
          - 禁止行为
        - 出让股份的控股股东所涉及义务
        - 股权过户
      - 间接收购
        - 管理层收购
  - 上市公司重大资产重组 ★★★
    - 重大资产重组行为的界定
      - "借壳上市"的界定
    - 重大资产重组行为的要求
      - "借壳上市"的要求
    - 发行股份购买资产的规定
    - 信息披露和公司决议
  - 证券欺诈的法律责任 ★★
    - 虚假陈述
    - 内幕交易（注意短线交易）
    - 利用未公开信息交易（新增）
    - 操纵市场

第8章 企业破产法律制度

考情解密

历年考情概况

本章是经济法考试的重点章节之一，近几年考试的分值较为稳定，一般在11分左右，每年必考案例题，题目涉及的知识点相对比较集中，考生在全面理解的基础上要注意把握重点。

近年考点直击

考点	主要考查题型	考频指数	考查角度
《企业破产法》的适用范围	单选题	★	直接考核哪些主体可以适用《企业破产法》
破产的申请与受理	单选题、案例题	★★★	通过案例考核：（1）破产原因的判断；（2）破产申请的提出及异议不成立；（3）破产申请受理的效力；（4）执行案件移送破产审查程序
管理人制度	单选题、多选题、案例题	★★★	（1）考核不得担任管理人的情形；（2）考核个人作为管理人的条件；（3）考核管理人报酬的具体规则
债务人财产	单选题、案例题	★★★	（1）考核债务人财产的范围、债务人财产的收回；（2）考核破产撤销权与无效行为；（3）考核出卖人取回权与所有权保留买卖合同的处理；（4）考核破产抵销权，给出案例，分析是否可以抵销
破产债权	单选题、多选题、案例题	★★★	（1）直接或通过案例考核债权申报的一般规则以及特殊规定，尤其破产涉及保证人的债权申报问题；（2）直接或通过案例考核破产债权的登记和确认程序；（3）考核职工债权问题
债权人会议	单选题	★★	（1）考核债权人会议的召集；（2）考核债权人会议的成员及职权
重整程序	单选题、案例题	★★	（1）考核重整程序的申请人；（2）考核重整计划的制定、表决和效力
破产财产分配	单选题、案例题	★★★	（1）考核破产费用与共益债务的清偿顺序；（2）考核别除权；（3）考核破产财产分配顺序，特别商业银行破产以及税收滞纳金的清偿顺序

本章2020年考试主要变化

本章变化较大。

1. 根据《民商事审判会议纪要》补充了：（1）破产申请的提出和受理；（2）管理人的责任；（3）重整期间，债务人财产管理。

2. 根据《破产法司法解释三》补充了：（1）关于破产费用的规定；（2）破产申请受理后的借款问题；（3）破产涉及保证时债权申报规则；（4）破产债权的确认；（5）债权人会议的表决与撤销。

一、破产法概述

扫我解疑难

(一)破产程序概述(了解)

【知识点拨】学习破产法的具体规则之前，考生应当对我国破产法的作用和破产程序有基本的了解，知道破产法立法的目的就能更好地理解破产法中的具体制度为何这样设计，了解破产流程就能对本章的体系结构有更好的把握。

1. 破产法的主要作用体现在两个方面：首先，是使得所有的普通债权人能够获得公平的清偿。当企业具备破产原因时，说明企业无法清偿它的全部到期债务，此时不让企业自行清算而是必须通过破产清算，原因在于企业自行清算时到底清偿给哪个债权人有自己的主观性，而通过破产清算程序则是在法院的监督下，按照《破产法》的规定对债务进行清偿，可以使得没有财产担保的普通债权人获得公平的清偿；其次，是给一些仍有希望的债务人企业及其投资人一个重生的机会，一些企业虽然暂时不能清偿债务，但有继续生存的可能，因此《破产法》规定了重整和和解制度，通过重整或和解，该债务人企业有可能继续存续；同时《破产法》有法人企业破产免责制度，一旦法人型企业破产清算完毕，其投资人对破产企业的债务可以免责，投资人可以转而投向其他企业。

2. 破产基本程序(见图8-1)

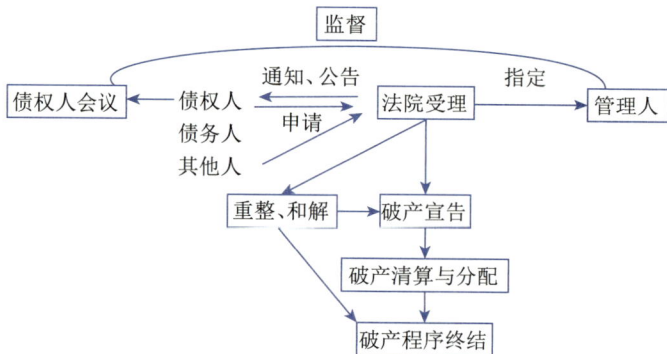

图8-1　破产基本程序

(二)破产法的适用范围(见表8-1)★★

表8-1　破产法的适用范围

适用范围	具体规定
适用的主体范围	《企业破产法》规定该法当然适用于<u>所有的企业法人</u>；同时规定"其他法律规定企业法人以外的组织的清算，属于破产清算的，参照适用《企业破产法》规定的程序"。 因此，可以适用《企业破产法》的企业包括：①所有的企业法人；②资不抵债的民办学校；③个人独资企业；④合伙企业；⑤农民专业合作社；⑥金融机构实施破产的，国务院可以依据《企业破产法》和其他有关法律的规定制定实施办法
适用的地域范围	依法开始的破产程序，对债务人在中华人民共和国领域外的财产发生效力

【例题1·单选题】根据企业破产法律制度的规定，下列表述中，正确的是(　　)。

A. 国有企业破产属政策性破产，不适用《企业破产法》

B. 金融机构实施破产的，由国务院根据《商业银行法》等法律另行制定破产实施办法，不适用《企业破产法》

C. 民办学校的破产清算可以参照适用《企业破产法》规定的程序

D. 依照《企业破产法》开始的破产程序，对债务人在中华人民共和国领域外的财产不发生效力

解析 ▶ 本题考核《企业破产法》的适用范围。《企业破产法》适用于所有的企业法人，包括国有企业，选项 A 错误；金融机构实施破产的，国务院可以依据《企业破产法》和其他有关法律的规定制定实施办法，选项 B 错误；依法开始的破产程序，对债务人在中华人民共和国领域外的财产发生效力，选项 D 错误。

答案 ▶ C

二、破产申请和受理

扫我解疑难

（一）破产原因（见表8-2）★★★

破产原因，也称破产界限，是企业法人不能清偿到期债务，并且资产不足以清偿全部债务或者明显缺乏清偿能力。

【知识点拨】破产原因必须同时满足两点，我们可以形象地称之为"1+1"，也就是"不能清偿到期债务"+"资产不足以清偿全部债务"或者"明显缺乏清偿能力"。

表8-2　破产原因

破产原因	解析
（1）不能清偿到期债务	不能清偿到期债务应满足以下三点： ①债权债务关系依法成立； ②债务履行期限已经届满； ③债务人未完全清偿债务
+（2）并且资产不足以清偿全部债务	这主要适用于债务人提出破产申请且其资不抵债易于判断的案件。资不抵债的认定：债务人的资产负债表，或者审计报告、资产评估报告等显示其全部资产不足以偿付全部负债的，人民法院应当认定债务人资产不足以清偿全部债务，但有相反证据足以证明债务人资产能够偿付全部负债的除外
或者+（2）并且明显缺乏清偿能力	这主要适用于债权人提出破产申请和债务人提出破产申请但其资不抵债不易判断的案件。债务人账面资产虽大于负债，但存在下列情形之一的，人民法院应当认定其明显缺乏清偿能力： ①因资金严重不足或者财产不能变现等原因，无法清偿债务； ②法定代表人下落不明且无其他人员负责管理财产，无法清偿债务； ③经人民法院强制执行，无法清偿债务； ④长期亏损且经营扭亏困难，无法清偿债务； ⑤导致债务人丧失清偿能力的其他情形

【知识点拨1】针对明显缺乏清偿能力的第③点，只要债务人的任何一个债权人经人民法院强制执行未能得到清偿，所有债权人均有权提出破产申请，并不要求申请人自己已经采取了强制执行措施。

『举例』甲企业欠乙企业款项到期未清偿，乙企业申请法院强制执行仍然未获得清偿。丙企业也是甲的债权人，听说以后，直接向法院提出甲企业的破产申请。此时，甲就不能抗辩说，丙并没有向法院提出对自己强制执行，因而不能申请自己进入破产程序。

【知识点拨2】相关当事人以对债务人的债务负有清偿义务者(如连带责任人、担保人等)未丧失清偿能力为由，主张债务人不具备破产原因的，人民法院不予支持。

『举例』甲企业不能清偿到期共计1000万元合法债务，甲企业的资产总额为800万元，此时即可判断其具备破产原因，甲企业

不能以自己的债务有担保人，且担保人仍然具备清偿能力而认为自己不具备破产原因。

【例题2·单选题】 因A公司未能偿还对B公司的债务，B公司向人民法院提出对A公司进行破产清算的申请。以下能够成为法院不受理A公司破产申请的理由的是( )。

A. A公司对B公司的债务尚未到期

B. A公司认为自己对B公司的债务有C公司做连带保证人，而C公司有清偿能力

C. A公司认为自己账面资产超过负债，只是实物资产难以变现，未达到资不抵债的程度

D. A公司认为自己账面资产超过负债，只是法定代表人下落不明，而该情况只是暂时的

解析 ➤ 本题考核破产原因。根据规定，债务人账面资产虽大于负债，但选项C、D都是人民法院可以认定其明显缺乏清偿能力的事由，均不能成为法院不受理A公司破产申请的理由。选项B，其他人对债务人负债的连带责任、担保责任，不视为债务人的清偿能力或其延伸，因此也不能成为法院不受理A公司破产申请的理由。唯独选项A，因债务尚未到期，不能认定为"不能清偿到期债务"，可以成为不受理的理由。 **答案** ➤ A

(二)破产申请提出 ★★

1. 申请的当事人(见表8-3)

破产申请是启动破产程序的第一环节，有权向人民法院提出破产申请的申请人不限于债权人，还包括债务人以及法律规定的其他人等。

表8-3 申请的当事人

申请人	申请使用的程序及具体规定
债务人	可以申请重整、和解或破产清算 **【知识点拨】** 和解只能由债务人自己提出
债权人(包括有财产担保的债权人)	可以申请对债务人进行重整或破产清算
对债务人负有清算责任的人	企业法人已解散但未清算或者未清算完毕，资产不足以清偿债务，应当申请对债务人企业进行破产清算。 **【相关链接】** 《公司法》：清算组在清理公司财产、编制资产负债表和财产清单后，发现公司财产不足清偿债务的，应当依法向人民法院申请宣告破产
税务机关和社会保险机构	可申请对债务人进行破产清算，但不能申请重整
破产企业的职工	可以申请对债务人企业进行破产清算或重整，但职工提出破产申请应经职工代表大会或者全体职工会议多数决议通过
国务院金融监督管理机构	商业银行、证券公司、保险公司等金融机构有《破产法》规定情形的，可以申请对该金融机构进行重整或者破产清算

2. 破产案件的管辖

破产案件由债务人住所地人民法院管辖。债务人住所地指债务人的主要办事机构所在地。债务人主要办事机构所在地不明确、存在争议的，由其注册登记地人民法院管辖。

【知识点拨】 金融机构、上市公司破产与重整案件或者具有重大影响、法律关系复杂的破产案件，一般应由中级人民法院管辖。

3. 破产申请的撤回

破产申请提交后，在人民法院受理破产申请前，申请人可以请求撤回申请。

(三)破产申请的受理★★★

1. 破产申请受理的程序(了解)(见图8-2)

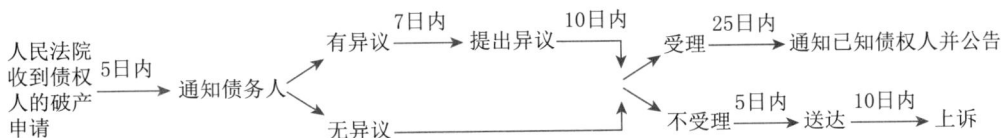

图8-2　债权人提出破产申请的受理程序

(1)债权人提出破产申请的,人民法院应当自收到申请之日起5日内通知债务人。债务人对申请有异议的,应当自收到人民法院的通知之日起7日内向人民法院提出。人民法院应当自异议期满之日起10日内裁定是否受理。除债务人对债权人申请提出异议的情形外,人民法院应当自收到破产申请之日起15日内裁定是否受理。有特殊情况需要延长受理期限的,经上一级人民法院批准,可以延长15日。

(2)债权人申请债务人破产的,债务人对债权人的申请未在法定期限内(收到人民法院的通知之日起7日内)向人民法院提出异议,或者异议不成立的,人民法院应当依法裁定受理破产申请。

【知识点拨】 异议不成立的情形(重要考点):

①债务人以其具有清偿能力或资产超过负债为由提出异议,但又不能立即清偿债务或与债权人达成和解的,异议不成立;

②债务人对债权人(申请人)是否享有债权提出异议时,人民法院应当依法对相关债权进行审查。如果法院有证据确定债权存在,且债务人没有相反证据和合理理由予以反驳的,异议不成立;

③债务人对债权人(申请人)享有债权的数额提出异议,如果存在双方无争议的部分债权,且债务人对该部分已丧失清偿能力,该异议不成为阻止法院受理的理由;

④债务人对债权人(申请人)的债权是否存在担保提出异议,该异议不成为阻止法院受理的理由;

⑤当事人以申请人未预先交纳诉讼费用为由,对破产申请提出异议的,法院不予支持。

(3)人民法院受理破产申请的,应当自裁定作出之日起5日内送达申请人。债权人提出申请的,人民法院应当自裁定作出之日起5日内送达债务人。债务人应当自裁定送达之日起15日内,向人民法院提交财产状况说明、债务清册、债权清册、有关财务会计报告以及职工工资的支付和社会保险费用的缴纳情况。

【知识点拨1】 债务人不能提交或拒不提交有关材料的,不影响人民法院对破产申请的受理和审理。

【知识点拨2】 债权人申请债务人破产清算的,人民法院不能以债权人无法提交债务人财产状况说明等为由,不受理债权人的申请。

(4)人民法院裁定不受理破产申请的,应当将裁定自作出之日起5日内送达申请人并说明理由。申请人对裁定不服的,可以自裁定送达之日起10日内向上一级人民法院提起上诉。

(5)由于债务人财产的市场价值发生变化导致其在案件受理后破产原因消失的,不影响破产案件的受理与继续审理,人民法院不得裁定驳回申请,债务人可以通过和解、重整等方式结束破产程序。申请人对驳回申请裁定不服的,可以自裁定送达之日起10日内向上一级人民法院提起上诉。

(6)人民法院裁定受理破产申请系对债务人具有破产原因的初步认可,破产申请受理后,申请人请求撤回破产申请的,人民法院不予准许。除非存在《企业破产法》第十二条第二款规定的情形，人民法院不得裁定驳回破产申请。

（7）人民法院裁定受理破产申请的，应当同时指定管理人。人民法院应当自裁定受理破产申请之日起25日内通知已知债权人，并予以公告。

【知识点拨】人民法院在破产程序中作出的裁定，除不服人民法院作出"不受理破产申请"和"驳回破产申请"的裁定外，均不得向上一级人民法院提起上诉。

2. 破产申请受理的效力（重要考点）

人民法院受理破产申请的效力体现在以下六个方面：

（1）对债务人的效力：债务人对个别债权人的清偿行为无效。

【知识点拨】这个规定的目的是为了使得所有普通债权人能够获得公平的清偿。例外情形：债务人以其财产向债权人提供物的担保，在担保物市场价值范围内向债权人所做的清偿，不受限制。

『举例』甲企业被申请破产，甲欠乙丙丁戊各100万元，其中，欠乙的债务有厂房做抵押，厂房价值120万元。在法院受理甲企业破产申请后，甲如果清偿丙100万元，是无效的，这是个别清偿行为；但如果甲清偿了欠乙的100万元是有效的，因为乙的债权是有担保物权的，本来就优先于普通债权获得清偿，在破产清算中享有别除权，因而甲在该担保物价值范围内所为的清偿是有效的。

（2）对债务人的债务人或财产持有人的效力：债务人的债务人或者财产持有人应当向管理人清偿债务或者交付财产。如其故意违反法律规定向债务人清偿债务或者交付财产，使债权人受到损失的，不免除其清偿债务或者交付财产的义务。

（3）双方均未履行完毕的合同，见表8-4。

表8-4　双方均未履行完毕的合同

项目	具体规定
管理人决定	管理人对破产申请受理前成立而债务人和对方当事人均未履行完毕的合同有权决定"解除或者继续履行"，并通知对方当事人
视为解除的三种情形	①管理人自破产申请受理之日起2个月内未通知对方当事人，视为解除；②自收到对方当事人催告之日起30日内未答复的，视为解除；③管理人决定继续履行合同的，对方当事人应当履行，但是，对方当事人有权要求管理人提供担保，管理人不提供担保的，视为解除合同
管理人不得解除的三种合同	①破产企业为他人提供担保的合同；②保险公司破产时，对尚未履行完毕的保险合同特别是人寿保险合同，管理人无权予以解除；③除严重影响无法分别处分的破产财产变价等特殊情况，对于破产企业对外出租不动产的合同如房屋租赁合同，管理人未得到对方同意不得任意解除合同；在变价破产财产时，房屋可以带租约出售，承租人在同等条件下享有优先购买权

【知识点拨1】前提是双方均未履行完毕的合同，如果任何一方已经履行完毕，则不适用本条规则。

【知识点拨2】管理人有权决定解除还是履行，但对管理人的权利又有两方面限制：一是超过法定的通知或答复期限或者对方要求提供担保但管理人不提供，就直接视为解除；二是特定情况下不得解除，包括为他人提供担保的合同、债务人作为保险人的保险合同以及债务人对外出租不动产的合同。

【相关链接】管理人或债务人依法解除双方均未履行完毕的合同，对方当事人以因合同解除所产生的损害赔偿请求权申报债权。但申报的债权以实际损失为限，违约金不得作为破产债权申报。

【例题3·单选题】2019年7月，甲、乙两公司签订一份买卖合同。按照合同约定，双方于2019年8月底前各自履行了合同义务的 50%，并应于 2019 年年底将各自剩余的 50%的合同义务履行完毕。2019 年 10 月，人民法院受理了债务人甲公司的破产申请。2019 年 10 月 31 日，甲公司管理人收到了乙公司关于是否继续履行该买卖合同的催告，但直至 2019 年 12 月初，管理人尚未对乙公司的催告做出答复。根据企业破产法律制度的规定，下列关于该买卖合同的表述中，正确的是(　　)。

A. 乙公司应当继续履行合同

B. 乙公司无需继续履行合同

C. 乙公司有权要求管理人就合同履行提供担保

D. 乙公司有权就合同约定的违约金申报债权

解析　▶　本题考核破产案件受理的效力。针对双方均未履行完毕的合同，管理人自收到乙公司催告之日起 30 日内未予以答复，视为解除合同，选项 B 正确，选项 A 错误，但对方当事人申报的破产债权以实际损失为限，违约金不得作为破产债权申报，选项 D 错误；只有当管理人决定继续履行合同时，乙公司才有权要求管理人提供担保，选项 C 错误。

答案　▶　B

(4)有关债务人财产的保全措施应当解除，执行程序应当中止：

①破产申请受理前，债权人就债务人财产向人民法院提起特定诉讼的，人民法院已经作出生效民事判决书或者调解书但尚未执行完毕的，破产申请受理后，相关执行行为应当中止，债权人应当依法向管理人申报相关债权。

②对债务人财产已采取保全措施的相关单位，在知悉人民法院已裁定受理有关债务人的破产申请后，应当依法及时解除对债务人财产的保全措施。

③破产申请受理后，有关债务人财产的执行程序未依法中止的，采取执行措施的相关单位应当依法予以纠正。依法执行回转的财产，人民法院应当认定为债务人财产。

【知识点拨】　物权担保的债权人对担保物的执行原则上不中止。因为担保物权人享有优先受偿权。

『举例』　A 企业和 B 企业签订 100 万元的买卖合同，B 企业向 A 企业发货后，A 企业拒绝支付货款，于是 B 企业向甲人民法院提起诉讼，人民法院判决 A 企业向 B 企业支付 150 万元的货款和违约金并依法查封了 A 企业的办公楼，后乙人民法院受理了 A 企业的破产案件。这种情况下，查封 A 企业办公楼的保全措施应当解除。如果乙法院受理了 A 企业的破产案件后，甲法院仍然将 A 企业的办公楼拍卖，价款付给了 B 企业，则该执行应当纠正，相关价款应当执行回转，因为对部分债权人进行了个别清偿。

(5)已经开始而尚未终结的有关债务人的民事诉讼或者仲裁应当中止，在管理人接管债务人的财产后，该诉讼或者仲裁继续进行。

【相关链接】　在破产债权申报时，诉讼、仲裁未决的债权，债权人也可以申报。

『举例』　甲企业与乙企业订立合同，乙向甲供货，甲欠乙货款未付，乙诉至 A 市法院。案件正在审理中，甲企业被申请破产，该案被 B 市人民法院受理，此时在 A 市法院的诉讼应当中止，待管理人接管债务人的财产后，诉讼在 A 市法院继续进行。在破产债权申报期内，即便判决没有生效，乙也可以直接申报债权。

【相关链接】　所有要求个别清偿的诉讼都应当中止审理。《破产法司法解释(二)》规定：破产申请受理前，债权人就债务人财产提起下列诉讼，破产申请受理时案件尚未审结的，人民法院应当中止审理：

①主张次债务人代替债务人直接向其偿还债务的；

②主张债务人的出资人、发起人和负有监督股东履行出资义务的董事、高级管理人员，或者协助抽逃出资的其他股东、董事、高级管理人员、实际控制人等直接向其承担出资不实或者抽逃出资责任的；

③以债务人的股东与债务人法人人格严重混同为由，主张债务人的股东直接向其偿还债务人对其所负债务的；

④其他就债务人财产提起的个别清偿诉讼。

【知识点拨1】上述诉讼应当中止的原因在于导致的结果是个别清偿，对其他普通债权人不公平。

【知识点拨2】如果债权人在一审中变更诉讼请求为追收的相关财产归入债务人财产则无需中止。原因在于归入债务人财产并没有对个别债权人清偿，对所有债权人而言都是有利的。

【知识点拨3】中止的诉讼最终如何处理关键看是否宣告债务人破产：如果债务人被宣告破产，人民法院应当判决驳回债权人的诉讼请求；如果债务人未被宣告破产，人民法院依据《企业破产法》第12条或者第108条的规定裁定驳回破产申请或者终结破产程序的，上述中止审理的案件应当依法恢复审理。

【例题4·单选题】（2015年）2014年11月3日，人民法院受理了甲公司的破产申请。根据企业破产法律制度的规定，下列已经开始、尚未终结的与甲公司有关的民事诉讼中，应当中止的是（　　）。

A. 股东乙以甲公司董事长决策失误导致公司损失为由，对其提起的诉讼

B. 甲公司以拖欠货款为由，对丙公司提起的诉讼

C. 债权人丁公司以甲公司股东戊与甲公司法人人格严重混同为由，主张戊直接承担责任的诉讼

D. 甲公司以总经理庚违反竞业禁止为由，主张其返还不当利益的诉讼

解析 ▶ 本题考核破产申请受理的效力。人民法院受理破产申请后，已经开始而尚未终结的有关债务人的民事诉讼或者仲裁应当中止。选项C是债权人提起的个别清偿诉讼，应当中止。　　　　　答案 ▶ C

（6）有关债务人的民事诉讼只能向受理破产申请的人民法院提起；法律另有规定的除外。

【知识点拨】此处的诉讼是针对债务人提出的新的民事诉讼，并非个别清偿的诉讼，一般而言债权人的诉讼请求是要求确定债权债务关系的。这种新的民事诉讼只能向受理破产申请的法院提起。

『举例』甲企业被申请破产，该案被A市人民法院受理，甲乙曾经签订合同，乙认为甲还欠自己货款50万元未付，但甲认为只欠30万元，乙若提起诉讼，要求确认债权数额，此案应当向受理破产案件的A市人民法院提起。如果甲乙之间债权数额确定，乙起诉要求对自己进行清偿，法院是不受理的，乙可以在破产程序中申报债权。

【例题5·多选题】甲公司欠乙公司10万元货款到期未付，同时乙公司发现丙公司欠甲公司到期货款10万元未付，但甲公司并未提起诉讼要求丙公司清偿债务。2019年7月7日，A法院受理了甲公司的破产案件。经查，上述合同均未约定仲裁条款。根据企业破产法律制度的规定，下列表述正确的有（　　）。

A. 破产申请受理后，乙公司向法院提起对丙公司的代位权诉讼，法院应不予受理

B. 若乙公司对丙公司的代位权诉讼，B法院已经受理但尚未审结，B法院应当中止审理

C. 若破产申请受理前，乙公司对丙公司的代位权诉讼，B法院已经作出生效民事判决书或调解书但尚未执行完毕的，破产申请受理后，相关执行行为应当中止，乙公司应当向管理人申报相关债权

D. 破产申请受理后，甲公司的债务人或财产持有人应当积极向甲公司清偿债务或交付财产

解析 ▶ 本题考核破产申请受理的效力。选项A，破产申请受理后，债权人就债务人财产向法院提起代位权诉讼的，法院不予受理；选项B，破产申请受理前，债权人就债务人财产提起代位权诉讼，破产申请受理时案件尚未审结的，法院应当中止审理。选项C，破产申请受理后，针对债务人的民事执行

程序应当中止；选项 D 错误，破产申请受理后，债务人的债务人或者财产持有人应当向"管理人"清偿债务或交付财产，如其故意违反法律规定向债务人清偿债务或交付财产，使债权人受到损失的，不免除其清偿债务或交付财产的义务。

（四）执行案件的移送破产审查（见表 8-5）★

执行案件移送破产审查，简称"执转破"，是实现执行程序与破产程序衔接的重要措施。

表 8-5　执行案件的移送破产审查

项目	具体规定
1. 条件	执行案件移送破产审查的条件： （1）对象：被执行人为企业法人。 （2）书面同意：被执行人或者有关被执行人的任何一个执行案件的申请执行人书面同意将执行案件移送破产审查。 （3）具备破产原因：被执行人不能清偿到期债务，并且资产不足以清偿全部债务或者明显缺乏清偿能力
2. 管辖	地域管辖方面，由**被执行人住所地**人民法院管辖；级别管辖方面，以**中级人民法院管辖为原则**、基层人民法院管辖为例外。 【知识点拨】中级人民法院经高级人民法院批准，也可以将案件交由具备审理条件的基层人民法院审理
3. 程序	（1）执行法院决定移送： 执行案件承办人提出审查意见——合议庭同意——执行法院院长签署移送决定 作出移送决定后： ①送达当事人及异议：执行法院作出移送决定 5 日内——送达申请执行人和被执行人——有异议的，在破产审查期间向受移送法院提出； ②书面通知其他执行法院，全部中止执行（**鲜活易腐不易保管等商品除外**，所得价款不作分配——受移送法院裁定受理的，执行法院 7 日内将款项移交受移送法院）； ③强制措施不予解除：受移送法院裁定受理破产案件前，对被执行人的查封、扣押、冻结措施不予解除。 ④向受移送法院移送材料： A. 执行案件移送破产审查决定书； B. 申请执行人或被执行人同意移送的书面材料； C. 已查明的被执行人财产状况，已查封、扣押、冻结财产清单及相关材料； D. 执行法院已分配财产清单及相关材料； E. 被执行人债务清单等。（同意材料、财产、债务材料。） （2）受移送法院 接收材料：不得以移送材料不完备为由拒绝接收，材料确不完备或有错误，要求执行法院于 10 日内补齐、补正，该期间不计入破产审查期间；裁定是否受理：收到材料 30 日内裁定是否受理； →裁定受理的： ①5 日内送达申请执行人、被执行人，并送交执行法院——执行法院收到裁定后 7 日内移交被执行人财产。 『注意』在执行程序中财产所有权已经转移的，不属于被执行的财产，不再移交，包括：已拍卖并送达买受人的财产；已完成交付的现金；已用于抵债并送达债权人的财产等。 ②裁定宣告被执行人破产或裁定终止和解、重整程序的——5 日内送交执行法院，执行法院裁定终结对被执行人的执行。 →裁定不予受理或驳回申请： 裁定生效后 7 日内将材料、被执行人财产退回执行法院——执行法院恢复执行（不得再重复启动执行案件移送破产审查程序）。 『注意』如果申请执行人或被执行人有新证据证明被执行人已具备破产原因，再次要求将执行案件移送破产审查的，法院不予支持；但申请执行人或被执行人可以直接向具有管辖权的法院提出破产申请

第 8 章　企业破产法律制度

『举例』 A 公司欠甲、乙、丙、丁各 100 万元。甲、乙均起诉 A 公司要求偿还 100 万元，法院判决甲、乙胜诉，判决生效后，A 公司拒不执行，甲、乙请求法院强制执行。法院在执行中发现 A 公司已经达到了破产界限，于是经甲或乙或 A 企业同意，将执行案件移送破产审查。

三、管理人制度

扫我解疑难

管理人是人民法院依法受理破产申请的同时指定的全面接管破产企业并负责破产财产的保管、清理、估价、处理和分配等总管破产事务的专门机构或人员。

（一）管理人的资格 ★★

1. 管理人由人民法院指定。管理人可以由有关部门、机构的人员组成的清算组或者依法设立的律师事务所、会计师事务所、破产清算事务所等社会中介机构担任。但有下列情形之一的，不得担任管理人：

①因故意犯罪受过刑事处罚；

②曾被吊销相关专业执业证书；

③与本案有利害关系；

④人民法院认为不宜担任管理人的其他情形。

2. 个人担任管理人

中介机构中具备相关专业知识并取得执业资格的个人，也可以担任管理人。

对于事实清楚、债权债务关系简单、债务人财产相对集中的企业破产案件，人民法院可以指定管理人名册中的个人为管理人。

【知识点拨】 个人担任管理人的情况对债务人的财产数额并没有要求。

3. 管理人因利害关系应当回避的情形：

①与债务人、债权人有未了结的债权债务关系；

②在人民法院受理破产申请前 3 年内，曾为债务人提供相对固定的中介服务；

③现在是或者在人民法院受理破产申请前 3 年内曾经是债务人、债权人的控股股东或者实际控制人；

④现在担任或者在人民法院受理破产申请前 3 年内曾经担任债务人、债权人的财务顾问、法律顾问；

⑤人民法院认为可能影响其忠实履行管理人职责的其他情形。

【知识点拨】 如果机构具备上述情形，则该机构不得作为破产管理人。

另外，对于清算组成员的派出人员、社会中介机构的派出人员、个人管理人，除上述情形外，有下列情形也属于有利害关系：

①现在担任或者在人民法院受理破产申请前 3 年内曾经担任债务人、债权人的董事、监事、高级管理人员；

②与债权人或者债务人的控股股东、董事、监事、高级管理人员存在夫妻、直系血亲、三代以内旁系血亲或者近姻亲关系；

③人民法院认为可能影响其公正履行管理人职责的其他情形。

【知识点拨】 如果个人具备上述情形，不得作为清算组成员的派出人员、社会中介机构的派出人员或个人管理人。

『总结』 管理人因利害关系应回避的情形（见表 8-6）。

表 8-6　管理人因利害关系应回避的情形

回避的主体	时间	对象	利害关系
社会中介机构	现在	债权人、债务人	有未了结的债权债务关系
	前 3 年	债务人	提供相对固定的中介服务
	现在或前 3 年	债权人、债务人	控股股东或者实际控制人
	现在或前 3 年	债权人、债务人	财务顾问、法律顾问

回避的主体	时间	对象	利害关系
机构中的人员	现在或前3年	债权人、债务人	董事、监事、高级管理人员
	现在	债权人、债务人	与控股股东、董事、监事、高级管理人员存在夫妻、直系血亲、三代以内旁系血亲或者近姻亲关系

【例题6·单选题】（2019年）根据企业破产法律制度的规定，下列主体中可以担任管理人的是（　）。

A. 因盗窃行为受过刑事处罚的张某

B. 破产申请受理前根据有关规定成立的行政清算组

C. 因违法行为被吊销执业证书的王某

D. 正在担任债务人财务顾问的李某

解析▶ 本题考核管理人的资格。有下列情形之一的，不得担任管理人：（1）因故意犯罪受过刑事处罚（选项A）；（2）曾被吊销相关专业执业证书（选项C）；（3）与本案有利害关系（选项D）；（4）人民法院认为不宜担任管理人的其他情形。 答案▶ B

（二）管理人的指定与更换★

1. 管理人指定有随机、竞争、接受推荐三种方式。

【知识点拨】 随机产生是一般破产案件指定管理人的主要方式。上市公司破产案件、在本地有重大影响的破产案件或者债权债务关系复杂，涉及债权人、职工以及利害关系人人数较多的破产案件，在指定管理人时，一般应当通过竞争方式依法选定。

2. 更换管理人的情形（见表8-7）

表8-7　更换管理人的情形

管理人类型	更换管理人的情形	
	共同情形	特有情形
社会中介机构管理人（含清算组成员）	①执业许可证（机构）、营业执照（机构）或执业资格（个人）被吊销、注销或者取消； ②与本案有利害关系； ③履行职务时，因故意或者重大过失导致债权人利益受到损害； ④社会中介机构或者个人有重大债务纠纷或者因涉嫌违法行为正被相关部门调查的	出现解散、破产事由或者丧失承担执业责任风险的能力
个人管理人（含清算组成员和社会中介机构的派出人员）		①失踪、死亡或者丧失民事行为能力； ②因健康原因无法履行职务； ③执业责任保险失效

（三）管理人的报酬★★★

1. 管理人报酬的分段确定（注意案例）

（1）人民法院应根据债务人最终清偿的财产价值总额，在法定比例限制范围内分段确定管理人报酬。

（2）担保权人优先受偿的担保物价值，不计入前款规定的财产价值总额。管理人对担保物的维护、变现、交付等管理工作付出合理劳动的，有权向担保权人收取适当的报酬。

2. 管理人的报酬是纯报酬，不包括其因执行职务、进行破产管理工作需支付的其他费用。管理人可以聘用必要的工作人员，该费用列入破产费用；但为了防止重复计酬，律师事务所、会计师事务所通过聘用本专业的其他社会中介机构或者人员协助履行管理人职责的，所需费用从其报酬中支付。破产清算事务所通过聘用其他社会中介机构或者人员协助履行管理人职责的，所需费用从其报酬中支付。

管理人经人民法院许可聘用企业经营管理人员，或者管理人确有必要聘请其他社会中介机构或人员处理重大诉讼、仲裁、执行或审计等专业性较强工作，如所需费用需要列入破产费用的，应当经债权人会议同意。

3. 清算组中有关政府部门派出的工作人员参与工作的，不收取报酬。

4. 管理人的报酬由人民法院确定。债权人会议对管理人报酬有异议的，无法与管理人协商一致的，应当向人民法院书面提出具体的请求和理由，但最终是否调整，由人民法院决定。

5. 最终确定的管理人报酬及收取情况，应列入破产财产分配方案。在和解、重整程序中，管理人报酬方案内容应列入和解协议草案或重整计划草案。

6. 管理人报酬原则上应当根据破产案件审理进度和管理人履职情况分期支付。案情简单、耗时较短的破产案件，可以在破产程序终结后一次性支付。

【例题 7·多选题】（2014 年）甲会计师事务所被人民法院指定为乙企业破产案件中的管理人。甲向债权人会议报告的有关报酬方案的下列内容中，符合企业破产法律制度规定的有（　）。

A. 将乙为他人设定抵押权的财产价值计入计酬基数

B. 甲就自己为将乙的抵押财产变现而付出的合理劳动收取适当报酬

C. 对受当地政府有关部门指派参与破产企业清算工作的政府官员不发放报酬

D. 甲聘用外部专家协助履行管理人职责所需费用从其报酬中支付

解析 ▶ 本题考核管理人报酬。选项 A，担保权人优先受偿的担保物价值原则上不计入管理人报酬的标的额；选项 B，管理人对担保物的维护、变现、交付等管理工作付出合理劳动的，有权向担保权人收取适当的报酬；选项 C，清算组中有关政府部门派出的工作人员参与工作的，不收取报酬；选项 D，会计师事务所通过聘用本专业的其他社会中

介机构或者人员协助履行管理人职责的，所需费用从其报酬中支付。　**答案** ▶ BCD

（四）管理人的职责与责任★★★

1. 管理人履行下列职责：

①接管债务人的财产、印章和账簿、文书等资料；

②调查债务人财产状况，制作财产状况报告；

③决定债务人的内部管理事务；

④决定债务人的日常开支和其他必要开支；

⑤在第一次债权人会议召开之前，决定继续或者停止债务人的营业；

⑥管理和处分债务人的财产；

⑦代表债务人参加诉讼、仲裁或者其他法律程序；

⑧提议召开债权人会议；

⑨人民法院认为管理人应当履行的其他职责。

【知识点拨】 管理人履行上述第⑤项职责的应当经人民法院许可。

2. 管理人依法执行职务，向人民法院报告工作，并接受债权人会议和债权人委员会的监督。管理人应当列席债权人会议，向债权人会议报告职务执行情况，并回答询问。管理人未依法勤勉尽责，忠实执行职务的，人民法院可以依法处以罚款；给债权人、债务人或第三人造成损失的，依法承担赔偿责任。

3. 破产程序中确实需要聘请中介机构对债务人财产进行审计、评估的，根据规定，经人民法院许可后，管理人可以自行公开聘请，但是应当对其聘请的中介机构的相关行为进行监督。上述中介机构因不当履行职责给债务人、债权人或者第三人造成损害的，应当承担赔偿责任。管理人在聘用过程中存在过错的，应当在其过错范围内承担相应的补充赔偿责任。

四、债务人财产

扫我解疑难

(一)债务人财产的范围★★★

1. 属于债务人的财产

债务人财产,是指破产申请受理时属于债务人的全部财产,以及破产申请受理后至破产程序终结前债务人取得的财产。(膨胀主义)

【知识点拨】已作为担保物的财产仍属于债务人财产。

2. 不属于债务人的财产

(1)债务人基于仓储、保管、承揽、代销、借用、寄存、租赁、信托、委托交易、融资租赁等法律关系占有、使用的他人财产,不属于债务人财产,权利人可以行使取回权取回。

(2)债务人在所有权保留买卖中尚未取得所有权的财产,不属于债务人财产,但是管理人有权要求继续履行合同从而取得财产所有权。

(3)所有权专属于国家且不得转让的财产不属于债务人财产。

(二)债务人财产的收回★★★

1. 人民法院受理破产申请后,债务人的出资人尚未完全履行出资义务的,管理人应当要求该出资人缴纳所认缴的出资,不受出资期限(和诉讼时效)的限制。

【相关链接】有限责任公司成立后,发现作为设立公司出资的非货币财产的实际价额显著低于公司章程所定价额的,应当由交付该出资的股东补足其差额,公司设立时的其他股东承担连带责任。

2. 债务人的董事、监事和高级管理人员利用职权从企业获取的非正常收入和侵占的企业财产,管理人应当追回,见表8-8。

【知识点拨】对侵占的企业财产和非正常收入应当分别处理,侵占企业财产属于违法行为,当然应该追回;但非正常收入不同,尽管企业破产,董事、监事、高管"没有功劳也有苦劳",管理人追回其"非正常收入"后,对于他们正常的所得收入还是应依法予以清偿,并非"分文不给"。

表8-8 董事、监事、高管非正常收入的处理

项目	非正常收入			
			普遍拖欠职工工资情况下获取的工资性收入	
	绩效奖金	其他非正常收入	按企业职工平均工资计算的部分	高出企业职工平均工资计算的部分
处理结果	普通债权	普通债权	职工工资	普通债权

3. 人民法院受理破产申请后,管理人可以通过清偿债务或者提供为债权人接受的担保,取回质物、留置物或解除债务人财产上存在的物权担保。管理人所作的债务清偿或者替代担保,在担保物的价值低于被担保的债权额时,以该质物或者留置物当时的市场价值为限。

【例题8·多选题】某公司作为债务人被人民法院受理破产申请后,涉及该公司财产的下列说法中,正确的有( )。

A. 债务人的出资人尚未完全履行出资义务的,应补缴所认缴的出资,而不受出资期限的限制

B. 债务人因设立质押担保的质物无权取回

C. 债务人占有的不属于债务人的财产,该财产的权利人可以通过管理人取回

D. 债务人的经理利用职权从企业获取的非正常收入,管理人应当追回

解析 本题考核债务人的财产。人民法院受理破产申请后,管理人可以通过清偿债务或者提供为债权人接受的担保,取回质物、

留置物，选项 B 错误。

（三）破产撤销权与无效行为制度 ★★★

1. 破产撤销权的情形（重要考点）

（1）人民法院受理破产申请前**1 年内**，涉及债务人财产的下列行为，管理人有权请求人民法院予以撤销（五种）：

① 无偿转让财产的；

② 放弃债权的；

③ 以明显不合理的价格进行交易的；

④ 对没有财产担保的债务提供财产担保的；

⑤ 对未到期的债务提前清偿的。

【知识点拨】破产申请受理前 1 年内债务人提前清偿的未到期债务，在破产申请受理前已经到期，管理人请求撤销该清偿行为的，人民法院不予支持。但是，该清偿行为发生在破产申请受理前 6 个月内且债务人有企业破产法规定破产原因情形的除外（前 6 个月具备破产原因的情况下，提前个别清偿仍然可撤销）。

『举例』关于提前清偿的问题：甲公司因丧失清偿能力于 2018 年 6 月 1 日向人民法院提出破产申请，人民法院于 6 月 5 日裁定受理该破产申请。如果：A. 甲公司在 2017 年 3 月 1 日提前清偿了欠乙公司的货款，该行为不可撤销，因为发生在破产案件受理 1 年前；B. 甲公司在 2017 年 8 月 1 日提前清偿了欠丙公司的货款，该笔货款的到期日为 2018 年 5 月 1 日，该行为不可撤销，因为清偿行为发生在破产案件受理 6 个月前，且丙公司的债权在破产申请受理前已到期；C. 甲公司在 2018 年 3 月 1 日提前清偿了欠丁公司的货款，该笔货款到期日为 2018 年 5 月 1 日，甲公司清偿时已具备破产原因，则该行为可撤销，属于破产案件受理前 6 个月的提前个别清偿行为。

（2）人民法院受理破产申请前 6 个月内，债务人有不能清偿到期债务，并且资产不足以清偿全部债务或者明显缺乏清偿能力的情形，仍对个别债权人进行清偿的（已到期的债务），管理人有权请求人民法院予以撤销。但是，个别清偿使债务人财产受益的除外。

【知识点拨 1】债务人经诉讼、仲裁、执行程序对债权人进行的个别清偿，管理人请求撤销的，人民法院不予支持。但是，债务人与债权人恶意串通损害其他债权人利益的除外。

【知识点拨 2】债务人对以自有财产设定担保物权的债权进行的个别清偿，管理人请求撤销的，人民法院不予支持。但是，债务人清偿时担保财产的价值低于债权额的除外。

『举例』甲公司因丧失清偿能力于 2019 年 6 月 1 日向人民法院提出破产申请，人民法院于 6 月 5 日裁定受理该破产申请。如果：① 2019 年 3 月 1 日，乙企业得知甲经营不善，起诉甲要求其清偿到期货款，法院判决甲支付给乙 100 万元并已强制执行，则甲向乙清偿 100 万元的行为一般不能撤销，除非有证据表明甲乙恶意串通损害其他债权人利益；② 2019 年 4 月 1 日，甲清偿丙货款 100 万元，而该货款有甲的厂房做抵押，厂房价值 500 万元，该清偿行为不可撤销。

【知识点拨 3】《破产司法解释（二）》规定，债务人对债权人进行的以下个别清偿，管理人请求撤销的，人民法院不予支持：① 债务人为维系基本生产需要而支付水费、电费等的；② 债务人支付劳动报酬、人身损害赔偿金的；③ 使债务人财产受益的其他个别清偿。

【例题 9·单选题】（2013 年）根据企业破产法律制度的规定，人民法院受理破产申请前 6 个月内，涉及债务人财产的下列行为中，管理人有权请求人民法院予以撤销的是（　）。

A. 向他人无偿转让企业财产

B. 支付职工劳动报酬

C. 支付人身损害赔偿金

D. 在设定债务的同时，并为该债务提供财产担保

解析 ► 本题考核破产撤销权的行使。根据规定，人民法院受理破产申请前 1 年内，

涉及债务人财产的下列行为，管理人有权请求人民法院予以撤销：（1）无偿转让财产的；（2）以明显不合理的价格进行交易的；（3）对没有财产担保的债务提供财产担保的；（4）对未到期的债务提前清偿的；（5）放弃债权的。

本题中，选项D并非属于"对没有财产担保的债务提供财产担保"，而是在设定债务同时设定财产担保，因此不属于可撤销的情形。

答案 ▶A

『总结』破产撤销权，见表8-9。

表8-9　破产撤销权

时间	可撤销情形	例外规定
破产申请受理前1年内	（1）无偿转让财产的；（2）以明显不合理的价格进行交易的；（3）放弃债权的；（4）对没有财产担保的债务提供财产担保的；（5）对未到期债务提前清偿的	对未到期债务提前清偿的，区分处理：（1）若该债权在破产申请受理时仍未到期，当然可撤销；（2）若该债权在破产申请受理前已经到期，管理人请求撤销，人民法院一般不予支持；（3）若该清偿行为发生在破产申请受理前六个月内且债务人已达到破产界限的，即便在破产申请受理前已到期，也可以撤销
破产申请受理前6个月	债务人已经达到破产界限，仍对个别债权人进行清偿的，管理人有权请求人民法院予以撤销	（1）债务人经诉讼、仲裁、执行程序对债权人进行的个别清偿，管理人请求撤销的，人民法院不予支持。但是，债务人与债权人恶意串通损害其他债权人利益的除外。（2）债务人对以自有财产设定担保物权的债权进行的个别清偿，管理人请求撤销的，人民法院不予支持。但是，债务清偿时担保财产的价值低于债权额的除外。（3）债务人对债权人进行的以下个别清偿，不得撤销：①债务人为维系基本生产需要而支付水费、电费等的；②债务人支付劳动报酬、人身损害赔偿金的；③使债务人财产受益的其他个别清偿

2. 债务人的无效行为

涉及债务人财产的下列行为无效：（1）为逃避债务而隐匿、转移财产的；（2）虚构债务或者承认不真实的债务的。

（四）取回权（重要考点）★★★

1. 一般取回权

（1）《企业破产法》规定：人民法院受理破产申请后，债务人占有的不属于债务人的财产，该财产的权利人可以通过"管理人"取回。但是，本法另有规定的除外。

【知识点拨1】"本法另有规定的除外"，主要是指重整程序中行使取回权应当符合事先约定的条件：债务人重整期间，权利人要求取回债务人合法占有的权利人的财产，不

符合双方事先约定条件的，人民法院不予支持。但是，因管理人或者自行管理的债务人违反约定，可能导致取回物被转让、毁损、灭失或者价值明显减少的除外。

【知识点拨2】如果权利人行使取回权时未依法向管理人支付相关的加工费、保管费、托运费、委托费、代销费等费用的，管理人有权拒绝其取回相关财产。

（2）取回权行使时间。权利人依据《企业破产法》规定行使取回权，应当在破产财产变价方案或者和解协议、重整计划草案提交债权人会议表决前向管理人提出。权利人在上述期限后主张取回相关财产的，应当承担延迟行使取回权增加的相关费用。

（3）债务人占有的他人财产被违法转让给第三人的，见表8-10。

表8-10　债务人占有的他人财产被违法转让给第三人的处理规则

比较项目	债务人占有的他人财产被违法转让给第三人	
是否构成善意取得	第三人构成善意取得，则原权利人无法取回原物，只能获得债权清偿	第三人不构成善意取得，原权利人可以取回原物，第三人就已经支付的价款可以获得债权清偿
获得清偿的债权性质	转让行为发生在破产"受理前"（债务人所为）：作为普通债权清偿	
	转让行为发生在破产"受理后"（管理人所为）：作为共益债务清偿	

『举例』甲企业被申请破产，甲借用乙企业设备一台，若甲企业在破产申请受理前将该设备以市价出售给不知情的丙并交付，则丙构成善意取得，乙只能在甲企业破产案件中申报普通债权；若丙对此知情，则乙可以取回设备，丙已经支付的价款只能在甲企业破产案件中申报普通债权。若甲企业破产申请受理后，管理人不知该设备是乙企业的，予以处分，其他情况与前述相同，区别在于乙或丙的债权按共益债务处理（因管理人的行为导致的）。

2. 代偿取回权（见表8-11）

债务人占有的他人财产毁损、灭失，此时存在第三人给付的保险金、赔偿金或代偿物，财产的权利人可以依法取回代替原标的物的保险金、赔偿金或代偿物，即代偿取回权。权利人能否行使代偿取回权关键看是否满足法定条件。

表8-11　代偿取回权

比较项目	内容
权利人可以行使代偿取回权	满足以下条件之一： ①保险金、赔偿金、代偿物尚未交付给债务人； ②代偿物虽已交付，但与债务人财产可以区分
权利人不能行使代偿取回权	前提：保险金、赔偿金已经交付给债务人，或者代偿物已经交付给债务人且不能与债务人财产予以区分。 权利人此时只能主张债权清偿，区分处理： ①毁损灭失发生在破产申请受理前（债务人管理期间）——普通债权 ②毁损灭失发生在破产申请受理后（管理人管理期间）——共益债务

『举例』甲企业将自己的办公设备出租给乙企业，在租赁期间人民法院受理了乙企业的破产案件，正常情况下，甲企业可以通过管理人行使取回权，取回该设备。如果该设备毁损或灭失，在毁损、灭失后可以获得保险赔偿的，该保险赔偿即构成了代偿物，假设该设备的保险金、赔偿金尚未交付给乙企业，此时应该将保险赔款全额支付给甲企业；如果该设备的保险金、赔偿金已经支付给乙企业，那么甲企业只能依照财产毁损是发生在破产申请受理前或受理后来适用申报普通债权或作为共益债务随时清偿。

3. 出卖人取回权

人民法院受理破产申请时，出卖人已将买卖标的物向作为买受人的债务人发运，债务人尚未收到且未付清全部价款的，出卖人可以取回在运途中的标的物。但是，管理人可以支付全部价款，请求出卖人交付标的物。

（1）出卖人依据企业破产法的规定，通过通知承运人或者实际占有人中止运输、返还货物、变更到达地，或者将货物交给其他收货人等方式，对在运途中标的物主张了取回权但未能实现，或者在货物未达管理人前已向管理人主张取回在运途中标的物，在买卖标的物到达管理人后，出卖人向管理人主张取回的，管理人应予准许。

（2）出卖人对在运途中标的物未及时行使取回权，在买卖标的物到达管理人后向管理人行使在运途中标的物取回权的，管理人不应准许。

【知识点拨】 出卖人取回权能否实现，关键看出卖人主张取回的时间。只要货物尚在运途之中，出卖人向管理人表示行使取回权，即发生取回法律效力。

【例题10·单选题】 人民法院受理债务人甲公司破产申请时，乙公司依照其与甲公司之间的买卖合同已向买受人甲公司发运了该合同项下的货物，但甲公司尚未付价款。乙公司得知甲公司破产申请被受理后，立即通过传真向甲公司的管理人要求取回在运途中的货物。管理人收到乙公司传真后不久，即收到了乙公司发运的货物。下列表述中，正确的是（　）。

A. 乙公司有权取回该批货物

B. 乙公司无权取回该批货物，但可以就买卖合同价款向管理人申报债权

C. 管理人已取得该批货物的所有权，但乙公司有权要求管理人立即支付全部价款

D. 管理人已取得该批货物的所有权，但乙公司有权要求管理人就价款支付提供担保

解析 本题考核出卖人取回权。

答案 A

4. 买卖双方签订所有权保留条款的情形

买卖合同双方当事人在合同中约定标的物所有权保留，在标的物所有权未依法转移给买受人前，一方当事人破产的，该买卖合同属于双方均未履行完毕的合同，管理人有权依据企业破产法的规定决定解除或者继续履行合同。

（1）出卖人破产（见表8-12）。

表8-12　出卖人的管理人决定继续履行或解除所有权保留合同

项目	内容
管理人决定继续履行	区分买受人是否依约履行： ①买受人应当按照原买卖合同的约定支付价款或者履行其他义务。 ②买受人违约：买受人未依约支付价款或履行完毕其他义务或将标的物出卖、出质或做其他不当处分，出卖人管理人有权主张取回标的物。但以下情况不能取回，只能要求买受人付款：买受人已经支付标的物总价款75%以上；第三人已善意取得该标的物的所有权或者其他物权的
管理人决定解除合同	区分买受人是否依约履行： ①买受人依法履行义务的，应当返还买受人价款（作为共益债务）； ②买受人未依约支付价款或者履行完毕其他义务，或者将标的物出卖、出质或者作出其他不当处分，给出卖人造成损害，出卖人管理人依法主张取回标的物的，人民法院应予支持——返还买受人价款（买受人违约，普通债权）

（2）买受人破产（见表8-13）。

表8-13　买受人的管理人决定继续履行或解除所有权保留合同

项目	内容
管理人决定继续履行	①买受人（债务人）管理人应当及时向出卖人支付价款或者履行其他义务； ②买受人管理人违约：买受人管理人未依约支付价款或履行完毕其他义务或将标的物出卖、出质或做其他不当处分，出卖人有权主张取回标的物。但以下情况不能取回，只能要求买受人付款：买受人已经支付标的物总价款75%以上；第三人已善意取得该标的物的所有权或者其他物权的（作为共益债务）
管理人决定解除合同	①出卖人有权取回标的物，并应返还买受人已付价款； ②如果取回的标的物价值明显减少给出卖人造成损失，出卖人可以从买受人已支付价款中抵扣，买受人已支付的价款不足以弥补出卖人标的物价值减少的损失的，作为共益债务清偿

【例题11·单选题】 甲公司与乙公司签订了所有权保留买卖合同，约定甲公司作为卖方向乙公司交付一套机器设备，价款为100万元，乙公司支付完全部价款之前，甲公司保留该套设备的所有权，后人民法院受理了乙公司的破产案件，管理人决定解除与甲公司的合同，经查乙公司破产受理之前已经支付了30万元，但该套设备经过使用损耗后仅值50万元，关于该情况，下列处理正确的是( )。

A. 甲公司有权取回该套机器设备，但应返还30万元已支付价款，损失50万元作为破产债权申报

B. 甲公司无权取回该设备，也无返还30万元价款的义务，对于剩余的70万元损失可以作为破产债权申报

C. 甲公司有权取回该设备，同时对于乙公司已经支付的30万元价款不予以返还，剩余的20万元损失作为共益债务清偿

D. 甲公司和乙公司的管理人应互相返还各自财产，甲公司的财产损失不予以清偿

解析 本题考核所有权保留买卖合同的处理。根据规定，买受人（乙公司）破产，其管理人决定解除所有权保留买卖合同，出卖人（甲公司）依据企业破产法的规定主张取回买卖标的物的，人民法院应予支持，因此选项B错误；取回的标的物价值明显减少给出卖人造成损失的，出卖人可从买受人已支付价款中优先予以抵扣后，将剩余部分返还给买受人，对买受人已支付价款不足以弥补出卖人标的物价值减损损失形成的债权，出卖人主张作为"共益债务"清偿的，人民法院应予支持。本题中，由于财产减值造成了甲公司损失50万元，因此30万元价款不予以返还，损失20万元可以作为共益债务清偿；因此选项A、D错误、选项C正确。 **答案** C

【应试思路】 针对所有权保留买卖合同，做题时首先注意是出卖人还是买受人破产，其次看管理人是决定解除还是继续履行，再结合对应的法律规定作出判断。

（五）抵销权（重要考点） ★★★

1. 一般规定

债权人在破产申请受理前对债务人负有债务的，可以向管理人主张抵销。经审查无异议的，该抵销自管理人收到通知之日起生效。

【知识点拨1】 管理人不得主动抵销债务人与债权人的互负债务，但抵销使债务人财产受益的除外。

【知识点拨2】 此处的抵销权与合同法中的抵销不同，破产法中的抵销权无论债权债务的品质和种类是否相同，也无论是否到期。

【相关链接1】 对债务人享有未到期的债权，在破产申请受理时视为到期。

【相关链接2】 债务人在被宣告破产时享有的未到期的债权视为已到期，属于破产财产，但应当减去未到期的利息。

2. 不得抵销的情形

债权人在破产申请受理前对债务人负有债务的，可以向管理人主张抵销。但是，有下列情形之一的，不得抵销：

（1）债务人的债务人在破产申请受理后取得他人对债务人的债权的。

（2）债权人已知债务人有不能清偿到期债务或者破产申请的事实，对债务人负担债务的；但是，债权人因为法律规定或者有破产申请1年前所发生的原因而负担债务的除外。

（3）债务人的债务人已知债务人有不能清偿到期债务或者破产申请的事实，对债务人取得债权的，但是，债务人的债务人因为法律规定或者有破产申请1年前所发生的原因而取得债权的除外。

（4）股东之破产债权，不得与其欠缴的注册资本、抽逃出资等相抵销。

『举例1』 丙企业欠甲企业120万元的债务，人民法院于2019年1月1日受理了甲企业的破产申请，丙企业知道后于2019年1月10日受让了乙企业对甲企业的一项债权，后丙企业要求以该债权抵销其欠甲企业的债务120万元，这种情况是不能抵销的，因为丙企

业是在破产受理后取得的债权。

『举例2』甲企业欠丙企业120万元的债务，丙企业知道甲企业即将提出破产申请后从甲企业购买了120万元的机器设备，但未付款，即丙企业又欠甲企业120万元的债务。在本案中，丙企业不得行使抵销权。如果丙企业欠甲企业120万元的债务发生在破产申请1年前或者丙企业是由于兼并了另一企业而在破产申请受理前1年内承担了被兼并企业对甲企业的债务，即推定丙企业没有"抵销的预谋"，则丙企业可以行使抵销权。

『举例3』乙企业欠甲企业100万元的债务，乙企业知道甲企业即将提出破产申请，于是受让了丙企业对甲企业的债权100万元。在本案中，乙企业不得行使抵销权。如果乙企业取得对甲企业债权的时间发生在破产申请1年前或者有法定原因，即推定乙企业没有"抵销的预谋"，则乙企业可以行使抵销权。

『举例4』甲企业被申请破产，甲企业股东张三尚有50万元出资未缴纳，甲企业曾向张三借款50万元用于经营。则张三不可主张以此债权抵销其欠缴的出资。

3. 以抵销方式所为的个别清偿行为无效

破产申请受理前6个月内，债务人有破产原因的情形，债务人与个别债权人以抵销方式对个别债权人清偿，其抵销的债权债务属于企业破产法规定的情形，管理人在破产申请受理之日起3个月内向人民法院提起诉讼，主张该抵销无效的，人民法院应予支持。

4. 不得行使抵销权情形的例外

企业破产法规定不得抵销情形的债权人，主张以其对债务人特定财产享有优先受偿权的债权，与债务人对其不享有优先受偿权的债权抵销，债务人管理人以抵销存在企业破产法规定的情形提出异议的，人民法院不予支持（因有财产担保的债权人本来就享有优先受偿权）。但是，用以抵销的债权大于债权人享有优先受偿权财产价值的除外。

『举例』甲企业享有对乙企业100万元的有财产担保债权，抵押财产价值200万元，

人民法院受理了乙企业的破产案件，甲企业在破产申请受理前已知乙企业有不能清偿到期债务的事实而对其故意负担100万元债务，依照《企业破产法》规定，该种情形债权债务不得抵销，但由于甲企业的债权为有财产担保的债权，享有100万元的优先受偿权，因此尽管属于《企业破产法》规定禁止抵销的情形，但依照司法解释，甲企业依然可以行使抵销权。

（六）破产费用与共益债务★★★

1. 破产费用

破产费用是为保障破产程序顺利进行所产生的费用，包括：

（1）破产案件的诉讼费用；

（2）管理、变价和分配债务人财产的费用；

（3）管理人执行职务的费用、报酬和聘用工作人员的费用。

【知识点拨】人民法院裁定受理破产申请的，此前债务人尚未支付的公司强制清算费用、未终结的执行程序中产生的评估费、公告费、保管费等执行费用，可以参照企业破产法关于破产费用的规定，由债务人财产随时清偿。但此前债务人尚未支付的案件受理费、执行申请费，可以作为破产债权（普通债权）清偿。

解析 ▶ 向人民法院申请执行应当交纳申请执行费和执行中实际支出的费用，申请执行费和执行中实际支出的费用最终由被申请人负担。如债务人企业从执行程序转入破产程序，此前执行程序中尚有部分实际支出的执行费用未清偿，应当按破产费用处理；而执行申请费只能按普通债权清偿。

2. 共益债务

共益债务是在破产程序中发生的应由债务人财产负担的债务，包括：

（1）因管理人或者债务人请求对方当事人履行双方均未履行完毕的合同所产生的债务；

（2）债务人财产受无因管理所产生的债务；

（3）因债务人不当得利所产生的债务；

（4）为债务人继续营业而应支付的劳动报酬和社会保险费用，以及由此产生的其他债务；

【知识点拨】破产申请受理后，经债权人会议决议通过，或者第一次债权人会议召开前经人民法院许可，管理人或者自行管理的债务人可以为债务人继续营业而借款。提供借款的债权人主张参照共益债务优先于普通破产债权清偿的，人民法院应予支持，但其主张优先于此前已就债务人特定财产享有担保的债权清偿的，人民法院不予支持。管理人或者自行管理的债务人可以为前述借款设定抵押担保，抵押物在破产申请受理前已为其他债权人设定抵押的，债权人主张按照物权法关于抵押权顺序的规则进行清偿，人民法院应予支持。简单地说，该种借款按共益债务处理，优先于普通债权，但劣后于此前已成立的担保物权；若为该借款设定抵押，则按物权法规定的顺序清偿。

（5）管理人或者相关人员执行职务致人损害所产生的债务；

（6）债务人财产致人损害所产生的债务。

3. 破产费用和共益债务的清偿

（1）破产费用和共益债务由债务人财产随时清偿。

【知识点拨】有担保物权的债权人，"对担保物"享有优先于破产费用与共益债务受偿的权利。

（2）债务人财产不足以清偿所有破产费用和共益债务的，先行清偿破产费用。

（3）债务人财产不足以清偿所有破产费用或者共益债务的，按照比例清偿。

（4）债务人财产不足以清偿破产费用的，管理人应当提请人民法院终结破产程序。人民法院应当自收到请求之日起15日内裁定终结破产程序，并予以公告。

『举例1』假设债务人财产为250万元，破产费用为200万元，共益债务为100万元。应首先清偿200万元的破产费用，剩余的50

万元清偿100万元的共益债务。则共益债务中各个具体的债务每笔只能清偿1/2，其余尚未清偿的1/2不再清偿。

『举例2』假设债务人财产为160万元，破产费用为200万元，共益债务为100万元。债务人财产全部用于清偿破产费用仍不足，破产费用中每笔只能得到80%的清偿，其余尚未清偿的20%破产费用则不再清偿，而100万元的共益债务也不再清偿。因债务人已无财产，破产程序没有继续进行的必要，管理人应当提请人民法院终结破产程序。

【例题12·单选题】（2016年）根据企业破产法律制度的规定，下列关于破产案件诉讼费用承担的表述中，正确的是（ ）。

A. 由债权人和债务人分担

B. 由破产申请人预先支付

C. 从债务人财产中随时拨付

D. 由全体债权人按比例分担

解析 ▶ 本题考核破产费用。破产案件的诉讼费用，属于破产费用，从债务人财产中随时清偿。

答案 ▶ C

五、破产债权

扫我解疑难

（一）破产债权申报的一般规则 ★★★

1. 破产债权范围

人民法院受理破产申请时，债权人对债务人享有的债权。

2. 债权申报的期限

债权申报期限由法院确定，自人民法院发布受理破产申请公告之日起计算，**最短不得少于30日，最长不得超过3个月**。

3. 债权申报的要求

（1）债权人应当在人民法院确定的债权申报期限内向管理人申报债权。债务人所欠职工的工资和医疗、伤残补助、抚恤费用，所欠的应当划入职工个人账户的基本养老保险、基本医疗保险费用，以及法律、行政法规规定应当支付给职工的补偿金，不必申报，由管理人调查后列出清单并予以公示。职工对清单记载有异议的，可以要求管理人更正；管理人不予更正的，职工可以向人民法院提起诉讼。

【知识点拨】 唯有职工劳动债权免于申报。其他债权如税收债权、社会保障债权以及对债务人特定财产享有担保权的债权均需依法申报。

（2）债权人申报债权时，应当书面说明债权的数额和有无财产担保，并提交有关证据。申报的债权是连带债权的，应当说明。

（3）在人民法院确定的债权申报期限内，债权人未申报债权的，可以在"破产财产最后分配前"补充申报；但是，此前已进行的分配，不再对其补充分配。审查和确认补充债权发生的费用，由补充申报人承担。

【例题 13 · 单选题】（2017 年）根据企业破产法律制度的规定，下列免于申报的破产债权是（ ）。

A. 有担保的债权

B. 社会保障债权

C. 职工劳动债权

D. 地方税收债权

解析 ▶ 本题考核债权申报规则。只有职工劳动债权可以不申报。　　**答案** ▶ C

（二）破产债权申报的特别规定 ★★★

1. 未到期债权

未到期的债权，在破产申请受理时视为到期。附利息的债权自"破产申请受理时"起停止计息。无利息的债权，无论是否到期均以本金申报债权。

2. 未定之债权

附条件、附期限的债权和诉讼、仲裁未决的债权，债权人可以申报。

【相关链接 1】 破产财产分配：对于附生效条件或者解除条件的债权，管理人应当将其分配额提存。在最后分配公告日，生效条件未成就或者解除条件成就的，应当分配给其他债权人；在最后分配公告日，生效条件成就或者解除条件未成就的，应当交付给债权人。

【相关链接 2】 破产财产分配时，对于诉讼或者仲裁未决的债权，管理人应当将其分配额提存，按照诉讼或者仲裁结果处理。自破产程序终结之日起满 2 年仍不能受领分配的，人民法院应当将提存的分配额分配给其他债权人。

3. 连带债权

连带债权人可以由其中一人代表全体连带债权人申报债权，也可以共同申报债权。

【知识点拨】 无论哪种方式，只能申报一次，不能每个债权人分别申报全部债权。

4. 连带债务人破产

连带债务人数人被裁定适用破产法规定的程序的，其债权人有权就全部债权分别在各破产案件中申报债权；但其获得清偿的总数不得超过债权总额。

5. 解除合同的损害赔偿请求权

管理人或者债务人依照《企业破产法》规定"解除合同"的，对方当事人以因合同解除所产生的损害赔偿请求权申报债权。可申报的债权以实际损失为限，违约金不作为破产债权申报。

【知识点拨】 因管理人"请求对方当事人履行"双方均未履行完毕的合同所产生的债务，属于共益债务。

6. 受托人的债权

债务人是委托合同的委托人，被裁定适用《企业破产法》规定的程序，受托人不知该事实，继续处理委托事务的，受托人以由此产生的请求权申报债权。

【知识点拨】 如果受托人已知该事实，但为了债务人即全体债权人利益而在无法向管理人移交事务的紧急情况下继续处理委托事务的，受托人由此产生的请求权作为共益债务优先清偿。

7. 票据付款人

债务人是票据的出票人，被裁定适用《企业破产法》规定的程序，该票据的付款人继续付款或者承兑的，付款人以由此产生的请求权申报债权。

8. 保证人与连带债务人

债务人的保证人或其他连带债务人能否申报要区分处理：

①债务人的保证人或者其他连带债务人已经代替债务人清偿债务的，以其对债务人的求偿权申报债权；

②债务人的保证人或者其他连带债务人尚未代替债务人清偿债务的，以其对债务人的将来求偿权申报债权；但是，债权人已经向管理人申报全部债权的除外。（见下两例）

『举例1』 甲企业向银行借款100万元，由乙企业为其提供连带责任保证，当甲企业不能清偿到期的银行贷款时，银行有权要求乙企业代为清偿，乙企业按照与银行签订的保证合同约定，向银行偿付了本息共110万元，偿付债务后，一般情况下，乙企业有权向甲企业追偿110万元，但如果甲企业被人民法院受理破产，此时，乙企业享有的追偿权，也就是代甲企业清偿的110万元债权可以作为破产债权向管理人进行申报。

『举例2』 甲企业向银行借款100万元，由乙企业为其提供连带责任保证，当甲企业不能清偿到期的银行贷款时，银行有权要求乙企业代为清偿，但如果此时甲企业被人民法院受理破产，银行自己不申报债权时，银行应当通知乙企业，乙企业有权就将来可能产生的求偿权向人民法院申报债权。

9. 债务人破产涉及保证人的责任承担（见表8-14）。

表8-14 债务人破产涉及保证人的责任承担

保证方式	具体规则
连带保证人	债权人可以选择： ①直接要求连带责任保证人承担保证债务。（承担了责任的保证人可以申报债权，向债务人追偿） ②也可以先向进入破产程序的债务人追偿，然后再以未受偿的余额向保证人追偿
一般保证人	①破产案件受理时主债务已经到期的： 一般保证人不得行使先诉抗辩权，按连带保证处理，债权人可以直接向其追偿。 ②破产案件受理时主债务尚未到期的： 负补充责任的保证人无提前履行保证责任的义务，仍应按照原保证合同的约定承担保证责任。 【知识点拨】破产程序终结前，保证人承担了责任的，可以要求债务人将债权人应获清偿部分转付给自己；破产程序终结后，债权人就其在破产程序中未受清偿的部分，要求保证人承担保证责任的，最迟应当在破产程序终结后6个月内提出，保证人承担责任后不得再向债务人追偿（包括和解和重整后的债务人）

10. 保证人破产时的债务清偿

（1）人民法院受理保证人破产案件的，保证人的保证责任不得因其破产而免除。

（2）保证债务到期的问题。

①主债务已到期的，债权人有权申报其对保证人的保证债权。

②主债务尚未到期的，保证债权在保证人破产申请受理时视为到期，在减去未到期的利息后予以提前清偿。

（3）一般保证人破产时的债务清偿问题。

①一般保证人被人民法院宣告破产的，一般保证的保证人丧失先诉抗辩权，债权人可以在保证人的破产案件中申报全部债权。

②若债权人先获得债务人清偿，应根据清偿结果相应调整其对保证人的保证债权额。

③若债权人先从保证人处获得清偿，债权人在一般保证人破产程序中的分配额应予提存，待一般保证人应承担的保证责任确定后再按照破产清偿比例予以分配。也就是说，提存后等债权人从债务人处行使受偿权利后，再确定保证人是否还应承担保证责任，并按保证人实际应承担补充责任的范围向债权人支付，余款由法院收回，分配给保证人的其他破产债权人。

（4）保证人的追偿权。（2020年新增）

保证人被确定应当承担保证责任的，保证人的管理人可以就保证人实际承担的清偿额向主债务人或其他债务人行使求偿权。

11. 债务人与保证人均破产（2020年新增）

（1）债权人有权向债务人、保证人分别申报债权。

（2）债权人向债务人、保证人均申报全部债权的，从一方破产程序中获得清偿后，其对另一方的债权额不作调整，但债权人的受偿额不得超出其债权总额。保证人履行保证责任后不再享有求偿权。

『举例』A企业进入破产程序，其还债率为30%。A企业为B企业向工商银行的贷款提供了100万元的一般保证：

（1）若工商银行已经从B企业获得20万元，则工商银行在A企业只能申报80万元债权，最后获得清偿额为24万元（80×30%）；

（2）若工商银行先在A企业的破产程序中获得清偿，A企业破产清偿率为30%，工商银行参加其破产程序清偿时应先提存30万元，若之后工商银行从B企业获得清偿20万元，实际A企业作为一般保证人只就剩余的80万元承担保证责任，因此其应承担的保证责任为24万元，剩余的部分应当分配给A企业的其他债权人；

（3）如果B企业也破产，并且其还债率为20%，工商银行可在A企业和B企业的破产案件中分别申报100万元债权，在A企业的破产程序中就该100万元的保证债权得到30万元的清偿，在B企业的破产程序中获得20万元，A企业不再向B企业追偿。

（三）债权确认★★★

债权人申报——管理人登记——第一次债权人会议核查——法院裁定确认

（1）管理人应当依照规定对所申报的债权进行登记造册，详尽记载申报人的姓名、单位、代理人、申报债权额、担保情况、证据、联系方式等事项，形成债权申报登记册，不允许以其认为债权超过诉讼时效或不能成立等为由拒绝编入债权申报登记册。

【知识点拨1】管理人应当对债权的性质、数额、担保财产、是否超过诉讼时效期间、是否超过强制执行期间等情况进行审查、编制债权表并提交债权人会议核查。

【知识点拨2】债权表、债权申报登记册及债权申报材料在破产期间由管理人保管，债权人、债务人、债务人职工及其他利害关系人有权查阅。

（2）管理人依法编制的债权登记表，应当提交第一次债权人会议核查。经核查后，管理人、债务人、其他债权人等对债权无异议的，列入债权确认表中。

【知识点拨1】应当确认的债权：已经生效法律文书确定的债权，管理人应当予以确认。

【知识点拨2】重新确定债权：管理人认为债权人据以申报债权的生效法律文书确定的债权错误，或者有证据证明债权人与债务人恶意通过诉讼、仲裁或者公证机关赋予强制执行力公证文书的形式虚构债权债务的，应当依法通过审判监督程序向作出该判决、裁定、调解书的人民法院或者上一级人民法院申请撤销生效法律文书，或者向受理破产申请的人民法院申请撤销或者不予执行仲裁裁决、不予执行公证债权文书后，重新确定债权。（2020年新增）

（3）债权确认表由人民法院裁定确认，其确认具有与生效判决同等的法律效力，但允许通过提起债权确认诉讼予以修正。

【知识点拨】不予确认的债权：破产申请受理后，债务人欠缴款项产生的滞纳金，包括债务人未履行生效法律文书应当加倍支付的迟延利息和劳动保险金的滞纳金，债权人作为破产债权申报的，人民法院不予确认。

（4）关于债权确认的诉讼。（2020年新增）

①程序：异议——管理人解释或调整——异议人不服或管理人不解释或调

整——诉讼(有仲裁协议的仲裁)。

债务人、债权人对债权表记载的债权有异议的,应当说明理由和法律依据。经管理人解释或调整后,异议人仍然不服的,或者管理人不予解释或调整的,异议人应当在债权人会议核查结束后十五日内向人民法院提起债权确认的诉讼。当事人之间在破产申请受理前订立有仲裁条款或仲裁协议的,应当向选定的仲裁机构申请确认债权债务关系。

②诉讼当事人:对他人的债权有异议,被告是被异议的债权人;对自己的债权有异议,被告是债务人。具体:

债务人对债权表记载的债权有异议向人民法院提起诉讼的,应将被异议债权人列为被告。债权人对债权表记载的他人债权有异议的,应将被异议债权人列为被告;债权人对债权表记载的本人债权有异议的,应将债务人列为被告。

对同一笔债权存在多个异议人,其他异议人申请参加诉讼的,应当列为共同原告。

【例题14·单选题】(2018年)根据企业破产法律制度的规定,管理人依法编制的债权登记表,应当提交特定主体核查。该特定主体是( )。

A. 债权人委员会

B. 债权人会议主席

C. 人民法院

D. 第一次债权人会议

解析 ➤ 本题考核破产债权的确认。管理人依法编制的债权登记表,应当提交第一次债权人会议核查。 **答案** ➤ D

【例题15·多选题】甲公司被申请破产,债权人 A、B、C、D 公司均申报了债权。管理人登记造册并提交债权人会议核查,A 公司认为管理人对自己登记的债权有误,B 和 C 均对 D 公司的债权有异议,若要提起债权异议的诉讼,下列说法正确的有( )。

A. A 公司应当以管理人为被告

B. A 公司应当以甲公司为被告

C. B 和 C 公司应当以 D 公司为被告

D. B 和 C 公司应当以甲公司为被告

解析 ➤ 本题考核破产债权异议诉讼。

答案 ➤ BC

六、债权人会议

扫我解疑难

(一)债权人会议的组成★

(1)依法申报债权的债权人均为债权人会议的成员,有权参加债权人会议,享有表决权。第一次会议以后的债权人会议,只有债权得到确认者才能行使表决权。债权尚未确定的债权人,除人民法院能够为其行使表决权而临时确定债权额者外,不得行使表决权。

【知识点拨】 对债务人的特定财产享有担保权的债权人,未放弃优先受偿权的,同样也享有表决权,但对通过"和解协议"和"破产财产的分配方案"两项事项不享有表决权。

(2)职工劳动债权人一般不享有表决权,但如存在职工劳动债权不能从破产财产中获得全额优先受偿,或是在重整程序中债权人会议决议通过影响其清偿利益的重整计划草案等情况下,职工债权人应享有表决权。

(3)债权人可以委托代理人出席债权人会议,行使表决权。债权人会议应当有债务人的职工和工会的代表参加。

(4)债权人会议设主席一人,由人民法院从有表决权的债权人中指定。债权人会议主席主持债权人会议。

【相关链接】 管理人由人民法院指定。

(5)单个债权人有权查阅债务人财产状况报告、债权人会议决议、债权人委员会决议、管理人监督报告等参与破产程序所必需的债务人财务和经营信息资料。管理人无正当理由不予提供的,债权人可以请求人民法院作出决定;人民法院应当在五日内作出决定。上述信息资料涉及商业秘密的,债权人应当依法承担保密义务或者签署保密协议;涉及国家秘密的应当依照相关法律规定处理。

（二）债权人会议的召集与表决（见表8-15）★★

表 8-15 债权人会议的召集与表决

债权人会议	召集与表决规则
1. 召集	（1）第一次债权人会议由人民法院召集，自债权申报期限届满之日起15日内召开。 （2）以后的债权人会议，在以下情况下召开： ①人民法院认为必要时； ②管理人提议； ③债权人委员会提议； ④占"债权总额"1/4以上的债权人提议（向债权人会议主席提议）。召开债权人会议，管理人应当提前15日通知已知的债权人
2. 表决	（1）一般事项：债权人会议的决议，由出席会议的有表决权的债权人过半数通过，并且其所代表的债权额必须占"无财产担保债权总额"的1/2以上，但是法律另有规定的除外。债权人会议的决议，对于在该项决议事项上有表决权的全体债权人均有约束力。 （2）和解协议：债权人会议通过和解协议的决议，由出席会议的有表决权的债权人过半数同意，并且其所代表的债权额占无财产担保债权总额的2/3以上。 （3）重整计划草案：分组表决。出席会议的同一表决组的债权人过半数同意重整计划草案，并且其所代表的债权额占该组债权总额的2/3以上的，即为该组通过重整计划草案
3. 表决补救	（1）违法决议撤销 债权人认为债权人会议的决议违反法律规定，损害其利益的，可以自债权人会议作出决议之日起15日内，请求人民法院裁定撤销该决议，责令债权人会议依法重新作出决议。债权人申请撤销债权人会议决议的，应当提出书面申请。债权人会议采取通信、网络投票等非现场方式进行表决的，债权人申请撤销的期限自债权人收到通知之日起算。 【知识点拨】司法解释规定，债权人会议的决议具有以下情形之一，损害债权人利益，债权人申请撤销的，人民法院应予支持：（2020年新增） ①债权人会议的召开违反法定程序； ②债权人会议的表决违反法定程序； ③债权人会议的决议内容违法； ④债权人会议的决议超出债权人会议的职权范围。 人民法院可以裁定撤销全部或者部分事项决议，责令债权人会议依法重新作出决议。债权人申请撤销债权人会议决议的，应当提出书面申请。债权人会议采取通信、网络投票等非现场方式进行表决的，债权人申请撤销的期限自债权人收到通知之日起算。 （2）申请复议 ①债权人会议通过"债务人财产的管理方案"以及"破产财产的变价方案"的事项时，经债权人会议表决未通过的，由人民法院裁定。债权人对人民法院作出的裁定不服的，可以自裁定宣布之日或者收到通知之日起15日内向该人民法院申请复议。 ②债权人会议通过"破产财产的分配方案"时，经债权人会议2次表决仍未通过的，由人民法院裁定。债权额占无财产担保债权总额1/2以上的债权人对人民法院作出的裁定不服的，可以自裁定宣布之日或者收到通知之日起15日内向该人民法院申请复议

【例题16·多选题】根据企业破产法的规定，下列关于债权人会议的表述中，正确的有（　　）。

A. 所有债权人都可以参加债权人会议，并享有表决权

B. 第一次债权人会议由人民法院召开

C. 所有申报债权者均有权参加第一次债权人会议

D. 债权人会议的决议，由出席会议的有表决权的债权人过半数通过即可

解析 ▶ 本题考核债权人会议制度。第一次债权人会议以后的债权人会议经确认的债权人才有表决权，选项 A 错误；债权人会议决议不仅要达到人数过半，还要求其所代表的债权额必须占无财产担保债权总额的 1/2 以上，选项 D 错误。 **答案** ▶ BC

（三）债权人委员会★

1. 组成

债权人委员会由债权人会议选任的债权人代表和 1 名债务人的职工代表或者工会代表组成。债权人委员会成员不得超过 9 人。

【相关链接】国有独资公司监事会成员不得少于 5 人，其中职工代表的比例不得低于 1/3。

2. 议事规则

债权人委员会决定所议事项应获得全体成员过半数通过，并作成议事记录。债权人委员会成员对所议事项的决议有不同意见的，应当在记录中载明。（2020 年新增）

『总结』债权人会议、债权人委员会、管理人职权比较，见表 8-16。

表 8-16 债权人会议、债权人委员会、管理人职权比较

比较	职权
债权人会议	①核查债权；②申请人民法院更换管理人，审查管理人的费用和报酬；③监督管理人；④选任和更换债权人委员会成员；⑤决定继续或者停止债务人的营业； 【知识点拨】在第一次债权人会议召开之前，管理人有权决定继续或者停止债务人的营业，在第一次债权人会议召开之后，这属于债权人会议的职权范围。 ⑥通过重整计划；⑦通过和解协议；⑧通过债务人财产的管理方案；⑨通过破产财产的变价方案；⑩通过破产财产的分配方案； 【相关链接】债权人会议表决"破产财产的分配方案"时，经二次表决仍未通过的，由人民法院裁定
债权人委员会	①监督债务人财产的管理和处分；②监督破产财产分配；③提议召开债权人会议；④债权人会议委托的其他职权 【知识点拨】债权人会议不得作出概括性授权，委托其行使债权人会议所有职权。（2020 年新增）
管理人	①接管债务人的财产、印章和账簿、文书等资料；②调查债务人财产状况，制作财产状况报告；③决定债务人的内部管理事务；④决定债务人的日常开支和其他必要开支；⑤在第一次债权人会议召开之前，决定继续或者停止债务人的营业；⑥管理和处分债务人的财产；⑦代表债务人参加诉讼、仲裁或者其他法律程序；⑧提议召开债权人会议；⑨人民法院认为管理人应当履行的其他职责

【例题 17·多选题】下列选项中，属于债权人会议职权的有( )。

A. 决定债务人的日常开支
B. 决定管理人的报酬
C. 通过破产财产变价方案
D. 通过破产财产分配方案

解析 ▶ 本题考核债权人会议的职权。决定债务人的日常开支属于管理人的职责，选项 A 错误；管理人的报酬由法院确定，选项 B 错误。 **答案** ▶ CD

【应试思路】应将管理人、债权人会议、债权人委员会的职权区分掌握，考试时易将这几项的职权混淆在一起考查。

七、重整程序

扫我解疑难

在企业重整中，要积极探索推行庭外重组与庭内重整制度的衔接。在企业进入重整程序之前，可以先由债权人与债务人、出资人等利害关系人通过庭外商业谈判，拟定重组方案。重整程序启动后，可以重组方案为依据拟定重整计划草案提交人民法院依法审查批准。

（一）重整申请★★

1. 申请的提出

（1）债务人尚未进入破产程序时的重整申

请——债务人或者债权人可以直接向人民法院申请对债务人进行重整。

（2）债权人申请对债务人进行破产清算的，在人民法院受理破产申请后、宣告债务人破产前，债务人或者出资额占债务人注册资本1/10以上的出资人，可以向人民法院申请重整。

2. 人民法院经审查认为重整申请符合规定的，应当裁定债务人重整，并予以公告。

《破产审判会议纪要》规定，对于债权债务关系复杂、债务规模较大，或者涉及上市公司重整的案件，人民法院在审查重整申请时，可以组织申请人、被申请人听证。债权人、出资人、重整投资人等利害关系人经人民法院准许，也可以参加听证。听证期间不计入重整申请审查期限。

(二)重整期间★

1. 自人民法院裁定债务人重整之日起至重整程序终止，为重整期间。但需要注意的是，重整期间仅指重整申请受理至重整计划草案得到债权人会议分组表决通过和人民法院审查批准，或者未表决通过或不予批准的期间，不包括重整计划批准后的执行期间。

2. 重整期间的各项规则

在重整期间：

①债务人的财产管理和营业事务执行，可以由债务人或管理人负责；

②对债务人的特定财产享有的担保权暂停行使。但是，担保物有损坏或者价值明显减少的可能，足以危害担保权人权利的，担保权人可以向人民法院请求恢复行使担保权；

③债务人或者管理人为继续营业而借款的，可以以债务人财产为该借款设定担保；

④债务人合法占有的他人财产，该财产的权利人在重整期间要求取回的，应当符合事先约定的条件；

⑤债务人的出资人不得请求投资收益分配。债务人的董事、监事、高级管理人员不得向第三人转让其持有的债务人的股权。但是，经人民法院同意的除外。

3. 重整期间，债务人同时符合下列条件的，经申请，人民法院可以批准债务人在管理人的监督下自行管理财产和营业事务。

（1）债务人的内部治理机制仍正常运转；

（2）债务人自行管理有利于债务人继续经营；

（3）债务人不存在隐匿、转移财产的行为；

（4）债务人不存在其他严重损害债权人利益的行为。

债务人提出重整申请时可以一并提出自行管理的申请。经人民法院批准由债务人自行管理财产和营业事务的，《企业破产法》规定的管理人职权中有关财产管理和营业经营的职权应当由债务人行使。管理人应当对债务人的自行管理行为进行监督。管理人发现债务人存在严重损害债权人利益的行为或者有其他不适宜自行管理情形的，可以申请人民法院作出终止债务人自行管理的决定。人民法院决定终止的，应当通知管理人接管债务人财产和营业事务。债务人有上述行为而管理人未申请人民法院作出终止决定的，债权人等利害关系人可以向人民法院提出申请。

4. 在重整期间，有下列情形之一的，经管理人或者利害关系人请求，人民法院应当裁定终止重整程序，并宣告债务人破产：

①债务人的经营状况和财产状况继续恶化，缺乏挽救的可能性；

②债务人有欺诈、恶意减少债务人财产或者其他显著不利于债权人的行为；

③由于债务人的行为致使管理人无法执行职务。

(三)重整计划的制订和批准★

1. 重整计划的制订

（1）谁管理谁制订：债务人自行管理财产和营业事务的，由债务人制作重整计划草案；管理人负责管理财产和营业事务的，由管理人制作重整计划草案。

（2）期限：自人民法院裁定债务人重整之日起6个月内，债务人或者管理人应当同时向人民法院和债权人会议提交重整计划草案。特殊情况，经请求人民法院可以裁定延期3个月。

（3）债务人或者管理人未按期提出重整计划草案的，人民法院应当裁定终止重整程序，并宣告债务人破产。

2. 重整计划草案的表决与批准（见表8-17）

重整计划必须先由债权人会议表决通过，经人民法院裁定批准，然后才能执行。

表 8-17　重整计划草案的表决与批准

过程	具体规则
分组表决	债权人参加讨论重整计划草案的债权人会议，分组对重整计划草案进行表决： ①对债务人的特定财产享有担保权的债权； ②债务人所欠职工的工资和医疗、伤残补助、抚恤费用，所欠的应当划入职工个人账户的基本养老保险、基本医疗保险费用，以及法律、行政法规规定应当支付给职工的补偿金（职工劳动债权）； ③债务人所欠税款； ④普通债权。 【知识点拨1】重整计划不得规定减免债务人欠缴的纳入社会统筹账户的社会保险费用；该项费用的债权人不参加重整计划草案的表决。 【知识点拨2】重整计划草案涉及出资人权益调整事项的，应当设出资人组，对该事项进行表决，表决规则按公司法股东（大）会表决规则。需要注意的是：对重整计划草案进行分组表决时，权益因重整计划草案受到调整或者影响的债权人或者股东，有权参加表决；权益未受到调整或者影响的债权人或者股东，不参加重整计划草案的表决。 【知识点拨3】人民法院在必要时可以决定在普通债权组中设小额债权组对重整计划草案进行表决。 【知识点拨4】对重整计划草案进行分组表决时，权益因重整计划草案受到调整或者影响的债权人或者股东，有权参加表决；权益未受到调整或者影响的债权人或者股东，参照企业破产法第八十三条的规定，不参加重整计划草案的表决
表决通过	重整计划草案经出席会议的同一表决组的债权人过半数同意，并且其所代表的债权额占该组债权总额的2/3以上的，即为该组通过重整计划草案。各表决组均通过重整计划草案时，重整计划即为通过
法院裁定批准	重整计划草案经债权人会议分组表决通过后的10日内，债务人或者管理人应当向人民法院提出批准重整计划的申请。人民法院经审查认为符合规定的，应当自收到申请之日起30日内裁定批准，终止重整程序，并予以公告
部分组未表决通过的补救	部分表决组未通过重整计划草案的，债务人或者管理人可以同未通过重整计划草案的表决组协商，该表决组可以在协商后再表决一次。未通过重整计划草案的表决组拒绝再次表决或者再次表决仍未通过重整计划草案，但重整计划草案符合法律规定条件的，债务人或者管理人可以申请人民法院批准重整计划草案。人民法院经审查认为符合规定的，应当自收到申请之日起30日内裁定批准，终止重整程序，并予以公告
未通过或未批准的后果	重整计划草案未获得通过且未依照法律的规定获得批准，或者已通过的重整计划未获得批准的，人民法院应当裁定终止重整程序，并宣告债务人破产。 【知识点拨】重整程序因人民法院裁定批准重整计划草案而终止的，重整案件可作结案处理。重整计划执行完毕后，人民法院可以根据管理人等利害关系人申请，作出重整程序终结的裁定

【例题18·多选题】债务人甲公司有20位普通债权的债权人，普通债权总额为6000万元。某日，在该组进行的通过重整计划草案表决时，有18位债权人出席了会议并参与该项表决。下列各项中，表示该组通过该项决议的情形有（　　）。

A. 代表3500万元债权的10位债权人同意

B. 代表4000万元债权的9位债权人同意

C. 代表4500万元债权的10位债权人同意

D. 代表5000万元债权的15位债权人同意

解析 本题考核通过重整计划草案决议的表决。根据规定，重整计划草案经出席会议的同一表决组的债权人过半数同意，并且其所代表的债权额占该组债权总额的2/3以上的，即为通过。本题中，选项A代表的债权额没有达到该组债权总额的2/3，选项B中债权人没有过半数，因此都不符合规定。

答案 CD

(四)重整计划的效力、执行与终止 ★★

1. 重整计划的执行与变更

(1)重整计划由债务人负责执行。人民法院裁定批准重整计划后，已接管财产和营业事务的管理人应当向债务人移交财产和营业事务。

【知识点拨】 重整计划的制作是谁管理谁制作，但执行均由债务人负责。

(2)重整计划的变更。因出现国家政策调整、法律修改变化等特殊情况，导致原重整计划无法执行的，债务人或管理人可以申请变更重整计划一次。该变更应经债权人会议表决通过并经法院批准。表决、申请法院批准以及法院批准程序与原重整计划程序相同。

【例题19·单选题】（2019年）根据企业破产法律制度的规定，破产重整计划的执行主体是( )。

A. 债务人

B. 管理人

C. 债权人会议的普通债权组

D. 人民法院

解析 本题考核重整计划的执行。重整计划由债务人负责执行。

答案 A

2. 重整计划的监督

自人民法院裁定批准重整计划之日起，在重整计划规定的监督期内，由管理人监督重整计划的执行。监督期间，管理人代表债

务人参加监督期开始前已经开始尚未终结的诉讼。监督期届满时，管理人应当向法院提交监督报告。

3. 重整计划的效力

(1)经人民法院裁定批准的重整计划，对债务人和全体债权人均有约束力，包括对债务人的特定财产享有担保的债权人。

(2)债权人对债务人的保证人和其他连带债务人所享有的权利，不受重整计划的影响。

(3)债权人未依法申报债权的，在重整计划执行期间不得行使权利；在重整计划执行完毕后可以按照重整计划规定的同类债权的清偿条件行使权利。

(4)债务人不能执行或者不执行重整计划的，且不符合重整计划变更条件的，人民法院经管理人或者利害关系人请求，应当裁定终止重整计划的执行，并宣告债务人破产。

(5)人民法院裁定终止重整计划执行的，债权人在重整计划中作出的债权调整的承诺失去效力。但为重整计划的执行提供的担保继续有效。

(6)重整计划终止后清偿的效力。

①债权人因执行重整计划所受的清偿仍然有效，债权未受清偿的部分作为破产债权。

②在重整计划执行中已经接受清偿的债权人，只有在其他同顺位债权人同自己所受的清偿达到同一比例时，才能继续接受分配。

(7)按照重整计划减免的债务，自重整计划执行完毕时起，债务人不再承担清偿责任。

八、和解制度

(一)和解的基本程序 ★★

1. 和解的提出。债务人可以直接向人民法院申请和解，也可以在人民法院受理破产申请后、宣告债务人破产前，向人民法院申请和解。

【知识点拨】 和解申请只能由债务人一方提出，而破产清算申请和重整申请还可以由

债权人等提出。

2. 和解协议草案的表决：债权人会议通过和解协议的决议，由出席会议的有表决权的债权人过半数同意，并且其所代表的债权额占无财产担保债权总额的2/3以上。债权人会议通过和解协议的，由人民法院裁定认可，终止和解程序，并予以公告。

【知识点拨】 未放弃对债务人特定财产享有优先受偿权的债权人，不享有此项表决权。

3. 和解协议草案经债权人会议表决未获得通过，或者已经债权人会议通过的和解协议未获得人民法院认可的，人民法院应当裁定终止和解程序，并宣告债务人破产。

（二）和解协议的效力 ★★

1. 经人民法院裁定认可的和解协议，对债务人和全体和解债权人均有约束力。

【知识点拨】 未放弃对债务人特定财产享有担保权的债权人不是和解债权人，故经人民法院裁定认可的和解协议对该类债权人没有约束力。对债务人的特定财产享有担保权的权利人，自人民法院裁定和解之日起可以行使权利。

2. 和解债权人未依照规定申报债权的，可以继续申报债权，但在和解协议执行期间不得行使权利；在和解协议执行完毕后，可以按照和解协议规定的清偿条件行使权利。

3. 按照和解协议减免的债务，自和解协议执行完毕时起，债务人不再承担清偿责任。

4. 和解债权人对债务人的保证人和其他连带债务人所享有的权利，不受和解协议的影响。

5. 和解协议的终止

（1）因债务人的欺诈或者其他违法行为而成立的和解协议，人民法院应当裁定无效，并宣告债务人破产。

（2）债务人不履行和解协议时，债权人只能向法院申请终止和解协议，宣告其破产，而不能提起对和解协议的强制执行程序。

（3）人民法院裁定终止和解协议执行的，和解债权人在和解协议中作出的债权调整的承诺失去效力，但债务人方面为和解协议的执行提供的担保继续有效。和解债权人因执行和解协议所受的清偿仍然有效，不予退回，和解债权未受清偿的部分作为破产债权。

（4）人民法院受理破产申请后，债务人与全体债权人就债权债务的处理自行达成协议的，可以请求人民法院裁定认可，并终结破产程序。

【例题20·多选题】 下列关于和解的表述中，符合企业破产法规定的有（ ）。

A. 和解申请只能由债务人一方提出

B. 和解申请只能由债权人一方提出

C. 在和解程序中，对债务人特定财产享有的担保权暂停行使

D. 和解债权人未依照法律规定申报债权的，在和解协议行完毕后，仍可按和解协议规定的清偿条件行使权利

解析 ▶ 本题考核和解制度。和解申请只能由债务人一方提出，选项B错误；和解协议对享有担保物权的债权人不发生效力，选项C错误。 **答案** ▶ AD

『**总结**』重整程序和和解制度的比较，见表8-18。

表 8-18　重整程序和和解制度的比较

	重整	和解
程序	申请——法院裁定——进入重整期间——制订重整计划——批准——执行	申请——批准——执行
申请期间	①直接申请 ②破产申请受理后、破产宣告前	

	重整	和解
申请人	①债权人；②债务人；③出资额占债务人注册资本1/10以上的出资人。 金融监管机构：针对金融机构	只有债务人
制订人	重整计划(谁管理谁制订)： 债务人或管理人	和解协议草案： 债务人
执行人	债务人	
表决通过	①分组表决 ②经出席会议的同一表决组的债权人过半数同意，并且其所代表的债权额占该组债权总额的2/3以上。	由出席会议有表决权的债权人过半数同意，并且其所代表的债权额占无财产担保债权总额的2/3以上
生效	各组均通过或部分组通过，经法院强制批准。	表决通过，经人民法院认可
担保物权人	有表决权； 重整期间担保物权暂停行使	无表决权； 担保物权可以行使
取回权行使	应符合事先约定的条件	可以行使
保证人、连带债务人	责任不受影响：债权人对债务人的保证人和其他连带债务人所享有的权利，不受重整计划(和解协议)的影响	
未申报的债权	在重整计划执行期间不得行使权利；在重整计划执行完毕后，可以按照重整计划规定的同类债权的清偿条件行使权利	可以继续申报债权，在和解协议执行期间不得行使权利；在和解协议执行完毕后，可以按照和解协议规定的清偿条件行使权利
新设担保	在重整期间，债务人或者管理人为继续营业而借款的，可以为该借款设定担保	/
执行完毕	减免的债务，债务人不再承担清偿责任	
未执行完毕	①债务减免失效；但为重整计划(和解协议)的执行提供的担保继续有效。 ②重整计划(和解协议)执行中债权人所受的清偿仍然有效，未受清偿的部分作为破产债权。 ③已经接受清偿的债权人，只有在其他同顺位债权人同自己所受的清偿达到同一比例时，才能继续接受分配	
终止	有下列情形的，终止重整程序，宣告债务人破产： ①债务人的情况继续恶化，缺乏挽救可能； ②债务人有显著不利于债权人的行为； ③债务人的行为致使管理人无法执行职务	和解协议没有强制执行效力。 债务人不能执行或不执行的，法院经和解债权人请求，裁定终止执行，宣告债务人破产

『**总结**』关于重整计划、和解协议草案决议和通过的区别，见表8-19。

表8-19 重整计划、和解协议草案决议和通过的区别

类别	表决方式	债权人会议	人民法院	最终结果
重整	债权人会议分组表决	表决组均通过	批准	√
		部分表决组通过	未批准	×
			批准	√
		全部表决组均未通过	未批准	×
			—	×

类别	表决方式	债权人会议	人民法院	最终结果
和解	债权人会议特别决议方式（过半数、2/3 以上）	通过	认可	√
			未认可	×
		未通过	—	×

九、破产清算程序

扫我解疑难

(一)破产宣告★

1. 人民法院依法宣告债务人破产的，应当自裁定作出之日起 5 日内送达债务人和管理人，自裁定作出之日起 10 日内通知已知债权人，并予以公告。

【知识点拨】应当宣告债务人破产的情形包括：人民法院受理破产清算申请后，第一次债权人会议上无人提出重整或和解申请的，管理人应申请法院宣告债务人破产；法院依职权直接宣告：未通过重整计划草案或重整失败的；未通过和解协议或和解终止的。

2. 破产宣告前，有下列情形之一的，人民法院应当裁定终结破产程序，并予以公告：

①第三人为债务人提供足额担保或者为债务人清偿全部到期债务的；

②债务人已清偿全部到期债务的。

【知识点拨】第三人为债务人提供足额担保，应采取和解方式进行，且必须是债权人自愿接受的担保。

(二)别除权★★★

1. 对破产人的特定财产享有担保权的权利人，对该特定财产享有优先受偿的权利（该项权利即为"别除权"）。其行使优先受偿权利未能完全受偿的，其未受偿的债权作为普通债权；放弃优先受偿权利的，其债权作为普通债权。

【知识点拨1】别除权之债权属于破产债权，其担保物属于破产财产。

【知识点拨2】别除权在重整程序中受到限制；但在破产清算和和解程序中可以随时行使，管理人不得以未经债权人会议决议等为由拒绝，除非因单独处分会降低其他破产财产的价值而需整体处分。

『举例』甲公司以其所有的建筑物设定抵押向乙银行借款 1000 万元，后因丧失清偿能力被人民法院宣告破产，乙银行就是"对破产人的特定财产享有担保权的权利人"。

①假设乙银行放弃优先受偿权利，则其 1000 万元的债权全部作为普通债权；

②假设乙银行未放弃优先受偿权利，且甲公司的建筑物变现价值为 1400 万元，则乙银行 1000 万元的债权可以得到全额清偿，甲公司剩余的 400 万元列为其可分配财产；

③假设乙银行未放弃优先受偿权，但甲公司的建筑物变现价值仅为 800 万元，则乙银行 1000 万元的债权只享有 800 万元的优先受偿权，其余未受偿的 200 万元债权则作为普通债权，按照破产财产的分配顺序受偿。

2. 如破产人仅作为担保人为他人债务提供物权担保，担保债权人的债权虽然在破产程序中可以构成别除权，但因破产人不是主债务人，在担保物价款不足以清偿担保债权额时，余债不得作为破产债权向破产人要求清偿，只能向原主债务人求偿。此时，别除权人如放弃优先受偿权利，其债权也不能转为对破产人的破产债权（案例常考）。

『举例』人民法院于 2017 年 8 月 12 日受理 A 公司破产申请。管理人接管 A 公司后，在清理债权债务过程中发现如下事项：2016 年 6 月，D 公司向甲银行借款 80 万元，借期 1 年。A 公司以其设备为 D 公司的借款提供抵押担保，并办理了抵押登记。借款到期后，D 公司未能偿还。经 A 公司、D 公司和甲银行协商，A 公司用于抵押的设备依法变现，所得价款全部用于偿还借款本息，但尚有 14 万元未能清偿。则甲银行不能将尚未得到清偿的 14 万元向管理人申报破产债权。因为 A 公司仅为抵押人，并非借款人。作为抵押人，其仅在抵押物价值范围内向甲银行承担担保责任。

【相关链接】 破产申请受理后，经债权人会议决议通过，或者第一次债权人会议召开前经人民法院许可，管理人或者自行管理的债务人可以为债务人继续营业而借款。提供借款的债权人主张参照共益债务，优先于普通破产债权清偿的，人民法院应予支持，但其主张优先于此前已就债务人特定财产享有担保的债权清偿的，人民法院不予支持。管理人或者自行管理的债务人可以为前述借款设定抵押担保，抵押物在破产申请受理前已为其他债权人设定抵押的，债权人主张按照物权法规定的顺序清偿，人民法院应予支持。

(三)破产财产的变价和分配★★★

1. 破产财产的变价

破产宣告后，管理人应当及时拟订破产财产变价方案，提交债权人会议讨论。

管理人处分债务人重大财产的，应当事先制作财产管理或者变价方案并提交债权人会议进行表决，债权人会议表决未通过的，管理人不得处分。

2. 破产财产的分配

(1)管理人应当及时拟订破产财产分配方案，提交债权人会议讨论。债权人会议表决通过破产财产分配方案后，由管理人将该方案提请人民法院裁定认可，经人民法院裁定认可后，由管理人执行。

(2)破产财产在优先清偿破产费用和共益债务后，依照下列顺序清偿：

①破产人所欠职工的工资和医疗、伤残补助、抚恤费用，所欠的应当划入职工个人账户的基本养老保险、基本医疗保险费用，以及法律、行政法规规定应当支付给职工的补偿金；

②破产人欠缴的除前项规定以外的社会保险费用和破产人所欠税款；

③普通破产债权。

破产财产不足以清偿同一顺序的清偿要求的，按照比例分配。

【知识点拨 1】 债务人欠缴的住房公积金，按照债务人拖欠的职工工资性质清偿；由第三方垫付的职工债权，原则上按照垫付的职工债权性质进行清偿；由欠薪保障基金垫付的，应按照前述第②项的顺序清偿。

『举例』 甲企业破产，乙企业此前代为垫付了部分职工工资和单位应上缴的社会保险，这两部分分别处理：垫付的工资按①职工工资清偿；垫付的社会保险按②社会保险费用清偿。

【知识点拨 2】 商业银行破产清算时，在支付清算费用、所欠职工工资和劳动保险费用后，应当优先支付个人储蓄存款的本金和利息。农民专业合作社破产，破产财产在清偿破产费用和共益债务后，应当优先清偿破产前与农民成员已发生交易但尚未结清的款项。

【知识点拨 3】 破产企业在破产案件受理前因欠缴税款产生的滞纳金属于普通破产债权，不享有与欠缴税款相同的优先受偿地位。破产案件受理后，欠缴税款的滞纳金应当停止计算，在破产程序中不得作为破产债权清偿。

【知识点拨 4】 对于其他没有明确顺序的，清偿原则为：人身损害赔偿优先于财产性债权；私法债权优先于公法债权、补偿性债权优先于惩罚性债权。债务人侵权行为造成的人身损害赔偿，顺序参照职工劳动债权，但惩罚性赔偿除外。

【例题 21·单选题】 (2014 年)甲商业银行破产清算时，已支付清算费用、所欠职工工资和劳动保险费用，根据企业破产法律制度的规定，其尚未清偿的下列债务中，应当优先偿还的是( )。

A. 购买办公设备所欠货款

B. 欠缴监管机构的罚款

C. 企业账户中存款本金及利息

D. 个人储蓄存款的本金及利息

解析 ▶ 本题考核破产财产分配。商业银行破产清算时，在支付清算费用、所欠职工工资和劳动保险费用后，应当优先支付个人储蓄存款的本金和利息。 答案 ▶ D

【例题22·单选题】（2014年）破产企业甲公司在破产案件受理前因欠缴税款产生滞纳金。下列关于该滞纳金在破产程序中清偿顺位的表述中，符合破产法律制度规定的是（　）。

A. 该滞纳金与欠缴税款处于相同受偿顺位

B. 该滞纳金属于普通债权，受偿顺位劣后于欠缴税款

C. 该滞纳金劣后于普通债权受偿

D. 该滞纳金不属于破产债权，在破产程序中不予清偿

解析 ▶ 本题考核破产财产分配。破产企业在破产案件受理前因欠缴税款产生的滞纳金，属于普通债权，不享有与欠缴税款相同的优先受偿地位。 答案 ▶ B

3. 特定债权的清偿

（1）管理人实施分配，应当通知所有债权人。债权人未受领的破产财产分配额，管理人应当提存。债权人自最后分配公告之日起满2个月仍不领取的，视为放弃受领分配的权利，管理人或者人民法院应当将提存的分配额分配给其他债权人。

（2）对于附生效条件或者解除条件的债权，管理人应当将其分配额提存。在最后分配公告日，生效条件未成就或者解除条件成就的，应当分配给其他债权人；在最后分配公告日，生效条件成就或者解除条件未成就的，应当交付给债权人。

（3）破产财产分配时，对于诉讼或者仲裁未决的债权，管理人应当将其分配额提存，按照诉讼或者仲裁结果处理。自破产程序终结之日起满2年仍不能受领分配的，人民法院应当将提存的分配额分配给其他债权人。

『举例』 A企业因与B企业发生合同纠纷而向人民法院提起诉讼，人民法院对此案件尚未审结，A企业被人民法院宣告破产，在A企业破产案件中，B企业可以将诉讼未决的债权予以申报，在破产财产分配时，管理人应当该部分分配额提存，如果在破产程序终结之日起满2年内B企业胜诉，该分配额由B企业领取，如果2年内B企业仍不能受领分配的，人民法院应当将该提存的分配额分配给其他债权人。

（四）破产程序的终结 ★★

1. 破产终结程序

破产程序终结的情形：

（1）因和解、重整程序顺利完成而终结；

（2）因债务人消除破产原因或以其他方式解决债务清偿问题而终结；

（3）因债务人的破产财产不足以支付破产费用而终结；

（4）因破产财产分配完毕而终结。

管理人应当自破产程序终结之日起10日内，持人民法院终结破产程序的裁定，向破产人的原登记机关办理注销登记。

2. 遗留问题的处理

破产程序终结后，债权人通过破产分配未能得到清偿的债权不再予以清偿，破产企业未偿清余债的责任依法免除。但是，自破产程序终结之日起2年内，有下列情形之一的，债权人可以请求人民法院按照破产财产分配方案进行追加分配：

（1）发现有依照法律规定应当追回的财产的；

（2）发现破产人有应当供分配的其他财产的。

有上述规定的两种情形，但财产数量不足以支付分配费用的，不再进行追加分配，由人民法院将其上交国库。

【知识点拨】应当追回的财产包括4类：①人民法院受理破产申请前1年内，对于债务人"无偿转让财产"等5类行为；②人民法院受理破产申请前6个月内，债务人对个别

债权人进行清偿的，管理人有权请求人民法院予以撤销；③债务人所进行的无效行为，即"为逃避债务而隐匿、转移财产"或"虚构债务或者承认不真实的债务"的行为；④债务人的董事、监事和高级管理人员利用职权从企业获取的非正常收入和侵占的企业财产。

十、关联企业合并破产

（一）关联企业合并破产模式★

关联企业合并破产有实质合并和程序合并两种模式：实质合并，即将多个关联企业视为一个单一企业，在统一财产分配与债务清偿的基础上进行破产程序，所有企业同类债权人的清偿率按相同原则确定，各企业的法人人格在破产程序进行期间不再独立；程序合并是多个破产案件程序的合并审理，体现为对不同法院管辖的多个企业破产案件的程序并案审理、整体重整或破产清算，各关联企业仍保持法人人格的独立，资产与债务清偿比例等分别确定。

（二）实质合并破产★

1. 适用情形：一般适用于关联企业成员之间存在法人人格高度混同的情形。

2. 管辖法院：采用实质合并方式审理关联企业破产案件的，应由关联企业中的核心控制企业住所地人民法院管辖；核心控制企业不明确的，由关联企业主要财产所在地人民法院管辖；多个法院之间对管辖权发生争议的，应当报请共同的上级人民法院指定管辖。

3. 具体处理：各关联企业成员之间的债权债务归于消灭，各成员的财产作为合并后统一的破产财产，由各成员的债权人在同一程序中按照法定顺序公平受偿。采用实质合并方式进行重整的，重整计划草案中应当制定统一的债权分类、债权调整和债权受偿方案。（此处的合并并非公司法意义上的组织体合并，只是合并处理债权债务）

（三）程序合并破产★

1. 适用情形：多个关联企业成员均存在破产原因但不符合实质合并条件。

2. 管辖法院：由共同的上级法院确定一家法院集中管辖。

3. 具体处理：协调审理不消灭关联企业成员之间的债权债务关系，不对关联企业成员的财产进行合并，各关联企业成员的债权人仍以该企业成员财产为限依法获得清偿。但如果关联企业成员之间不当利用关联控制关系形成的债权，应当劣后于其他普通债权顺序清偿，且该劣后债权人不得就其他关联企业成员提供的特定财产优先受偿，即物权担保无效。

真题精练

『说明』 本章近几年真题中的客观题数量不多，全部在考点详解中列出，此处仅列案例分析题。

案例分析题

1.（2019 年）2018 年 9 月 5 日，债务人 A 公司向法院申请破产重整并提交破产申请书等相关材料，9 月 18 日，法院裁定受理，并指定 B 会计师事务所担任管理人，负责接管 A 公司的财产和营业事务，A 公司认为破产重整申请是自己提出的，亦应当由自己制定重整计划草案。

重整期间，管理人经查明，A 公司存在拖欠税款，拖欠职工工资和补偿金，无法支付供应商的货款、无法向预付款客户返还押金和未消费储值金等情况。管理人提议，设立普通债权组、职工债权组、税收债权组，对重整计划草案进行分组表决。但是预付款押金、未消费储值金债权人有异议，认为应当保护消费者权益，要求在普通债权组下设立小额债权组对重整计划草案进行表决。

重整计划草案经多轮调整后提交表决，由于重整计划草案涉及A公司出资人权益调整事项，所以在表决时设立出资人组，该组对重整事项表决情况如下：出席会议的出资人为28人，占公司全部出资人人数的70%，出席会议出资人所持出资额占公司全部出资额的80%，对重整计划草案投赞成票的出资人为15人，持有出资额占A公司全部出资额的60%。

重整计划执行期间，有数名预付款客户提出，其刚知道A公司重整，要求继续申报债权，立即退还押金。

要求：根据上述内容，分别回答下列问题。

(1)破产申请书应载明哪些事项？

(2)A公司关于由自己制定重整计划草案的主张是否成立？说明理由。

(3)预付款押金、未消费储值金的债权人主张设立小额债权组是否成立？是否设立应由谁决定？

(4)根据会议表决情况，A公司重整计划草案涉及出资人权益调整事项的表决是否获得通过？说明理由。

(5)对于数名预付款客户主张"申报债权，立即退还押金"的要求，是否符合法律规定？说明理由。

2. (2019年)2018年9月3日，债务人甲公司出现不能清偿到期债务且明显缺乏清偿能力的情况；10月15日，债权人乙公司向人民法院提出针对甲公司破产申请。甲公司对破产申请提出异议，理由是：(1)甲公司的账面资产大于负债，只是难以变现，不构成明显缺乏清偿能力；(2)乙公司未预先缴纳诉讼费用，不应立案。

11月1日，人民法院受理甲公司破产案件，并指定管理人。管理人调查甲公司财产状况时发现：当年8月，甲公司向丙公司购买起重机5台，总金额50万元，约定分两期付款，第二期付款日为2018年12月31日；在甲公司付清价款前，丙公司保留起重机的所有权。至人民法院指定管理人之时，甲公司已经收到5台起重机并投入使用，甲公司已经支付价款总计40万元。11月3日，管理人决定继续履行起重机买卖合同并通知丙公司，丙公司立即要求管理人支付剩余10万元起重机价款。管理人以第二期付款期限尚未届至为由拒绝。丙公司遂要求收回起重机。

此外，当年8月，甲公司与丁公司签订购买原材料合同，约定交货时间为11月30日之前。10月20日，丁公司发货，甲公司于11月5日收到货物。11月8日，丁公司向甲公司催收货款时发现，甲公司破产案件已为人民法院受理，遂要求取回该批货物。

要求：根据上述内容，分别回答下列问题。

(1)甲公司关于"其账面资产大于负债，只是难以变现，不构成明显缺乏清偿能力"的异议是否成立？

(2)甲公司关于"乙公司未预先缴纳诉讼费用，人民法院不应立案"的异议是否成立？并说明理由。

(3)管理人是否有权以付款期限尚未届至为由拒绝支付甲公司所欠丙公司剩余10万元起重机价款？并说明理由。

(4)在管理人以第二期付款期限尚未届至为由拒绝付款的情况下，丙公司是否有权收回起重机？并说明理由。

(5)丁公司是否有权要求取回已交付的原材料？并说明理由。

3. (2018年)2017年4月，申请执行人B公司请求甲地级市乙县人民法院执行A公司(住所地为丙地级市丁县)位于乙县的X房产。乙县人民法院在执行中发现，A公司不能清偿到期债务且资产不足以清偿全部债务。后经A公司书面同意，该执行案件移送破产审查。同年5月，受移送人民法院确定受理A公司破产案件，并指定了破产管理人。

在破产案件审理中，查明下列事实：

（1）A公司在X房产上为其所欠B公司300万元债务设定了抵押担保。抵押时，X房产的市场价值约为350万元，现该房产市场价值约为400万元。除上述抵押外，该房产上没有其他权利负担。

（2）2016年8月，A公司因正常生产经营所需与C公司约定，A公司从当年9月开始每月从C公司采购原材料，货款按季度结算，A公司以其专用存款账户质押担保。之后，A公司依约提供了质押担保。破产案件审理中，其他债权人提出，A公司为C公司提供质押担保的行为发生于破产申请受理前1年内，因此，管理人应请求人民法院予以撤销。

在破产案件审理期间，因国家税收政策调整及不动产市场价格上涨，A公司资产超过负债，A公司认为破产原因消失，希望通过变卖部分不动产清偿债务，遂向人民法院提出终止破产程序的申请。

要求：根据上述内容，分别回答下列问题。

（1）乙县人民法院移送的A公司破产案件，根据级别管辖和地域管辖的规则，应当由哪个人民法院管辖？并说明理由。

（2）乙县人民法院在作出执行案件移送破产审查决定前，应当履行何种审核程序？

（3）X房产应以多少财产价值计入管理人报酬的计酬基数？并说明理由。

（4）A公司为C公司提供质押担保的行为应否撤销？并说明理由。

（5）对于A公司提出的终止破产程序的申请，人民法院应否支持？并说明理由。

4. （2017年）A公司是一家拥有200多名职工的中型企业。自2015年年底开始，A公司生产经营停滞，无力偿还银行贷款本息，并持续拖欠职工工资。2017年1月，A公司20名职工联名向人民法院提出对A公司的破产申请。人民法院认为该20名职工无破产申请权，作出不予受理的裁定。

2017年2月，A公司的债权人B银行向人民法院申请A公司破产。A公司提出异议称，A公司账面资产总额超过负债总额，并未丧失清偿能力。在此情形下，人民法院召集A公司和B银行代表磋商偿还贷款事宜。但A公司坚持要求B银行再给其半年还款缓冲期，争取恢复生产，收回货款后再清偿贷款。B银行则要求A公司立即清偿债务，双方谈判破裂。人民法院认为，A公司的抗辩异议不成立，于5日后作出受理破产申请的裁定，并指定了破产管理人。

在管理人接管A公司、清理财产和债权债务期间，发生如下事项：

（1）C公司欠A公司的20万元货款到期，C公司经理在得知A公司进入破产程序的情况下，因被A公司经理收买，直接将货款交付A公司财务人员。A公司财务人员收到货款后，迅速转交给A公司的股东。

（2）A公司未经管理人同意，擅自向债权人D公司清偿10万元债务，A公司此前为担保该笔债务而以市值50万元的机器设备设定抵押，也因此解除。

管理人清理债权债务时还发现，A公司的部分财产已在破产申请受理前发生的多宗民事诉讼案件中被人民法院采取保全措施或者已进入强制执行程序。

要求：根据上述内容，分别回答下列问题。

（1）人民法院认为A公司20名职工无破产申请权，是否符合企业破产法律制度的规定？并说明理由。

（2）人民法院驳回A公司的抗辩异议，是否符合企业破产法律制度的规定？并说明理由。

（3）根据企业破产法律制度的规定，C公司向A公司财务人员交付20万元货款的行为是否产生债务清偿效果？并说明理由。

（4）根据企业破产法律制度的规定，A公司向D公司的清偿行为是否应当认定为无效？并说明理由。

（5）根据企业破产法律制度的规定，A公司破产申请受理前人民法院对其部分财产所采取的保全措施以及强制执行程序，应如何处理？

5.（2016年）A公司因不能清偿到期债务，且明显缺乏清偿能力，主动向人民法院申请破产。2016年4月1日，人民法院裁定受理A公司破产申请，并指定某会计师事务所为管理人。

管理人在清理公司资产过程中发现，A公司的股东甲于2014年3月认缴增资200万元，根据公司章程规定，甲应于2014年4月至2017年4月底，至少分4次缴足出资，每次不低于50万元。截至2016年4月1日，甲已经实缴100万元出资。2016年4月6日，管理人要求甲缴纳剩余出资100万元，甲以其出资义务尚未到期为由拒绝。

2016年4月7日，B公司获悉A公司申请破产的消息后，要求取回其委托A公司加工定做的一套高档古典家具。由于B公司尚未支付加工费，管理人以此为由拒绝其取回家具。

2016年4月11日，C公司申报债权。管理人认为，C公司所主张的对A公司的50万元债权，未得到A公司原负责人认可，故以该债权有争议为由拒绝将之编入债权登记表。C公司对此提出异议，管理人研究后提出如下处理方案：先将C公司主张的债权列入债权登记表，交由第一债权人会议核查是否成立，但C公司不得参加第一次债权人会议。

债权人申报工作结束后，管理人指定本所一名资深注册会计师担任债权人会议的主席。

要求：根据上述内容，分析回答下列问题。

（1）甲拒绝缴纳剩余100万元出资的理由是否成立？并说明理由。

（2）管理人拒绝B公司取回家具的理由是否成立？并说明理由。

（3）管理人拒绝将C公司主张的债权编入债权登记表的理由是否成立？并说明理由。

（4）管理人拒绝C公司参加第一次债权人会议是否符合企业破产法律制度的规定？并说明理由。

（5）管理人指定本所注册会计师为债权人会议主席是否符合企业破产法律制度的规定？并说明理由。

真题精练答案及解析

案例分析题

1.【答案】

（1）破产申请书应当载明下列事项：①申请人、被申请人的基本情况；②申请目的；③申请的事实和理由；④人民法院认为应当载明的其他事项。

（2）A公司的主张不成立。根据规定，债务人自行管理财产和营业事务的，由债务人制作重整计划草案。管理人负责管理财产和营业事务的，由管理人制作重整计划草案。题目中是管理人负责管理财产和营业事务，应当由管理人制作重整计划草案。

（3）预付款押金、未消费储值金的债权人的主张成立，由法院决定。根据规定，人民法院在必要时可以决定在普通债权组中设小额债权组对重整计划草案进行表决。

（4）有关出资人权益事项的表决通过。根据规定，重整计划草案涉及出资人权益调整事项的，应当设出资人组，对该事项进行表决。出资人组的表决，按照出资比例行使表决权，同意者的人数不是表决是否通过的考虑因素。出资人组对重整计划草案中涉及出资人权益调整事项的表决，经参与表决的出资人所持表决权2/3以上通过的，即为该组通过重整计划草案。题目中，出席会议的出资人占公司全部出资额80%，通过重整计划的出资人占公司全部出资额60%，即参与表决的出资人中75%表决权通过，达到2/3以上，符合规定。

(5)数名预付款客户的主张不成立。根据规定，债权人未依照规定申报债权的，在重整计划执行期间不得行使权利；在重整计划执行完毕后，可以按照重整计划规定的同类债权的清偿条件行使权利。

2.【答案】

(1)异议不成立。根据规定，债务人账面资产虽大于负债，但因资金严重不足或者财产不能变现等原因，无法清偿债务的，人民法院应当认定其明显缺乏清偿能力。

(2)异议不成立。根据规定，破产案件的诉讼费用，属于破产费用，从债务人财产中拨付。相关当事人以申请人未预先交纳诉讼费用为由，对破产申请提出异议的，人民法院不予支持。

(3)管理人无权以未到期为由拒绝付款。根据规定，买受人破产，其管理人决定继续履行所有权保留买卖合同的，原买卖合同中约定的买受人支付价款的期限在破产申请受理时视为到期，买受人管理人应当及时向出卖人支付价款。

(4)丙公司无权取回起重机。根据规定，买受人管理人无正当理由未及时支付价款，给出卖人造成损害的，出卖人有权依法主张取回标的物。但是，买受人已支付标的物总价款75%以上或者第三人善意取得标的物所有权或者其他物权的除外。题目中买受人已经付款75%以上，丙不能取回起重机。

(5)丁公司无权取回。根据规定，出卖人对在运途中标的物未及时行使取回权，在买卖标的物到达管理人后向管理人行使在运途中标的物取回权的，管理人不应准许。

3.【答案】

(1)由丙市中级人民法院管辖。根据规定，执行案件移送破产审查，由被执行人住所地人民法院管辖。在级别管辖上，实行以中级人民法院管辖为原则、基层人民法院管辖为例外的管辖制度。

(2)乙县人民法院在作出执行案件移送破产审查决定前，应先报请甲市中级人民法院执行部门审核同意。根据规定，基层人民法院拟将执行案件移送异地中级人民法院进行破产审查的，在作出移送决定前，应先报请其所在地中级人民法院执行部门审核同意。

(3)X房产应以100万元计入管理人报酬的计酬基数。根据规定，担保权人优先受偿的担保物价值，不计入计算管理人报酬的财产价值总额。担保权人债权是300万元，实现抵押权时担保物价值400万元，那么担保权人优先受偿的部分是300万元，剩余担保物价值100万元可以计入管理人报酬的计酬基数。

(4)不应撤销。根据规定，法院受理破产申请前一年内，债务人对没有财产担保的债务提供财产担保的，管理人有权请求人民法院予以撤销。本题中，A公司为C公司提供的质押担保是在设定债务的同时提供的财产担保，即使发生在受理破产前1年内，也不应撤销。

(5)人民法院不应支持A公司提出的终止破产程序的申请。根据规定，由于债务人财产的市场价值发生变化导致其在案件受理后资产超过负债乃至破产原因消失的，不影响破产案件的受理与继续审理，法院不得裁定驳回申请，债务人如不愿意进行破产清算，可以通过申请和解、重整等方式清偿债务、结束破产程序。

4.【答案】

（1）人民法院认为 A 公司 20 名职工无破产申请权符合规定。根据规定，职工提出破产申请应经职工代表大会或者全体职工会议多数决议通过。本题中，A 公司 20 名职工联名向人民法院提出对 A 公司的破产申请，没有经过职工代表大会或者全体职工会议多数决议通过，所以没有破产申请权。

（2）人民法院驳回 A 公司的抗辩异议符合规定。根据规定，债务人以其具有清偿能力或资产超过负债为由提出抗辩异议，但又不能立即清偿债务或与债权人达成和解的，其异议不能成立。本题中，A 公司称其账面资产总额超过负债总额，并未丧失清偿能力，但不能立即清偿 B 银行债务亦不能与 B 银行达成和解，所以异议不成立。

（3）C 公司向 A 公司财务人员交付 20 万元货款的行为不产生债务清偿的效果。根据规定，人民法院受理破产申请后，债务人的债务人或者财产持有人应当向管理人清偿债务或者交付财产，如其故意违反法律规定向债务人清偿债务或者交付财产，使债权人受到损失的，不免除其清偿债务或者交付财产的义务。本题中，C 公司经理在得知 A 公司进入破产程序后直接将货款交付 A 公司财务人员，使其他债权人受到损失，所以此行为不产生债务清偿的效果。

（4）A 公司向 D 公司的清偿行为不应当认定为无效。根据规定，人民法院受理破产申请后，债务人对个别债权人的债务清偿无效；但是，债务人以其财产向债权人提供物权担保的，其在担保物市场价值内向债权人所作的债务清偿，不受上述规定限制。本题中，A 公司未经管理人同意，向债权人 D 公司清偿在担保物市场价值内的

10 万元债务是有效的。

（5）根据规定，人民法院受理破产申请后，有关债务人财产的保全措施应当解除，执行程序应当中止。

5.【答案】

（1）甲拒绝缴纳剩余 100 万元出资的理由不成立。根据规定，债务人的出资人尚未完全履行出资义务的，管理人应当要求该出资人缴纳所认缴的出资，而不受出资期限的限制。

（2）管理人拒绝 B 公司取回家具的理由成立。根据规定，权利人行使取回权时未依法向管理人支付相关的加工费、保管费、托运费、委托费、代销费等费用，管理人拒绝其取回相关财产的，人民法院应予支持。

（3）管理人拒绝将 C 公司主张的债权编入债权登记表的理由不成立。根据规定，管理人收到债权申报材料后，应当登记造册，对申报的债权进行审查，并编制债权登记表。管理人必须将申报的债权全部登记在债权登记表上，不允许以其认为债权不能成立为由拒绝编入债权登记表。

（4）管理人拒绝 C 公司参加第一次债权人会议不符合企业破产法律制度的规定。根据规定，依法申报债权的债权人为债权人会议的成员，有权参加债权人会议，享有表决权。但债权尚未确定的债权人，除人民法院能够为其行使表决权而临时确定债权额者外，不得行使表决权。即凡是申报债权者均有权参加第一次债权人会议，有权参加对其债权的核查、确认活动，并可依法提出异议。

（5）管理人指定本所注册会计师为债权人会议主席不符合企业破产法律制度的规定。根据规定，债权人会议设主席一人，由人民法院从有表决权的债权人中指定。

一、单项选择题

1. 关于破产申请的提出，下列表述正确的是（ ）。

A. 享有担保物权的债权人可以申请对债务人进行破产清算或和解

B. 税务机关和社会保险机构可以申请对债务人进行破产清算或重整

C. 金融机构有法定破产原因的，国务院金融监督管理机构可以向人民法院申请对该金融机构进行重整或者破产清算

D. 职工申请对债务人进行破产清算应经工会同意

2. 甲企业被申请破产，法院受理后指定了管理人。甲企业此前签订了系列合同包括：甲企业为乙企业向银行贷款提供保证担保的合同；甲企业将厂房出租给丙企业的合同，尚未到期；甲企业向丁企业销售价值100万元货物的合同，双方各履行了一半；甲企业向戊企业订购原材料的合同，甲企业已经支付全款但戊尚未交货。根据企业破产法律制度的规定，下列关于上述合同的处理，正确的是（ ）。

A. 管理人可以决定解除甲企业为乙企业提供担保的合同

B. 管理人可以决定解除甲企业与丙企业之间的租赁合同

C. 管理人可以决定解除甲企业与丁企业之间的货物销售合同

D. 管理人可以决定解除甲企业与戊企业之间的原材料采购合同

3. 2018年1月，A市人民法院受理了本市债务人甲公司的破产申请，并指定了管理人。下列有关甲公司的各种诉讼和执行程序的处理，符合破产法律制度规定的是（ ）。

A. 债权人乙公司在B市法院起诉甲公司违约的案件尚未审结，该案在管理人接管甲公司的财产后移送至A市法院继续审理

B. 债权人丙公司在C市法院对甲公司提起的诉讼已经胜诉，根据丙公司的申请，C市法院根据该胜诉判决继续执行甲公司财产

C. 债权人丁公司拟在D市法院起诉甲公司清偿欠款，D市法院依法保全了甲公司部分财产，D市法院为保护丁公司合法权益，对该保全措施不予解除

D. 债权人戊公司向A市法院提起诉讼，要求甲公司的股东张某在出资不足的范围内承担甲公司的债务，该诉讼被A市法院裁定不予受理

4. 甲企业在A市法院起诉B市乙企业要求清偿货款100万元，胜诉后由A市法院执行，执行中发现乙企业具备破产原因，拟将该案移送破产审查，下列表述不正确的是（ ）。

A. 乙企业必须是法人型企业

B. 应当经过甲企业或乙企业书面同意

C. 应当移送至B市中级人民法院进行破产审查

D. 若受移送法院作出不予受理或驳回申请的裁定，甲企业或乙企业可以再次要求将该执行案件移送破产审查

5. 2019年6月1日，人民法院受理了对甲公司提起的破产申请。根据企业破产法律制度的规定，下列人员中，有资格担任管理人的是（ ）。

A. 3年前被吊销执业证书，但现已重获执业资格的会计师乙

B. 曾于2014年1月1日至2015年12月31日担任甲公司法律顾问的丙律师事务所

C. 甲公司董事丁

D. 甲公司监事会主席的妻子戊

6. 根据《企业破产法》的规定，下列选项中，

不属于由个人担任破产管理人的条件的是( )。

A. 事实清楚

B. 债权债务关系简单

C. 标的额较小

D. 债务人财产相对集中

7. 根据企业破产法律制度的规定，下列关于管理人的报酬的表述中，正确的是( )。

A. 债权人会议对管理人报酬有异议的，通过债权人会议表决后可以进行调整

B. 管理人聘请其他社会中介机构处理专业性较强工作，所需费用须列入破产费用的，应当经债权人会议同意

C. 管理人执行职务所需的费用在其报酬中列支

D. 管理人报酬应当在破产程序终结后一次性支付

8. 人民法院于 2018 年 5 月 10 日受理舜禹公司破产案件。舜禹公司所为的下列行为中，管理人可依法请求法院撤销的是( )。

A. 2017 年 3 月 1 日，舜禹公司提前清偿欠甲公司的货款 50 万元，该笔货款应于同年 10 月 1 日到期

B. 2017 年 4 月 1 日，舜禹公司无偿赠与关联企业价值 100 万元的设备一台

C. 2017 年 12 月 30 日，舜禹公司发现资不抵债，提前清偿了欠乙公司的货款 100 万元，该笔货款应于 2018 年 3 月 10 日到期

D. 2018 年 2 月 1 日，舜禹公司在丙公司订购设备一台，为担保货款支付，以厂房设定抵押

9. 人民法院受理了甲企业的破产案件，管理人接管甲企业后，乙企业向管理人提出取回破产受理前出租给甲企业的一台机器设备，经查，该机器设备已在破产受理前由甲企业转让给丙企业，已知丙企业已经支付设备价款，但该机器设备并未交付。关于该情形，下列说法正确的是( )。

A. 乙企业有权取回该设备原物

B. 由于丙企业支付了设备价款，因此乙企业无权取回设备原物

C. 丙企业向甲企业支付的价款有权向管理人要求取回

D. 丙企业向甲企业支付的价款应作为共益债务清偿

10. 人民法院受理甲公司破产申请，管理人查明：甲租用的乙公司设备一台因雷击起火烧毁，甲公司为此投保了保险；丙公司有一批货物发运给甲公司，甲公司尚未收到且未付清全部价款。对此，下列说法正确的是( )。

A. 无论保险金是否支付给甲，乙公司都有权要求取回该保险金

B. 乙公司有权要求管理人赔偿自己的损失

C. 丙公司有权取回该批货物

D. 丙公司发运的货物应由管理人进行处置，拍卖的价款归还给丙公司

11. 人民法院于 2018 年 6 月 30 日受理了甲企业的破产案件，甲企业的下列债权和债务，可以相互抵销的是( )。

A. 甲企业的债务人 A，在 2018 年 7 月 2 日受让了某债权人对甲企业的债权，A 主张以该受让的债权与对甲企业的债务相抵销

B. 甲企业的债权人 B，2017 年 5 月 1 日在明知甲不能清偿到期债务事实的前提下故意对甲企业负有债务，B 主张将此承担的债务与对甲企业的债权相抵销

C. 甲企业的债权人 C，2017 年 10 月 1 日在明知甲不能清偿到期债务事实的前提下依然取得了对甲企业的债权，C 主张将取得的债权与对甲企业的债务相抵销

D. 甲企业的股东 D，在 2016 年 8 月 31 日出售给甲企业价值 100 万元的原料，D 主张以此债权抵销欠甲企业的出资 50 万元

12. 甲企业从银行贷款 100 万元，由 A 企业对该笔贷款提供一般保证，后人民法院

受理了 A 企业的破产案件，但甲企业与银行之间的贷款尚未到期，此时银行向 A 企业申报了债权，在破产分配程序中，经管理人计算的普通债权清偿率为 35%（假设不考虑破产财产清偿率的变动）。关于该案，下列说法正确的是(　　)。

A. A 企业承担的是一般保证责任，可以行使先诉抗辩权

B. 银行向 A 企业申报债权的金额可以为 100 万元，取得的 35 万元清偿应先予以提存

C. 若此后银行从甲企业获得 80 万元，则在 A 企业的破产案件中，银行最终只能获得 20 万元清偿

D. 若甲企业也于同一时期破产，则 A 企业承担了保证责任后，可以在甲企业的破产案件中追偿

13. 某企业被申请破产，债权人人数共 20 人，债权总额 2000 万元；其中有财产担保的债权人 5 人，其债权数额为 500 万元。若债权人会议全体债权人都出席，下列关于债权人会议表决事项，不能获得通过的是(　　)。

A. 债权人会议通过破产财产分配方案时，有 11 名债权(其中有财产担保的债权人是 5 人)人表示同意，他们代表的债权总额为 1500 万元

B. 债权人会议通过破产财产管理方案时，有 11 名债权人表示同意，他们代表的债权总额为 1500 万元

C. 债权人会议通过和解协议时，有 8 名无财产担保的债权人表示同意，他们代表的债权总额为 1100 万元

D. 债权人会议通过重整计划草案时，有财产担保的债权人作为一组表决，其中 3 人表示同意，他们代表的债权总额为 350 万元

14. 在破产程序中，债权人会议二次仍未能依法通过破产财产分配方案时，由人民法院裁定。根据企业破产法的规定，有

权对该裁定提出复议的债权人是(　　)。

A. 占全部债权总额 1/2 以上的债权人

B. 占无财产担保债权总额 1/2 以上的债权人

C. 占全部债权人人数 1/2 以上的债权人

D. 占全部债权人人数 2/3 以上的债权人

15. 下列选项中，不属于债权人委员会的职权的是(　　)。

A. 监督债务人财产的管理和处分

B. 监督破产财产分配

C. 提议召开债权人会议

D. 接受债权人会议全权委托行使债权人会议全部职权

16. 根据《企业破产法》的规定，下列关于债权人委员会的表述中，正确的是(　　)。

A. 在债权人会议中应当设置债权人委员会

B. 债权人委员会的成员人数最多不得超过 7 人

C. 债权人委员会决定所议事项应获得出席会议成员过半数通过

D. 债权人委员会中应当有 1 名债务人企业的职工代表或者工会代表

17. 下列有关重整制度的表述，说法错误的是(　　)。

A. 权益因重整计划草案受到影响的股东，有权参加重整计划草案的表决

B. 在重整期间，对债务人的特定财产享有的担保权暂停行使

C. 在重整期间，债务人或者管理人为继续营业而借款的，可以为该借款设定担保

D. 在重整期间，债务人的出资人可以请求投资收益分配

18. 下列关于和解的表述中，符合《企业破产法》规定的是(　　)。

A. 和解申请可以由债权人或债务人提出

B. 和解协议中对债务作出的减免，对债务人的保证人或连带债务人也产生效力

C. 在和解程序中，对债务人特定财产享

有的担保权暂停行使

D. 和解债权人未依照法律规定申报债权的，在和解协议执行完毕后，仍可按和解协议规定的清偿条件行使权利

19. 破产财产在优先清偿破产费用和共益债务后，依照第一顺序清偿的是(　　)。

A. 破产人所欠的税款

B. 破产人所欠的职工工资

C. 破产人所欠的失业保险费用

D. 破产人所欠的有财产担保的债权

20. 甲公司被依法宣告破产，管理人的清算结果为：甲公司的破产财产共 2000 万元，发生破产清算费用 110 万元，欠职工工资 140 万元，欠税款 1500 万元，破产债权 2000 万元，其中乙公司拥有破产债权 1000 万元，甲公司因机械事故造成张某人身损害应赔偿 100 万元。根据《企业破产法》规定，乙公司受偿的金额为(　　)。

A. 150 万元　　　 B. 125 万元

C. 75 万元　　　　 D. 50 万元

21. 下列对提存的破产财产分配额的处理不正确的是(　　)。

A. 对于无法通知且无法直接交付的债权人的财产分配额，自最后分配公告之日起满 2 个月仍不领取的，管理人应将其分配额提存

B. 对附生效条件的债权，在最后分配公告日，条件未成就的，应将分配额分配给其他债权人

C. 对附解除条件的债权，在最后分配公告日，条件未成就的，应将分配额交付给该债权人

D. 对诉讼或仲裁未决的债权，自破产程序终结之日起满 2 年仍不能受领分配的，将分配额分配给其他债权人

二、多项选择题

1. 根据企业破产法律制度的规定，下列组织破产清算，可以适用《企业破产法》的有(　　)。

A. 个人独资企业　　 B. 普通合伙企业

C. 金融机构　　　　 D. 民办学校

2. 甲公司欠乙公司货款到期未付，乙公司向法院提出对甲公司破产清算的申请。根据企业破产法律制度的规定，甲公司提出的下列异议中，不成立的有(　　)。

A. 甲企业认为乙企业主张的债权数额与实际不符，但对于无争议的部分，甲企业未能清偿

B. 甲公司提出该笔债务的连带债务人并未丧失清偿能力

C. 甲公司以乙公司未预先交纳诉讼费用为由，对破产申请提出异议

D. 甲公司认为该笔债务有保证人，保证人并未丧失清偿能力

3. 根据《指定管理人规定》的规定，下列情形中，属于人民法院应当根据债权人会议或者依职权径行决定更换管理人的有(　　)。

A. 机构管理人出现解散事由

B. 机构管理人履行职务时，因一般过失导致债权人利益受到损害

C. 个人管理人涉嫌违法被有关部门调查

D. 个人管理人执业责任保险失效

4. 下列选项中，属于管理人职责的有(　　)。

A. 调查债务人财产状况

B. 决定债务人的内部管理事务

C. 决定债务人的日常开支

D. 代表债务人参加诉讼

5. 2019 年 3 月，人民法院受理了甲公司破产案件，管理人接管甲公司后，发现甲公司曾于 2018 年 9 月 11 日为所欠乙公司的一笔原本没有财产担保的债务提供抵押担保，并曾在 2018 年 12 月提前清偿了欠丙公司的 100 万元债务，对此，下列说法正确的有(　　)。

A. 若管理人能够证明乙公司知悉甲公司在为其债权提供担保时已濒临破产，则有权请求人民法院撤销该抵押担保行为

B. 管理人无需证明乙公司知悉甲公司在为其债权提供担保时已濒临破产，即有权请求人民法院撤销该抵押担保行为

C. 若欠丙公司的债务在 2019 年 2 月到期，则必须证明此时债务人已具备破产原因，法院方可撤销

D. 若欠丙公司的债务在 2019 年 4 月到期，则必须证明此时债务人已具备破产原因，法院方可撤销

6. 2019 年 7 月 3 日，A 市人民法院受理了甲企业的破产案件。在法院受理破产案件前 6 个月内，甲企业已具备破产原因，根据企业破产法律制度规定，甲企业实施的下列行为中，管理人请求撤销，法院不予支持的有( )。

A. 根据 B 市人民法院的生效判决，偿付了欠乙企业的 100 万元货款

B. 补缴拖欠的水、电费 5 万元

C. 清偿欠丙企业 20 万元借款，该借款有甲企业一辆价值 50 万元的车质押

D. 清偿导致丁人身伤害的赔偿金 3 万元

7. 人民法院于 2017 年 6 月受理了甲企业的破产案件。根据企业破产法律制度的规定，以下各选项中，属于共益债务的有( )。

A. 破产管理人在执行职务的过程中，致人损害产生的债务

B. 因管理人请求对方当事人履行双方均未履行完毕的合同所产生的债务

C. 破产管理人执行职务的费用

D. 为继续营业而举借的借款和应支付甲企业员工的劳动报酬

8. 下列关于破产费用和共益债务清偿的说法中，正确的有( )。

A. 破产费用和共益债务由债务人财产随时清偿

B. 债务人财产不足以清偿所有破产费用和共益债务的，先行清偿破产费用

C. 债务人财产不足以清偿所有破产费用或者共益债务的，按照比例清偿

D. 债务人财产不足以清偿破产费用的，管理人应当提请人民法院终结破产程序

9. 根据企业破产法的规定，下列选项中，可以作为破产债权申报的有( )。

A. 破产申请受理时尚未到期的债权

B. 破产申请受理时附停止条件的债权

C. 破产案件受理前成立的有财产担保的债权

D. 管理人决定解除破产企业未履行的合同，给对方造成的损失以及依合同约定应支付给对方当事人的违约金

10. 根据企业破产法律制度的规定，下列债务中，债权人应在人民法院确定的期限内进行债权申报的有( )。

A. 债务人所欠税款

B. 债务人所欠银行未到清偿期的借款

C. 债务人所欠职工工资

D. 债务人所欠职工医疗费

11. 根据《企业破产法》的规定，下列有关债权申报的表述中，正确的有( )。

A. 连带债权人可以选一个代表申报全部债权，也可以每人申报全部债权

B. 债务人是票据的出票人，被裁定适用《企业破产法》规定的程序，该票据的付款人继续付款或者承兑的，付款人以由此产生的请求权申报债权

C. 债务人是委托合同的委托人，其破产案件被人民法院受理，受托人不知委托人破产，继续处理委托事务，由此而产生的债权可以申报

D. 债务人的保证人或者其他连带债务人尚未代替债务人清偿债务的，不得申报债权

12. 第一次债权人会议由人民法院召集，以后的债权人会议应当召开的情形有( )。

A. 管理人提议召开时

B. 债权人委员会向债权人会议主席提议时

C. 占债权总额 1/4 以上的债权人向债权人会议主席提议召开时

D. 人民法院认为必要时

13. 下列各项中，属于债权人会议职权的有( )。

A. 决定债务人的日常开支

B. 核查债权

C. 通过破产财产的变价和分配方案

D. 决定继续或停止债务人的营业

14. 债权人会议的决议违反法律规定，损害债权人利益，债权人申请撤销的，人民法院应予支持。下列选项中，属于该类情形的有（   ）。

A. 债权人会议的召开违反法定程序

B. 债权人会议的表决违反法定程序

C. 债权人会议的决议内容违法

D. 债权人会议的决议超出债权人会议的职权范围

15. 甲公司被债权人乙公司申请破产，人民法院受理破产申请后，宣告甲公司破产前，以下主体可以向人民法院申请重整的有（   ）。

A. 甲公司

B. 乙公司

C. 占甲公司注册资本 1/10 以上的出资人

D. 乙公司的债权人

16. 关于重整制度，下列表述符合《企业破产法》规定的有（   ）。

A. 经人民法院裁定批准的重整计划，对债务人和全体债权人均有约束力

B. 在重整期间，经债务人申请，人民法院批准，债务人可以在管理人的监督下自行管理财产和营业事务

C. 债权人对债务人的保证人和其他连带债务人所享有的权利，不受重整计划的影响

D. 按照重整计划减免的债务，自重整计划执行完毕时起，债务人不再承担清偿责任

17. 某破产企业经法院批准进入破产重整阶段，重整计划对普通债权人组进行了权利调整，削减对债权人组的债权至 30% 清偿率，重整计划执行 1 年后，普通债权人组的债权人获得了 3% 的部分清偿，债务人不再执行重整计划，下列处理措施正确的有（   ）。

A. 法院经管理人申请裁定终止重整计划

B. 债权人因执行重整计划所受的 3% 的清偿仍然有效

C. 债务人被宣告破产转入清算程序

D. 债权人未获清偿的债权应当作为破产债权参与破产财产的分配

18. 根据企业破产法律制度的规定，甲企业被宣告破产后，下列选项中，债权人享有别除权的情形有（   ）。

A. 乙企业以厂房为甲企业向银行借款提供的抵押

B. 甲企业为丙企业的债务提供的连带责任保证

C. 甲企业以汽车为自己的债务提供的质押

D. 甲企业以设备为丁企业的债务提供的抵押

19. 下列关于关联企业合并破产的说法中，不正确的有（   ）。

A. 关联企业实质合并破产意味着关联企业组织体在实质上的合并

B. 关联企业实质合并破产，则关联企业之间的债权债务归于消灭

C. 关联企业程序合并破产应当由核心控制企业住所地人民法院管辖

D. 关联企业程序合并破产，各成员的同类债权人在同一程序中按相同清偿率受偿

三、案例分析题

1. 2019 年 5 月 5 日，经法院强制执行，A 公司未能偿还对 B 公司的到期债务，B 公司和另一债权人 C 公司向 A 公司所在地人民法院提出对 A 公司进行破产清算的申请。A 公司收到人民法院通知后，于 5 月 9 日提出异议：第一，B 公司对 A 公司之债权有甲公司提供连带保证，而甲公司完全有能力代为清偿该笔债务；第二，C 公司并未申请对 A 公司强制执行，无权提出破产申请。

经审查相关证据，人民法院于 5 月 16 日裁

定受理 A 公司的破产申请，并指定了管理人。

在该破产案件中，有以下情况：

(1)2019 年 4 月 14 日，人民法院受理了 D 公司诉 A 公司股东丙的债务纠纷案件。D 公司主张，因丙未缴纳出资，故应就 A 公司所欠 D 公司债务承担出资不实责任。破产申请受理时，该案尚未审结。同时，D 公司拟在自己所在地法院就与 A 公司的另一合同纠纷案提起诉讼。

(2)A 公司于 2018 年 6 月 8 日向 E 公司借款 100 万元，2019 年 5 月 1 日，E 公司得知 A 公司将被申请破产，与 A 公司订立购货合同，从 A 公司运走价值 100 万元的产品，未支付货款。E 公司向管理人主张将该两笔债权债务抵销。

(3)乙公司向银行贷款 100 万元，A 公司以设备做抵押，该设备价值 60 万元，银行在 A 公司的破产案件中主张以该设备优先受偿并就未获清偿的 40 万元申报破产债权。

要求：根据上述内容，分析回答下列问题。

(1)A 公司以甲公司为其债务提供了连带保证且有能力代为清偿为由，对破产申请提出的异议是否成立？并说明理由。

(2)A 公司认为 C 公司未申请对 A 公司强制执行，无权提出破产申请的异议是否成立？并说明理由。

(3)对于 D 公司诉 A 公司股东丙的债务纠纷案，在程序上人民法院应如何处理？并说明理由。

(4)对于 D 公司拟在自己所在地法院就与 A 公司的另一合同纠纷案提起诉讼在程序上应如何处理？并说明理由。

(5)管理人是否应当允许 E 公司主张将两笔债权债务相抵销的请求？并说明理由。

(6)银行在 A 公司的破产案件中主张以该设备优先受偿并就未获清偿的 40 万元申报破产债权能否得到支持？并说明理由。

2. 2018 年 3 月 19 日，一直经营良好的甲有限责任公司(简称"甲公司")因突发事故导致重大资产损失，不能清偿到期债务，人民法院受理了由债权人提出的对甲公司进行破产清算的申请。管理人接管甲公司后，对其债权债务进行了清理。其中，包括以下事实：

(1)2017 年 12 月 7 日，甲公司提前清偿了欠乙公司的货款 100 万元，该笔货款应于 2018 年 2 月 1 日到期。

(2)2018 年 1 月，在甲公司出现拖欠职工工资的情况，但甲公司董事仍然领取了正常工资和绩效奖金。

(3)2017 年 5 月 7 日，甲公司从丁公司处租赁机床两台，租期 1 年。甲公司为两台机床投保了意外损失险。2018 年 3 月 8 日，甲公司故意隐瞒事实，将其中一台机床以 20 万元的市场价格卖给不知情的戊公司，甲公司向戊公司交付了机床。人民法院受理甲公司破产案件后，丁公司向管理人要求返还其出租给甲公司的机床时，得知一台机床已被甲公司卖给戊公司而戊公司尚未支付 20 万元价款的事实。而另一台机床于 2018 年 2 月 5 日因雷击起火烧毁，保险公司赔偿的 25 万元尚未支付给甲公司。丁公司遂要求戊公司返还机床或将 20 万元价款支付给自己，并要求保险公司将赔款支付给自己。

(4)2017 年 12 月 1 日，甲公司向 A 银行借款 100 万元，期限 1 年，庚公司为该笔借款向 A 银行提供了连带责任保证。

2018 年 4 月 5 日，由于甲公司申请的一项国家一类新药获得批准证书，经营出现转机，遂向人民法院申请和解，同时提交了和解协议草案。人民法院审查后受理了甲公司的和解申请，并裁定和解。2018 年 6 月 23 日，债权人会议通过了和解协议，主要内容如下：除对甲公司特定财产享有担保物权的债权人外，其他债权人均按 30% 的比例减免甲公司债务；自和解协议执行完毕之日起，甲公司不再承担清偿责任；甲公司与主要债权人建立战略性合作安排等。2018 年 8 月 31 日，和解协议执行完毕。A 银行就甲公司所欠其 100 万元借款本息申报债权后，通过和解程序获偿 70%。随后，A 银行致函庚公司，要求其承担保证责任，清偿其剩余 30% 未获偿借款本息，庚公司回函拒绝，理由是：A 银行等债权人已与甲公司达成减免债务和解协议，主债务减免后，保证债务亦应按相应比例减免。

要求：根据上述内容，分别回答下列问题。

(1)管理人是否有权请求人民法院撤销甲公司提前向乙公司清偿欠款的行为？并说明理由。

(2)对于甲公司董事领取的 2018 年 1 月以后的工资和绩效奖金，管理人应如何处理？并说明理由。

(3)丁公司是否有权要求戊公司返还机床？并说明理由。

(4)丁公司是否有权要求戊公司将 20 万元机床价款直接支付给自己？并说明理由。

(5)丁公司是否有权要求保险公司将保险赔款支付给自己？并说明理由。

(6)庚公司拒绝对 A 银行未获清偿的 30% 借款本息承担保证责任的理由是否成立？并说明理由。

3. 甲公司解散，未按时成立成算组，债权人申请法院指定清算组清算，清算时发现资产不足以清偿全部债务，于是清算组向人民法院申请甲公司破产。2018 年 6 月 3 日，人民法院裁定受理破产申请。同日，人民法院发布受理破产申请的公告，确定债权人申报债权的期限。在此期限内，管理人收到以下债权申报：

(1)A 公司曾为甲公司的 50 万元银行借款提供连带保证。2018 年 3 月，因甲公司无力偿还借款，A 公司承担连带保证责任，向银行支付 50 万元借款本息。A 公司因此向管理人申报 50 万元借款本息的债权。

(2)甲公司欠 B 信用社 60 万元借款未还。C 公司为该笔借款提供连带保证，但尚未承担保证责任。B 信用社向管理人申报 60 万元借款本息的债权后，C 公司也提出相同金额债权的申报。

(3)甲公司的关联企业乙公司也进入破产程序。甲公司和乙公司对 D 公司负有 70 万元的连带债务。D 公司向乙公司管理人申报 70 万元债权后，又向甲公司管理人申报该 70 万元债权。

(4)甲公司长期拖欠 E 公司货款，累计 20 万元。E 公司申报 20 万元本息的债权。

(5)甲公司因欠 F 公司货款，F 公司所在地法院生效判决：甲公司支付 F 公司货款本息 10 万元，如不按期支付，每天罚息 50 元。F 公司申报 10 万元本息及破产申请受理后至债权申报期间的罚息 1000 元。

甲公司管理人收到上述申报后，审查了 A、B、C、D、E、F 六家债权人的相关材料，认为 E 公司主张的债权已经超过诉讼时效期间，故未将 E 公司申报的债权编入债权登记表。

此外，管理人查清以下事实：在法院受理甲公司的破产案件前，甲公司在清算过程中发生的清算组清算费用、保管费用等尚未清偿。

要求：根据上述内容，分别回答下列问题。

(1)根据企业破产法律制度的规定，债权人申报债权的最短期限和最长期限分别是多少？

(2)甲公司管理人对 A 公司申报的 50 万元借款本息债权应否确认？并说明理由。

(3)甲公司管理人对 C 公司申报的 60 万元借款本息债权应否确认？并说明理由。

(4)甲公司管理人对 D 公司申报的 70 万元债权应否确认？并说明理由。

(5)甲公司管理人不将 E 公司债权编入债权登记表的理由是否成立？并说明理由。

(6)对 F 公司申报的 10 万元货款本息及 1000 元罚息应否确认? 并说明理由。

(7)对甲公司在破产案件受理前清算过程中发生的清算组清算费用、保管费用等应如何清偿? 并说明理由。

4. A 公司于 2013 年 1 月成立,自 2018 年底开始出现不能清偿到期债务且资产不足清偿全部债务的情况,2019 年 6 月 8 日,人民法院受理了 A 公司的破产申请并指定某律师事务所为管理人。在该破产案件中存在下列情形:

(1)A 公司股东有甲、乙、丙三人,章程规定甲于公司成立时缴清出资 100 万元,乙、丙自公司成立 10 年内缴清出资 1000 万元。甲、乙、丙至今尚有出资未缴清,管理人要求甲、乙、丙缴清出资,甲以已过诉讼时效为由、乙、丙以出资期限未至为由均予以拒绝。

(2)2018 年 10 月,A 公司以分期付款方式向 C 公司购买一台生产设备(已交付 A 公司使用),合同约定 2019 年 10 月 A 公司付清全款时,设备所有权转移至 A 公司。至破产案件受理时,A 公司已累计支付该生产设备全部价款的 90%。管理人决定继续履行该合同。

(3)2019 年 2 月,A 公司因其运输车辆造成交通事故而支付受害者人身损害赔偿金 25 万元。现管理人向人民法院请求撤销对该人身损害赔偿金的支付行为。

(4)2019 年 3 月,A 公司以厂房抵押,向 D 银行借款 500 万元,借款期限 1 年。管理人报酬方案将该厂房价值计入确定报酬依据的财产价值总额;同时,管理人向 D 银行主张支付该厂房维护管理工作的适当报酬。

确定破产债权时,管理人对 A 公司所欠职工工资和医疗、伤残补助、抚恤费用,以及应当列入职工个人账户的基本养老和医疗保险费用等列出清单,进行公示。A 公司职工对清单记载的所欠基本养老保险等费用提出异议,要求管理人予以更正。但管理人既未更正,也未作出合理的解释和说明。

破产宣告前,由于 A 公司的一土地使用权市场价值大幅上升,公司资产价值整体超过负债总数。因此,A 公司请求人民法院裁定驳回破产申请。

要求:根据上述内容,分别回答下列问题。

(1)甲、乙、丙拒绝缴清出资的理由是否成立? 并说明理由。

(2)若管理人未及时支付款项,C 公司能否以生产设备所有权尚未移转为由,要求将其取回? 并说明理由。

(3)人民法院应否撤销 A 公司支付的人身损害赔偿金? 并说明理由。

(4)向 D 银行抵押的厂房价值应否计入确定管理人报酬依据的财产价值总额? 管理人可否向 D 银行请求支付适当报酬? 并分别说明理由。

(5)A 公司职工对管理人列出的职工债权清单提出异议并要求更正后,管理人未予更正,对此,有何法律救济途径?

(6)对于 A 公司基于公司资产价值整体超过负债总数这一情况提出的驳回破产申请的请求,人民法院应否支持? 并说明理由。

同步训练答案及解析

一、单项选择题

1. C 【解析】本题考核破产申请的提出。和解只能由债务人提出,选项 A 错误;税务机关和社会保险机构享有对债务人的破产清算申请权,但不享有重整申请权,选项 B 错误;职工提出破产申请应经职工代表

大会或者全体职工会议决议通过，选项 D
错误。

2. C 【解析】本题考核破产申请受理的效
力。管理人对破产申请受理前成立而债务
人和对方当事人均未履行完毕的合同有权
决定解除或者继续履行，但以下三种合同
不能解除：为他人提供担保的合同、债务
人作为保险人的保险合同以及债务人对外
出租不动产的合同。选项 A、B 错误。选
项 D 中甲企业已经履行完毕，管理人也不
能决定解除。

3. D 【解析】本题考核破产申请受理的效
力。对于破产申请受理前已经开始尚未终
结的诉讼，应当中止，在管理人接管债务
人财产后由原审法院继续审理；选项 A 错
误。法院受理破产案件后，针对债务人财
产的保全措施应当解除，执行程序应当中
止；选项 B、C 错误。

4. D 【解析】本题考核执行案件移送破产审
查。受移送法院作出不予受理或驳回申请
的裁定后，人民法院不得重复启动执行案
件移送破产审查程序。申请执行人或被执
行人以有新证据足以证明被执行人已经具
备了破产原因为由，再次要求将执行案件
移送破产审查的，人民法院不予支持。但
是，申请执行人或被执行人可以直接向具
有管辖权的法院提出破产申请。

5. B 【解析】本题考核破产管理人的任职资
格。根据规定，曾被吊销相关专业执业证
书的人员，不得担任破产管理人，因此选
项 A 不选；现在担任或者在人民法院受理
破产申请前 3 年内曾经担任债务人、债权
人的财务顾问、法律顾问的，属于需要回
避的利害关系，选项 B 中，由于已经超出
了 3 年，因此可以担任；现在担任或者在
人民法院受理破产申请前 3 年内曾经担任
债务人、债权人的董事、监事、高级管理
人员的，属于有利害关系，因此选项 C 不
得担任；与债权人或者债务人的控股股
东、董事、监事、高级管理人员存在夫

妻、直系血亲、三代以内旁系血亲或者近
姻亲关系的，属于利害关系人，因此选项
D 不得担任。

6. C 【解析】本题考核个人担任管理人的情
形。条件不包括标的额较小，选项 C
当选。

7. B 【解析】本题考核破产管理人制度。管
理人报酬由人民法院确定，债权人会议对
管理人报酬有异议的，无法与管理人协商
一致的，应当向人民法院书面提出具体的
请求和理由，但最终是否调整，由人民法
院决定，选项 A 错误；管理人报酬是纯报
酬，其执行职务所需的费用列入破产费
用，选项 C 错误；管理人报酬原则上应当
根据破产案件审理进度和管理人履职情况
分期支付。案情简单、耗时较短的破产案
件，可以在破产程序终结后一次性支付。
选项 D 错误。

8. C 【解析】本题考核管理人的撤销权。根
据规定，人民法院受理破产申请前 6 个月，
债务人已经具备破产原因的情况下，提前
个别清偿行为可撤销，选项 C 正确。选项
A、B 发生在破产申请受理一年前，选项 D
是发生债务的同时设定担保，都不可
撤销。

9. A 【解析】本题考核债务人占有的他人财
产被违法转让给第三人的处理。根据规
定，债务人占有的他人财产被违法转让给
第三人，第三人已向债务人支付了转让价
款，但依据善意取得制度的规定未取得财
产所有权，原权利人依法追回转让财产
的，对因第三人已支付对价而产生的债
务，人民法院应当按照以下规定处理：
（1）转让行为发生在破产申请受理前的，
作为普通破产债权清偿；（2）转让行为发
生在破产申请受理后的，作为共益债务清
偿。本题中，由于不满足善意取得的要
件，因此丙企业不能取得设备所有权，乙
企业有权取回该设备原物，同时丙企业因
支付对价而产生的债务由于转让行为发生

在破产申请受理前，因此应作为普通债权申报清偿。

10. C 【解析】本题考核债务人占有的非债务人所有的财产毁损、灭失的处理和出卖人取回权。根据规定，债务人占有的他人财产毁损、灭失，因此获得的保险金、赔偿金、代偿物尚未交付给债务人，或者代偿物虽已交付给债务人但能与债务人财产予以区分的，权利人主张取回就此获得的保险金、赔偿金、代偿物的，人民法院应予支持。因此选项A、B错误。人民法院受理破产申请时，出卖人已将买卖标的物向作为买受人的债务人发运，债务人尚未收到且未付清全部价款的，出卖人可以取回在运途中的标的物。但是，管理人可以支付全部价款，请求出卖人交付标的物。因此选项C正确，选项D错误。

11. B 【解析】本题考核破产企业债权和债务的抵销。根据规定，有下列情形之一的，不得抵销：(1)债务人的债务人在破产申请受理后取得他人对债务人的债权的(选项A)；(2)债权人已知债务人有不能清偿到期债务或者破产申请的事实，对债务人负担债务的；但是，债权人因为法律规定或者有破产申请1年前所发生的原因而负担债务的除外；(3)债务人的债务人已知债务人有不能清偿到期债务或者破产申请的事实，对债务人取得债权的(选项C)；但是，债务人的债务人因为法律规定或者有破产申请1年前所发生的原因而取得债权的除外。债务人的出资人不得以自己的债权与所欠缴的出资相抵销(选项D)。

12. B 【解析】本题考核保证人破产案件的财产分配处理。根据规定，一般保证人破产的，其先诉抗辩权不得行使。选项A错误。保证人的补充责任应按破产债权数额而不是实际分配数额确定，本题中，保证人承担的责任范围是20万元，按照

此计算清偿额为20×35%＝7(万元)，银行获得甲企业清偿后，应获得提存款中7万元的支付，余款应由法院收回，分配给保证人A企业的其他破产债权人。选项C错误。若债务人和保证人均破产，则保证人履行保证责任后不再享有求偿权。选项D错误。

13. A 【解析】本题考核债权人会议的表决。债权人会议的决议，由出席会议的有表决权的债权人过半数通过，并且其所代表的债权额必须占"无财产担保债权总额"的1/2以上。本题需注意，有财产担保的债权人对"通过破产财产分配方案"无表决权。故必须由出席会议无财产担保的债权人人数过半，并且其所代表的债权额占"无财产担保债权总额"1/2以上，选项A不能表决通过。

14. B 【解析】本题考核破产程序中债权人提出行政复议的规定。根据规定，债权额占"无财产担保债权总额1/2以上"的债权人对人民法院依照本法对破产财产分配方案作出的裁定不服的，可以自裁定宣布之日或者收到通知之日起15日内向该人民法院申请复议。

15. D 【解析】本题考核债权人委员会的职权。债权人会议不得作出概括性授权，委托债权人委员会行使债权人会议所有职权。选项D错误。

16. D 【解析】本题考核债权人委员会。债权人委员会并非必设机构，选项A错误；债权人委员会成员最多不超过9人，选项B错误；债权人委员会决定所议事项应获得全体成员过半数通过，选项C错误。

17. D 【解析】本题考核重整的相关规定。根据规定，在重整期间，债务人的出资人不得请求投资收益分配，选项D错误。

18. D 【解析】本题考核和解制度。和解申请只能由债务人提出，选项A错误；和解协议中对债务作出的减免，对债务人的保证人或连带债务人不发生效力，选

项 B 错误；和解债权人不包括有财产担保的债权人，即有财产担保的债权人不受和解协议的影响，担保权并不暂停行使，选项 C 错误。

19. B 【解析】本题考核破产财产分配的顺序。破产财产在优先清偿破产费用和共益债务后，所欠的职工工资应依照第一顺序清偿；破产人所欠的失业保险费用并不属于《企业破产法》列举的第一顺序清偿，而是与破产人所欠的税款一并列入第二顺序；破产人所欠的有财产担保的债权，属于别除权，不受破产清算程序的限制。

20. C 【解析】本题考核破产财产的分配。对于法律没有明确规定清偿顺序的债权，人民法院可以按照人身损害赔偿债权优先于财产性债权、私法债权优先于公法债权、补偿性债权优先于惩罚性债权的原则合理确定清偿顺序。乙公司受偿的金额 = 破产债权×清偿率 = (2000-110-100-140-1500)÷2000×1000 = 75(万元)。

21. A 【解析】本题考核破产财产分配。对于无法通知且无法直接交付的债权人的财产分配额，自最后分配公告之日起满2个月仍不领取的，管理人应将其分配给其他债权人。选项 A 错误。

二、多项选择题

1. ABCD 【解析】本题考核破产法的适用范围。可以适用《企业破产法》的企业包括：所有的企业法人、资不抵债的民办学校、个人独资企业、合伙企业、农民专业合作社、金融机构等，因而均正确。

2. ABCD 【解析】本题考核人民法院破产申请的相关规定。选项 A、B、C、D 异议均不成立。

3. ACD 【解析】本题考核管理人的更换。根据规定，履行职务时，因"故意或重大过失"导致债权人利益受到损害的，属于更换管理人的情形。

4. ABCD 【解析】本题考核管理人的职责。

5. BC 【解析】本题考核破产撤销权。人民法院受理破产申请前一年内，债务人对没有财产担保的债务提供财产担保的，"管理人"有权请求人民法院予以撤销。选项 A 错误，选项 B 正确。破产申请受理前1年内债务人提前清偿的未到期债务，在破产申请受理前已经到期，管理人请求撤销该清偿行为的，人民法院不予支持。但是，该清偿行为发生在破产申请受理前6个月内且债务人有企业破产法规定破产原因情形的除外(前6个月具备破产原因的情况下，提前个别清偿仍然可撤销)。因而选项 C 正确。人民法院受理破产申请前一年内，债务人对未到期的债务提前清偿的，可撤销。因此选项 D 错误。

6. ABCD 【解析】本题考核破产撤销权。选项 A、B、C、D 均不可撤销。债务人经诉讼、仲裁、执行程序对债权人进行的个别清偿，管理人请求撤销的，人民法院不予支持；债务人对以自有财产设定担保物权的债权进行的个别清偿，管理人请求撤销的，人民法院不予支持；债务人对债权人进行的以下个别清偿，不得撤销：(1)债务人为维系基本生产需要而支付水费、电费等的；(2)债务人支付劳动报酬、人身损害赔偿金的；(3)使债务人财产受益的其他个别清偿。

7. ABD 【解析】本题考核共益债务的界定。共益债务包括：(1)因管理人或者债务人请求对方当事人履行双方均未履行完毕的合同所产生的债务；(2)债务人财产受无因管理所产生的债务；(3)因债务人不当得利所产生的债务；(4)为债务人继续营业而应支付的劳动报酬和社会保险费用，以及由此产生的其他债务(包括借款)；(5)管理人或者相关人员执行职务致人损害所产生的债务；(6)债务人财产致人损害所产生的债务。选项 C 属于破产费用。

8. ABCD 【解析】本题考核破产费用与共益债务的清偿。根据规定，破产费用和共益债务由债务人财产随时清偿。债务人财产不足以清偿所有破产费用和共益债务的，先行清偿破产费用。债务人财产不足以清偿所有破产费用或者共益债务的，按照比例清偿。债务人财产不足以清偿破产费用的，管理人应当提请人民法院终结破产程序。

9. ABC 【解析】本题考核债权申报的规定。根据规定，管理人或者债务人依照破产法规定解除双方均未履行完毕的合同，对方当事人以因合同解除所产生的损害赔偿请求权申报债权。可申报的债权以实际损失为限，违约金不作为破产债权，因此选项D中所说的违约金是不能申报债权的。

10. AB 【解析】本题考核破产债权的申报。债务人所欠职工的工资和医疗、伤残补助、抚恤费用，所欠的应当划入职工个人账户的基本养老保险、基本医疗保险费用，以及法律、行政法规规定应当支付给职工的补偿金，不必申报，由管理人调查后列出清单并予以公示。除此之外，其他债权如税收债权、社会保障债权以及对债务人特定财产享有担保权的债权均需依法申报。

11. BC 【解析】本题考核债权申报。连带债权人可以选代表申报也可以共同申报，但只能申报一次，不能每人申报全部债权，选项A错误；债务人破产，债务人的保证人或者其他连带债务人尚未代替债务人清偿债务的，以其对债务人的将来求偿权申报债权，但债权人已经向管理人申报全部债权的除外，选项D错误。

12. ABCD 【解析】本题考核债权人会议的召集。第一次债权人会议由人民法院召集，以后的债权人会议，在人民法院认为必要时，或者管理人、债权人委员会、占"债权总额"1/4以上的债权人向债权人会议主席提议时召开。

13. BCD 【解析】本题考核债权人会议的职权。选项A是管理人的职权。

14. ABCD 【解析】本题考核债权人会议违法决议撤销。

15. AC 【解析】本题考核重整程序的申请人。债权人申请对债务人进行破产清算的，在人民法院受理破产申请后、宣告债务人破产前，债务人或者出资额占债务人注册资本1/10以上的出资人，可以向人民法院申请重整。其他债权人也可以申请对债务人进行重整。选项A、C正确。注意，选项D是"乙公司的债权人"，而非"债务人甲公司"的债权人，因此不选。

16. ABCD 【解析】本题考核重整制度。

17. ABCD 【解析】本题考核重整制度。债务人不能执行或者不执行重整计划的，人民法院经管理人或者利害关系人请求，应当裁定终止重整计划的执行，并宣告债务人破产，选项A、C正确；债权人因执行重整计划所受的清偿仍然有效，债权人未受清偿的部分作为破产债权，选项B、D正确。

18. CD 【解析】本题考核别除权的规定。所谓别除权，是指对破产人的特定财产享有担保权的权利人，对该特定财产享有优先受偿的权利。因此，（1）第三人为破产人的债务提供抵押担保，因担保物不属于破产企业所有，债权人对破产企业不享有别除权（选项A）；（2）别除权涉及财产担保，保证担保则不属于别除权的范围（选项B）；（3）破产宣告前，破产人以自己的财产为自己或者为他人提供担保的，债权人享有对该担保物优先受偿的权利。

19. ACD 【解析】本题考核关联企业合并破产。关联企业实质合并破产并不意味着关联企业组织体在实质上的合并；关联企业程序合并破产应当由共同的上级法院确定一家法院管辖；关联企业"实质"合并破产，各成员的同类债权人在同一程序中按相同清偿率受偿。

三、案例分析题

1.【答案】

（1）A 公司以甲公司为其所欠 B 公司债务提供了连带保证且有能力代为清偿为由，对破产申请提出的异议不成立。根据规定，相关当事人以对债务人的债务负有连带责任的人未丧失清偿能力为由，主张债务人不具备破产原因的，人民法院不予支持；

（2）A 公司认为 C 公司未申请对 A 公司强制执行，无权提出破产申请的异议不成立。根据规定，只要债务人的任何一个债权人经人民法院强制执行未能得到清偿，所有债权人均有权提出破产申请，并不要求申请人自己已经采取了强制执行措施。

（3）人民法院应当中止 D 公司与丙的债务纠纷案件的审理。根据规定，破产申请受理前，债权人主张债务人的出资人直接向其承担出资不实责任的诉讼，破产申请受理时案件尚未审结的，人民法院应当中止审理。

（4）D 公司应在受理破产案件的法院就与 A 公司的另一合同纠纷案提起诉讼。根据规定，法院受理破产申请后，针对债务人企业的新的诉讼只能向受理破产案件的法院提起。

（5）管理人不应当允许 E 公司主张将两笔债权债务相抵销的请求。根据规定，债权人已知债务人有不能清偿到期债务或者破产申请的事实，对债务人负担债务的不可抵销。本案中，E 公司得知 A 公司将被申请破产而对债务人负担债务，不可抵销。

（6）银行在 A 公司的破产案件中主张以该设备优先受偿能够得到支持。根据规定，对破产人的特定财产享有担保权的权利人，对该特定财产享有优先受偿的权利。但就未获清偿的 40 万元申报破产债权不能得到支持，根据规定，破产人仅作为担保人为他人债务提供物权担保，在担保物价款不足以清偿担保债权额时，余债不得作为破产债权向破产人要求清偿，只能向原主债务人求偿。

2.【答案】

（1）管理人无权请求人民法院撤销甲公司向乙公司提前清偿欠款行为。根据规定，破产申请受理前 1 年，债务人对未到期债务提前清偿的，管理人可请求人民法院撤销，但该债务在破产申请受理前已到期的除外，除非该提前清偿发生在破产申请受理前 6 个月，且此时债务人已经具备破产原因。本案中，虽然提前清偿发生在破产申请受理前 6 个月内，但此时债务人并不具备破产原因。故不能请求撤销。

（2）根据规定，债务人的董事、监事和高级管理人员，在债务人普遍拖欠职工工资情况下获取的工资性收入，管理人应当追回；追回后形成的债权，按照该企业职工平均工资计算的部分作为拖欠职工工资清偿；高出该企业职工平均工资计算的部分，可以作为普通破产债权清偿。对绩效奖金也应当追回，追回后形成的债权按普通债权清偿。

（3）丁公司无权要求戊公司返还机床。根据规定，虽然甲公司转让机床的行为构成无权处分，但戊公司不知甲公司对机床无处分权，且戊公司是以合理的价格购得机床并已经支付，因此构成善意取得，合法取得了机床的所有权。

（4）丁公司无权要求戊公司将 20 万元价款直接支付给自己。债务人占有的他人财产被违法转让给第三人，依据善意取得制度的规定，第三人已善意取得财产所有权，原权利人无法取回该财产的，如果转让行为发生在破产申请受理前的，原权利人因财产损失形成的债权，作为普通破产债权清偿。

（5）丁公司有权要求保险公司将赔款支付给自己。债务人占有的他人财产毁损、灭失，此时存在第三人给付的保险金、赔偿金或代偿物，财产的权利人可以依法取回代替原标的物的保险金、赔偿金或代偿物。本案中，一台机床灭失，保险赔款尚未交付给债务人，权利人丁公司有权行使代偿取回权。

(6) 庚公司拒绝就 A 银行未获清偿的 30% 借款本息承担保证责任的理由不成立。根据规定，和解债权人对债务人的保证人和其他连带债务人所享有的权利，不受和解协议的影响。因此，保证人庚公司仍应按保证合同约定的债权额承担保证责任。

3. 【答案】

(1) 债权申报期限自人民法院发布受理破产申请公告之日起计算，最短不得少于 30 日，最长不得超过 3 个月。

(2) 管理人对 A 公司申报的债权应当确认。根据规定，债务人的保证人或者其他连带债务人已经代替债务人清偿债务的，以其对债务人的求偿权申报债权。保证人 A 公司代替债务人甲公司向银行清偿 50 万元本息，可以 50 万元本息申报债权。

(3) 管理人对 C 公司申报的债权不应当确认。根据规定，债务人的保证人或者其他连带债务人尚未代替债务人清偿债务的，以其对债务人的将来求偿权申报债权。但是，债权人已经向管理人申报全部债权的除外。题目中，债权人信用社已经申报全部债权，则保证人 C 公司不能以将来求偿权申报债权。

(4) 管理人对 D 公司申报的债权应当确认。根据规定，连带债务人数人被裁定适用破产程序的，其债权人有权就全部债权分别在各破产案件中申报债权。

(5) 管理人不将 E 公司债权编入债权登记表的理由不成立。根据规定，管理人收到债权申报材料后，应当登记造册，对申报的债权进行审查，并编制债权登记表。管理人必须将申报的债权全部登记在债权登记表上，不允许以其认为债权超过诉讼时效或债权不能成立为由拒绝编入债权登记表。

(6) 对 F 公司申报的 10 万元货款本息应予确认，但 1000 元罚息不予确认。根据规定，已经生效法律文书确定的债权，管理人应当予以确认。破产申请受理后，债务人欠缴款项产生的滞纳金，包括债务人未履行生效法律文书应当加倍支付的迟延利息和劳动保险金的滞纳金，债权人作为破产债权申报的，人民法院不予确认。

(7) 人民法院裁定受理破产申请的，此前债务人尚未支付的公司强制清算费用、未终结的执行程序中产生的评估费、公告费、保管费等执行费用，可以参照企业破产法关于破产费用的规定，由债务人财产随时清偿。

4. 【答案】

(1) 甲、乙、丙拒绝缴清出资的理由不成立。根据规定，债务人的出资人尚未完全履行出资义务的，管理人应当要求该出资人缴纳所认缴的出资，不受出资期限 (和诉讼时效) 的限制。

(2) C 公司不能要求取回设备。根据规定，买受人破产，其管理人决定继续履行所有权保留买卖合同的，原买卖合同中约定的买受人支付价款或者履行其他义务的期限在破产申请受理时视为到期，买受人管理人应当及时向出卖人支付价款或者履行其他义务。买受人管理人无正当理由未及时支付价款或者履行完毕其他义务，或者将标的物出卖、出质或者作出其他不当处分，给出卖人造成损害，出卖人有权依法主张取回标的物。但是，买受人已支付标的物总价款 75% 以上或者第三人善意取得标的物所有权或者其他物权的除外。

(3) 法院不应撤销 A 公司支付的人身损害赔偿金。根据规定，债务人对债权人进行的以下个别清偿，管理人依据《企业破产法》第 32 条的规定请求撤销的，人民法院不予支持：①债务人为维系基本生产需要而支付水费、电费等的；②债务人支付劳动报酬、人身损害赔偿金的；③使债务人财产受益的其他个别清偿。

（4）①向 D 银行抵押的厂房价值，不应计入确定管理人报酬依据的财产价值总额。根据规定，担保权人优先受偿担保物价值，不计入确定管理人报酬依据的财产价值总额。

②管理人可以向 D 银行请求支付适当报酬。根据规定，管理人对担保物的维护、变现、交付等管理工作付出合理劳动的，

有权向担保权人收取适当的报酬。

（5）职工对清单记载有异议的，可以要求管理人更正；管理人不予更正的，职工可以向人民法院提起债权确认诉讼。

（6）法院不应支持。根据规定，由于债务人财产的市场价值发生变化导致其在案件受理后资产超过负债乃至破产原因消失的，不影响破产案件的受理与继续审理，人民法院不得裁定驳回申请。

本章知识串联

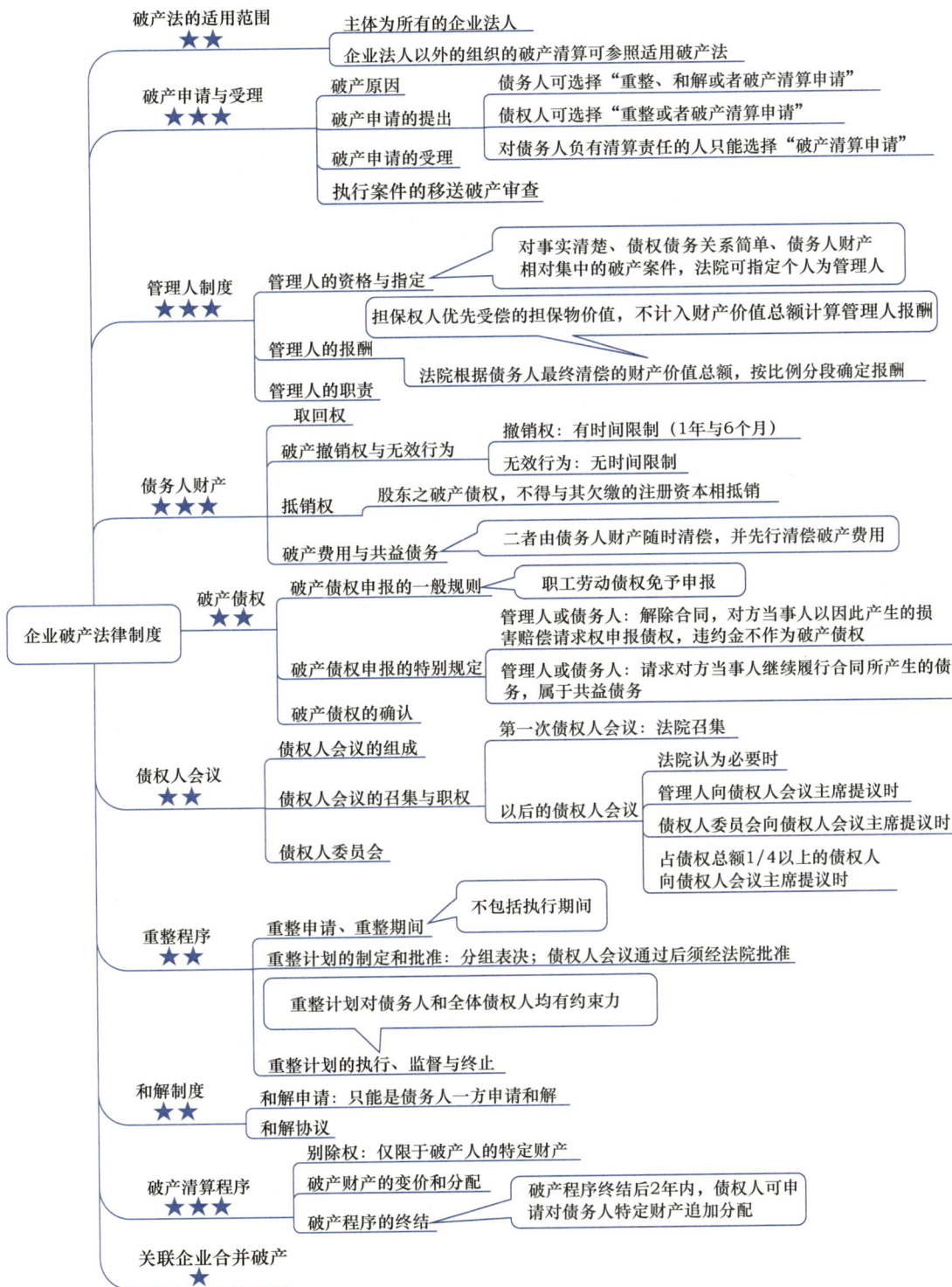

破产法的适用范围 ★★
- 主体为所有的企业法人
- 企业法人以外的组织的破产清算可参照适用破产法

破产申请与受理 ★★★
- 破产原因
- 破产申请的提出
  - 债务人可选择"重整、和解或者破产清算申请"
  - 债权人可选择"重整或者破产清算申请"
  - 对债务人负有清算责任的人只能选择"破产清算申请"
- 破产申请的受理
- 执行案件的移送破产审查

管理人制度 ★★★
- 管理人的资格与指定
  - 对事实清楚、债权债务关系简单、债务人财产相对集中的破产案件，法院可指定个人为管理人
- 管理人的报酬
  - 担保权人优先受偿的担保物价值，不计入财产价值总额计算管理人报酬
  - 法院根据债务人最终清偿的财产价值总额，按比例分段确定报酬
- 管理人的职责

债务人财产 ★★★
- 取回权
- 破产撤销权与无效行为
  - 撤销权：有时间限制（1年与6个月）
  - 无效行为：无时间限制
- 抵销权
  - 股东之破产债权，不得与其欠缴的注册资本相抵销
- 破产费用与共益债务
  - 二者由债务人财产随时清偿，并先行清偿破产费用

破产债权 ★★
- 破产债权申报的一般规则
  - 职工劳动债权免予申报
- 破产债权申报的特别规定
  - 管理人或债务人：解除合同，对方当事人以因此产生的损害赔偿请求权申报债权，违约金不作为破产债权
  - 管理人或债务人：请求对方当事人继续履行合同所产生的债务，属于共益债务
- 破产债权的确认

债权人会议 ★★
- 债权人会议的组成
- 债权人会议的召集与职权
  - 第一次债权人会议：法院召集
  - 以后的债权人会议
    - 法院认为必要时
    - 管理人向债权人会议主席提议时
    - 债权人委员会向债权人会议主席提议时
    - 占债权总额1/4以上的债权人向债权人会议主席提议时
- 债权人委员会

重整程序 ★★
- 重整申请、重整期间
  - 不包括执行期间
- 重整计划的制定和批准：分组表决；债权人会议通过后须经法院批准
- 重整计划的执行、监督与终止
  - 重整计划对债务人和全体债权人均有约束力

和解制度 ★★
- 和解申请：只能是债务人一方申请和解
- 和解协议

破产清算程序 ★★★
- 别除权：仅限于破产人的特定财产
- 破产财产的变价和分配
- 破产程序的终结
  - 破产程序终结后2年内，债权人可申请对债务人特定财产追加分配

关联企业合并破产 ★

企业破产法律制度

第9章 票据与支付结算法律制度

考情解密

历年考情概况

本章可以说是经济法科目中性价比非常高的一章，内容不算多，但考试分值可观，在考试中各种题型均会出现，案例分析题单独考一题 10 分，且常常作为英文答题加分的题目，不计附加分的情况下，近几年总分值稳定在 12.5 分，也属于经济法科目中的重点章。

近年考点直击

考点	主要考查题型	考频指数	考查角度
票据关系	单选题、案例题	★★★	考核票据基础关系对票据行为的影响(票据行为的无因性)
票据权利的取得	单选题、案例题	★★★	(1)考核票据权利的取得方式，特别是通过案例考核票据权利的善意取得；(2)考核不能取得票据权利的具体情况
票据行为	单选题、多选题	★★★	(1)考核票据特定事项的记载方式；(2)考核票据签章的效力
票据的伪造和变造	案例题	★★★	通过案例考核票据伪造的法律后果
票据的抗辩	案例题	★★★	通过案例(1)考核票据的绝对抗辩与相对抗辩；(2)考核抗辩切断及其例外
票据丧失与补救	案例题	★	通过案例考核公示催告的程序
出票	多选题	★★	考核(1)票据的绝对必要记载事项；(2)出票人的票据责任
背书	单选题、多选题、案例题	★★★	(1)考核背书的款式与效力；(2)考核背书附条件与背书人记载"不得转让"；(3)考核质押背书
承兑	案例题	★	通过案例考核承兑人的票据责任
保证	案例题	★★★	通过案例(1)考核票据上的保证的记载事项；(2)考核票据上的保证与合同法中保证的区别
追索权	多选题、案例题	★★	考核期前追索的情形；通过案例考核追索权的行使对象与抗辩事由的结合
本票	多选题	★	综合考核本票的相关制度
支票	多选题、案例题	★★	考核支票授权补记事项
信用证	单选题、多选题	★★	综合考核信用证的特点

本章2020年考试主要变化

本章变动不大。

(1)增加"关于取消企业银行账户许可""个人银行结算账户"的部分规定。

(2)增加关于"撤销除权判决"的理解、"票据贴现无效"的处理。

考点详解及精选例题

一、银行结算账户

扫我解疑难

(一)银行结算账户的分类(见表9-1)★

表9-1 银行结算账户的分类

主体	账户类型
单位银行结算账户	基本存款账户
	一般存款账户
	专用存款账户
	临时存款账户
个人银行结算账户	Ⅰ类户
	Ⅱ类户
	Ⅲ类户

(二)银行结算账户的开立和使用(见表9-2)★

表9-2 银行结算账户的开立和使用

	开立范围	用途
基本存款账户	各类单位和组织,包括但不限于:企业法人、非法人企业、机关、事业单位、单位设立的独立核算附属机构(如食堂、幼儿园、招待所)、单位的异地常设分支机构等	(1)存款人的主办账户; (2)用于日常转账结算和现金收付; (3)单位只能开立一个基本存款账户。 【相关链接】单位卡的资金一律从基本存款账户转账存入,不得交存现金,不得将销货收入的款项存入其账户
一般存款账户	开立基本存款账户的存款人都可以开立,且没有数量限制	办理存款人借款转存、借款归还和其他结算的资金收付;该账户可以办理现金缴存,但不得办理现金支取
专用存款账户	专用存款账户是指存款人按照法律、行政法规和规章,为对其特定的资金进行专项管理和使用而开立的银行结算账户,包括但不限于社保基金、党团工会的组织机构经费等各种专项资金账户	用于办理各项专用资金的收付、管理与使用

	开立范围	用途
临时存款账户	存款人有下列情况的，可以申请开立临时存款账户： (1)设立临时机构； (2)异地临时经营活动； (3)注册验资； (4)境外(含港澳台地区)机构在境内从事经营活动	用于办理临时机构以及存款人临时经营活动发生的资金收付。 【知识点拨1】临时存款账户的有效期最长**不得超过2年**。 【知识点拨2】存款人为临时机构的，只能在其驻在地开立一个临时存款账户，不得开立其他银行结算账户；存款人在异地从事临时活动的，只能在其临时活动地开立一个临时存款账户
个人存款账户	存款人有下列情况的，可以申请开立个人银行结算账户： (1)使用支票、银行卡、电子支付等信用支付工具； (2)办理汇兑、定期借记(如代付水、电、话费)、定期贷记(代发工资)、借记卡等结算业务	用于办理个人转账收付和现金存取

【例题1·多选题】 下列银行结算账户的开立，应由中国人民银行核准的有( )。

A. 基本存款账户

B. 临时存款账户(非注册验资和增资验资开立)

C. 预算单位专用存款账户

D. QFII专用存款账户

解析 本题考核单位银行结算账户实行核准制度的规定。根据规定，需要经中国人民银行核准的账户有：(1)基本存款账户；(2)预算单位专用存款账户；(3)QFII专用存款账户；(4)临时存款账户(因注册验资和增资验资开立的除外)。 **答案** ABCD

(三)银行结算账户的撤销★

1. 存款人因主体资格终止撤销银行结算账户的，应先撤销一般存款账户、专用存款账户、临时存款账户，将账户资金转入基本存款账户后，方可办理基本存款账户的撤销。

2. 存款人应撤销而未办理销户手续的单位银行结算账户或一年内未发生收付活动且未欠开户银行债务的单位银行结算账户，银行应通知单位自发出通知之日起30日内办理销户手续，逾期视同自愿销户，未划转款项列入久悬未取专户管理。

二、票据法律制度

扫我解疑难

【知识点拨】 我国票据的类型，见图9-1。

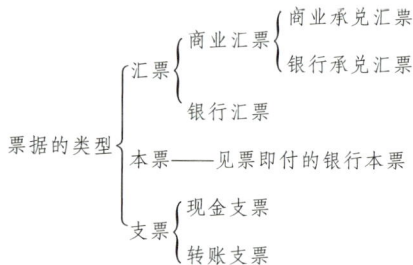

票据的类型
- 汇票
  - 商业汇票
    - 商业承兑汇票
    - 银行承兑汇票
  - 银行汇票
- 本票——见票即付的银行本票
- 支票
  - 现金支票
  - 转账支票

图9-1 我国票据的类型

(一)票据关系★★★

1. 票据关系是基于票据行为而发生的、以请求支付票据金额为内容的债权债务关系，如出票人与收款人之间的关系、背书人与被背书人之间的关系等等。主要包括以下主体之间基于票据的出票、背书、承兑、保证等而发生的债权债务关系，见图9-2。

A出票人——B收款人（背书人）——C持票人（被背书人）

D付款人（承兑人，承兑后成为票据的主债务人）　　E保证人

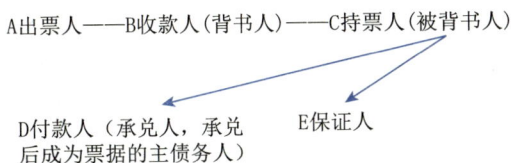

图9-2　票据关系

【知识点拨】票据关系是直接根据票据本身就能产生的债权债务关系。

2. 非票据关系，是与票据有密切联系，但并非基于票据行为而发生，并且不以请求支付票据金额为内容的法律关系。

非票据关系包括两类：

（1）民法上的非票据关系，又称票据基础关系。主要是票据签发、转让的当事人之间的票据原因关系。

（2）票据法上的非票据关系。如利益返还请求权关系。

【知识点拨】《票据法》规定：持票人因超过票据权利时效或因票据记载事项欠缺而丧失票据权利的，仍享有民事权利，可以请求出票人或者承兑人返还其与未支付的票据金额相当的利益。

『举例』甲、乙签订了买卖合同，约定甲先付款，乙后交货，甲向乙开出一张票面金额为5万元，付款人为丙银行的转账支票交付于乙。本案中的：

（1）票据关系：乙作为支票的收款人、持票人可以在出票日起10日内要求丙支付票面金额；如果10日内未要求丙付款，可以在出票日起6个月内要求出票人甲支付款项。这都是基于票据行为而产生的票据债权债务关系。

（2）非票据关系：①民法上的非票据关系，即甲乙之间的买卖关系，这是票据签发的原因；②票据法上的非票据关系，即乙如果没有在出票日起10日内向丙请求付款，也没有在出票日起6个月内向出票人甲请求付款，可以以该支票作为证据，向甲要求返还与未支付的票据金额相当的利益。

3. 票据基础关系的瑕疵并不影响票据行为的效力——票据行为的无因性

（1）票据原因关系瑕疵不影响票据行为效力

《票据法》规定："票据的签发、取得和转让，应当遵循诚实信用的原则，具有真实的交易关系和债权债务关系。"但实务中，法院更注重票据行为的无因性。

【特别提示】关于票据原因关系，以前案例常考，强调票据的签发和转让必须有真实的交易关系，现金买票是不享有票据权利的，但2019年教材对该观点进行了彻底的修正，以前案例的答案不再适用。

『举例1』A公司因与B公司之间签订买卖合同，签发一张票据给B公司，后来A公司和B公司之间的合同被确认为无效或者是被撤销，原因关系存在瑕疵，但这张票据仍然是有效的。

『举例2』A公司因急需资金，将其作为收款人的一张已获银行承兑的商业汇票背书转让给B公司。汇票票面金额为50万元，B公司向A公司支付现金42万元作为取得该汇票的对价。票据买卖，原因关系存在瑕疵，但该背书行为仍然是有效的，B公司可以获得票据权利。

【例题2·单选题】（2017年改）A公司因急需资金，将其作为收款人的一张已获银行承兑的商业汇票背书转让给B公司。汇票票面金额为50万元，B公司向A公司支付现金42万元作为取得该汇票的对价。根据票据法律制度的规定，下列关于A公司背书行为效力及其理由的表述中，正确的是（　）。

A. 背书行为有效，因为该汇票已获银行承兑

B. 背书行为有效，因为A公司是票据权利人

C. 背书行为无效，因为不具有真实的交易关系

D. 背书行为无效，因为B公司支付的对价过低

解析 ▶ 本题考核票据原因关系对票据行为效力的影响。

答案 ▶ B

（2）票据资金关系瑕疵不影响票据行为效力

『举例』A公司申请甲银行为其签发的汇票进行承兑，为此双方签订了承兑协议；甲银行为履行该协议而在票据上作为承兑人签章。即便二者之间的承兑协议被确认为无效或者被撤销，甲银行承兑行为的效力不因此而受影响，甲银行仍然要为该票据承担付款责任。

（3）票据行为的内容与基础关系不一致，应当以票据记载的内容为准

『举例』A公司与B公司签订买卖价值100万元的货物的合同，A公司因此签发一张票据给B公司，但A公司签发票据时因自己失误，将票面金额写为200万元，则这张票据的金额应当认定为200万元，而不是100万元。

【例题3·单选题】（2019年）甲公司向乙公司签发一张金额为35万元的银行承兑汇票，用于支付购买设备的价款。乙公司随即将汇票背书转让给丙公司，用于支付工程款。在丙公司提示付款前，甲、乙公司之间的设备买卖合同因乙公司欺诈而被人民法院撤销。甲公司的下列主张中，符合票据法律制度规定的是（　）。

A. 请求乙公司返还汇票

B. 请求承兑银行对丙公司拒绝付款

C. 请求乙公司返还35万元价款

D. 请求丙公司返还汇票

解析▶▶ 本题考核票据关系。基于票据行为的无因性，票据基础关系的瑕疵并不影响票据行为的效力，不具有真实的交易关系和债权债务关系而为的票据行为，当事人可能因此而应承担行政责任甚至刑事责任，但是，票据行为的效力并不因此而受影响。因此，

出票人不得请求返还汇票、不得请求承兑银行对丙公司拒付；选项ABD错误；一方以欺诈手段，使对方在违背真实意思表示的情况下实施的民事法律行为，受欺诈方可以撤销合同，要求返还财产。选项C正确。

答案▶▶ C

（二）票据行为★★★

1. 票据行为的概念与类型

（1）票据行为是指能够发生票据权利和义务的法律行为。

（2）票据行为包括出票、背书、承兑、保证；其中承兑为商业汇票所独有。

2. 票据行为的形式要件

（1）票据凭证的格式。

票据当事人应当使用中国人民银行规定的统一格式的票据；未使用按中国人民银行统一规定印制的票据，票据无效。

（2）特定事项的记载方式（常考点）。

①票据金额以中文大写和数码同时记载，二者必须一致，二者不一致的，票据无效。

②票据金额、出票日期、收款人名称不得更改，更改的票据无效。

【相关链接】支票的金额、收款人名称，可以由出票人授权补记。

【例题4·单选题】（2018年）根据票据法律制度的规定，下列票据记载事项中，可以更改的是（　）。

A. 出票日期　　　B. 付款人姓名

C. 票据金额　　　D. 收款人名称

解析▶▶ 本题考核票据行为的成立与生效。票据金额、日期、收款人名称不得更改，更改的票据无效。　　答案▶▶ B

（3）签章。

票据上的签章有法定形式要求，见表9-3。

表9-3　票据签章的规定

项目	内容
自然人签章	自然人在票据上的签章为签名、盖章或者签名加盖章

项目	内容
单位签章	法人和其他使用票据的单位在票据上的签章(两个章):为该单位的财务专用章或者公章+其法定代表人或者其授权的代理人的签名或盖章
	银行在票据上的签章(两个章):银行的公章或票据专用章+其法定代表人或其授权的代理人的签名或者盖章
签章不符合规定的后果	①出票人签章不符合规定的,票据无效; ②背书人、承兑人、保证人签章不符合规定的,其签章无效,但是不影响票据上其他合法签章的效力

【知识点拨】 此处的签章不符合规定,指的是签章不符合上述法定的形式要求。

『举例』 如果某银行本票的出票银行在出票时仅盖了公章,没有法定代表人或授权代理人的签章,则该本票直接无效。如果某商业汇票,出票人签章符合规定,但某单位作为保证人在签章时只有法定代表人的签名,没有盖公章或财务专用章,则该保证人签章是无效的,但不影响票据上其他签章的效力,如出票人仍应承担票据责任,因出票人的签章是符合规定的。

【例题5·单选题】 (2016年)根据票据法律制度的规定,下列票据行为人中,其签章不符合票据法规定可导致票据无效的是( )。

A. 出票人　　　　B. 保证人

C. 背书人　　　　D. 承兑人

解析 ▶ 本题考核票据的签章。出票人在票据上的签章不符合票据法、票据管理实施办法规定的,票据无效。背书人、承兑人、保证人在票据上的签章不符合票据法、票据管理实施办法规定的,其签章无效,但是不影响票据上其他签章的效力。　　　　**答案 ▶ A**

(4)关于票据的记载事项。

票据事项一般分为绝对必要记载事项、相对必要记载事项、任意记载事项(如出票和背书行为中的"禁止转让"事项)、记载不发生票据法效力的事项(如背书时记载的条件)、记载本身无效事项(如出票人免除其担保承兑、担保付款责任的记载)、记载使票据行为无效事项(如汇票出票、承兑附条件)等。

【知识点拨】 对各票据的记载事项,在后面的知识点中再作详解,此处了解即可。

(5)交付。

票据记载以后,还需交付给相对人才能完成票据行为。

3. 票据行为的实质要件

(1)行为人必须具有从事票据行为的能力。

无行为能力人或者限制民事行为能力人在票据上签章的,其签章无效,但不影响其他签章的效力。

『举例』 A是无民事行为能力人,其开具票据给B,则A在票据上的签章无效,A不承担票据责任。若B将票据背书给C,B的签章有效,要对C承担票据责任。

(2)行为人的意思表示必须真实或无缺陷。

以欺诈、偷盗或者胁迫等手段取得票据的,或者明知有前列情形,出于恶意取得票据的,不得享有票据权利。

『举例』 甲公司出票给乙公司,乙公司将该票据置于保险柜内,张某盗窃该票据,张某不享有票据权利;或者张某胁迫乙公司相关人员将该票据背书转让给自己,张某也不享有票据权利,张某再将该票据转让给知情的李某,李某也不享有票据权利。

4. 票据行为的代理(表9-4)

表9-4 票据行为的代理

项目	具体规定
有效代理	有效要件: ①须明示本人的名义,并**表明代理**的意思。 ②代理人签章。 ③代理人有代理权
无权代理	①代理人没有代理权的,由签章人承担票据责任; ②代理人超越代理权限的,应当就其超越权限的部分承担票据责任

『举例』A出票给B,B授权C背书转让给D,则C需在票据上签章,表明"代理B"的意思,D获得票据权利。

(三)票据权利及其取得★★★

1. 票据权利

票据权利包括付款请求权和追索权,持票人只能在向付款人行使付款请求权(第一顺序权利)而得不到付款时,才可以行使追索权(第二顺序权利)。持票人不先行使付款请求权而先行使追索权遭到拒绝而起诉的,人民法院不予受理。

2. 票据权利的取得

(1)依票据行为而取得票据权利。

①依出票行为而取得;

②依转让而取得;

③依票据保证和票据质押而取得。

『举例』甲因购买材料,签发一张汇票给乙,乙因出票而获得票据权利;乙再背书转让给丙,丙因转让而取得票据权利;丙将汇票质押给丁,丁因质押而取得票据权利。都是因票据行为而取得。

(2)依法律规定而直接取得票据权利。

①依票据法上的规定而取得。如被追索人向持票人偿还票据金额、利息和费用后,可以取得票据权利。

②依其他法律规定而取得。如因继承、法人合并或者分立、税收等原因而取得票据权利。

『举例1』甲出票给乙,乙背书转让给丙,丙背书转让给丁,丁到期未获得付款,向丙追索,丙支付了票据金额、利息和相关费用后,取得再追索权,可以向甲、乙行使。

『举例2』甲因购买材料,签发一张汇票给乙公司,乙公司后来被丙公司兼并,则丙公司因合并而取得票据权利,丙公司只需要证明合并的事实即可行使票据权利。需要注意的是,此时票据背书是不连续的,但只要持票人能够证明票据权利合法取得的事实,照样可以行使票据权利。

(3)**票据权利取得的限制**。

①以欺诈、偷盗或胁迫等手段取得票据的,或者明知有前列情形,出于恶意取得票据的,不得享有票据权利。

②持票人因重大过失取得不符合规定的票据的,也不得享有票据权利。

③因税收、继承、赠与可以依法无偿取得票据的,不受给付对价的限制。但是,所享有的票据权利不得优于其前手的权利。

『举例1』A出票给B,C以欺诈、盗窃、胁迫等手段从B处获得票据,均不享有票据权利,若C以非法手段获取票据之后背书转让给知情的D,D因恶意也不享有票据权利。

『举例2』A出票给B,B背书转让给C,将背书人与被背书人的位置写反了,C再背书转让给D,则D不享有票据权利,因其重大过失取得背书不连续的票据。

『举例3』A出票给B,B将票据背书转让给C,C赠与给D,D可以无偿取得票据权利,但D受其前手C票据权利瑕疵的影响,其前手C若不享有票据权利,则D也不享有票据权利,其前手C受到何种抗辩,D也将受到何种抗辩(关于抗辩的内容请见票据的抗辩部分)。

(4)票据权利的善意取得(案例常考)。

无处分权人处分他人之票据权利,受让人依照票据法所规定的票据转让方式取得票据,善意且无重大过失,则可以取得票据权利。善意取得票据权利需满足以下构成要件:

①处分票据的人是无权处分人(处分人实质上并不享有票据权利),但在形式上是票据权利人(从受让人的角度,无法识别其实质上不享有票据权利);

②受让人依照票据法规定的转让方式取得票据;

③受让人善意且无重大过失;

④受让人须付出相当对价。

『举例1』A 签发支票给 B,B 获得支票后丧失了行为能力,C 从 B 手中取得票据,C 不能取得票据权利,但 C 因购货将票据背书转让给善意的 D,C 是无权处分,D 不知情且支付了合理对价,善意取得票据权利。

『举例2』A 出票给 B,C 通过欺诈、盗窃、胁迫等手段从 B 手中取得票据,C 不能取得票据权利,但 C 因购货将票据背书给善意的 D,C 是无权处分,D 不知情且支付合理对价,善意取得票据权利。

『举例3』A 出票给 B,C 从 B 公司的代理人 X 公司手中取得票据,C 明知 X 没有代理权,则 C 不能取得票据权利,但 C 因购货将票据背书给善意的 D,C 是无权处分,D 不知情且支付合理对价,善意取得票据权利。

『举例4』A 出票给 B,C 拾得 B 的票据,并在票据上伪造 B 的签章将票据背书给善意的 D 购买货物,C 是无权处分,D 不知情且支付合理对价,善意取得票据权利。

『举例5』A 出票给 B,C 拾得 B 的票据,并在票据上伪造 B 的签章将票据背书给知情的 D,D 因恶意也不能取得票据权利,D 将票据背书给善意的 E 支付货物,E 不知情且支付合理对价,善意取得票据权利。

【知识点拨1】上述举例1、2、3中,无权处分人 C 在票据上有自己名义的签章,需承担票据责任;举例4、5中,无权处分人 C 是伪造行为,在票据上没有以自己名义签章,不承担票据责任(承担伪造票据等其他法律责任)。

【知识点拨2】票据权利的善意取得在案例中常考,只要票据具备形式上的有效性,即便转让人不享有票据权利,受让人是善意(不知情)的且支付了合理对价,均可取得票据权利。

【知识点拨3】《票据法》规定:"因税收、继承、赠与可以依法无偿取得票据的,不受给付对价的限制。但是,所享有的票据权利不得优于其前手的权利。"可见,无偿的善意受让人因没有支付对价,不能适用善意取得制度而取得票据权利。

【知识点拨4】注意票据的无权处分(以处分人自己的名义)与无权代理(以被代理人的名义)的区别。

【例题6·多选题】甲受乙胁迫开出一张以甲为付款人,以乙为收款人的汇票,之后乙通过背书将该汇票赠与丙,丙又将该汇票背书转让与丁,以支付货款。丙、丁对乙胁迫甲取得票据一事毫不知情。下列说法中,正确的有( )。

A. 甲有权请求丁返还汇票

B. 乙不享有该汇票的票据权利

C. 丙不享有该汇票的票据权利

D. 丁不享有该汇票的票据权利

解析 ▶本题考核票据权利的取得。根据规定,以欺诈、偷盗或者胁迫等手段取得票据的,或者明知有前列情形,出于恶意取得票据的,不得享有票据权利,因此选项 B 正确;凡是无对价或无相当对价取得票据的,如果属于善意,仍然享有票据权利,但票据持有人必须承受其前手的权利瑕疵。如果前手的权利因违法或有瑕疵而受影响或丧失,该持票人的权利也因此而受影响或丧失。本题中,丙是接受赠与取得的票据,此时受前手乙的权利瑕疵影响,不享有票据权利,因此选项 C 正确。 答案 ▶BC

(四)票据权利的消灭 ★★★

1. 因为付款而消灭票据权利(付款请求

权、追索权均消灭）。

2. 因为没有进行票据权利的保全而导致追索权消灭。

票据权利的保全，要满足两点：

（1）遵期提示——按照法定期限提示承兑与提示付款。

（2）依法取证——被拒绝承兑或拒绝付款时，取得拒绝证明。

【知识点拨1】持票人未进行票据权利保全的法律后果，见表9-5。

表9-5　持票人未进行票据权利保全的法律后果

持票人未进行票据权利保全的情形	法律后果
持票人超过法定期限提示承兑的；或被拒绝承兑但未取得拒绝证明	持票人丧失对出票人之外的前手的追索权
持票人超过法定期限提示付款的；或被拒绝付款未取得拒绝证明	持票人丧失对出票人、承兑人之外的前手的追索权（在作出说明后，承兑人或者付款人仍应当继续对持票人承担付款责任）
持票人超过法定期限发出追索通知的	持票人仍可以行使追索权（具体规定见追索权部分）

【知识点拨2】持票人提示承兑或者提示付款被拒绝的，承兑人或者付款人必须出具拒绝证明，或者出具退票理由书。如果因为其他原因导致持票人不能取得拒绝证明，或汇票承兑人或者付款人破产，或者被责令终止业务活动，持票人可以以其他证明替代拒绝证明。

3. 因票据时效经过导致票据权利消灭

票据时效制度，是指票据权利人如果未在法定期间内行使权利，其权利归于消灭的制度。

（1）票据权利的消灭时效（见表9-6）。

表9-6　票据权利的消灭时效

票据类型	行使对象	起算日	时效
①商业汇票	出票人、承兑人	到期日	2年
②银行汇票、本票	出票人	出票日	2年
③支票	出票人	出票日	6个月
④追索权	前手	被拒绝承兑或者被拒绝付款日	6个月
⑤再追索权	前手	清偿日或者被提起诉讼日	3个月

【知识点拨】上表中，持票人对汇票承兑、本票出票人的票据权利，包括付款请求权和追索权；第④、⑤种情形所指的追索权和再追索权，不包括对票据出票人、承兑人的追索权。

（2）利益返还请求权。

持票人因超过票据权利时效或者因票据记载事项欠缺而丧失票据权利的，仍享有民事权利，可以请求"出票人或者承兑人"返还其与未支付的票据金额相当的利益。

【知识点拨】这一权利并非票据权利，是票据法上的非票据关系。

【例题7·多选题】根据我国《票据法》的规定，下列选项中，属于因时效而致使票据权利消灭的情形有（　）。

A. 甲持有一张本票，出票日期为2015年5月20日，于2017年5月27日行使票据的付款请求权

B. 乙持一张为期30天的商业汇票，出票日期为2015年5月20日，于2017年5月27日行使票据的付款请求权

C. 丙持一张支票，出票日期为2016年5月20日，于2017年4月27日行使票据的付款请求权

D. 丁持一张见票即付的汇票，出票日期为2015年5月20日，于2017年5月27日行

使票据的付款请求权

解析 ▶ 本题考核票据权利的消灭。(1)本票持票人对出票人的票据权利,自出票日起2年(本题选项A为2015年5月21日至2017年5月20日)不行使而消灭,因此甲不享有票据权利;(2)汇票的持票人(见票即付的除外)对出票人和承兑人的权利,自票据到期日起2年(本题选项B为2015年6月20日至2017年6月19日)不行使而消灭,因此乙享有票据权利;(3)支票的持票人对出票人的权利,自出票之日起6个月(本题选项C为2016年5月21日至2016年11月20日)不行使而消灭,因此丙的票据权利因已过时效而消灭;(4)见票即付的汇票,持票人对出票人的权利,自出票之日起2年(本题选项D为2015年5月21日至2017年5月20日)不行使而消灭,因此丁的票据权利因已过时效而消灭。 **答案** ▶ ACD

(五)票据的伪造和变造 ★★★

1. 票据的伪造(注意案例)

票据的伪造是指假冒他人名义或虚构他人的名义而进行的票据行为。

【知识点拨】所谓伪造,就是伪造票据上的签章。任何票据行为,包括出票、承兑、保证、背书,均可能发生伪造。如果票据行为人指明本人的存在并以代理人的身份在票据上签章,即使其欠缺代理权,也不构成票据伪造,而是无权代理。

票据伪造在票据法上的效力,主要表现为:

(1)票据上伪造的签章无效,不影响其他真实签章的效力,其他真实签章人仍应依自己的签章承担相应的票据责任。

(2)被伪造人自己没有在票据上签章,因而被伪造人不承担票据责任。

(3)对伪造人而言,由于票据上没有以自己名义所作的签章,伪造人不承担票据责任,但须承担伪造票据导致的其他民事责任、行政责任、刑事责任等。

【例题8·多选题】甲私刻乙公司的财务专用章等,假冒乙公司名义签发一张转账支票交给收款人丙,丙将该支票背书转让给丁,丁又背书转让给戊。当戊主张票据权利时,下列表述中正确的有( )。

A. 甲不承担票据责任

B. 乙不承担票据责任

C. 丙不承担票据责任

D. 丁不承担票据责任

解析 ▶ 本题考核票据伪造的法律责任。票据伪造行为中,对伪造人(甲)而言,由于票据上没有以自己名义所作的签章,因此不承担票据责任(可能承担民事责任或刑事责任)。本题中,乙作为被伪造人由于没有以自己的真实意思在票据上签章,也不承担票据责任;丙公司和丁公司的签章是合法有效的,因此应该承担票据责任。 **答案** ▶ AB

2. 票据的变造

票据变造,是指**没有变更权限的人**变更票据上签章以外的其他记载事项的行为。

(1)变造与变更的区别。

变造,指"无权限的人"对票据进行的变动。

变更,指享有变更权的人更改票据所记载的事项的行为。

《票据法》规定:票据金额、日期、收款人名称不得更改,更改的票据无效。对票据上的其他记载事项,原记载人可以更改,更改时应当由原记载人签章证明,更改后的票据仍然有效。

【知识点拨】对于票据金额、出票日期、收款人名称的更改如果可以通过查看票面而发现,直接导致变更的票据无效。但如果其更改技术高明,难以通过查看票面发现,则票据的效力不受影响,适用关于票据变造的规定。

(2)票据变造在票据法上的效力。在变造之前签章的人,对原记载事项负责;在变造之后签章的人,对变造之后的记载事项负责;无法辨别是在票据被变造之前或者之后签章的,视同在票据被变造之前签章。

【知识点拨】区分票据的伪造和票据的变

造，其关键在于：凡是涉及票据"签章"的行为均为票据的伪造，其余则为票据的变造。

『举例』A 出票给 B，票面金额为 100 万元，B 变造为 1000 万元背书转让给 C，C 对此不知情，再背书转让给 D。D 被付款人拒付，向 B 和 C 可以追索 1000 万元，向 A 只能追索 100 万元，因 A 是在变造之前签章的。

（六）票据抗辩 ★★★

票据抗辩是指票据的债务人基于合法事由对票据债权人拒绝履行票据债务的行为。

【知识点拨】票据上的债务人，包括出票人、承兑人、背书人、保证人。

1. 物的抗辩（绝对抗辩）（表 9-7）

物的抗辩，是指票据所记载的债务人可以对任何持票人所主张的抗辩。其主要包括以下情形：

表 9-7　物的抗辩（绝对抗辩）

情形	具体规定
全部票据权利均不存在（所有债务人均可对持票人提出抗辩）	（1）出票行为因为法定形式要件的欠缺而无效。如出票人签章不合法、更改无效；票据的绝对必要记载事项欠缺也导致票据无效等。 （2）票据权利已经消灭。如因付款、时效等消灭
票据上特定债务人的债务不存在（该特定债务人可对任何持票人提出抗辩）	（1）签章人是无民事行为能力或者限制民事行为能力人的，票据行为无效，不承担票据责任。 （2）狭义无权代理情形下，本人不承担票据责任，或者仅对不超越代理权限的部分承担票据责任。 （3）票据伪造中的被伪造人因自己没有签章，不承担票据责任；票据伪造中的伪造人，因未以自己的名义签章，也不承担票据责任。 （4）票据被变造时，变造前在票据上签章的债务人，可以拒绝依照变造后的记载事项承担票据责任（只对变造前的内容承担责任）。 （5）对特定债务人的票据时效期间经过，其票据债务消灭（如支票的背书人，如果持票人在出票日起 10 日内未要求付款人付款，则背书人不再承担票据责任）。 （6）对特定票据债务人的追索权，因为持票人未进行票据权利的保全而丧失

『举例 1』A 公司签发一张已由 C 银行承兑的汇票给 B 公司，出票时只有法定代表人的签章，没有公司公章或财务专用章，则 B 公司找 A 公司或者 C 银行时，两者均可向 B 公司提出抗辩：因票据无效，任何人都不承担票据责任。

『举例 2』A 是无民事行为能力的精神病人，签发一张支票给不知情的 B，B 转让给 C，C 转让给 D。D 若未获付款，向 B、C 追索，B、C 都要承担票据责任，但 D 若向 A 追索，A 的法定代理人可以抗辩：因 A 无民事行为能力，签章是无效的，不承担票据责任。

2. 人的抗辩（表 9-8）

人的抗辩，是指票据债务人仅可以对特定的持票人主张的抗辩事由。

表 9-8　人的抗辩

项目	具体规定
抗辩事由	票据债务人可以对不履行约定义务的与自己"有直接债权债务关系的"持票人，进行抗辩（有基础关系的当事人之间）
抗辩切断及例外	票据债务人**不得以自己与出票人**或**与持票人的前手**之间的抗辩事由对抗持票人。但有两种例外： （1）持票人无偿取得票据。 【相关链接】因税收、继承、赠与等无偿取得票据的，可以获得票据权利，但其票据权利不得优于其前手。因而其前手受何种抗辩事由的抗辩，无偿取得票据的持票人就受该抗辩事由的抗辩。 （2）明知债务人对持票人的前手存在抗辩事由而取得票据

『举例1』人的抗辩：A 出票给 B，B 因购买货物将票据背书转让给 C。若 C 交货不合格，B 可以对 C 进行抗辩。

『举例2』抗辩切断：A 出票给 B，B 因购买货物将票据背书转让给 C。C 又将票据背书转让给 D。若 C 交货不合格，而不知情的 D 未能获得付款，D 向 A、B、C 中任何一人均可追索，D 向 B 追索的时候，B 就不得以 C 交货不合格为由对抗持票人 D。D 若向 C 追索，C 承担票据责任后，再向 B 追索，则 B 就可以提出抗辩。

『举例3』抗辩切断的例外：A 出票给 B，B 因购买货物将票据背书转让给 C，C 交货不合格。C 又将票据背书转让给对此知情的 D。若 D 未能获得付款，D 向 B 追索时，B 就可以对 D 提出抗辩。若 D 无偿取得票据，同样受该抗辩事由的抗辩。

【例题9·多选题】根据《票据法》的规定，下列各项中，汇票债务人可以对持票人行使抗辩权的事由有（　　）。

A. 票据权利人未在法律规定的地点行使权利

B. 持票人与债务人有直接债权债务关系并且没有履行约定义务

C. 债务人是票据伪造中被虚构名义的被伪造人

D. 债务人是无民事行为能力人

解析 ▶ 本题考核持票人行使抗辩权的事由。　　答案 ▶ ABCD

【应试思路】做题时，首先看题目条件是否指明是对物抗辩或对人抗辩。没有指明的，那么只要符合对物抗辩或对人抗辩的情形都当选。因此需要对教材列举的抗辩情形心中有数。

（七）票据丧失及补救★★

票据丧失以后，补救的方法主要有：挂失止付、公示催告和提起民事诉讼。

1. 挂失止付（表9-9）

表9-9　挂失止付

项目	具体规定
性质	挂失止付并不是票据丧失后票据权利补救的必经程序，而只是一种暂行性的应急措施
票据类型	(1)已承兑的商业汇票； (2)支票； (3)填明"现金"字样和代理付款人的银行汇票； (4)填明"现金"字样的银行本票
程序	(1)失票人应当在通知挂失止付后 3 日内，依法向人民法院申请公示催告或者提起普通诉讼； (2)也可以在票据丧失后直接向人民法院申请公示催告或者提起普通诉讼； (3)如果付款人自收到挂失止付通知书之日起 12 日内未收到人民法院的止付通知书的，自第 13 日起，挂失止付通知书失效

2. 公示催告与除权判决（表9-10）

表9-10　公示催告与除权判决

项目	具体规定
概念	票据丧失后由失票人向人民法院提出申请，请求人民法院以公告方式通知不确定的利害关系人限期申报权利，逾期未申报者，则权利失效，而由法院通过除权判决宣告所丧失的票据无效。 【知识点拨】挂失止付并非公示催告的前置程序。失票人可以不申请挂失止付，而直接向法院申请公示催告。 公示催告程序由两阶段构成：公示催告——除权判决

项目	具体规定
公示催告	(1)失票人向**票据付款地**的基层法院提出书面的**公示催告申请**。 (2)法院在受理后的 3 日内发出公告，催促利害关系人申报权利。公示催告的期间不得少于 60 日，且届满日不得早于票据付款日后 15 日。 ①公示催告期内利害关系人**申报权利**的——只要该票据是申请人申请公示催告的票据，法院就应**裁定终结公示催告程序**，并通知申请人和付款人。(至于票据权利究竟是谁的，另行诉讼决定。) ②公示催告期届满，**无人申报权利**，申请人可以在届满次日起 1 个月内，申请法院作出除权判决。——判决生效后，票据无效，申请人获得票据权利 『注意』若期满未申请除权判决，**法院裁定终结公示催告程序**，持票人可以行使票据权利
除权判决	除权判决的效力： (1)确认申请人是票据权利人； (2)宣告票据失去效力。 除权判决的撤销：利害关系人因为正当理由不能在除权判决之前向法院及时申报权利的，自知道或者应当知道判决公告之日起 1 年内，可以向作出除权判决的法院起诉，请求撤销除权判决。 【知识点拨】如果法院已经作出了除权判决，在付款人尚未付款的情况下，最后合法持票人可以根据《民事诉讼法》的规定在法定期限内请求撤销除权判决，待票据恢复效力后再依法行使票据权利；在付款人已经付款的情况下，最后合法持票人可请求公示催告申请人承担侵权损害赔偿责任，因为恶意申请公示催告并持除权判决获得票款的行为损害了最后合法持票人的权利。 【相关链接】法院作出除权判决后，申请人持原"票据"行使票据权利的，属于物的抗辩事由

3. 提起民事诉讼

失票人为行使票据所有权，向非法持有票据人请求返还票据的，人民法院应当依法受理。

【例题 10·单选题】甲所持有的一张支票遗失后，向法院申请公示催告。在公告期间内，乙持一张支票到法院申报权利，甲确认该支票就是其所遗失的支票，但是乙主张自己已经善意取得该支票上的权利。根据票据法律制度的规定，下列表述中，正确的是(   )。

A. 法院经审查认为乙的主张成立的，应当裁定驳回甲的申请

B. 法院经审查认为乙的主张成立的，应当裁定终结公示催告程序

C. 法院经审查认为乙的主张成立的，应当判决乙胜诉

D. 法院应当直接终结公示催告程序

解析 本题考核公示催告程序。根据规定，人民法院收到利害关系人的申报后，应当裁定终结公示催告程序。

答案 ▶ D

（八）汇票★★★

汇票是出票人签发的、委托付款人在见票时或者在指定日期无条件支付确定的金额给收款人或者持票人的票据。

汇票按出票人不同，可分为银行汇票和商业汇票，商业汇票按承兑人不同，又分为银行承兑汇票和商业承兑汇票。

【知识点拨 1】银行汇票是见票即付的票据，无需承兑(单位或个人均可使用)，而商业汇票则是在指定日期付款(需要先提示承兑)的票据，属于期票(只有在银行开立存款账户的法人以及其他组织之间才能使用)。

【知识点拨 2】汇票是本章所述三类票据中最为重要的一类，本票和支票没有特别规定的都可适用汇票的有关规则。因此，考生对汇票的相关规定应重点掌握。

1. 出票

出票包括两个行为：签发票据和交付票据。

（1）汇票出票的款式（见表9-11）。

表9-11　汇票出票的款式

汇票出票的款式	具体内容
汇票的绝对必要记载事项	汇票的绝对应记载事项包括7项： ①表明"汇票"的字样； ②无条件支付的委托； 【知识点拨】如果付款附有条件（如收货后付款），则汇票无效。 ③确定的金额； ④付款人名称； ⑤收款人名称； ⑥出票日期； ⑦出票人签章
汇票的相对必要记载事项	汇票的相对应记载事项包括3项： ①付款日期。汇票上未记载付款日期的，为见票即付。 【知识点拨】汇票付款日有四种：见票即付、定日付款、出票后定期付款、见票后定期付款。见票即付是即期汇票；后三种都是远期汇票。 ②付款地。汇票上未记载付款地的，付款人的营业场所、住所或者经常居住地为付款地。 ③出票地。汇票上未记载出票地的，出票人的营业场所、住所或者经常居住地为出票地
任意记载事项	出票人记载"不得转让"字样，则汇票不得转让。如果收款人背书转让，持票人不享有票据权利
不发生票据法上效力的事项	签发票据的原因或者用途；该票据项下交易的合同号码；出票人关于利息、违约金的记载等

【知识点拨】票据上的记载事项：票据的绝对应记载事项是《票据法》规定必须在票据上记载的事项，若欠缺，直接导致票据无效；相对应记载事项未在票据上记载的，票据仍然有效，未记载的内容直接按照《票据法》的规定处理；任意记载事项若记载则发生相应的法律效力。

【例题11·多选题】（2016年）根据票据法律制度的规定，下列各项中，属于汇票上绝对必要记载事项的有（　　）。

A. 出票日期

B. 付款日期

C. 收款人名称

D. 汇票金额

解析 ➤ 本题考核汇票的绝对必要记载事项。汇票的绝对必要记载事项包括：（1）表明"汇票"的字样；（2）无条件支付的委托；（3）确定的金额；（4）付款人名称；（5）收款人名称；（6）出票日期；（7）出票人签章。

答案 ➤ ACD

【例题12·单选题】根据票据法律制度的规定，某公司签发汇票时出现的下列情形中，导致该汇票无效的是（　　）。

A. 汇票上未记载付款日期

B. 汇票上金额记载为"不超过50万元"

C. 汇票上记载了该票据项下交易的合同号码

D. 签章时加盖了本公司公章，公司负责人仅签名而未盖章

解析 ➤ 本题考核汇票的绝对必要记载事项。根据规定，确定的金额是汇票的绝对应记载事项，如果汇票上记载的金额是不确定的，汇票无效。

答案 ➤ B

(2)出票的效力(见表9-12)。

表9-12 出票的效力

针对的当事人	效力
对收款人的效力	收款人取得出票人发出的汇票后,即取得票据权利,包括付款请求权、追索权,以及以背书等方式处分其票据权利的权利
对付款人的效力	付款人因为出票人的委托而成为票据上的关系人,并不直接成为票据债务人。付款人在票据上签章(承兑)后,才成为汇票上的主债务人
对出票人的效力	出票人成为票据债务人,承担担保承兑和担保付款的责任

2. 背书

背书包括:转让背书、委托收款背书和质押背书。

【知识点拨】委托收款背书和质押背书是非转让背书,即该背书行为不转让票据权利。

(1)下面两类情形下,票据权利不得背书转让。

①出票人记载"不得转让"。出票人在汇票上记载"不得转让"字样,汇票不得转让。如果收款人将出票人作禁止背书的汇票转让的,该转让不发生票据法上的效力,出票人和承兑人对受让人不承担票据责任。

②法定的禁止转让。填明"现金"字样的银行汇票、银行本票和现金支票不得背书转让。

(2)转让背书的款式(见表9-13)。

表9-13 转让背书的款式

背书款式	具体内容
绝对应记载事项	被背书人名称、背书人签章 【知识点拨】背书人未记载被背书人名称即将票据交付他人的,持票人在票据被背书人栏内记载自己的名称与背书人记载具有同等法律效力
相对应记载事项	背书日期 【知识点拨】背书未记载日期的,视为在汇票到期日前背书
任意记载事项(禁止转让背书)	背书人记载"不得转让"字样(禁止转让背书) 【知识点拨】背书人在汇票上记载"不得转让"字样,其后手再背书转让的,原背书人对后手的被背书人不承担保证责任。 『举例』A将汇票背书转让给B,并记载"不得转让"字样,而B又将该汇票转让给C,那么B对C应承担票据责任,但A对C并不承担票据责任
不发生票据法上效力的事项(背书附条件)	背书不得附条件。背书时附有条件的,所附条件不具有票据上的效力,背书仍然有效
记载使背书无效事项(部分背书、分别背书)	将汇票金额的一部分转让的背书(部分背书)或者将汇票金额分别转让给二人以上的背书(分别背书)无效

【例题13·单选题】汇票的背书人在票据上记载了"不得转让"字样,但其后手仍进行了背书转让。下列关于票据责任承担的表述中,错误的是( )。

A. 不影响承兑人的票据责任

B. 不影响出票人的票据责任

C. 不影响原背书人之前手的票据责任

D. 不影响原背书人对后手的被背书人承担票据责任

解析 ▶ 本题考核汇票的任意记载事项。背书人在汇票上记载"不得转让"字样,其后手再背书转让的,原背书人对后手的被背书人不承担票据责任。因而选项D错误。

答案 ▶ D

（3）背书转让的效力。

第一，回头背书。

持票人为出票人的，对其前手无追索权；持票人为背书人的，对其后手无追索权。

『举例』A 出票给 B，B 转让给 C，C 转让给 D，D 又转让给 B，则 B 对其后手 C、D 无追索权；如果 D 又背书转让给 A，则 A 对 B、C、D 均无追索权。

第二，背书连续。

背书连续是指在票据转让中，转让汇票的背书人与受让汇票的被背书人在汇票上的签章依次前后衔接。以背书转让的汇票，背书应当连续。持票人以背书的连续，证明其汇票权利；非经背书转让，而以其他合法方式取得汇票的，依法举证，证明其汇票权利（即背书连续并非证明票据权利的唯一方式）。

图示：背书的连续，见图 9-3。

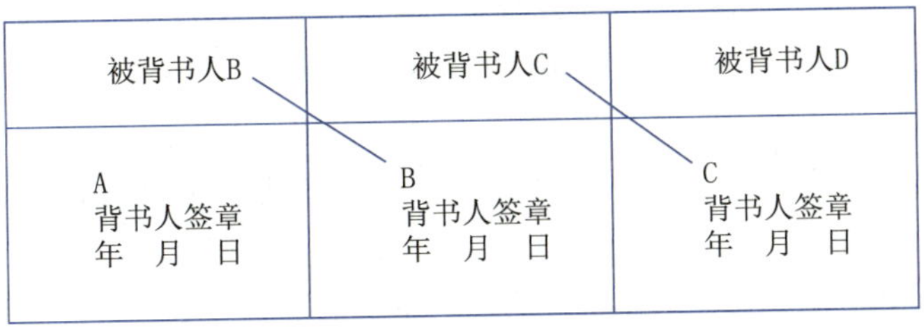

图 9-3　背书的连续

『举例』A 背书给 B，B 再背书给 C。第一次背书中：背书人是 A，被背书人是 B。第二次背书中：背书人是 B，被背书人是 C。由此可见，背书连续要求第一次背书中的被背书人名称与第二次背书中的背书人名称是一致的，这就是背书连续。

【知识点拨】在特定的情况下，即使背书不连续，但能够说明背书不连续的原因，也可以获得票据权利，如因合并、分立、继承等原因而取得票据的。

『总结』背书的效力，见表 9-14。

表 9-14　背书的效力

具体情形	背书的效力
出票人记载"禁止转让"	背书无效
背书人未签章	背书无效
部分背书与分别背书	背书无效
背书人未记载被背书人名称，持票人自己补记	背书有效
未记载背书日期	背书有效，视为到期日前背书
附条件的背书	背书有效，所附条件不具有票据法上效力
背书人在汇票上记载"不得转让"字样，其后手再背书转让的	背书有效，背书人对后手的被背书人不承担保证责任

【例题 14·单选题】（2016 年）根据票据法律制度的规定，下列关于票据转让背书无效情形的表述中，正确的是（　）。

A. 背书人未记载被背书人名称的，背书无效

B. 背书时附有条件的，背书无效

C. 背书人将票据金额分别转让给二人以上的，背书无效

D. 背书人在票据上记载"不得转让"字样的，其后手的转让背书无效

解析▶本题考核票据的背书。背书人未记载被背书人名称即将票据交付他人的，持票人在票据被背书人栏内记载自己的名称与背书人记载具有同等法律效力，选项 A 错误。

背书附条件的，条件无效，背书有效，选项B错误。背书人在汇票上记载"不得转让"字样，其后手再背书转让的，原背书人对后手的被背书人不承担票据责任，选项D错误。

答案 ▶ C

(4)票据贴现。

申请贴现的人，必须是商业汇票的持票人，并在经过中国人民银行批准经营贷款业务的金融机构开立存款账户。

贴现银行可持未到期的商业汇票向其他银行转贴现，也可向中国人民银行申请再贴现。

【相关链接】 票据贴现属于转让背书，导致票据权利转让，无需真实交易关系。

【知识点拨】 只有经批准的金融机构才有资格从事票据贴现业务，未经批准的其他组织和个人从事票据贴现业务，需承担行政法律责任甚至刑事责任，票据贴现行为无效，贴现款和票据应当互相返还。贴现人对该票据进行背书转让的，符合善意取得构成要件的，持票人取得票据权利。

(5)委托收款背书。

委托收款背书是指持票人以行使票据上的权利为目的，而授予被背书人以代理权的背书。

①背书的款式。委托收款背书中，背书人应当在票据上记载"委托收款"（或者"托收""代理"）字样；没有记载的，视为转让背书。

②委托收款背书的效力。被背书人取得代理权，具体包括行使付款请求权、追索权以及收取款项的代理权；但不包括处分票据权利的代理权。因此被背书人不能将票据背书转让，但可以再进行委托收款背书。

(6)质押背书。

质押背书确立的是一种担保关系，票据质权是权利质权的一种。

①背书的款式。质押背书除记载与转让背书相同的内容外，还需记载"质押"或"设质""担保"字样作为绝对必要记载事项。未

记载"质押"字样的，形式上构成转让背书。

【知识点拨】 以汇票设定质押时，出质人在汇票上只记载了"质押"字样而未在票据上签章的，或者出质人未在汇票上记载"质押"字样而另行签订质押合同、质押条款的，不构成汇票质押，可能成立合同法上的担保。

②质押背书的效力。质押背书只是设定担保，不是票据权利的转让。因此，质权人并不享有票据权利，不得将其转让。被背书人再行转让背书或者质押背书的，背书行为无效。但是，被背书人可以再进行委托收款背书。

【例题15·单选题】 （2014年）票据权利人为将票据权利出质给他人而进行背书时，如果未记载"质押""设质"或者"担保"字样，只是签章并记载被背书人名称，则该背书行为的效力是（　）。

A. 票据转让　　B. 票据质押
C. 票据承兑　　D. 票据贴现

解析 ▶ 本题考核票据背书。未记载"质押""设质"或者"担保"字样，只是签章并记载被背书人名称，形式上构成票据转让背书。

答案 ▶ A

【例题16·单选题】 甲公司对乙公司负有债务。为了担保其债务的履行，甲公司同意将一张以本公司为收款人的汇票质押给乙公司，为此，双方订立了书面的质押合同，并交付了票据。甲公司未按时履行债务，乙公司遂于该票据到期时持票据向承兑人提示付款。下列表述中，正确的是（　）。

A. 承兑人应当向乙公司付款

B. 如果乙公司同时提供了书面质押合同证明自己的权利，承兑人应当付款

C. 如果甲公司书面证明票据质押的事实，承兑人应当付款

D. 承兑人可以拒绝付款

解析 ▶ 本题考核质押背书。因为质押背书没有在票据上签章，因而乙公司并未取得相当于票据权利人的地位，承兑人可以拒绝付款。

答案 ▶ D

3. 承兑

承兑是指远期汇票付款人承诺在汇票到期日无条件支付汇票金额的票据行为。

【知识点拨】承兑是商业汇票特有的制度。银行汇票、银行本票、支票为见票即付，无需提示承兑。

承兑的具体规则，见表9-15。

表9-15　承兑的具体规则

项目	规定
(1) 提示承兑的期限	①定日付款和出票后定期付款汇票的提示承兑期限——自出票日起至汇票到期日前； ②见票后定期付款汇票的提示承兑期限——自出票日起1个月内； ③见票即付的票据无需提示承兑。 【知识点拨】持票人未按期提示承兑的，丧失对出票人之外的其他前手的追索权
(2) 承兑的款式	①绝对必要记载事项：承兑文句("承兑"字样)以及签章； ②相对必要记载事项。承兑日期是相对必要记载事项。如果承兑人未记载承兑日期，则以收到提示承兑的汇票之日起的第3日为承兑日期； ③记载使承兑无效事项。承兑附条件的，视为拒绝承兑。即承兑行为因此而无效
(3) 承兑的法律效力	汇票一经承兑，承兑人即成为汇票的主债务人，承担到期付款的责任；持票人即使未按期提示付款或者依法取证，也不丧失对承兑人的追索权

4. 保证(见表9-16)

表9-16　保证

项目		规则
(1) 保证的记载事项	绝对必要记载事项	保证文句、保证人的名称和住所、保证人签章 【知识点拨】保证人未在票据或者粘单上记载"保证"字样而另行签订保证合同或者保证条款的，不属于票据保证；可以认定为民法上的保证
	相对必要记载事项	①被保证人的名称。未记载被保证人名称的，已承兑的汇票，承兑人为被保证人；未承兑的汇票，出票人为被保证人。 【知识点拨】保证人为出票人、付款人、承兑人保证的，应当在票据的正面记载保证事项；保证人为背书人保证的，应当在票据的背面或者其粘单上记载保证事项。 ②保证日期。未记载保证日期的，出票日期为保证日期
	附条件	票据保证不得附有条件；附有条件的，不影响对汇票的保证责任
(2) 保证的效力		①保证人的保证责任是连带责任，保证人与被保证人在票据债务的履行上处于同一地位，保证人并不享有先诉抗辩权。保证人为两人以上的，保证人之间承担连带责任。 【知识点拨】如果承兑人是被保证人，持票人有权向保证人行使付款请求权。如果出票人、转让背书人是被保证人，持票人有权对其行使追索权。 ②当被保证人的债务因欠缺票据形式要件而无效时，保证人的票据责任解除。被保证人的债务因实质要件的欠缺而无效的，不影响保证人的票据责任。 ③保证人清偿汇票债务后，可以行使持票人对被保证人及其前手的追索权

【例题17·单选题】汇票金额为10万元，甲乙二人在汇票上签章保证，注明在付款人破产时才承担保证责任，则该保证的后果为( )。

A. 保证有效，甲乙按其记载承担保证责任

B. 保证有效，甲乙对 10 万元承担连带责任

C. 保证无效，甲乙不承担票据保证责任

D. 保证无效，甲乙按其过错对票据权利人承担责任

解析 ▶ 本题考核票据的保证。保证附条件的，不产生票据法上的效力；保证人为二人以上的，保证人之间承担连带责任。

答案 ▶ B

【应试思路】注意票据保证与民法中保证的不同。票据保证中，只能是连带责任保证，不存在一般保证；而且多个保证人时，也只能是连带共同保证，不能是按份共同保证。

5. 付款

（1）提示付款的期限。

①见票即付的汇票提示付款期限——自出票日起 1 个月内。

②定日付款、出票后定期付款和见票后定期付款汇票的提示付款期限——自到期日起 10 日内。

【知识点拨】持票人未在法定期限内提示付款的，则丧失对其前手的追索权，但并不丧失对出票人、承兑人的票据权利。

（2）付款人及其代理付款人付款时，应当审查汇票背书的连续，并审查提示付款人的合法身份证明或者有效证件。但该审查义务仅限于汇票格式是否合法，即汇票形式上的审查，而不负责实质上的审查。

【知识点拨】对于票据权利的真实性，仅仅是形式审查，即从票据的外观进行审查。对于提示付款人身份的真实性，是进行实质审查。

（3）付款的效力。

付款人依法足额付款后，全体汇票债务人的责任解除。

（4）错误付款的责任。

如果付款人未尽审查义务，对不符合法定形式的票据付款，或者存在恶意或者重大过失而付款的，应当自行承担责任。

6. 追索权（表 9-17）

表 9-17　追索权

项目		具体规定
原因	期后	汇票到期被拒绝付款的，持票人可以行使追索权
	期前	是指据到期日前，持票人对下列情形之一行使的追索： （1）汇票被拒绝承兑的； （2）承兑人或者付款人死亡、逃匿的； （3）承兑人或者付款人被依法宣告破产； （4）承兑人或者付款人因违法被责令终止业务活动的
保全		如果持票人未依法提供相关证明的（除因承兑人或付款人原因无法提示承兑或付款的以外），将丧失对出票人和承兑人以外的前手的追索权；但承兑人和出票人仍应负付款责任
金额		（1）持票人行使追索权，可以请求被追索人支付下列金额和费用： ①被拒绝付款的汇票金额； ②汇票金额自到期日或者提示付款日起至清偿日止，按照中国人民银行规定的同档次流动资金贷款利率计算的利息； ③取得有关拒绝证明和发出通知书的费用。 （2）被追索人向持票人清偿后，可以向其他汇票债务人行使再追索权，请求其他汇票债务人支付下列金额和费用： ①已清偿的全部金额； ②前项金额自清偿日起至再追索清偿日止，按照中国人民银行规定的利率计算的利息； ③发出通知书的费用

项目	具体规定
行使	(1)行使时间 追索权的期限：**6个月**；再追索权：**3个月**。 持票人应当自收到拒绝承兑或者被拒绝付款的有关证明之日起"3日内"按规定通知。持票人未按照规定期限发出追索通知的，持票人仍可以行使追索权。因延期通知给其前手或者出票人造成损失的，由其承担该损失的赔偿责任，但所赔偿的金额以汇票金额为限。 **【相关链接】** 注意区分票据权利时效：持票人对前手(除出票人和承兑人)的追索权，自被拒绝承兑或者被拒绝付款之日起6个月不行使而消灭。持票人对前手(除出票人和承兑人)的再追索权，自清偿日或者被提起诉讼之日起3个月不行使而消灭。 (2)行使方式 汇票的出票人、背书人、承兑人和保证人对持票人承担连带责任。持票人可以不按照汇票债务人的先后顺序，对其中任何一人、数人或者全体行使追索权。但是，持票人为出票人的，对其前手无追索权。 **【知识点拨1】** 被追索人为出票人、背书人、承兑人和保证人，对持票人承担连带责任。 **【知识点拨2】** 回头背书：①最终持票人为出票人的，对其前手无追索权；②最终持票人为背书人的，对其后手无追索权

『举例』A签发一张汇票给B，B背书给C，C又背书给D，作为被追索人的出票人、背书人、承兑人和保证人，对持票人承担的责任为连带责任。就是说，票据各债务人在持票人向其行使追索权时，必须承担全部的清偿责任，而不得以持票人未向其他票据债务人请求清偿为由拒绝履行清偿责任；同时也不得只清偿部分金额而要求持票人就其余部分金额再向其他票据债务人请求清偿。被追索人在向持票人承担票据责任后，与持票人享有同一权利，可以向其前手进行追索，即行使再追索权；其前手仍可再向其前手行使再追索权，直至出票人为止。但如果D又背书给B，则属于"回头背书"。此时持票人B只能向前手A行使追索权，不能向其原来的后手C和D行使追索权。

【例题18·多选题】 (2014年)根据票据法律制度的规定，汇票持票人可以取得期前追索权的情形有( )。

A. 承兑附条件

B. 承兑人被宣告破产

C. 付款人被责令终止业务活动

D. 出票人被宣告破产

解析 本题考核追索权。汇票到期日前，有下列情形之一的，持票人也可以行使追索权：(1)汇票被拒绝承兑的；(2)承兑人或者付款人死亡、逃匿的；(3)承兑人或者付款人被依法宣告破产的或者因违法被责令终止业务活动的。 **答案** ABC

【例题19·单选题】 甲公司向乙公司签发了一张已由丙银行承兑的银行承兑汇票。丁向乙公司承诺甲公司不履行债务时其承担保证责任，丁在票据上记载"保证"字样并签章。乙公司持票向丙银行请求付款，银行以出票人甲公司严重丧失商业信誉为由拒绝付款。对此，下列表述正确的是( )。

A. 乙公司只能要求丁承担保证责任

B. 丙银行拒绝付款不符合法律规定

C. 乙公司应先向甲公司行使追索权，不能得到清偿时方能向丁追偿

D. 丁作为保证人，承担的可以是一般保证责任，也可以是连带保证责任

解析 本题考核追索权的行使。汇票的出票人、背书人、承兑人和保证人对持票人承担连带责任；选项A错误。持票人可以不按照汇票债务人的先后顺序，对其中任何一人、数人或者全体行使追索权；选项C错误。被保证的汇票，保证人应当与被保证人对持票人承担连带责任；选项D错误。 **答案** B

（九）本票★★★

本票仅限于银行本票，且为记名本票和即期本票（见票即付）。

1. 本票的记载事项（见表9-18）

表9-18 本票的记载事项

本票记载事项的分类	具体内容
绝对应记载事项	本票的绝对应记载事项包括6项： ①表明"本票"的字样； ②无条件支付的承诺； ③确定的金额； ④收款人名称； ⑤出票日期； ⑥出票人签章。 【知识点拨】与汇票相比，没有"付款人名称"，因为付款人就是出票人，也是第一债务人
相对应记载事项	本票的相对应记载事项包括两项： ①付款地。本票上未记载付款地的，出票人的营业场所为付款地； ②出票地。本票上未记载出票地的，出票人的营业场所为出票地。 【知识点拨】和汇票相比，没有"付款日期"，因本票仅限于见票即付

2. 本票的付款——见票即付

（1）银行本票自出票之日起，付款期限最长不得超过2个月。

【知识点拨】本票的出票人是最终的票据责任人，持票人应当向出票人提示付款。

（2）如果持票人未按照规定的期限提示见票的，丧失对出票人以外的前手的追索权，但仍可对出票人享有付款请求权和追索权。

【知识点拨】本票的背书、保证、付款行为和追索权的行使，适用汇票的有关规定。

【例题20·多选题】（2018年）下列关于本票的表述中，符合票据法律制度规定的有（   ）。

A. 本票为见票即付的票据

B. 本票的收款人名称可以授权补记

C. 我国现行法律规定的本票仅为银行本票

D. 本票未记载付款地的，出票人的营业场所为付款地

解析 ▶ 本题考核本票。支票的收款人名称可以授权补记，本票的收款人名称不可以授权补记。

答案 ▶ ACD

（十）支票★★★

1. 支票的记载事项（见表9-19）

表9-19 支票的记载事项

支票记载事项的分类	具体内容
绝对应记载事项	支票的绝对记载事项包括6项： ①表明"支票"字样； ②无条件支付的委托； ③确定的金额； ④付款人名称； ⑤出票日期； ⑥出票人签章。 【知识点拨】与汇票相比，没有"收款人名称"，可授权当事人补记

支票记载事项的分类	具体内容
相对应记载事项	支票的相对应记载事项包括两项： ①付款地。支票上未记载付款地的，付款人的营业场所为付款地。 【知识点拨】由于支票的付款人为银行等金融机构，对于银行来说，仅包括"营业场所"，不存在"住所或者经常居住地"的问题。 ②出票地。支票上未记载出票地的，出票人的营业场所、住所或者经常居住地为出票地。 【知识点拨】与汇票相比，没有"付款日期"，因支票仅限于见票即付
授权补记	①支票金额的授权补记。支票上的金额可以由出票人授权收款人补记，未补记前的支票，收款人不得背书转让，也不能提示付款。 ②收款人名称的授权补记。出票人可以授权收款人在支票上补记其名称，收款人名称在未补记前，收款人不能提示付款，但可以背书转让

2. 支票的付款——见票即付

（1）支票不得另行记载付款日期。另行记载付款日期的，该记载无效。

（2）持票人应当自出票日起10日内向付款人提示付款。

（3）出票人的存款金额不足以支付票据金额，为空头支票，付款人不予付款。

【知识点拨1】持票人超过提示付款期限的，付款人可以不予付款，持票人丧失对出票人之外的前手的追索权，但出票人仍然应当对持票人承担支付票款的责任。

【知识点拨2】支票与银行承兑汇票的区别：

①支票出票时，收款人名称和金额可以授权补记；银行承兑汇票中，最终的持票人在被背书人栏内记载自己的名称与背书人记载具有同等法律效力。

②支票和银行承兑汇票的提示付款期限都是10天。支票是自"出票日"起计算10日付款期限；银行承兑汇票是自"到期日"起计算10日付款期限。

③支票持票人提示付款时出票人账户金额不足，属于签发空头支票，银行不予付款；银行承兑汇票持票人提示付款时出票人账户金额不足，承兑银行仍需要承担票据责任。

【例题21·多选题】（2019年）根据票据法律制度的规定，支票的下列记载事项中，可以由出票人授权补记的有（　　）。

A. 收款人名称　　B. 付款人名称

C. 出票日期　　　D. 票据金额

解析 ▶ 本题考核支票出票的款式。支票上的金额与收款人名称可以由出票人授权补记。

答案 ▶ AD

『总结1』关于票据记载事项，见表9-20。

表9-20　票据记载事项

票据记载事项	内容	汇票	本票	支票
绝对应记载事项	表明"××"的字样	√	√	√
	无条件支付委托/承诺	√	√	√
	确定的金额	√	√	√
	付款人名称	√	×	√
	收款人名称	√	√	×
	出票日期	√	√	√
	出票人签章	√	√	√

票据记载事项	内容	汇票	本票	支票
相对应记载事项	付款日期	√	×	×
	付款地	√	√	√
	出票地	√	√	√

『总结2』关于票据承兑和付款期限，见表9-21。

表9-21 票据承兑和付款期限

票据种类		提示承兑期限	提示付款期限
银行汇票		无需承兑	出票日起1个月
商业汇票	定日付款	到期日前	到期日起10日
	出票后定期付款		
	见票后定期付款	出票日起1个月	
本票		无需承兑	出票日起2个月
支票		无需承兑	出票日起10日

『总结3』关于票据所附条件及另行记载的法律效力，见表9-22。

表9-22 票据附条件及另行记载的法律效力

票据行为	所附条件的法律效力
背书附条件的	所附条件无效（背书有效）
承兑附条件的	视为拒绝承兑（承兑无效）
保证附条件的	所附条件无效（保证有效）
支票另行记载付款日期的	该记载无效（支票有效）

【例题22·单选题】下列关于本票和支票的说法正确的是（　）。

A. 我国票据法上的本票包括银行本票和商业本票，而支票只有银行支票

B. 我国票据法上的本票和支票都仅限于见票即付

C. 本票和支票的基本当事人都只包括银行和收款人

D. 支票需要承兑，本票无需承兑

解析 ▶ 本题考核本票与支票的区别。我国本票只有银行本票，而支票除了银行可以作为付款人外，其他金融机构也可以作为付款人，故支票不限于银行支票。支票的基本当事人除了付款人（银行或其他金融机构）和收款人外，还有出票人。支票和本票都无需承兑。

答案 ▶ B

【应试思路】本票与支票有相似之处，比如都是见票即付、单位与个人均可使用。但也有不同，本票的出票人是银行，没有独立付款人；支票的出票人是单位或个人，有独立付款人。考试时注意分析二者的不同之处。

三、非票据结算方式

扫我解疑难

票据结算之外的结算方式，包括汇兑、托收承付、委托收款、信用证、银行卡、预付卡和电子支付等。

（一）汇兑★

汇兑是指汇款人委托银行将其款项支付给收款人的结算方式。适用于单位和个人的各种款项的结算，不受金额起点的限制。汇

兑分为信汇和电汇两种。

1. 汇兑办理程序

(1)汇款人按要求签发汇兑凭证。汇出银行受理汇兑凭证，经审查无误后，应及时向汇入银行办理汇款，并向汇款人签发汇款回单。

【知识点拨】汇款回单只能作为汇出银行受理汇款的依据，不能作为该笔汇款已转入收款人账户的证明。

(2)汇入银行办理付款手续

①汇入银行对开立存款账户的收款人，应将汇给其的款项直接转入收款人账户，并向其发出收账通知。

【知识点拨】收账通知是银行将款项确已收入收款人账户的凭据。

②收款人可以委托他人向汇入银行支取款项，或者转账支付到单位或个体工商户的存款账户(严禁转入储蓄和信用卡账户)，或者办理转汇。

2. 汇兑的撤销和退汇(见表9-23)

表9-23　汇兑的撤销和退汇

项目	内容
汇兑的撤销	汇款人申请撤销汇款必须是该款项尚未从汇出银行汇出
汇兑的退汇	①汇款人申请退汇必须是该款项已经从汇出银行汇出； ②对在汇入银行开立存款账户的收款人，由汇款人与收款人自行联系退汇。对未在汇入银行开立存款账户的收款人，经汇入银行核实汇款确未支付，并将款项汇回汇出银行，方可办理退汇； ③汇入银行对于收款人拒绝接受的汇款，应当立即办理退汇； ④汇入银行对于向收款人发出取款通知，经过两个月无法交付的汇款，应主动办理退汇

(二)托收承付★★

1. 托收承付结算的金额起点

托收承付结算每笔的金额起点为1万元，新华书店系统每笔的金额起点为1000元。

【知识点拨】汇兑、委托收款、汇票和支票都没有金额起点的限制。

2. 托收承付的适用条件

(1)使用托收承付结算方式的收款单位和付款单位必须是国有企业、供销合作社以及经营管理较好，并经开户银行审查同意的城乡集体所有制工业企业。

【知识点拨】汇兑、委托收款、银行汇票、银行本票和支票，单位和个人均可使用。

(2)办理结算的款项必须是商品交易以及因商品交易而产生的劳务供应的款项。代销、寄销、赊销商品的款项不得办理托收承付结算。

(3)收付双方使用托收承付结算必须签有符合《合同法》规定的购销合同，并在合同中订明使用异地托收承付结算方式。

(4)收款人办理托收，必须具有商品确已发运的证件。

(5)如果收款人对同一付款人发货托收累计三次收不回货款的，收款人开户银行应暂停收款人向付款人办理托收；付款人累计三次提出无理拒付的，付款人开户银行应暂停其向外办理托收。

3. 承付期

承付是由付款人向银行承认付款的行为。承付货款分为验单付款和验货付款两种，由收付双方商量选用，并在合同中明确规定。

(1)验单付款的承付期为3天，从付款人开户银行发出"承付通知"次日算起(承付期遇法定休假日顺延)；付款人在承付期内，未向银行表示拒绝付款，银行即视作承付，并在承付期满的次日(法定休假日顺延)上午银行开始营业时，将款项主动从付款人的账户内付出，划给收款人。

(2)验货付款的承付期为10天，从运输部门向付款人发出"提货通知"的次日算起；对收付双方在合同中明确规定，并在托收凭证上注明验货付款期限的，银行从其规定。

4. 拒绝付款的理由

付款人在承付期内，有正当理由，可向

银行提出全部或部分拒绝付款。依据《支付结算办法》规定，该理由包括三大类：

（1）不满足托收承付的使用条件：

①没有签订买卖合同或者买卖合同未订明托收承付结算方式的款项；

②代销、寄销、赊销商品的款项。

（2）一方违约导致可以拒付款项：

①未按合同规定的到货地址发货的款项；

②未经双方事先达成协议，收款人提前交货或因逾期交货，付款人不再需要该项货物的款项；

③验单付款，发现所列货物的品种、规格、数量、价格与合同规定不符；或者货物已到，经查验货物与合同规定或与发货清单不符的款项；

④验货付款，经查验货物与合同规定或与发货清单不符的款项。

（3）货款已经支付或计算错误的款项。

【例题 23·多选题】2017 年 2 月，甲公司在办理托收承付结算时，遭到银行拒绝，在与银行交涉时，银行业务员陈述的下列理由中，正确的有(   )。

A. 合同中没有订明使用异地托收承付结算方式

B. 该款项为代销商品的款项

C. 收款人对同一付款人发货托收已累计三次未收回货款

D. 本笔托收承付的金额只有 9 万元

解析 本题考核托收承付的适用范围和条件。(1)当事人使用托收承付结算方式必须签有符合《合同法》规定的买卖合同，并在合同上订明使用异地托收承付结算方式，因此，选项 A 正确；(2)代销、寄销、赊销商品的款项不得办理托收承付结算，因此，选项 B 正确；(3)如果收款人对同一付款人发货托收累计三次收不回货款的，收款人银行应暂停收款人对付款人办理托收；付款人累计三次提出无理拒付的，付款人开户银行应当暂停其向外办理托收，因此，选项 C 正确；(4)托收承付结算每笔的金额起点是 1 万元，新华

书店系统每笔的金额起点为 1000 元，因此，选项 D 不选。

答案 ▶ ABC

【应试思路】除了法定拒绝付款的事由，不满足托收承付适用条件的，也应当拒付，比如金额的限制、收款双方资格的限制等。

（三）委托收款★

1. 委托收款的适用范围

（1）委托收款在同城、异地均可使用。

【知识点拨】托收承付是异地使用。

（2）单位和个人凭已承兑的商业汇票、债券、存单等付款人债务证明办理款项的结算，均可以使用委托收款结算方式。

2. 流程

（1）委托：收款人办理委托收款，应当向银行提交所填写的委托收款凭证和有关债务证明。

（2）付款。

①以银行为付款人的，银行应在当日将款项主动支付给收款人。

②以单位为付款人的，银行应及时通知付款人，付款人应于接到通知的当日书面通知银行付款；如果付款人未在"接到通知日"的次日起 3 日内通知银行付款的，视同付款人同意付款，银行应于付款人接到通知日的次日起第 4 日上午开始营业时，将款项划给收款人。

③银行在办理划款时，发现付款人存款账户不足支付的，应通过被委托银行向收款人发出"未付款通知书"。同时退还债务证明。

（四）国内信用证 ★★★

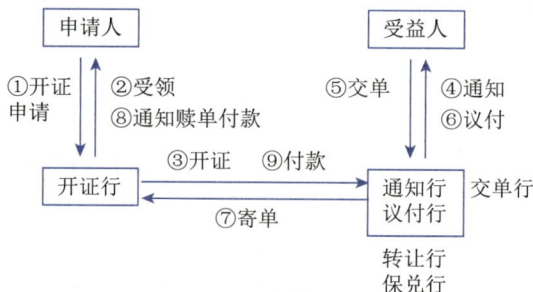

图 9-4 信用证办理基本流程

1. 我国的信用证为人民币计价、不可撤销的跟单信用证。信用证付款期限最长不超

过1年。

【知识点拨1】信用证与作为其依据的贸易合同相互独立，即使信用证含有对此类合同的任何援引，银行也与该合同无关，且不受其约束。

【知识点拨2】信用证只能用于转账结算，不得支取现金。

2. 信用证的流程(表9-24)

表9-24　信用证的流程

流程	具体规定
开证	申请人申请开立信用证，须提交其与受益人签订的贸易合同。(但信用证与其依据的贸易合同相互独立) 开立信用证应明确的内容包括： (1)是否可转让，可转让信用证须记载"**可转让**"字样并指定一家转让行； (2)是否可保兑，保兑信用证须记载"**可保兑**"字样并指定一家保兑行； (3)是否可议付，议付信用证须记载"**议付**"字样并指定一家或任意银行作为议付行。 (4)信用证项下相关费用承担方。未约定费用承担时，由业务委托人或申请人承担相应费用。 【知识点拨】**保兑**是指保兑行根据开证行的授权或要求，在开证行承诺之外做出的对相符交单付款、确认到期付款或议付的确定承诺。保兑行自对信用证加具保兑之时起即不可撤销地承担对相符交单付款、确认到期付款或议付的责任
修改	开证申请人需对已开立的信用证内容修改的，应向开证行提出修改申请，明确修改的内容。——**受益人决定接受或拒绝**。 (1)信用证受益人同意或拒绝接受修改的，应提供接受或拒绝修改的通知； (2)如果受益人未能给予通知，当交单与信用证以及尚未接受的修改的要求一致时，即视为受益人已做出接受修改的通知。 【知识点拨】对同一修改的内容不允许部分接受，部分接受将被视作拒绝接受修改。保兑行有权选择是否将其保兑扩展至修改
通知	通知行可自行决定是否通知：同意通知的，应于收到信用证次日起**3个营业日内**通知受益人；拒绝通知的，应于收到信用证次日起**3个营业日内**告知开证行
转让	转让行应第一受益人的要求，将可转让信用证的部分或者全部转为可由**第二受益人兑用**。可转让信用证**只能转让一次**。 【知识点拨】可转让信用证需特别标注"可转让"字样。开证行必须指定转让行，转让行可为开证行
议付	议付行在收到开证行或保兑行付款前购买单据、取得信用证项下索款权利，**向受益人预付或同意预付资金**的行为。 【知识点拨1】信用证**未明示可议付，任何银行不得办理议付**；被指定的议付行可自行决定是否办理议付。 【知识点拨2】议付行议付时，必须与受益人**书面约定**是否有追索权。保兑行议付时，对受益人不具有追索权，受益人存在信用证欺诈的情形除外
寄单索款	受益人委托交单行交单，应在信用证交单期和有效期内填制信用证交单委托书，并提交单据和信用证正本及信用证通知书、信用证修改书正本及修改通知书(如有)。交单行应在收单次日起**5个营业日内**对其审核相符的单据寄单
付款	开证行或保兑行在收到交单行寄交的单据及交单面函(寄单通知书)或受益人直接递交的单据的次日起**5个营业日内**，及时核对是否为相符交单。若受益人提交了相符单据或开证行已发出付款承诺，即使申请人交存的保证金及其存款账户余额不足支付，开证行仍应在规定的时间内付款(**体现信用证的融资功能**)。 开证行或保兑行审核发现不符决定拒付的，**5个营业日内**将不符点通知交单行或受益人。否则，无权宣称交单不符。 开证行或保兑行拒付时，应提供书面拒付通知

流程	具体规定
注销	指开证行对信用证未支用的金额解除付款责任的行为。 （1）逾期注销：**开证行、保兑行、议付行**未在信用证有效期内收到单据的，开证行可在信用证逾期**1个月后**予以注销； （2）其他情况：注销信用证需经开证行、已办理过保兑的保兑行、已办理过议付的议付行、已办理过转让的转让行与受益人同意

【例题 24 · 多选题】（2017 年）根据支付结算法律制度的规定，下列关于国内信用证的表述中，正确的有（   ）。

A. 信用证具有融资功能

B. 开证行可以单方修改或撤销信用证

C. 受益人可以将信用证的部分权利转让给他人

D. 信用证与作为其依据的买卖合同相互独立

解析 本题考核国内信用证。我国的信用证为人民币计价、不可撤销的跟单信用证。

答案 ACD

（五）银行卡★

1. 银行卡的种类（见表 9-25）

表 9-25　银行卡的种类

种类		内容
信用卡	贷记卡	发卡银行给予持卡人一定的信用额度，持卡人可在信用额度内先消费、后还款
	准贷记卡	持卡人须先交存一定金额的备用金，当备用金账户余额不足支付时，可在发卡银行规定的信用额度内透支
借记卡	转账卡	具有转账结算、存取现金和消费功能
	专用卡	具有专门用途、在特定区域使用，具有转账结算、存取现金功能。 **【知识点拨】**这里的"专门用途"是指在百货、餐饮、饭店、娱乐行业以外的用途
	储值卡	发卡银行根据持卡人要求将其资金转至卡内储存，交易时直接从卡内扣款

2. 单位卡与个人卡

（1）单位人民币卡账户的资金一律从其基本存款账户转账存入，不得存取现金，不得将销货收入的款项存入单位卡账户。单位外币卡账户的资金应从其单位的外汇账户转账存入，不得在境内存取外币现钞。

（2）个人申领银行卡，应当向发卡银行提供公安部门规定的本人有效身份证件，经发卡银行审查合格后，为其开立记名账户。

【知识点拨】持卡人办理销户时，单位人民币卡账户内的余额应当转入其基本账户，不得支取现金。个人卡账户销户时，可以转账结清，也可以提取现金。

3. 银行卡的计息标准

发卡银行对准贷记卡及借记卡（不含储值卡）账户内的存款计付利息。

4. 贷记卡持卡人非现金交易的优惠

信用卡持卡人透支消费享受免息还款期和最低还款额待遇的条件和标准等，由发卡机构自主确定。

5. 银行卡提取现金

借记卡在自动柜员机取款的交易上限为每卡每日累计 2 万元。

（六）预付卡★

1. 预付卡是指发卡机构以特定载体和形式发行的、可在发卡机构之外购买商品或服务的预付价值，但不包括：①仅限于发放社会保障金的预付卡；②仅限于乘坐公共交通工具的预付卡；③仅限于缴纳电话费等通信费用的预付卡；④发行机构与特约商户为同一法人的预付卡。

2. 预付卡分为记名预付卡和不记名预付卡。记名预付卡应当可挂失、可赎回，不得设置有效期。不记名预付卡一般不挂失、不赎回。不记名预付卡有效期不得低于3年。预付卡不得具有透支功能。

真题精练

一、单项选择题

（2015年）甲公司签发的支票上，中文大写记载的金额为"壹万玖仟捌佰元整"，而阿拉伯数字（数码）记载的金额为"19810元"。根据票据法律制度的规定，下列关于该支票效力的表述中，正确的是（　）。

A. 支票无效

B. 经甲公司将金额更改为一致并签章后，支票有效

C. 支票有效，以中文记载为准

D. 支票有效，以阿拉伯数字（数码）记载为准

二、多项选择题

1. （2015年）下列关于国内信用证的表述中，符合票据法律制度规定的有（　）。

A. 不可转让　　　B. 不可撤销

C. 不可取现　　　D. 不可跟单

2. （2014年）根据票据法律制度的规定，下列关于票据质押背书的表述中，正确的有（　）。

A. 被背书人可以行使付款请求权

B. 被背书人可以行使追索权

C. 被背书人可以再进行转让背书

D. 被背书人可以再进行委托收款背书

三、案例分析题

1. （2019年）A公司向B公司购买一批生产设备。为支付货款，A公司向B公司签发一张以甲银行为承兑人、金额为500万元的银行承兑汇票。甲银行作为承兑人在票面上签章。B公司收到汇票后背书转让给C公司，用于偿还其所欠C公司的专利使用费，但未在被背书人栏内记载C公司的名称。C公司欠D公司一笔货款，遂直接将D公司记载为B公司的被背书人，并将汇票交给D公司，D公司随即将汇票背书转让给E公司，用于偿付工程款，并在汇票上注明："工程验收合格则转让生效"。E公司随即又将汇票背书转让给F公司，用于支付办公装修费用。后D公司与E公司因工程存在严重安全隐患，未能验收合格而发生纠纷。

B公司未在约定期间内向A公司发货，经催告后仍未发货。A公司遂向B公司主张解除合同、退还货款。

F公司于汇票到期日向银行提示付款，甲银行以A公司资信状况不佳、账户余额不足为由拒绝。F公司向前手行使追索权。A公司辩称因B公司根本违约，其已向B公司主张解除合同、退还货款，故不应承担任何票据责任。D公司辩称，根据其在汇票上注明的条件，D公司对E公司的背书转让并未生效，故D公司无需向F公司承担票据责任。

根据上述内容，分别回答下列问题：

（1）甲银行拒绝向F公司付款的理由是否成立？并说明理由。

（2）A公司拒绝向F公司承担票据责任的理是否成立？并说明理由。

（3）D公司对E公司的背书转让是否生效？并说明理由。

（4）C公司是否应当承担票据责任？并说明理由。

2. （2018年）2018年3月5日，A公司为支付货款，向B公司签发一张200万元的银行承兑汇票，汇票到期日为2018年9月4日。甲银行与B公司签署承兑协议后，作为承兑人在票面上签章。后该承兑协议因重大误解而被人民法院撤销。

B公司收到汇票后背书转让给C公司，用于支付房屋租金，但未在被背书人栏内记载C公司的名称。C公司欠D公司一笔应付账款，遂直接将D公司记载为B公司的被背书人，并将汇票交给D公司。

6月5日，D公司财务人员李某将其负责保管的该汇票盗出，并伪造D公司相关签章，将该汇票背书转让给与其相互串通的E公司。

7月5日，E公司将该汇票背书转让给F公司，用于支付货款。F公司知道E公司获得该汇票的详情，但仍予接受。F公司随即将该汇票背书转让给G公司，用于支付装修工程款。G公司对李某的行为及E公司、F公司获取该汇票的经过均不知情。

9月4日，G公司持该汇票向甲银行提示付款，甲银行以其与B公司之间的承兑协议已被撤销为由拒付。

要求：根据上述内容，分别回答下列问题。

（1）甲银行拒绝向G公司付款的理由是否成立？并说明理由。

（2）F公司是否取得票据权利？并说明理由。

（3）G公司是否取得票据权利？并说明理由。

（4）G公司是否有权向C公司追索？并说明理由。

3.（2017年）甲公司为支付货款，向乙公司签发一张以A银行为承兑人、金额为100万元的银行承兑汇票。A银行作为承兑人在汇票票面上签章，甲公司的股东郑某在汇票上以乙公司为被保证人，进行了票据保证的记载并签章。甲公司将汇票交付给乙公司工作人员孙某。

孙某将该汇票交回乙公司后，利用公司财务管理制度的疏漏，将汇票暗中取出，并伪造乙公司财务专用章和法定代表人签章，将汇票背书转让给与其相互串通的丙公司。丙公司随即将该汇票背书转让给丁

公司，用于支付房屋租金，丁公司对于孙某伪造汇票之事不知情。

丁公司于汇票到期日向A银行提示付款。A银行在审核过程中发现汇票上的乙公司签章系伪造，故拒绝付款。丁公司遂向丙公司、乙公司和郑某追索，均遭拒绝。后丁公司知悉孙某伪造汇票之事，遂向其追索，亦遭拒绝。

要求：根据上述内容，分别回答下列问题。

（1）丁公司能否因丙公司的背书转让行为而取得票据权利？并说明理由。

（2）乙公司是否应当向丁公司承担票据责任？并说明理由。

（3）郑某是否应当向丁公司承担票据责任？并说明理由。

（4）孙某是否应当向丁公司承担票据责任？并说明理由。

4.（2016年）2016年3月1日，为支付工程款项，A公司向B公司签发一张以甲银行为承兑人，金额为150万元的银行承兑汇票。汇票到期日为2016年9月1日，甲银行作为承兑人在汇票票面上签章。

4月1日，B公司将该汇票背书转让给C公司，用于支付买卖合同价款，后因C公司向B公司出售的合同项下货物存在严重质量问题，双方发生纠纷。

5月1日，C公司为支付广告费，将该汇票背书给D公司。D公司负责人知悉B、C之间合同纠纷的详情，对该汇票产生疑虑，遂要求C公司的关联企业E公司与D公司签订了一份保证合同，保证合同约定，E公司就C公司对D公司承担的票据责任提供连带责任保证。但E公司未在汇票上记载有关保证事项，亦未签章。

6月1日，D公司将该汇票背书转让给F公司，以偿还所欠F公司的租金。

9月2日，F公司持该汇票向甲银行提示付款，甲银行以A公司资信状况不佳，账户余额不足为由拒付。

F 公司遂向 B、D 公司追偿。B 公司以 C 公司违反买卖合同为由，对 F 公司的追偿予以拒绝。D 公司向 F 公司承担票据责任后，分别向 B、E 公司追索。B 公司仍以 C 公司违反买卖合同为由，对 D 公司的追索予以拒绝，E 公司亦拒绝。

要求：根据上述内容，分别回答下列问题。

(1)甲银行的拒付理由是否成立? 并说明

理由。

(2)B 公司拒绝 F 公司追索的理由是否成立? 并说明理由。

(3)B 公司拒绝 D 公司追索的理由是否成立? 并说明理由。

(4)D 公司能否要求 E 公司承担票据责任? 能否依保证合同要求 E 公司承担保证责任? 并分别说明理由。

真题精练答案及解析

一、单项选择题

A 【解析】本题考核票据行为的形式要件。票据金额以中文大写和数码同时记载，二者必须一致，二者不一致的，票据无效。

二、多项选择题

1. BC 【解析】本题考核国内信用证。我国的信用证为不可撤销的跟单信用证。信用证只能用于转账结算，不能支取现金。

2. ABD 【解析】本题考核票据质押背书。选项 AB，经质押背书，被背书人取得票据质权的，票据质权人有权以相当于票据权利人的地位行使票据权利，包括行使付款请求权、追索权;选项 CD，票据质权人进行转让背书或者质押背书的，背书行为无效。但是，被背书人可以再进行委托收款背书。

三、案例分析题

1.【答案】

(1)甲银行拒绝付款的理由不成立。根据规定，票据债务人不得以其与出票人之间抗辩事由对抗持票人，本案中承兑人甲银行不得以自己与出票人 A 公司之间的资金关系对抗持票人，拒绝支付汇票金额。

(2)A 公司的理由不成立。根据规定，票据债务人不得以自己与持票人的前手之间的抗辩事由对抗持票人。本案中 A 公司因 B 公司违约，对 B 公司有抗辩事由，但不

得以此对抗持票人 F 公司。

(3)D 公司的背书有效。根据规定，背书不得附有条件，背书时附条件的，所附条件不具有汇票上的效力，背书仍然是有效的。

(4)C 公司不应承担票据责任。根据规定，票据债务人包括出票人、承兑人、背书人、保证人，C 公司并未在票据上签章，并非票据债务人，不承担票据责任。

2.【答案】

(1)甲银行拒绝付款的理由不成立。根据规定，票据债务人不得以自己与出票人或者与持票人的前手之间的抗辩事由，对抗持票人。承兑协议虽然被撤销，但甲银行已经作为承兑人签章，应当对持票人承担票据责任。

(2)F 公司不能取得票据权利。根据规定，以欺诈、偷盗或者胁迫等手段取得票据的，或者明知有前列情形，出于恶意取得票据的，不得享有票据权利。F 公司明知票据是偷盗伪造而来，却仍然受让票据，不能取得票据权利。

(3)G 公司可以取得票据权利。根据规定，票据权利的善意取得，是指无处分权人处分他人之票据权利，受让人依照《票据法》所规定的票据转让方式取得票据，善意且无重大过失，则可以取得票据权利。F 公司虽然没有票据权利，G 公司对李某的行

为及 E 公司、F 公司获取该汇票的经过均不知情，且无过失，其构成票据权利的善意取得，可以取得票据权利。

(4)G 公司无权向 C 公司追索。根据规定，被追索人包括背书人、出票人、保证人、承兑人。其中，承兑人既是付款义务人，也是被追索人。C 公司未在票据上签章，其既不是背书人，也不是出票人、保证人或承兑人。因此不能向其追索。

3.【答案】

(1)丁公司取得票据权利。根据规定，以欺诈、偷盗或者胁迫等手段取得票据的，或者明知有前列情形，出于恶意取得票据的，不得享有票据权利。处分权人处分他人之票据权利，受让人依照《票据法》所规定的票据转让方式取得票据，并且善意且无重大过失，则可以取得票据权利。因此本题中尽管丙是恶意的不享有票据权利，但是丁是善意第三人可以基于善意取得制度取得票据权利。

(2)乙公司无需向丁公司承担票据责任。根据规定，票据伪造的被伪造人，不承担票据责任。因此本题中被伪造人乙公司不承担票据责任。

(3)郑某应当向丁公司承担票据责任。根据规定，保证人对合法取得汇票的持票人所享有的汇票权利，承担保证责任。但是，被保证人的债务因汇票记载事项欠缺而无效的除外。因此本题中保证人(郑某)仍应对票据权利人(丁公司)承担票据保证责任。

(4)孙某不应当向丁公司承担票据责任。根据规定，伪造人并未以自己名义在票据上签章，不承担票据责任，但是可能要承担刑事责任、行政责任或者民法上的赔偿责任。本题中伪造人孙某没有以自己的名

义在票据上签章，因此不应当向丁公司承担票据责任。

4.【答案】

(1)甲银行的拒付理由不成立。根据票据法律制度的规定，付款人承兑汇票后，应当承担到期付款的责任。票据债务人不得以自己与出票人之间的抗辩事由，对抗持票人。因此甲银行已经承兑，是主债务人，就不能以资金关系为由对持票人拒绝付款。

(2)B 公司拒绝 F 公司追索的理由不成立。根据规定，票据债务人不得以自己与持票人的前手之间的抗辩事由，对抗持票人。票据债务人可以对不履行约定义务的与自己有直接债权债务关系的持票人进行抗辩。但如果该票据已被不履行约定义务的持票人进行背书转让，而最终的持票人属善意、已支付对价取得票据的持票人，则票据债务人不能对其进行抗辩。

(3)B 公司拒绝 D 公司追索的理由成立。根据规定，票据债务人不得以自己与持票人的前手之间的抗辩事由，对抗持票人。但是，持票人明知存在抗辩事由而取得票据的除外。题目中，D 知道 BC 之间的纠纷，所以 B 可以对抗 C 的事由对抗 D。

(4)D 公司不能要求 E 公司承担票据责任。根据规定，保证人未在票据或者粘单上记载"保证"字样而另行签订保证合同或者保证条款的，不属于票据保证。因此 D 公司不能要求 E 公司承担票据责任。

可以依保证合同要求 E 公司承担保证责任。尽管 E 公司不存在票据上的保证责任，但其与 D 公司签订了保证合同，适用担保法有关保证责任的规定。作为连带保证人，在 C 公司不履行债务时，E 公司应当承担保证责任。

一、单项选择题

1. 下列关于银行结算账户的开立与用途，说法正确的是( )。

A. 基本存款账户的开立单位必须是法人

B. 开立基本存款账户的单位都可以开立一般存款账户

C. 一般存款账户可以办理现金存取

D. 临时存款账户有效期最长不超过1年

2. 甲公司与乙公司签订买卖合同后，为了支付价款，甲公司签发了一张以乙公司为收款人的银行承兑汇票，公司财务经理签字，并加盖了公司的合同专用章。承兑人丙银行的代理人签字并加盖了银行的汇票专用章。乙公司背书转让给丁公司，丁公司再背书转让给戊公司，戊公司在票据到期时向丙银行请求付款。根据票据法律制度的规定，下列表述中正确的是( )。

A. 丙银行可以拒绝承担票据责任

B. 甲公司应当承担票据责任

C. 乙公司应当承担票据责任

D. 丁公司应当承担票据责任

3. A公司向B公司购买一批材料，开出一张付款人为C银行的银行承兑汇票，B公司要求A公司提供保证人，A公司的法定代表人张某为该票据提供保证。A公司在该汇票上加盖了财务专用章和张某的章，C银行只加盖了票据专用章，张某在该票据上作为保证人签章时只签名没有盖章，B公司将该票据背书转让给D公司支付货款，B公司只加盖了单位公章，下列关于本案说法正确的是( )。

A. 张某应当承担票据上的保证责任

B. A公司无需承担票据责任

C. C银行应当承担票据责任

D. B公司应当承担票据责任

4. 甲公司是一张3个月以后到期的银行承兑汇票所记载的收款人。甲公司和乙公司合

并为丙公司，丙公司于上述票据到期时向承兑人提示付款。下列表述中，正确的是( )。

A. 丙公司不能取得票据权利

B. 丙公司取得票据权利

C. 甲公司背书后，丙公司才能取得票据权利

D. 甲公司和乙公司共同背书后，丙公司才能取得票据权利

5. 丙公司持有一张以甲公司为出票人、乙银行为承兑人、丙公司为收款人的汇票，汇票到期日为2017年6月5日，但是丙公司一直没有主张票据权利。根据票据法律制度的规定，丙公司对甲公司的票据权利的消灭时间是( )。

A. 2017年6月15日

B. 2017年12月5日

C. 2018年6月5日

D. 2019年6月5日

6. 下列关于票据权利的保全，说法正确的是( )。

A. 汇票持票人超过法定期限提示承兑的，将丧失对出票人以外的前手的追索权

B. 汇票持票人超过法定期限提示付款的，将丧失对出票人以外的前手的追索权

C. 汇票持票人超过法定期限提示付款的，将丧失付款请求权

D. 汇票持票人超过法定期限发出追索通知的，将丧失对出票人以外的前手的追索权

7. A出票给B，票面金额为100万元，B变造为1000万元背书转让给C，C对此不知情，也无法从票面判别该变造的情况，C再背书转让给D。对此，下列说法正确的是( )。

A. A不承担票据责任

B. B承担100万元的票据责任

C. C 承担 1000 万元的票据责任

D. 该票据无效

8. 甲公司为支付租金开出一张银行承兑汇票给乙公司，张三盗窃该汇票并伪造乙公司及其法定代表人签章，将票据背书给知情的丙公司，丙公司将该汇票背书捐赠给希望小学，希望小学为采购教学用具将汇票背书转让给不知前述情况的丁公司。关于本案，下列说法错误的是( )。

A. 丙公司不享有票据权利

B. 希望小学不享有票据权利

C. 丁公司不享有票据权利

D. 乙公司不承担票据责任

9. 甲出票给乙，购买货物，乙背书转让给丙，根据票据法律制度的规定，下列各项中，甲不可以对持票人丙行使抗辩权的事由是( )。

A. 乙背书转让时签章不符合规定

B. 丙的票据权利已超过法定时效

C. 甲是限制民事行为能力人

D. 乙交付给甲的货物检验不合格

10. 根据我国票据法律制度的规定，下列票据中，可以挂失止付的票据是( )。

A. 已承兑的商业汇票

B. 未记载付款人的汇票

C. 未填明"现金"字样的银行汇票

D. 未填明"现金"字样的银行本票

11. 甲公司于 2019 年 4 月 1 日签发了一张委托 A 银行承兑的银行承兑汇票，关于该汇票，下列说法中，不符合票据法律制度规定的是( )。

A. 自出票日起，A 银行成为该汇票的主债务人

B. 自出票日起，甲公司即负有担保该汇票获得付款的责任

C. 该汇票的付款日期可以记载为见票之日起 30 日内付款

D. 甲公司若记载不得转让，则该汇票不得转让

12. A 签发一张银行承兑汇票给 B，B 转让给 C，C 转让给 D，下列说法正确的是( )。

A. 若 D 又转让给 A，则 A 不享有票据权利

B. 若 D 又转让给 A，则 A 对 B、C、D 不享有追索权

C. 若 D 又转让给 B，则 B 不享有票据权利

D. 若 D 又转让给 B，则对 A、C、D 不享有追索权

13. 下列关于票据提示承兑，说法正确的是( )。

A. 出票后定期付款的商业汇票，持票人应当在出票后 2 个月内提示承兑

B. 定日付款的商业汇票，持票人应当在票据到期前提示承兑

C. 见票后定期付款的商业汇票，持票人需在出票后 2 个月内提示承兑

D. 见票即付的银行本票，持票人需在出票后 1 个月内提示承兑

14. 乙公司与丙公司交易时以汇票支付。丙公司见汇票出票人为甲公司，遂要求乙公司提供担保，乙公司请丁公司为该汇票依法作出票据保证，但丁公司还在汇票背书栏签注"若甲公司出票真实，本公司愿意保证"字样。后经了解甲公司实际并不存在。丁公司对该汇票承担的责任是( )。

A. 应承担一定的赔偿责任

B. 不承担任何责任

C. 应当承担票据保证责任

D. 只承担一般保证责任，不承担票据保证责任

15. 根据《票据法》的规定，汇票的持票人没有在规定期限内提示付款的，其法律后果是( )。

A. 持票人丧失所有票据权利

B. 持票人在作出说明后，承兑人仍然承担票据责任

C. 持票人在作出说明后，背书人仍然承

担票据责任

D. 持票人在作出说明后，可以向一切前手行使票据权利

16. 甲银行出具一张本票给乙，乙将该本票背书转让给丙，丁作为乙的保证人在票据上签章。丙又将该本票背书转让给戊，戊作为持票人未按规定期限向出票人提示本票。根据《票据法》的规定，戊可以向（　　）追索。

A. 甲　　　　　　　B. 乙

C. 丙　　　　　　　D. 丁

17. 根据《票据法》的有关规定，下列有关支票的表述中，正确的是（　　）。

A. 单位可使用支票，自然人不能使用支票

B. 支票另行记载付款日期的，支票无效

C. 确定的金额是支票的绝对必要记载事项

D. 超过提示付款期限的支票，付款人仍应当予以付款

18. 下列关于汇兑的特征的表述中，不符合法律规定的是（　　）。

A. 汇款回单是该笔汇款已转入收款人账户的证明

B. 汇款人对汇出银行尚未汇出的款项可以申请撤销

C. 汇入银行向收款人发出取款通知后，经过两个月汇款仍无法交付，应主动办理退汇

D. 汇入银行对于收款人拒绝接受的汇款，应立即办理退汇

19. 下列关于托收承付结算方式使用要求的表述中，不正确的是（　　）。

A. 托收承付只能用于异地结算

B. 收付双方使用托收承付结算方式必须签有合法的购销合同

C. 收款人对同一付款人发货托收累计3次收不回货款的，收款人开户银行暂停收款人办理所有托收业务

D. 付款人累计3次提出无理拒付的，付款人开户银行应暂停其向外办理托收

20. 甲公司委托乙银行向丙企业收取款项，丙企业开户银行在债务证明到期日办理划款时，发现丙企业存款账户不足支付，可以采取的行为是（　　）。

A. 应通过乙银行向甲公司发出未付款通知书

B. 直接向甲公司出具拒绝支付证明

C. 先按委托收款凭证及债务证明标明的金额向甲公司付款，然后向丙企业追索

D. 应通知丙企业存足相应款项，如果丙企业在规定的时间内未存足款项，再向乙银行出具拒绝支付证明

21. 下列关于国内信用证的说法正确的是（　　）

A. 国内信用证是不可转让、不可撤销的跟单信用证

B. 国内信用证最长付款期限为6个月

C. 受益人对同一修改的内容部分接受的，视为拒绝接受

D. 若申请人交存的保证金及其存款账户余额不足支付，开证行可以拒绝付款

二、多项选择题

1. 根据支付结算法律制度的规定，下列银行结算账户中，可以支取现金的有（　　）。

A. 基本存款账户

B. 一般存款账户

C. 临时存款账户

D. 单位卡专用存款账户

2. 根据支付结算法律制度的规定，下列情形中，可以申请开立临时存款账户的有（　　）。

A. 设立临时机构

B. 异地临时经营活动

C. 注册验资

D. 境外机构在境内从事经营活动

3. 关于银行结算账户的撤销，下列表述正确的有（　　）。

A. 银行得知存款人主体资格终止情况，存款人超过规定期限未主动办理撤销银行

结算账户手续的，银行有权停止其银行结算账户的对外支付

B. 存款人因主体资格终止撤销银行结算账户的，应先撤销一般存款账户、专用存款账户、临时存款账户，最后办理基本存款账户的撤销

C. 存款人撤销银行结算账户，应将其他结算账户资金转入基本存款账户后，方可办理基本存款账户的撤销

D. 存款人应撤销而未办理销户手续的单位银行结算账户或银行对一年内未发生收付活动且未欠开户银行债务的单位银行结算账户，应通知单位自发出通知之日起60日内办理销户手续，逾期视同自愿销户，未划转款项列入久悬未取专户管理

4. 根据票据法律制度的规定，下列行为中，导致票据无效的有( )。

A. 更改票据的签发日期

B. 更改票据上收款单位名称

C. 中文大写金额和阿拉伯数码金额不一致

D. 更改票据的出票人签章

5. 关于票据行为的代理，下列说法正确的有( )。

A. 代理人应当在票据上签章并表明代理关系

B. 代理人应当经被代理人授权并明示被代理人的名义

C. 没有代理权而以代理人名义在票据上签章的，应当由签章人承担票据责任

D. 代理人超越代理权限的，应当就其超越权限的部分承担票据责任

6. 下列关于票据权利的消灭时效，说法正确的有( )。

A. 出票后定期付款的商业汇票，持票人对出票人和承兑人的票据权利为出票日起2年

B. 银行本票的持票人对出票人的权利为票据到期日起2年

C. 支票的持票人对出票人的权利为支票出票日起6个月

D. 汇票的持票人对前手的追索权自被拒绝承兑或被拒绝付款之日起6个月

7. 根据票据法律制度的规定，下列关于公示催告和除权判决的表述中，正确的有( )。

A. 公示催告前，申请人应当先通知付款人挂失止付

B. 公示催告期间，人民法院收到利害关系人的申报，经确认该票据是申请人遗失的票据，应当裁定终结公示催告程序

C. 公示催告期间届满以后，没有人申报的，人民法院应当直接宣告票据无效

D. 利害关系人因为正当理由不能在除权判决之前向法院及时申报权利的，自知道或者应当知道判决公告之日起1年内，可以向作出除权判决的法院起诉，请求撤销除权判决

8. 根据票据法律制度的规定，下列各项中，属于汇票上绝对必要记载事项的有( )。

A. 付款日期　　　B. 付款人名称

C. 出票地　　　　D. 出票人签章

9. 根据票据法律制度的规定，票据质押背书的被背书人所为的下列背书行为中，无效的有( )。

A. 再质押背书

B. 委托收款背书

C. 有偿转让背书

D. 无偿转让背书

10. 甲向乙开具一张商业承兑汇票，乙将该票据背书转让给丙，并注明"不得转让"字样，后丙又将该票据背书转让给丁，丁在向承兑人提示付款时被拒绝付款，关于本案的说法中，正确的有( )。

A. 丁可以向丙追索，且行使追索权的期限为到期日起2年

B. 丙清偿票据债务后取得票据权利，可以向乙追索，且行使再追索权的期限为3个月

C. 乙对丙承担票据责任，但对丁不承担票据责任

D. 丁可以向甲追索，且行使追索权的期限为6个月

11. 下列关于票据承兑的表述错误的有( )。

A. 付款人承兑汇票的，应当在汇票正面记载"承兑"字样和承兑日期并签章

B. 票据承兑后，出票人的票据责任免除

C. 承兑人在承兑时附有条件的，视为拒绝承兑

D. 票据承兑后，持票人未在法定期限提示付款的，承兑人的票据责任解除

12. 关于票据保证的下列表述中，正确的有( )。

A. 票据上未记载保证日期的，被保证人的背书日期为保证日期

B. 保证人未在票据或粘单上记载被保证人名称的已承兑票据，承兑人为被保证人

C. 保证人为两人以上的，保证人之间承担连带责任

D. 保证人清偿票据债务后，可以对被保证人及其前手行使追索权

13. 根据《票据法》的规定，持票人行使追索权，可以请求被追索人就下列费用予以清偿的有( )。

A. 被拒绝付款后，给持票人造成的经济损失

B. 被拒绝付款的汇票金额

C. 汇票金额自到期日或者提示付款日起至清偿日止的利息

D. 取得有关拒绝证明和发出通知书的有关费用

14. 下列各项中，关于本票的表述正确的有( )。

A. 无条件支付的委托是其绝对记载事项之一

B. 本票仅限于银行本票

C. 本票自出票日起，付款期限最长不得超过2个月

D. 本票的出票人是票据上的主债务人，即使持票人未按法定期限提示付款，但

仍可对出票人进行追索

15. 甲公司为了支付货款，签发了一张以本市的乙银行为付款人、以丙公司为收款人的转账支票。丙公司在出票日之后的第14天向乙银行提示付款。根据票据法律制度的规定，下列表述中，正确的有( )。

A. 该转账支票的收款人名称可以授权丙自己补记

B. 乙银行可以拒绝付款

C. 乙银行应当无条件付款

D. 如果乙银行拒绝付款，甲公司仍应承担票据责任

16. 根据《票据法》的规定，下列有关汇票与支票区别的表述中，正确的有( )。

A. 汇票可以背书转让，支票不可背书转让

B. 汇票有即期汇票与远期汇票之分，支票则均为见票即付

C. 汇票的票据权利时效为2年，支票的票据权利时效则为6个月

D. 汇票上的收款人可以由出票人授权补记，支票则不能授权补记

17. 下列关于票据文义记载的法律效果的表述中，符合相关法律规定的有( )。

A. 汇票上未记载付款日期的，为见票即付

B. 本票上未记载付款地的，出票人的营业场所为付款地

C. 背书附条件的，所附条件不发生票据法上的效力

D. 背书人未记载被背书人名称即将票据交付他人的，持票人可以自己补记

18. 下列有关托收承付中，付款人可以拒绝付款的情形有( )。

A. 该款项属于代销商品的款项

B. 双方未订明采用托收承付结算方式

C. 未经自己同意，收款方提前交货

D. 验货付款，查验货物与合同不符

19. 下列关于委托收款的表述中，符合法律

规定的有( )。

    A. 委托收款在同城、异地均可以使用

    B. 办理委托收款应向银行提交委托收款凭证和有关的债务证明

    C. 以单位为付款人的,银行应当在当日将款项主动支付给收款人

    D. 付款人审查有关债务证明后,需要拒绝付款的,可以办理拒绝付款

20. 根据支付结算法律制度的规定,下列关于国内信用证的表述中,正确的有( )。

    A. 信用证开证时需明确是否可议付

    B. 信用证可以用于支取现金、转账结算

    C. 信用证议付行议付时,必须与受益人书面约定是否有追索权

    D. 信用证与作为其依据的贸易合同相互独立

21. 甲是单位卡持卡人。甲的下列行为中,违反《支付结算办法》及《银行卡业务管理办法》相关规定的有( )。

    A. 用单位卡向 A 公司转账支付一笔 5.5 万元的劳务报酬

    B. 将销货收入的款项存入该单位卡

    C. 持 1 万元现金向单位卡账户续存资金

    D. 将出口货物所得外汇现钞存入单位外币卡

三、案例分析题

1. 2019 年 2 月 1 日,为支付货款,A 公司向 B 公司签发一张以 X 银行为承兑人、金额为 80 万元的银行承兑汇票。汇票到期日为 2019 年 8 月 1 日。X 银行作为承兑人在汇票票面签章。

    3 月 1 日,B 公司因急需现金将该汇票背书转让给 C 公司,C 公司向 B 公司支付现金 75 万元,4 月 1 日,C 公司将该汇票背书转让给 D 公司,用于支付装修工程款,并在汇票上注明:"本票据转让于工程验收合格后生效"。D 公司对 B 和 C 之间的交易情况毫不知情,后 D 公司施工的装修工程因存在严重质量问题未能通过验收。D 公司将票据转让给 E 公司以支付房屋租

金。E 公司对前述事实不知情。

    5 月,E 公司被 F 公司吸收合并,E 公司注销了登记。6 月 1 日,F 公司为支付材料款将该汇票中的 50 万元金额背书转让给 G 公司。

    8 月 3 日,G 公司持该汇票向 X 银行请求付款,X 银行以 F 公司和 G 公司之间票据转让不符合规定为由拒付。G 公司向 F 公司说明情况以后,将票据交给 F 公司,F 公司向 C 公司追索,C 公司以 D 公司装修工程质量问题和票据背书不连续为由拒绝。

    要求:根据以上内容,分别回答下列问题。

    (1)C 公司能否因 B 公司的背书转让行为而取得票据权利?并说明理由。

    (2)在装修工程未能验收合格的情况下,C 公司对 D 公司的背书转让是否生效?并说明理由。

    (3)X 银行的拒付理由是否成立?并说明理由。

    (4)C 公司拒绝承担票据责任的两项理由是否成立?并分别说明理由。

2. A 公司卖给 B 公司一批货物,B 公司于 2 月 10 日签发一张见票后 1 个月付款的银行承兑汇票。3 月 5 日,A 公司向 C 银行提示承兑并于当日获得承兑。3 月 10 日,A 公司在与 D 公司的买卖合同中将承兑后的汇票背书转让给 D 公司,3 月 20 日,D 公司在与 E 公司的买卖合同中将该汇票背书转让给 E 公司。3 月 30 日,E 公司在与 F 公司的买卖合同中将该汇票背书转让给 F 公司。

    4 月 6 日,持票人 F 公司向 C 银行提示付款,C 银行以"E 公司在背书转让时未记载背书日期"为由拒绝付款。F 公司于 4 月 7 日取得"拒付理由书"后,于 4 月 11 日向 E 公司、D 公司、B 公司、A 公司同时发出追索通知,追索金额包括汇票金额 100 万元、逾期付款利息及发出追索通知的费用

合计 102 万元。

对 F 公司的追索，E 公司以 F 公司未在法定期限内发出追索通知、丧失追索权为由拒绝承担担保责任；A 公司以追索金额超出汇票金额为由拒绝承担担保责任；B 公司以与 A 公司之间合同无效为由拒绝承担担保责任。

要求：根据以上资料，回答下列问题。

（1）C 银行拒绝付款的理由是否成立？并说明理由。

（2）E 公司的主张是否成立？并说明理由。

（3）A 公司的主张是否成立？并说明理由。

（4）B 公司的主张是否成立？并说明理由。

（5）假如 F 公司于 4 月 20 日才向 C 银行提示付款，若 C 银行拒绝付款，能否向 E 公司行使追索权？C 银行的票据责任能否免除？并说明理由。

3. 2017 年 4 月 2 日，甲公司为支付货款，向乙公司签发一张票面金额为 40 万元的银行承兑汇票，承兑银行已经签章，票据到期日为 2017 年 8 月 2 日。

2017 年 4 月 28 日，乙公司为支付货款，拟将该汇票背书转让给丙公司，遂在背书人签章一栏签章背书，但未填写被背书人名称，亦未交付。同时，应丙公司要求，乙公司让 A 公司在票据上做了保证，A 公司也在票据上完成了保证签章事项。

2017 年 5 月 1 日，乙公司财务人员王某利用工作之便，盗走存放于公司保险柜中的该汇票。乙公司未能及时发觉。

王某盗取汇票后，未在汇票上进行任何记载即直接交付给知情的丁公司，换取现金。2017 年 5 月 18 日，丁公司将该空白背书汇票交付给戊公司，用以支付所欠货款。戊公司对前述事实均不知情。戊公司在汇票被背书人栏内补记了自己的名称。

2017 年 6 月 20 日，乙公司发现汇票被盗，遂于当日向公安机关报案，并向人民法院申请公示催告。人民法院于 2017 年 6 月 21 日发出公告。公告期间，无人申报票据权

利，但因律师工作失误，乙公司未向人民法院申请作出除权判决。法院遂于 2017 年 9 月 25 日裁定终结公示催告程序。

2017 年 10 月 1 日，戊公司向承兑银行提示付款，银行按照汇票金额向戊公司支付了款项。

要求：根据以上内容，回答下列问题。

（1）王某是否取得票据权利？并说明理由。

（2）丁公司是否取得票据权利？并说明理由。

（3）戊公司是否取得票据权利？并说明理由。

（4）A 银行的付款行为是否正当？并说明理由。

（5）若戊公司被拒绝付款而向保证人 A 公司追索，A 公司能否以票据被盗为由拒绝承担保证责任？并说明理由。

4. 2017 年 2 月 10 日，甲公司向乙公司签发一张金额为 50 万元的商业汇票，以支付所欠货款。汇票到期日为 2017 年 8 月 10 日。A 银行作为承兑人在汇票票面上签章。

3 月 10 日，乙公司将该汇票背书转让给丙公司，用于支付装修工程款，并在汇票上注明："票据转让于工程验收合格后生效。"后丙公司施工的装修工程因存在严重质量问题未能通过验收。丙公司将汇票转让给 B 大学设立奖学金。

4 月 10 日，B 大学将该汇票背书转让给丁公司，用于支付采购款。丁公司随即将汇票背书转让给戊公司，用于购买办公设备，并在汇票背书人栏内记载"不得转让"字样。

5 月 10 日，戊公司将该汇票背书转让给庚公司，用于支付咨询服务费用，但未在汇票被背书人栏内记载庚公司名称。

8 月 15 日，庚公司持该汇票向 A 银行提示付款。A 银行以庚公司名称未记载于汇票被背书人栏内为由拒付。庚公司在汇票被背书人栏内补记本公司名称后，再次向 A 银行提示付款。A 银行以自行补记不具效

力为由再次拒付。庚公司向乙、丙、丁、戊公司及 B 大学追索，均遭拒绝。其中，丙公司的拒绝理由是，丁公司在汇票背书人栏内记载有"不得转让"字样；乙公司的拒绝理由是，丙公司的装修工程未通过验收，不符合乙公司在汇票上注明的转让生效条件。最后，B 大学对庚公司承担了票据责任，再向甲公司和乙公司追索。乙公司仍然以丙公司的装修工程未通过验收为由拒绝向 B 大学承担责任。

要求：根据上述内容，分别回答下列

问题。

（1）A 银行第一次拒付的理由是否成立？并说明理由。

（2）A 银行第二次拒付的理由是否成立？并说明理由。

（3）丙公司拒绝庚公司追索的理由是否成立？并说明理由。

（4）乙公司拒绝庚公司追索的理由是否成立？并说明理由。

（5）乙公司拒绝 B 大学再追索的理由是否成立？并说明理由。

同步训练答案及解析

一、单项选择题

1. B 【解析】本题考核银行结算账户的开立与用途。基本存款账户的开立单位不限于法人，选项 A 错误；一般存款账户可以办理现金缴存但不得办理现金支取，选项 C 错误；临时存款账户有效期最长不超过 2 年，选项 D 错误。

2. A 【解析】本题考核票据的签章。出票人签章不符合规定的，票据无效。本案中，甲公司作为出票人，签章不符合规定，直接导致票据无效，甲、乙、丙、丁都无需承担票据责任，选项 A 正确。

3. A 【解析】本题考核票据上的签章。保证人张某签名或盖章均符合规定，选项 A 正确。A 公司签章符合规定，票据有效，应当承担票据责任，选项 B 错误；C 银行和 B 公司只加盖了票据专用章和单位公章，没有法定代表人或授权代理人的签字或盖章，签章不符合规定，其签章无效，但不影响其他合法签章的效力，选项 C、D 错误。

4. B 【解析】本题考核票据权利的取得。本题中，因为企业合并获得票据属于依法律规定而直接取得票据权利。

5. D 【解析】本题考核票据权利的时效。根据规定，远期汇票持票人对汇票的出票人

和承兑人的权利，自票据到期日起 2 年，选项 D 正确。

6. A 【解析】本题考核票据权利的保全。持票人超过法定期限提示付款的，将丧失对出票人和承兑人以外的前手的追索权，在作出说明以后，承兑人或付款人仍应当承担付款责任。选项 B、C 错误；持票人超过法定期限发出追索通知的，持票人仍可以行使追索权。因延期通知给其前手或者出票人造成损失的，由其承担该损失的赔偿责任，但所赔偿的金额以汇票金额为限。选项 D 错误。

7. C 【解析】本题考核票据的变造。在变造之前签章的人对变造前的记载内容承担责任，在变造后签章的人，对变造后的记载内容承担责任。无法辨别是在票据被变造之前或者之后签章的，视同在票据被变造之前签章。

8. C 【解析】本题考核票据权利的取得。丙公司知道张三盗窃和伪造的情节，恶意取得票据，不享有票据权利，选项 A 正确，不当选；希望小学无偿取得票据，其权利不优于其前手，选项 B 正确，不当选；希望小学无权处分，但丁公司善意取得票据权利，选项 C 错误；乙公司的签章是被伪造的，乙公司不承担票据责任，选项 D 正

确，不当选。

9. D 【解析】本题考核票据抗辩。选项 B、C 都属于物的抗辩（绝对抗辩）；选项 A、D 属于人的抗辩（相对抗辩），债务人不得以自己与持票人的前手之间的抗辩事由对抗持票人，选项 D，乙交货不合格，甲只能对乙抗辩，不得以此对丙抗辩。

10. A 【解析】本题考核票据丢失的补救。根据规定，未记载付款人或者无法确定付款人及其代理付款人的票据，不得挂失止付。未填明"现金"字样的银行汇票以及未填明"现金"字样的银行本票丧失，不得挂失止付。

11. A 【解析】本题考核汇票的出票。汇票出票时，银行成为票据的关系人，只有在承兑以后，才成为主债务人。选项 A 错误。

12. B 【解析】本题考核回头背书。回头背书被背书人如果是出票人，对其前手不享有追索权；回头背书被背书人如果是背书人，对其后手不享有追索权。故选项 B 正确，A、C、D 错误。

13. B 【解析】本题考核汇票的承兑期限。出票后定期付款、定日付款的商业汇票，持票人应在到期日前提示承兑，选项 A 错误、选项 B 正确；见票后定期付款的商业汇票，持票人需在出票后 1 个月内提示承兑，选项 C 错误；见票即付的银行本票无需提示承兑，选项 D 错误。

14. C 【解析】本题考核票据保证不得记载的内容。根据规定，保证不得附有条件；附有条件的，所附条件无效，保证本身仍然具有效力，保证人应向持票人承担票据保证责任。

15. B 【解析】本题考核持票人未在法定期间内提示付款的法律后果。根据规定，持票人未在规定期限提示付款的，在作出说明后，承兑人或者付款人仍应当继续对持票人承担付款责任。

16. A 【解析】本题考核持票人未按照规定

对本票提示付款时的追索权问题。如果本票的持票人未按照规定期限提示付款，则丧失对出票人以外的前手的追索权。所以戊丧失对甲以外的前手的追索权。

17. C 【解析】本题考核支票。单位和个人都可以申领支票，选项 A 错误；支票另行记载付款日期的，该记载无效，并非支票无效，选项 B 错误；超过提示付款期限的支票，付款人可以拒付，选项 D 错误。

18. A 【解析】本题考核汇兑的基本知识。汇款回单只能作为汇出银行受理汇款的依据，不能作为该笔汇款已转入收款人账户的证明。选项 A 错误。

19. C 【解析】本题考核托收承付的相关规定。根据规定，收款人对同一付款人发货托收累计 3 次收不回货款的，收款人开户银行应暂停收款人"向该付款人"办理托收；付款人累计 3 次提出无理拒付的，付款人开户银行应暂停其向外办理托收，选项 C 错误。

20. A 【解析】本题考核委托收款的付款规定。根据规定，银行在办理划款时，发现付款人存款账户不足支付的，应通过被委托银行向收款人发出未付款通知书。

21. C 【解析】本题考核国内信用证。国内信用证可以转让，选项 A 错误；国内信用证最长付款期限 1 年，选项 B 错误；受益人所交单据与信用证要求一致，即便申请人交存的保证金及其存款账户余额不足支付，开证行也必须付款，选项 D 错误。

二、多项选择题

1. AC 【解析】本题考核银行结算账户的用途。

2. ABCD 【解析】本题考核临时存款账户的开立。

3. ABC 【解析】本题考核银行结算账户的撤销。存款人应撤销而未办理销户手续的单位银行结算账户或银行对一年内未发生收付活动且未欠开户银行债务的单位银行结算账户，应通知单位自发出通知之日起30日内办理销户手续，逾期视同自愿销户，未划转款项列入久悬未取专户管理。选项D错误。

4. ABC 【解析】本题考核票据的无效。票据的金额、出票或签发日期、收款人名称不得更改，更改的票据无效。票据和核算凭证金额以中文大写和阿拉伯数码同时记载，二者必须一致，否则票据无效。本题选项D的情形不影响票据的效力。

5. ABCD 【解析】本题考核票据代理。

6. CD 【解析】本题考核票据权利的时效。出票后定期付款的商业汇票，持票人对出票人和承兑人的票据权利为到期日起2年，选项A错误；见票即付的银行本票，持票人对出票人的权利为出票日起2年，选项B错误。

7. BD 【解析】本题考核公示催告程序。挂失止付并非公示催告的必经程序，选项A错误；公示催告期间届满以后，没有人申报的，人民法院应当根据申请人的申请，作出除权判决，宣告票据无效，选项C错误。

8. BD 【解析】本题考核汇票的绝对必要记载事项。

9. ACD 【解析】本题考核票据的背书。质押背书的被背书人并不享有对票据权利的处分权。被背书人再行转让背书或者质押背书的，背书行为无效。但是，被背书人可以再进行委托收款背书。

10. BC 【解析】本题考核票据背书与追索权。丁向丙行使初次追索权的期限为被拒绝付款之日起6个月，因此选项A错误；背书人记载"不得转让"，其后手再背书转让的，原背书人对后手的被背书人不承担票据责任，选项C正确；甲是出票人，丁向甲行使追索权的期限为2年，不是6个月，因此选项D错误。

11. BD 【解析】本题考核票据的承兑。票据

承兑并不免除出票人的票据责任，选项B错误；票据承兑后，承兑人的票据责任不因持票人未在法定期限提示付款而解除，选项D错误。

12. BCD 【解析】本题考核票据的保证。根据规定，保证人在票据或者粘单上未记载"保证日期"的，出票日期为保证日期，因此选项A错误。

13. BCD 【解析】本题考核票据追索金额的范围。根据规定，持票人行使追索权时，其追索金额包括：（1）被拒绝付款的汇票金额；（2）汇票金额自到期日或者提示付款日起至清偿日止，按照中国人民银行规定的利率计算的利息；（3）取得有关拒绝证明和发出通知书的费用。

14. BCD 【解析】本题考核银行本票。本票的绝对记载事项之一是"无条件支付的承诺"。

15. ABD 【解析】本题考核支票。持票人应当自出票日起10日内向付款人提示付款，否则付款人可以拒绝付款，因而选项C错误。

16. BC 【解析】本题考核汇票和支票的区别。支票也可以背书转让，选项A错误；支票上的收款人可以授权持票人补记，选项D错误。

17. ABCD 【解析】本题考核票据的记载事项。

18. ABCD 【解析】本题考核托收承付的拒绝付款。

19. ABD 【解析】本题考核委托收款的基本知识。以银行为付款人的，银行应当在当日将款项主动支付给收款人；以单位为付款人的，银行应及时通知付款人，付款人应于接到通知的当日书面通知银行付款。

20. ACD 【解析】本题考核国内信用证。信用证只限于转账结算，不得支取现金。选项B错误。

21. BCD 【解析】本题考核单位卡。单位卡

不可存取现金，不得将销货收入存入单位卡账户。单位外币卡账户的资金应从其单位的外汇账户转账存入，不得在境内存取外币现钞。单位卡不得用于 10 万元以上的商品交易、劳务供应款项的结算，因此选项 A 没有违反规定。

三、案例分析题

1. 【答案】

（1）C 公司可以因为 B 公司的背书行为而取得票据权利。根据规定，票据的签发、取得和转让，应当遵循诚实信用的原则，具有真实的交易关系和债权债务关系。但票据基础关系的瑕疵并不影响票据行为的效力。不具有真实的交易关系和债权债务关系而为的票据行为，当事人可能因此而应承担行政法律责任甚至刑事责任，但是，票据行为的效力并不因此而受影响。

（2）C、D 公司之间的背书转让生效。根据规定，背书不得附有条件。背书时附有条件的，所附条件不具有汇票上的效力。因此题目中背书时所附条件无效，背书有效。

（3）X 银行的拒付理由成立。根据规定，票据金额部分转让的背书无效，被背书人不享有票据权利。

（4）C 公司两项理由不成立。第一，C 公司以 D 公司装修工程质量问题拒绝向 F 公司承担票据责任不符合法律规定。根据规定，票据的债务人不得以自己与出票人或持票人的前手之间的抗辩事由对抗持票人。C 公司不得以自己与 D 公司之间的抗辩事由对抗持票人 F 公司。第二，"背书不连续"的理由也不成立。根据规定，因公司合并等原因取得票据，只需提供合法证明即享有票据权利，因此，F 公司向 C 公司提出证据证明 F 公司吸收合并 E 公司，其从 E 公司合法获得票据权利，也可以证明其票据权利。

2. 【答案】

（1）C 银行拒绝付款的理由不成立。根据规定，背书日期作为相对应记载事项，如果未在汇票上记载，并不影响汇票和背书的效力（背书日期如未记载，则视为汇票到期日前背书）。

（2）E 公司的主张不能成立。根据规定，持票人应当自收到被拒绝承兑或者被拒绝付款的有关证明之日起的 3 日内，将被拒绝事由书面通知其前手。如未按照规定期限通知的，持票人仍可以行使追索权。但因延期通知给其前手或者出票人造成损失的，持票人应当承担赔偿责任，但所赔偿的金额以汇票金额为限。

（3）A 公司的主张不能成立。根据规定，追索金额包括：①被拒绝付款的汇票金额；②汇票金额从到期日或者提示付款日起至清偿日止，按照中国人民银行规定的利率计算的利息；③取得有关拒绝证明和发出通知书的费用。

（4）B 公司的主张不能成立。根据规定，票据原因关系瑕疵并不影响票据行为的效力，虽然 A、B 之间的合同无效，但票据行为是有效的，B 公司作为出票人在票据上签章，应当承担担保票据付款的责任。

（5）①F 公司不能向 E 公司行使追索权。根据规定，如果持票人不按照法定期限提示付款，则丧失对其前手的追索权。在本题中，该汇票的到期日为 4 月 5 日，持票人应在 4 月 15 日前向承兑人提示付款（见票后定期付款的汇票，自承兑日即 3 月 5 日开始计算 1 个月到期日，即 9 月 5 日到期，自到期日起 10 日内向承兑人提示付款）。

②C 银行的票据责任不能解除。根据规定，承兑人的票据责任不因持票人未在法定期限内提示付款而解除，经作出说明后，承兑人仍要对持票人承担票据责任。

3. 【答案】

（1）王某未取得票据权利。根据票据法律制度的规定，以欺诈、偷盗、胁迫等手段取得票据的，不得享有票据权利。本题中，王某系偷盗取得票据，不享有票据权利。

（2）丁公司不能取得票据权利。根据票据法律制度的规定，明知前手偷盗取得票据，出于恶意取得票据的，不享有票据权利。本案中，丁公司明知王某是盗窃，仍然取得票据，不享有票据权利。

（3）戊公司取得票据权利。虽然王某与丁公司之间的汇票转让行为无效，丁公司未取得票据权利，但戊公司善意且无重大过失，并支付了相应对价，因此可以善意取得票据权利。此外，根据票据法律制度的规定，持票人在票据被背书人栏内记载自己的名称与背书人记载具有同等法律效力。

（4）A银行的付款行为正当。根据票据法律制度的规定，法院终结公示催告程序后，票据权利恢复正常，持票人依法提示付款，付款人必须在当日足额付款。

（5）保证人A公司不能以票据被盗为由拒绝承担保证责任。根据规定，保证人对合法取得汇票的持票人所享有的汇票权利承担保证责任，只有当被保证人的债务因欠缺票据形式要件而无效时，保证人的票据责任才免除。本案中，戊是合法的持票人，A公司应当承担责任。

4.【答案】

（1）第一次拒付理由成立。根据规定，汇票以背书转让或者以背书将一定的汇票权利授予他人行使时，必须记载被背书人名称。因此未记载被背书人名称的，付款人可以拒绝付款。

（2）第二次拒付理由不成立。根据规定，背书人未记载被背书人名称即将票据交付他人的，持票人在票据被背书人栏内记载自己的名称与背书人记载具有同等法律效力。

（3）丙的理由不成立。根据规定，背书人在汇票上记载"不得转让"字样，其后手再背书转让的，原背书人对后手的被背书人不承担保证责任。题目中，记载"不得转让"字样的是丁，丁可以对庚拒绝付款；而丙是不能以此为由拒绝付款的。

（4）乙的理由不成立。根据规定，背书附条件的，所附条件不具有票据法上的效力。乙的背书转让仍然是有效的。票据债务人不得以自己与出票人或持票人的前手之间的抗辩事由对抗持票人，乙不能以自己与丙之间的抗辩事由对抗庚。

（5）乙公司有权拒绝B大学的追索请求。根据规定，因税收、继承、赠与等依法无偿取得票据的，其票据权利不得优于其前手；则票据债务人可以以对抗持票人前手的抗辩事由对抗该持票人。丙公司装修工程未通过验收，构成违约，乙公司可以据此对丙公司进行抗辩，而B大学系无偿取得票据，其票据权利不得优于其前手丙公司。

本章知识串联

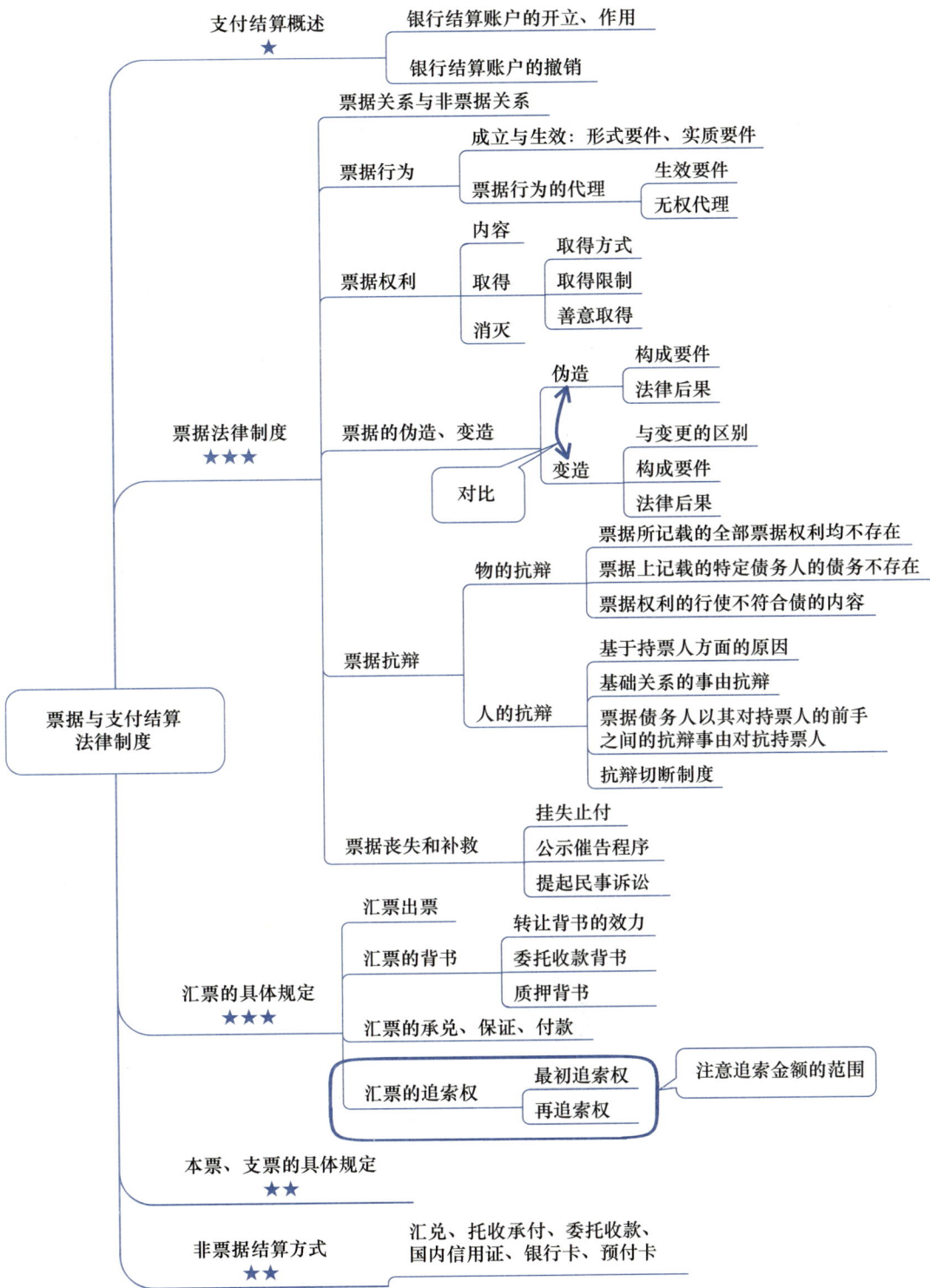

```
票据与支付结算
法律制度
├── 支付结算概述 ★
│   ├── 银行结算账户的开立、作用
│   └── 银行结算账户的撤销
│
├── 票据法律制度 ★★★
│   ├── 票据关系与非票据关系
│   ├── 票据行为
│   │   ├── 成立与生效：形式要件、实质要件
│   │   └── 票据行为的代理
│   │       ├── 生效要件
│   │       └── 无权代理
│   ├── 票据权利
│   │   ├── 内容
│   │   ├── 取得
│   │   │   ├── 取得方式
│   │   │   ├── 取得限制
│   │   │   └── 善意取得
│   │   └── 消灭
│   ├── 票据的伪造、变造
│   │   ├── 伪造
│   │   │   ├── 构成要件
│   │   │   └── 法律后果
│   │   ├── 变造
│   │   │   ├── 与变更的区别
│   │   │   ├── 构成要件
│   │   │   └── 法律后果
│   │   └── 对比
│   ├── 票据抗辩
│   │   ├── 物的抗辩
│   │   │   ├── 票据所记载的全部票据权利均不存在
│   │   │   ├── 票据上记载的特定债务人的债务不存在
│   │   │   └── 票据权利的行使不符合债的内容
│   │   └── 人的抗辩
│   │       ├── 基于持票人方面的原因
│   │       ├── 基础关系的事由抗辩
│   │       ├── 票据债务人以其对持票人的前手之间的抗辩事由对抗持票人
│   │       └── 抗辩切断制度
│   └── 票据丧失和补救
│       ├── 挂失止付
│       ├── 公示催告程序
│       └── 提起民事诉讼
│
├── 汇票的具体规定 ★★★
│   ├── 汇票出票
│   ├── 汇票的背书
│   │   ├── 转让背书的效力
│   │   ├── 委托收款背书
│   │   └── 质押背书
│   ├── 汇票的承兑、保证、付款
│   └── 汇票的追索权
│       ├── 最初追索权 ── 注意追索金额的范围
│       └── 再追索权
│
├── 本票、支票的具体规定 ★★
│
└── 非票据结算方式 ★★
    └── 汇兑、托收承付、委托收款、
        国内信用证、银行卡、预付卡
```

第 9 章 票据与支付结算法律制度

企业国有资产法律制度

第 10 章 企业国有资产法律制度

考情解密

历年考情概况

在经济法科目的考试中，本章可以说是"鸡肋"章，内容艰涩，考分不高，一般考查 2-3 题，分值在 3.5 分左右，题型都是客观题，而考点则基本采取"游击战"方式，颇有遍地开花的感觉，不过总体上对知识点的考查都比较直接，记住就可以得分。

近年考点直击

考点	主要考查题型	考频指数	考查角度
国有资产监督管理体制	单选题、多选题	★★★	(1)考查国务院代表国家行使国有资产所有权；(2)考查履行出资人职责的机构；(3)考查国有资产监管原则
国家出资企业	单选题、多选题	★★★	考查国家出资企业的类型
国家出资企业管理者的选择	单选题、多选题	★★★	考查国有独资公司/企业的管理者中哪些是履行出资人职责的机构选任
企业国有资产评估	单选题、多选题	★★	考查国有资产评估范围
企业国有资产交易管理	单选题、多选题	★★★	(1)考查上市公司国有股权变动管理，重点考查转让方式、非公开协议转让、通过证券交易系统转让；(2)考查国家出资企业增资审核机构

本章2020年考试主要变化

本章变动较大，内容进行了大幅度删减，尤其是删除了原第五节。

考点详解及精选例题

一、企业国有资产法律制度概述

扫我解疑难

（一）企业国有资产的概念及管理体制 ★★★

1. 企业国有资产是指国家作为出资人对所出资企业所享有的权益，而非企业内各项具体的财产。区别于企业的法人财产权（法人财产权的客体如厂房、设备等，称作企业资产）。

2. 企业国有资产属于国有，国务院代表国家行使企业国有资产所有权，见图 10-1。

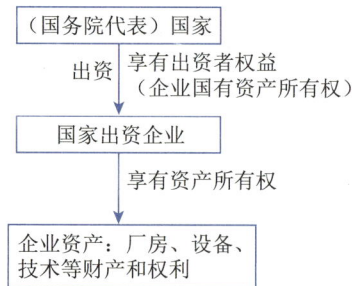

图 10-1　企业国有资产所有权与资产所有权

【例题1·单选题】(2018年)根据企业国有资产法律制度的规定，下列关于企业国有资产的表述中，正确的是( )。

A. 企业国有资产是指国家对企业各种形式的出资所形成的权益

B. 国家作为出资人对所出资企业的法人财产享有所有权

C. 企业国有资产即国家出资企业的法人财产

D. 国家对企业出资所形成的厂房、机器设备等固定资产的所有权属于国家

解析 ▶ 本题考核企业国有资产的概念。企业国有资产与企业法人财产不同。企业国有资产是指国家作为出资人对所出资企业所享有的权益，而不是指国家出资企业的各项具体财产。出资人将出资投入企业，所形成的企业的厂房、机器设备等企业的各项具体财产，属于企业的法人财产权。企业法人的动产和不动产，由企业享有占有、使用、收益和处分的权利。出资人对企业法人财产不具有直接的所有权。 答案 ▶ A

3. 国务院和地方人民政府应当按照政企分开、社会公共管理职能与企业国有资产出资人职能分开、不干预企业依法自主经营的原则，依法履行出资人职责。

(二)履行出资人职责的机构★★★

履行出资人职责的机构，是指根据本级人民政府的授权，代表本级人民政府对国家出资企业履行出资人职责的机构、部门。具

体包括：

1. 国务院国有资产监督管理机构。

2. 地方人民政府按照国务院的规定设立的国有资产监督管理机构。

3. 国务院和地方人民政府根据需要，授权的其他部门、机构。如国务院授权财政部对金融行业的国有资产进行监管，授权财政部对中央文化企业、中国铁路、中国烟草及中国邮政集团等公司履行出资人职责。

【例题2·单选题】(2018年)根据企业国有资产法律制度的规定，金融企业国有资产的监督管理部门是( )。

A. 国资委　　　　B. 中国人民银行

C. 财政部　　　　D. 银保监会

解析 ▶ 本题考核金融企业国有资产的监管。财政部是金融企业国有资产的监督管理部门。 答案 ▶ C

(三)国家出资企业★★

1. 国家出资企业的类型

国家出资企业包括：国有独资企业、国有独资公司、国有资本控股公司、国有资本参股公司。

2. 国家出资企业管理者的选择和考核★★★

(1)国家出资企业管理者的选择(考查重点)

履行出资人职责的机构任免或者建议任免国家出资企业的下列人员(见表10-1)。

表10-1　国家出资企业管理者选择

类型	任免范围
国有独资企业	任免：总经理、副总经理、财务负责人和其他高级管理人员
国有独资公司	任免：董事长、副董事长、董事、监事会主席和监事
国有资本控股公司、参股公司	建议任免：向股东会、股东大会提出董事、监事人选

【例题3·多选题】(2015年)根据企业国有资产法律制度的规定，国有独资公司的下列人员中，应当由履行出资人职责的机构任免的有( )。

A. 董事长　　　　B. 副董事长

C. 董事　　　　D. 监事

解析 ▶ 本题考核国家出资企业管理者的选择。根据规定，履行出资人职责的机构依照法律、行政法规以及企业章程的规定，任免"国有独资公司"的董事长、副董事长、董

事、监事会主席和监事。任免"国有独资企业"的经理、副经理、财务负责人和其他高级管理人员。

3. 国家出资企业管理者的兼职限制（见表10-2）

答案 ▶ ABCD

表 10-2　国家出资企业管理者的兼职限制

类型	限制
国有独资企业、国有独资公司	未经履行出资人职责的机构同意，董事、高级管理人员不得在其他企业兼职
国有资本控股公司、参股公司	未经股东会、股东大会同意，董事、高级管理人员不得在经营同类业务的其他企业兼职
内部兼职限制	未经履行出资人职责的机构同意，国有独资公司董事长不得兼任经理
	未经股东会、股东大会同意，国有资本控股公司的董事长不得兼任经理
	董事、高级管理人员不得兼任监事

（四）企业改制

1. 改制的类型

企业改制是指：

①国有独资企业改为国有独资公司；

②国有独资企业、国有独资公司改为国有资本控股公司或者非国有资本控股公司；

③国有资本控股公司改为非国有资本控股公司。

2. 改制的程序

企业改制应当依照法定程序，由履行出资人职责的机构决定或者由公司股东会、股东大会决定。重要的国有独资企业、国有独资公司、国有资本控股公司的改制，履行出资人职责的机构在作出决定或者向其委派参加国有资本控股公司股东会会议、股东大会会议的股东代表作出指示前，应当将改制方案报请本级人民政府批准。

3. 改制方案的制定

①企业改制涉及重新安置企业职工的，还应当制定职工安置方案，并经职工代表大会或者职工大会审议通过。

②改制为国有控股企业的，改制后企业继续履行改制前企业与留用的职工签订的劳动合同；留用的职工在改制前企业的工作年限应合并计算为在改制后企业的工作年限；原企业不得向继续留用的职工支付经济补偿金。

③对企业改制时解除劳动合同且不再继续留用的职工，要支付经济补偿金。企业国有产权持有单位不得强迫职工将经济补偿金等费用用于对改制后企业的投资或借给改制后企业（包括改制企业的投资者）使用。

④企业改制时，对经确认的拖欠职工的工资、集资款、医疗费和挪用的职工住房公积金以及企业欠缴社会保险费，原则上要一次性付清。

二、企业国有资产产权登记制度

扫我解疑难

（一）企业国有资产产权登记的范围★★

1. 国家出资企业（包括：国有企业、国有独资公司、设置国有股权的有限公司和股份公司）。

【知识点拨】在中华人民共和国境内或境外设立的金融类企业，其实收资本包括国家资本和国有法人资本的，应当办理国有资产产权登记。

2. 国家出资企业（不含国有资本参股公司）拥有实际控制权的境内外各级企业及其参股企业（国家出资企业的子企业）。

【知识点拨】上述所称拥有实际控制权，是指国家出资企业直接或间接合计持股比例超过50%，或者持股比例虽然未超过50%，但为第一大股东，并通过股东协议、公司章程、董事会决议或者其他协议安排能够实际

第10章　企业国有资产法律制度

支配企业行为的情形。

3. 国家出资企业所属事业单位。

4. 上述企业为交易目的持有的下列股权不进行产权登记(纯粹为赚资本差价而购入的):

(1)为赚取差价从二级市场购入的上市公司股权;

(2)为近期内(一年以内)出售而持有的其他股权。

(二)企业国有资产产权登记的内容(见表10-3)★

表10-3　企业国有资产产权登记的内容

分类	内容
占有产权登记	(1)因投资、分立、合并而新设企业的; (2)因收购、投资入股而首次取得企业股权的; (3)其他应当办理占有产权登记的情形
变动产权登记	(1)企业名称改变的; (2)企业组织形式、级次发生变动的; (3)企业国有资本额发生增减变动的; (4)企业国有资本出资人发生变动的; (5)企业国有资产产权发生变动的其他情形。 【知识点拨】第(1)点中,应当于市场监督管理部门核准变动登记后30日内,向原产权登记机关申办变动产权登记。第(2)至(5)点中,应当自企业出资人或有关部门批准、企业股东大会或董事会作出决定之日起30日内,向市场监督管理部门申请变更登记前,向原产权登记机关申办变动产权登记
注销产权登记	(1)企业解散、被依法撤销或者被依法宣告破产的; (2)企业转让全部国有资产产权或改制后不再设置国有股权的; (3)其他需要注销国有资产产权的情形

(三)企业国有资产产权登记的管理★★

1. 登记机关:企业国有资产产权登记机关是各级国有资产监督管理机构。金融类企业国有资产产权登记和管理机关为同级财政部门。

2. 年度检查:企业应当于每年2月1日至4月30日完成企业产权登记情况的年度检查,并向产权登记机关报送企业产权登记年度汇总表和年度汇总分析报告。国务院国有资产监督管理机构应于每年6月30日前按监管职责范围完成全国非金融类企业(不含各级财政部门监管部分)国有资产产权登记年度汇总检查工作。

3. 登记申请人:企业。两个及两个以上国有资本出资人共同投资设立的企业,由国有资本出资额最大的出资人所在的所出资企业依据其产权归属关系申请办理产权登记。国有资本出资人股权比例相等的,由各国有资本出资人推举一个国有资本出资人的所出资企业申请办理产权登记,其余出资人出具产权登记委托书。

三、企业国有资产评估管理制度

(一)企业国有资产评估的范围(见表10-4)★★★

表10-4　资产评估的范围

分类	范围
国有资产应当评估	①整体或部分改建为有限责任公司或者股份有限公司; ②非上市公司国有股东股权比例变动; ③产权转让

分类	范围
国有资产应当评估	④以非货币资产对外投资； ⑤接受非国有单位以非货币资产出资； ⑥收购非国有单位的资产； ⑦整体资产或者部分资产租赁给非国有单位； ⑧资产转让、置换； ⑨资产涉讼； ⑩以非货币资产偿还债务； ⑪接受非国有单位以非货币资产抵债； ⑫合并、分立、破产、解散； ⑬法律、行政法规规定的其他需要进行评估的事项。 【知识点拨1】但凡是非现金交易有可能导致国有资产流失的。 【知识点拨2】金融企业除以上情形外，应当进行资产评估的情形还包括：①资产拍卖；②债权转股权；③债务重组；④接受非货币性资产抵押或者质押；⑤处置不良资产等
国有资产可以不评估	①经各级人民政府或其国有资产监督管理机构批准，对企业整体或者部分资产实施无偿划转； ②国有独资企业与其下属独资企业（事业单位）之间或其下属的独资企业（事业单位）之间的合并、资产（产权）置换和无偿划转。 【知识点拨】金融企业除上述情形外，还有两种无需评估的情形： ①在发生多次同类型的经济行为时，同一资产在评估报告使用有效期内，并且资产、市场状况未发生重大变化的； ②上市公司可流通的股权转让

【例题4·单选题】（2019年）根据企业国有资产法律制度的规定，国家出资企业及其各级子企业发生特定行为时，应当对相关资产进行评估。下列各项中，属于此类特定行为的是（　　）。

A. 经各级人民政府或其国有资产监督管理机构批准，对企业整体实施无偿划转

B. 国有独资公司与其下属独资企业之间的资产置换

C. 国家出资企业整体或部分改制为有限责任公司或股份有限公司

D. 经各级人民政府或其国有资产监督管理机构批准，对企业部分实施无偿划转

解析 ▶ 本题考核企业国有资产评估的范围。可以不评估的情形：（1）经各级人民政府或其国有资产监督管理机构批准，对企业整体或者部分资产实行无偿划转；（2）国有独资企业与其下属独资企业（事业单位）之间或者其下属的独资企业（事业单位）之间的合并、资产（产权）置换和无偿划转。选项C属于

"整体或者部分改建为有限责任公司或者股份有限公司"，应当经评估。 答案 ▶ C

【例题5·单选题】（2016年）根据企业国有资产管理法律制度的规定，金融企业发生下列情形时，对相关资产应当进行资产评估的是（　　）。

A. 整体改制为有限责任公司

B. 县级人民政府批准其所属企业实施无偿划转

C. 国有独资企业与其下属的独资企业之间的合并

D. 上市公司可流通的股权转让

解析 ▶ 本题考核金融企业国有资产评估制度。金融企业中，可以不进行评估的情形：（1）县级以上人民政府或者其授权部门批准其所属企业或者企业的部分资产实施无偿划转的；（2）国有独资企业与其下属的独资企业之间，或者其下属独资企业之间的合并，以及资产或者产权置换、转让和无偿划转的；（3）发生多次同类型的经济行为时，同一资产在评

估报告使用有效期内，并且资产、市场状况未发生重大变化的；(4)上市公司可流通的股权转让。只有选项 A 是应当评估的情形。

答案 ▶ A

【应试思路】掌握住教材列举情形中的关键词，做题时找出关键词对照。并与非金融企业国有资产评估的情形对比记忆。

(二)企业国有资产评估的组织管理★

各级国有资产监督管理机构负责其所出资企业的国有资产评估监管工作。

(三)企业国有资产评估项目核准制和备案制★

1. 核准制

(1)核准制评估项目见表 10-5。

表 10-5　企业国有资产评估项目核准制

主体	核准项目与核准主体
一般企业	(1)各级人民政府批准经济行为事项涉及的资产评估项目由其授权履行出资人职责的机构负责核准； (2)国务院批准的重大经济事项同时涉及中央和地方的资产评估项目国有股最大股东依照其产权关系，逐级报送国务院国有资产监督管理机构核准
金融企业	(1)经批准进行改组改制、拟在境内或者境外上市、以非货币性资产与外商合资经营或者合作经营的经济行为； (2)经县级以上人民政府批准的其他涉及国有资产产权变动的经济行为。 【知识点拨】核准主体：中央金融企业资产评估项目报财政部核准。地方金融企业资产评估项目报本级财政部门核准

(2)核准程序。

申请：企业收到资产评估机构出具的评估报告后应当逐级上报初审，经初审同意后，自评估基准日起 8 个月内向国有资产监督管理机构提出核准申请。

核准：20 日内核准或退回。

2. 备案制

(1)一般项目：谁批准、谁备案(见表 10-6)。

表 10-6　企业国有资产评估项目备案制(一般项目)

批准主体	备案主体
经国务院国有资产监督管理机构或国务院授权的部门批准经济行为的事项涉及的资产评估项目	国务院国有资产监督管理机构或国务院授权的部门负责备案
国务院国有资产监督管理机构或国务院授权的部门所出资企业(简称中央企业)及其各级子企业批准经济行为的事项涉及的资产评估项目	中央企业负责备案

(2)主辅分离辅业改制项目(按限额委托中央企业办理备案，见表 10-7)。

表 10-7　主辅分离辅业改制项目备案

企业类型	备案主体
作为国家授权投资机构的中央企业	资产总额账面值<5000 万元(不含)的资产评估项目，中央企业负责备案
	资产总额账面值≥5000 万元的资产评估项目，国务院国有资产监督管理机构负责备案
其他中央企业	资产总额账面值<2000 万元(不含)资产评估项目的备案，其他中央企业备案
	资产总额账面值≥2000 万元资产评估项目，国务院国有资产监督管理机构负责备案

（3）程序。

申请：企业收到资产评估机构出具的评估报告后，将备案材料逐级报送给履行出资人职责的机构或其所出资企业，自评估基准日起9个月内提出备案申请。

备案：20日内办理备案手续。

【知识点拨】 核准制与备案制，都是20个工作日内完成核准或者办理备案。

3. 核准制与备案制的其他规定

（1）涉及多个国有股东的企业发生资产评估事项，经协商一致可由国有股最大股东依照其产权关系办理核准或者备案手续；国有股股东持股比例相同的，经协商一致可由其中一方依照其产权关系办理核准或者备案手续。

（2）经核准或备案的资产评估结果使用有效期为自评估基准日起1年。

（3）企业进行与资产评估相应的经济行为时，应当以经核准或备案的资产评估结果为作价参考依据。当交易价格低于评估结果的90%时，应当暂停交易，在获得原经济行为批准机构同意后方可继续交易。

【相关链接】 国有企业产权转让中，首次挂牌价格不得低于经核准或备案的资产评估结果。如无意向受让方的，可确定新的挂牌价格并重新公告；如拟确定新的挂牌价格低于资产评估结果90%的，应当获得相关产权转让批准机构书面同意。

（四）企业国有资产评估程序★★

1. 选择评估机构。企业国有资产评估业务委托人应当依法选择资产评估机构，应当与评估机构订立委托合同，约定双方的权利和义务。

2. 指定评估师。资产评估机构受理企业国有资产评估业务后，应当指定至少两名相应专业类别的评估师承办。

3. 出具评估报告。资产评估报告应当由至少两名承办该项业务的评估师签名并加盖资产评估机构印章。

4. 报告使用。委托人或者资产评估报告使用人应当按照法律规定和资产评估报告载明的使用范围使用评估报告。

5. 档案保存。资产评估档案的保存期限不少于30年。

四、企业国有资产交易管理制度

扫我解疑难

（一）企业国有资产交易界定（见表10-8）★

表10-8　企业国有资产交易范围

交易类型	界定
企业产权转让	履行出资人职责的机构、国有及国有控股企业、国有实际控制企业转让其出资形成的权益
企业增资	国有及国有控股企业、国有实际控制企业增加资本
企业资产转让	国有及国有控股企业、国有实际控制企业的重大资产转让

（二）企业产权转让★

企业产权转让方式包括：通过产权市场公开转让和非公开协议转让。

一般转让程序：审核批准→审计评估→确定受让方→结算交易价款→转让成交公告

1. 审核批准

①一般：履行出资人职责的机构负责审核国家出资企业的产权转让事项。

②特殊：因产权转让致使国家不再拥有所出资企业控股权的，须由履行出资人职责的机构报本级人民政府批准。

2. 审计评估

产权转让事项经批准后，由转让方委托会计师事务所对转让标的企业进行审计。涉及参股权转让不宜单独进行专项审计的，转让方应当取得转让标的企业最近一期年度审计报告。

3. 确定受让方

产权转让原则上通过产权市场公开进行。

基本程序：信息披露→意向受让方登记
→确定受让方

（1）公开征集受让方（表10-9）

表10-9　公开征集受让方

程序	基本规则
信息披露	①披露时间： A. 产权转让正式披露信息时间不得少于20个工作日； B. 因产权转让导致转让标的企业的实际控制权发生转移的，转让方应当在获批后10个工作日内，通过产权交易机构进行信息预披露，时间不得少于20个工作日。 ②披露价格：首次披露的转让底价不得低于经核准或备案的转让标的评估结果
底价调整与重新披露	信息披露期满未征集到意向受让方的，可以延期或降低转让底价、变更受让条件后重新进行信息披露，重新披露的时间不得少于20个工作日。 新的转让底价低于评估结果的90%时，应当经转让行为批准单位书面同意
重新履行转让程序	首次信息披露之日起超过12个月未征集到合格受让方的，应当重新履行审计、资产评估以及信息披露等产权转让工作程序

（2）确定受让方。征集到的符合条件的意向受让方按照披露的竞价方式竞价。竞价可以采取拍卖、招投标、网络竞价等方式。

（3）签订产权交易合同。受让方确定后，双方应当签订合同，并不得对已达成的交易条件和交易价格进行调整。

4. 结算交易价款（表10-10）

表10-10　结算交易价款

项目	具体规则
结算	交易价款以人民币计价，通过产权交易机构以货币结算；特殊情况不能通过产权交易机构结算的，转让方应当向产权交易机构提供转让行为批准单位的书面意见以及受让方付款凭证
支付	交易价款原则上自合同生效之日起5个工作日内一次付清； 金额较大、一次付清有困难的，可以分期付款； 分期付款首付不得低于总价款的30%，并在合同生效之日起5个工作日内支付，余款1年内付清，要求提供合法有效的担保，并按同期银行贷款利率支付延期付款利息
公告	产权交易合同生效后，产权交易机构应公告交易结果，公告期不得少于5个工作日

5. 非公开协议方式转让企业产权

以下情形的产权转让可以采取非公开协议转让方式：

（1）涉及主业处于关系国家安全、国民经济命脉的重要行业和关键领域企业的重组整合，对受让方有特殊要求，企业产权需要在国有及国有控股企业之间转让的，经履行出资人职责的机构批准，可以采取非公开协议转让方式；

（2）同一国家出资企业及其各级控股企业或实际控制企业之间因实施内部重组整合进行产权转让的，经该国家出资企业审议决策，可以采取非公开协议转让方式。

【例题6·单选题】根据《企业国有资产交易监督管理办法》，关于企业产权转让程序，下列表述不符合规定的是（　　）。

A. 产权转让原则上通过产权市场公开进行

B. 转让方可以采取信息预披露和正式披露相结合的方式，通过产权交易机构网站分阶段对外披露产权转让信息，公开征集受让方

C. 正式披露信息时间不得少于 20 个工作日

D. 因产权转让导致转让标的企业的实际控制权发生转移的，转让方应当在转让行为获批后 10 个工作日内，通过产权交易机构进行信息预披露，时间不得少于 30 个工作日

解析 ▶ 本题考核企业产权转让。因产权转让导致转让标的企业的实际控制权发生转移的，转让方应当在转让行为获批后 10 个工作日内，通过产权交易机构进行信息预披露，时间不得少于 20 个工作日。 **答案** ▶ D

（三）企业增资 ★

增资方式包括：公开征集投资方和非公开协议增资。

基本程序：审核批准→审计评估→确定投资方

1. 审核批准（见表 10-11）

表 10-11 增资审核机关

企业	增资审核机关
国家出资企业	一般：履行出资人职责机构审核；特殊：因增资致使国家不再拥有所出资企业控股权的，须由履行出资人职责机构报本级人民政府批准
国家出资企业的子企业	一般：国家出资企业审核；特殊：主业处于关系国家安全、国民经济命脉的重要行业和关键领域，主要承担重大专项任务的子企业增资，由国家出资企业报同级履行出资人职责的机构批准

2. 审计评估

企业增资在完成决策批准程序后，应当由增资企业委托具有相应资质的中介机构开展审计和资产评估。以下情形按照《公司法》、企业章程履行决策程序后，可以依据评估报告或最近一期审计报告确定企业资本及股权比例：

①增资企业原股东同比例增资的；

②履行出资人职责的机构对国家出资企业增资的；

③国有控股或国有实际控制企业对其独资子企业增资的；

④增资企业和投资方均为国有独资或国有全资企业的。

3. 确定投资方

①公开征集。企业增资通过产权交易机构网站对外披露信息公开征集投资方，时间不得少于 40 个工作日。

②遴选。征集到的合格投资方数量较多时，可以通过竞价、竞争性谈判、综合评议等方式进行多次遴选。

③非货币财产出资。投资方以非货币财产出资的，应当经增资企业董事会或股东会审议同意，并委托具有资质的评估机构评估。

④公告。增资协议生效后，产权交易机构应出具交易凭证并公告结果，公告期不少于 5 个工作日。

4. 非公开协议方式增资的特殊规定

（1）经同级履行出资人职责的机构批准协议增资的情形：

①因国有资本布局结构调整需要，由特定的国有及国有控股企业或国有实际控制企业参与增资；

②因国家出资企业与特定投资方建立战略合作伙伴或利益共同体需要，由该投资方参与国家出资企业或其子企业增资。

（2）经国家出资企业审议协议增资的情形：

①国家出资企业直接或指定其控股、实际控制的其他子企业参与增资；

②企业债权转为股权；

③企业原股东增资。

【例题 7·单选题】（2017 年）国有资产监督管理机构负责审核国家出资企业的增资行为。其中，因增资致使国家不再拥有所出资企业控股权的，须由国有资本监督管理机构报特定主体批准。该特定主体是（　）。

A. 上级人民政府

B. 本级人民政府

C. 国家出资企业所在地省级人民政府

D. 上级国有资产监督管理机构

解析 ▶ 本题考核国有企业增资的审核批准。履行出资人职责的机构负责审核国家出资企业的增资行为。其中，因增资致使国家不再拥有所出资企业控股权的，须由履行出资人职责的机构报本级人民政府批准。

答案 ▶ B

（四）企业资产转让（表10-12）★

表10-12　企业资产转让规则

项目	具体规则
转让方式	在产权交易机构公开转让； 在国家出资企业之间非公开转让。（涉及国家出资企业内部或特定行业的资产转让，确需在国有及国有控股、国有实际控制企业之间非公开转让的，由转让方逐级报国家出资企业审核批准。）
公告期	转让底价高于100万元、低于1000万元的资产转让，信息公告期不少于10个工作日； 转让底价高于1000万元的资产转让，信息公告期不少于20个工作日
付款	资产转让价款原则上一次付清

（五）企业国有产权的无偿划转★★

1. 概念

企业国有产权无偿划转，是指企业国有产权在政府机构、事业单位、国有独资企业、国有独资公司之间的无偿转移行为。

2. 划转双方的内部审议

（1）划入方（划出方）为国有独资企业的，应当由总经理办公会议审议；已设立董事会的，由董事会审议。

（2）划入方（划出方）为国有独资公司的，应当由董事会审议；尚未设立董事会的，由总经理办公会议审议。

（3）所涉及的职工分流安置事项，应当经被划转企业职工代表大会审议通过。

3. 企业国有产权无偿划转的批准

（1）企业国有产权在同一履行出资人职责的机构所出资企业之间无偿划转的，由所出资企业共同报履行出资人职责的机构批准。

（2）企业国有产权在不同履行出资人职责的机构所出资企业之间无偿划转的，依据划转双方的产权归属关系，由所出资企业分别报同级履行出资人职责的机构批准。

（3）实施政企分开的企业，其国有产权无偿划转所出资企业或其子企业持有的，由同级履行出资人职责的机构和主管部门分别批准。

（4）下级政府履行出资人职责的机构所出资企业国有产权无偿划转上级政府履行出资人职责的机构所出资企业或其子企业持有的，由下级政府和上级政府履行出资人职责的机构分别批准。

（5）企业国有产权在所出资企业内部无偿划转的，由所出资企业批准并抄报同级履行出资人职责的机构。

4. 不得实施无偿划转的情形

（1）被划转企业主业不符合划入方主业及发展规划的；

（2）中介机构对被划转企业划转基准日的财务报告出具否定意见、无法表示意见或保留意见的审计报告的；

（3）无偿划转涉及的职工分流安置事项未经被划转企业的职工代表大会审议通过的；

（4）被划转企业或有负债未有妥善解决方案的；

（5）划出方债务未有妥善处置方案的。

5. 由政府决定的无偿划转事项

根据规定，下列国有产权无偿划转事项，依据中介机构出具的被划转企业上一年度（或最近一次）的审计报告或经履行出资人职责的机构批准的清产核资结果，直接进行账务调整，并按规定办理产权登记等手续：

（1）由政府决定的所出资企业国有产权无

偿划转本级履行出资人职责的机构其他所出资企业的;

（2）由上级政府决定的所出资企业国有产权在上、下级政府履行出资人职责的机构之间的无偿划转;

（3）由划入、划出方政府决定的所出资企业国有产权在互不隶属的政府的履行出资人职责的机构之间的无偿划转;

（4）由政府决定的实施政企分开的企业,

其国有产权无偿划转履行出资人职责的机构持有的;

（5）其他由政府或履行出资人职责的机构根据国有经济布局、结构调整和重组需要决定的无偿划转事项。

（六）上市公司国有股权变动管理★★★

1. 上市公司国有股权变动管理概述（表10-13）

表 10-13 上市公司国有股权变动管理概述

项目	内容
概念	上市公司国有股权变动,是指上市公司国有股权持股主体、数量或比例等发生变化的行为
变动的情形	（1）国有股东所持上市公司股份通过证券交易系统转让; （2）公开征集转让; （3）非公开协议转让; （4）无偿划转; （5）间接转让; （6）国有股东发行可交换公司债券; （7）国有股东通过证券交易系统增持、协议受让、间接受让、要约收购上市公司股份和认购上市公司发行股票; （8）国有股东所控股上市公司吸收合并、发行证券; （9）国有股东与上市公司进行资产重组等
国有股东的界定	上述所称国有股东是指符合以下情形之一的企业和单位,其证券账户标注"SS": （1）政府部门、机构、事业单位、境内国有独资或全资企业; （2）上述第（1）项中所述单位或企业独家持股比例超过50%,或合计持股比例超过50%,且其中之一为第一大股东的境内企业; （3）上述第（2）项中所述企业直接或间接持股的各级境内独资或全资企业。 『注意』国有股东不包括国有出资的有限合伙企业

【例题 8·多选题】根据企业国有资产法律制度的规定,下列属于上市公司国有股权变动方式的有( )。

A. 国有股东所持上市公司股份通过非公开协议转让

B. 国有股东发行可交换公司债券

C. 国有股东所控股上市公司吸收合并、发行证券

D. 国有股东与上市公司进行资产重组

解析 ▶ 本题考核上市公司股权变动管理。

答案 ▶ ABCD

2. 国有股东所持上市公司股份通过证券交易系统转让

国有股东通过证券交易系统转让所持上市公司股份,按照国家出资企业内部决策程序决定;应报国有资产监管机构审批的情形,见表10-14。

表 10-14　通过证券交易系统转让股份的审批

对象	条件	审核文件
国有"控股"股东	(1)总体条件： 国有控股股东转让上市公司股份可能导致持股比例低于合理持股比例的 (2)数量条件： 总股本不超过 10 亿股的上市公司，国有控股股东拟于 1 个会计年度内累计净转让股份的比例达到上市公司总股本的 5% 及以上的； 总股本超过 10 亿股的上市公司，国有控股股东拟于 1 个会计年度内累计净转让股份的数量达到 5000 万股及以上	(1)国有股东转让上市公司股份的内部决策文件； (2)国有股东转让上市公司股份方案； (3)上市公司股份转让的可行性研究报告； (4)其他
国有"参股"股东	拟于一个会计年度内累计净转让股份比例达到上市公司总股本 5% 及以上的	

【例题 9 · 单选题】（2019 年）根据企业国有资产法律制度的规定，国有参股股东拟于一个会计年度内通过证券交易系统累计净转让的上市公司股份达到该上市公司总股本特定比例及以上的，应当报国有资产监督管理机构的审核批准。该特定比例是(　)。

A. 5%　　　　　　B. 8%

C. 10%　　　　　D. 15%

解析 本题考核国有股东所持上市公司股份通过证券交易系统转让。国有股东通过证券交易系统转让所持上市公司股份时，国有参股股东拟于一个会计年度内累计净转让股份比例达到上市公司总股本 5% 及以上的，应当报国有资产监督管理机构审核批准。

答案 A

3. 国有股东所持上市公司股份公开征集转让(见表 10-15)

公开征集转让是指国有股东依法公开披露信息，征集受让方转让上市公司股份的行为。

表 10-15　公开征集转让的相关规定

程序	内容
公开征集转让股份信息披露	国有股东拟公开征集转让上市公司股份的，在履行内部决策程序后，应书面告知上市公司，由上市公司依法披露，进行提示性公告。上市公司发布提示性公告后，国有股东应及时将转让方案、可行性研究报告、内部决策文件、拟发布的公开征集信息等内容通过管理信息系统报送国有资产监督管理机构。履行出资人职责的机构通过管理信息系统对公开征集转让事项出具意见。国有股东在获得履行出资人职责的机构同意意见后书面通知上市公司发布公开征集信息。 【知识点拨 1】国有控股股东公开征集转让上市公司股份可能导致上市公司控股权转移的，应当一并通知上市公司申请停牌。 【知识点拨 2】公开征集信息对受让方的资格条件不得设定指向性或违反公平竞争要求的条款，公开征集期限不得少于 10 个交易日
选择确定受让方	(1)国有股东收到拟受让方提交的受让申请及受让方案后，应当成立由内部职能部门人员以及法律、财务等独立外部专家组成的工作小组，严格按照已公告的规则选择确定受让方。 (2)公开征集转让可能导致上市公司控股权转移的，国有股东应当聘请具有上市公司并购重组财务顾问业务资格的证券公司、证券投资咨询机构或者其他符合条件的财务顾问机构担任财务顾问。 【知识点拨】财务顾问应当具有良好的信誉，近三年内无重大违法违规记录，且与受让方不存在利益关联。财务顾问应当勤勉尽责，遵守行业规范和职业道德，对上市公司股份的转让方式、转让价格、股份转让对国有股东和上市公司的影响等方面出具专业意见；并对拟受让方进行尽职调查，出具尽职调查报告

程序	内容
签订股份转让协议	国有股东确定受让方后，应当及时与受让方签订股份转让协议
审批	国有股东与受让方签订协议后，按照审批权限由国家出资企业审核批准或由履行出资人职责的机构审核批准
确定转让股份价格	国有股东公开征集转让上市公司股份的价格不得低于下列两者之中的较高者：(1)提示性公告日前30个交易日的每日加权平均价格的算术平均值；(2)最近一个会计年度上市公司经审计的每股净资产值
收取转让股份价款	国有股东应在股份转让协议签订后5个工作日内收取不低于转让价款30%的保证金，其余价款应在股份过户前全部结清。 【知识点拨】在全部转让价款支付完毕或交由转让双方共同认可的第三方妥善保管前，不得办理股份过户登记手续
办理股份过户登记手续	上市公司股份过户前，原则上受让方人员不能提前进入上市公司董事会和经理层，不得干预上市公司正常生产经营

4. 国有股东所持上市公司股份非公开协议转让(见表10-16)

非公开协议转让是指不公开征集受让方，通过直接签订协议转让上市公司股份的行为。

表 10-16　非公开协议转让的相关规定

程序	内容
非公开协议转让股份情形	符合以下情形之一的，国有股东可以非公开协议转让上市公司股份： (1)上市公司连续两年亏损并存在退市风险或严重财务危机，受让方提出重大资产重组计划及具体时间表的； (2)企业主业处于关系国家安全、国民经济命脉的重要行业和关键领域，主要承担重大专项任务，对受让方有特殊要求的； (3)为实施国有资源整合或资产重组，在国有股东、潜在国有股东(经本次国有资源整合或资产重组后成为上市公司国有股东的)之间转让的； (4)上市公司回购股份涉及国有股东所持股份的； (5)国有股东因接受要约收购方式转让其所持上市公司股份的； (6)国有股东因解散、破产、减资、被依法责令关闭等原因转让其所持上市公司股份的； (7)国有股东以所持上市公司股份出资的
签订股份转让协议	国有股东在履行内部决策程序后，应当及时与受让方签订股份转让协议
审批	国有股东与受让方签订协议后，按照审批权限由国家出资企业审核批准或由履行出资人职责的机构审核批准
确定转让价格	(1)国有股东非公开协议转让上市公司股份的价格不得低于：①提示性公告日前30个交易日的每日加权平均价格的算术平均值；②最近一个会计年度上市公司经审计的每股净资产值；二者之中的较高者； (2)存在下列特殊情形的，可按以下原则确定股份转让价格： ①国有股东为实施资源整合或重组上市公司，并在其所持上市公司股份转让完成后全部回购上市公司主业资产的，股份转让价格由国有股东根据中介机构出具的该上市公司股票价格的合理估值结果确定； ②为实施国有资源整合或资产重组，在国有股东之间转让且上市公司中的国有权益并不因此减少的，股份转让价格应当根据上市公司股票的每股净资产值、净资产收益率、合理的市盈率等因素合理确定

程序	内容
收取股份转让价款	（1）以现金支付股份转让价款的，国有股东应在股份转让协议签订后5个工作日内收取不低于转让收入30%的保证金，其余价款应在股份过户前全部结清； （2）以非货币资产支付股份转让价款的，应当符合国家相关规定

5. 国有股东所持上市公司股份无偿划转

政府部门、机构、事业单位、国有独资或全资企业之间可以依法无偿划转所持上市公司股份。国有股东所持上市公司股份无偿划转，按照审批权限由国家出资企业审核批准或由履行出资人职责的机构审核批准。

6. 国有股东所持上市公司股份间接转让（表 10-17）

表 10-17　国有股东所持上市公司股份间接转让

项目	具体内容
概念	指因产权转让或增资扩股等原因导致国有股东不再符合规定情形的行为
信息披露	国有股东拟间接转让上市公司股份的，履行内部决策程序后，应书面通知上市公司进行信息披露，涉及国有控股股东的，应当一并通知上市公司申请停牌
确定上市公司股份价值	国有股东所持上市公司股份间接转让，应当按照不得低于下列两者之中的较高者确定其所持上市公司股份价值： （1）提示性公告日前30个交易日的每日加权平均价格的算术平均值； （2）最近一个会计年度上市公司经审计的每股净资产值。 上市公司股份价值确定的基准日应与国有股东资产评估的基准日一致，且与国有股东产权直接持有单位对该产权变动决策的日期相差不得超过一个月
聘请财务顾问	国有控股股东所持上市公司股份间接转让，应当按规定聘请财务顾问，对国有产权拟受让方或投资人进行尽职调查，并出具尽职调查报告
审批	国有股东所持上市公司股份间接转让的，国有股东应在产权转让或增资扩股协议签订后，产权交易机构出具交易凭证前报履行出资人职责的机构审核批准

7. 国有股东发行可交换公司债券（表 10-18）

表 10-18　国有股东发行可交换公司债券

项目	具体规定
概念	国有股东发行可交换公司债券，是指上市公司国有股东依法发行、在一定期限内依据约定条件可以交换成该股东所持特定上市公司股份的公司债券的行为
确定可交换公司债券的价格和利率	国有股东发行的可交换公司债券交换为上市公司每股股份的价格，应不低于债券募集说明书公告日前1个交易日、前20个交易日、前30个交易日该上市公司股票均价中的最高者。 国有股东发行的可交换公司债券，其利率应当在参照同期银行贷款利率、银行票据利率、同行业其他企业发行的债券利率，以及标的公司股票每股交换价格、上市公司未来发展前景等因素的前提下，通过市场询价合理确定
审批	国有股东发行可交换公司债券，按照审批权限由国家出资企业审核批准或由履行出资人职责的机构审核批准

8. 国有股东受让上市公司股份(表10-19)

表10-19 国有股东受让上市公司股份

项目	具体规定
概念	国有股东受让上市公司股份行为主要包括国有股东通过证券交易系统**增持**、**协议受让**、**间接受让**、**要约收购上市公司股份**和**认购上市公司发行股票**等
审核批准	国有股东受让上市公司股份,按照审批权限由**国家出资企业审核批准**或由**履行出资人职责的机构审核批准**
办理受让手续	国有股东将其持有的可转换公司债券或可交换公司债券转换、交换成上市公司股票的,通过司法机关强制执行手续取得上市公司股份的,按照相关法律、行政法规及规章制度的规定办理,并在上述行为完成后**10个工作日内**将相关情况通过管理信息系统按程序报告国有资产监督管理机构

9. 国有股东所控股上市公司发行证券

(1)国有股东所控股上市公司发行证券包括上市公司采用公开方式向原股东配售股份、向不特定对象公开募集股份、采用非公开方式向特定对象发行股份以及发行可转换公司债券等行为。

(2)国有股东所控股上市公司发行证券,应当在股东大会召开前,按照审批权限由国家出资企业审核批准或由履行出资人职责的机构审核批准。

10. 国有股东所控股上市公司吸收合并(表10-20)

表10-20 国有股东所控股上市公司吸收合并

项目	具体规定
概念	国有股东所控股上市公司吸收合并,是指**国有控股上市公司之间**或**国有控股上市公司与非国有控股上市公司之间**的吸收合并
聘请财务顾问	国有股东所控股上市公司应当聘请财务顾问,对吸收合并的双方进行尽职调查和内部核查,并出具专业意见
确定换股价格	国有股东应指导上市公司根据股票交易价格,并参考可比交易案例,合理确定上市公司换股价格
审批	国有股东应当在上市公司董事会审议吸收合并方案前,将该方案报**履行出资人职责的机构审核批准**

11. 国有股东与上市公司进行资产重组

(1)国有股东与上市公司进行资产重组是指国有股东向上市公司注入、购买或置换资产并涉及国有股东所持上市公司股份发生变化的情形。

(2)国有股东就资产重组事项进行内部决策后,应书面通知上市公司,由上市公司依法披露,并申请股票停牌。在上市公司董事会审议资产重组方案前,应当将可行性研究报告报国家出资企业、履行出资人职责的机构预审核,并由履行出资人职责的机构通过管理信息系统出具意见。

真题精练

一、单项选择题

1.(2016、2019年)根据企业国有资产法律制度的规定,代表国家行使企业国有资产所有权的是(　　)。

A. 国务院

B. 中国人民银行

C. 国有资产监督管理委员会

D. 财政部

2. (2018年)根据企业国有资产法律制度的规定，下列国有独资公司的人员中，应当由履行出资人职责的机构任免的是( )。

A. 副董事长　　　B. 副总经理

C. 总经理　　　　D. 财务负责人

3. (2017年)根据企业国有资产法律制度的规定，选择国有资本控股公司的企业管理者时，履行出资人职责的机构享有的职权是( )。

A. 任免企业经理、副经理

B. 任免企业董事长、副董事长、董事和监事

C. 任免企业的财务负责人和其他高管

D. 向企业的股东会或股东大会提出董事、监事人选

二、多项选择题

1. (2019年)根据企业国有资产法律制度的规定，下列关于我国企业国有资产监督管理体制的表述中，正确的有( )。

A. 企业国有资产属于国家所有，国务院代表国家对国家出资企业履行出资人职责

B. 履行出资人职责应当坚持政企分开、社会公共管理职能与企业国有资产出资人职能分开、不干预企业依法自主经营原则

C. 地方人民政府无权代表国家对国家出资企业履行出资人职责

D. 国有资本投资、运营公司可对授权范围内的国有资本履行出资人职责

2. (2018年)根据企业国有资产法律制度的规定，国家出资企业及其各级子企业发生特定行为时，应当对相关资产进行评估。下列各项中，属于此种行为的有( )。

A. 合并、分立、破产、解散

B. 产权转让

C. 以货币资产对外投资

D. 资产转让、置换

3. (2017年)根据国有资产法律制度的规定，下列各项中，属于国务院和地方人民政府依法履行出资人职责时应遵循的原则有( )。

A. 政企分开

B. 社会公共管理职能与企业国有资产出资人职能分开

C. 不干预企业依法自主经营

D. 保护消费者合法权益

4. (2016年)根据企业国有资产管理法律制度的规定，下列各项中，属于国家出资企业的有( )。

A. 国有独资公司

B. 国有资本控股公司

C. 国有资本参股公司

D. 国有独资企业

真题精练答案及解析

一、单项选择题

1. A 【解析】本题考核企业国有资产的监督管理体制。企业国有资产属于国家所有，国务院代表国家行使企业国有资产所有权

2. A 【解析】本题考核国家出资企业管理者的选择。履行出资人职责的机构依照法律、行政法规以及企业章程的规定，任免或者建议任免国家出资企业的下列人员：(1)任免国有独资企业的经理、副经理、财务负责人和其他高级管理人员；(2)任免国有独资公司的董事长、副董事长、董

事、监事会主席和监事；(3)向国有资本控股公司、国有资本参股公司的股东会、股东大会提出董事、监事人选。

3. D 【解析】本题考核国家出资企业管理者的选择。履行出资人职责的机构依照法律、行政法规以及企业章程的规定，任免或者建议任免国家出资企业的下列人员：(1)任免国有独资企业的经理、副经理、财务负责人和其他高级管理人员；(2)任免国有独资公司的董事长、副董事长、董事、监事会主席和监事；(3)向国有资本

控股公司、国有资本参股公司的股东会、股东大会提出董事、监事人选。

二、多项选择题

1. BD 【解析】本题考核企业国有资产的监督管理体制。企业国有资产属于国家所有，国务院代表国家行使企业国有资产所有权；国务院和地方各级人民政府分别代表国家对国家出资企业履行出资人职责；选项AC错误。

2. ABD 【解析】本题考核企业国有资产评估的范围。根据有关规定，国家出资企业及其各级子企业有下列行为之一的，应当对相关资产进行评估：(1)整体或者部分改建为有限责任公司或者股份有限公司；(2)以非货币资产对外投资；(3)合并、分立、破产、解散；(4)非上市公司国有股东股权比例变动；(5)产权转让；(6)资产转让、置换；(7)整体资产或者部分资产租赁给非国有单位；(8)以非货币资产偿还债务；(9)资产涉讼；(10)收购非国有单位的资产；(11)接受非国有单位以非货币资产出资；(12)接受非国有单位以非货币资产抵债；(13)法律、行政法规规定的其他需要进行资产评估的事项。

3. ABC 【解析】本题考核企业国有资产的监督管理体制。国务院和地方人民政府应当按照政企分开、社会公共管理职能与企业国有资产出资人职能分开、不干预企业依法自主经营的原则，依法履行出资人职责。

4. ABCD 【解析】本题考核国家出资企业。

同步训练 限时31分钟

一、单项选择题

1. 下列关于我国企业国有资产监督管理，说法错误的是( )。
   A. 企业国有资产属于国家所有
   B. 国务院代表国家行使企业法人财产权
   C. 经授权对国家出资企业履行出资人职责的机构主要是各级国有资产监督管理机构
   D. 财政部是经授权对中国邮政集团履行出资人职责的机构

2. 对中央文化企业履行出资人职责的机构是( )。
   A. 国务院国有资产监督管理委员会
   B. 国家市场监督管理总局
   C. 财政部
   D. 中国人民银行

3. 下列人员中，由履行出资人职责的机构任免的是( )。
   A. 国有独资企业的全部管理人员
   B. 国有独资公司的监事会主席
   C. 国有资本控股公司的董事长
   D. 国有资本参股公司的监事

4. 根据企业国有资产法律制度的规定，国家出资企业管理者的兼职受到一定限制，对此，下列说法错误的是( )。
   A. 未经履行出资人职责的机构同意，国有独资企业、国有独资公司的董事、高级管理人员不得在其他企业兼职
   B. 未经股东会、股东大会同意，国有资本控股公司、国有资本参股公司的董事、高级管理人员不得在经营同类业务的其他企业兼职
   C. 未经履行出资人职责的机构同意，国有独资公司的董事长不得兼任经理
   D. 未经股东会、股东大会同意，董事、高级管理人员不得兼任监事

5. 重要的国有独资企业、国有独资公司、国有资本控股公司的改制，由( )批准。
   A. 本级财政部门
   B. 国务院
   C. 本级国有资产监督管理机构
   D. 本级人民政府

6. 下列企业中，不属于产权登记范围的

是( )。

 A. 国有资本控股公司

 B. 国有资本参股公司

 C. 国有企业控股的子企业

 D. 国有资本参股公司控股的子公司

7. 根据非金融类企业国有资产法律制度的规定，企业国有资产产权登记机关是( )。

 A. 各级财政部门

 B. 各级国有资产监督管理机构

 C. 各级市场监督管理部门

 D. 各级商务主管部门

8. 根据企业国有资产法律制度的规定，国家出资企业及其各级子企业发生的下列行为中，无需进行资产评估的是( )。

 A. 以无形资产对外投资

 B. 以部分资产改建为有限责任公司

 C. 国有独资企业下属的独资企业之间的合并

 D. 接受非国有单位以实物资产偿还债务

9. 涉及金融企业国有资产的下列行为中，无需经过资产评估的是( )。

 A. 产权转让

 B. 接受非货币性资产抵押

 C. 资产涉讼

 D. 上市公司可流通股权转让

10. 下列关于非金融类企业国有资产评估的核准和备案制，说法错误的是( )。

 A. 国务院批准经济行为事项涉及的资产评估项目，由国务院国有资产监督管理机构核准

 B. 经国务院国有资产监督管理机构批准经济行为的事项涉及的资产评估项目，由国务院国有资产监督管理机构负责备案

 C. 中央企业批准经济行为的事项涉及的资产评估项目，由中央企业负责备案

 D. 作为国家授权投资机构的中央企业，经国务院国有资产监督管理机构批准进行主辅分离辅业改制项目涉及的资产评估，由国务院国有资产监督管理机构负

责备案

11. 某股份制企业的股权结构如下：甲市的 A 国有企业占 15%，乙市的 B 国有企业占 40%，丙市的 C 个人独资企业占 45%。2017 年 4 月，该股份制企业拟与某集体企业合并。根据国有资产管理法律制度规定，下列关于资产评估程序的选项中，正确的是( )。

 A. 经协商一致由 A 企业向甲市国有资产管理部门办理备案手续

 B. 经协商一致由 B 企业向乙市国有资产管理部门办理备案手续

 C. 经协商一致由 C 企业向丙市国有资产管理部门办理备案手续

 D. 经协商一致委托其中一方办理备案手续

12. 下列关于企业国有产权无偿划转的批准，说法错误的是( )。

 A. 企业国有产权在同一履行出资人职责的机构所出资企业之间无偿划转的，由所出资企业共同报履行出资人职责的机构批准

 B. 企业国有产权在不同履行出资人职责的机构所出资企业之间无偿划转的，依据划转双方的产权归属关系，由所出资企业分别报同级履行出资人职责的机构批准

 C. 实施政企分开的企业，其国有产权无偿划转所出资企业或其子企业持有的，由同级履行出资人职责的机构和主管部门分别批准

 D. 下级政府履行出资人职责的机构所出资企业国有产权无偿划转上级政府履行出资人职责的机构所出资企业或其子企业持有的，由上级政府履行出资人职责的机构批准

13. 根据企业国有资产交易制度，企业国有资产通过产权市场公开转让的，首次信息披露之日起超过( )未征集到合格受让方的，应当重新履行审计、资产评估

以及信息披露等产权转让工作程序。

    A. 3 个月   B. 6 个月

    C. 12 个月   D. 18 个月

14. 甲国有资本控股公司(上市公司)中的国有股东乙企业拟将其持有的 30% 的股份作价 500 万元转让给丙企业，丙企业拟以现金支付转让价款，且双方签了转让协议。关于价款的支付，下列说法中，正确的是(　　)。

    A. 乙企业应当在股份转让协议签订后 5 个工作日内收取不低于 100 万元的保证金，余款 1 年内付清，并按同期银行存款利率支付延期付款利息

    B. 乙企业应当在股份转让协议签订后 5 个工作日内收取不低于 150 万元的保证金，余款 1 年内付清，并按同期银行存款利率支付延期付款利息

    C. 乙企业应当在股份转让协议签订后 5 个工作日内收取不低于 100 万元的保证金，余款 1 年内付清，并按同期银行贷款利率支付延期付款利息

    D. 乙企业应当在股份转让协议签订后 5 个工作日内收取不低于 150 万元的保证金，余款 1 年内付清，并按同期银行贷款利率支付延期付款利息

15. 公开征集转让是指国有股东依法公开披露信息，征集受让方转让上市公司股份的行为。公开征集信息对受让方的资格条件不得设定指向性或违反公平竞争要求的条款，公开征集期限不得少于(　　)个交易日。

    A. 5   B. 7

    C. 10   D. 15

16. 下列上市公司国有股权变动中，必须由履行出资人职责的机构审核批准的是(　　)。

    A. 国有股东上市公司股份公开征集转让

    B. 国有股东所持上市公司股份间接转让

    C. 国有股东发行可交换公司债券

    D. 国有股东所控股上市发行证券

17. 国有控股股东所持上市公司股份间接转让的，上市公司股份价值确定的基准日应与国有股东资产评估的基准日一致，且与国有股东产权直接持有单位对该产权变动决策的日期相差不得超过(　　)。

    A. 1 个月   B. 3 个月

    C. 6 个月   D. 1 年

二、多项选择题

1. 根据企业国有资产法律制度的规定，企业改制的情形包括(　　)。

    A. 国有独资企业改为国有独资公司

    B. 国有独资公司改为国有独资企业

    C. 国有独资公司改为国有资本控股公司

    D. 国有资本控股公司改为非国有资本控股公司

2. 根据有关规定，国有企业实施改制时应当明确企业与职工的相关责任。下列有关国有企业改制时企业与职工关系问题的表述中，正确的有(　　)。

    A. 企业改制涉及重新安置职工的应当制定职工安置方案，且须经职工代表大会或职工大会审议通过

    B. 企业实施改制时，必须向职工公布企业主要财务指标的财务审计、资产评估结果

    C. 对企业改制时解除劳动合同且不再继续留用的职工，应当支付经济补偿金

    D. 企业改制时，对确认的拖欠职工工资、医疗费等，原则上应当一次付清

3. 下列选项中，无需办理企业国有资产产权登记的有(　　)。

    A. 某有限责任公司，国有资本出资比例仅占 5%

    B. 某股份有限公司，国有资本持股比例仅占 5%

    C. 某国有企业为赚取差价从二级市场购入的上市公司股权

    D. 某国有控股公司为一年内出售而持有的某有限公司股权

4. 下列关于国有资产产权登记的说法中，正确的有(　　)。

A. 中央金融企业的一级子企业中的国有产权无需办理国有资产产权登记

B. 上市的国有控股金融公司可流通股权无需办理国有资产产权登记

C. 金融类企业国有资产产权登记机关为同级财政部门

D. 国有企业改制后不再设置国有股权的应当办理注销产权登记

5. 根据企业国有资产法律制度的规定，国家出资企业及其各级子企业发生特定行为时，应当对相关资产进行评估。下列各项中，属于此类特定行为的有（　　）。

A. 非上市公司国有股东股权比例变动

B. 产权转让

C. 部分资产租赁给非国有单位

D. 资产涉讼

6. 甲、乙、丙、丁在中国境内投资设立了一家中外合资经营企业，其中：甲、乙为国有企业，丙为集体所有制企业，丁为外国企业。甲、乙、丙、丁的出资比例依次为30%、30%、10%、30%。该企业股东发生的下列行为中。依法应当进行国有资产评估的有（　　）。

A. 甲将出资额全部转让给乙

B. 甲将出资额全部转让给丙

C. 甲、乙分别将全部出资额转让给丁

D. 甲将出资额转让给该合营企业股东以外的另一国有企业

7. 下列关于金融企业国有资产评估的说法中，正确的有（　　）。

A. 金融企业经批准进行改组改制的资产评估项目应经过核准

B. 金融企业拟在境内或者境外上市涉及资产评估项目实行备案制

C. 中央金融企业资产评估项目报财政部核准

D. 地方金融企业资产评估项目报本级财政部门核准

8. 下列关于企业国有资产评估，说法正确的有（　　）。

A. 国务院批准的重大经济事项同时涉及中央和地方的资产评估项目国有股最大股东依照其产权关系，逐级报送国务院国有资产监督管理机构核准

B. 企业国有资产评估业务委托人应当依法选择资产评估机构，应当与评估机构订立委托合同

C. 资产评估机构受理企业国有资产评估业务后，应当指定至少两名相应专业类别的评估师承办该业务

D. 资产评估档案的保存期限不少于30年

9. 下列有关企业国有资产转让的说法中，符合《企业国有资产法》规定的有（　　）。

A. 企业国有资产转让征集产生的受让方为两个以上的，应当采用公开竞价的交易方式

B. 企业国有资产转让相关的董事只能参与组织实施工作

C. 转让部分企业国有资产致使国家对该企业不再具有控股地位的，应当报经本级人民政府批准

D. 转让企业的董事、监事、高级管理人员不得参与受让

10. 根据企业国有资产交易管理规定，特定情形下，经国家出资企业审议就可以非公开协议增资，以下选项中，属于该特定情形的有（　　）。

A. 国家出资企业直接或指定其控股、实际控制的其他子企业参与增资

B. 因国有资本布局结构调整需要，由特定的国有及国有控股企业或国有实际控制企业参与增资

C. 企业原股东增资

D. 企业债权转为股权

11. 根据企业国有产权无偿划转的有关规定，下列选项中，企业国有产权不得实施无偿划转的情形有（　　）。

A. 被划转企业的或有负债未有妥善解决方案

B. 被划转企业职工代表大会未通过无偿

划转涉及的职工分流安置事项

C. 被划转企业主业不符合划入方主业及发展规划

D. 中介机构对被划转企业划转基准日的财务报告出具了保留意见的审计报告

12. 根据上市公司国有股权变动管理规定，国有股东是指符合一定条件的企业和单位，其证券账户标注"SS"标记的股东，下列选项中，属于国有股东的有( )。

A. 政府部门、机构、事业单位

B. 境内国有独资公司

C. 境内国有独资企业持股比例超过50%的境内企业

D. 国有资本占主导地位的有限合伙企业

13. 国有股东通过证券交易系统转让上市公司股份，按照国家出资企业内部决策程序决定，有以下情形的，应报国有资产监督管理机构审核批准的有( )。

A. 总股本不超过10亿股的上市公司，国有控股股东拟于1个会计年度内累计净转让股份的比例达到上市公司总股本的5%及以上的

B. 总股本不超过10亿股的上市公司，国有控股股东拟于3个会计年度内累计净转让股份的比例达到上市公司总股本的5%及以上的

C. 总股本超过10亿股的上市公司，国有控股股东拟于1个会计年度内累计净转让股份的数量达到5000万股以上

D. 总股本超过10亿股的上市公司，国有控股股东拟于3个会计年度内累计净转让

股份的数量达到5000万股以上

14. 国有股东所持上市公司股份公开征集转让中，转让股份的价格不得低于以下两者中的较高者( )。

A. 提示性公告日前30个交易日的每日加权平均价格的算术平均值

B. 提示性公告日前60个交易日的每日加权平均价格的算术平均值

C. 最近一个会计年度上市公司经审计的每股净资产值

D. 最近三个会计年度上市公司经审计的每股净资产值

15. 国有股东可以非公开协议转让上市公司股份的情形有( )。

A. 上市公司回购股份涉及国有股东所持股份的

B. 国有股东因接受要约收购方式转让其所持上市公司股份的

C. 国有股东因解散、破产、减资、被依法责令关闭等原因转让其所持上市公司股份的

D. 国有股东以所持上市公司股份出资的

16. 国有股东发行的可交换公司债券交换为上市公司每股股份的价格，应不得低于债券募集说明书公告前一定期限的上市公司股票均价的最高者，该期限为( )。

A. 债券募集说明书公告日前1个交易日

B. 债券募集说明书公告日前10个交易日

C. 债券募集说明书公告日前20个交易日

D. 债券募集说明书公告日前30个交易日

同步训练答案及解析

一、单项选择题

1. B 【解析】本题考核企业国有资产监督管理体制。国务院代表国家行使企业国有资产所有权，而非法人财产权，选项B错误。

2. C 【解析】本题考核履行出资人职责的

机构。

3. B 【解析】本题考核国家出资企业管理者的任免。履行出资人职责的机构有权任免国有独资企业的高级管理人员；有权任免国有独资公司的董事长、副董事长、董事、监事会主席和监事，选项A错误、选

项 B 正确；履行出资人职责的机构可以向国有资本控股公司和国有资本参股公司的股东会或股东大会提出董事、监事的人选，选项 C、D 错误。

4. D 【解析】本题考核国家出资企业管理者的兼职限制。董事、高级管理人员不得兼任监事是法定的。

5. D 【解析】本题考核企业改制重要的国有独资企业、国有独资公司、国有资本控股公司的改制。履行出资人职责的机构在作出决定或者向其委派参加国有资本控股公司股东会会议、股东大会会议的股东代表作出指示前，应当将改制方案报请本级人民政府批准。

6. D 【解析】本题考核企业国有资产产权登记的范围。国家出资企业都应当办理国有资产产权登记，选项 A、B 不当选；国家出资企业(不含国有资本参股公司)拥有实际控制权的境内外各级企业应当办理国有资产产权登记，选项 C 不当选，选项 D 当选。

7. B 【解析】本题考核企业国有资产产权登记机关。企业国有资产产权登记机关是各级国有资产监督管理机构。

8. C 【解析】本题考核国有资产评估管理。企业有下列行为之一的，可以不对相关国有资产进行评估：（1）经各级人民政府或其国有资产监督管理机构批准，对企业整体或者部分资产实施无偿划转；（2）国有独资企业与其下属独资企业（事业单位）之间或其下属独资企业（事业单位）之间的合并、资产（产权）置换和无偿划转。本题选项 C 是可以不进行资产评估的。

9. D 【解析】本题考核金融企业国有资产管理。唯独选项 D 无需经过资产评估。

10. D 【解析】本题考核企业国有资产评估的核准和备案制。作为国家授权投资机构的中央企业，经国务院国有资产监督管理机构批准进行主辅分离辅业改制项目涉及的资产评估，按限额专项委托中央企业办理相关资产评估项目备案。其

中，属于国家授权投资机构的中央企业负责办理资产总额账面值 5000 万元（不含）以下资产评估项目的备案，5000 万元以上的资产评估项目由国务院国有资产监督管理机构办理备案。选项 D 错误。

11. B 【解析】本题考核国有资产评估项目的备案制。根据规定，有多个国有股东的企业发生资产评估事项，经协商一致可由国有股权最大股东（B 企业）依照其产权关系办理核准或备案手续，持股比例相同的，经协商一致可由其中一方依照其产权关系办理核准或备案手续。

12. D 【解析】本题考核业国有产权无偿划转的批准。选项 D 应经过下级政府和上级政府履行出资人职责的机构分别批准。

13. C 【解析】本题考核企业国有资产交易管理制度。

14. D 【解析】本题考核国有股东所持上市公司股份非公开协议转让。以现金支付股份转让价款的，国有股东应当在股份转让协议签订后 5 个工作日内收取不低于转让收入 30% 的保证金，余款 1 年内付清，要求提供合法有效的担保，并按同期银行贷款利率支付延期付款利息。

15. C 【解析】本题考核国有股东所持上市公司股份公开征集转让。公开征集信息对受让方的资格条件不得设定指向性或违反公平竞争要求的条款，公开征集期限不得少于 10 个交易日。

16. B 【解析】本题考核上市公司国有股权变动必须由国有资产监督管理机构审核批准情形。选项 A、C、D 是按照审批权限由国家出资企业审核批准或由国有资产监督管理机构审核批准。

17. A 【解析】本题考核国有控股股东所持上市公司股份间接转让。上市公司股份价值确定的基准日应与国有股东资产评估的基准日一致，且与国有股东产权直接持有单位对该产权变动决策的日期相差不得超过 1 个月。

451

二、多项选择题

1. ACD 【解析】本题考核企业改制的概念。选项 B 不属于企业改制的情形。

2. ABCD 【解析】本题考核国有企业改制。

3. CD 【解析】本题考核企业国有资产产权登记。但凡国家出资企业都需办理国有资产产权登记，选项 A、B 错误。为交易目的持有的下列股权不进行产权登记：(1)为赚取差价从二级市场购入的上市公司股权；(2)为近期内(一年以内)出售而持有的其他股权。

4. BCD 【解析】本题考核国有资产产权登记。选项 A 应当办理登记。

5. ABCD 【解析】本题考核企业国有资产评估的范围。

6. ABCD 【解析】本题考核企业国有资产评估的范围。

7. ACD 【解析】本题考核金融企业国有资产评估核准制。金融企业拟在境内或者境外上市涉及资产评估项目实行核准制。

8. ABCD 【解析】本题考核企业国有资产评估。

9. AC 【解析】本题考核企业国有资产转让的规定。根据规定，相关的董事、监事和高级管理人员不得参与转让方案的制定和组织实施的各项工作，因此选项 B 错误；法律、行政法规或者国务院国有资产监督管理机构规定可以向本企业的董事、监事、高级管理人员或者其近亲属或者这些人员所有或者实际控制的企业转让企业国有资产，在转让时，上述人员或者企业参与受让的，应当与其他受让参与者平等竞买，因此选项 D 错误。

10. ACD 【解析】本题考核国家出资企业增资。选项 B 属于经同级国有资产监督管理机构批准协议增资的情形。

11. ABCD 【解析】本题考核企业国有资产的无偿划转。不得实施无偿划转的情形：

(1)被划转企业主业不符合划入方主业及发展规划的；(2)中介机构对被划转企业划转基准日的财务报告出具否定意见、无法表示意见或保留意见的审计报告的；(3)无偿划转涉及的职工分流安置事项未经被划转企业的职工代表大会审议通过的；(4)被划转企业或有负债未有妥善解决方案的；(5)划出方债务未有妥善处置方案的。

12. ABC 【解析】本题考核上市公司国有股东的界定。国有股东不包括国有出资的有限合伙企业，选项 D 错误。

13. AC 【解析】本题考核国有股东所持上市公司股份通过证券交易系统转让。国有股东通过证券交易系统转让上市公司股份，按照国家出资企业内部决策程序决定，应报国有资产监督管理机构审核批准的：总股本不超过 10 亿股的上市公司，国有控股股东拟于一个会计年度内累计净转让(累计转让股份扣除累计增持股份后的余额，下同)达到总股本 5% 及以上的；总股本超过 10 亿股的上市公司，国有控股股东拟于一个会计年度内累计净转让数量达到 5000 万股及以上。

14. AC 【解析】本题考核国有股东公开征集转让上市公司股份。转让的价格不得低于下列两者之中的较高者：提示性公告日前 30 个交易日的每日加权平均价格的算术平均值；最近一个会计年度上市公司经审计的每股净资产值。

15. ABCD 【解析】本题考核国有股东非公开协议转让上市公司股份。

16. ACD 【解析】本题考核国有股东发行可交换公司债券。国有股东发行的可交换公司债券交换为上市公司每股股份的价格，应不低于债券募集说明书公告日前 1 个交易日、前 20 个交易日、前 30 个交易日该上市公司股票均价中的最高者。

本章知识串联

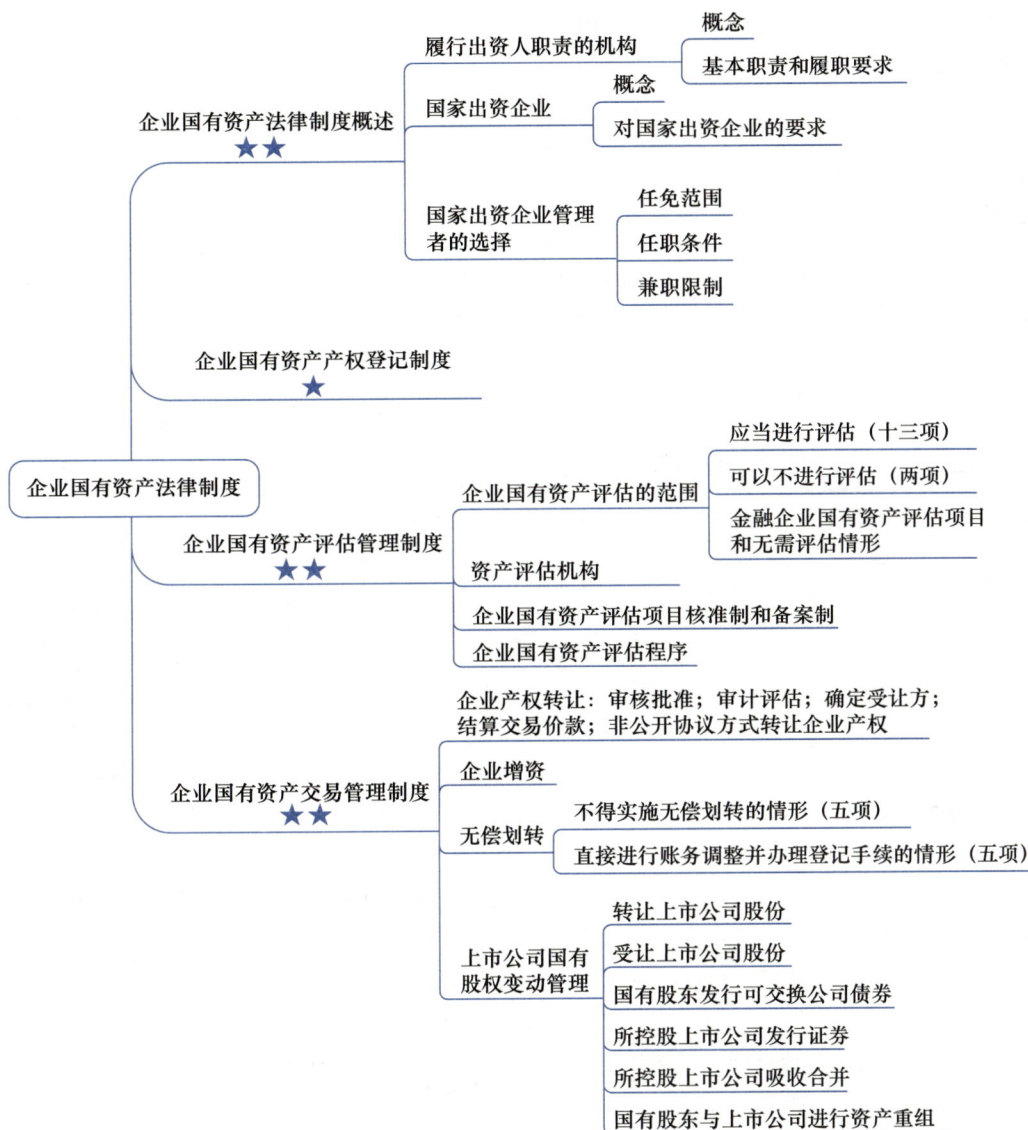

```
企业国有资产法律制度
│
├─ 企业国有资产法律制度概述 ★★
│   ├─ 履行出资人职责的机构
│   │   ├─ 概念
│   │   └─ 基本职责和履职要求
│   ├─ 国家出资企业
│   │   ├─ 概念
│   │   └─ 对国家出资企业的要求
│   └─ 国家出资企业管理者的选择
│       ├─ 任免范围
│       ├─ 任职条件
│       └─ 兼职限制
│
├─ 企业国有资产产权登记制度 ★
│
├─ 企业国有资产评估管理制度 ★★
│   ├─ 企业国有资产评估的范围
│   │   ├─ 应当进行评估（十三项）
│   │   ├─ 可以不进行评估（两项）
│   │   └─ 金融企业国有资产评估项目和无需评估情形
│   ├─ 资产评估机构
│   ├─ 企业国有资产评估项目核准制和备案制
│   └─ 企业国有资产评估程序
│
└─ 企业国有资产交易管理制度 ★★
    ├─ 企业产权转让：审核批准；审计评估；确定受让方；结算交易价款；非公开协议方式转让企业产权
    ├─ 企业增资
    ├─ 无偿划转
    │   ├─ 不得实施无偿划转的情形（五项）
    │   └─ 直接进行账务调整并办理登记手续的情形（五项）
    └─ 上市公司国有股权变动管理
        ├─ 转让上市公司股份
        ├─ 受让上市公司股份
        ├─ 国有股东发行可交换公司债券
        ├─ 所控股上市公司发行证券
        ├─ 所控股上市公司吸收合并
        └─ 国有股东与上市公司进行资产重组
```

第10章 企业国有资产法律制度

453

反垄断法律制度

考情解密

历年考情概况

在经济法科目的考试中，本章内容不多，但分值相对而言不算低，平均在 4 分左右，都是客观题，属于性价比较高的一章。但近两年试题呈现出"偏怪难"现象，因而考生也不能掉以轻心，要严防死守，争取不丢分。

近年考点直击

考点	主要考查题型	考频指数	考查角度
《反垄断法》的适用范围	单选题、多选题	★★★	直接考核《反垄断法》的适用范围与适用除外情形
相关市场的界定	单选题	★★★	(1)结合小案例考核相关市场的界定；(2)考核相关商品市场界定的基本标准及具体需考虑的因素
反垄断法实施机制	单选题、多选题	★★★	(1)考核反垄断法律责任；(2)考核反垄断法执法机构；(3)考核反垄断调查措施；(4)考核反垄断民事诉讼
垄断协议规制制度	多选题	★★★	(1)考核垄断协议的认定；(2)考核"其他协同行为"认定的因素；(3)考核宽恕制度的概念；(4)考核行业协会组织实施垄断协议行为的判断
滥用市场支配地位规制	多选题	★★★	(1)主要考核市场支配地位的界定；(2)考核滥用市场支配地位中不公平高价销售商品；(3)考核无正当理由以低于成本的价格销售商品的例外情形
经营者集中反垄断审查	单选题、多选题	★★★	(1)考核经营者集中申报标准和基本规则；(2)考核衡量相关市场集中度的指数；(3)考核经营者集中附加限制性条件(业务剥离)具体制度

本章2020年考试主要变化

本章变动较大。根据《禁止垄断协议暂行规定》和《禁止滥用市场支配地位行为暂行规定》进行了大幅调整。

考点详解及精选例题

一、反垄断法律制度概述

扫我解疑难

（一）《反垄断法》的适用范围（见表11-1）★★★

表11-1 《反垄断法》的适用范围

适用范围		具体规定
地域范围		"属地+效果原则"，我国反垄断适用于： （1）中华人民共和国境内经济活动中的垄断行为； （2）中华人民共和国境外的垄断行为，对境内市场竞争产生排除、限制影响的
适用的垄断行为	经营者	（1）经营者达成垄断协议； （2）经营者滥用市场支配地位； （3）具有或者可能具有排除、限制竞争效果的经营者集中
	行政主体	滥用行政权力排除、限制竞争
	行业协会	参与组织实施诸如价格联盟类的垄断行为
适用除外		（1）知识产权的正当行使； 【知识点拨】经营者滥用知识产权，排除、限制竞争的行为，照样适用反垄断法。 （2）农业生产中的联合或者协同行为

【知识点拨】对于铁路、石油、电信、电网、烟草等重点行业，国家赋予其垄断性经营权，但如果这些国有垄断企业从事垄断协议、滥用市场支配地位行为，或者从事可能排除、限制竞争的经营者集中行为，同样应受《反垄断法》的规制（**具有垄断经营权没问题，但利用其垄断地位实施垄断行为同样受反垄断法调整**）。

【例题1·多选题】（2016年）下列行为中，违反我国《反垄断法》的有（　　）。

A. 农业生产者在农产品生产加工、销售、运输、储存等经营活动中实施的联合行为

B. 外国企业在中国境外实施的对中国境内市场竞争产生排除或限制效果的行为

C. 具有竞争关系的境内企业就固定商品出口价格达成的垄断协议

D. 国有经济占控制地位的关系国民经济命脉行业的国有企业之间达成垄断协议的行为

解析 ▶ 本题考核反垄断法的适用范围。选项A属于《反垄断法》的适用排外。中华人民共和国境外的垄断行为，对境内市场竞争产生排除、限制影响的，适用《反垄断法》，选项B当选。选项C是垄断协议的豁免情形。国有垄断企业从事垄断协议，受《反垄断法》的限制，选项D当选。答案 ▶ BD

（二）相关市场界定（见表11-2）★★★

【知识点拨】垄断是发生在特定市场范围内的概念，因而要对相关市场进行界定。

表 11-2　相关市场界定

项目	具体规定
概念	指经营者在一定时期内就特定商品或服务进行竞争的商品范围和地域范围
分类	(1)相关商品市场(重点)。是指具有较为紧密替代关系的商品范围。 **从需求角度界定，考虑的因素**：①需求者转向或可能转向购买其他商品的证据；②商品的特征、用途；③商品的价格差异；④商品的销售渠道 **从供给角度界定，考虑的因素**：①经营者的生产流程和工艺；②转产的难易程度；③转产需要的时间、费用、风险；④转产后商品的竞争力；⑤营销渠道
	(2)相关地域市场。相同或具有替代关系的商品相互竞争的地理区域。 从需求角度界定相关地域市场，主要考虑的因素：①需求者因商品价格或者其他竞争因素变化，转向或者考虑转向其他地域购买商品的证据；②商品的运输成本和运输特征；③多数需求者选择商品的实际区域和主要经营者商品的销售分布；④地区间的贸易壁垒；⑤其他重要因素(如特定区域需求者偏好；商品运进和运出该地域的数量)。 从供给角度界定，主要考虑的因素：其他地域的经营者供应或者销售相关商品的即时性和可行性，如将订单转向其他地域经营者的转换成本等
	(3)相关时间市场。相同或近似商品在同一区域内相互竞争的时间范围

【例题 2·单选题】(2019 年)下列关于相关市场界定的表述中，符合反垄断法律制度规定的是(　　)。

A. 只有滥用市场支配地位案件，才需要界定相关市场

B. 界定相关市场的基本标准是商品间"较为紧密的相互替代性"

C. 任何反垄断案件的分析中，相关市场均应从商品、地域和时间三个维度界定

D. 供给替代是界定相关市场的主要分析视角

解析　本题考核相关市场。在垄断协议及滥用市场支配地位的禁止，以及经营者集中的反垄断审查案件中，均可能涉及相关市场的界定问题；选项 A 错误。界定相关市场涉及的维度包括时间、商品和地域等三个维度；但是，并非任何市场界定都涉及全部三个维度；选项 C 错误。需求替代是界定相关市场的主要分析视角；选项 D 错误。

答案　B

(三)反垄断法的实施机制★★★

我国反垄断法的实施机制采用行政执法与民事诉讼并行的"双轨制"模式。在制度的构成上，主要包括法律责任、行政执法机制以及民事诉讼机制等。

1. 反垄断法律责任(见表 11-3)

表 11-3　反垄断法律责任

立法	责任类型
反垄断法	规定了垄断行为的民事责任、行政责任，妨碍垄断执法的刑事责任。 【知识点拨】《反垄断法》未规定垄断行为的刑事责任
其他立法	《刑法》《招标投标法》对情节严重的串通招投标行为规定了刑事责任

【例题 3·单选题】(2015 年)下列垄断行为中，行为人可能承担刑事责任的是(　　)。

A. 经营者滥用市场支配地位，搭售商品

B. 经营者与交易相对人达成固定转售价格协议

C. 经营者未经执法机构批准，擅自实施集中

D. 经营者之间串通投标

解析　本题考核反垄断法律责任。我国《反垄断法》未对垄断行为规定刑事责任，因

此选项 ABC 不选。我国《招标投标法》和《刑法》均对情节严重的串通招投标行为规定了刑事责任。　　　　**答案** ▶ D

2. 反垄断行政执法

(1)反垄断机构及执法权。

反垄断机构——双层制模式，见图11-1。

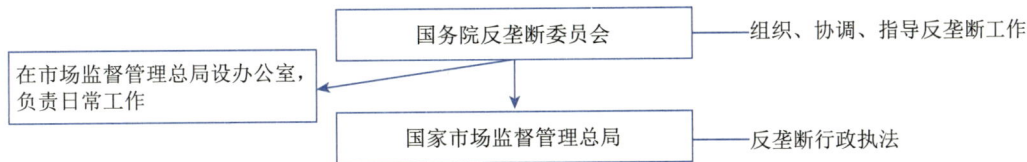

图 11-1　新的反垄断机构

【知识点拨 1】根据我国机构改革结果，国家工商总局改为：国家市场监督管理总局。将原国家工商行政管理总局的职责，国家质量监督检验检疫总局的职责，国家食品药品监督管理总局的职责，国家发展和改革委员会的价格监督检查与反垄断执法职责，商务部的经营者集中反垄断执法以及国务院反垄断委员会办公室等职责整合，组建国家市场监督管理总局，作为国务院直属机构。

【知识点拨 2】**国务院反垄断委员会并不是执法机构，而是关于反垄断工作的议事协调机构。**

表 11-4　反垄断机构执法权

机构	执法权
市场监督管理总局	市场监管总局负责反垄断统一执法，直接管辖或者授权有关省级市场监管部门管辖下列案件： (1)跨省、自治区、直辖市的垄断协议、滥用市场支配地位和滥用行政权力排除限制竞争案件，以及省级人民政府实施的滥用行政权力排除限制竞争行为； (2)案情较为复杂或者在全国有重大影响的垄断协议、滥用市场支配地位和滥用行政权力排除限制竞争案件； (3)总局认为有必要直接管辖的垄断协议、滥用市场支配地位和滥用行政权力排除限制竞争案件
省级市场监管部门	(1)负责本行政区域内垄断协议、滥用市场支配地位、滥用行政权力排除限制竞争案件反垄断执法工作； (2)案件移送与报请决定。省级市场监管部门发现案件属于总局管辖范围的，要及时将案件移交总局；省级市场监管部门对属于本机关管辖范围的案件，认为有必要由总局管辖的，可以报请总局决定。 【知识点拨】经营者集中审查案件的执法权未对省级市场监管部门授权，仍全部保留于中央
委托调查	(1)总局在案件审查和调查过程中，可以委托省级市场监管部门开展相应的调查； (2)省级市场监管部门也可以委托其他省级市场监管部门或者下级市场监管部门开展调查。 【知识点拨】受委托的市场监管部门在委托范围内，以委托机关的名义实施调查，不得再委托其他行政机关、组织或者个人实施调查

【例题 4·单选题】根据反垄断法律制度的规定，对于价格垄断协议行为，负责反垄断执法工作的机构是(　　)。

A. 国家发改委

B. 国家市场监督管理总局

C. 商务部

D. 反垄断委员会

解析 ▶ 本题考核反垄断执法机构。根据最新的国务院机构设置，我国反垄断执法机构为国家市场监督管理总局。　　**答案** ▶ B

(2)反垄断调查措施。

反垄断执法机构调查涉嫌垄断行为，可

以采取下列措施：

①进入被调查的经营者的营业场所或者其他有关场所进行检查；

②询问被调查的经营者、利害关系人或者其他有关单位或者个人，要求其说明有关情况；

③查阅、复制被调查的经营者、利害关系人或者其他有关单位或者个人的有关单证、协议、会计账簿、业务函电、电子数据等文件、资料；

④查封、扣押相关证据；

⑤查询经营者的银行账户（注意：不是冻结）。

（3）调查程序。

立案→调查→处理

（4）经营者承诺（见表11-5）。

表11-5 经营者承诺

项目		具体规定
性质		反垄断行政执法中的和解制度
适用案件		主要适用于垄断协议和滥用市场支配地位案件，但以下三类严重限制竞争的横向垄断协议，不适用： ①涉嫌固定或者变更商品价格； ②限制商品的生产数量或者销售数量； ③分割销售市场或者原材料采购市场。 针对这三类垄断协议反垄断执法机构不得接受中止调查申请
基本程序	经营者申请	经营者申请中止调查，承诺在反垄断执法机构认可的期限内采取具体措施消除行为影响。但是，以下两种情形，反垄断执法机构不接受中止调查的申请： ①反垄断执法机构对涉嫌垄断行为调查核实后，认为构成违法垄断行为的，应当依法作出处理决定，不再接受经营者提出的中止调查申请； ②上述三类严重限制竞争的横向垄断协议
	中止调查	反垄断执法机构决定中止调查； 反垄断执法机构应当对经营者履行承诺的情况进行监督； 经营者应当在规定的时限内向反垄断执法机构书面报告承诺履行情况
	终止调查	反垄断执法机构确定经营者已经履行承诺的，可以决定终止调查。 有下列情形之一的，反垄断执法机构应当恢复调查： ①经营者未履行承诺的； ②作出中止调查决定所依据的事实发生重大变化的； ③中止调查的决定是基于经营者提供的不完整或者不真实的信息作出的

【例题5·多选题】（2019年）根据反垄断法律制度的规定，下列各项中属于反垄断执法机构在调查涉嫌垄断行为时可以采取的措施有（　）。

A. 进入被调查经营者的营业场所进行检查

B. 查询、冻结经营者账户

C. 复制被调查经营者的有关电子数据

D. 查封、扣押相关证据

解析 ▶ 本题考核反垄断调查措施。反垄断执法机构调查涉嫌垄断行为，可以采取下列措施：（1）进入被调查的经营者的营业场所或者其他有关场所进行检查；（2）询问被调查的经营者、利害关系人或者其他有关单位或者个人，要求其说明有关情况；（3）查阅、复制被调查的经营者、利害关系人或者其他有关单位或者个人的有关单证、协议、会计账簿、业务函电、电子数据等文件和资料；（4）查封、扣押相关证据；（5）查询经营者的银行账户。选项B包括"冻结账户"，该说法有误。

答案 ▶ ACD

3. 反垄断民事诉讼（见表11-6）

表11-6　反垄断民事诉讼

民事诉讼	具体规则
（1）原告资格	因垄断行为受到损失以及因合同内容、行业协会的章程等违反反垄断法而发生争议的自然人、法人或者其他组织，可以向人民法院提起反垄断民事诉讼。 【知识点拨】不限于受损害的经营者
（2）与行政执法的关系	人民法院受理垄断民事纠纷案件，**不以执法机构已对相关垄断行为进行了查处为前提条件**
（3）专家的作用	①提供专家意见。当事人可以向人民法院申请专家出庭，就案件的专门性问题进行说明。出庭专家称为"专家证人"，专家在法庭上提供的意见并不属于《民事诉讼法》上的证据形式，而是作为法官判案的参考依据； ②提供鉴定意见。当事人可以向人民法院申请委托专业机构或者专业人员就案件的专门性问题作出市场调查或者经济分析报告。经人民法院同意，双方当事人可以协商确定专业机构或者专业人员，协商不成的，由人民法院指定；专业人员就案件的专门性问题作出的市场调查或者经济分析报告，应当视为鉴定意见，这是一种法定证据形式
（4）诉讼时效	①诉讼时效的起算：因垄断行为产生的损害赔偿请求权诉讼时效期间，从原告知道或者应当知道权益受侵害之日起计算。 ②诉讼时效的中断：原告向反垄断执法机构举报被诉垄断行为的，诉讼时效从其举报之日起中断

【例题6·单选题】（2018年）根据反垄断法律制度的规定，反垄断民事诉讼的当事人可以向人民法院申请具有相应专门知识的人员出庭，就案件的专门性问题进行说明。此类说明是( )。

A. 鉴定意见

B. 当事人陈述

C. 证人证言

D. 法官判案的参考依据

解析 ▶ 本题考核反垄断民事诉讼。在反垄断民事诉讼中，当事人可以向人民法院申请一至二名具有相应专门知识的人员出庭，就案件的专门性问题进行说明。专家在法庭上提供的意见不属于证据形式，而是作为法官判案的参考依据。

答案 ▶ D

二、垄断协议规制制度

（一）垄断协议的分类（见表11-7）★

表11-7　垄断协议的分类

分类	横向垄断协议	纵向垄断协议
分类标准	根据经营者之间是否有竞争关系	
定义	有竞争关系的经营者达成的联合限制竞争协议	同一产业中处于不同市场环节而具有买卖关系的企业通过共谋达成的联合限制竞争协议
举证责任	举证责任倒置：被告应对该协议不具有排除、限制竞争效果承担举证责任	谁主张谁举证：原告承担举证责任

(二)反垄断法禁止的垄断协议(见表11-8)★★★

表11-8 反垄断法禁止的垄断协议

类型	垄断协议内容
横向垄断协议	(1)固定或者变更商品价格。 【知识点拨1】除直接协议锁定、维持或提高商品销售价格外，它还可以表现为对经营者定价过程设定统一的限制，如：①固定或者变更价格水平、价格变动幅度、利润水平或者折扣、手续费等其他费用；②约定采用据以计算价格的标准公式；③限制参与协议的经营者的自主定价权等。 【知识点拨2】若固定或变更价格协议是在具有竞争关系的买方之间达成时，此类协议的内容则为锁定、维持或降低购买价格。 (2)限制商品的生产数量或者销售数量。 (3)分割销售市场或者原材料采购市场。具体： ①划分商品销售地域、市场份额、销售对象、销售收入、销售利润或者销售商品的种类、数量、时间； ②划分原料、半成品、零部件、相关设备等原材料的采购区域、种类、数量、时间或者供应商等。此外，原材料还包括经营者生产经营所必需的技术和服务。 (4)限制购买新技术、新设备或者限制开发新技术、新产品。 (5)联合抵制交易。 【知识点拨】根据规定，联合抵制交易的具体情形包括： ①联合拒绝向特定经营者供应或者销售商品； ②联合拒绝采购或者销售特定经营者的商品； ③联合限定特定经营者不得与其具有竞争关系的经营者进行交易
纵向垄断协议	(1)固定向第三人转售商品的价格。 (2)限定向第三人转售商品的最低价格。 【知识点拨】《反垄断法》禁止的纵向垄断协议均为价格协议

【例题7·多选题】(2018年)根据反垄断法律制度的规定，下列具有竞争关系的经营者之间的约定中，属于横向垄断协议的有( )。

A. 联合拒绝销售特定经营者的商品

B. 划分销售商品的种类

C. 采用据以计算价格的标准公式

D. 拒绝采用新的技术标准

解析 ▶ 本题考核横向垄断协议。选项A：联合拒绝向特定经营者供货或者销售商品，属于联合抵制交易。选项B：划分商品销售地域、销售对象或者销售商品的种类、数量，属于分割销售市场或者原材料采购市场的协议。选项C：约定采用据以计算价格的标准公式，属于固定或者变更商品价格的协议。选项D：拒绝采用新的技术标准，属于限制购买新技术、新设备或者限制开发新技术、新产品的协议。 答案 ▶ ABCD

【例题8·多选题】(2013年)经营者与其交易相对人达成的下列协议中，被我国反垄断法律制度明确禁止的有( )。

A. 固定向第三人转售商品的价格

B. 限定向第三人转售商品的最低价格

C. 限定向第三人转售商品的最高价格

D. 限定向第三人转售商品的地域范围

解析 ▶ 本题考核纵向垄断协议。受到禁止的纵向垄断协议形式：(1)固定向第三人转售商品的价格；(2)限定向第三人转售商品的最低价格；(3)国务院反垄断执法机构认定的其他垄断协议。 答案 ▶ AB

(三)垄断协议的豁免★★★

经营者能够证明所达成的协议属于下列情形之一的，可被《反垄断法》豁免：

(1)为改进技术、研究开发新产品的(技术性卡特尔)；

(2)为提高产品质量、降低成本、增进效

率，统一产品规格、标准或者实行专业化分工的(标准化卡特尔)；

（3）为提高中小经营者经营效率，增强中小经营者竞争力的(中小企业合作卡特尔)；

（4）为实现节约能源、保护环境、救灾救助等社会公共利益的(公共利益卡特尔)；

（5）因经济不景气，为缓解销售量严重下降或者生产明显过剩的(不景气卡特尔)；

（6）为保障对外贸易和对外经济合作中的正当利益的(出口卡特尔)。

【知识点拨】 对于上述（1）至（5）垄断协议的豁免，反垄断法要求经营者应当证明所达成的协议不会严重限制相关市场的竞争，并且能够使消费者分享由此产生的利益。**唯独出口卡特尔无需证明。**

【例题9·多选题】（2014年）下列垄断协议中，须由经营者证明不会严重限制相关市场的竞争且能使消费者分享由此产生的利益，才能获得《反垄断法》豁免的有（　）。

A. 为改进技术、研究开发新产品达成的垄断协议

B. 为提高中小经营者经营效率、增强中小经营者竞争力达成的垄断协议

C. 为实现节约能源、保护环境、救灾救助等社会公共利益达成的垄断协议

D. 为保障对外贸易和对外经济合作中的正当利益达成的垄断协议

解析 ▶ 本题考核垄断协议的豁免。选项D的情形是无需证明即可豁免的。

答案 ▶ ABC

【应试思路】 首先掌握各类横向垄断协议与纵向垄断协议；其次掌握《反垄断法》中对垄断协议的豁免情形，注意豁免情形中前5点需要经营者作出相应的证明。

（四）"其他协同行为"的认定 ★★

1. 界定：虽未明确订立协议或者决定，但实质上存在协调一致的行为。

2. 认定价格垄断协议中的"其他协同行为"，应考虑的因素：

（1）经营者的市场行为是否具有一致性；

（2）经营者之间是否进行过意思联络或者信息交流；

（3）经营者能否对行为的一致性作出合理解释；

（4）相关市场的结构情况、竞争状况、市场变化等情况。

【例题10·多选题】（2016年）根据反垄断法律制度的规定，执法机构认定非价格性"其他协同行为"时，应考虑的因素有（　）。

A. 经营者之间是否进行过意思联络或者信息交流

B. 经营者能否对一致行为作出合理的解释

C. 相关市场的结构情况、竞争状况、市场变化情况、行业情况

D. 经营者的市场行为是否具有一致性

解析 ▶ 本题考核其他协同行为的认定。

答案 ▶ ABCD

（五）对行业协会组织达成和实施垄断协议的规制 ★★

1. 行业协会是指由同行业经济组织和个人组成，行使行业服务和自律管理职能的各种协会、学会、商会、联合会、促进会等社会团体法人。

2. 禁止行业协会实施以下行为：

（1）制定、发布含有排除、限制竞争内容的行业协会章程、规则、决定、通知、标准等；

（2）召集、组织或者推动本行业的经营者达成含有排除、限制竞争内容的协议、决议、纪要、备忘录等。

【例题11·多选题】（2014年）某行业协会组织本行业7家主要企业的领导人召开"行业峰会"，并就共同提高本行业产品价格及提价幅度形成协议，与会企业领导人均在协议上签名。会后，决议以行业协会名义下发全行业企业，与会7家企业的市场份额合计达85%。根据反垄断法律制度的规定，下列表述中，正确的有（　）。

A. 行业协会实施了组织本行业经营者达

成垄断协议的行为

B. 行业协会实施了行政性限制竞争行为

C. 7家企业实施了滥用市场支配地位行为

D. 7家企业实施了达成垄断协议的行为

解析 ▶ 本题考核垄断协议。行业协会不得组织本行业的经营者从事法律禁止的垄断行为。题目中经营者就提高产品价格及提价幅度形成协议。这是横向垄断协议中的"固定或变更商品价格的协议"。　　**答案** ▶ AD

(六)法律责任★

1. 对经营者，可以责令停止违法行为，没收违法所得，并处罚款。

2. 对行业协会，可以罚款；情节严重的，社会团体登记管理机关可以依法撤销登记。

3. 特别注意：经营者因行政机关和法律、法规授权的具有管理公共事务职能的组织滥用行政权力而达成垄断协议的，不影响其依法承担行政责任。但经营者能够证明其达成垄断协议是被动遵守行政命令所导致的，可以依法从轻或者减轻处罚。

(七)宽恕制度★★

(1)概念：参与垄断协议的经营者主动向反垄断执法机构报告达成垄断协议的有关情况并提供重要证据的，反垄断执法机构可以酌情减轻或免除对该经营者的处罚。

(2)内容：对于第一个申请者，反垄断执法机构可以免除处罚或者按照不低于80%的幅度减轻罚款；对于第二个申请者，可以按照30%-50%的幅度减轻罚款；对于第三个申请者，可以按照20%-30%的幅度减轻罚款。

【例题12·单选题】(2015年)在反垄断执法机构查处某横向价格垄断协议案件的过程中，作为垄断协议当事人之一的甲企业因主动向执法机构报告达成垄断协议的有关情况并提供重要证据，被免除处罚。根据反垄断法律制度的规定，甲企业被免除处罚的依据是(　　)。

A. 豁免制度

B. 宽恕制度

C. 适用除外制度

D. 经营者承诺制度

解析 ▶ 本题考核宽恕制度。宽恕制度，是指参与垄断协议的经营者主动向反垄断执法机构报告达成垄断协议的有关情况并提供重要证据的，反垄断执法机构可以对其宽大处理，酌情减轻或者免除其处罚。　　**答案** ▶ B

三、滥用市场支配地位规制制度

(一)市场支配地位及其认定★★★

1. 市场支配地位

市场支配地位是指经营者在相关市场内具有能够控制商品价格、数量或者其他交易条件，或者能够阻碍、影响其他经营者进入相关市场能力的市场地位。

【知识点拨1】"其他交易条件"，是指除商品价格、数量之外能够对市场交易产生实质影响的其他因素，包括商品品种、商品品质、付款条件、交付方式、售后服务、交易选择、技术约束等。

【知识点拨2】"能够阻碍、影响其他经营者进入相关市场"包括排除其他经营者进入相关市场，或者延缓其他经营者在合理时间内进入相关市场，或者导致其他经营者虽能够进入该相关市场但进入成本大幅提高，无法与现有经营者开展有效竞争等情形。

2. 市场支配地位的认定(见表11-9)

表11-9　市场支配地位的认定

认定经营者具有市场支配地位应考虑的因素	(1)该经营者在相关市场的市场份额，以及相关市场的竞争状况； (2)该经营者控制销售市场或者原材料采购市场的能力； (3)该经营者的财力和技术条件； (4)其他经营者对该经营者在交易上的依赖程度； (5)其他经营者进入相关市场的难易程度

认定互联网等新经济业态经营者具有市场支配地位考虑的特殊因素	可以考虑相关行业竞争特点、经营模式、用户数量、网络效应、锁定效应、技术特性、市场创新、掌握和处理相关数据的能力及经营者在关联市场的市场力量等因素（2020新增）
推定标准	（1）1个经营者在相关市场的市场份额达到1/2的； （2）2个经营者在相关市场的市场份额合计达到2/3的； （3）3个经营者在相关市场的市场份额合计达到3/4的。 【知识点拨】对于多个经营者被推定为共同占有市场支配地位时，其中的经营者市场份额不足1/10的，不应当推定该经营者具有市场支配地位

【例题13·多选题】（2018年）根据反垄断法律制度的规定，市场支配地位是指经营者在相关市场内具有能够控制商品价格、数量或者其他交易条件，或者能够阻碍、影响其他经营者进入相关市场能力的市场地位。下列各项中，属于"其他交易条件"的有（　）。

A. 付款条件　　　B. 交付方式

C. 商品品质　　　D. 售后服务

解析 ▶ 本题考核市场支配地位的界定。其他交易条件是指除商品价格、数量之外能够对市场交易产生实质影响的其他因素，包括商品品质、付款条件、交付方式、售后服务等。

答案 ▶ ABCD

（二）滥用市场支配地位的行为（见表11-10）★★

表11-10　滥用市场支配地位的行为

滥用类型	表现及除外情形
以不公平的高价销售商品或者以不公平的低价购买商品	认定不公平"高价"和"低价"，应当主要考虑下列因素： ①销售价格或者购买价格是否明显高于或者低于其他经营者销售或者购买同种商品的价格； ②在成本基本稳定的情况下，是否超过正常幅度提高销售价格或者降低购买价格； ③销售商品的提价幅度是否明显高于成本增长幅度，或者购买商品的降价幅度是否明显高于交易相对人成本降低幅度
没有正当理由，以低于成本的价格销售商品	正当理由包括： ①降价处理鲜活商品、季节性商品、有效期限即将到期的商品和积压商品的； ②因清偿债务、转产、歇业降价销售商品的； ③在合理期限内为推广新产品进行促销的（2020修订）； ④能够证明行为具有正当性的其他理由
没有正当理由，拒绝与交易相对人进行交易	没有正当理由，以间接方式拒绝交易的行为表现： ①实质性削减与交易相对人的现有交易数量； ②拖延、中断与交易相对人的现有交易； ③拒绝与交易相对人进行新的交易； ④设置限制性条件，使交易相对人难以继续与其进行交易； ⑤拒绝交易相对人在生产经营活动中以合理条件使用其必需设施。 【知识点拨】正当理由包括（2020修订）： ①因不可抗力等客观原因无法进行交易； ②交易相对人有严重的不良信用记录，或出现经营状况持续恶化等情况，影响交易安全； ③与交易相对人进行交易将使经营者利益发生不当减损； ④能够证明行为具有正当性的其他理由
没有正当理由，限定交易	限定交易的表现： ①限定交易相对人只能与其进行交易； ②限定交易相对人只能与其指定的经营者进行交易

滥用类型	表现及除外情形
没有正当理由，限定交易	③限定交易相对人不得与特定经营者进行交易。 【知识点拨】从事上述限定交易行为可以是直接限定，也可以是以设定交易条件等方式变相限定。限定交易的"正当理由"包括： ①为满足产品安全要求所必须； ②为保护知识产权所必须； ③为保护针对交易进行的特定投资所必须； ④能够证明行为具有正当性的其他理由
没有正当理由搭售商品，或者在交易时附加其他不合理的交易条件	表现： ①违背交易惯例、消费习惯或者无视商品的功能，将不同商品捆绑销售或者组合销售； ②对合同期限、支付方式、商品的运输及交付方式或者服务的提供方式等附加不合理的限制； ③对商品的销售地域、销售对象、售后服务等附加不合理的限制； ④交易时在价格之外附加不合理费用； ⑤附加与交易标的无关的交易条件。 "正当理由"包括： ①符合正当的行业惯例和交易习惯； ②为满足产品安全要求所必须； ③为实现特定技术所必须； ④其他
没有正当理由，对条件相同的交易相对人在交易价格等交易条件上实行差别待遇	除价格外的其他交易条件主要包括： ①实行不同的交易数量、品种、品质等级； ②实行不同的数量折扣等优惠条件； ③实行不同的付款条件、交付方式； ④实行不同的保修内容和期限、维修内容和时间、零配件供应、技术指导等售后服务条件。 【知识点拨】"正当理由"包括： ①根据交易相对人实际需求且符合正当的交易习惯和行业惯例，实行不同交易条件； ②针对新用户的首次交易在合理期限内开展的优惠活动；其他

【例题14·多选题】（2018年）根据反垄断法律制度的规定，认定具有市场支配地位的经营者以不公平的高价销售商品，应当主要考虑的因素有（　）。

A. 商品的销售价格是否明显高于其他经营者销售同种商品的价格

B. 在成本基本稳定的情况下，是否超过正常幅度提高商品的销售价格

C. 商品的销售价格是否明显高于成本

D. 商品销售价格的提价幅度是否明显高于成本增长幅度

解析　本题考核滥用市场支配地位行为中不公平的高价销售商品。　答案　ABD

【例题15·多选题】（2013年修订）我国反垄断法律制度禁止具有市场支配地位的经营者，无正当理由以低于成本的价格销售商品。下列各项中，属于法定正当理由的有（　）。

A. 处理鲜活商品

B. 清偿债务

C. 在合理期限内为推广新产品进行促销

D. 处理积压商品

解析　本题考核滥用市场支配地位的规定。因下列情形而进行的低于成本价格销售均为正当：(1)降价处理鲜活商品、季节性商品、有效期限即将到期的商品和积压商品的；(2)因清偿债务、转产、歇业降价销售商品的；(3)为推广新产品进行促销的；(4)能够证明行为具有正当性的其他理由。　答案　ABCD

（三）与知识产权行使有关的滥用市场支配地位行为的特别规定★

知识产权的正当行使属于合法行为，不适用反垄断法，但是经营者不得滥用知识产权，排除、限制竞争。根据《关于禁止滥用知识产权排除、限制竞争行为的规定》，这些专属性的滥用市场支配地位行为主要包括：

【知识点拨】考生在复习以下内容时，不要死记硬背，因以下滥用行为具有明显的不公平、不合法之处，甚至相当一部分是明显的霸王条款，稍微花点时间理解即可。

（1）拒绝许可。具有市场支配地位的经营者无正当理由，不得在其知识产权构成生产经营活动必需设施的情况下，拒绝许可其他经营者以合理条件使用该知识产权，排除、限制竞争（一旦拒绝，其他经营者就不能生产经营）。

（2）附加不合理限制条件。具有市场支配地位的经营者没有正当理由，在行使知识产权的过程中，不得实施下列附加不合理限制条件的行为，排除、限制竞争：

①要求交易相对人将其改进的技术进行独占性的回授（限制他人权利）；

②禁止交易相对人对其知识产权的有效性提出质疑（霸王条款）；

③限制交易相对人在许可协议期限届满后，在不侵犯知识产权的情况下利用竞争性的商品或技术（限制他人权利）；

④对保护期已经届满或者被认定无效的知识产权继续行使权利（霸王条款）。

（3）专利联营中的滥用行为。专利联营，是指两个或两个以上的专利权人通过某种形式将各自拥有的专利共同许可给第三方的协议安排。具有市场支配地位的专利联营管理组织没有正当理由，不得利用专利联营实施以下滥用市场支配地位的行为，排除、限制竞争：

①限制联营成员在联营之外作为独立许可人许可专利（限制他人权利）；

②限制联营成员或者被许可人独立或者与第三方联合研发与联营专利相竞争的技术（限制他人权利）；

③强迫被许可人将其改进或者研发的技术独占性地回授给专利联营管理组织或者联

营成员（限制他人权利）；

④禁止被许可人质疑联营专利的有效性（霸王条款）；

⑤对条件相同的联营成员或者同一相关市场的被许可人在交易条件上实行差别待遇。

（4）标准必要专利滥用行为。标准必要专利，是指实施该项标准所必不可少的专利。具有市场支配地位的经营者没有正当理由，不得在标准的制定和实施过程中实施下列排除、限制竞争行为：

①在参与标准制定的过程中，故意不向标准制定组织披露其权利信息，或者明确放弃其权利，但在某项标准涉及该专利后却对该标准的实施者主张其权利；

②在其专利成为标准必要专利后，违背公平、合理、无歧视原则，实施拒绝许可、搭售商品或者在交易时附加其他的不合理条件等排除、限制竞争的行为。

【例题16·多选题】《反垄断法》禁止的滥用市场支配地位的行为包括（　）。

A. 以不公平的高价销售商品

B. 没有正当理由以低于成本的价格销售商品

C. 没有正当理由搭售商品

D. 没有正当理由拒绝与交易相对人进行交易

解析　本题考核《反垄断法》禁止的滥用市场支配地位的行为。　答案　ABCD

【应试思路】注意只有"以不公平的高价销售商品或者以不公平的低价购买商品"是无需正当理由的；而其他几点都是在有正当理由的情况下不被禁止。

（四）法律责任

经营者因行政机关和法律、法规授权的具有管理公共事务职能的组织滥用行政权力而滥用市场支配地位的，不影响其依法承担行政责任。经营者能够证明其从事的滥用市场支配地位行为是被动遵守行政命令所导致的，可以依法从轻或者减轻处罚。

四、经营者集中反垄断审查制度

扫我解疑难

（一）经营者集中的情形★

（1）合并。

（2）通过取得股权或者资产的方式取得对其他经营者的控制权。

（3）通过合同等方式取得对其他经营者的控制权或者能够对其他经营者施加决定性影响。

（二）经营者集中的申报★★

1. 经营者集中的申报标准（见表11-11）

表 11-11 经营者集中的申报标准

	参与集中的经营者上一会计年度营业额	
	全部合计	至少两个以上经营者
标准（1）	全球范围超过100亿元人民币	在中国境内营业额超过4亿元人民币
标准（2）	中国境内超过20亿元人民币	

【知识点拨】达到申报标准主动申报：经营者集中达到以上标准之一的，经营者应当事先向反垄断执法机构申报，未申报的不得实施集中。

2. 营业额计算的具体规则（见表11-12）

【知识点拨】看例子理解即可，无需死记硬背。

表 11-12 营业额计算的具体规则

项目	内容
营业额的含义	（1）经营者集中申报标准中所称"营业额"，包括相关经营者上一会计年度内销售产品和提供服务所获得的收入，扣除相关税金及其附加； （2）"在中国境内"是指经营者提供产品或服务的"买方所在地"在中国境内
营业额的计算范围	（1）参与集中的单个经营者的营业额应当为下述经营者的营业额总和： ①该单个经营者； ②第①项所指经营者直接或间接控制的其他经营者； ③直接或间接控制第①项所指经营者的其他经营者； ④第③项所指经营者直接或间接控制的其他经营者； ⑤第①项至第④项所指经营者中两个或两个以上经营者共同控制的其他经营者。 【知识点拨】参与集中的单个经营者的营业额不包括上述①至⑤项所列经营者之间发生的营业额。 『举例』A和另一同行业公司准备合并，计算A的营业额时，包括以下营业额的总和：A自己的营业额，A控制的子公司B公司的营业额，控制A的母公司C公司的营业额，同受C公司控制的D公司的营业额，以及A、B、C、D中任意两个及以上公司共同控制的E公司的营业额。但不包括A、B、C、D、E公司相互之间发生的营业额。 （2）如果参与集中的单个经营者之间或者参与集中的单个经营者和未参与集中的经营者之间有共同控制的其他经营者，参与集中的单个经营者的营业额应当包括被共同控制的经营者与第三方经营者之间的营业额，且此营业额只计算一次。 『举例』A和B准备合并，A、B共同控制的C与第三方的营业额也要计算，但只计算一次
营业额的除外规定	如果参与集中的单个经营者之间有共同控制的其他经营者，则参与集中的所有经营者的合计营业额不应包括被共同控制的经营者与任何一个共同控制他的参与集中的经营者，或与后者有控制关系的经营者之间发生的营业额。 『举例』A和B准备合并，A、B共同控制的C与A、B之间的营业额不计入；C与控制A或B的D公司之间的营业额也不计入

项目	内容
部分收购 (不是整体收购)	在一项经营者集中包括收购一个或多个经营者的一部分时: (1)对于卖方而言,只计算集中涉及部分的营业额; (2)相同经营者之间在两年内多次实施的未达到申报标准的经营者集中,应当视为一次集中交易,集中发生时间从最后一次交易算起,该经营者集中的营业额应当将多次交易合并计算(预防经营者通过多次交易规避其申报义务)。如果经营者通过与其有控制关系的其他经营者实施上述行为,即构成"相同经营者之间在两年内多次实施的未达到申报标准的经营者集中"的,也依此规则处理。 【知识点拨】所谓"两年内"是指从第一次集中交易完成之日起至最后一次集中交易签订协议之日止的期间

3. 申报豁免

经营者集中有下列情形之一的,可以不向国务院反垄断执法机构申报(**免予申报**):

(1)参与集中的一个经营者拥有其他每个经营者50%以上有表决权的股份或者资产的;

(2)参与集中的每个经营者50%以上有表决权的股份或者资产被同一个未参与集中的经营者拥有的。

【知识点拨】无需申报是因为已经有相互控制的关系或者被同一实际控制人控制。

『举例1』A、B、C公司拟实施经营者集中,其中A公司持有B、C公司50%以上股权,则本次经营者集中无需申报。

『举例2』A、B公司拟实施经营者集中,C公司持有A、B公司50%以上股份,本次经营者集中也无需申报。

【例题17·多选题】(2019年)下列关于我国经营者集中申报制度的表述中,符合反垄断法律制度规定的有( )。

A. 我国对经营者集中实行强制的事前申报制

B. 参与集中的每个经营者30%以上有表决权的股份或者资产被同一未参与集中的经营者拥有的,可以免于申报

C. 参与集中的所有经营者上一会计年度在全球范围内的营业额合计达到100亿元,并且其中至少两个经营者上一会计年度在中国境内的营业额均达到4亿元的经营者集中,应当申报

D. 经营者在国务院反垄断执法机构规定的期限内未补交应当补交的申报材料的,视为未申报

解析 本题考核经营者集中申报制度。参与集中的每个经营者50%以上有表决权的股份或者资产被同一个未参与集中的经营者拥有的,可以免于向反垄断执法机构申报;选项B错误。参与集中的所有经营者上一会计年度在全球范围内的营业额合计超过100亿元人民币,并且其中至少两个经营者上一会计年度在中国境内的营业额均超过4亿元人民币的经营者集中,应当事先向反垄断执法机构申报,未申报的不得实施集中;选项C中说"达到",不符合规定。 **答案** AD

(三)经营者集中审查程序★★

1. 两阶段审查

(1)初步审查。反垄断执法机构应当自收到经营者提交的符合规定的文件、资料之日起30日内,对申报的经营者集中进行初步审查,作出是否实施进一步审查的决定,并书面通知经营者。作出决定前,经营者不得实施集中。

(2)第二阶段审查。反垄断执法机构决定实施进一步审查的,应当自决定之日起90日内审查完毕,作出是否禁止经营者集中的决定,并书面通知经营者。审查期间,经营者不得实施集中。有下列情形之一的,国务院反垄断执法机构经书面通知经营者,可以延长前款规定的审查期限,但最长不得超过60日:

①经营者同意延长审查期限的;

②经营者提交的文件、资料不准确,需

467

第11章 反垄断法律制度

要进一步核实的；

③经营者申报后有关情况发生重大变化的。

国务院反垄断执法机构逾期未作出决定的，经营者可以实施集中。

2. 简易程序及例外(见表11-13)

表 11-13　简易程序及例外

简易案件	具体情形
(1) 市场份额小	①横向集中。在同一相关市场，所有参与集中的经营者所占的市场份额之和小于15%； ②纵向集中。存在上下游关系的参与集中的经营者，在上下游市场所占的份额均小于25%； ③混合集中。不在同一相关市场、也不存在上下游关系的参与集中的经营者，在与交易有关的每个市场所占的份额均小于25%
(2) 涉及境外	①参与集中的经营者在中国境外设立合营企业，合营企业不在中国境内从事经济活动； ②参与集中的经营者收购境外企业股权或资产的，该境外企业不在中国境内从事经济活动； ③由两个以上经营者共同控制的合营企业，通过集中被其中一个或一个以上经营者控制
(3) 简易案件之例外(仍适用普通程序)	虽符合上述条件，但存在下列情形的经营者集中案件，不视为简易案件： (1)由两个以上经营者共同控制的合营企业，通过集中被其中的一个经营者控制，该经营者与合营企业属于同一相关市场的竞争者； (2)经营者集中涉及的相关市场难以界定； (3)经营者集中对市场进入、技术进步可能产生不利影响； (4)经营者集中对消费者和其他有关经营者可能产生不利影响； (5)经营者集中对国民经济发展可能产生不利影响； (6)反垄断执法机构认为可能对市场竞争产生不利影响的其他情形

3. 审查决定

(1)禁止集中；

(2)不予禁止；

(3)附条件的不予禁止。

【例题18·单选题】(2013年)根据反垄断法律制度的规定，我国经营者集中反垄断审查程序的最长审查时限为(　　)。

A. 60 日　　　　　B. 90 日

C. 180 日　　　　D. 210 日

解析　本题考核反垄断审查程序的时限。根据《反垄断法》的规定，执法机构对经营者集中实施两阶段审查制。第一阶段为初步审查，时限为30日内；第二阶段审查期限为90日内；如果出现特殊情况延长审查期限的，最长不得超过60日。因此，反垄断审查程序的最长审查时限是180日。　　答案　C

(四)经营者集中审查的实体标准★★★

对经营者集中竞争影响的评估因素：

(1)参与集中的经营者在相关市场的市场份额及其对市场的控制力；

(2)相关市场的市场集中度；

【知识点拨】体现相关市场内经营者的集中程度，通常可用赫芬达尔一赫希曼指数(HHI指数，简称赫氏指数)和行业前N家企业联合市场份额(CRn指数，简称行业集中度指数)来衡量。

(3)经营者集中对市场进入、技术进步的影响；

(4)经营者集中对消费者和其他有关经营者的影响；

(5)经营者集中对国民经济发展的影响；

(6)国务院反垄断执法机构认为应当考虑的影响市场竞争的其他因素。

(五)经营者集中附加限制性条件制度★★★

对不予禁止的经营者集中，国务院反垄断执法机构可以决定附加减少集中对竞争产生不利影响的限制性条件。

1. 限制性条件的分类

限制性条件包括如下几类：

(1)业务剥离：剥离有形资产、知识产权等无形资产或相关权益等结构性条件；

（2）开放网络或平台等基础设施、许可关键技术（包括专利、专有技术或其他知识产权）、终止排他性协议等行为性条件；

（3）结构性条件和行为性条件相结合的综合性条件。

2. 业务剥离的实施（见表 11-14）

表 11-14　业务剥离的实施

项目			具体制度
剥离方式			自行剥离或者受托剥离
买方资格			剥离业务的买方应当符合如下要求： ①独立于参与集中的经营者； ②拥有必要的资源、能力并有意愿使用剥离业务参与市场竞争； ③取得其他监管机构的批准； ④不得向参与集中的经营者融资购买剥离业务
剥离受托人与监督受托人制度	人选、报酬		剥离义务人提供人选并支付报酬
	要求		监督受托人和剥离受托人应当符合下列要求： ①独立于剥离义务人和剥离业务的买方； ②具有履行受托人职责的专业团队； ③提出可行的工作方案； ④对买方人选确定过程的监督； ⑤反垄断执法机构提出的其他要求
	职责		剥离受托人职责： 负责为剥离业务找到买方并达成出售协议；剥离受托人有权以无底价方式出售剥离业务
			监督受托人职责： ①监督剥离义务人履行剥离义务； ②对剥离义务人推荐的买方及出售协议进行评估，并向反垄断执法机构提交评估报告； ③监督出售协议的执行并定期向反垄断执法机构提交监督报告； ④协调剥离买卖双方的争议。 ⑤应反垄断执法机构的要求提交其他与剥离有关的报告。 【知识点拨】监督受托人不得披露其在履行职责过程中向反垄断执法机构提交的各种报告及信息（保密义务）
剥离义务人的特定义务			在剥离完成之前，为确保剥离业务的存续性、竞争性和可销售性，剥离义务人应当履行下列义务：①保持剥离业务与其保留的业务之间相互独立，并采取一切必要措施以最符合剥离业务发展的方式进行管理；②不得实施任何可能对剥离业务有不利影响的行为，包括聘用被剥离业务的关键员工，获得剥离业务的商业秘密或其他保密信息等；③指定专门的管理人，负责管理剥离业务。管理人在监督受托人的监督下履行职责，其任命和更换应得到监督受托人的同意；④确保潜在买方能够以公平合理的方式获得有关剥离业务的充分信息，评估剥离业务的商业价值和发展潜力；⑤根据买方的要求向其提供必要的支持和便利，确保剥离业务的顺利交接和稳定经营；⑥向买方及时移交剥离业务并履行相关法律程序

【例题 19·多选题】（2015 年）根据反垄断法律制度的规定，在经营者集中附加限制性条件批准制度中，监督受托人应当符合的要求有（　　）。

A. 具有履行受托人职责的专业团队

B. 独立于剥离义务人和剥离业务的买方

C. 提出可行的工作方案

D. 提出可行的履职经费保障方案

解析 ▶ 本题考核经营者集中附加限制性条件。监督受托人和剥离受托人应当符合下列要求：（1）独立于剥离义务人和剥离业务的买方；（2）具有履行受托人职责的专业团队，团队成员应当具有对限制性条件进行监督所需的专业知识、技能及相关经验；（3）提出可行的工作方案；（4）对买方人选确定过程的监督；（5）反垄断执法机构提出的其他要求。

答案 ▶ ABC

（六）经营者集中未依法申报的调查处理★

我国的经营者集中反垄断控制制度，采取的是集中实施前经营者主动申报审查模式。

经营者违反《反垄断法》规定实施集中的，由国务院反垄断执法机构责令停止实施集中、限期处分股份或者资产、限期转让营业以及采取其他必要措施恢复到集中前的状态，可以处50万元以下的罚款。

【相关链接】 （1）经营者违反《反垄断法》规定，达成并实施垄断协议的，由反垄断执法机构责令停止违法行为，没收违法所得，并处上一年度销售额1%以上10%以下的罚款；尚未实施所达成的垄断协议的，可以处50万元以下的罚款。

（2）行业协会违反《反垄断法》规定，组织本行业的经营者达成垄断协议的，反垄断执法机构可以处50万元以下的罚款；情节严重的，社会团体登记管理机关可以依法撤销登记。

（3）经营者违反《反垄断法》规定，滥用市场支配地位的，由反垄断执法机构责令停止违法行为，没收违法所得，并处上一年度销售额1%以上10%以下的罚款。

【例题20·单选题】 经营者违反规定实施集中的，由国务院反垄断执法机构责令停止实施集中、限期处分股份或者资产、限期转让营业以及采取其他必要措施恢复到集中前的状态，可以对其处以的罚款数额为（　　）。

A. 100万元以下

B. 50万元以下

C. 10万元以上20万元以下

D. 5万元以上15万元以下

解析 ▶ 本题考核经营者集中涉及的法律

责任。根据规定，经营者违反规定实施集中的，由国务院反垄断执法机构责令停止实施集中、限期处分股份或者资产、限期转让营业以及采取其他必要措施恢复到集中前的状态，可以处50万元以下的罚款。　**答案** ▶ B

五、滥用行政权力排除、限制竞争规制制度

扫我解疑难

（一）主体的范围

1. 行政机关；

2. 法律、法规授权的具有管理公共事务职能的组织。

（二）反垄断法禁止的滥用行政权力排除、限制竞争行为★★

【知识点拨】 但凡利用行政权力，通过各种直接的或者抽象的政策手段排除或限制竞争。

1. 行政强制交易

限定或者变相限定单位或者个人经营、购买、使用其指定的经营者提供的商品。

2. 地区封锁

（1）对外地商品设定歧视性收费项目、实行歧视性收费标准，或者规定歧视性价格；

（2）对外地商品执行与本地同类商品不同的技术要求、检验标准，或者对外地商品采取重复检验、重复认证等歧视性技术措施，限制外地商品进入本地市场；

（3）没有法律法规依据，采取专门针对外地商品的行政许可、备案，或者对外地商品设定不同的许可或者备案条件、程序、期限等，阻碍、限制外地商品进入本地市场；

（4）没有法律法规依据，设置关卡或者采取其他手段，阻碍外地商品进入或者本地商品运出；

（5）妨碍商品在地区之间自由流通的其他行为。

3. 排斥或限制外地经营者参加本地招标投标

包括不依法发布信息、明确外地经营者

不能参与本地特定的招标投标、政府采购活动等。

4. 排斥或者限制外地经营者在本地投资或者设立分支机构或妨碍外地经营者在本地的正常经营活动

5. 强制经营者从事垄断行为

6. 抽象行政性垄断行为

制定含有排除或限制竞争内容的规定。

(三)公平竞争审查制度(表11-15)★

表11-15 公平竞争审查制度

项目	内容
审查对象	公平竞争审查的对象包括三类:一是行政机关和法律、法规授权的具有管理公共事务职能的组织制定涉及市场主体经济活动的规章、规范性文件和其他政策措施;二是行政法规和国务院制定的其他政策措施;三是政府部门负责起草的地方性法规
审查方式	先自我审查,然后再提交审议。建立公平竞争审查工作部际联席会议制度。政策制定机关开展公平竞争审查时,对存在较大争议或者部门意见难以协调一致的问题,可以提请同级公平竞争审查联席会议协调。联席会议仍无法协调一致的,由政策制定机关提交上级机关决定
审查标准	进行公平竞争审查时,从维护全国统一市场和公平竞争的角度,按照以下标准进行审查: ①市场准入和退出标准。 (注意:未经公平竞争审查不得授予经营者特许经营权) ②商品和要素自由流动标准。 ③影响生产经营成本标准。 ④影响生产经营行为标准。 【知识点拨】要求规范性文件的内容中不得有各种导致限制和排除竞争的条款
例外规定	属于下列情形的政策措施,如果具有排除和限制竞争的效果,在符合规定的情况下可以实施: ①维护国家经济安全、文化安全或者涉及国防建设的; ②为实现扶贫开发、救灾救助等社会保障目的的; ③为实现节约能源资源、保护生态环境等社会公共利益的; ④法律、行政法规规定的其他情形。 还要同时符合以下条件:①相关政策措施对实现政策目的不可或缺;②不会严重排除和限制竞争;③明确实施期限

(四)法律责任★

1. 行政机关和法律、法规授权的具有管理公共事务职能的组织滥用行政权力,实施排除、限制竞争行为的,由上级机关责令改正;对直接负责的主管人员和其他直接责任人员依法给予处分。

2. 反垄断执法机构可以向有关上级机关提出依法处理的建议。

【例题21·单选题】公平竞争审查的标准之一是影响生产经营成本标准,下列不属于该标准的是( )。

A. 不得违法给予特定经营者优惠政策

B. 不得违法干预实行市场调节价的商品和服务的价格水平

C. 不得违法免除特定经营者需要缴纳的社会保险费用

D. 不得在法律规定之外要求经营者提供或者扣留经营者各类保证金

解析 ➤ 本题考核公平竞争审查制度。影响生产经营成本标准:(1)不得违法给予特定经营者优惠政策;(2)安排财政支出一般不得与企业缴纳的税收或非税收入挂钩;(3)不得违法免除特定经营者需要缴纳的社会保险费用;(4)不得在法律规定之外要求经营者提供或者扣留经营者各类保证金。选项B属于影响生产经营行为标准。 答案 ➤ B

『说明』本章考题都是客观题，其中大部分已在考点讲解中引用，此处只列出未引用部分。另，由于反垄断执法机构已调整，过时的题目已删除或修订。

一、单项选择题

1. （2018年）根据反垄断法律制度的规定，下列各项中，属于界定相关商品市场的基本标准的是（　　）。

   A. 商品的外形、特性、质量和技术特点等总体特征和用途

   B. 商品的运输成本和运输特征

   C. 商品间较为紧密的相互替代性

   D. 商品的使用期限和季节性

2. （2014年）在"唐山人人诉百度滥用市场支配地位案"中，人民法院将该案的相关市场界定为"中国搜索引擎服务市场"，根据反垄断法律制度的规定，"搜索引擎服务"属于（　　）。

   A. 相关商品市场　　B. 相关技术市场

   C. 相关创新市场　　D. 相关时间市场

二、多项选择题

1. （2019年）根据反垄断法律制度的规定，下列关于经营者市场支配地位的理解中，正确的有（　　）。

   A. 具有市场支配地位的经营者能够阻碍、影响其他经营者进入相关市场

   B. 经营者具有市场支配地位这一状态本身并不违法

   C. 具有市场支配地位的经营者未必是"独占"者

   D. 市场支配地位可能由多个经营者共同具有

2. （2019年）下列各项中，可以用来衡量相关市场集中度的有（　　）。

   A. 需求替代分析　　B. 假定垄断者测试

   C. CRn指数　　　　D. HHI指数

3. （2017年修订）为消除经营者集中对竞争造成的不利影响，反垄断执法机构可以在批准集中时附加业务剥离的条件。下列关于业务剥离的表述中，符合反垄断法律制度规定的有（　　）。

   A. 剥离受托人的报酬由剥离义务人支付，监督受托人的报酬由反垄断执法机构支付

   B. 剥离受托人可以是法人和其他组织，也可以是自然人

   C. 监督受托人不得披露其在履职过程中向反垄断执法机构提交的各种报告及相关信息

   D. 在受托剥离中，剥离受托人有权以无底价方式出售剥离业务

4. （2017年）下列关于《反垄断法》适用范围的表述中，正确的有（　　）。

   A. 只要垄断行为发生在境内，无论该行为是否对境内市场竞争产生排除、限制影响，均应适用《反垄断法》

   B. 只要行为人是我国公民或境内企业，无论该行为是否发生在境内，均应适用《反垄断法》

   C. 只要行为人是我国公民或境内企业，无论该行为是否对境内市场竞争产生排除、限制影响，均应适用《反垄断法》

   D. 只要垄断行为对境内市场竞争产生排除、限制影响，无论该行为是否发生在境内，均应适用《反垄断法》

真题精练答案及解析

一、单项选择题

1. C 【解析】本题考核界定相关市场的基本标准。判断商品之间是否具有竞争关系、是否在同一相关市场的基本标准，是商品

间的"较为紧密的相互替代性"。选项 A 属于从需求角度界定相关商品市场需要考虑的因素，选项 B 属于从需求角度界定相关地域市场需要考虑的因素，选项 D 属于界定相关时间市场需要考虑的因素。

2. A 【解析】本题考核相关市场。界定相关市场涉及的维度包括时间、商品和地域等三个维度。但是，并非任何的市场界定都涉及全部三个维度。大部分反垄断分析中，相关市场只需从商品和地域两个维度进行界定；只有在时间因素可以影响商品之间的竞争关系的特定情形下，才会用到时间维度。在"唐山人人诉百度滥用市场支配地位案"中，法院将相关市场界定为"中国搜索引擎服务市场"，其中商品维度就是"搜索引擎服务"，地域维度是"中国"。

二、多项选择题

1. ABCD 【解析】本题考核市场支配地位。市场支配地位是指经营者在相关市场内具有能够控制商品价格、数量或者其他交易条件，或者能够阻碍、影响其他经营者进入相关市场能力的市场地位；选项 A 正确。市场支配地位是一种市场结构状态，

对市场支配地位这种结构状态并无否定性评价，选项 B 正确。具有市场支配地位的经营者未必是"独占"者，选项 C 正确。具有市场支配地位的经营者可以是一个，也可以是多个经营者共同具有市场支配地位，选项 D 正确。

2. CD 【解析】本题考核对经营者集中竞争影响的评估。市场集中度是对相关市场的结构所作的一种描述，体现相关市场内经营者的集中程度，通常可用赫芬达尔—赫希曼指数（HHI 指数，简称赫氏指数）和行业前 N 家企业联合市场份额（CRn 指数，简称行业集中度指数）来衡量。

3. BCD 【解析】本题考核业务剥离的实施。选项 A 错误：剥离义务人负责支付监督受托人和剥离受托人报酬。

4. AD 【解析】本题考核《反垄断法》的适用范围。中华人民共和国境内经济活动中的垄断行为，适用《反垄断法》，选项 A 正确、选项 B 错误；中华人民共和国境外的垄断行为，对境内市场竞争产生排除、限制影响的，适用《反垄断法》，选项 C 错误、选项 D 正确。

同步训练 限时30分钟

一、单项选择题

1. 下列行为中，涉嫌违反我国《反垄断法》的是（　　）。

A. 中国移动、中国联通等少数几家国有电信企业共同占据我国电信基础运营业务市场的全部份额

B. 经国家有关部门批准，中石油、中石化等石油企业联合上调成品油价格

C. 某行业协会召集本行业经营者，共同制定本行业产品的定价公式

D. 某生产企业通过协议，限制分销商转售商品的最高价格

2. 根据反垄断法律制度的规定，下列各项

中，属于从供给角度界定相关商品市场时所应考虑的因素的是（　　）。

A. 商品的功能及用途

B. 商品间的价格差异

C. 消费者的消费偏好

D. 其他经营者的转产成本

3. 下列关于我国反垄断机构执法权说法正确的是（　　）。

A. 市场监管总局负责除了价格垄断以外的其他垄断执法

B. 市场监管总局委托省级市场监管部门开展垄断案件调查时，省级市场监管部门可以权限委托市级市场监管部门调查

C. 省级市场监管部门发现案件属于总局管辖范围的，要及时将案件移交总局

D. 对于同省内的经营者集中案件，市场监管总局可以授权该省级市场监管部门管辖

4. 在反垄断民事诉讼中，当事人可以向人民法院申请委托专业机构或专业人员就案件的专门性问题作出市场调查或经济分析报告。这种报告在诉讼中是（　　）。

A. 证人证言

B. 鉴定意见

C. 当事人陈述

D. 法官判案的参考依据

5. 甲、乙、丙都是从事奶粉生产的厂家，其主要市场均在某市，三家公司在某日的行业会议中签订了关于维持现有价格的协议，承诺不采用降低价格的方式进行竞争。根据《反垄断法》的规定，关于该协议的说法正确的是（　　）。

A. 该协议属于行业协会组织达成的垄断协议

B. 该协议属于行业间的合法协议，受法律保护

C. 该协议属于固定商品价格的横向垄断协议

D. 该协议属于联合抵制交易的横向垄断协议

6. 某品牌白酒市场份额较大且知名度较高，因销量急剧下滑，生产商召集经销商开会，令其不得低于限价进行销售，对违反者将扣除保证金、减少销售配额直至取消销售资格。该行为属于（　　）。

A. 维护品牌形象的正当行为

B. 滥用市场支配地位的行为

C. 价格同盟行为

D. 纵向垄断协议行为

7. 经营者没有正当理由，限定交易相对人只能与其进行交易或者只能与其指定的经营者进行交易属于滥用市场支配地位行为。以下不属于"正当理由"的是（　　）。

A. 为满足产品安全要求必须

B. 为保护知识产权所必须

C. 为保护针对交易进行的特定投资所必须

D. 为维持市场份额所必须

8. 经营者集中的申报资料不完备且在反垄断执法机构规定的期限内未补齐，经营者集中应（　　）。

A. 视为未申报　　　B. 视为未通过

C. 备案登记　　　　D. 延长期限

9. 下列选项中，属于我国经营者集中申报制度方式的是（　　）。

A. 强制的事前申报

B. 强制的事后申报

C. 强制的事中申报

D. 自愿申报

10. 甲公司拟与乙公司合并，且甲乙公司是存在上下游关系的参与集中的经营者，在上下游市场所占的份额均小于25%，下列情形，属于经营者集中的简易案件的是（　　）。

A. 经营者集中对市场进入、技术进步可能产生不利影响

B. 经营者集中对消费者和其他有关经营者可能产生不利影响

C. 经营者集中对国民经济发展可能产生不利影响

D. 经营者集中有利于实现规模经济

11. 对经营者集中附加业务剥离的限制性条件，剥离完成前剥离义务人的特定义务不包括（　　）。

A. 以合理价格购买剥离业务的商业秘密和核心技术

B. 指定专门的管理人，负责管理剥离业务

C. 保持剥离业务与其保留的业务之间相互独立

D. 根据买方的要求向其提供必要的支持和便利

12. 下列不属于《反垄断法》所禁止的滥用行政权力排除、限制竞争行为的是（　　）。

A. 对外地商品设定歧视性收费项目

B. 限制外地经营者参加本地招标投标

C. 通过颁布行政规范性文件的方式限制外地企业与本地企业进行竞争

D. 提高对市场上销售某类所有产品的检验标准

13. 某地所有超市在当地管理部门的要求下，达成联合抵制与外地某经营者交易的协议，对此，下列说法正确的是(   )。

A. 超市的行为不违法

B. 管理部门构成行政性限制竞争行为

C. 超市的行为虽违法，但可免于承担行政责任

D. 管理部门实施了达成垄断协议行为

14. 根据反垄断法律制度的规定，行政机关滥用行政权力，实施限制竞争行为的，除法律、行政法规另有规定的，反垄断执法机构可以采取的处理措施是(   )。

A. 责令行为人改正违法行为

B. 对直接负责的主管人员和其他直接责任人员给予处分

C. 对行为人处以罚款

D. 向有关上级机关提出依法处理的建议

二、多项选择题

1. 一般来说，商品之间的可替代性越高，它们之间的竞争关系就越强，就越可能属于同一相关市场。从需求角度界定相关商品市场，一般应考虑的因素包括(   )。

A. 商品之间的价格差异

B. 需求者因商品价格或其他竞争因素变化，转向或考虑转向购买其他商品的证据

C. 商品外形、特性、质量和技术特点等总体特征和用途

D. 商品的销售渠道

2. 相关地域市场，是指相同或具有替代关系的商品相互竞争的地理区域，从需求角度界定相关地域市场主要考虑的因素有(   )。

A. 商品的运输成本

B. 主要经营者商品的销售分布

C. 地区间的贸易壁垒

D. 其他地域的经营者供应相关商品的可行性

3. 下列关于我国反垄断行政执法说法不正确的有(   )。

A. 国务院反垄断委员会是我国反垄断执法机构

B. 国务院反垄断委员会下设办公室，负责日常工作

C. 国务院反垄断委员会办公室设在商务部

D. 国务院反垄断委员会负责查处价格垄断

4. 根据反垄断法律制度的规定，反垄断执法机构调查涉嫌垄断行为时可以采取必要的调查措施。下列各项中，属于此类措施的有(   )。

A. 进入被调查经营者的营业场所进行检查

B. 查阅、复制被调查经营者的有关单证、协议、会计账簿等文件和资料

C. 查封、扣押相关证据

D. 冻结被调查经营者的银行账户

5. 根据反垄断法律制度的规定，下列说法正确的有(   )。

A. 间接购买人可以作为垄断民事案件的原告

B. 垄断案件的受害者应当在反垄断执法机构对垄断行为的处理决定发生法律效力后再向人民法院提起民事诉讼

C. 因垄断行为产生的损害赔偿请求权诉讼时效期间，从原告知道或者应当知道权益受侵害之日起计算

D. 原告向反垄断执法机构举报被诉垄断行为的，诉讼时效从其举报之日起中断

6. 下列垄断案件查处中，经营者申请，做出承诺，但反垄断执法机构不得中止调查的有(   )。

A. 经营者之间达成涉嫌固定或者变更商品价格的协议

B. 经营者之间达成限制商品的生产数量或

者销售数量的协议

C. 经营者之间达成分割销售市场或者原材料采购市场的协议

D. 经营者和销售者达成的限固定向第三人转售商品价格的协议

7. 根据反垄断法律制度的规定，下列各项属于法律禁止的垄断协议的有( )。

A. 同为家具生产的五家企业约定：各自分别只在各自的省份销售，不跨省销售

B. 两家汽油销售公司约定，均不销售 92 号汽油

C. 某玩具生产厂家和销售商约定，后者出售前者的某种玩具价格不得低于 20 元

D. 某药厂和某医药公司约定：后者出售前者的某种专利药品最高不得超过 30 元

8. 根据反垄断法律制度的规定，执法机构认定价格性"其他协同行为"时，应考虑的因素有( )。

A. 经营者的价格行为是否有一致性

B. 经营者之间的意思联络

C. 相关市场的结构情况及市场变化

D. 该价格协同行为对消费者是否有不利影响

9. 某省纺织品工业协会涵盖了该省主要的纺织品生产厂家，该协会实施的下列行为中，违反我国《反垄断法》规定的有( )。

A. 在协会章程中规定会员厂家的年产量上限

B. 发布协会质量标准，要求会员厂家必须按此标准执行

C. 召集会员厂家达成协议必须将生产成本控制在一定范围内

D. 召集会员厂家开会，要求与会厂家一致同意为共渡经济难关，两年内均不开发新产品

10. 认定经营者是否具有市场支配地位时应当依据一定的因素，这些因素包括( )。

A. 经营者在相关市场的市场份额，以及相关市场的竞争状况

B. 经营者控制销售市场或者原材料采购

市场的能力

C. 经营者的财力和技术条件

D. 其他经营者进入相关市场的难易程度

11. 根据《反垄断法》规定，依据其在相关市场的市场份额，可以推定具有市场支配地位的有( )。

A. 合计份额达到 3/4 的三个经营者

B. 合计份额达到 2/3 的两个经营者

C. 合计份额达到 2/3 的四个经营者，其中一个经营者份额不足 1/10

D. 份额达到 1/2 的一个经营者

12. 下列行为中，属于滥用市场支配地位不正当限定交易的有( )。

A. 限定交易相对人只能与其进行交易

B. 限定交易相对人只能与其指定的经营者进行交易

C. 限定交易相对人不得与特定经营者进行交易

D. 限定交易相对人在购买某产品的同时必须购买配套的原材料

13. 下列属于没有正当理由，以间接方式拒绝交易的行为有( )。

A. 拒绝交易相对人在生产经营活动中以合理条件使用其必需设施

B. 削减与交易相对人的现有交易数量

C. 拖延与交易相对人的现有交易

D. 拒绝与交易相对人进行新的交易

14. 禁止滥用市场支配地位的行为之一"没有正当理由搭售商品或在交易时附加其他不合理的条件"，其中"附加其他不合理的交易条件"主要包括( )。

A. 在价格之外附加不合理的费用

B. 对合同期限、支付方式、商品的运输及交付方式或者服务的提供方式等附加不合理的限制

C. 对商品的销售地域、销售对象、售后服务等附加不合理的限制

D. 附加与交易标的无关的交易条件

15. 以下与知识产权行使有关行为，构成的滥用市场支配地位的垄断行为的有( )。

A. 在其专利构成生产必需条件的情况下，无正当理由拒绝许可其他经营者以合理条件使用该知识产权

B. 要求交易相对人将其改进的技术进行独占性的回授

C. 对保护期已经届满或者被认定无效的知识产权继续行使权利

D. 在专利联营中，禁止被许可人质疑联营专利的有效性

16. 国外的甲公司是从事汽车生产的企业，2020年准备在我国境内全资收购同类型汽车制造企业A公司、B公司，2019年各企业的营业额(人民币)指标为：

	全球市场营业额	中国市场营业额
甲公司	60亿元	20亿元
A公司	20亿元	3亿元
B公司	20亿元	3亿元
合计	100亿元	26亿元

下列有关此次并购的说法中，错误的有(　　)。

A. 由于参与集中的经营者全球市场营业额达到了100亿元，因此需要依法进行申报

B. 参与集中的经营者中国境内的营业额超过了20亿元，因此需要依法进行申报

C. 以上的营业额指标不满足申报的条件，不需要事先进行申报

D. 参与集中的经营者中有经营者在中国市场的营业额超过20亿元，依法应进行申报

17. 如果参与集中的单个经营者之间有共同控制的其他经营者，在计算经营者的营业额时，下列说法正确的有(　　)。

A. 参与集中的单个经营者的营业额应当包括被共同控制的经营者与第三方经营者之间的营业额，且此营业额只计算一次

B. 参与集中的单个经营者的营业额不应当包括被共同控制的经营者与第三方经

营者之间的营业额

C. 参与集中的所有经营者的合计营业额不应包括被共同控制的经营者与任何一个共同控制他的参与集中的经营者，或与后者有控制关系的经营者之间发生的营业额

D. 参与集中的所有经营者的合计营业额应包括被共同控制的经营者与任何一个共同控制他的参与集中的经营者，或与后者有控制关系的经营者之间发生的营业额

18. 下列关于国务院反垄断执法机构对经营者集中进行审查的说法正确的有(　　)。

A. 一般分为初步审查和进一步审查两个阶段，申报经营者在两个阶段均不得集中

B. 初步审查主要是决定是否进一步审查，审查期间为30日

C. 进一步审查须作出是否禁止经营者集中的书面决定，审查期间一般为90日

D. 禁止经营者集中的决定不能向社会公布

19. 境外的甲企业拟并购境内乙企业，下列关于此次并购说法正确的有(　　)。

A. 若甲、乙属于同一相关市场，二者在该相关市场占有的市场份额之和小于15%，本次并购无需申报

B. 若甲、乙存在上下游关系，二者在各自的市场所占份额均小于25%，本次并购无需申报

C. 若甲乙并购旨在境外设立合营企业，而该合营企业不在中国境内从事经营活动，本次并购视为简易案件

D. 若甲、丙共同控制乙企业，本次并购后丙不再享有控制权，则本次并购视为简易案件

20. 下列选项中，属于公平竞争审查对象的有(　　)。

A. 国务院制定的有关市场准入的行政法规

B. 某部门起草的有关产业发展的地方性法规

C. 某市政府制定的有关市场主体活动的政策措施

D. 某行业协会制定的有关会员入会标准的章程

同步训练答案及解析

一、单项选择题

1. C 【解析】本题考核反垄断法的适用范围。选项 C 属于固定或变更商品价格的横向垄断协议。

2. D 【解析】本题考核相关商品市场。从供给角度界定相关商品市场,一般考虑的因素包括:经营者的生产流程和工艺,转产的难易程度,转产需要的时间,转产的额外费用和风险,转产后所提供商品的市场竞争力,营销渠道等。

3. C 【解析】本题考核反垄断机构执法权。市场监管总局负责反垄断统一执法,选项 A 错误。市场监管总局委托省级市场监管部门开展垄断案件调查时,省级市场监管部门不得再委托下级市场监管部门调查,选项 B 错误。经营者集中案件的执法权未对省级市场监管部门授权,仍全部保留于中央。选项 D 错误。

4. B 【解析】本题考核反垄断民事诉讼中专家的作用。专业人员就案件的专门性问题作出的市场调查或者经济分析报告,应当视为鉴定意见,这是一种法定证据形式。

5. C 【解析】本题考核《反垄断法》禁止的横向垄断协议。本题所叙述的情况属于固定商品价格的横向垄断协议。

6. D 【解析】本题考核《反垄断法》禁止的纵向垄断协议。《反垄断法》第 14 条规定,禁止经营者与交易相对人达成下列垄断协议:(1)固定向第三人转售商品的价格;(2)限定向第三人转售商品的最低价格;(3)国务院反垄断执法机构认定的其他垄断协议。生产商对经销商限定对第三人的最低价格属于纵向垄断协议。

7. D 【解析】本题考核滥用市场支配地位的法律规制。选项 D 不属于正当理由。

8. A 【解析】本题考核经营者集中制度。

9. A 【解析】本题考核经营者集中申报制度的方式。经营者集中申报制度主要分为三种模式:强制的事前申报、强制的事后申报和自愿申报。我国采取的是强制的事前申报模式。

10. D 【解析】本题考核经营者集中。虽符合法定条件,但存在法定情形的经营者集中案件,不视为简易案件,即下列案件不视为简易案件:(1)由两个以上经营者共同控制的合营企业,通过集中被其中的一个经营者控制,该经营者与合营企业属于同一相关市场的竞争者;(2)经营者集中涉及的相关市场难以界定;(3)经营者集中对市场进入、技术进步可能产生不利影响;(4)经营者集中对消费者和其他有关经营者可能产生不利影响;(5)经营者集中对国民经济发展可能产生不利影响;(6)反垄断执法机构认为可能对市场竞争产生不利影响的其他情形。

11. A 【解析】本题考核剥离义务人的义务。剥离义务人不得实施任何可能对剥离业务有不利影响的行为,包括聘用其关键员工获得剥离业务的商业秘密等。选项 A 错误。

12. D 【解析】本题考核《反垄断法》所禁止的滥用行政权力排除、限制竞争行为。选项 A 属于地区封锁;选项 B 属于排斥或限制外地经营者参与本地招标投标;选项 C 属于抽象行政性垄断行为。

13. B 【解析】本题考核行政性限制竞争行为和垄断协议行为。经营者因行政机关和法律、法规授权的具有管理公共事务

第 11 章 反垄断法律制度

职能的组织滥用行政权力而达成垄断协议的，不影响其依法承担行政责任。选项A、C错误。

14. D 【解析】本题考核行政性垄断行为的法律责任。反垄断执法机构只能向上级机关提出依法处理的建议。选项D正确。

二、多项选择题

1. ABCD 【解析】本题考核相关商品市场界定。

2. ABC 【解析】本题考核相关地域市场界定。选项D是从供给角度界定相关地域市场。

3. ACD 【解析】国务院反垄断委员会并不是执法机构，而是关于反垄断工作的议事协调机构。选项A、D错误。国务院反垄断委员会在市场监督管理总局设办公室，负责日常工作，选项C错误。

4. ABC 【解析】本题考核反垄断调查措施。

5. ACD 【解析】本题考核反垄断民事诉讼的相关规定。原告可以直接向人民法院提起民事诉讼，不以反垄断执法机构对垄断行为的处理决定发生法律效力为前提。

6. ABC 【解析】本题考核经营者承诺。经营者承诺主要适用于垄断协议和滥用市场支配地位案件，但选项A、B、C三类严重限制竞争的横向垄断协议不适用。

7. ABC 【解析】本题考核垄断协议。反垄断法禁止的纵向垄断协议包括固定向第三人转售商品的价格或者限制最低价格，因而选项D合法，不当选。

8. ABC 【解析】本题考核其他协同行为。其中选项D不属于认定价格性其他协同行为应考虑的因素。

9. AD 【解析】本题考核对行业协会组织实施垄断协议的规制。选项A是以行业章程形式限制生产数量，选项D是推动协会会员达成限制开发新技术、新产品的垄断协议。

10. ABCD 【解析】本题考核经营者具有市场支配地位的依据因素。认定经营者是否具有市场支配地位时应当依据一定的因素，这些因素包括：（1）该经营者在相关市场的市场份额，以及相关市场的竞争状况；（2）该经营者控制销售市场或者原材料采购市场的能力；（3）该经营者的财力和技术条件；（4）其他经营者对该经营者在交易上的依赖程度；（5）其他经营者进入相关市场的难易程度。

11. ABD 【解析】本题考核市场支配地位的认定。可以推定为具有市场支配地位的：一个经营者份额达到1/2的，两个经营者合计份额达到2/3的，三个经营者合计份额达到3/4的。

12. ABC 【解析】本题考核不正当限定交易。选项D属于搭售。

13. ABCD 【解析】本题考核滥用市场支配地位的行为。

14. ABCD 【解析】本题考核滥用市场支配地位的行为。

15. ABCD 【解析】本题考核与知识产权行使有关的滥用市场支配地位的行为。

16. ABD 【解析】本题考核经营者集中的申报标准。根据规定，经营者集中达到下列标准之一的，经营者应当事先向反垄断执法机构申报，未申报的不得实施集中：（1）参与集中的所有经营者上一会计年度在全球范围内的营业额合计超过100亿元人民币，并且其中至少两个经营者上一会计年度在中国境内的营业额均超过4亿元人民币；（2）参与集中的所有经营者上一会计年度在中国境内的营业额合计超过20亿元人民币，并且其中至少两个经营者上一会计年度在中国境内的营业额均超过4亿元人民币。本题中，四个经营者全球范围内的营业额未超过100亿元，境内的营业额虽超过20亿元，但不存在至少两个经营者上一会计年度在中国境内的营业额均超过4亿元人民币的情况，因此不需要事先进行申报。

17. AC 【解析】本题考核营业额计算的具体

规制。根据规定，如果参与集中的单个经营者之间或者参与集中的单个经营者和未参与集中的经营者之间有共同控制的其他经营者，参与集中的单个经营者的营业额应当包括被共同控制的经营者与第三方经营者之间的营业额，且此营业额只计算一次。如果参与集中的单个经营者之间有共同控制的其他经营者，则参与集中的所有经营者的合计营业额不应包括被共同控制的经营者与任何一个共同控制他的参与集中的经营者，或与后者有控制关系的经营者之间发生的营业额。

18. ABC 【解析】本题考核经营者集中的审查规定。根据规定，国务院反垄断执法机构应当将禁止经营者集中的决定或者对经营者集中附加强制性条件的决定，及时向社会公布，因此选项 D 错误。

19. CD 【解析】本题考核经营者集中视为简易案件的情形。选项 A、B 也是视为简易案件的情形，并非无需申报。

20. ABC 【解析】本题考核公平竞争审查制度。选项 A、B、C 均属于应当接受公平竞争审查的对象。

本章知识串联

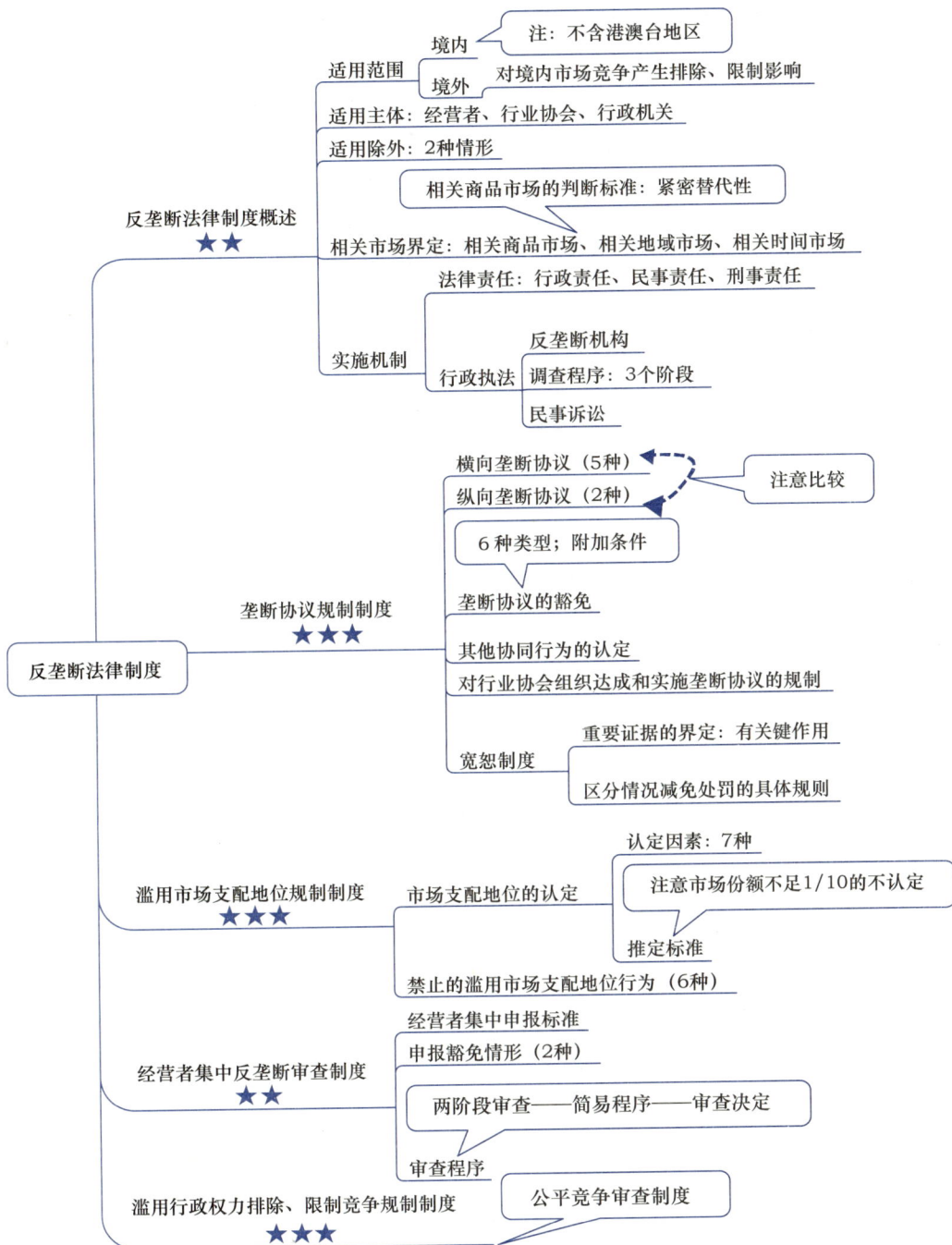

反垄断法律制度

- **反垄断法律制度概述 ★★**
  - 适用范围
    - 境内 —— 注：不含港澳台地区
    - 境外 —— 对境内市场竞争产生排除、限制影响
  - 适用主体：经营者、行业协会、行政机关
  - 适用除外：2种情形
  - 相关市场界定：相关商品市场、相关地域市场、相关时间市场
    - 相关商品市场的判断标准：紧密替代性
  - 实施机制
    - 法律责任：行政责任、民事责任、刑事责任
    - 行政执法
      - 反垄断机构
      - 调查程序：3个阶段
      - 民事诉讼

- **垄断协议规制制度 ★★★**
  - 横向垄断协议（5种）
  - 纵向垄断协议（2种） —— 注意比较
  - 6种类型；附加条件
  - 垄断协议的豁免
  - 其他协同行为的认定
  - 对行业协会组织达成和实施垄断协议的规制
  - 宽恕制度
    - 重要证据的界定：有关键作用
    - 区分情况减免处罚的具体规则

- **滥用市场支配地位规制制度 ★★★**
  - 市场支配地位的认定
    - 认定因素：7种
    - 推定标准 —— 注意市场份额不足1/10的不认定
  - 禁止的滥用市场支配地位行为（6种）

- **经营者集中反垄断审查制度 ★★**
  - 经营者集中申报标准
  - 申报豁免情形（2种）
  - 审查程序
    - 两阶段审查——简易程序——审查决定

- **滥用行政权力排除、限制竞争规制制度 ★★★**
  - 公平竞争审查制度

涉外经济法律制度

考情解密

本章在经济法科目考试中的重要性仅次于考查案例题的章节，虽然采用客观题的方式考查，但分值相对较高，一般在6分左右，而且本章知识点较多、分布相对较散，希望大家在复习的时候全力以赴，攻克"这座山头"。

近年考点直击

考点	主要考查题型	考频指数	考查角度
外商直接投资准入管理	单选题	★	考核我国的外商直接投资准入管理制度
自贸区投资安全审查	多选题	★	考核自贸区投资安全审查内容
对外直接投资核准、备案制度	单选题	★★★	（1）考核商务部和发改委对直接投资的核准、备案；（2）考核对外直接投资时需要遵守的法律规则
《对外贸易法》的适用范围和原则	单选题	★★★	（1）考核对外贸易法的基本原则；（2）考核单独关税区
对外贸易管理	单选题	★★	（1）考核对外贸易经营者及其管理；（2）考核限制货物进出口的管理方式；（3）考核限制技术进出口的管理方式
对外贸易救济	单选题	★★★	（1）考核保障措施的概念；（2）考核反倾销税的征收
《外汇管理条例》的适用范围	单选题	★★	考核《外汇管理条例》的适用范围，特别是境内个人的概念
外汇管理制度	单选题、多选题	★★★	（1）直接考核经常项目外汇收支的范围及管理的一般规定；（2）考核资本项目下外汇收支的范围；（3）考核合格境内、外机构投资者制度中国家外汇管理局的职责；（4）考核外债的概念及可以结汇的外债
人民币汇率管理	单选题、多选题	★★★	（1）直接考核我国的汇率制度；（2）考核外汇市场的概念
人民币加入特别提款权货币篮	多选题	★★★	考核特别提款权的概念及货币篮组成

本章2020年考试主要变化

本章有较大幅度变动。主要：

（1）根据《外商投资法》重新编写了原第一节。

（2）调整"对外直接投资核准备案制度""外债管理"的相关表述。

（3）删除"关于技术进口合同的特别规定"。

考点详解及精选例题

一、外商投资法律制度

扫我解疑难

(一)外商投资的界定

《外商投资法》所称外商投资，是指外国的自然人、企业或者其他组织(以下称外国投资者)直接或者间接在中国境内进行的投资活动。

1. 外商投资的主要形式(见表12-1)★★

表12-1　外商投资的主要形式及特点

形式	特点
设立外商投资企业	外国投资者单独或者与其他投资者共同在中国境内设立外商投资企业，组织形式、组织机构适用公司法、合伙企业法等法律的规定(与内资一致) 【知识点拨1】外商投资企业是全部或者部分由外国投资者投资的，依照中国法律在中国境内经登记注册设立的企业，并非外国企业在境内的分支机构。 【知识点拨2】中外双方投资者可以是自然人、法人、非法人组织
外资并购境内企业	外国投资者取得中国境内企业的股份、股权、财产份额或者其他类似权益，设立外商投资企业，具体企业组织形式同上
投资新建项目	外国投资者单独或者与其他投资者共同在中国境内对特定项目建设进行投资，但不设立外商投资企业，不取得中国境内企业的股份、股权、财产份额或者其他类似权益
其他方式	法律、行政法规或者国务院规定的其他方式的投资。包括间接投资

2.《外商投资法》适用的"外商"范围

除外国自然人、法人、非法人组织外，根据规定：

(1)香港特别行政区、澳门特别行政区投资者在内地投资，参照《外商投资法》和《实施条例》执行；法律、行政法规或者国务院另有规定的，从其规定。

(2)台湾地区投资者在大陆投资，适用《中华人民共和国台湾同胞投资保护法》及其实施细则的规定；台湾同胞投资保护法及其实施细则未规定的事项，参照《外商投资法》和《实施条例》执行。

(3)定居在国外的中国公民在中国境内投资，参照《外商投资法》和《实施条例》执行；法律、行政法规或者国务院另有规定的，从其规定。

(二)外商投资促进

《外商投资法》第二章规定了各项促进外商投资的措施：

1. 提高外商投资政策的透明度。

(1)政府及其有关部门制定的支持企业发展的政策应当依法公开；对政策实施中需要由企业申请办理的事项，政府及其有关部门应当公开申请办理的条件、流程、时限等，并在审核中依法平等对待外商投资企业和内资企业。

(2)制定与外商投资有关的行政法规、规章、规范性文件，或者政府及其有关部门起草与外商投资有关的法律、地方性法规，应当根据实际情况，采取书面征求意见以及召开座谈会、论证会、听证会等多种形式，听取外商投资企业和有关商会、协会等方面的意见和建议；对反映集中或者涉及外商投资企业重大权利义务问题的意见和建议，应当通过适当方式反馈采纳的情况。

（3）与外商投资有关的规范性文件应当依法及时公布，未经公布的不得作为行政管理依据。与外商投资企业生产经营活动密切相关的规范性文件，应当结合实际，合理确定公布到施行之间的时间。

2. 保障外商投资企业平等参与市场竞争。

（1）公平参与标准制定，平等适用强制性标准。外商投资企业依法和内资企业平等参与国家标准、行业标准、地方标准和团体标准的制定、修订工作；国家制定的强制性标准对外商投资企业和内资企业平等适用，不得专门针对外商投资企业适用高于强制性标准的技术要求。

（2）国家保障外商投资企业依法通过公平竞争参与政府采购活动。政府采购依法对外商投资企业在中国境内生产的产品、提供的服务平等对待。

（3）外商投资企业可以依法通过公开发行股票、公司债券等证券和其他方式进行融资。

3. 加强外商投资服务。

国家建立健全外商投资服务体系，为外国投资者和外商投资企业提供法律法规、政策措施、投资项目信息等方面的咨询和服务。

4. 依法依规鼓励和引导外商投资。

（1）国家根据需要，设立特殊经济区域，或者在部分地区实行外商投资试验性政策措施，促进外商投资，扩大对外开放。

（2）国家根据国民经济和社会发展需要，制定鼓励外商投资产业目录，列明鼓励和引导外国投资者投资的特定行业、领域、地区。鼓励外商投资产业目录由国务院投资主管部门会同国务院商务主管部门等有关部门拟订，报国务院批准后由国务院投资主管部门、商务主管部门发布。

（3）外国投资者、外商投资企业可以依照法律、行政法规或者国务院的规定，享受财政、税收、金融、用地等方面的优惠待遇。

（三）外商投资保护

1. 加强对外商投资企业的产权保护。

（1）国家对外国投资者的投资不实行征收。在特殊情况下，国家为了公共利益的需要，可以依照法律规定对外国投资者的投资实行征收或者征用。征收、征用应当依照法定程序进行，并及时给予公平、合理的补偿。

（2）投资资金自由汇入、汇出。外国投资者在中国境内的出资、利润、资本收益、资产处置所得、知识产权许可使用费、依法获得的补偿或者赔偿、清算所得等，可以依法以人民币或者外汇自由汇入、汇出。

（3）保护知识产权。国家保护外国投资者和外商投资企业的知识产权，保护知识产权权利人和相关权利人的合法权益；对知识产权侵权行为，严格依法追究法律责任。

（4）技术合作自愿。国家鼓励在外商投资过程中基于自愿原则和商业规则开展技术合作。技术合作的条件由投资各方遵循公平原则平等协商确定。行政机关及其工作人员不得利用行政手段强制或者变相强制外国投资者、外商投资企业转让技术。

（5）保护商业秘密。行政机关及其工作人员对于履行职责过程中知悉的外国投资者、外商投资企业的商业秘密，应当依法予以保密，不得泄露或者非法向他人提供。

2. 强化对制定涉及外商投资规范性文件的约束。

各级人民政府及其有关部门制定涉及外商投资的规范性文件，应当符合法律法规的规定；没有法律、行政法规依据的，不得减损外商投资企业的合法权益或者增加其义务，不得设置市场准入和退出条件，不得干预外商投资企业的正常生产经营活动。

3. 促使地方政府守约践。

地方各级人民政府及其有关部门应当履行向外国投资者、外商投资企业依法作出的政策承诺以及依法订立的各类合同。因国家利益、社会公共利益需要改变政策承诺、合同约定的，应当依照法定权限和程序进行，并依法对外国投资者、外商投资企业因此受到的损失予以补偿。

4. 建立健全外商投资企业投诉工作机制。

国家建立外商投资企业投诉工作机制，及时处理外商投资企业或者其投资者反映的问题，协调完善相关政策措施。国务院商务主管部门会同国务院有关部门建立外商投资企业投诉工作部际联席会议制度。外商投资企业或者其投资者认为行政机关及其工作人员的行政行为侵犯其合法权益的，可以通过外商投资企业投诉工作机制申请协调解决，还可以依法申请行政复议、提起行政诉讼。

5. 外商投资企业可以依法成立和自愿参加商会、协会。

商会、协会依照法律法规和章程的规定，开展相关活动，维护会员的合法权益。

（四）外商投资管理

1. 外商直接投资的准入管理（见表12-2）★

表 12-2　外商直接投资的准入管理

管理模式	基本模式：准入前国民待遇+负面清单 对清单列出的项目实施审批等特别管理措施，清单之外的外国投资者和本国投资者同等待遇；我国缔结或参加的国际条约、协定对外国投资者准入待遇有更优惠规定的，按照规定执行。 【知识点拨1】改变了原来所有外商投资企业设立、变更都需审批的做法。 【知识点拨2】准入前国民待遇，实际上是包含准入阶段和准入后的运营阶段在内的整个投资阶段的国民待遇，而不仅仅是准入前。 【知识点拨3】外商投资准入负面清单由国务院投资主管部门会同国务院商务主管部门等有关部门提出，报国务院发布或者批准发布
管理制度	（1）按照内外资一致的原则对外商投资实施监督管理。 ①外商投资企业的登记注册，由国务院市场监督管理部门或者其授权的地方人民政府市场监督管理部门依法办理，注册资本可以用人民币或自由兑换货币表示； ②外商投资需要办理投资项目核准、备案的，按照国家有关规定执行； ③外国投资者在依法需要取得许可的行业、领域进行投资的，除法律、行政法规另有规定外，实行与内资企业一样的审核条件和程序。 （2）外商投资信息报告制度 外国投资者或者外商投资企业应当通过企业登记系统以及企业信用信息公示系统向商务主管部门报送投资信息，所报送的投资信息应当真实、准确、完整

【例题1·单选题】（2019年）根据涉外投资法律制度的规定，下列关于准入前国民待遇加负面清单管理模式的表述中，正确的是（　　）。

A. 准入前国民待遇是指在企业设立阶段给予外资国民待遇，不包括企业设立后的经营阶段

B. 负面清单由商务部发布或批准发布

C. 准入前国民待遇加负面清单管理模式目前在我国仅适用于自由贸易试验区

D. 负面清单是指国家规定的准入特别管理措施

解析　本题考核外商直接投资的准入管理。准入前国民待遇，是指在企业设立、取得、扩大等阶段给予外国投资者及其投资不低于本国投资者及其投资的待遇，选项A错误。负面清单由国务院发布或批准发布，选项B错误。"准入前国民待遇+负面清单"模式已经推广到全国范围，选项C错误。

答案　D

2. 外商投资安全审查制度——自贸区投资安全审查（表 12-3）

表 12-3　自贸区投资国家安全审查制度

自贸区投资安全审查	具体规则
审查范围	①外国投资者在自贸试验区内投资军工、军工配套和其他关系国防安全的领域，以及重点、敏感军事设施周边地域； ②外国投资者在自贸试验区内投资关系国家安全的重要农产品、重要能源和资源、重要基础设施、重要运输服务、重要文化、重要信息技术产品和服务、关键技术、重大装备制造等领域，并取得所投资企业的实际控制权。 【知识点拨 1】与外资并购安全审查相比，审查范围增加了：投资重要文化、重要信息技术产品和服务领域。 【知识点拨 2】所谓"外商投资"包括多种方式，如：单独或共同投资新企业；并购已设立企业的股权或资产；通过协议控制、代持、信托、再投资、境外交易、租赁、认购可转换债券等方式
审查内容	自贸试验区外商投资国家安全审查的内容包括： ①外商投资对国防安全，包括对国防需要的国内产品生产能力、国内服务提供能力和有关设施的影响； ②外商投资对国家经济稳定运行的影响； ③外商投资对社会基本生活秩序的影响； ④外商投资对国家文化安全、公共道德的影响； ⑤外商投资对国家网络安全的影响； ⑥外商投资对涉及国家安全关键技术研发能力的影响。 【知识点拨】与外资并购安全审查相比，审查内容增加了④、⑤两项
审查工作机制	自贸试验区外商投资安全审查工作，由外国投资者并购境内企业安全审查部际联席会议具体承担。在联席会议机制下，国家发改委、商务部根据外商投资涉及的领域，会同相关部门开展安全审查。 自贸试验区管理机构在办理职能范围内外商投资备案、核准或审核手续时，对属于安全审查范围的外商投资，应及时告知外国投资者提出安全审查申请，并暂停办理相关手续
审查结果与补救	①对不影响国家安全的，自贸区管理机构继续办理相关手续。 ②对影响或可能影响国家安全，但通过附加条件能够消除影响的投资，联席会议可要求外国投资者出具修改投资方案的书面承诺；外国投资者出具书面承诺后，联席会议可作出附加条件的审查意见。 ③如发现外国投资者提供虚假信息、遗漏实质信息、通过安全审查后变更投资活动或违背附加条件，对国家安全造成或可能造成重大影响的，即使外商投资安全审查已结束或投资已实施，自贸试验区管理机构应向国家发改委和商务部报告

【例题 2·多选题】（2019 年）根据涉外投资法律制度的规定，下列各项中，属于自由贸易试验区外商投资国家安全审查范围的有（　　）。

A 外商投资对国防安全的影响

B. 外商投资对相关市场的集中度的影响

C. 外商投资对国家文化安全的影响

D. 外商投资对社会基本生活秩序的影响

解析 ▶ 本题考核自贸区外商投资国家安全审查。自由贸易试验区外商投资国家安全审查的内容：（1）外商投资对国防安全，包括对国防需要的国内产品生产能力、国内服务提供能力和有关设施的影响。（2）外商投资对国家经济稳定运行的影响。（3）外商投资对社会基本生活秩序的影响。(4)外商投资对国家文化安全、公共道德的影响。(5)外商投资对国家网络安全的影响。(6)外商投资对涉及国家安全关键技术研发能力的影响。

答案 ▶ ACD

3. 外商投资合同效力的认定(表12-4)

表 12-4　外商投资合同效力的认定

领域		合同效力
负面清单外的投资领域		合同订立生效
负面清单内的投资领域	禁止投资项目	合同无效
	限制投资项目	合同无效;但以下两种有效: (1)在人民法院作出生效判决前,采取必要措施满足准入特别管理措施要求的; (2)在生效裁判作出前,因负面清单调整,外国投资者投资不再属于禁止或者限制投资的领域的

【知识点拨】 此处所谓"投资合同"包括外商直接或者间接在中国境内进行投资的相关协议,如设立外商投资企业合同、股份转让合同、股权转让合同、财产份额或者其他类似权益转让合同、新建项目合同等协议;以及外国投资者因赠与、财产分割、企业合并、企业分立等方式取得相应权益所产生的合同纠纷。

(五)关于过渡期的处理

根据《外商投资法》的规定,外商投资企业组织形式、组织机构及其活动准则,适用《中华人民共和国公司法》《中华人民共和国合伙企业法》等法律的规定。

《外商投资法》施行前已经依照"三资企业法"设立的外商投资企业,在《外商投资法》施行后五年内(截止到2025年1月1日前)可以继续保留原企业组织形式。国家鼓励其在《外商投资法》施行后5年内依法办理变更手续;《外商投资法》施行后5年内未依法办理变更手续的,应当自2025年1月1日起6个月内依法办理变更手续。

【知识点拨】新设立外商投资企业,按照《公司法》和《合伙企业法》规定;原有的外商投资企业有5年过渡期。

二、对外直接投资法律制度

扫我解疑难

(一)对外直接投资概述★

1. 概念:中国对外直接投资是指中国境内投资者以现金、实物、无形资产等方式在国外及港澳台地区设立或购买境外企业,并控制企业经营管理权的投资活动。

2. 形式:对外直接投资的形式包括新设、并购、参股、增资、再投资等。

3. 需遵守的法律和政策:

(1)投资所在国即东道国的法律和政策;

(2)中国与有关东道国签订的双边投资保护协定和双方共同缔结或参加的多边条约中的相关规定;

(3)中国国内法中的相关规定。

【例题3·多选题】(2019年)根据涉外投资法律制度的规定,中国境内投资者对外直接投资时需要遵守的法律规则包括(　　)。

A. 中国法律

B. 中国与投资所在国签订的双边投资保护协定

C. 中国与投资所在国共同缔结或参加的多边条约

D. 投资所在国法律

解析 ▶ 本题考核对外直接投资需要遵循

的法律规则。中国境内投资者对外直接投资，需要遵守投资所在国即东道国的法律和政策，以及中国与有关东道国签订的双边投资保护协定和双方共同缔结或参加的多边条约中的相关规定。与此同时，作为投资者的母国，中国国内法中的相关规定当然也要予以适用。

答案 ▶ ABCD

（二）对外直接投资核准、备案制度 ★★★

1. 商务部门的核准和备案

（1）商务部和省级商务主管部门按照企业境外投资的不同情形，分别实行备案和核准管理。

①企业境外投资涉及敏感国家和地区、敏感行业的，实行**核准管理**。

②企业其他情形的境外投资，实行**备案管理**。

【知识点拨1】敏感国家是指与中华人民共和国未建交的国家、受联合国制裁的国家。必要时，商务部可另行公布其他实行核准管理的国家和地区的名单。

【知识点拨2】敏感行业是指涉及出口中华人民共和国限制出口的产品和技术的行业、影响一国（地区）以上利益的行业。

（2）企业境外投资不得有以下情形：

①危害我国国家主权、安全和社会公共利益，或违反我国法律法规；

②损害我国与有关国家（地区）关系；

③违反我国缔结或者参加的国际条约、协定；

④出口我国禁止出口的产品和技术。

（3）具体管理（见表12-5）。

表12-5　境外投资的管理

核准管理	中央企业：向**商务部**申请
	地方企业：通过省级商务主管部门向**商务部**申请
备案管理	中央企业：报**商务部**备案
	地方企业：报**省级商务主管部门**备案

2. 发展改革部门的核准和备案——针对境外投资项目

国家发改委和省级政府投资主管部门根据不同情况，对境外投资项目分别实行核准和备案管理，具体见表12-6。

表12-6　境外投资项目管理

| 核准 | **国家发改委核准**：境外投资项目涉及敏感国家和地区、敏感行业的 |
| 备案 | 企业其他情形的境外投资项目，实行备案管理：
国家发改委备案：①中央企业境外投资项目；
②地方企业实施的中方投资额3亿美元及以上境外投资项目。
省级政府投资主管部门备案：地方企业实施的中方投资额3亿美元以下境外投资项目。
＊两个以上投资主体共同开展的项目，应当由投资额较大一方在征求其他投资方书面同意后提出核准、备案申请。如各方投资额相等，应当协商一致后由其中一方提出核准、备案申请 |

【知识点拨1】敏感国家和地区包括：（1）与我国未建交的国家和地区；（2）发生战争、内乱的国家和地区；（3）根据我国缔结或参加的国际条约、协定等，需要限制企业对其投资的国家和地区；（4）其他敏感国家和地区。

【知识点拨2】敏感行业包括：（1）武器装备的研制生产维修；（2）跨境水资源开发利用；（3）新闻传媒；（4）根据我国法律法规和有关调控政策，需要限制企业境外投资的行业。敏感行业目录由国家发展改革委发布。

【例题4·单选题】（2016年）某省属企业拟实施一项境外投资项目，中方投资额2.5亿美元，项目所在国系敏感国家。下列表述中，符合涉外经济法律制度规定的是( )。

  A. 该项目应报国家发展改革委核准

  B. 该项目应报国家发展改革委备案

  C. 该项目应报省级投资主管部门备案

  D. 该项目应报省级投资主管部门核准

解析 ▶ 本题考核对外直接投资制度。涉

及敏感国家和地区、敏感行业的境外投资项目，由国家发改委核准；其中，中方投资额20亿美元及以上的，由国家发展改革委提出审核意见报国务院核准。 **答案** ▶ A

  3. 对外投资报告制度(见表12-7)

表 12-7　对外投资报告制度

报告类型	报告要求
大额非敏感类项目报告	投资主体通过其控制的境外企业开展大额非敏感类项目(中方投资额3亿美元及以上)，应通过网络系统提交大额非敏感类项目情况报告表，将有关信息告知国家发展改革委
重大不利情况报告	在以下情况发生之日起5个工作日内，投资主体应通过网络系统提交重大不利情况报告表：境外投资过程中发生外派人员重大伤亡、境外资产重大损失、损害我国与有关国家外交关系等重大不利情况
项目完成情况报告	属于核准、备案管理范围的项目，投资主体应当在项目完成之日起20个工作日内通过网络系统提交项目完成情况报告表

三、对外贸易法律制度

扫我解疑难

(一)《对外贸易法》的适用范围和原则(见表12-8) ★

表 12-8　《对外贸易法》的适用范围和原则

适用范围	(1)适用对象。我国对外贸易法律制度适用于货物进出口、技术进出口、国际贸易服务以及与此相关的知识产权保护。 (2)地域范围。我国《对外贸易法》仅适用于中国内地，不适用于香港特别行政区、澳门特别行政区和台湾地区
基本原则	(1)统一管理原则。我国实行统一的对外贸易制度。商务部主管全国对外贸易工作。 (2)公平自由原则。 (3)平等互利原则。 (4)区域合作原则。 (5)非歧视原则。包括最惠国待遇和国民待遇原则。 (6)互惠对等原则。 【知识点拨1】最惠国待遇是指一国(给惠国)给予另一国(受惠国)的个人、企业、商品等的待遇不低于给惠国给予任何第三国(最惠国)的相应待遇。 【知识点拨2】国民待遇是指一国给予他国国民(包括个人和企业)与本国国民相同的待遇。 【知识点拨3】互惠、对等是指我国给予另一国某种待遇或者对其采取某种措施，以该国给予我国相应待遇或者对我国采取相应措施为前提

【**例题5·单选题**】（2018年)《中华人民共和国政府和加拿大政府关于促进和相互保护投资的协定》规定："任一缔约方给予另一缔约方投资者在设立、购买、扩大、管理、经营、运营和销售或其他处置其领土内投资方面的待遇，不得低于在类似情形下给予非缔约方投资者的待遇。"该规定体现的是( )。

A. 国民待遇 　B. 公平公正待遇

C. 最惠国待遇 　D. 最低限度待遇

解析 ▶ 本题考核《对外贸易法》的原则。最惠国待遇是指一国（给惠国）给予另一国（受惠国）的个人、企业、商品等的待遇不低于给惠国给予任何第三国（最惠国）的相应待遇。

答案 ▶ C

【例题6·单选题】（2019年）《中华人民共和国对外贸易法》第7条规定："任何国家或地区在贸易方面对中华人民共和国采取歧视性的禁止、限制或者其他类似措施的，中华人民共和国可以根据实际情况对该国或者该地区采取相应的措施。"该条款体现的原则是（　）。

A. 统一管理原则

B. 平等互利原则

C. 公平自由原则

D. 互惠对等原则

解析 ▶ 本题考核《对外贸易法》的原则。互惠、对等是指我国给予另一国某种待遇或者对其采取某种措施，以该国给予我国相应待遇或者对我国采取相应措施为前提。

答案 ▶ D

(二)对外贸易经营者★★

1. 概念

(1)对外贸易经营者包括法人、其他组织和个人。

(2)对外贸易经营无需专门许可。

2. 对外贸易经营者的管理

(1)备案登记。

从事货物进出口或技术进出口的对外贸易经营者，应当向**商务部**或其委托的机构办理备案登记；但是，法律、行政法规和商务部规定不需要备案登记的除外。未按照规定办理备案登记的，海关不予办理进出口货物的报关验放手续。

(2)国营贸易管理。

①国家只对部分而非全部货物实行国营贸易管理，且此类货物应当是明确和公开的，通过目录的方式让公众周知。国营贸易货物

和企业名录，由商务部会同其他部门确定。

②国营贸易一般由经授权的企业经营。

③国家可以根据具体情况，允许部分数量的国营贸易管理货物的进出口业务由非授权企业经营。

【例题7·单选题】（2018年）根据对外贸易法律制度的规定，下列关于国营贸易和国营贸易企业的表述中，正确的是（　）。

A. 实行国营贸易管理的货物的目录，由海关总署会同其他有关部门确定

B. 实行国营贸易管理的货物的进出口业务一概由授权企业经营

C. 国营贸易是世界贸易组织明文允许的贸易制度

D. 判断一个企业是不是国营贸易企业，关键是看该企业的所有制形式

解析 ▶ 本题考核对外贸易经营者的管理——国营贸易的特别规定。选项A错误，实行国营贸易管理的货物和经授权经营企业的目录，由商务部会同国务院其他有关部门确定、调整并公布。选项B错误，实行国营贸易管理货物的进出口业务只能由经授权的企业经营；但是，国家允许部分数量的国营贸易管理货物的进出口业务由非授权企业经营的除外。选项D错误，判断一个企业是不是国营贸易企业，关键看该企业是否在国际贸易中享有专营权或特许权，与该企业的所有制形式并无必然联系。

答案 ▶ C

(三)货物进出口与技术进出口★★

1. 一般原则

我国对货物和技术进出口实施一定限制管理下的自由贸易制度。

2. 例外情形(基于一定原因限制进出口)

(1)一般例外情形。

国家基于一定原因，可以限制或禁止有关货物、技术的进出口。

①为维护国家安全、社会公共利益或者公共道德，需要限制或者禁止进口或者出口的；(国家安全)

②为保护人的健康或者安全，保护动物、

植物的生命或者健康，保护环境，需要限制或者禁止进口或者出口的；（人、物安全）

③为实施与黄金或者白银进出口有关的措施，需要限制或者禁止进口或者出口的；（黄金白银）

④国内供应短缺或者为有效保护可能用竭的自然资源，需要限制或者禁止出口的；（稀缺资源）

⑤输往国家或者地区的市场容量有限，需要限制出口的；（市场有限）

⑥出口经营秩序出现严重混乱，需要限制出口的；（出口混乱）

⑦为建立或者加快建立国内特定产业，需要限制进口的；（产业保护）

⑧对任何形式的农业、牧业、渔业产品有必要限制进口的；（农业产品）

⑨为保障国家国际金融地位和国际收支平衡，需要限制进口的；（收支平衡）

⑩根据我国缔结或者参加的国际条约、协定的规定，其他需要限制或者禁止进口或者出口的。（国际条约）

（2）安全例外情形。

①国家安全需要：国家对与裂变、聚变物质或者衍生此类物质的物质有关的货物、技术进出口，以及与武器、弹药或者其他军用物资有关的进出口，可以采取任何必要措施，维护国家安全；

②战争或国际和平需要：在战时或者为维护国际和平与安全，国家在货物、技术进出口方面可以采取任何必要措施。

3. 管理制度

（1）货物进出口自动许可制度。

①进出口自动许可针对的是部分而非全部货物，并通过目录方式让公众周知；

②进出口自动许可仅是出于监测进出口情况的需要，并非对自由进出口的限制；

③自动许可申请仅具有备案意义，申请即自动获得许可。

（2）技术进出口备案登记制度。

①我国对自由进出口技术的进出口实行合同登记制度，但该种登记仅具有备案意义，不以登记作为合同生效的条件；

②商务主管部门是技术进出口合同的登记管理部门。

（3）配额和许可证制度。

①对货物的进出口限制，实行配额、许可证等方式管理：

针对有数量限制的进出口货物，实行配额管理；其他限制进出口货物，实行许可证管理。

②对限制进口或出口的技术，实行许可证管理。

【例题8·单选题】（2016年）根据涉外经济法律制度的规定，对于国家规定有数量限制的进出口货物，我国实行的管理方式是（　　）。

A. 配额管理

B. 许可证管理

C. 备案登记管理

D. 自由进出口管理

解析 ▶ 本题考核货物和技术进出口的管理制度。根据《货物进出口条例》的规定，国家规定有数量限制的限制进出口货物，实行配额管理；其他限制进出口货物，实行许可证管理。 答案 ▶ A

（四）对外贸易救济 ★★

对外贸易救济措施包括：反倾销、反补贴、保障措施。

1. 反倾销措施（见表12-9）

表 12-9　反倾销措施

项目	具体规定
倾销的概念	"倾销"是指在正常贸易过程中进口产品以低于其正常价值的出口价格进入中国市场

项目	具体规定
反倾销调查	（1）启动。 在表示支持申请或者反对申请的国内产业中，支持者的产量占支持者和反对者的总产量的50%以上的，应当认定申请是由国内产业或者代表国内产业提出，可以启动反倾销调查；但是，表示支持申请的国内生产者的产量不足国内同类产品总产量的25%的，不得启动反倾销调查。 （2）结束。 反倾销调查，应当自**立案调查决定公告之日**起12个月内结束；特殊情况下可以延长，但延长期不得超过6个月。 （3）终止。 有下列情形之一的，反倾销调查应当终止，并由**商务部**予以公告：申请人撤销申请的；没有足够证据证明存在倾销、损害或者二者之间有因果关系的；倾销幅度低于2%的；倾销进口产品实际或者潜在的进口量或者损害属于可忽略不计的；商务部认为不适宜继续进行反倾销调查的
反倾销措施	**临时反倾销措施**：第一，征收临时反倾销税（反倾销税由商务部建议，国务院**关税税则委员会**决定，商务部公告）。 第二，要求提供保证金、保函或者其他形式的担保（**商务部**决定并公告）。 实施的期限：自临时反倾销措施决定公告规定实施之日起，不超过4个月；在特殊情形下，可以延长至9个月。 【知识点拨1】自反倾销立案调查决定公告之日起60天内，不得采取临时反倾销措施。 【知识点拨2】但凡涉及关税的征收，都由商务部建议，国务院关税税则委员会决定
反倾销措施	**反倾销税**：终裁决定确定倾销成立，可以征收反倾销税。反倾销税的纳税人是倾销进口产品的进口经营者。反倾销税的征收期限不超过5年；但经商务部复审可以适当延长

【例题9·单选题】（2019年）根据对外贸易法律制度的规定，反倾销调查应当自立案调查决定公告之日起一定期限内结束。该期限最长可以是（　　）。

A. 6个月

B. 24个月

C. 12个月

D. 18个月

解析 ▶ 本题考核反倾销调查。反倾销调查应当自立案调查决定公告之日起12个月内结束；特殊情况下可以延长，但延长期不得超过6个月。　　**答案** ▶ D

【例题10·单选题】（2017、2016年）根据对外贸易法律制度的规定，负责决定征收反倾销税的机构是（　　）。

A. 商务部

B. 国务院关税税则委员会

C. 财政部

D. 国家税务总局

解析 ▶ 本题考核反倾销措施。征收反倾销税，由商务部提出建议，国务院关税税则委员会根据商务部的建议作出决定，由商务部予以公告。　　**答案** ▶ B

2. 反补贴措施（见表12-10）

表12-10　反补贴措施

项目	具体规定
补贴的概念	"补贴"是指出口国（地区）政府或者其任何公共机构提供的并为接受者带来利益的财政资助以及任何形式的收入或者价格支持。 依照《反补贴条例》进行调查、采取反补贴措施的补贴，必须具有专向性

项目	具体规定
反补贴调查	反补贴调查在申请、启动、实施、终止等方面的条件和程序与反倾销调查基本相同。略有差异的是，《反补贴条例》规定的终止情形之一是"补贴金额为微量补贴"，而不是"幅度低于2%"；还有一种终止情形是"通过与有关国家(地区)政府磋商达成协议，不需要继续进行反补贴调查"，该终止情形为反倾销调查所无
反补贴措施	反补贴措施包括临时反补贴措施，取消、限制补贴或者其他有关措施的承诺，以及反补贴税，其具体内容和实施程序与反倾销措施基本相同。略有差异的是，临时反补贴措施实施的期限，自临时反补贴措施决定公告规定实施之日起不超过4个月，不得延长

3. 保障措施

(1)保障措施与反倾销和反补贴措施有所不同：反倾销和反补贴措施针对的是倾销和补贴这样的不公平交易行为，而保障措施针对的是公平贸易条件下的特殊情形。

(2)临时保障措施采取提高关税的形式(商务部建议，国务院关税税则委员会作出决定，商务部公告)。

临时保障措施的实施期限，自临时保障措施决定公告规定实施之日起，不超过200天。

(3)保障措施可以采取提高关税、数量限制等形式。海关自公告规定实施之日起执行。保障措施实施期限一般不应超过4年。在任何情况下，一项保障措施的实施期限及其延长期限不得超过10年。

【例题11·单选题】(2015年)根据对外贸易法律制度的规定，针对公平贸易条件下的特殊情形，可以采取特定的贸易救济措施，下列各项中，属于该措施的是( )。

A. 反补贴税　　　B. 反倾销税
C. 价格承诺　　　D. 保障措施

解析 ▶ 本题考核保障措施。　答案 ▶ D

四、外汇管理法律制度

扫我解疑难

(一)外汇的概念★

外汇包括外币现钞、外币支付凭证或者支付工具、外币有价证券、特别提款权及其他外汇资产。

(二)《外汇管理条例》的适用范围和基本原则★★★

1. 适用范围(见表12-11)

表 12-11 《外汇管理条例》的适用范围

属人兼属地主义	境内机构和境内个人的外汇收支或者外汇经营活动(不论其发生在境内或境外)+境外机构和境外个人在境内的外汇收支
境内个人	中国公民和在中国连续居住满1年的外国人，不包括外国驻华外交人员和国际组织驻华代表人员

【例题12·单选题】(2019年)我国《外汇管理条例》在适用范围上采取属人主义和属地主义相结合的原则，对于特定主体，仅对其发生在中国境内的外汇收支和外汇经营活动适用该条例。下列各项中，属于此类主体的是( )。

A. 在广州旅游1个月的美国公民甲

B. 在我国已经连续居住3年的法国公民丙

C. 持中华人民共和国居民身份证的中国公民丁

D. 在北京设立的中德合资经营企业乙

解析 ▶ 本题考核《外汇管理条例》的适用范围。境内机构、境内个人的外汇收支或者外汇经营活动，以及境外机构、境外个人在境内的外汇收支或者外汇经营活动，适用《外

第12章 涉外经济法律制度

汇管理条例》。题目让选择"仅对其在我国境内的外汇收支和外汇经营，适用我国管理制度的"，这是指"境外机构、境外个人"，选项BCD都属于境内机构或境内个人。

答案 ▶ A

2. 基本原则

我国外汇管理的基本原则是经常项目和资本项目区别管理原则。

(1)经常项目可兑换。国家对经常性国际支付和转移不予限制，即人民币经常项目可兑换。

(2)资本项目部分管制。资本项目外汇管理主要是通过外汇管理部门进行事前审批和事后备案。

(三)经常项目外汇管理制度 ★★★

1. 经常项目的概念

经常项目，是指一个国家或地区对外交往中经常发生的交易项目，包括贸易收支、服务收支、收益和经常转移(单方转移)，其中贸易及服务收支是最主要的内容。

【知识点拨】单方转移主要是国际间单方进行的、无须归还或偿还的外汇收支，如个人的无偿赠与、赔款，政府间的经济援助、赠与、赔款等。

【例题13·多选题】(2015年)根据外汇法律制度的规定，下列各项中，属于外汇经常性项目的有( )。

A. 贸易收支

B. 对外借款

C. 投资收益

D. 单方转移

解析 ▶ 本题考核经常项目外汇管理制度。经常项目包括贸易收支、服务收支、收益(包括职工报酬和股息、红利等投资收益)和经常转移(单方面转移)；选项B，对外借款属于资本项目。

答案 ▶ ACD

2. 经常项目外汇收支管理的一般规定

(1)经常项目外汇收入实行意愿结汇制。经常项目外汇收入，可以按照国家有关规定保留或者卖给经营结汇、售汇业务的金融机构。

(2)经常项目外汇支出凭有效单证，无需审批。银行对交易真实性与外汇收支一致性进行审查。

3. 货物贸易外汇管理制度(见表12-12)

核心内容：总量核查、动态监测和分类管理。

表 12-12 货物贸易外汇管理的程序

项目	程序
企业名录管理	企业取得对外贸易经营权后，到外汇局办理名录登记手续，外汇局统一向金融机构发布名录。 【知识点拨】金融机构不得为不在名录的企业直接办理贸易外汇收支业务
企业分类管理	外汇局根据非现场或现场核查结果，结合企业遵守外汇管理规定等情况，将企业分成A、B、C三类。 在分类管理有效期内，对A类企业贸易外汇收支，适用便利化的管理措施。对B、C类企业的贸易外汇收支，实施审慎监管。
货物贸易外汇收支	企业应当按照"谁出口谁收汇、谁进口谁付汇"原则办理贸易外汇收支业务

4. 服务贸易外汇管理制度

(1)金融机构办理服务贸易外汇收支业务，应当对交易单证的真实性及其与外汇收支的一致性进行合理审查。

(2)金融机构应按规定期限留存审查后的交易单证备查；境内机构和境内个人应按规定期限留存相关交易单证备查。

(3)外汇局对外汇收支异常的境内机构、境内个人和相关金融机构进行非现场核查、现场核查或检查，查实外汇违法行为。

5. 个人外汇管理制度

对个人结汇和境内个人购汇实行年度总

额管理，年度总额为每人每年等值5万美元。国家外汇管理局可根据国际收支状况，对年度总额进行调整。

（1）个人经营性外汇收支：按货物贸易原则管理；

（2）个人资本性外汇收支：按资本项目管理。

【例题14·单选题】（2014年）下列关于经常项目外汇收支管理的表述中，符合外汇管理法律制度规定的是（ ）。

A. 我国对经常项目外汇收支实行有限度的自由兑换

B. 经常项目外汇收入实行强制结汇制

C. 经营外汇业务的金融机构应当对经常项目外汇收支的真实性进行审核

D. 境内个人购汇额度为每人每年等值5万美元，应凭相关贸易单证办理

解析▶ 本题考核经常项目外汇收支管理。经常项目可兑换，因此选项A错误。经常项目外汇收入实行意愿结汇制，因此选项B错误。选项D中应当是"凭本人有效身份证件在银行办理"。　　　答案▶ C

（四）资本项目外汇管理制度 ★★★

1. 概述

（1）资本项目的概念。

资本项目，是指国际收支中引起对外资产和负债水平发生变化的交易项目，包括资本转移、非生产及非金融资产的收买或放弃、直接投资、证券投资、衍生产品投资及贷款等。

（2）资本项目外汇收支管理的一般规定。

①资本项目外汇收入。资本项目外汇收入保留或者卖给经营结汇、售汇业务的金融机构，应当经外汇管理机关批准，但国家规定无需批准的除外。

②资本项目外汇支出。资本项目外汇支出，凭有效单证以自有外汇支付或者向经营结汇、售汇业务的金融机构购汇支付。依法终止的外商投资企业，清算、纳税后，属于外方投资者所有的人民币，可以向经营结汇、售汇业务的金融机构购汇汇出。

③资本项目外汇及结汇资金的使用。资本项目外汇及结汇资金，应当按照有关主管部门及外汇管理机关批准的用途使用。

【例题15·单选题】对于经常项目与资本项目外汇管理分别有不同的规定，下列选项中不属于资本项目的是（ ）。

A. 直接投资

B. 证券投资

C. 涉及货物的交易项目

D. 贷款

解析▶ 本题考核资本项目外汇管理。国际收支中涉及货物、服务、收益及经常转移的交易项目属于经常项目。　　　答案▶ C

2. 直接投资项下的外汇管理（见表12-13）

表 12-13　直接投资项下的外汇管理制度

投资项目	外汇管理
外商直接投资	①外商境内直接投资的外汇实行登记管理制度。无论是直接投资的汇入还是汇出，外商投资者应先在外汇局办理登记。 ②外商投资企业外汇资本金及其结汇所得人民币资金，应在企业经营范围内使用，并符合真实自用原则。 ③银行为境内直接投资所涉主体办理账户开立、资金入账、结售汇、境内划转以及对外支付等业务前，应确认其已按规定在外汇局办理相应登记
境外直接投资	①应当按照国务院外汇管理部门的规定办理登记备案，取消了境外投资外汇资金来源审核制度。 ②境内机构可以使用自有外汇资金、符合规定的国内外汇贷款、人民币购汇或实物、无形资产及经外汇局核准的其他外汇资产来源等进行境外直接投资。 其中，自有外汇资金包括：经常项目外汇账户、外商投资企业资本金账户等账户内的外汇资金

投资项目	外汇管理
境外直接投资	③境内机构将其所得的境外直接投资利润汇回境内的，可以保存在其经常项目外汇账户或办理结汇（按经常项目）。 ④外汇局对境内机构境外直接投资及其形成的资产和相关权益实行外汇登记备案制度

【例题16·多选题】境内机构进行境外直接投资可以使用的外汇资产有（　）。

A. 自有外汇资金

B. 符合规定的国内外汇贷款

C. 人民币购汇

D. 无形资产

解析▶本题考核境外直接投资。境内机构可以使用自有外汇资金、符合规定的国内外汇贷款、人民币购汇或实物、无形资产及经外汇局核准的其他外汇资产来源等进行境外直接投资。 答案▶ABCD

3. 间接投资项下的外汇管理（见表12-14）

表12-14 间接投资项下的外汇管理

投资项目	外汇管理
合格境外机构投资者（QFII）制度	我国现行QFII制度框架，双重审定： ①中国证监会负责：市场准入（资格）审定、投资工具、持股比例限制； ②国家外汇管理局负责：外汇相关管理（如资金汇出入和汇兑），取消了QFII境内投资额度限制
合格境内机构投资者（QDII）制度	目前，我国的QDII包括但不限于：商业银行、证券公司、基金管理公司、保险机构、信托公司等。管制内容： ①银保监会、证监会：负责境外投资业务的市场准入； ②外汇管理局：负责投资额度、账户及资金汇兑管理
境外上市外资股（H股）制度	境内公司应在境外上市首次发股结束后的15个工作日内，到其注册所在地外汇局办理境外上市登记
境内上市外资股（B股）制度	B股即人民币特种股票（人民币标价、外币认购和交易）。现行规定，B股市场向境内持有外汇账户的居民个人开放

【例题17·单选题】（2016年）根据外汇管理法律制度的规定，负责对合格境内机构投资者（QDII）的境外投资额度进行管理的机构是（　）。

A. 财务部

B. 国家外汇管理局

C. 国家发展改革委

D. 证监会

解析▶本题考核合格境内机构投资者制度。国家外汇管理局负责QDII机构境外投资额度、账户及资金汇兑管理等。 答案▶B

4. 外债管理（见表12-15）

表12-15 外债管理

概念	外债指境内机构对非居民承担的以外币表示的债务，包括境外借款、发行债券、国际融资租赁等。境内机构对外提供担保形成的潜在外汇偿还义务，是一种或有外债，也纳入外债管理
管理	国家外汇管理局负责全口径外债的统计监测，并定期公布外债情况
结汇	外商投资企业借用的外债资金可以结汇使用。除另有规定外，境内金融机构和中资企业借用的外债资金不得结汇使用
用途	短期外债原则上只能用于流动资金，不得用于固定资产投资等中长期用途

外保内贷	（1）境内非金融机构从境内金融机构借用贷款或获得授信额度，在同时满足以下条件的前提下，可以接受境外机构或个人提供的担保，并自行签订外保内贷合同：①债务人为在境内注册经营的非金融机构；②债权人为在境内注册经营的金融机构；③担保标的为金融机构提供的本外币贷款（不包括委托贷款）或有约束力的授信额度；④担保形式符合境内外法律法规。 （2）境内债务人从事外保内贷业务，由发放贷款或提供授信额度的境内金融机构向外汇局的资本项目系统集中报送外保内贷业务数据。 （3）境内债务人向债权人申请办理外保内贷业务时，应真实、完整地向债权人提供其已办理外保内贷业务的债务违约、外债登记及债务清偿情况。 （4）外保内贷业务发生担保履约的，金融机构可直接与境外担保人办理担保履约收款。境内债务人应到所在地外汇局办理短期外债签约登记及相关信息备案手续，外汇局在外债签约登记环节对债务人外保内贷业务的合规性进行事后核查。 （5）境内债务人因外保内贷项下担保履约形成的对外负债，其未偿本金余额不得超过其上年度末经审计的净资产数额。超过上述限额的，须占用其自身的外债额度；外债额度仍然不够的，按未经批准擅自对外借款进行处理。在境内债务人偿清其对境外担保人的债务之前，未经外汇局批准，境内债务人应暂停签订新的外保内贷合同；已经签订外保内贷合同但尚未提款或尚未全部提款的，未经所在地外汇局批准，境内债务人应暂停办理新的提款

（五）人民币汇率制度★★★

我国实行以市场供求为基础，参考"一篮子"货币进行调节、有管理的浮动汇率制度。

（1）以市场供求为基础的汇率浮动，发挥汇率的价格信号作用；

（2）根据经常项目主要是贸易平衡状况动态调节汇率浮动幅度，发挥"有管理"的优势；

（3）参考"一篮子"货币，即从"一篮子"货币的角度看汇率，不片面地关注人民币与某个单一货币的双边汇率。

【例题18·单选题】（2016年）根据涉外经济法律制度的规定，下列关于人民币汇率制度的表述中，正确的是（　）。

A. 双重汇率制

B. 固定汇率制

C. 自由浮动汇率制

D. 有管理的浮动汇率制

解析 ▶ 本题考核人民币汇率制度。我国实行的汇率制度是：以市场供求为基础，参考"一篮子"货币进行调节、有管理的浮动汇率制度。

答案 ▶ D

（六）外汇市场管理

根据参与主体和交易方式不同，外汇市场分为：

1. 外汇零售市场：银行与企业、银行与个人之间进行柜台式外汇买卖所形成的市场。

2. 外汇批发市场（银行间外汇市场）：指以银行业金融机构为主；以非银行金融机构和非金融企业为辅的机构间外汇买卖市场。

银行间外汇市场提供**集中竞价、双边询价和撮合交易**三种交易模式。

（七）人民币加入特别提款权货币篮★★

2015年12月，人民币加入特别提款权货币篮，权重为10.92%。人民币成为与美元、欧元、日元、英镑并列的第五种可自由使用货币；但人民币尚未完全实现自由兑换（资本项目部分管制）。

特别提款权：本身不是货币，但具有价值，可用于成员国与基金组织间的官方结算，并可用于换取等量的可自由使用货币。

【例题19·多选题】（2016年）根据涉外经济法律制度的规定，下列关于特别提款权的表述中，正确的有（　）。

A. 特别提款权本身具有价值

B. 特别提款权的"货币篮"由5种货币组成

C. 特别提款权是一种货币

D. 加入特别提款权"货币篮"标志着人民币完全实现了可自由兑换

解析▶ 本题考核特别提款权。特别提款权本身不是货币；选项 C 错误。人民币尚未完全实现可自由兑换，资本项目下还存在限制；选项 D 错误。**答案**▶ AB

真题精练

『说明』因《外商投资法》出台，第一节涉外投资法的内容大幅度修订，删除了很多过时的真题。

一、单项选择题

1.（2019 年）下列关于我国国营贸易制度的表述中，符合对外贸易法律制度规定的是（　）。

A. 国家可以对全部货物的进出口实行国营贸易管理

B. 判断一个企业是否为国营贸易企业，关键是看该企业的所有制形式

C. 实行国营贸易管理的货物进出口业务只能由经授权的企业专属经营，一律不得由其他企业经营

D. 实行国营贸易管理的货物和经授权经营企业的目录，由该商务部会同国务院其他有关部门确定、调整并公布

2.（2015 年）根据涉外投资法律制度的规定，我国对于境内企业向境外直接投资采取的管理方式是（　）。

A. 注册和核准制

B. 核准和特许制

C. 备案和特许制

D. 核准和备案制

二、多项选择题

1.（2019 年）根据外汇管理法律制度的规定，外汇市场可以划分为外汇零售市场和外汇批发市场。下列市场参与者之间进行的外汇买卖中，形成外汇批发市场的有（　）。

A. 银行与企业之间进行的柜台式外汇买卖

B. 银行与其他金融机构之间进行的外汇买卖

C. 银行与个人客户之间进行的外汇买卖

D. 银行与银行之间进行的外汇买卖

2.（2018、2017 年）根据外汇管理法律制度的规定，下列货币中，属于特别提款权货币篮组成货币的有（　）。

A. 日元　　　　　B. 人民币

C. 美元　　　　　D. 加拿大元

3.（2018 年）根据外汇管理法律制度的规定，下列关于当前人民币汇率制度的表述中，正确的有（　）。

A. 参考"一篮子"货币进行调节

B. 有管理的浮动汇率

C. 以市场供求为基础

D. 官方汇率与调剂市场汇率并存

真题精练答案及解析

一、单项选择题

1. D **【解析】** 本题考核国营贸易。国营贸易是世界贸易组织明文允许的贸易制度，国家可以对部分货物的进出口实行国营贸易管理；选项 A 错误。判断一个企业是不是国营贸易企业，关键是看该企业是否在国际贸易中享有专营权或特许权，与该企业的所有制形式并无必然联系；选项 B 错误。实行国营贸易管理货物的进出口业务只能由经授权的企业经营；但是，国家允许部分数量的国营贸易管理货物的进出口业务由非授权企业经营的除外；选项 C 错误。

2. D **【解析】** 本题考核对外直接投资制度。对外直接投资实行核准制和备案制。

二、多项选择题

1. BD 【解析】本题考核外汇市场。外汇批发市场是指以银行业金融机构为主；以非银行金融机构和非金融企业为辅的机构间外汇买卖市场，也称银行间外汇市场。

2. ABC 【解析】本题考核特别提款权货币篮。属于特别提款权货币篮组成货币的有：美元、欧元、日元、人民币、英镑。

3. ABC 【解析】本题考核人民币汇率制度。我国自 1994 年 1 月 1 日起，将"官方汇率"和"调剂市场汇率"两种汇率并轨。我国实行以市场供求为基础，参考"一篮子"货币进行调节、有管理的浮动汇率制度。

同步训练 限时27分钟

一、单项选择题

1. 下列关于我国《外商投资法》适用范围的表述不正确的是（ ）。
   A. 香港特别行政区、澳门特别行政区投资者在内地投资，参照《外商投资法》和《实施条例》执行
   B. 台湾地区投资者在大陆投资适用《外商投资法》和《实施条例》的规定，未规定的事项适用《中华人民共和国台湾同胞投资保护法》
   C. 定居在国外的中国公民在中国境内投资，参照《外商投资法》和《实施条例》执行
   D. 外国的自然人、企业或者其他组织间接在中国境内进行的投资活动，适用《外商投资法》和《实施条例》

2. 下列关于鼓励外商投资产业目录的制定和发布，说法正确的是（ ）。
   A. 鼓励外商投资产业目录由国务院投资主管部门制定
   B. 鼓励外商投资产业目录由商务主管部门制定
   C. 鼓励外商投资产业目录由国务院发布
   D. 鼓励外商投资产业目录由国务院批准

3. 下列关于《外商投资法》加强外商投资企业产权保护，说法正确的是（ ）。
   A. 国家对外国投资者的投资一律不允许征用和征收
   B. 外国投资者在中国境内的出资、利润等，需以外汇汇入、汇出
   C. 行政机关及其工作人员对于履行职责过程中知悉的外国投资者的商业秘密，应当依法予以保密，不得泄露
   D. 行政机关及其工作人员为公共利益需要可以利用行政手段强制外国投资者转让技术

4. 国家建立外商投资企业投诉工作机制，由（ ）会同有关部门建立外商投资企业投诉工作部际联席会议制度。
   A. 国家发改委
   B. 商务部
   C. 国家市场监督管理局
   D. 国家外汇管理局

5. 外商投资准入负面清单由（ ）发布或者批准发布。
   A. 国务院投资主管部门
   B. 国务院商务主管部门
   C. 国务院市场监督管理部门
   D. 国务院

6. 某外国甲企业拟在自贸区与我国一重要信息技术服务企业乙企业达成并购协议，由甲企业购买乙企业51%的股权，并取得控制权，使该境内公司变更设立为中外合资经营企业。下列说法不正确的是（ ）。
   A. 甲企业并购乙企业属于安全审查范围
   B. 甲企业应当在并购实施前提出安全审查申请
   C. 国家发改委、商务部会同相关部门开展安全审查
   D. 联席会议认为影响重大，可以直接启动特别审查程序

7. 对于自由贸易试验区外商投资国家安全审查，其审查内容不包括( )。

A. 外商投资对社会基本生活秩序的影响

B. 外商投资对国家文化安全、公共道德的影响

C. 外商投资对涉及国家安全关键技术研究能力的影响

D. 外商投资对涉及直接消费者的影响

8. 外商甲与国内投资人乙订立了投资合作协议，投资的领域不属于负面清单中的投资领域，下列说法正确的是( )。

A. 合同自成立时生效

B. 合同无效

C. 在法院作出生效判决前获得批准的，视为有效

D. 合同已成立未生效

9. 下列境外投资项目，须经国家发改委核准的是( )。

A. 中央企业境外投资额 10 亿美元及以上，不涉及敏感国家和地区、敏感行业的境外投资项目

B. 中央企业境外投资额不足 3 亿美元，涉及敏感国家和地区、敏感行业的境外投资项目

C. 中央企业境外投资 3 亿美元及以上，不涉及敏感国家和地区、敏感行业的境外投资项目

D. 地方企业境外投资 3 亿美元及以上，不涉及敏感国家和地区、敏感行业的境外投资项目

10. 我国反对和打击倾销、补贴等不公平贸易行为，体现了《对外贸易法》( )原则。

A. 统一管理　　　B. 平等互利

C. 公平自由　　　D. 非歧视

11. 下列关于对外贸易经营者及其管理的表述中，符合对外贸易法律制度规定的是( )。

A. 对外贸易经营者包括法人和其他组织，但不包括个人

B. 对外贸易经营实行特许制，经营者需经审批并获得外贸经营资格

C. 国家可以允许部分数量的国营贸易管理货物的进出口业务由非授权企业经营

D. 从事货物进出口或者技术进出口的对外贸易经营者，应当向国家市场监督管理总局或其委托的机构办理备案登记

12. 根据反倾销法律制度的规定，下列说法错误的是( )。

A. 反倾销的前提是其他国家或者地区的产品以低于正常价值的倾销方式进入我国市场，对已建立的国内产业造成实质损害

B. 对倾销造成损害的调查和确定，一般由商务部负责

C. 反倾销调查的最长期限是自立案调查决定公告之日起 18 个月

D. 反倾销税的征收期限一般不超过 5 年

13. 在反倾销调查启动环节，在表示支持申请或者反对申请的国内产业中，支持者的产量占支持者和反对者的总产量的 50% 以上的，可以启动反倾销调查；但是，表示支持申请的国内生产者的产量不足国内同类产品总产量的( )的，不得启动反倾销调查。

A. 15%　　　　　B. 20%

C. 25%　　　　　D. 30%

14. 下列关于保障措施的说法正确的是( )。

A. 保障措施和反倾销、反补贴措施都是针对不公平的贸易行为

B. 主要保障措施是发放进口许可证

C. 保障措施由商务部决定

D. 临时保障措施实施的期限一般不超过 200 天

15. 根据外汇法律制度的规定，下列外汇收支活动中，应当适用《外汇管理条例》的是( )。

A. 美国驻华大使洪某在华任职期间的薪酬

B. 最近 2 年一直住在上海美国公民汤姆，出租其在美国的住房获得的租金

C. 美国花旗银行伦敦分行在香港的营业所得

D. 正在中国短期旅行的美国人彼得，得知其在美国购买的彩票中了300万美元的大奖

16. 关于资本项目外汇管理，下列说法正确的是（　　）。

A. 资本项目包括资本转移、直接投资、服务收支、证券投资等

B. 依法终止的外商投资企业，按照规定进行清算、纳税后，属于外方投资者所有的人民币，不能向经营结售汇业务的金融机构购汇汇出

C. 境外机构、境外个人在境内直接投资，经有关主管部门批准后，应到外汇管理机关办理登记

D. 境内机构、境内个人向境外直接投资，无需登记，办理备案手续

17. 下列关于外债管理的说法，不正确的是（　　）。

A. 境内金融机构和中资企业借用的外债资金一般不得结汇使用

B. 外商投资企业办理境内借款接受境外担保的，可直接与境外担保人、债权人签订担保合同

C. 外商投资企业的短期外债可以用于固定资产投资

D. 境内机构对外转让不良资产，应按规定获得批准

二、多项选择题

1. 我国《外商投资法》适用的外商投资活动有（　　）。

A. 外国投资者投资设立外商投资企业

B. 外国投资者并购境内企业

C. 外国投资者投资新建项目

D. 外国投资者在境内的间接投资

2. 根据《外商投资法》规定，外商投资企业可以采取的组织形式有（　　）。

A. 外商独资的有限责任公司

B. 中外投资者共同出资设立的有限责任公司

C. 中外投资者共同出资设立的股份有限公司

D. 中外投资者共同出资设立的合伙企业

3. 《外商投资法》的以下内容中，体现保障外商投资企业平等参与市场竞争的有（　　）。

A. 外商投资企业依法和内资企业平等参与国家标准、行业标准、地方标准和团体标准的制定、修订工作

B. 国家保障外商投资企业依法通过公平竞争参与政府采购活动

C. 外商投资企业可以依法通过公开发行股票、公司债券等证券和其他方式进行融资

D. 与外商投资有关的规范性文件应当依法及时公布，未经公布的不得作为行政管理依据

4. 关于外商直接投资的准入制度，下列表述正确的有（　　）。

A. 上海自贸试验区内举办外商投资企业，无需商务部门审批，实行备案管理

B. 目前全国范围内实行"准入前国民待遇+负面清单"的准入管理模式

C. "准入前国民待遇"，是指在企业设立、取得、扩大等阶段给予外国投资者及其投资不低于本国投资者及其投资的待遇

D. "负面清单"是指主管当局以清单形式明确列出需要对外商投资采取审批等特别管理措施的投资领域和投资项目

5. 下列关于外商投资保护制度说法正确的有（　　）。

A. 除特殊情况外，国家对外国投资者的投资不实行征收

B. 外国投资者在中国境内的出资、利润等，可以以人民币或外汇自由汇入、汇出

C. 行政机关及其工作人员不得利用行政手段强制外国投资者转让技术

D. 没有法律、行政法规依据的，各级政府及其有关部门制定的规范性文件不得减损外商投资企业的合法权益或者增加其义务

6. 根据对外贸易法律制度的规定，国家对限制进出口的货物，实行的管理措施有（　　）。

A. 配额管理

B. 许可证管理

C. 外汇管制

D. 保障措施

7. 国家可以对货物和技术自由进出口予以限制的情形有（　　）。

A. 与裂变、聚变物质或者衍生此类物质的物质有关的

B. 与武器、弹药或者其他军用物资有关的

C. 为维护国际和平与安全

D. 爆发战争时

8. 属于临时反倾销措施的有（　　）。

A. 征收临时反倾销税

B. 要求提供保证金

C. 要求提供保函

D. 要求作出价格承诺

9. 反补贴调查应当终止的情形有（　　）。

A. 申请人撤销申请的

B. 没有足够证据证明存在补贴、损害或者二者之间有因果关系的

C. 补贴幅度低于2%的

D. 通过与有关国家（地区）政府磋商达成协议，不需要继续进行反补贴调查

10. 下列各项中，属于我国《外汇管理条例》所规定的外汇的有（　　）。

A. 中国银行开出的欧元本票

B. 境内机构持有的纳斯达克上市公司股票

C. 中国政府持有的特别提款权

D. 中国公民持有的日元现钞

11. 根据外汇管理法律制度的规定，外汇管理的对象是境内机构、境内个人的外汇收支或者外汇经营活动，以及境外机构、境外个人在境内的外汇收支或者外汇经营活动。下列机构或人员中，属于外汇管理对象的境内机构或境内个人的有（　　）。

A. 中华人民共和国境内的国家机关

B. 国际组织驻华代表机构

C. 外国驻华外交人员

D. 在中华人民共和国境内连续居住满1年的外国人

12. 下列选项中属于资本项目外汇收支的有（　　）。

A. 单方转移

B. 投资收益

C. 境外借款

D. QFII在我国的证券投资

13. 下列关于资本项目外汇收支管理的表述中，符合外汇管理法律制度规定的有（　　）。

A. 外商直接投资的汇入和汇出均须在外汇局办理登记

B. 境内机构向境外直接投资，须由外汇局对外汇资金的来源进行审核

C. 境内机构境外直接投资所获利润可以留存境外继续用于直接投资，也可汇回境内

D. 合格境外机构投资者（QFII）的资格由外汇局负责审定

14. 境内机构从境内金融机构借用贷款或获得授信额度，可以接受境外机构或个人提供的担保，并自行签订外保内贷合同的条件有（　　）。

A. 债务人为在境内注册经营的非金融机构

B. 债权人为在境内注册经营的金融机构

C. 担保标的为金融机构提供的本外币贷款（不包括委托贷款）或有约束力的授信额度

D. 担保形式符合境内外法律法规

15. 下列关于外保内贷说法正确的有（　　）。

A. 境内债务人从事外保内贷业务，由发放贷款或提供授信额度的境内金融机构向外汇局的资本项目系统集中报送外保内贷业务数据

B. 境内债务人向债权人申请办理外保内

贷业务时，应真实、完整地向债权人提供其已办理外保内贷业务的债务违约、外债登记及债务清偿情况

C. 外保内贷业务发生担保履约的，金融机构可直接与境外担保人办理担保履约收款

D. 境内债务人因外保内贷项下担保履约形成的对外负债，其未偿本金余额不得超过其上年度末经审计的总资产额

同步训练答案及解析

一、单项选择题

1. B 【解析】本题考核《外商投资法》的适用范围。台湾地区投资者在大陆投资，适用《中华人民共和国台湾同胞投资保护法》及其实施细则的规定；台湾同胞投资保护法及其实施细则未规定的事项，参照《外商投资法》和《实施条例》执行。选项 B 错误。

2. D 【解析】本题考核鼓励外商投资产业目录的制定和发布。鼓励外商投资产业目录由国务院投资主管部门会同国务院商务主管部门等有关部门拟订，报国务院批准后由国务院投资主管部门、商务主管部门发布。

3. C 【解析】本题考核《外商投资法》加强外商投资企业产权保护。在特殊情况下，国家为了公共利益的需要，可以依照法律规定对外国投资者的投资实行征收或者征用。选项 A 错误。外国投资者在中国境内的出资、利润等，可以依法以人民币或者外汇自由汇入、汇出。选项 B 错误。行政机关及其工作人员不得利用行政手段强制或者变相强制外国投资者、外商投资企业转让技术。选项 D 错误。

4. B 【解析】本题考核外商投资企业投诉工作部际联席会议制度。国务院商务主管部门会同国务院有关部门建立外商投资企业投诉工作部际联席会议制度。

5. D 【解析】本题考核外商投资准入负面清单的管理。外商投资准入负面清单由国务院投资主管部门会同国务院商务主管部门等有关部门提出，报国务院发布或者批准发布。

6. D 【解析】本题考核自贸区投资安全审查。联席会议根据申请启动审查程序，选项 D 错误。

7. D 【解析】本题考核自由贸易试验区外商投资国家安全审查。自由贸易试验区外商投资国家安全审查内容包括：(1)外商投资对国防安全，包括对国防需要的国内产品生产能力、国内服务提供能力和有关设施的影响。(2)外商投资对国家经济稳定运行的影响。(3)外商投资对社会基本生活秩序的影响。(4)外商投资对国家文化安全、公共道德的影响。(5)外商投资对国家网络安全的影响。(6)外商投资对涉及国家安全关键技术研发能力的影响。

8. A 【解析】本题考核外商投资合同效力。属于负面清单外的投资领域，合同订立就生效。

9. B 【解析】本题考核境外投资项目的核准与备案。境外投资涉及敏感国家和地区、敏感行业的，需经国家发改委核准。

10. C 【解析】本题考核《对外贸易法》的基本原则。公平自由原则，是指我国在对外贸易中坚持自由贸易与公平贸易并重的原则，既崇尚自由贸易，致力于减少乃至消除关税和非关税贸易壁垒；又主张公平贸易，反对和打击倾销、补贴等不公平贸易行为。

11. C 【解析】本题考核对外贸易经营者及其管理的相关规定。根据规定，对外贸易经营者包括法人、其他组织和个人，选项 A 错误；《对外贸易法》于 2004 年修订时取消了外贸特许制，规定依法办理

了设立登记或其他执业手续的单位和个人均可从事外贸经营，选项 B 错误；从事货物进出口或者技术进出口的对外贸易经营者，应当向商务部或者其委托的机构办理备案登记；但是，法律、行政法规和商务部规定不需要备案登记的除外，选项 D 错误。

12. A 【解析】本题考核反倾销措施。选项 A，其他国家或者地区的产品以低于正常价值的倾销方式进入我国市场，对已建立在国内产业造成实质损害或者产生实质损害威胁，或者对建立国内产业造成实质阻碍的，国家可以采取反倾销措施。

13. C 【解析】本题考核反倾销调查的启动。在表示支持申请或者反对申请的国内产业中，支持者的产量占支持者和反对者的总产量的 50% 以上的，应当认定申请是由国内产业或者代表国内产业提出，可以启动反倾销调查；但是，表示支持申请的国内生产者的产量不足国内同类产品总产量的 25% 的，不得启动反倾销调查。

14. D 【解析】本题考核保障措施。保障措施针对的是公平贸易条件下的特殊情形，选项 A 错误；保障措施一般采取提高关税、数量限制等形式，选项 B 错误；保障措施采取提高关税的形式的，由商务部建议，国务院关税税则委员会作出决定，商务部公告，选项 C 错误。

15. B 【解析】本题考核《外汇管理条例》的适用范围。中国公民和在中国连续居住满 1 年的外国人是境内个人，境内机构和境内个人的外汇收支或者外汇经营活动(不论其发生在境内或境外)均适用外汇管理条例。

16. C 【解析】本题考核资本项目外汇管理。服务收支属于经常项目，选项 A 错误；依法终止的外商投资企业，按照规定进行清算、纳税后，属于外方投资者所有的人民币，可以向经营结售汇业务的金

融机构购汇汇出，选项 B 错误；境内机构、境内个人向境外直接投资，应按照规定办理登记，选项 D 错误。

17. C 【解析】本题考核外债管理。短期外债不可用于固定资产投资。

二、多项选择题

1. ABCD 【解析】本题考核《外商投资法》适用的投资方式。包括直接投资也包括间接投资。

2. ABCD 【解析】本题考核外商投资企业的组织形式。

3. ABC 【解析】本题考核《外商投资法》保障外商投资企业平等参与市场竞争的规则。选项 D 是提高外商投资政策的透明度的规则。

4. BCD 【解析】本题考核外商直接投资的准入管理。上海自贸试验区内举办外商投资企业，规定在上海自贸试验区内，对国家规定实施准入特别管理措施之外的外商投资，暂停实施有关行政审批，改为备案管理，选项 A 不符合规定。

5. ABCD 【解析】本题考核外商投资保护制度。

6. AB 【解析】本题考核货物进出口制度。国家规定有数量限制的限制进出口货物，实行配额管理；其他限制进出口货物，实行许可证管理。

7. ABCD 【解析】本题考核货物和技术自由进出口的安全例外情形。

8. ABC 【解析】本题考核临时反倾销措施。临时反倾销措施包括：征收临时反倾销税；要求提供保证金、保函或者其他形式的担保。价格承诺不是临时的反倾销措施，因此选项 D 错误。

9. ABD 【解析】本题考核反补贴措施。反补贴调查在申请、启动、实施、终止等方面的条件和程序与反倾销调查基本相同。略有差异的是，《反补贴条例》规定的终止情形之一是"补贴金额为微量补贴"，而不是"幅度低于 2%"；还有一种终止情形是

"通过与有关国家(地区)政府磋商达成协议，不需要继续进行反补贴调查"，该终止情形为反倾销调查所无。

10. ABCD 【解析】本题考核外汇的概念。

11. AD 【解析】本题考核《外汇管理条例》的适用范围。境内机构，是指中华人民共和国境内的国家机关、企业、事业单位、社会团体、部队等，外国驻华外交领事机构和国际组织驻华代表机构除外。境内个人，是指中国公民和在中国境内连续居住满1年的外国人，外国驻华外交人员和国际组织驻华代表除外。

12. CD 【解析】本题考核资本项目外汇。选项A、B属于经常项目外汇收支。

13. AC 【解析】本题考核资本项目外汇收支管理。选项B，现行规定取消了境外投资外汇资金的来源审核，改为实行登记备案制度。选项D，中国证监会负责QFII资格的审定、投资工具的确定、持股比例限制等。

14. ABCD 【解析】本题考核外保内贷。

15. ABC 【解析】本题考核外保内贷。境内债务人因外保内贷项下担保履约形成的对外负债，其未偿本金余额不得超过其上年度末经审计的净资产数额。选项D错误。

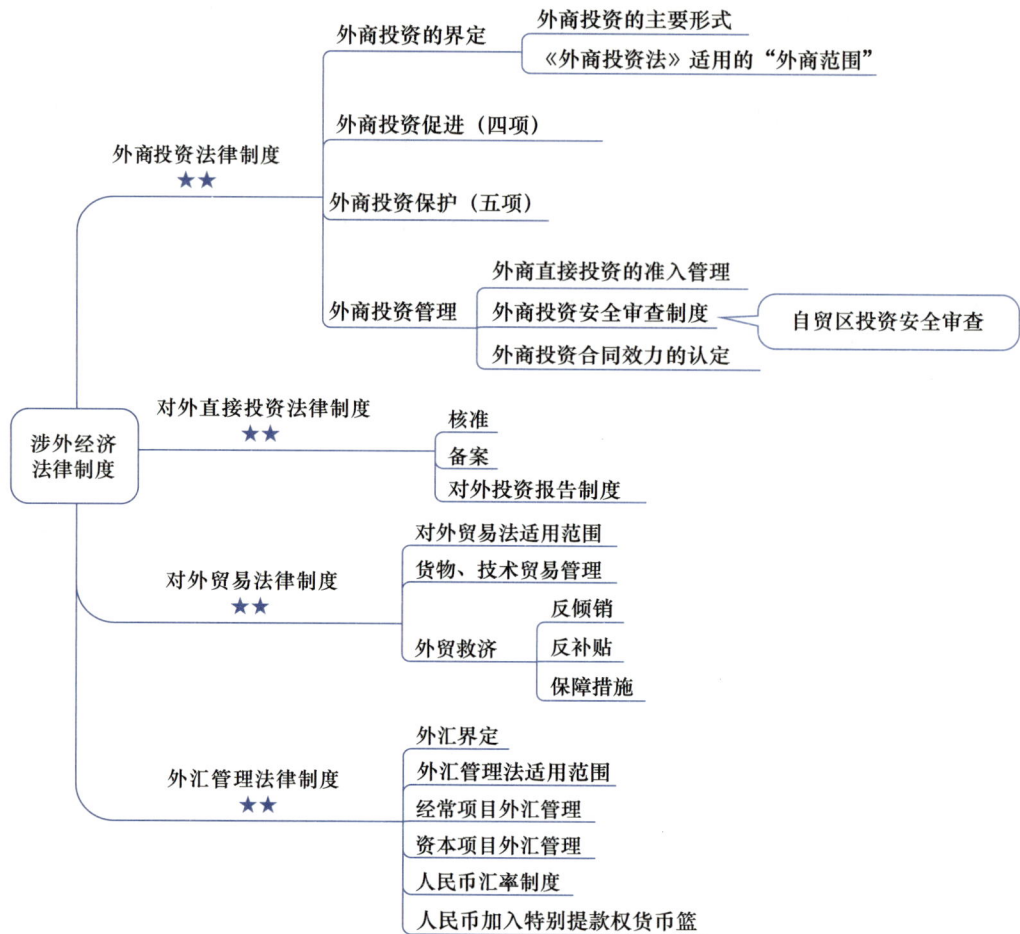

易错易混知识点辨析

智慧启航

没有加倍的勤奋，就既没有才能，也没有天才。

——门捷列夫

2020 年易错易混知识点辨析

一、无效民事法律行为 VS 可撤销民事法律行为 VS 效力待定民事法律行为

这是三种不同的民事法律行为效力状况，各自包含的行为类型是特定的，不存在交叉的问题。

1. 无效民事法律行为有：①无民事行为能力人实施的民事法律行为；②违反法律、行政法规的强制性规定的民事法律行为；③违背公序良俗的民事法律行为；④行为人与相对人恶意串通，损害他人合法权益的民事法律行为；⑤行为人与相对人以虚假的意思表示实施的民事法律行为。

2. 可撤销的民事法律行为有：①基于重大误解实施的民事法律行为；②显失公平的民事法律行为；③一方以欺诈手段实施的民事法律行为（第三方欺诈需对方知情方可撤销）；④一方或第三方以胁迫手段实施的民事法律行为。

3. 效力待定的民事法律行为有：狭义无权代理实施的民事法律行为；限制行为能力人实施的与其年龄、智力、精神健康状况不相适应的民事法律行为。

实战演练

【例题 1 · 单选题】 下列行为中属于无效民事法律行为的是（　　）。

A. 甲误以为李大为李二而与之订立的合同

B. 乙受张大胁迫向张二购买二手汽车的行为

C. 丙和丁恶意串通实施的损害戊利益的行为

D. 己受庚欺诈将手机低价卖给辛的行为

解析 ▶ 本题考核无效民事法律行为。选项 ABD 属于可撤销民事法律行为。　**答案** ▶ C

【例题 2 · 单选题】 郭某 16 周岁，有音乐天赋，决心北漂实现梦想，已签约一家演艺公司独自生活。在其成长过程中，发生以下事项：6 岁时，爷爷赠其一把小提琴；10 岁时，舅舅赠其风琴一台；15 岁时，郭某用压岁钱购买价值 10 万余元的古董钢琴一架。对郭某及其行为的效力说法正确的是（　　）。

A. 郭某未满 18 周岁，为限制行为能力人

B. 郭某 6 岁时接受爷爷赠与小提琴的行为有效

C. 郭某 10 岁时接受舅舅赠与风琴的行为无效

D. 郭某 15 岁时购买古董钢琴的行为效力待定

解析 ▶ 本题考核民事法律行为的效力。郭某已满 16 周岁，以自己的劳动收入作为主要生活来源，视为完全民事行为能力人，选项 A 错误；无民事行为能力人本人实施的民事法律行为无效，选项 B 错误；限制行为能力人纯获利益行为有效，选项 C 错误。　**答案** ▶ D

二、无权代理 VS 表见代理

无权代理是广义的概念，包括狭义的无权代理和表见代理。二者共同点是：前提都是代理人没有代理权、超越代理权或代理权终止以后实施的代理行为；二者的区别是：狭义无权代理中，没有达到让相对人有理由相信代理人有代理权的程度，因此被代理人有追认权，相对人有催告权，善意相对人有撤销权，主要保护的是被代理人；而表见代理中，有让相对人相信代理人有代理权的表见事实，因此被代理人必须承担责任，主要保护的是善意相对人。

实战演练

【例题 1 · 单选题】 甲公司业务员李某经公司授权到乙公司购买台式电脑若干，李某到乙公司后与乙公司销售经理相谈甚欢，于是表

示再帮甲公司购买笔记本电脑100台，乙公司的销售经理未看李某的授权委托书与之订立了合同。对笔记本电脑买卖合同说法不正确的是(   )。

A. 该合同效力待定

B. 甲公司可以追认笔记本电脑买卖合同

C. 在甲公司未做任何表示前，乙公司可以要求撤销该合同

D. 乙公司可以要求甲公司支付笔记本电脑的价款

解析 ▶ 本题考核无权代理。本案构成狭义无权代理，只有经甲公司追认，乙公司才能要求甲公司付款。选项 D 错误。 **答案** ▶ D

【例题 2 · 单选题】 甲公司业务员李某因违反公司纪律被辞退，但其手中原领取的盖有甲公司公章的空白合同书尚未交还。李某到此前常有业务往来的乙公司以甲公司名义购买笔记本电脑100台，支付首付款并提取电脑之后下落不明，对此说法正确的是(   )。

A. 李某订立的笔记本电脑买卖合同效力待定

B. 甲公司可以追认该笔记本电脑买卖合同

C. 甲公司应当向乙公司支付电脑价款

D. 乙公司只能要求李某承担该合同的付款责任

解析 ▶ 本题考核表见代理。本案构成表见代理，被代理人应当承担合同责任。 **答案** ▶ C

三、诉讼时效中止 VS 诉讼时效中断

扫我解疑难

诉讼时效的中止，指在诉讼时效期间的最后六个月内，因不可抗力或其他客观障碍，导致当事人不能行使请求权的，诉讼时效暂停计算，自中止时效的原因消除之日起满六个月，诉讼时效期间届满。诉讼时效的中断，指在诉讼时效进行中，因发生一定的法定事由，致使已经进行的诉讼时效期间统归于无效，待时效中断的法定事由消除后，诉讼时效期间重新计算。诉讼时效中止，是客观原因导致诉讼时效暂停计算，只能发生在诉讼时效届满前最后六个月；诉讼时效中断是债

权人主张权利或债务人承认债务导致的诉讼时效重新计算，可以发生在诉讼时效进行的任何时间。

实战演练

【例题 · 单选题】 下列事项中，导致诉讼时效中止的是(   )。

A. 债权人死亡

B. 债权人通过公告方式主张债权

C. 债权人申请强制执行

D. 债务人请求分期付款

解析 ▶ 本题考核诉讼时效中止。选项 B、C、D 都是导致诉讼时效中断的事由。 **答案** ▶ A

四、基于法律行为的物权变动 VS 非基于法律行为的物权变动

扫我解疑难

基于法律行为的物权变动是因当事人的意思表示导致的物权变动，包括因订立合同(买卖合同、赠与合同、互易合同、抵押合同)等导致物权变动，一般而言需公示(动产交付、不动产登记)才能发生物权变动的效力，但法律另有规定除外(如动产抵押，签合同就可以产生抵押权，登记只是对抗要件)。非基于法律行为的物权变动包括基于法律规定(因继承)、基于公法行为(生效的法院判决、仲裁裁决)、基于事实行为(合法建造、拆除房屋)等原因导致的物权变动，获得物权无需公示(动产无需交付、不动产无需登记)，但如果再处分，不动产一定要办理登记，否则不发生物权变动的效力(但不影响债权行为的效力)。

实战演练

【例题 1 · 单选题】 甲把汽车卖给乙，交付但未登记；乙把汽车卖给丙，二人又约定乙再借用汽车一个星期。乙丙签订协议后第三天，丙将汽车卖给丁，约定丁直接向乙索要汽车。汽车的所有权人是(   )。

A. 甲　　　　　　　　B. 乙

C. 丙　　　　　　　　D. 丁

解析 ▶ 本题考核基于法律行为的动产物权变动。买卖机动车，交付就转移所有权，登记只是对抗要件，甲把车交给乙，乙已经获得所有权；乙把车卖给丙，采用占有改定的交付方式，车的所有权转移给丙；丙把车卖给丁，采用指示交付的交付方式，因而丁获得车的所有权。　　**答案** ▶ D

【例题2·单选题】 甲、乙因房屋产权争议发生纠纷，登记簿记载甲的名字，法院判决房屋归乙所有。判决生效后，甲一直未办理过户登记，乙不久后因病死亡，丙是其唯一的继承人。丙将房屋卖给丁，对房屋买卖合同进行了公证。房屋的所有权人是（　　）。

A. 甲　　　　　　　B. 乙
C. 丙　　　　　　　D. 丁

解析 ▶ 本题考核非基于法律行为的物权变动。法院判决生效时，乙获得房屋所有权，乙死亡时，丙继承其房屋所有权，都无需公示，丙卖房给丁，未办理过户登记，不发生物权效力，因而所有权人是丙。　　**答案** ▶ C

五、按份共有人的优先购买权 VS 房屋承租人的优先购买权

扫我解疑难

1. 按份共有人可以转让其享有的共有的不动产或者动产份额，其他共有人在同等条件下享有优先购买的权利；但共有人相互之间转让或共有份额因继承、遗赠发生转移，其他共有人不得主张优先购买权，按份共有人之间另有约定的除外。

2. 出租人出卖租赁房屋的，应当在出卖之前的合理期限内通知承租人，承租人享有以同等条件优先购买的权利。但以下情况下不可主张优先购买权：①房屋共有人行使优先购买权的；②出租人将房屋出卖给近亲属的；③出租人履行通知义务后，承租人在15日内未明确表示购买的；④第三人善意购买租赁房屋并已经办理登记手续的。

共同点：都是同等条件下的优先购买权；行使优先购买权都有时间限制；只能主张优先购买权，仅主张买卖合同无效或者撤销买卖

合同法院均不予支持。

区别：按份共有人的优先购买权包括所有动产、不动产的按份共有人，而承租人的优先购买权仅限于房屋的承租人；按份共有人的优先购买权优先于房屋承租人的优先购买权。

📝 实战演练

【例题·单选题】 甲、乙、丙、丁共有一套房屋，份额均为25%，经协商房屋出租给戊。租期内，甲拟将自己的份额转让给丙；乙拟将自己的份额转让给己。下列说法正确的是（　　）。

A. 对于甲转让给丙的份额，乙、丁享有同等条件下的优先购买权

B. 对于甲转让给丙的份额，戊享有同等条件下的优先购买权

C. 对于乙转让给己的份额，甲、丙、丁享有同等条件下的优先购买权

D. 对于乙转让给己的份额，如果甲和戊都主张同等条件下的优先购买权，则应当卖给戊

解析 ▶ 本题考核优先购买权。本题既涉及共有人的优先购买权，又涉及房屋承租人的优先购买权。共有人内部转让，其他共有人不能主张优先购买权，选项A错误；共有人内部转让，房屋承租人不能主张优先购买权，选项B错误；共有人的优先购买权优先于承租人的优先购买权，选项D错误。　　**答案** ▶ C

六、物权的善意取得 VS 票据权利的善意取得

扫我解疑难

1. 物权的善意取得。无处分权人将不动产或者动产转让给受让人的，所有权人有权追回；除法律另有规定外，符合下列情形的，受让人取得该不动产或者动产的所有权：①受让人受让该不动产或者动产时是善意的（不知情且无重大过失）；②以合理的价格转让；③转让的不动产或者动产依照法律规定应当登记的已经登记，不需要登记的已经交付给受让人。需注意，盗赃物、遗失物不能善意取得所有权。

2. 票据权利的善意取得。票据权利善意取得的理论基础即物权法上的善意取得制度。前提条件是票据的处分人形式上是票据权利人但实质上不享有票据权利，包括：欺诈、胁迫、盗窃等手段获得票据；明知前述情形恶意取得票据；无偿取得前述票据以及现金买票（没有真实的交易关系和债权债务关系）等等。但票据的受让人是善意的（不知情且无重大过失）、支付了合理对价，即可善意取得票据权利。

📝 实战演练

【例题1·单选题】 甲将一台大型设备融资租赁给乙，融资租赁期间，乙将设备以市价卖给不知情的丙，丙支付了部分价款并取走了设备。丙将设备转卖给丁，已交付，但丁未付全款，则该设备的所有权人是（　　）。

A. 甲　　　　　　　　B. 乙

C. 丙　　　　　　　　D. 丁

解析 ▶ 本题考核物权的善意取得。本题中，乙将设备卖给丙，丙构成善意取得，甲的所有权消灭，此处需注意的是，丙虽未支付全部价款，但不影响其构成善意取得，只要合同约定的价款是合理的即可；丙卖给丁，已交付，丁获得所有权，因而选项D正确。

答案 ▶ D

【例题2·多选题】 甲公司因支付货款前发了一张票面金额为100万元的银行承兑汇票给乙公司，乙公司被丙公司欺诈将票据背书转让给丙公司，丙公司转手将票据赠与给不知情的关联公司丁公司，丁公司为支付欠款将票据背书转让给戊公司。对此说法正确的有（　　）。

A. 丙公司不享有票据权利

B. 丁公司不享有票据权利

C. 戊公司不享有票据权利

D. 戊公司有权在票据到期时要求付款人付款

解析 ▶ 本题考核票据权利的取得。丙欺诈取得票据不享有票据权利，丁无偿取得票据，其权利不得优于其前手，选项AB正确；戊公

司善意取得票据权利，选项D正确。

答案 ▶ ABD

七、抵押与租赁的关系 VS 买卖不破租赁

扫我解疑难

1. 抵押与租赁的关系。①订立抵押合同前抵押财产已出租的，原租赁关系不受该抵押权的影响。②抵押权设立后抵押财产出租的，该租赁关系不得对抗已登记的抵押权，抵押权实现后，租赁合同对受让人不具有约束力。

2. 买卖不破租赁是指租赁物在租赁期间发生所有权变动的，不影响租赁合同的效力。适用于所有的租赁合同（一般限于房屋租赁）。

📝 实战演练

【例题1·多选题】 甲将一台设备抵押给银行借款，签订了抵押合同但未办理抵押登记，然后甲将该设备租赁给乙，因甲未能清偿银行借款，银行申请法院将该租赁设备拍卖，丙拍得，对此，下列说法不正确的有（　　）。

A. 丙可以要求乙返还该设备

B. 乙可以要求丙继续履行租赁合同

C. 乙可以主张对设备的优先购买权

D. 甲应当对乙承担违约责任

解析 ▶ 本题考核抵押与租赁的关系。本题中，虽然抵押在先，但未办理抵押登记，租赁关系可以对抗抵押权。因此丙不能要求乙返还该设备，选项A错误、选项B正确；只有房屋承租人才享有优先购买权，选项C错误；由于买卖不破租赁，甲并未对乙违约，选项D错误。

答案 ▶ ACD

【例题2·多选题】 甲有一套三室一厅的住房，将其中一间房屋出租给乙，然后将住房抵押给银行借款，并办理了抵押登记。其后，甲又将另一间出租给丙。租期内因甲不能偿还贷款，银行请求法院拍卖房屋，善意的丁拍得并办理了过户手续。对此说法正确的有（　　）。

A. 丁可以要求乙搬出房屋

B. 丁可以要求丙搬出房屋

C. 丙可以要求甲承担违约责任

D. 乙、丙可以主张优先购买权

解析 ▶ 本题考核抵押与租赁的关系。本案中，乙的租赁在先，抵押在后，租赁关系可以对抗抵押权。而丙的租赁在后，不能对抗已经登记的抵押权，因此丁不能要求乙搬出，但可以要求丙搬出，选项 A 错误、选项 B 正确；甲与丙的租赁合同未履行完毕，丙有权要求甲承担违约责任，选项 C 正确；房屋承租人享有优先购买权，但本案中，丁是善意的，且办理了过户，乙、丙不能再主张优先购买权，选项 D 错误。 **答案** ▶ BC

八、抵押 VS 质押

扫我解疑难

1. 抵押包括动产抵押和不动产抵押，动产抵押，抵押合同生效抵押权就产生，登记只是对抗要件；不动产抵押，登记是生效要件。

2. 质押包括动产质押和权利质押，动产质押需交付才产生质权，权利质押需交付或登记产生质权。

不动产只能抵押不能质押，动产可以抵押可以质押。抵押是不转移占有的担保，抵押权设定后抵押财产仍在抵押人自己手上；动产质押是转移占有的担保，质押的动产必须交付给质权人。

【例题 1·单选题】 下列财产中，既可以抵押又可以质押的是( )。

A. 房屋 　　　　 B. 船舶

C. 专利权 　　　 D. 存款单

解析 ▶ 本题考核抵押和质押。 **答案** ▶ B

【例题 2·多选题】 甲公司向乙公司购买价值 100 万元的材料，乙公司要求甲公司提供担保，甲公司分别提供了房屋和汽车设定担保，在签订书面合同之后，甲公司将房产证、房屋钥匙、车辆登记证书和汽车均交付给乙公司，下列关于该担保说法正确的有( )。

A. 乙公司享有房屋的抵押权

B. 乙公司不享有房屋的抵押权

C. 乙公司享有汽车的质权

D. 乙公司不享有汽车的质权

解析 ▶ 本题考核抵押权和质权的设定。

答案 ▶ BC

九、债权人撤销权 VS 赠与人撤销权

扫我解疑难

1. 债权人撤销权。债务人的行为导致其责任财产减少以致危害债权，债权人可以请求人民法院予以撤销。可以撤销的行为包括：放弃到期债权或未到期债权、放弃债权担保、恶意延长到期债权的履行期、无偿转让财产以及以非正常低价转让财产，损害债权人债权，且相对人知情的。

2. 赠与人撤销权。赠与人的撤销权有两种：一种是任意撤销，赠与人在赠与财产的权利转移之前可以撤销赠与，但具有救灾、扶贫等社会公益、道德义务性质的赠与合同或者经过公证的赠与合同不得撤销。另一种是赠与的法定撤销。法定撤销的情形包括：①严重侵害赠与人或者赠与人的近亲属；②对赠与人有扶养义务而不履行；③不履行赠与合同约定的义务。

【知识点拨】 债权人撤销权必须满足法定的撤销条件，特别是债务人的行为需损害债权人的债权；而赠与人撤销要分清楚任意撤销还是法定撤销，各自撤销的条件不同。

实战演练

【例题 1·单选题】 2016 年 8 月，甲公司欠银行 100 万元贷款未清偿。经了解，甲公司在一段时间内连续实施了以下赠与行为：2016 年 7 月，甲公司赠与乙公司设备一台，价值 100 万元，该设备已交付。2016 年 9 月，甲公司赠与希望小学电脑 100 台，价值 50 万元，电脑尚未交付。关于本案，说法正确的是( )。

A. 银行有权请求法院撤销甲公司对乙公司的设备赠与

B. 甲公司有权撤销自己对乙公司的设备赠与

C. 银行有权请求法院撤销甲公司对希望小学的赠与

D. 甲公司有权撤销自己对希望小学的赠与

解析 ▶ 本题考核债权人撤销权及赠与人的任意撤销权。甲公司对乙公司的赠与，银行无权撤销，因 2016 年 7 月，银行的债权尚未到期，甲公司的行为并未损害债权人银行的债权。甲公司已将设备交付给乙公司，已经不能行使任意撤销权。选项 AB 错误。对希望小学的捐赠属于公益性质的赠与，甲公司自己不可撤销，但损害了银行的债权，债权人可以行使撤销权。 **答案** ▶ C

【例题 2·多选题】 张某欠李某借款 5 万元未清偿，张某家境宽裕，有房屋 3 套，汽车 2 辆。张某将汽车赠与刘某，但要求刘某在 1 年内为自己的儿子找份工作。刘某接受汽车 1 年以后，并未给张某的儿子安排工作。对此说法正确的有( )。

A. 李某有权要求撤销张某将汽车赠与刘某的行为

B. 李某无权要求撤销张某将汽车赠与刘某的行为

C. 张某有权要求撤销将汽车赠与刘某的行为

D. 张某无权要求撤销将汽车赠与刘某的行为

解析 ▶ 本题考核债权人撤销权及赠与人的法定撤销权。因张某有其他财产足以清偿债务，因而债权人李某不可以行使债权人撤销权。张某对刘某的赠与是附义务的赠与，刘某不履行赠与合同约定的义务，张某有权行使法定撤销权。 **答案** ▶ BC

十、一般保证 VS 连带责任保证 VS 票据法上的保证

扫我解疑难

1. 一般保证人享有先诉抗辩权，承担的是补充责任；连带责任保证人不享有先诉抗辩权，与债务人承担连带责任。保证人与债权人未约定保证方式，应认定为连带责任保证。

2. 票据法上的保证与《担保法》(或《合同法》)上的保证有别，担保法上的保证成立的要件是保证人与债权人之间订立书面保证合同。票据法上的保证要求：票据保证必须记载保证文句、保证人的名称和住所、保证人签章。保证人未在票据或者粘单上记载"保证"字样而另行签订保证合同或者保证条款的，只能认定为担保法上的保证。

实战演练

【例题·多选题】 甲公司签发一张商业承兑汇票给乙公司，汇票金额为 10 万元，乙公司担心不能获得付款，要求甲公司的子公司丙公司为票据作保证人，丙公司向乙公司单方出具了担保函，注明"本公司为汇票的付款承担保证责任"，但丙公司未在票据上填写"保证"等字样，乙收到后没有表示异议。如果乙公司到期未获付款，下列说法正确的有( )。

A. 乙公司有权持汇票向丙公司追索

B. 乙公司、丙公司之间的保证合同无效

C. 乙公司有权根据担保函要求丙公司承担保证责任

D. 乙公司有权要求丙公司对甲公司的债务承担连带保证责任

解析 ▶ 本题考核担保法上的保证与票据法上的保证。因未在票据上记载"保证"字样并签章，甲公司不构成票据法上的保证，而是构成担保法上的保证。又因双方未约定保证方式，应认定为连带责任保证。 **答案** ▶ CD

十一、合同的转让 VS 合同履行涉及第三人

扫我解疑难

1. 合同的转让包括债权转让、债务转让以及债权债务概括转让。合同转让的实质是合同当事人发生变更，一旦债权债务转让出去，原合同当事人从合同关系退出，合同债权债务与其无关，受让人成为合同当事人。债权人转让债权，无须债务人的同意，但应当通知债务人。未经通知，该转让对债务人不发生效力；债务人将合同的义务全部或者部分转移给第三人的，应当经债权人同意。

2. 合同履行涉及第三人。当事人约定由债务人向第三人履行债务的，债务人未向第三人

履行债务或者履行债务不符合约定，应当向债权人承担违约责任；当事人约定由第三人向债权人履行债务的，第三人不履行债务或者履行债务不符合约定，债务人应当向债权人承担违约责任。该规则是合同相对性原则的体现。

📝 **实战演练**

【例题·多选题】 乙欠甲100万，丙欠乙100万，三方达成协议，由丙向甲清偿100万，乙不再向甲清偿，丙也不再向乙清偿。下列说法中符合法律规定的有（　）。

A. 若丙未向甲清偿，则甲有权要求乙清偿

B. 若丙未向甲清偿，则乙有权要求丙清偿

C. 若丙未向甲清偿，则甲有权要求丙承担违约责任

D. 若乙向甲清偿，则构成第三人代为清偿

解析 ▶ 本题考核合同转让，根据三方达成的协议，乙将自己的债权转让给甲，将债务转让给丙，乙从合同关系退出。因此，如果丙未向甲清偿，由丙向甲承担违约责任，选项A、B错误，选项C正确。乙不再是合同当事人，乙向甲清偿就构成第三人代为清偿，选项D正确。　**答案** ▶ CD

十二、违约金 VS 定金 VS 赔偿损失

因一方当事人违约，守约方可以主张的金钱责任包括违约金、定金、赔偿损失。根据《合同法》和《担保法》的相关规定，三者之间的关系：①在同一合同中，当事人既约定违约金，又约定定金的，在一方违约时，当事人只能选择适用违约金条款或者定金条款，不能要求同时适用。②买卖合同约定的定金不足以弥补一方违约造成的损失，对方请求赔偿超过定金部分损失的，人民法院可以并处，但定金和损失赔偿的数额总和不应高于因违约造成的损失。③违约金的具体数额视造成损失的大小而定。即约定的违约金低于损失的，当事人可以要求法院或仲裁机构调高；

约定的违约金过分高于违约所造成的损失（超过所造成损失1.3倍），可以要求法院或仲裁机构适当减少。

📝 **实战演练**

【例题·多选题】 甲公司与乙公司订立合同购买乙公司的设备1台，总价100万元。甲公司支付定金20万元。合同中约定，任何一方违约，应当向对方支付违约金30万元。履行期限届满，乙公司未能向甲公司交货。下列说法正确的有（　）。

A. 甲公司可以要求乙公司双倍返还定金共40万元并支付违约金30万元

B. 甲公司可以要求乙公司双倍返还定金共40万元或支付违约金30万元

C. 如果乙公司给甲公司造成的实际损失为40万元，则甲公司要求乙公司双倍返还定金之外，还可以要求乙公司赔偿损失

D. 如果乙公司给甲公司造成的实际损失为40万元，则甲公司可以要求将违约金调整到40万元

解析 ▶ 本题考核定金与违约金。选项AB考核定金与违约金的关系，同一合同中当事人既约定违约金，又约定定金的，在一方违约时，当事人只能选择适用违约金条款或者定金条款，不能要求同时适用，选项B正确；定金不足以弥补一方违约造成的损失，对方请求赔偿超过定金部分损失的，人民法院可以并处，但定金和损失赔偿的数额总和不应高于因违约造成的损失，选项C正确；选项D考核违约金与实际损失的关系，正确。　**答案** ▶ BCD

十三、股东代表诉讼 VS 直接诉讼

1. 股东代表诉讼。董事、监事、高级管理人员执行公司职务时违反法律、行政法规或者公司章程的规定，给公司造成损失的，应当承担赔偿责任。针对董事、高级管理人员，有限责任公司的股东、股份有限公司连续180

日以上单独或者合计持有公司 1% 以上股份的股东，可以书面请求监事会或者不设监事会的有限责任公司的监事向人民法院提起诉讼；针对监事，前述股东可以书面请求董事会或者不设董事会的有限责任公司的执行董事向人民法院提起诉讼。监事会、不设监事会的有限责任公司的监事，或者董事会、执行董事收到前款规定的股东书面请求后拒绝提起诉讼，或者自收到请求之日起三十日内未提起诉讼，或者情况紧急、不立即提起诉讼将会使公司利益受到难以弥补的损害的，前款规定的股东有权为了公司的利益以自己的名义直接向人民法院提起诉讼。他人侵犯公司合法权益，给公司造成损失的，股东可以依照前述规定向人民法院提起诉讼。

2. 股东直接诉讼。董事、高级管理人员违反法律、行政法规或者公司章程的规定，损害股东利益的，股东可以向人民法院提起诉讼。股东代表诉讼重点注意两点：一是代表诉讼资格；二是代表诉讼程序。股东直接诉讼无需通知公司，可以直接起诉。

📝 **实战演练**

【例题·多选题】甲公司董事牛某与他人串通，导致甲公司高价购买原材料一批，甲公司为此多支付价款 50 万元。小股东马某得知后，欲代表甲公司向法院提起诉讼，要求牛某赔偿公司的损失。牛某得知后，在公司分配利润时，将应当分配给小股东马某的利润减半分配。对此，说法正确的有（　）。

A. 若甲公司是股份有限公司，马某需连续 180 日以上持有甲公司股票 1% 以上方有代表诉讼资格

B. 若甲公司是有限责任公司，马某即便是最小的股东也有代表诉讼资格

C. 马某应当先书面请求监事会对牛某提起诉讼

D. 对于利润减半分配，马某可以在该事件发生后向法院起诉

解析 ▶ 本题考核股东诉讼。选项 ABC 考核股东代表诉讼；选项 D 考核股东直接诉讼。

答案 ▶ ABCD

十四、有限公司股权回购 VS 股份公司股份回购

扫我解疑难

1.（有限责任公司）对股东会以下决议投反对票的股东可以请求公司按照合理的价格收购其股权：①公司连续 5 年不向股东分配利润，而公司该 5 年连续盈利，并且符合法律规定的分配利润条件的；②公司合并、分立、转让主要财产的；③公司章程规定的营业期限届满或者章程规定的其他解散事由出现，股东会会议通过决议修改章程使公司存续的。

2.（股份有限公司）公司不得收购本公司股份，但有下列情形之一的除外：①减少公司注册资本；②与持有本公司股份的其他公司合并；③将股份用于员工持股计划或者股权激励；④股东因对股东大会作出的公司合并、分立决议持异议，要求公司收购其股份的；⑤将股份用于转换上市公司发行的可转换为股票的公司债券；⑥上市公司为维护公司价值及股东权益所必需。

『注意』有限公司股东请求回购股权的事由包括公司合并、分立、转让主要财产；而股份公司股东要求回购仅限于合并、分立。

📝 **实战演练**

【例题 1·多选题】A 公司是由甲、乙、丙、丁四人投资设立的有限责任公司，甲对股东会作出的下列决议投反对票，有权要求公司以合理价格回购其股权的有（　）。

A. 公司连续 5 年盈利且具备分配利润条件，但不向股东分配利润

B. 公司合并

C. 公司分立

D. 公司转让主要财产

解析 ▶ 本题考核有限公司股权回购的情形。

答案 ▶ ABCD

【例题 2·多选题】A 公司是一家上市公司，甲是 A 公司的小股东，对股东大会作出的下列决议持异议，有权要求公司以合理价格回购其股权的有（　）。

A. 公司连续 5 年盈利且具备分配利润条件，但不向股东分配利润

B. 公司合并、分立、转让主要财产

C. 上市公司为维护公司价值及股东权益所必需

D. 将股份用于转换上市公司发行的可转换为股票的公司债券

解析 ▶ 本题考核股份公司股份回购的情形。

答案 ▶ CD

十五、股东(大)会、董事会决议不成立 VS 决议无效、可撤销

1. 决议不成立主要包括以下情形：没有开会(除了法定情形或公司章程规定可以不开会以外)；开了会但没有作出此项决议；出席会议人数(或表决权数)不满足条件；表决人数(或表决权数)不满足条件。

2. 决议无效主要是决议内容违反法律法规；决议可撤销主要是决议程序、表决方式违反法律法规或违反公司章程，以及决议内容违反公司章程。

✍ 实战演练

【例题·单选题】 甲公司是一家上市公司，董事会共有董事 8 人，召开董事会决定罢免总经理张某的职务。本次董事会到会董事 5 人，其中董事 4 人通过前述决议。关于本次董事会的召开与表决，说法正确的是( )。

A. 因到会人数不符合法律规定，决议无效

B. 因表决人数不符合法律规定，决议无效

C. 因表决人数不符合法律规定，决议不成立

D. 到会人数和表决人数均符合法律规定，决议有效

解析 ▶ 本题考核股份有限公司董事会决议。参会董事共 5 人，过半数，参会人数合法；表决人数 4 人，没有过半数，因而决议不成立。

答案 ▶ C

十六、上市公司发行新股 VS 发行可转换公司债券

1. 上市公司发行新股和发行可转换公司债券

都需要首先满足增发的一般条件。重点把握：(1)盈利要求：①上市公司最近 3 个会计年度连续盈利。②最近 3 年以现金方式累计分配的利润不少于最近 3 年实现的年均可分配利润的 30%，上市公司可进行中期现金分红。③最近 24 个月内曾公开发行证券的，不存在发行当年营业利润比上年下降 50% 以上的情形。(2)经营稳定，有持续盈利能力。(3)管理规范。(4)不存在法定障碍(上市公司及董监高最近 36 个月被行政处罚或最近 12 个月被证券交易所公开谴责；或因涉嫌犯罪被司法机关立案侦查或涉嫌违法违规被中国证监会立案调查等)。

2. 上市公司发行新股还要满足：①最近 3 个会计年度加权平均净资产收益率平均不低于 6%；②除金融类企业外，最近一期期末不存在持有金额较大的交易性金融资产和可供出售的金融资产、借予他人款项、委托理财等财务性投资的情形；③发行价格应不低于"公告招股意向书前 20 个交易日"公司股票均价或前一个交易日的均价。

3. 上市公司发行可转换公司债券还要满足：①最近 3 年平均可分配利润不少于公司债券 1 年的利息；②转股价格或认股权证的行权价格应不低于募集说明书公告日前 20 个交易日该公司股票交易均价和前一交易日的均价。此外，非分离交易的可转债对净资产无要求，因而须担保，但最近一期期末经审计的净资产不低于人民币 15 亿元的公司除外；要求最近 3 个会计年度加权平均净资产收益率平均不低于 6%。分离交易的可转债要求最近一期期末经审计的净资产不低于人民币 15 亿元，因而可以无担保；最近 3 个会计年度经营活动产生的现金流量净额平均不少于公司债券 1 年的利息，但最近 3 个会计年度加权平均净资产收益率平均不低于 6% 的除外。

✍ 实战演练

【例题 1·多选题】 甲上市公司拟定于 2017 年 5 月面向公众投资者公开增发股票，下列选

项中可能成为甲公司增发股票的障碍因素的有( )。

A. 甲公司 2015 年亏损

B. 甲公司最近三年累计实现可分配利润 9000 万元，累计现金分配利润 1000 万元

C. 甲公司董事吴某在 2016 年被证监会行政处罚

D. 甲公司最近 3 个会计年度加权平均净资产收益率平均为 5%

解析▶ 本题考核上市公司公开增发股票的条件。公开增发要求连续三年盈利；最近 3 个会计年度加权平均净资产收益率平均不低于 6%，董事最近 36 个月未受到证监会行政处罚。

答案▶ ACD

【例题 2 · 多选题】甲上市公司拟定于 2017 年 5 月面向公众投资者公开发行分离交易的可转债，下列选项中可能成为甲公司本次发行债券的障碍因素的有( )。

A. 甲公司 2015 年亏损

B. 甲公司 2016 年期末净资产只有 15 个亿

C. 甲公司最近三年平均可分配利润只能够支付公司债券 1 年的利息

D. 甲公司董事李某因涉嫌证券市场违法正在被证监会调查

解析▶ 本题考核公开发行可转换债券的条件。公开发行可转换公司债券要求连续三年盈利；董事、高级管理人员不存在因涉嫌违法违规正在被中国证监会立案调查的情况。

答案▶ AD

十七、虚假陈述的行政责任 VS 民事责任

扫我解疑难

1. 承担责任的主体范围。

虚假陈述的行政责任承担主体包括单位主体（发行人、上市公司、其他信息披露义务人）；个人主体（发行人或上市公司的董事、监事、高级管理人员及其他组织、参与、实施虚假陈述的相关人员）。

虚假陈述的民事赔偿责任主体包括：发行人、上市公司（无过错责任）；发行人、上市公司

负有责任的董事、监事和经理等高级管理人员、从事评估、审计、咨询、信用评级或提供法律意见的服务机构保荐人、承销的证券公司发行人（过错推定责任）；上市公司的控股股东、实际控制人（过错责任）。

2. 行政责任中免于行政处罚的事由：①当事人对认定的信息披露违法事项提出具体异议记载于董事会、监事会、公司办公会会议记录等，并在上述会议中投反对票的；②当事人在信息披露违法事实所涉及期间，由于不可抗力、失去人身自由等无法正常履行职责的；③对公司信息披露违法行为不负有主要责任的人员在公司信息披露违法行为发生后及时向公司和证券交易所、证券监管机构报告的。

不得单独作为不予行政处罚的理由：①不直接从事经营管理；②能力不足、无相关职业背景；③任职时间短、不了解情况；④相信专业机构或者专业人员出具的意见和报告；⑤受到股东、实际控制人控制或者其他外部干预。

3. 民事责任中虚假陈述与损失因果关系的推定：①买入时间：投资人在虚假陈述实施日及以后，至揭露日或者更正日之前买入该证券；②卖出时间：投资人在虚假陈述揭露日或者更正日及以后，因卖出该证券发生亏损，或者因持续持有该证券而产生亏损。

实战演练

【例题 1 · 单选题】A 公司是在上海证交所上市的股份公司。2017 年 3 月 1 日，A 公司在海外的投资因当地地震损失巨大，A 公司为防市场恐慌，未披露该事项，直至 2017 年 5 月某投资者向证监会举报，5 月 10 日，证监会介入调查并公布初期调查结果，并拟对相关人员进行行政处罚，下列说法正确的是( )。

A. A 公司董事张某在投资所在国被有关部门限制人身自由，直至 5 月中旬得以释放，可免于处罚

B. A公司独立董事刘某并未直接从事经营管理，可免于处罚

C. A公司经理何某因执行控股股东指示，可免于处罚

D. 证监会不应对A公司进行处罚，应当对A公司的直接责任人员进行处罚

解析▶ 本题考核虚假陈述的行政责任。选项BC不可单独作为不予行政处罚的理由。虚假陈述的发行人、上市公司、其他信息披露义务人都是责任主体，选项D错误。 **答案▶** A

【例题2·单选题】就上例中的事实，因买卖A公司股票发生损失的股民数人均向A公司要求赔偿，以下情形中能够获得赔偿的是( )。

A. 股民甲2017年2月1日买入股票，2017年2月26日卖出股票，损失5万元

B. 股民乙2017年2月20日买入股票，2017年3月5日卖出股票，损失5万元

C. 股民丙2017年3月5日买入股票，2017年4月5日卖出股票，损失5万元

D. 股民丁2017年4月5日买入股票，2017年5月12日卖出股票，损失5万元

解析▶ 本题考核虚假陈述与损失因果关系的推定。只有选项D符合损失因果关系推定的时间要求。 **答案▶** D

十八、破产案件受理时已经开始尚未终结的诉讼 VS 新的诉讼

扫我解疑难

1. 在债务人破产案件被受理后，原来已经开始尚未终结的诉讼应区分：(1)确定债权债务关系的诉讼应中止，待管理人接管债务人财产后由原审法院继续审理。(2)个别清偿的诉讼应中止，如果债务人被宣告破产，人民法院应当判决驳回债权人的诉讼请求；如果债务人未被宣告破产，法院驳回破产申请或者终结破产程序的，上述中止审理的案件应当恢复审理。

2. 债务人破产案件被受理后，针对债务人的新的诉讼应区分：(1)债权人要求确定债权债务关系的诉讼只能向受理破产申请的法院提

起；(2)债权人要求个别清偿的诉讼，法院不予受理。

实战演练

【例题·多选题】甲公司被申请破产，2017年2月1日，A市法院受理了该破产案件。针对甲公司的下列诉讼，处理符合法律规定的有( )。

A. 乙公司于2017年1月10日在B市法院提起对甲公司的合同纠纷诉讼，该诉讼在A市法院受理破产案件后移送A市法院继续审理

B. 丙公司于2017年1月15日在C市法院提起要求甲公司清偿到期债务的诉讼，该诉讼在A市法院受理破产案件后移送A市法院继续审理

C. 丁公司于2017年1月20日在D市法院提起要求甲公司的债务人向其偿还债务的诉讼，该诉讼在A市法院受理破产案件后应当中止审理

D. 戊公司因与甲公司的合同纠纷，拟向法院起诉，戊公司应向A市法院起诉

解析▶ 本题考核破产申请受理的法律效力。对选项A，应在管理人接管债务人财产后由原审B市法院继续审理；选项B，应当中止审理。 **答案▶** CD

十九、合同抵销权 VS 破产抵销权

扫我解疑难

1. 合同抵销权有两类：(1)法定抵销。当事人互负到期有效债务，该债务的种类、品质相同，双方均可以主张抵销。抵销具有溯及力，效力溯及得为抵销之时。(2)约定抵销。无论债务品质、种类是否相同，只要当事人协商一致即可抵销。

2. 破产抵销权：债权人在破产申请受理前对债务人负有债务的，可以向管理人主张抵销。但是，有下列情形之一的，不得抵销：(1)债务人的债务人在破产申请受理后取得他人对债务人的债权的；(2)债权人已知债务人有不能清偿到期债务或者破产申请的事实，对债务人负

519

担债务的；但是，债权人因为法律规定或者有破产申请1年前所发生的原因而负担债务的除外；(3)债务人的债务人已知债务人有不能清偿到期债务或者破产申请的事实，对债务人取得债权的，但是，债务人的债务人因为法律规定或者有破产申请1年前所发生的原因而取得债权的除外。(4)股东之破产债权，不得与其欠缴的注册资本、抽逃出资等相抵销。

3. 区别

合同的法定抵销权的行使要求双方债务都到期，且种类和品质相同。破产抵销权不要求债务都到期，也不要求种类和品质相同，只强调债权人在破产申请受理前对债务人负有债务，且不存在法定不允许抵销的情形。

📝 **实战演练**

【例题1·多选题】 甲公司欠乙公司货款100万元到期未付，后来乙公司帮甲公司订购木材一批，甲公司已支付木材款，下列说法符合法律规定的有(   )。

A. 乙公司可以留置木材

B. 乙公司可以直接主张以木材抵销甲公司所欠货款

C. 甲公司可以直接主张以木材抵销欠乙公司的货款

D. 乙公司可以要求甲公司支付100万元欠款的利息

解析 ▶ 本题考核合同抵销权。木材与货款种类与品质不同，不可法定抵销，选项BC错误。

答案 ▶ AD

【例题2·多选题】 甲公司欠乙公司货款100万元到期未付，后来乙公司帮甲公司订购木材一批，甲公司已支付木材款100万元，但乙公司的木材尚未交付。不久，乙公司被申请破产，该案被A市法院受理并指定了管理人，下列说法符合法律规定的有(   )。

A. 管理人可以直接向甲公司主张用木材抵销100万元欠款

B. 管理人不可向甲公司主张用木材抵销100万元欠款

C. 甲公司可以直接向管理人主张用木材抵销100万元欠款

D. 甲公司不可向管理人主张用木材抵销100万元欠款

解析 ▶ 本题考核破产抵销权。管理人不能主动主张抵销，选项A错误、选项B正确；甲公司可以主张抵销，选项C正确、选项D错误。

答案 ▶ BC

二十、票据的绝对抗辩 VS 相对抗辩

扫我解疑难

1. 票据的绝对抗辩，是指票据所记载的债务人可以对任何持票人所主张的抗辩。其主要包括以下情形：(1)票据所记载的全部票据权利均不存在(如票据无效、权利已消灭等)，则所有票据债务人均可以抗辩；(2)票据上记载的特定债务人的债务不存在(该特定债务人可对任何持票人提出抗辩，如票据被伪造人、签章的欠缺行为能力人等)。

2. 票据的相对抗辩，是指票据债务人仅可以对特定的持票人主张的抗辩事由。(1)票据债务人可以对不履行约定义务的与自己有直接债权债务关系的持票人进行抗辩(有基础关系的当事人之间)。(2)抗辩切断及例外。票据债务人原则上不得以自己与出票人或者与持票人的前手之间的抗辩事由对抗持票人，除非持票人无偿取得票据或持票人明知其前手存在抗辩事由而取得票据。

📝 **实战演练**

【例题·多选题】 甲公司签发一张银行承兑汇票给乙公司，乙公司将汇票背书转让给丙公司，合同注明丙公司交货检验合格再领取票据款项，丙公司交货不合格，随后将汇票背书转让给不知情的丁支付货款，若丁未能获得付款，以下选项符合法律规定的有(   )。

A. 丁可以向甲追索，甲不得以自己与丁没有直接债权债务关系抗辩

B. 丁可以向乙追索，乙不得以自己与丙之间的抗辩事由对抗丁

C. 若甲出票时仅有法定代表人签章，没有加盖公章，则丁向乙追索时，乙可以拒付

D. 丁向丙追索，丙支付款项后向乙追索，则乙可以拒付

解析 ▶ 本题考核票据的抗辩。甲、乙对丁都不存在抗辩事由，因此选项 AB 正确；选项 C 是绝对抗辩，该汇票无效，因而所有债务人都可以主张抗辩；选项 D 是相对抗辩，乙可以对与自己有直接债权债务关系的持票人丙抗辩。　　　　　　　　　**答案** ▶ ABCD

二十一、票据更改 VS 票据伪造 VS 票据变造

扫我解疑难

1. 票据更改是有更改权限的人，对票据上可以更改的事项作出变更并签章的行为，票据上不可更改的事项包括：票据金额、收款人名称、出票日期，一旦更改导致票据无效。

2. 票据伪造专指伪造票据上的签章；票据变造是无更改权限的人变更票据上签章以外的其他记载事项的行为，如果更改票据金额、收款人名称、出票日期明显被看出来，直接导致票据无效；如果没有被看出来，就是变造。

3. 票据伪造的后果是被伪造的签章无效，但不影响其他真实签章的效力；票据变造的后果是，在变造前签章的，对变造前的内容承担责任，在变造后签章的，对变造后的内容承担责任，无法辨别是变造前签章还是变造后签章的，认定为变造前签章。

📝 实战演练

【例题1·单选题】甲公司签发一张票面金额为 100 万元的银行承兑汇票给乙公司，乙公司将汇票置于保险柜，丙盗窃并伪造乙公司公章、法定代表人签章将汇票背书转让给不知情的丁，丁将汇票背书转让给戊，戊将票面金额改为 1000 万元后背书转让给不知情的己。己持票到银行未能获得付款。下列说法中正确的是(　　)。

A. 己可以向甲追索 100 万元

B. 己可以向乙追索 100 万元

C. 己可以向丙追索 100 万元

D. 己可以向丁追索 1000 万元

解析 ▶ 本题考核票据的伪造与变造。甲的签章是真实的，且在变造前签章，应当承担 100 万元的责任，选项 A 正确；乙的签章是被伪造的，乙不承担票据责任，选项 B 错误；丙未以自己名义在票据上签章，丙不承担票据责任，选项 C 错误；丁是在变造前签章的，因而只承担 100 万元票据责任，选项 D 错误。　　　　　　　　　　　**答案** ▶ A

【例题2·多选题】甲公司签发一张票面金额为 100 万元的银行承兑汇票给乙，乙将汇票背书转让给丙，丙将票面金额改为 700 万元转让给高度近视的丁，丁在转让给戊时被戊识别出金额有更改，戊于是拒绝接收。下列说法中不正确的有(　　)。

A. 丁可以向丙追索 700 万元

B. 丁可以向乙追索 100 万元

C. 丁可以向甲追索 100 万元

D. 该汇票无效

解析 ▶ 本题考核票据的更改。本题构成票据的更改，更改票面金额直接导致票据无效，选项 D 正确。　　　　**答案** ▶ ABC

二十二、经营者集中反垄断审查 VS 外资并购安全审查 VS 外商投资安全审查

扫我解疑难

1. 经营者集中反垄断审查由商务部负责，对经营者集中竞争影响的评估因素包括：(1)参与集中的经营者在相关市场的市场份额及其对市场的控制力；(2)相关市场的市场集中度；(3)经营者集中对市场进入、技术进步的影响；(4)经营者集中对消费者和其他有关经营者的影响；(5)经营者集中对国民经济发展的影响；(6)国务院反垄断执法机构认为应当考虑的影响市场竞争的其他因素。重点在于对市场竞争的影响。

2. 外资并购安全审查和外商投资安全审查由部际联席会议审查。其中，外资并购安全审查的内容包括：①并购交易对国防安全，包括对国防需要的国内产品生产能力、国内服务提供能力和有关设备设施的影响；②并购交易对国家经济稳定运行的影响；③并购交易对社会基本生活秩序的影响；④并购交易对涉及国家安全关键技术研发能力的影响。外商投资安全审查的内容在此基础上增加：①外商投资对国家文化安全、公共道德的影响；②外商投资对国家网络安全的影响。重点在于对国家安全的影响。

✍ 实战演练

【例题1·多选题】下列选项中，属于经营者集中反垄断审查应当考虑的因素有(   )。

A. 经营者集中对市场进入的影响

B. 经营者集中对其他有关经营者的影响

C. 经营者集中对国民经济发展的影响

D. 经营者集中对国防安全的影响

解析 ▶ 本题考核经营者集中反垄断审查。选项 D 属于外资并购安全审查的内容。

答案 ▶ ABC

【例题2·多选题】下列选项中，属于外资并购安全审查内容的有(   )。

A. 并购交易对国家经济稳定运行的影响

B. 并购交易对相关市场竞争的影响

C. 并购交易对社会基本生活秩序的影响

D. 并购交易对涉及国家安全关键技术研发能力的影响

解析 ▶ 本题考核外资并购安全审查。选项 B 属于经营者集中反垄断审查的内容。

答案 ▶ ACD

二十三、经常项目外汇 VS 资本项目外汇

扫我解疑难

1. 经常项目，是指一个国家或地区对外交往中经常发生的交易项目，包括贸易收支、服务收支、收益和经常转移(单方转移)，其中贸易及服务收支是最主要的内容。

2. 资本项目，是指国际收支中引起对外资产和负债水平发生变化的交易项目，包括资本转移、非生产及非金融资产的收买或放弃、直接投资、证券投资、衍生产品投资及贷款等。

我国对经常项目和资本项目外汇管理要求不同，经常项目自由兑换，资本项目部分管制。

✍ 实战演练

【例题1·多选题】下列外汇收支中，属于经常项目的有(   )。

A. 公民甲在派驻美国期间获得的工资收入

B. 公民乙捐赠给非洲难民的捐款

C. 甲公司购买美国上市公司的股份

D. 美国某公司从中外合资经营企业中分配的利润

解析 ▶ 本题考核经常项目外汇。选项 C 属于资本项目外汇。

答案 ▶ ABD

【例题2·多选题】下列外汇收支中，属于资本项目的有(   )。

A. 甲公司从外国企业收回的货物销售款项

B. 乙中外合资经营企业从美国某银行获得的贷款

C. 丙从国外某公司获得的侵权赔偿

D. 英国丁公司收购我国某内资公司的款项

解析 ▶ 本题考核资本项目外汇。选项 AC 属于经常项目。

答案 ▶ BD

第 3 部分 易错易混 知识点辨析

第 4 部分

2020

考前预测试题

智慧启航

　　没有人事先了解自己到底有多大的力量，直到他试过以后才知道。

——歌德

2020 年考前预测试题

预测试题（一）

扫我做试题

一、单项选择题（本题型共 24 小题，每小题 1 分，共 24 分。）

1. 下列关于我国的法律渊源说法正确的是（　）。

   A. 全国人大常委会负责解释法律，其作出的法律解释与法律具有同等效力

   B. 中国证监会发布的《上市公司信息披露管理办法》是行政法规

   C. 司法解释仅指最高人民法院院对审判工作中具体应用法律、法令问题进行的解释

   D. 地方性法规是有制定权的地方人民政府制定的规范性法律文件

2. 下列关于法律关系的主体说法不正确的是（　）。

   A. 外国人可成为我国法律关系的主体

   B. 营利法人从成立时起既有权利能力又有行为能力

   C. 合伙企业不具有法人资格，但能成为法律关系的主体

   D. 自然人的行为能力一律平等

3. 下列关于民事法律行为说法正确的是（　）。

   A. 赠与是单方行为、无偿行为

   B. 授予代理权是双方行为、不要式行为

   C. 担保合同是从行为、要式行为

   D. 买卖合同是处分行为、有偿行为

4. 刘某谎称是甲企业推销员，向乙推销甲企业产品，并用伪造的甲公司公章与不知情的乙签订了买卖合同。则下列说法中正确的是（　）。

   A. 刘某的行为属于表见代理

   B. 乙可以催告甲在 1 个月内予以追认，如果甲未作表示，则视为追认

   C. 乙享有撤销权，但在甲追认后，乙的撤销权消灭

   D. 该买卖合同无效

5. 甲乙因一套房屋的产权发生争议，登记簿记载甲的名字，乙认为自己是共有人，要求加名，甲不同意，乙可以申请（　）。

   A. 预告登记　　　　B. 异议登记

   C. 变更登记　　　　D. 转移登记

6. 甲、乙订立一份价款为十万元的图书买卖合同，约定甲先支付书款，乙两个月后交付图书。甲由于资金周转困难只交付五万元，答应余款尽快支付，但乙不同意。两个月后甲要求乙交付图书，遭乙拒绝。对此，下列表述正确的是（　）。

   A. 乙对甲享有同时履行抗辩权

   B. 乙对甲享有不安抗辩权

关于"扫我做试题"，你需要知道——

亲爱的读者，下载并安装"中华会计网校"APP，扫描对应二维码，即可同步在线做题，交卷后还可查看得分、正确率及答案解析。

C. 乙有权拒绝交付全部图书

D. 乙有权拒绝交付与剩余五万元书款价值相当的部分图书

7. 甲乙丙丁共同投资设立一家普通合伙企业，合伙协议所约定的下列事项中，不符合法律规定的是（　　）。

A. 出资最多的甲有权修改合伙协议

B. 由劳务出资的乙执行合伙事务

C. 合伙协议约定前3年的利润由甲乙平分

D. 不约定合伙企业的经营期限

8. 张三、李四和赵五同为甲合伙企业的合伙人。张三借王六钱款30万元，无力用个人财产清偿。王六在不满足于用张三从甲合伙企业分得的收益偿还其债务的情况下，还可以（　　）。

A. 代位行使张三在甲合伙企业的权利

B. 依法请求人民法院强制执行张三在甲合伙企业的财产份额用于清偿

C. 自行接管张三在甲合伙企业的财产份额

D. 直接变卖张三在甲合伙企业的财产份额用于清偿

9. 刘某是某普通合伙企业的合伙人，刘某不幸车祸身亡，唯一的继承人是未满16周岁的儿子。下列表述中，正确的是（　　）。

A. 刘某当然退伙

B. 刘某之子当然继承刘某的合伙人资格

C. 经其他合伙人过半数同意，刘某之子可以成为有限合伙人

D. 因刘某之子未成年，只能将合伙份额退还刘某之子

10. 张某是一有限合伙企业的有限合伙人。某日张某出差至外地，发现合伙企业急需的一种原材料在当地价格优惠，于是以合伙企业名义与不知情的卖方订立了买卖合同。以下表述正确的是（　　）。

A. 该买卖合同无效

B. 该笔交易对合伙企业不发生效力

C. 张某对该笔交易承担有限责任

D. 张某对该笔交易承担无限连带责任

11. 甲乙发起设立A有限公司，甲以自己的名义向丙租用门面房，在门面房装修过程中，因牌匾脱落导致路人张某被砸伤。公司成立后将该门面房作为销售场所。下列说法正确的是（　　）。

A. 丙只能要求A公司承担租赁合同的责任

B. 丙只能要求甲承担租赁合同的责任

C. 张某可以要求A公司承担赔偿责任

D. 甲、乙对丙和张某均应承担连带责任

12. 2014年7月1日，甲、乙、丙、丁投资设立一个有限责任公司，章程规定在公司设立时股东各出资100万元。甲、乙按期出资，丙、丁一直没有出资。2017年7月，丁将股权转让给知情的戊，2018年8月1日，公司要求丙、戊补足该出资，而该公司的债权人A银行要求丙、戊对公司不能清偿的债务承担责任。根据公司法律制度规定，下列说法中正确的是（　　）。

A. 公司无权要求丙、戊补足该出资，因已过诉讼时效

B. 公司要求戊补足出资，戊可以以丁未出资为由进行抗辩

C. 甲、乙对丙不按照规定缴纳出资不承担责任

D. 戊对A银行的要求无权拒绝

13. 某有限公司股东会决议分配上年度利润，决议和公司章程均未对利润分配时间作出规定。则公司应当自决议作出之日起（　　）内完成利润分配。

A. 3个月

B. 6个月

C. 1年

D. 18个月

14. 某公司注册资本为100万元。2018年，该公司提取的法定公积金累计额为60万元，提取的任意公积金累计额为40万元。当年，该公司拟用公积金转增公司资本50万元。下列有关公司拟用公积金转增资本的方案中，不符合公司法律制度规

定的是(　　)。

A. 用法定公积金 10 万元、任意公积金 40 万元转增资本

B. 用法定公积金 20 万元、任意公积金 30 万元转增资本

C. 用法定公积金 30 万元、任意公积金 20 万元转增资本

D. 用法定公积金 40 万元、任意公积金 10 万元转增资本

15. 上市公司董事、监事和高级管理人员在信息披露工作中应当履行相应的职责。下列表述中，不符合证券法律制度规定的是(　　)。

A. 上市公司董事应对公司年度报告签署书面确认意见

B. 上市公司监事应对公司年度报告签署书面审核意见

C. 上市公司高级管理人员应对公司年度报告签署书面确认意见

D. 上市公司监事会应对公司年度报告签署书面审核意见

16. 根据证券法律制度的规定，下列情形中，无需经中国证监会注册的是(　　)。

A. 甲上市公司向某战略投资者定向增发股票

B. 乙上市公司向所有现有股东配股

C. 有 30 名股东的丙非上市股份有限公司拟将其股票公开转让

D. 有 199 名股东的丁非上市股份有限公司拟通过增资引入 3 名风险投资人

17. 根据证券法律制度的规定，凡是对投资者作出投资决策有重大影响的信息，均应当在定期报告中披露。下列不属于非上市公众公司定期报告的是(　　)。

A. 年度报告　　　B. 中期报告

C. 季度报告　　　D. 月度报告

18. 根据《企业破产法》的规定，下列关于债权人委员会的表述中，正确的是(　　)。

A. 在债权人会议中应当设置债权人委员会

B. 债权人委员会的成员人数最多不得超过 7 人

C. 债权人委员会决定所议事项应获得出席会议成员过半数通过

D. 债权人委员会中应当有 1 名债务人企业的职工代表或者工会代表

19. 下列关于国内信用证的表述中，正确的是(　　)。

A. 信用证均可议付

B. 信用证可以用于支取现金、转账结算

C. 信用证均可转让

D. 信用证与作为其依据的贸易合同相互独立

20. 下列选项中，无需办理企业国有资产产权登记的是(　　)。

A. 设置国有股权的有限责任公司

B. 国有资本控股公司的子公司

C. 国家出资企业所属事业单位

D. 国有独资公司为赚取差价在二级市场购入的上市公司股权

21. 下列选项中，不适用《反垄断法》的是(　　)。

A. 某国有石油企业滥用市场支配地位的行为

B. 发生在我国境外的垄断行为，但能对境内市场竞争产生排除、限制影响

C. 某行业协会组织本行业的经营者达成的垄断协议

D. 农业生产中的协同行为

22. 下列关于各项促进外商投资的措施的说法，错误的是(　　)。

A. 与外商投资有关的规范性文件应当依法及时公布，该规范性文件作为行政管理依据

B. 外商投资企业可以依法通过公开发行股票、公司债券等证券和其他方式进行融资

C. 政府及其有关部门制定的支持企业发展的政策应当依法公开

D. 国家根据需要，设立特殊经济区域，

或者在部分地区实行外商投资试验性政策措施，促进外商投资

23. 实行核准管理的范围是投资主体直接或通过其控制的境外企业开展的敏感类项目，下列不属于敏感行业的是（　　）。

A. 新闻传媒

B. 跨境水资源开发利用

C. 武器装备的研制生产维修

D. 农村基本农田建房

24. 根据涉外经济法律制度的规定，下列关于反倾销调查与处理措施，说法不正确的是（　　）。

A. 表示支持申请的国内生产者的产量不足国内同类产品总产量的30%的，不得启动反倾销调查

B. 反倾销调查应当自立案调查决定公告之日起12个月内结束，特殊情况下可以延长，但延长期不得超过6个月

C. 倾销幅度低于2%的，反倾销调查应当终止

D. 反倾销税的征收期限不超过5年，但经商务部复审可以适当延长

二、多项选择题（本题型共14小题，每小题1.5分，共21分。）

1. 下列选项中，导致诉讼时效中止的事由有（　　）。

A. 无行为能力人的法定代理人死亡

B. 继承开始后未确定继承人

C. 为主张权利而申请宣告义务人失踪

D. 申请强制执行

2. 甲、乙、丙、丁按相同比例共有一辆汽车，约定轮流使用，其他没有约定。下列说法中正确的有（　　）。

A. 甲乙丙可以决定将该车出售给戊

B. 甲可以将自己的份额对外出售

C. 甲乙可以决定对汽车进行改装

D. 若丁死亡，其份额由甲乙丙按比例取得并对丁的继承人予以补偿

3. 根据合同法律制度的规定，下列关于定金的表述中，正确的有（　　）。

A. 收受定金一方不履行合同义务时，应当双倍返还定金

B. 收受定金一方履行合同义务时，定金所有权发生移转

C. 定金数额不得超过主合同标的额的20%，否则定金的约定无效

D. 定金与赔偿损失可以同时适用，定金和违约金不可同时适用

4. 某普通合伙企业有甲、乙、丙三个合伙人，协议约定三人执行合伙事务的权利平等。则以下说法正确的有（　　）。

A. 甲可以单独决定将合伙企业的门面房对外出售

B. 乙可以单独决定对外签订价值100万元的采购合同

C. 丙可以单独决定将自有原料卖给合伙企业

D. 甲乙丙一致同意才能聘请丁管理合伙企业

5. 根据合伙企业法律制度的规定，普通合伙人发生的下列情形中，属于当然退伙的有（　　）。

A. 合伙人未履行出资义务

B. 作为合伙人的自然人死亡

C. 因重大过失给合伙企业造成损失

D. 个人丧失偿债能力

6. 以下情况，应当召开有限公司临时股东会的有（　　）。

A. 代表15%表决权的股东张某提议

B. 董事长刘某提议

C. 董事会中有2/3的董事提议

D. 未设监事会的公司监事李某提议

7. 某有限责任公司不设监事会，只设了一名监事甲，甲的下列做法，符合《公司法》规定的有（　　）。

A. 提议召开临时股东会会议

B. 制订公司年度财务预算方案

C. 检查公司财务

D. 建议罢免损害公司利益的董事

8. 下列行为中，属于操纵市场的有（　　）。

A. 利用窃取、骗取等手段获得的未公开信息进行证券交易

B. 在自己实际控制的账户之间进行证券交易

C. 不以成交为目的，频繁或者大量申报并撤销申报

D. 利用虚假或者不确定的重大信息，诱导投资者进行证券交易

9. 甲受乙胁迫开出一张以甲为付款人，以乙为收款人的汇票，之后乙通过背书将该汇票赠与丙，丙因急需用钱将该汇票背书转让与丁，取得票面金额 90% 的现金。丁将该汇票背书转让给戊以支付门面租金。丙、丁、戊对乙胁迫甲取得票据一事毫不知情。下列说法中，正确的有(   )。

A. 乙不享有该汇票的票据权利

B. 丙不享有该汇票的票据权利

C. 丁享有该汇票的票据权利

D. 戊不享有该汇票的票据权利

10. 下列选项中，属于上市公司国有股权变动中所称"国有股东"的有(   )。

A. 政府部门

B. 事业单位

C. 某国有独资公司持股比例超过 50% 的公司

D. 某国有资本控股公司出资 80% 的有限合伙企业

11. 经营者与其交易相对人达成的下列协议中，被我国反垄断法律制度明确禁止的有(   )。

A. 固定向第三人转售商品的价格

B. 限定向第三人转售商品的最低价格

C. 联合拒绝销售特定经营者的商品

D. 限定向第三人转售商品的地域范围

12. 为规范政府有关行为，防止出台排除、限制竞争的政策措施，逐步清理废除妨碍全国统一市场和公平竞争的规定和做法。以下规范性文件的出台需要进行公平竞争审查的有(   )。

A. 国务院出台的有关产业发展方面的行政法规

B. 国务院某部门出台的所监管行业市场准入方面的规章

C. 某省政府出台的招标投标方面的规章

D. 某省人大常委会出台的本省政府采购方面的地方性法规

13. 外商并购境内企业时，安全审查的内容有(   )。

A. 并购交易对国防安全的影响

B. 并购交易对国家经济稳定运行的影响

C. 并购交易对国内竞争秩序的影响

D. 并购交易对国家网络安全的影响

14. 根据外汇法律制度的规定，下列交易项目中，属于经常项目的有(   )。

A. 捐赠给其他国家的赈灾款

B. 乙企业在境外的借款

C. 丙企业在境外投资分回的利润

D. 合格境外机构投资者丁企业在我国购买 A 股

三、案例分析题(本题型共 4 小题。第 1 小题 10 分，第 2 小题 10 分，第 3 小题 18 分，第 4 小题 17 分。)

1. 甲企业因排放污水导致张某、王某和李某合伙承包的鱼塘大面积污染，鱼全部死亡，甲企业因此需赔偿给张某、王某和李某共计 1000 万元。同时，甲企业欠乙企业原材料款 200 万元，欠 A 银行借款 100 万元，A 银行的借款有厂房做抵押。张某三人提起诉讼，法院判决三人胜诉，经执行，甲企业尚未完全清偿。A 银行得知以后，向法院申请甲企业破产。甲企业提出抗辩，认为自己欠 A 银行的借款有抵押担保，且 A 银行并未向法院提起诉讼要求还款。法院审查后仍然于 2018 年 9 月 1 日受理了甲企业的破产案件。管理人接管甲企业财产后，发现如下事实：

(1)甲企业为丙企业向 B 银行借款做一般保证人，保证合同明确约定，当丙企业不能清偿时由甲企业承担保证责任。该笔借款尚未到期，B 银行要求申报债权，甲企

业认为自己是一般保证人，享有先诉抗辩权。

（2）2018 年 2 月 3 日，甲企业赠送给关联企业丁企业价值 5 万元的设备一台。

（3）甲企业向戊企业订购复印机一台，甲企业支付了部分货款，戊企业已将复印机发运，但甲企业尚未收到。戊企业向管理人要求取回复印机，退还已收货款。

（4）已企业欠甲企业 100 万元，已得知甲被受理破产，与乙协商从乙处受让 200 万元债权，并主张以此抵销所负债务。

在债权人申报债权并经债权人会议审查后，债权人张某对 B 银行申报的债权提出异议，经管理人解释后张某仍然不服，拟提起诉讼。

要求：根据上述内容，分别回答下列问题。

（1）甲企业提出的抗辩是否成立？并说明理由。

（2）B 银行是否可以申报债权？甲企业是否可以主张先诉抗辩权？并说明理由。

（3）对甲企业赠送给丁的设备应如何处理？并说明理由。

（4）戊是否有权要求取回复印机？并说明理由。

（5）对己的抵销要求是否应当支持？并说明理由。

（6）张某是否有权提起诉讼？若有权，应当以谁为被告？并说明理由。

2. 甲公司与乙公司签订买卖合同，甲公司于 2017 年 3 月 19 日开出面值 100 万元、付款期限 5 个月、已由某银行承兑的银行承兑汇票，A 公司为甲公司保证，专门订立了保证合同，但未在票据上做任何记载。乙将该票据背书转让给丙公司，丙公司又背书转让给丁公司，不久，丁公司被戊公司兼并，戊公司取得该票据。戊公司于 2017 年 8 月 30 日向付款人银行提示付款，付款人银行认为：第一，该票据背书不连续；第二，持票人未按规定期限提示付款；第

三，甲公司在自己银行出票时仅支付了保证金，甲公司账户金额不足以支付全部票款，故而拒付。戊公司向丙公司追索，丙公司认为票据背书时未注明背书日期，背书行为无效，拒绝承担责任；戊遂要求乙付款，乙认为按照债务人的顺序，应先由丙付款，戊不能对其直接要求付款，因此拒绝付款；戊要求 A 承担票据上的保证责任。

要求：结合以上资料，回答下列问题。

（1）付款人银行拒付的理由是否成立？并说明理由。

（2）丙公司拒绝承担责任的理由是否成立？并说明理由。

（3）乙拒绝承担责任的理由是否成立？并说明理由。

（4）A 是否应当承担票据上的保证责任？并说明理由。

3. 2019 年 5 月 20 日，上海的甲公司与北京的乙公司签订了一份买卖合同，约定：甲公司向乙公司购买两台大型设备，总价 200 万元；乙公司在合同签订后 1 个月内交货，甲公司在收到后 10 日内验货，验货后 7 日内付款。双方没有明确约定交付货物的地点。合同签订后，为担保甲公司按期付款，甲公司请丙公司为该笔借款提供了保证担保。乙与丙公司的保证合同没有约定保证方式及保证范围，但约定保证人承担保证责任的期限至借款本息还清时为止。

乙公司于 6 月 10 日发货，委托 A 运输公司运输。2019 年 6 月 15 日，甲公司收到该第一台设备。2019 年 6 月 17 日，A 运输公司通知甲公司因途经地山洪暴发，另一台设备被洪水冲损。甲公司因此拒绝支付乙公司一台设备的价款。乙公司要求保证人丙公司承担保证责任，丙公司认为乙公司没有起诉甲公司要求付款，予以拒绝。

2019 年 7 月，甲公司直接将收到的设备转售给丁公司，价款采用分期付款的方式，

第一期在合同签订时支付 40 万元，以后分 3 个月，每个月支付 20 万元，丁公司应在收到后 1 个月内验货。为担保丁公司付款，丁公司以自己库存的产品和将来 5 个月的产品做抵押，7 月 1 日签订抵押合同，7 月 3 日办理了抵押登记。2019 年 10 月，丁公司在支付了首付款和一期合同款后，由于停止生产，通知甲公司不再付款，并认为该设备有质量问题，甲公司应承担违约责任。甲公司遂直接通知丁公司要求支付剩余全部价款，被丁公司拒绝。甲公司欲就丁公司的库存产品行使抵押权，方得知丁公司已于 8 月将全部产品出售给不知情的戊公司，戊公司支付了全部价款并已取走产品。

要求：根据上述内容，回答以下问题。

(1)甲乙之间买卖合同的标的物应如何交付？并说明理由。

(2)甲公司是否有权拒绝支付乙公司一台设备的货款？并说明理由。

(3)丙公司的保证期间为多长时间？丙公司拒绝支付乙公司设备款的理由是否成立？并说明理由。

(4)甲公司何时取得抵押权？并说明理由。

(5)丁公司认为设备质量问题，要求甲公司承担违约责任的主张是否成立？并说明理由。

(6)甲公司能否直接通知丁公司要求支付剩余全部价款？并说明理由。

(7)戊公司是否获得产品的所有权？甲公司是否有权就戊公司取走的产品行使抵押权？并说明理由。

4. 甲股份有限公司(以下简称"甲公司")于 2015 年 1 月在上海证券交易所首发并上市。2017 年 3 月，甲公司曾公开发行 3 年期公司债券，债券总额 1 亿元，甲公司为债券持有人聘请了债券受托管理人 A 证券公司，并订立债券受托管理协议。2019 年 9 月，证监会对甲公司例行检查发现，2019 年 3 月，甲公司所在地地震，导致超

过 10%的净资产损失，甲公司决定延期支付 2019 年度的债券利息，甲公司对上述情况并未公告也未通知债券持有人。2019 年 10 月，债券持有人要求 A 公司召集持有人会议，A 公司认为甲公司虽受灾，但恢复良好，予以拒绝。2019 年 12 月，甲公司拟再次公开发行公司债券，基本情况如下：甲公司 2017 年、2018 年和 2019 年的净利润分别为 600 万元、800 万元和 400 万元。甲公司净资产 4 亿元，拟公开发行公司债券面值 5000 万元，年利率 7%。财务顾问认为甲公司不符合债券公开发行的条件，建议甲公司非公开发行。甲公司遂调整债券发行方案：(1)拟非公开发行的债券规模为 5000 万元，期限 5 年，面值 10 元；(2)发行对象为不超过 200 名的合格投资者，其中：企事业单位、合伙企业的净资产不得低于 500 万元，个人投资者名下金融资产不得低于 100 万元。董事会讨论后，就上述方案中不符合证券法律制度规定的内容进行了修改。提交股东大会表决。甲公司股份总数 2 亿股，到会股东持有股份 1.5 亿股，表决赞同非公开债券的股东代表的股份数为 8000 万股。

2020 年 3 月，甲公司因涉嫌欺诈上市被证监会调查。经查，甲公司董事长赵某通过外部借款、伪造银行单据等方式虚构回收应收账款 1 亿元。而 B 律师事务所为甲公司的招股说明书出具法律意见书，其中载明"根据上市申请人提供的相关文件及本所律师核查，……上市申请人在最近三年财务会计报告中无虚假记载……"

证监会同时还收到举报，甲公司大股东、董事刘某是甲公司的发起人之一，在公司股票上市前，曾通过甲公司的子公司借款 1000 万元用于购置私人房产，至今尚未完全归还。公司股票上市后 1 个月，刘某售出自己持有的甲公司股份 3%。小股东余某在公司公开发行股份时购得 1 万股，得知公司股票涉嫌欺诈上市，要求证监会责

令甲公司按发行价格回购自己的股份。

要求：根据有关规定，分别回答以下问题。

（1）A证券公司拒绝债券持有人要求其召集持有人会议的理由是否成立？并说明理由。

（2）财务顾问认为甲公司不符合债券公开发行的条件是否符合证券法律制度规定？并说明理由。

（3）甲公司非公开发行债券方案中有哪些不符合法律规定之处？并说明理由。

（4）股东大会表决甲公司非公开发行债券方案能否获得通过？并说明理由。

（5）赵某、B律师事务所是否应对招股说明书中的虚假财务数据承担行政法律责任？并分别说明理由。

（6）刘某通过甲公司的子公司借款1000万元的行为是否合法？并说明理由。

（7）刘某售出甲公司股份的行为是否合法？并说明理由。

（8）证监会是否有权要求甲公司按发行价格回购余某的股份？并说明理由。

预测试题（一）
参考答案及详细解析

一、单项选择题

1. A 【解析】本题考核法律渊源。证监会发布的《上市公司信息披露管理办法》是部门规章，选项B错误；司法解释的制定主体包括最高人民法院和最高人民检察院，选项C错误。地方性法规是有制定权的地方人大及其常委会制定的规范性法律文件，选项D错误。

2. D 【解析】本题考核法律关系的主体。自然人的民事行为能力分为完全民事行为能力人、限制民事行为能力人、无民事行为能力人，因此选项D错误。

3. C 【解析】本题考核民事法律行为的分

类。赠与是双方行为，授予代理权是单方行为，买卖合同是负担行为，选项ABD错误。

4. C 【解析】本题考核狭义无权代理。伪造公章不构成表见代理，刘某的行为构成狭义无权代理，合同效力待定，选项AD错误；被代理人甲不作任何表示，视为拒绝追认，选项B错误。

5. B 【解析】本题考核异议登记。权利人、利害关系人认为不动产登记簿记载的事项错误，可以申请更正登记。不动产登记簿记载的权利人书面同意更正或者有证据证明登记确有错误的，登记机构应当予以更正；若是不动产登记簿记载的权利人不同意更正，利害关系人可以申请异议登记。

6. D 【解析】本题考核合同履行的抗辩权。乙可以行使先履行抗辩权，选项A、B错误；乙只能够主张对方没有履行或者履行不符合约定部分的抗辩，选项C错误，选项D正确。

7. C 【解析】本题考核普通合伙企业。合伙协议不得约定将全部利润分配给部分合伙人，选项C不符合规定。

8. B 【解析】本题考核合伙人个人债务的清偿。根据规定，合伙人个人财产不足清偿其个人所负债务的，该合伙人可以以其从合伙企业中分取的收益用于清偿；债权人也可以依法请求人民法院强制执行该合伙人在合伙企业中的财产份额用于清偿，选项B正确。

9. A 【解析】本题考核普通合伙人当然退伙。普通合伙人死亡是当然退伙的法定事由，选项A正确。普通合伙人死亡，继承人按照合伙协议的约定或者经全体合伙人一致同意，从继承开始之日起，取得该合伙企业的合伙人资格；继承人无行为能力或限制行为能力，经全体合伙人一致同意成为有限合伙人，否则应当将财产份额退还该继承人，选项BCD错误。

10. D 【解析】本题考核有限合伙企业事务

执行。有限合伙人让善意第三人相信自己为普通合伙人而与之进行交易的，对该笔交易承担与普通合伙人相同的责任。该合同有效，合伙企业应当承担责任，选项ABC错误。

11. C 【解析】本题考核公司设立中的责任。发起人以自己的名义订立的合同，合同相对人有权选择请求该发起人或者成立后的公司承担合同义务。因而丙可以要求A公司或甲承担责任，选项AB错误；发起人如因设立公司而对他人造成损害的，公司成立后应自动承受该侵权责任，选项C正确，选项D错误。

12. D 【解析】本题考核股东出资的责任。股东出资问题不受诉讼时效限制。选项A错误。出资不足即转让股权的，出资不足的股东应当补足，受让人知情的，承担连带责任；债权人要求出资不足的股东承担补充清偿责任时，有权要求受让人为此承担连带责任。选项B错误、选项D正确。股东出资不足的，应当补足，公司设立时的其他股东承担连带责任。债权人有权要求该股东在出资不足的范围内对公司债务不能清偿部分承担补充清偿责任。选项C错误。

13. C 【解析】本题考核利润分配时间。分配利润的股东会或者股东大会决议作出后，公司应当在决议载明的时间内完成利润分配。决议没有载明时间的，以公司章程规定的为准。决议、章程中均未规定时间或者时间超过一年的，公司应当自决议作出之日起一年内完成利润分配。

14. D 【解析】本题考核公积金转增资本。转增后法定公积金账户留存的部分不得少于转增前公司注册资本的25%。选项D不符合要求。

15. B 【解析】本题考核信息披露管理制度。监事对公司年度报告签署书面确认意见。选项B错误。

16. C 【解析】本题考核上市公司与非上市公众公司发行和转让的注册规定。上市公司非公开发行股票需要提交发行申请并注册，因此选项A不当选；上市公司增发股票需要经过证监会注册，因此选项B不当选；对于股东人数未超过200人的公司申请其股票公开转让，中国证监会豁免注册，由全国中小企业股份转让系统进行审查，因此选项C不需要经过证监会注册；因股票向特定对象发行股票导致股东累计超过200人的，需要向中国证监会进行注册，选项D中，向特定对象发行股票后导致股东人数累计超过200人，此时应进行注册。

17. D 【解析】本题考核对非上市公众公司的监管。股票在全国股转系统挂牌公开转让的非上市公众公司定期报告包括年度报告、中期报告和季度报告。

18. D 【解析】本题考核债权人委员会。债权人委员会并非必设机构，选项A错误；债权人委员会成员最多不超过9人，选项B错误；债权人委员会决定所议事项应获得全体成员过半数通过，选项C错误。

19. D 【解析】本题考核信用证。信用证在开证时必须注明是否可议付和转让，选项A、C错误。信用证只限于转账结算，不得支取现金。选项B错误。

20. D 【解析】国家出资企业为交易目的持有的下列股权不进行产权登记：（1）为赚取差价从二级市场购入的上市公司股权；（2）为近期内（一年以内）出售而持有的其他股权。

21. D 【解析】本题考核《反垄断法》的适用范围。如果国有垄断企业从事垄断协议、滥用市场支配地位行为，或者从事可能排除、限制竞争的经营者集中行为，同样应受《反垄断法》的规制。部分垄断行为排除适用《反垄断法》，包括：知识产权的正当行使、农业生产中的联合或协同行为。

22. A 【解析】本题考核外商投资促进。与外商投资有关的规范性文件应当依法及时公布，未经公布的不得作为行政管理依据。

23. D 【解析】本题考核对外直接投资核准和备案。敏感行业包括：(1)武器装备的研制生产维修；(2)跨境水资源开发利用；(3)新闻传媒；(4)根据我国法律法规和有关调控政策，需要限制企业境外投资的行业。

24. A 【解析】本题考核反倾销调查与处理。表示支持申请的国内生产者的产量不足国内同类产品总产量的25%的，不得启动反倾销调查，选项A错误。

二、多项选择题

1. AB 【解析】本题考核诉讼时效中止的事由。选项C、D是导致诉讼时效中断的事由。

2. AB 【解析】本题考核按份共有。共有物的重大修缮和整体处分需经占2/3以上份额的共有人同意，甲乙丙的份额为75%，超过2/3，选项A正确；按份共有人处分自己的份额是自由的，选项B正确；甲乙的份额只有50%，选项C错误；没有特别约定，共有份额当然继承，选项D错误。

3. AD 【解析】本题考核定金。定金交付所有权即发生移转，金钱占有即所有，选项B错误；定金数额不得超过主合同标的额的20%，超过部分无效，选项C错误。

4. BD 【解析】本题考核合伙事务的执行。除合伙协议另有约定外，处分合伙企业的不动产、聘请合伙人以外的人担任经营管理人员需全体合伙人一致同意，选项A错误、选项D正确；普通合伙人不得与合伙企业进行交易，除非合伙协议另有约定或经全体合伙人一致同意，选项C错误。

5. BD 【解析】本题考核普通合伙人当然退伙的情形。合伙人未履行出资义务、因故意或者重大过失给合伙企业造成损失的，属于强制退伙中的除名情形，不属于当然

退伙的情形，所以选项AC错误。

6. ACD 【解析】本题考核有限公司临时股东会召开的情形。以下情形下，2个月内应该召开临时会议：(1)代表1/10以上表决权的股东提议；(2)1/3以上的董事提议；(3)监事会或者不设监事会的公司的监事提议。

7. ACD 【解析】本题考核监事会的职权。选项B是董事会的职权。

8. BCD 【解析】本题考核操纵市场行为。选项A属于内幕交易行为。

9. ABC 【解析】本题考核票据权利的取得。欺诈、盗窃、胁迫取得票据的，不享有票据权利，选项A正确；无偿取得票据的，其票据权利不得优于其前手，选项B正确；票据基础关系的瑕疵不影响票据行为的效力，选项C正确。戊构成票据权利的正当取得，选项D错误。

10. ABC 【解析】本题考核上市公司"国有股东"的界定。国有股东不包括国有出资的有限合伙企业，选项D错误。

11. AB 【解析】本题考核纵向垄断协议。选项C属于横向垄断协议；选项D不禁止。

12. ABCD 【解析】本题考核公平竞争审查制度。公平竞争审查的对象包括：(1)行政机关和法律、法规授权的具有管理公共事务职能的组织制定涉及市场主体经济活动的规章、规范性文件和其他政策措施；(2)行政法规和国务院制定的其他政策措施；(3)地方立法机关制定的地方性法规，上述选项均应审查。

13. AB 【解析】本题考核外资并购安全审查。选项C是经营者集中反垄断审查的内容；选项D是自贸区外商投资安全审查的内容。

14. AC 【解析】本题考核经常项目。选项B、D属于资本项目。

三、案例分析题

1.【答案】

(1)甲企业提出的抗辩不成立。根据规定，

只要债务人的任何一个债权人经人民法院强制执行未能得到清偿，所有债权人均有权提出破产申请，不受债权人是否提起了诉讼或者是否有担保物权的限制。

(2)B银行可以申报债权，甲企业不享有先诉抗辩权。根据规定，一般保证人被人民法院宣告破产的，其先诉抗辩权不得行使，债权人可以先以保证债务的全额向保证人申报债权。

(3)管理人应当请求人民法院撤销甲公司向丁公司赠送设备的行为。根据规定，债务人在人民法院受理破产申请前1年内无偿转让财产的，管理人有权请求人民法院予以撤销。

(4)戊公司有权要求取回复印机。人民法院受理破产申请时，出卖人已将买卖标的物向作为买受人的债务人发运，债务人尚未收到且未付清全部价款的，出卖人可以取回在运途中的标的物。

(5)对己的抵销要求，不应当支持。根据规定，债务人的债务人在破产申请受理后取得他人对债务人的债权的，不得抵销。

(6)①张某有权提起诉讼。根据规定，债务人、债权人对债权表记载的债权有异议的，应当说明理由和法律依据。经管理人解释或调整后，异议人仍不服的，或者管理人不予解释或调整的，异议人应当在债权人会议核查结束后十五日内向人民法院提起债权确认的诉讼。②张某若起诉，应当以B银行为被告。根据规定，对他人的债权有异议，被告是被异议的债权人。

2.【答案】

(1)付款人银行拒付的理由不成立。第一，票据背书不连续，该理由不成立。根据规定，因合并、继承等原因获得票据，能够证明背书不连续的原因，也享有票据权利。第二，持票人未按规定期限提示付款，该理由不成立。根据规定，持票人超过法定期限提示付款的，在作出说明后，承兑人或者付款人仍应当继续对持票人承担付款责任。第三，甲公司账户金额不足以支付全部票款，该理由不成立。根据规定，票据债务人原则上不得以自己与出票人或者与持票人的前手之间的抗辩事由，对抗持票人。

(2)丙公司拒绝承担责任的理由不成立。根据规定，票据背书时未注明背书日期的，视为到期前背书，背书行为有效。

(3)乙拒绝承担责任的理由不成立。根据规定，汇票的出票人、背书人、承兑人和保证人对持票人承担连带责任。持票人可以不按照汇票债务人的先后顺序，对其中任何一人、数人或者全体行使追索权。

(4)A不应当承担票据上的保证责任。根据规定，票据上的保证应当在票据上记载：保证文句、保证人的名称和住所、保证人签章。如果保证人未在票据或者粘单上记载"保证"字样而另行签订保证合同或者保证条款的，不属于票据保证；只能认定为民法上的保证。所以本案中，A不承担票据上的保证责任，承担的是民法上的保证责任。

3.【答案】

(1)由出卖人乙公司将标的物交付给第一承运人以运交给买受人。根据规定，当事人没有约定交付地点或者约定不明确，当事人不能协议补充且依据合同相关条款、交易习惯等仍不能确定的，适用下列规定：标的物需要运输的，出卖人应当将标的物交付给第一承运人以运交给买受人。

(2)甲公司无权拒绝支付乙公司一台设备的货款。根据规定，在买卖合同中，当事人没有约定交付地点或者约定不明确，标的物需要运输的，出卖人将标的物交付给第一承运人后，标的物毁损、灭失的风险由买受人承担。本案中，没有约定交货地点，乙公司已经将货物发运，途中货物灭失的损失应当由甲公司承担。因而甲公司还需按合同约定支付货款。

(3)第一，丙公司的保证期间为主债务履

行期限届满之日起 2 年。本案中保证合同约定保证责任承担到债务本息还清为止，这属于对保证期间约定不明，应当为主债务履行期限届满之日起 2 年。

第二，丙公司拒绝支付乙公司设备款的理由不成立。根据规定，保证合同未约定保证方式的，保证人承担连带保证责任。丙公司是连带保证，不享有先诉抗辩权。

(4)甲公司 7 月 1 日取得抵押权。根据规定，动产浮动抵押，当事人订立合同时抵押权产生，但不登记不得对抗善意第三人。

(5)丁公司认为设备质量问题，要求甲公司承担违约责任的主张不成立。根据规定，当事人约定检验期间的，买受人应当在检验期间内将标的物的数量或者质量不符合约定的情形通知出卖人。买受人怠于通知的，视为标的物的数量或者质量符合约定。本案中当事人约定检验期 1 个月，丁公司已经超出检验期。

(6)甲公司可以直接通知丁公司要求支付剩余全部价款。根据规定，分期付款买卖中，买受人没有支付到期货款达到合同总价款的 1/5 时，出卖人可以选择要求解除合同，返还标的物或者要求买受人支付剩余全部价款，本案中，丁公司有 40 万元没有支付，甲公司可以要求支付剩余全部价款。

(7)戊公司获得产品的所有权，甲公司不能就该产品行使抵押权。根据规定，动产浮动抵押已经登记的，也不得对抗正常经营活动中，已经支付合理价款并已经取走抵押财产的买受人。本案中，虽然抵押已经登记，但丁公司销售产品是正常经营活动，戊公司已经支付全部价款并已经取走产品，获得产品的所有权，甲公司不能就该产品行使抵押权。

4.【答案】

(1)A 证券公司拒绝债券持有人要求其召集持有人会议的理由不成立。根据规定，

债券受托管理人在发行人不能按期支付债券本息时，应当召集债券持有人会议。

(2)财务顾问认为甲公司不符合债券公开发行的条件符合证券法律制度规定。根据规定，对已发行的公司债券或者其他债务有违约或者迟延支付本息的事实，仍处于继续状态的，不得再次公开发行公司债券。

(3)甲公司非公开发行债券方案中不符合法律规定之处：第一，债券面值为 100 元，甲公司规定面值 10 元不符合规定；第二，发行对象中，部分投资者不符合"合法投资者"的条件，企事业单位法人、合伙企业的净资产应当不低于 1000 万元，个人投资者名下的金融资产应当不低于 300 万元。

(4)股东大会表决甲公司非公开发行债券方案能够获得通过。根据规定，发行公司债券属于股东大会一般表决事项，经出席会议股东所持表决权过半数就可以通过。本案中，甲公司股份总数 2 亿股，到会股东持有股份 1.5 亿股，表决赞同非公开债券的股东代表的股份数为 8000 万股，达到了过半数的要求。

(5)①赵某应对招股说明书中的虚假财务数据承担行政法律责任。根据规定，上市公司的董事、监事、高级管理人员，负有保证信息披露真实、准确、完整、及时和公平义务，应当视情形认定其为直接负责的主管人员或者其他直接责任人员承担行政责任，但其能够证明已尽忠实、勤勉义务，没有过错的除外。本题中，赵某为甲公司董事长，决定虚构回收应收账款，有过错，应对上市公司虚假陈述行为承担行政责任。

②B 律师事务所应对招股说明书中的虚假财务数据承担行政责任。对于虚假陈述行为，如果律师事务所等证券服务机构也有涉及的，应承担行政责任。根据规定，证券服务机构未勤勉尽责，所制作、出具的文件有虚假记载、误导性陈述或者重大遗

漏的，应当承担行政责任。

（6）刘某通过甲公司的子公司借款 1000 万元的行为不合法。根据规定，股份公司不得直接或通过子公司向董事、监事、高级管理人员提供借款。

（7）刘某售出甲公司股份的行为均不合法。根据规定，公司公开发行股份前已发行的股份自公司股票在证券交易所上市交易之日起 1 年内不得转让，刘某作为发起人，其所持公司股份自公司股票上市交易之日起 1 年内不得转让。

（8）证监会有权要求甲公司按发行价格回购余某的股份。根据规定，股票的发行人在招股说明书等证券发行文件中隐瞒重要事实或者编造重大虚假内容，已经发行并上市的，国务院证券监督管理机构可以责令发行人回购证券，或者责令负有责任的控股股东、实际控制人买回证券。

扫我做试题

一、单项选择题(本题型共24小题，每小题1分，共24分。)

1. 根据法律规范是否允许当事人进行自主调整，及按照自己的意愿设定权利和义务的标准进行区分，可以将法律规范分为强行性规法和任意性规范。《合同法》规定"违反法律、行政法规的强制性规定的合同无效。"下列法律规范中，与该规范属于同一类型法律规范的是( )。

A. 国务院反垄断委员会的组成和工作规则由国务院规定

B. 供用水、供用气、供用热力合同，参照供用电合同的有关规定

C. 国家机关不得为保证人

D. 公司向其他企业投资或者为他人提供担保，依照公司章程的规定，由董事会或者股东会、股东大会决议

2. 下列关于法律关系的说法中，不正确的是( )。

A. 法律关系是由法律行为导致的主体间的权利义务关系

B. 法律关系的主体包括国家

C. 行为可以作为法律关系的客体

D. 恋爱关系并非法律关系

3. 下列关于意思表示的说法中，正确的是( )。

A. 无相人的意思表示一旦完成即产生法律效力

B. 单方行为都是无相对人的意思表示

C. 以对话方式作出的意思表示，到达相对人时生效

D. 沉默也可以作为意思表示

4. 下列关于诉讼时效起算的说法中，不正确的是( )。

A. 当事人约定同一债务分期履行的，诉讼时效期间自最后一期履行期限届满之日起计算

B. 无民事行为能力人或者限制民事行为能力人对其法定代理人的请求权的诉讼时效期间，自该法定代理终止之日起计算

C. 请求支付抚养费、赡养费或者扶养费的诉讼时效期间，从有关当事人停止支付之日起算

D. 未成年人遭受性侵害的损害赔偿请求权的诉讼时效期间，自受害人年满18周岁之日起计算

5. 下列关于物的种类，说法正确的是( )。

A. 地上附着的林木是动产

B. 粮食是种类物

C. 汽车是消耗物

D. 水泥是不可分物

6. 张某卖给邻居李某一头牛，合同约定张某送牛上门，张某依约将牛牵至李某家，李某因牛的市价下降，拒绝接收。对此，下列说法错误的是( )。

A. 张某可以将牛提存

B. 张某将牛提存之后，牛因地震灭失的风险由李某承担

C. 张某将牛提存之后，牛生的小牛归李某所有

D. 张某将牛提存之后，若李某5年未领取，牛归张某所有

7. 甲乙丙丁共同出资设立一普通合伙企业，合伙协议约定的下列事项中，符合合伙企业法律制度规定的是( )。

A. 甲将自己的份额转让给乙，无须经其他合伙人同意，也不需要通知其他合伙人

B. 乙将自己的份额转让给合伙人以外的人，其他合伙人在3个月内可以主张在同等条件下优先购买

C. 丙不得以其在合伙企业中的财产份额出质

D. 丁将其合伙份额出质，需经其余三人中二人以上同意

8. 甲、乙、丙投资设立一个普通合伙企业，

甲为合伙事务执行人，合伙协议约定甲可以自行决定 5 万元以内的开支及 50 万元内的业务，超出限额的需全体合伙人协商。根据合伙企业法律制度的规定，甲在任职期间内实施的下列行为中，有效的是( )。

A. 经乙同意放弃对丁的 5 万元债权

B. 未经乙、丙同意，与善意的 B 公司签订 100 万元的合同

C. 未经乙、丙同意，将登记在自己名下的商铺出租给合伙企业

D. 与丁一起经营与该合伙企业相同的业务

9. 甲、乙、丙、丁共同投资设立一个有限合伙企业，甲、乙为普通合伙人，丙、丁为有限合伙人。下列有关合伙人以财产份额出质的表述中，不符合合伙企业法律制度规定的是( )。

A. 经乙、丙、丁同意，甲可以其在合伙企业中的财产份额出质

B. 如果合伙协议没有约定，即使甲、乙均不同意，丁也可以其在合伙企业中的财产份额出质

C. 合伙协议可以约定，经 2 个以上合伙人同意，乙可以其在合伙企业中的财产份额出质

D. 合伙协议可以约定，未经 2 个以上合伙人同意，丙不得以其在合伙企业中的财产份额出质

10. 根据合伙企业法律制度的规定，下列情形中，属于有限合伙人当然退伙的是( )。

A. 作为有限合伙人的自然人丧失行为能力

B. 有限合伙人个人丧失偿债能力

C. 有限合伙人在合伙企业中的全部财产份额被人民法院强制执行

D. 作为有限合伙人的某企业被申请破产

11. 2016 年 3 月，自然人甲乙丙丁设立 A 有限责任公司。2018 年 1 月，公司股东会决议分配上年度的利润，但公司后来无理由拒绝分配。甲要求查阅和复制股东会会议记录，并向法院起诉要求分配利润，根据公司法律制度的规定，说法不正确的是( )。

A. 甲应当书面请求查阅和复制股东会会议记录

B. 甲应以 A 公司为被告

C. 甲起诉时若未提供股东会决议，法院应判决驳回甲的请求

D. 甲若提供了股东会决议，法院应判决支持甲的诉讼请求

12. 根据公司法律制度的规定，下列关于一人有限责任公司的表述中，正确的是( )。

A. 一人有限责任公司的股东可以是自然人，也可以是法人

B. 一人有限责任公司应在每一会计年度终了时编制财务会计报告，但不必经会计师事务所审计

C. 一人有限责任公司可以再投资设立一人有限责任公司

D. 公司债权人要求股东对公司债务承担连带责任的，有义务证明该公司的财产不独立于股东自己的财产

13. 下列情形中，属于有限公司应当召开临时股东会的是( )。

A. 公司董事会原有成员 7 人，现只剩下 5 人

B. 公司未弥补的亏损达到公司净资产的 1/3

C. 持有公司股份 3% 以上的股东请求

D. 监事会提议召开

14. 某上市公司拟选聘一名独立董事，下列候选人中有资格当选的是( )。

A. 张某，1 年前曾任该公司财务顾问

B. 李某，现在是该公司法律顾问

C. 王某，其配偶持有该公司 3% 的股份

D. 陈某，其父亲在该公司所控股的公司中任办公室秘书

15. 下列选项中，不属于上市公司发生重大事件需要临时披露情形的是( )。

    A. 公司的重大投资行为

    B. 公司在一年内购买、出售重大资产超过公司资产总额 30%

    C. 公司营业用主要资产的抵押、质押、出售或者报废一次超过该资产的 30%

    D. 持有公司 1% 以上股份的股东持有股份情况发生较大变化

16. 下列关于股票公开发行的承销，说法正确的是( )。

    A. 证券公司在代销、包销期内，可以为本公司预留所代销的证券或预先购入并留存所包销的证券

    B. 发行人向不特定对象公开发行的证券票面总值超过人民币 5000 万元的，应当聘请承销团承销

    C. 证券的代销、包销期限最长不得超过 90 日

    D. 股票发行采用包销方式，承销期限届满，向投资者出售的股票数量未达到拟公开发行股票数量 70% 的，为发行失败

17. 人民法院受理了甲企业的破产案件并指定了管理人。根据企业破产法律制度的规定，以下各选项中，属于破产费用的是( )。

    A. 为继续营业支付给员工的工资

    B. 因管理人请求对方当事人履行双方均未履行完毕的合同所产生的债务

    C. 管理人执行职务产生的费用

    D. 为继续营业而举借的借款

18. 下列关于汇票的背书，说法正确的是( )。

    A. 背书人记载"禁止转让"的，其后手背书转让无效

    B. 背书人将票据背书转让给其前手的，背书无效

    C. 背书人将票据金额分别转让给二人以上的，背书无效

    D. 背书人未记载被背书人名称的，背书无效

19. 根据企业国有资产法律制度的规定，下列管理者中，由履行出资人职责的机构决定的是( )。

    A. 国有独资公司的部门经理

    B. 国有独资公司的监事

    C. 国有资本控股公司的董事长

    D. 国有资本参股公司的监事会主席

20. 根据企业国有资产法律制度的规定，国家出资企业及其各级子企业发生特定行为时，应当对相关资产进行评估。下列各项中，不属于此类特定行为的是( )。

    A. 接受非国有单位以非货币资产抵债

    B. 以非货币资产偿还债务

    C. 国家出资企业整体或部分改制为有限责任公司或股份有限公司

    D. 国有独资企业与其下属独资企业之间的合并

21. 在反垄断民事诉讼中，当事人可以向人民法院申请委托专业机构或者专业人员就案件的专门性问题作出市场调查或者经济分析报告。该调查或分析报告在诉讼中作为( )。

    A. 鉴定意见

    B. 当事人陈述

    C. 证人证言

    D. 法官判案的参考依据

22. 下列关于外商投资管理，说法正确的是( )。

    A. 《外商投资法》的适用范围不包括外商在我国境内的间接投资

    B. 国家规定的准入特别管理措施(即负面清单)由商务部发布或者批准发布

    C. 国家对外商投资实行准入前国民待遇加负面清单管理制度

    D. 自贸试验区外商投资安全审查工作，由国家发改委具体承担

23. 根据涉外经济法律制度的规定，有权作出征收反补贴税决定的机构是( )。

    A. 海关总署

B. 国家税务总局

C. 商务部

D. 国务院关税税则委员会

24. 下列关于特别提款权以及人民币加入特别提款权货币篮，说法正确的是( )。

A. 特别提款权是由五种货币换算而成的一种货币

B. 特别提款权本身具有价值，可用于国家之间的贸易外汇结算

C. 人民币加入特别提款权货币篮标志着人民币成为自由使用货币

D. 人民币加入特别提款权货币篮实现了人民币的自由兑换

二、多项选择题(本题型共14小题，每小题1.5分，共21分。)

1. 下列民事法律行为中，属于可撤销民事法律行为的有( )。

A. 乙受甲胁迫低价将藏獒出售给张某的合同

B. 12周岁的小学生丙接受亲戚赠与跑车的行为

C. 丁和戊串通订立的损害第三人利益的合同

D. 己入住宾馆，误以为宾馆提供的饮料是免费的，取而饮之，后发现标价5元

2. 根据我国物权法律制度的规定，以下关于建设用地使用权的说法正确的有( )。

A. 国家重点扶持的能源、交通、水利等项目可以通过划拨取得建设用地使用权

B. 为公共利益需要，经批准可以收回国有土地使用权

C. 以出让方式取得土地使用权，尚未办理土地使用权证书的不可转让

D. 建设用地使用权转让，当事人应当采取书面形式订立合同

3. 甲卖给乙一套商品房，合同约定乙支付50%的预付款，甲办理过户登记，然后乙支付30%的价款，甲交付房屋给乙，乙再支付20%剩余款项。则下列关于本合同的说法正确的有( )。

A. 若甲未按期给乙办理过户登记，乙可以通知甲解除合同

B. 若乙未按期支付50%的预付款，则甲可以主张先履行抗辩权

C. 若房屋不符合居住质量要求，即便乙已经支付全款，也有权要求解除合同并要求甲承担违约责任

D. 若甲收取款项后未交付房屋，经催告合理期限仍不交付，则乙有权要求解除合同

4. 甲、乙、丙、丁设立一有限合伙企业，其中甲、乙为普通合伙人，丙、丁为有限合伙人。1年后，甲转为有限合伙人，同时丙转为普通合伙人。合伙企业设立之初，企业欠银行50万元，该债务直至合伙企业解散仍未偿还。下列关于该50万元债务清偿责任，应当承担无限连带责任的有( )。

A. 甲

B. 乙

C. 丙

D. 丁

5. 下列关于股份有限公司董事会的说法，正确的有( )。

A. 股份有限公司董事人数5-19人

B. 董事每届任期不得超过3年，连选可以连任

C. 董事任期届满前，股东大会作出解除其职务的决议不发生效力

D. 董事会可以决定公司的投资计划

6. 根据公司法律制度的规定，清算组在清算期间，可以行使的职权有( )。

A. 代表公司从事经营活动

B. 处理公司清偿债务后的剩余财产

C. 代表公司参与民事诉讼

D. 缴纳清算过程中产生的税款

7. 根据证券法律制度的规定，下列各项中，属于证券交易内幕信息知情人的有( )。

A. 负责发行人重大资产重组方案文印工作的秘书甲

B. 中国证监会负责审核发行人重大资产重组方案的官员乙

C. 持有上市公司5%以上股份的股东

D. 通过公开发行报刊知悉发行人重大资产重组方案的律师丁

8. 支票的下列记载事项中，欠缺将导致支票无效的有(　　)。

A. 无条件支付的委托

B. 确定的金额

C. 收款人名称

D. 出票日期

9. 下列上市公司国有股权变动情形中，必须经过国有资产监督管理机构审核批准的有(　　)。

A. 国有股东所持上市公司股份通过证券交易系统转让

B. 国有股东所持上市公司股份公开征集转让

C. 国有股东所持上市公司股份间接转让

D. 国有股东所控股上市公司吸收合并

10. 下列行为中，涉嫌违反我国《反垄断法》的有(　　)。

A. 某国有企业取得市场支配地位

B. 某外国企业在境外的垄断行为对我国相关行业竞争造成影响

C. 具有竞争关系的境内企业就出口某类商品最低价格达成协议

D. 某生产企业与分销商达成协议固定转售商品的价格

11. 以下经营者集中案件，视为简易案件的有(　　)。

A. 在同一相关市场，所有参与集中的经营者所占的市场份额之和小于15%

B. 存在上下游关系的参与集中的经营者，在上下游市场所占的份额均小于25%

C. 不在同一相关市场、也不存在上下游关系的参与集中的经营者，在与交易有关的每个市场所占的份额均小于25%

D. 由两个以上经营者共同控制的合营企业，通过集中被其中的一个经营者控制，该经营者与合营企业属于同一相关市场的竞争者

12. 根据外汇法律制度的规定，下列外汇收支活动中，应当适用《外汇管理条例》的有(　　)。

A. 美国驻华大使洪某在华任职期间的薪酬

B. 最近2年一直住在上海的美国公民汤姆，出租其在美国的住房获得的租金

C. 美国花旗银行伦敦分行在伦敦的营业所得

D. 正在美国旅行的中国人李某，在美国购买的彩票中了300万美元的大奖

13. 下列关于外债管理的规定，说法正确的有(　　)。

A. 银行负责外债的结售汇管理

B. 境内金融机构借用的外债资金一般不可结汇使用

C. 短期外债原则上只能用于流动资金

D. 债务人向境内金融机构借款时，不能接受境外机构提供的担保

14. 关于我国现行外汇市场，下列选项表述错误的有(　　)。

A. 银行间外汇市场的参与主体只能是境内银行业金融机构

B. 外汇市场交易的币种和形式由中国人民银行规定

C. 银行间外汇交易市场提供集中竞价、双边询价和撮合交易三种交易模式

D. 根据市场参与者的性质不同，外汇市场可划分为外汇零售市场和外汇批发市场

三、案例分析题(本题型共4小题。第1小题10分，第2小题10分，第3小题17分，第4小题18分。)

1. 2018年8月5日，人民法院根据债权人申请受理了A公司破产清算案，并指定了管理人。在该破产案件中，存在以下情况：

(1)A公司租用甲公司机器设备一套，在租用期间被乙烧毁，乙赔偿给A公司100

万元，甲公司直至 A 公司破产方知情。

（2）A 公司将门面房租给丙公司，租期尚未届满，管理人决定解除合同，拍卖该门面房。

（3）A 公司曾作为担保人为丁公司向银行贷款 500 万元提供抵押，丁公司届期未清偿债务，银行拍卖抵押财产仅得款 300 万元，银行就未获清偿的 200 万元申报债权。

（4）A 公司欠社会保险部门劳动保险 50 万元。在 A 公司破产案件受理后，又产生滞纳金 1 万元。

A 公司账面资产实际大于负债，只是资产不易变现，于是主动提出与债权人和解，以库存的货物清偿债务，债权人对 A 公司所负债务予以 30% 的减免。有 A 公司厂房做抵押的债权人戊对该和解协议草案提出反对意见。最终和解协议草案未能获得通过，A 公司被宣告破产。社会保险部门要求就 A 公司所欠税款及滞纳金优先于普通债权人受偿。

要求：根据上述资料，回答下列问题。

（1）甲公司能否就乙公司支付给 A 公司的赔款行使代偿取回权？并说明理由。

（2）管理人是否有权决定解除 A 公司与丙公司的租赁合同？并说明理由。

（3）银行能否就未获清偿的 200 万元申报债权？并说明理由。

（4）债权人戊能否对和解协议草案提出反对意见？并说明理由。

（5）对社会保险部门的要求应当如何处理？并说明理由。

2. A 公司为支付货款，向 B 公司签发了一张金额为 200 万元的银行承兑汇票，某商业银行作为承兑人在票面上签章。B 公司收到汇票后将其背书转让给 C 公司，以偿还所欠 C 公司的租金，但未在被背书人栏内记载 C 公司的名称。C 公司欠 D 公司一笔应付账款，遂直接将 D 公司记载为 B 公司的被背书人，并将汇票交给 D 公司。D 公司随后又将汇票背书转让给 E 公司，用于

偿付工程款，并于票据上注明："工程验收合格则转让生效。"

D 与 E 因工程存在严重质量问题，未能验收合格而发生纠纷。纠纷期间，E 公司为支付广告费，欲将汇票背书转让给 F 公司。F 公司负责人知悉 D 与 E 之间存在工程纠纷，对该汇票产生疑虑，遂要求 E 公司之关联企业 G 公司与 F 公司签订了一份保证合同。该保证合同约定，G 公司就 E 公司对 F 公司承担的票据责任提供连带责任保证。但是，G 公司未在汇票上记载任何内容，亦未签章。

F 公司于汇票到期日向银行提示付款，银行以 A 公司未在该行存入足额资金为由拒绝付款。F 公司遂向 C、D、E、G 公司追索。

要求：根据上述条件，回答下面问题。

（1）C 公司是否应向 F 公司承担票据责任？并说明理由。

（2）D 公司对 E 公司的背书转让是否生效？并说明理由。

（3）D 公司能否以其与 E 公司的工程纠纷尚未解决为由，拒绝向 F 公司承担票据责任？并说明理由。

（4）F 公司能否向 G 公司行使票据上的追索权？并说明理由。

（5）G 公司是否应向 F 公司承担保证责任？并说明理由。

3. 2015 年 11 月，A 公司向 B 银行借款 2000 万元，期限 2 年；A 公司将其在建的一栋房屋作为抵押并办理了抵押权登记。该房屋由甲建筑公司承建，建设中因 A 公司缺少资金，约定甲垫资 1000 万元，其他事项未做约定。2015 年 12 月，甲公司也因资金短缺，与乙公司订立合同：甲公司出售起重机两台给乙公司，乙公司支付 300 万元，乙公司再将两台起重机租赁给甲公司，甲公司连续 3 年，每月向乙公司支付租赁费若干，但没有明确约定期满后起重机所有权归属。

2016 年 1 月，房屋建成，A 公司一直未支付甲公司垫资的款项。A 公司与 C 公司签订书面合同，将该房屋出租给 C 公司，租期 5 年，月租金 5 万元，每年 1 月底前一次付清全年租金。但 C 公司只支付了 2016 年的房租，以后的房租一直未付。

后 A 公司无力清偿对 B 银行的借款。经 B 银行同意，A 公司于 2017 年底与 D 公司签订买卖合同，以 2000 万元的市场价格将房屋售与 D 公司，并约定 2018 年 1 月初办理过户登记。

2018 年 1 月 1 日，C 公司因违反约定使用房屋引发火灾，造成房屋损失 100 万元。1 月 5 日，C 公司对因火灾造成的房屋损失向 A 公司赔偿 100 万元。

A 公司与 D 公司于 2018 年 1 月 6 日依约办理了房屋过户手续。D 公司要求 C 公司腾退房屋，C 公司以"买卖不破租赁"为由予以拒绝。次日，C 公司进而向 A 公司主张，A 公司未告知其房屋出售之事，侵害了自己的优先购买权，A 公司和 D 公司之间的买卖合同因此无效，D 公司并未取得房屋所有权。

D 公司发现房屋受损，经与 A 公司协商，D 公司在应支付房屋价款中扣除 100 万元，只向 A 公司支付了 1900 万元。A 公司将此 1900 万元支付给 B 银行，B 银行则认为，其对于 A 公司因房屋受损而获得的 100 万元赔偿款也享有优先受偿权。甲建筑公司也提出，自己就该房屋变卖的价款有优先受偿权。此外，A 公司和 D 公司均认为，欠缴的 2017 年全年租金应由自己收取。

2018 年 3 月，一台起重机出现机械故障，甲公司维修花费 10 万元，甲公司要求乙公司支付维修费，乙公司拒绝。2018 年 12 月，租期届满，乙公司要求取回两台起重机，甲公司拒绝。

要求：根据上述内容，分析回答下列问题。

(1) C 公司关于 A 公司和 D 公司之间的房屋买卖合同无效的主张是否成立？并说明理由。

(2) C 公司能否以"买卖不破租赁"为由拒绝 D 公司腾退房屋的要求？并说明理由。

(3) B 银行关于其对 A 公司获得的 100 万元赔偿款享有优先受偿权的主张是否成立？并说明理由。

(4) 甲建筑公司认为自己就该房屋变卖的价款有优先受偿权是否符合规定？并说明理由。

(5) 如果甲建筑公司的优先受偿权成立，与 B 银行的抵押权相比谁优先？并说明理由。

(6) A 公司与 D 公司谁有权主张欠缴的 2017 年全年的房屋租金？并说明理由。

(7) 甲公司是否有权要求乙公司支付维修费？并说明理由。

(8) 乙公司是否有权要求取回两台起重机？并说明理由。

4. 甲股份有限公司（简称"甲公司"）为 A 股上市公司。2017 年 8 月 3 日，乙有限责任公司（简称"乙公司"）向中国证监会证券交易所提交权益变动报告书，称其自 2017 年 7 月 20 日开始持有甲公司股份，截至 8 月 1 日已经通过公开市场交易持有该公司已发行股份的 5%。乙公司同时也将该情况通知了甲公司并予以公告。8 月 16 日和 9 月 3 日，乙公司连续两次公告其所持甲公司股份分别增加 5%，截至 9 月 3 日，乙公司成为甲的第一大股东，持股 15%。2017 年 11 月 1 日甲公司召开董事会会议审议丙有限责任公司（简称"丙公司"）与甲公司的资产重组方案，方案主要内容是：

(1) 甲公司拟向丙公司发行新股，购买丙公司价值 60 亿元的软件业务，该交易金额占甲公司最近一个会计年度经审计的合并财务会计报告期末净资产额的 55%；

(2) 股份发行价格拟定为本次董事会决议公告前 20 个交易日交易均价的 85%；

(3) 丙公司因该次重组取得的甲公司股份

自发行结束之日起 6 个月方可自由转让。该项交易完成后，丙公司将持有甲公司 12% 的股份，但尚未取得甲公司的实际控制权；乙公司的持股比例则降至 10%。

甲公司董事会共有董事 11 人，7 人开会，在讨论上述重组方案时，2 名非执行董事认为，该重组方案对购入资产定价过高，同时严重稀释老股东权益，在与其他董事激烈争论之后，该 2 名非执行董事离席，未参加表决；其余 5 名董事均对重组方案投了赞成票，并决定于 2017 年 12 月 25 日召开临时股东大会审议该重组方案。

2017 年 11 月 5 日，乙公司书面请求甲公司监事会起诉投票通过上述重组方案的 5 名董事违反忠实和勤勉义务，遭到拒绝，乙公司遂以自己的名义直接向人民法院起诉 5 名董事。

2017 年 11 月 20 日，甲公司向中国证监会举报乙公司在收购上市公司过程中存在违反信息披露义务的行为，证监会调查发现，2017 年 8 月 1 日－3 日，戊公司和辛公司通过公开市场交易分别购入甲公司 2.5% 的股份；戊、辛两公司事先均向乙公司出具书面承诺，同意无条件按照乙公司指令行使各自所持甲公司股份的表决权。戊、辛、乙三公司均未对上述情况予以披露。

甲公司与丙公司的资产重组方案经修订后由临时股东大会表决通过。

要求：根据上述内容，回答下列问题。

(1) 乙、戊、辛公司在收购甲股份时，是否构成一致行动人？并说明理由。

(2) 乙在收购甲股份时，存在哪些不符合证券法律制度关于权益变动披露规定的行为？并说明理由。

(3) 丙与甲的资产重组方案的三项内容中，哪些不符合证券法律制度的规定？并说明理由。

(4) 2017 年 11 月 1 日，董事会会议的到会人数是否符合公司法关于召开董事会会议

法定人数的规定？并说明理由。

(5) 2017 年 11 月 1 日董事会作出的决议是否获得通过？并说明理由。

(6) 人民法院应否受理乙公司的起诉？并说明理由。

(7) 本次资产重组是否应当经证监会核准？并说明理由。

预测试题（二）参考答案及详细解析

一、单项选择题

1. C 【解析】本题考核法律规范。题干给出的是强行性规范，选项 A、B 是不确定性规范，选项 D 是任意性规范。

2. A 【解析】本题考核法律关系。法律关系是根据法律规范产生的主体间的权利与义务关系，导致法律关系产生的法律事实包括行为也包括事件，因此选项 A 错误。

3. D 【解析】本题考核意思表示。无相人的意思表示一般完成即产生法律效力，但法律另有规定的除外，选项 A 错误；单方行为并非都是无相对人的意思表示，选项 B 错误；以对话方式作出的意思表示，相对人知道其内容时生效，选项 C 错误。

4. C 【解析】本题考核诉讼时效。请求支付抚养费、赡养费或者扶养费的不适用诉讼时效，故选项 C 错误。

5. B 【解析】本题考核物的种类。地上附着的林木是不动产，选项 A 错误；汽车是非消耗物，选项 C 错误；水泥是可分物，选项 D 错误。

6. D 【解析】本题考核提存。债权人自提存之日起 5 年内不领取提存物的，提存物扣除提存费用后归国家所有，选项 D 错误。

7. B 【解析】本题考核普通合伙企业合伙份额的转让和出质。普通合伙人相互转让合伙份额无需经其他合伙人同意，但应当通知其他合伙人，选项 A 错误；普通合伙人

以合伙份额出质需经全体合伙人一致同意，否则出质行为无效，选项C、D错误。

8. B 【解析】本题考核合伙事务的执行。处分合伙企业的财产权利需经全体合伙人一致同意，合伙协议另有约定除外，选项A错误；除合伙协议另有约定或者经全体合伙人一致同意外，普通合伙人不得同本合伙企业进行交易，选项C错误；普通合伙人不得自营或者同他人合作经营与本合伙企业相竞争的业务，选项D错误。

9. C 【解析】本题考核合伙人财产份额的转让。普通合伙人以合伙份额出质需经全体合伙人一致同意。有限合伙人可以将其在有限合伙企业中的财产份额出质；但是，合伙协议另有约定的除外。选项C错误。

10. C 【解析】本题考核有限合伙人当然退伙。作为有限合伙人的自然人在有限合伙企业存续期间丧失民事行为能力的，其他合伙人不得因此要求其退伙，选项A错误；有限合伙人以其认缴的出资额为限对合伙企业债务承担有限责任，因此有限合伙人个人丧失偿债能力与是否退伙无关，选项B错误；被申请破产并未被宣告破产，选项D错误。

11. A 【解析】本题考核利润分配请求权、查阅权。查阅会计账簿的，查阅股东应当向公司提出书面请求，其他没有要求书面形式，选项A错误。

12. A 【解析】本题考核一人有限责任公司。一人有限责任公司应在每一会计年度终了时编制财务会计报告，经会计师事务所审计，选项B错误；自然人投资设立的一人有限责任公司不可以再投资设立一人有限责任公司，选项C错误；股东不能证明公司的财产独立于股东自己的财产，公司债权人有权要求股东对公司债务承担连带责任，选项D错误。

13. D 【解析】本题考核临时股东会。有下列情形之一的，应当召开临时股东会：（1）代表1/10以上表决权的股东提议；

（2）1/3以上的董事提议；（3）监事会或者不设监事会的公司的监事提议。

14. A 【解析】本题考核独立董事制度。以下人员不得担任上市公司独立董事：（1）在上市公司或者其附属企业任职的人员及其直系亲属、主要社会关系；（2）直接或间接持有上市公司已发行股份1%以上或者是上市公司前10名股东中的自然人股东及其直系亲属；（3）在直接或间接持有上市公司已发行股份5%以上的股东单位或者在上市公司前5名股东单位任职的人员及其直系亲属；（4）最近1年内曾经具有前三项所列举情形的人员；（5）为上市公司或者其附属企业提供财务、法律、咨询等服务的人员；（6）公司章程规定的其他人员；（7）中国证监会认定的其他人员。选项BCD均不符合要求。

15. D 【解析】本题考核重大事件的范围。持有公司5%以上股份的股东持有股份情况发生较大变化才属于重大事件，选项D错误。

16. C 【解析】本题考核股票公开发行的承销。证券公司在代销、包销期内，对所代销、包销的证券应当保证先行出售给认购人，证券公司不得为本公司预留所代销的证券和预先购入并留存所包销的证券。选项A错误。向不特定对象发行证券聘请承销团承销的，承销团应当由主承销和参与承销的证券公司组成；新《证券法》取消了"证券票面总值超过人民币5000万"该要求。选项B错误。股票发行采用代销方式，代销期限届满，向投资者出售的股票数量未达到拟公开发行股票数量70%的，为发行失败。选项D错误。

17. C 【解析】本题考核破产费用和共益债务。选项A、B、D均属于共益债务。

18. C 【解析】本题考核票据的背书。背书人在汇票上记载"不得转让"字样，其后手再背书转让的，背书有效，背书人对后手的被背书人不承担保证责任，选项 A 错误；回头背书有效，只是持票人为出票人的，对其前手无追索权，持票人为背书人的，对其后手无追索权，选项 B 错误；分别背书无效，选项 C 正确；被背书人名称可以授权被背书人补记，选项 D 错误。

19. B 【解析】本题考核国家出资企业管理者的选择。履行出资人职责的机构可以任免"国有独资公司"的董事长、副董事长、董事、监事会主席和监事。任免"国有独资企业"的经理、副经理、财务负责人和其他高级管理人员。向国有资本控股公司、参股公司的股东会、股东大会提出董事、监事人选。

20. D 【解析】本题考核企业国有资产评估的范围。可以不评估的情形：(1)经各级人民政府或其国有资产监督管理机构批准，对企业整体或者部分资产实行无偿划转；(2)国有独资企业与其下属独资企业(事业单位)之间或者其下属的独资企业(事业单位)之间的合并、资产(产权)置换和无偿划转。选项 C 属于"整体或者部分改建为有限责任公司或者股份有限公司"，应当经评估。

21. A 【解析】本题考核反垄断民事诉讼中的证据。当事人可以向人民法院申请委托专业机构或者专业人员就案件的专门性问题作出市场调查或者经济分析报告，该调查或分析报告应当作为鉴定意见。

22. C 【解析】本题考核外商投资管理。《外商投资法》的适用范围不包括外商在我国境内的间接投资，选项 A 错误；国家规定的准入特别管理措施(即负面清单)由国务院发布或者批准发布，选项 B 错误；自贸试验区外商投资安全审查工作，由外国投资者并购境内企业安全审查部际联席会议具体承担，选项 D 错误。

23. D 【解析】本题考核反补贴措施。有权决定征收反补贴税的机构是国务院关税

税则委员会。

24. C 【解析】本题考核特别提款权。特别提款权货币篮由五种货币组成，具有价值，但其本身不是一种货币，不能直接用于贸易外汇结算，选项 A、B 错误；人民币加入特别提款权货币篮标志着人民币成为第五种可自由使用货币，但人民币尚未实现自由兑换，资本项目用汇仍然部分管制。选项 D 错误。

二、多项选择题

1. AD 【解析】本题考核可撤销民事法律行为。选项 A 是第三方胁迫行为，当选；选项 B 是有效行为；选项 C 是无效行为；选项 D 是重大误解实施的民事法律行为，当选。

2. ABCD 【解析】本题考核建设用地使用权。

3. BCD 【解析】本题考核合同的解除和双务合同履行的抗辩权。一方迟延履行，经催告合理期限仍不履行，守约方可以解除合同，选项 A 错误。

4. ABC 【解析】本题考核合伙企业合伙人身份转换及责任承担。根据《合伙企业法》规定，无论是普通合伙人转变为有限合伙人，还是有限合伙人转变为普通合伙人，对转变前的债务都承担无限连带责任。因此，甲、乙、丙都应当承担无限连带责任。

5. AB 【解析】本题考核股份公司董事会。董事任期届满前被股东会或者股东大会有效决议解除职务，其主张解除不发生法律效力的，人民法院不予支持。选项 C 错误。董事会可以决定公司的投资方案。选项 D 错误。

6. BCD 【解析】本题考核清算组的职权。清算期间，公司不再从事新的经营活动，仅局限于清理公司已经发生但尚未了结的事务。选项 A 错误。

7. ABC 【解析】证券交易内幕信息的知情人包括：(1)发行人及其董事、监事、高

级管理人员；（2）持有公司百分之五以上股份的股东及其董事、监事、高级管理人员，公司的实际控制人及其董事、监事、高级管理人员；（3）发行人控股或者实际控制的公司及其董事、监事、高级管理人员；（4）由于所任公司职务或者因与公司业务往来可以获取公司有关内幕信息的人员；（5）上市公司收购人或者重大资产交易方及其控股股东、实际控制人、董事、监事和高级管理人员；（6）因职务、工作可以获取内幕信息的证券交易场所、证券公司、证券登记结算机构、证券服务机构的有关人员；（7）因职责、工作可以获取内幕信息的证券监督管理机构工作人员；（8）因法定职责对证券的发行、交易或者对上市公司及其收购、重大资产交易进行管理可以获取内幕信息的有关主管部门、监管机构的工作人员；（9）国务院证券监督管理机构规定的可以获取内幕信息的其他人员。

8. ABD 【解析】本题考核支票的记载事项。支票的绝对记载事项包括 6 项：（1）表明"支票"字样；（2）无条件支付的委托；（3）确定的金额；（4）付款人名称；（5）出票日期；（6）出票人签章。收款人名称可授权当事人补记，选项 C 错误。

9. CD 【解析】本题考核上市公司国有股权变动的管理。选项 A、B 按照审批权限由国家出资企业审核批准或由国有资产监督管理机构审核批准。

10. BD 【解析】本题考核《反垄断法》的适用范围。具有市场支配地位并不违反《反垄断法》，选项 A 错误；经营者就出口商品达成协议，豁免适用《反垄断法》，选项 C 错误。

11. ABC 【解析】本题考核经营者集中反垄断审查。由两个以上经营者共同控制的合营企业，通过集中被其中的一个经营者控制，该经营者与合营企业属于同一相关市场的竞争者，不视为简易案件，

选项 D 错误。

12. BD 【解析】本题考核外汇管理条例的适用范围。根据规定，境内机构和个人来自境内外的外汇收支，境外机构和个人来自中国境内的外汇收支都适用外汇管理法。其中境内个人是指中国公民和在中国境内连续居住满 1 年的外国人，外国驻华外交人员和国际组织驻华代表除外。因而选项 BD 正确，选项 AC 错误。

13. BC 【解析】本题考核外债管理。国家外汇管理局及其分支局负责外债的登记、账户、使用、偿还以及结售汇等管理、监测和检查，选项 A 错误；符合规定的债务人向境内金融机构借款时，可以接受境外机构或个人提供的担保，选项 D 错误。

14. AB 【解析】本题考核外汇市场。银行间外汇市场的参与主体以境内银行业金融机构为主，同时包括部分非银行金融机构和非金融企业，因此选项 A 表述错误；外汇市场交易的币种和形式由国务院外汇管理部门规定，因此选项 B 表述错误。

三、案例分析题

1. 【答案】

（1）甲公司不能就乙公司支付给 A 公司的赔款行使代偿取回权。根据规定，债务人占有的他人财产毁损、灭失，此时存在第三人给付的保险金、赔偿金或代偿物，财产的权利人可以依法取回代替原标的物的保险金、赔偿金或代偿物。但如果保险金、赔偿金已经交付给债务人，或者代偿物已经交付给债务人且不能与债务人财产予以区分，权利人只能申报债权。本案中，乙的赔偿金已经交付给债务人，甲公司不能行使代偿取回权。

（2）管理人无权解除 A 公司与丙公司的租赁合同。根据规定，管理人对破产申请受理前成立而债务人和对方当事人均未履行完毕的合同有权决定解除或者继续履行，并通知对方当事人，但对于破产

企业对外出租不动产的合同如房屋租赁合同，管理人未得到对方同意不得任意解除合同。

(3)银行不能就未获清偿的200万元申报债权。根据规定，破产人仅作为担保人为他人债务提供物权担保，担保债权人的债权在破产程序中可以构成别除权，但在担保物价款不足以清偿担保债权额时，余债不得作为破产债权向破产人要求清偿，只能向原主债务人求偿。

(4)债权人戊无权对和解协议草案提出反对意见。根据规定，未放弃对债务人特定财产享有优先受偿权的债权人对和解协议草案没有表决权。

(5)对社会保险部门的要求应当区分处理，其中A公司所欠劳动保险应优先于普通债权受偿。而在A公司破产案件受理后产生的滞纳金1万元不得作为破产债权申报。根据规定，破产申请受理后，债务人欠缴款项产生的滞纳金，包括债务人未履行生效法律文书应当加倍支付的迟延利息和劳动保险金的滞纳金，债权人作为破产债权申报的，人民法院不予确认。

2.【答案】

(1)C公司不应向F公司承担票据责任。由于C公司未在汇票上签章，因此不是票据法律关系的当事人，不应承担任何票据责任。

(2)D公司对E公司的背书转让生效。根据票据法律制度的规定，背书时附有条件的，所附条件不具有汇票上的效力。

(3)D公司可以以其与E公司的工程纠纷尚未解决为由，拒绝向F公司承担票据责任。根据票据法律制度的规定，票据债务人不得以自己与持票人的前手之间的抗辩事由，对抗持票人；但是持票人明知存在抗辩事由而取得票据的除外。F公司明知D公司与E发生的工程纠纷尚未解决，却仍然接受汇票，故其权利不能优先于其前手E公司。

(4)F公司不能向G公司行使票据上的追索权。根据票据法律制度的规定，办理票据保证手续时，应在票据上记载保证文句并由保证人签章。G公司未在票据上记载任何内容，亦未签章，其行为不构成票据保证，G公司不属于票据债务人，故F公司不能向其行使票据上的追索权。

(5)G公司应向F公司承担保证责任。尽管G公司不存在票据上的保证责任，但G公司与F公司签订了保证合同，适用民法有关保证责任的规定。作为连带责任保证人，在E公司不履行债务时，G公司应当承担保证责任。

3.【答案】

(1)C公司关于A公司和D公司之间的房屋买卖合同无效的主张不成立。根据合同法律制度的规定，出租人侵害承租人的优先购买权的，承租人不得主张出租人与第三人订立的房屋买卖合同无效，只能请求出租人承担赔偿责任。

(2)C公司不能以"买卖不破租赁"为由拒绝D公司腾退房屋的要求。根据物权法律制度的规定，抵押权设定后抵押财产出租的，租赁关系不能对抗已登记的抵押权，抵押权实现后，租赁合同对受让人不具有约束力。

(3)B银行关于其对A公司获得的100万元赔偿款享有优先受偿权的主张成立。根据物权法律制度的规定，抵押期间，抵押财产因毁损而获得的赔偿金，抵押权人有权优先受偿。

(4)甲建筑公司认为自己就该房屋变卖的价款有优先受偿权不符合规定。根据规定，建设工程合同的发包人未按照约定支付价款的，承包人可以催告发包人在合理期限内支付价款。发包人逾期不支付的，除按照建设工程不宜折价、拍卖的以外，承包人可以与发包人协议将该工程折价，也可以申请人民法院将该工程依法拍卖。建设工程的价款就该工程折价或者拍卖的价款优先受偿。但建筑工程承包人行使优先权的期限为 6 个月，自发包人应当给付建设工程价款之日起算。本案中，甲的优先权已经超过了行使期限。

(5)如果甲建筑公司的优先受偿权成立，优先于 B 银行的抵押权。根据规定，工程价款优先受偿权优先于抵押权和其他债权。

(6)A 公司有权主张 2017 年全年的房屋租金。2017 年期间，房屋未交付给 D 公司，D 公司也未取得房屋所有权，租赁合同的当事人依然是 A 公司，交付之前的孳息归出卖人，故 A 公司有权主张在此期间内的租金。

(7)甲公司无权要求乙公司支付维修费。根据规定，甲公司售后返租不影响融资租赁合同的成立；融资租赁期间，标的物的维修义务由承租人承担。

(8)乙公司有权要求取回两台起重机。根据规定，租期届满，出租人和承租人可以约定租赁期间届满租赁物所有权的归属，没有约定或约定不明，租赁物的所有权归出租人。

4. 【答案】

(1)乙、戊、辛构成一致行动人。所谓一致行动，是指投资者通过协议、其他安排，与其他投资者共同扩大其所能支配的一个上市公司股份表决权数量的行为或事实。戊辛向乙书面承诺"无条件按照乙的指令行使甲公司的表决权"，构成一致行动。

(2)第一，乙 8 月 1 日持有上市公司股份5%，戊辛在 8.1-8.3 又分别购入上市公司2.5%的行为不符合规定。根据规定，通过证券交易所的证券交易，投资者持有或者通过协议、其他安排与他人共同持有一个上市公司已发行的有表决权股份达到 5%时，应当在该事实发生之日起三日内，向国务院证券监督管理机构、证券交易所作出书面报告，通知该上市公司，并予公

告；在上述期限内，不得再行买卖该上市公司的股票。所以在 8.1-8.3 期间，戊辛不能继续收购上市公司的股份。第二，乙8 月 16 日和 9 月 3 日的公告行为不符合规定。根据规定，投资者持有或者通过协议、其他安排与他人共同持有一个上市公司已发行的股份达到 5%后，其所持该上市公司已发行的股份比例每增加或者减少5%，应当在该事实发生之日起 3 日内，向国务院证券监督管理机构、证券交易所作出书面报告，通知该上市公司，并予公告。

(3)不符合规定之处：①发行价格不符合规定。根据规定，上市公司发行股份的价格不得低于市场参考价的 90%。市场参考价为本次发行股份购买资产的董事会决议公告日前 20 个交易日、60 个交易日或者120 个交易日的公司股票交易均价之一。②丙取得的股份在 6 个月后可以转让不符合规定。根据规定，特定对象以资产认购而取得的上市公司股份，自股份发行结束之日起 18 个月内不得转让。

(4)董事会的到会人数符合规定。根据规定，董事会会议应有过半数的董事出席方可举行。题目中董事 11 人，7 人到会，符合要求。

(5)董事会的决议没有通过。根据规定，董事会作出决议，必须经全体董事的过半数通过。题目中董事 11 人，5 人同意，不符合要求。

(6)法院不应受理乙的起诉。根据规定，董事、高级管理人员的行为侵犯公司利益，股份有限公司连续 180 日以上单独或者合计持有公司 1%以上股份的股东，可以书面请求监事会向人民法院提起诉讼。监事会收到规定的股东书面请求后拒绝提起诉讼，符合规定的股东有权为了公司的利益以自己的名义直接向人民法院提起诉讼。题目中乙持股时间不足 180 日，不符合要求。

（7）本次资产重组应当经证监会核准。根据规定，上市公司购买、出售的资产净额占上市公司最近一个会计年度经审计的合并财务会计报告期末净资产额的比例达到50%以上，且超过5000万元人民币的，构成重大资产重组。本案中又是发行股份购买资产，应当提交并购重组审核委员会审核。

致亲爱的读者

　　"梦想成真"系列辅导丛书自出版以来，以严谨细致的专业内容和清晰简洁的编撰风格受到了广大读者的一致好评，但因水平和时间有限，书中难免会存在一些疏漏和错误。读者如有发现本书不足，可扫描"扫我来纠错"二维码上传纠错信息，审核后每处错误奖励10元购课代金券。（多人反馈同一错误，只奖励首位反馈者。请关注"中华会计网校"微信公众号接收奖励通知。）

　　在此，诚恳地希望各位学员不吝批评指正，帮助我们不断提高完善。

邮箱：mxcc@cdeledu.com
微博：@正保文化

扫我来纠错

中华会计网校
微信公众号